MENSCHEN
DIE DIE WELT BEWEGTEN

MENSCHEN
DIE DIE WELT BEWEGTEN

Verlag Das Beste
Stuttgart · Zürich · Wien

220

Printed in Germany

3 87070 767 4

INHALT

Bismarck

Eine Kurzfassung des Buches von

Christian Graf von Krockow

Mit zahlreichen Abbildungen

Im Laufe des 20. Jahrhunderts hat sich das Bismarckbild stark gewandelt. Vereinfachende Beurteilungen seiner Feinde und der Kult um den „Eisernen Kanzler", dem schon zu Lebzeiten Denkmäler errichtet wurden, sind einem differenzierten Porträt gewichen.

Christian Graf von Krockow beleuchtet das Privatleben des Reichsgründers ebenso wie dessen Größe, Abgründe und Widersprüche: Bismarck, der den Nationalstaat schuf, doch die Revolution bekämpfte, der kaltblütig den Krieg als politisches Mittel nutzte und dann all seine Kraft für den Frieden einsetzte, der aber auch im Kampf gegen die Arbeiterbewegung den Sozialstaat entwickelte.

VORWORT

Bismarck starb am 30. Juli 1898, und er gehörte zu den großen Bewegern des europäischen Jahrhunderts, das mit ihm zu Ende ging.

Für uns Deutsche ist Bismarck zur Schicksalsfigur geworden. Er hat die Nation geprägt und verändert; für niemanden sonst wurden so viele und so finster entschlossen dreinblickende Denkmäler errichtet. „Wir Deutsche fürchten Gott, aber sonst nichts in der Welt“: Dieser Kanzlersatz aus einer Parlamentsrede vom Februar 1888 geriet zum geflügelten Wort und gleichsam zum Testament des Reichsgründers. Ins Vergessen sank, was er im nächsten Satz sagte: „Und die Gottesfurcht ist es schon, die uns den Frieden lieben und pflegen läßt.“ Mit Heldenmut und mit einem verzerrten Bismarckbild gerüstet, haben wir uns dazu verstiegen, Weltmacht zu werden, und sind schreckensvoll abgestürzt.

1945 schien, im Frevel verspielt, das Werk des Reichsgründers für immer verloren zu sein. Die Nachfolgestaaten fügten sich in größere Ordnungen ein, die Bundesrepublik in die NATO und die Europäische Union, die DDR ins sozialistische Lager unter der Herrschaft der Sowjetunion. Und hüben wie drüben zogen viele daraus den Schluß, daß die Zeit der Nationen und Nationalstaaten abgelaufen sei.

Aber seit 1990 leben wir in unserem zweiten Nationalstaat. Die Geschichte, so zeigt sich, wirkt untergründig weiter. Sogar die alten Fragen kehren zurück. Als Nation unter Nationen müssen wir in Europa und der Welt unseren Platz finden. Wie soll, wie wird das geschehen? Antworten finden wir nur, wenn wir erkennen, was war – damals, als Otto von Bismarck die Deutschen in ihren ersten Nationalstaat führte.

I

Der rote Reaktionär

Im Jahre 1847 berief der König von Preußen, Friedrich Wilhelm IV., einen „Vereinigten Landtag" ein, halb altertümlich und halb modern, eine Gesamtvertretung und doch kein Parlament. Wahrscheinlich gefiel gerade diese Unklarheit dem König; sie entsprach seinen romantischen Vorstellungen. Als er im Weißen Saal des Berliner Schlosses den Vereinigten Landtag am 11. April 1847 mit einer Thronrede eröffnete, erklärte er jedenfalls, daß er „nun und nimmermehr zugeben werde, daß sich zwischen unsern Herr Gott im Himmel und dieses Land ein beschriebenes Blatt gleichsam als eine zweite Vorsehung eindränge, um uns mit seinen Paragraphen zu regieren und durch sie die alte, heilige Treue zu ersetzen".

Aber danach verlangte der liberale Geist der Zeit: Endlich sollte das Verfassungsversprechen eingelöst werden, das der Vorgänger des Königs, Friedrich Wilhelm III., am 22. Mai 1815 gegeben hatte. Es erschien als die längst überfällige Gegenleistung zu der preußischen oder, im weiteren Sinne, der nationalen Erhebung von 1813 und zur Opferbereitschaft im Freiheitskampf gegen Napoleons Herrschaft. Hiergegen wandte sich der junge Gutsherr Otto von Bismarck-Schönhausen, der für einen erkrankten Standesgenossen in den Vereinigten Landtag nachgerückt war. Er selbst hat berichtet:

> Ich geriet mit der Opposition in Konflikt, als ich das erste Mal zu längrer Ausführung das Wort nahm, am 17. Mai 1847, indem ich die Legende bekämpfte, daß die Preußen 1813 in den Krieg gegangen wären, um eine Verfassung zu erlangen, und meiner naturwüchsigen Entrüstung darüber Ausdruck gab, daß die Fremdherrschaft an sich kein genügender Grund zum Kampfe gewesen sein sollte. Mir erschien es unwürdig, daß die Nation dafür, daß sie *sich selbst* befreit habe, dem Könige eine in Verfassungsparagraphen zahlbare Rechnung überreichen wolle. Meine Ausführung rief einen Sturm hervor ...

Fast über Nacht aber hatte sich Bismarck einen Namen gemacht, freilich als erzreaktionärer Junker. Zehn Monate später brach die Revolution aus. Der König verlor die Nerven und zog am 19. März 1848 seine Truppen aus Berlin zurück. Man trug ihm die gefallenen Barrikadenkämpfer in den Schloßhof, damit er sie ehre. Kurz darauf ritt er mit schwarzrotgoldener Nationalkokarde durch die Stadt und bekannte sich zur deutschen Freiheit und Einheit.

Doch schon bald zeichnete sich das Scheitern der Revolution ab. Zwar erhob die verfassunggebende Nationalversammlung immer radikalere Forderungen, aber sie entfernte sich damit von der Mehrheit gemäßigter Kräfte. Am 9. November 1848 wurde die jetzt „sogenannte" Nationalversammlung vertagt und nach Brandenburg verlegt; einen Tag später rückte General Wrangel, ohne Widerstand zu finden, mit seinen Truppen in Berlin ein. Im April 1849 wies Friedrich Wilhelm IV. die ihm vom Frankfurter Paulskirchenparlament angebotene Kaiserkrone zurück, weil sie „aus Dreck und Letten der Revolution, des Treubruchs und des Hochverrats geknetet" sei. Für Preußen verkündete er aus eigenem Recht eine Verfassung, die bald wieder überarbeitet und dann in ihre deutlich konservative, seit dem 31. Januar 1850 gültige Gestalt gebracht wurde. Bismarck freilich galt noch immer als ein Radikaler von rechts; ihm haftete an, was der König von ihm gesagt haben soll: „Roter Reaktionär, riecht nach Blut, später zu gebrauchen."

WER WAR dieser Bismarck? Er wurde am 1. April 1815 auf dem väterlichen Gut in Schönhausen geboren und stammte aus einer der alten Adelsfamilien der Mark Brandenburg, von denen Theodor Fontane gesagt hat, sie seien mit dem Selbstgefühl gerüstet, daß sie „schon vor den Hohenzollern da waren".

Ursprünglich waren die Bismarcks Bürger, Kaufleute und Patrizier im altmärkischen Stendal. Sie saßen im Rat der Stadt und werden im Jahre 1270 urkundlich zuerst erwähnt. Bismarcks Vater Ferdinand, 1771 geboren, hatte die um fast achtzehn Jahre jüngere Wilhelmine Luise Mencken geheiratet, die Tochter eines hohen und hochgebildeten Staatsbeamten. Die Hochzeit fand im Sommer 1806 statt, nur wenige Monate vor der preußischen Katastrophe im Krieg gegen Napoleon.

Wie eigentlich das ungleiche Paar zueinander fand, steht dahin. Es gab ja nicht nur den Altersunterschied, sondern auch oder erst recht gegensätzliche Prägung durch die Herkunft. Der Gegensatz überdauerte die Vermählung; in die Rolle einer Gutsherrin hat sich Frau von Bismarck nie hineingefunden, schon gar nicht, als man 1816 von Schönhausen in das abgelegene hinterpommersche Kniephof umsiedelte, um die dort von einer Nebenlinie ererbten Güter zu bewirtschaften. Ihr Mutterehrgeiz richtete sich darauf, die Söhne nicht der ländlichen Trägheit zu überlassen, sondern sie auf eine glanzvolle Beamtenlaufbahn vorzubereiten. Darum wurde der kleine, erst sechsjährige Otto im Januar 1822 in ein Berliner Internat, die Plamannsche Lehranstalt, geschickt.

Dieses Institut war im Geiste von Pestalozzis Reformpädagogik begründet worden, doch längst in der Routine des Wissensdrills und in Deutschtümelei erstarrt. Bismarck im bitteren Rückblick: „Meine Kindheit hat mir die Plamannsche Anstalt verdorben, die mir wie ein Zuchthaus vorkam." Um so mehr brannte in der Seele des Jungen das Heimweh:

> Die Plamannsche Anstalt lag so, daß man auf einer Seite ins freie Feld hinaussehen konnte. Am Südwestende der Wilhelmstraße hörte damals die Stadt auf. Wenn ich aus dem Fenster ein Gespann Ochsen die Ackerfurche ziehen sah, mußte ich immer weinen aus Sehnsucht nach Kniephof.

Man erkennt hier die Zielrichtung der Klage, und Bismarck hat nicht verschwiegen, wie er die Urheberin seines Unglücks sah:

> Meine Mutter war eine schöne Frau, die äußere Pracht liebte, von hellem, lebhaften Verstande, aber wenig von dem, was der Berliner Gemüt nennt. Sie wollte, daß ich viel lernen und viel werden sollte, und es schien mir oft, daß sie hart, kalt gegen mich sei. Als kleines Kind haßte ich sie, später hinterging ich sie mit Falschheit und Erfolg.

Übrigens verreiste die Mutter in der Zeit der Sommerferien meist in ein Kurbad, so daß der Sohn nicht nach Kniephof heimkehren durfte.

„Meinen Vater liebte ich wirklich", heißt es im gleichen Text. Dennoch war mit ihm eine Enttäuschung verbunden, einschneidend genug: Dieser Vater erwies sich als schwach; nicht er, sondern die Mutter übernahm im Familienleben die dominierende Rolle, und sie entschied über die Geschicke der Kinder. Es ist vielleicht nicht abwegig, hieraus einen Vorsatz abzuleiten, der sich tief in die Seele des Jungen einbrannte: stets Stärke zu zeigen, statt Schwächen einzugestehen, und zu herrschen, statt beherrscht zu werden.

An die Plamannsche Anstalt schloß sich der höhere Schulbesuch an, zunächst das Friedrich-Wilhelm-Gymnasium, dann das berühmte Gymnasium zum „Grauen Kloster" in Berlin. Von besonderen Vorkommnissen oder Leistungen ist nicht die Rede; Bismarck versteckte sich im Mittelmaß. Das Abgangszeugnis bescheinigt dem gerade Siebzehnjährigen, daß er sich gegen Vorgesetzte und Mitschüler „stets anständig und wohlgesittet" betragen habe. Allerdings der Fleiß „war zuweilen unterbrochen, auch fehlte seinem Schulbesuche unausgesetzte Regelmäßigkeit". Großherzig aber heißt es am Ende:

> Wir entlassen diesen fähigen und wohlvorbereiteten Jüngling mit unseren besten Segenswünschen und der Hoffnung, daß er mit erneutem Eifer an seiner ferneren wissenschaftlichen Ausbildung arbeiten werde.

Die Hoffnung trog. Zwar studierte der Siebzehnjährige seit dem Sommersemester 1832 zunächst in Göttingen, dann in Berlin, den beiden damals führenden und nicht nur in Deutschland berühmten Universitäten. Aber ein ordentlicher Student ist er nie geworden, und Vorlesungen hat er kaum besucht. Das nötige juristische Examenswissen hat er sich schließlich beim Repetitor anpauken lassen.

Viel wichtiger als der Wissenserwerb bei Professoren erschien das ungebundene Leben mit anderen Studenten in ihren Verbindungen. Fechtboden, Kneipe und das sonstige Sichaustoben standen im Mittelpunkt, vom Schuldenmachen begleitet. Im beschaulichen Göttingen wurde der großgewachsene und breitschultrige junge Mann, der im verwegenen Aufzug und mit seinem riesigen Hund Ariel zur Seite durch die Straßen spazierte, schnell zur stadtbekannten, doch eher berüchtigten Figur.

Immerhin gab es noch andere Seiten. Die beste Beschreibung verdanken wir dem amerikanischen Mitstudenten John Lothrop Motley. Er ist dann Diplomat und Gesandter seines Landes in

Wien und London geworden; dazu noch hat er sich als Historiker einen Namen gemacht. Das ungleiche Paar wuchs zur Freundschaft zusammen; Motley begleitete Bismarck auch nach Berlin. Diese Jugendfreundschaft gehört zu den wenigen, die dem Reichsgründer bis zum Tode Motleys im Jahre 1877 blieben.

Am 22. Mai 1835 legte Bismarck in Berlin sein erstes juristisches Examen ab, das ihn zum Auscultator machte, einem Gerichtsmitglied ohne Stimmrecht. Auf einige Monate der Ausbildung folgte dann die Anmeldung zum Referendarexamen beim Regierungspräsidium in Aachen, das im Juni 1836 stattfand und den Referendardienst einleitete.

Es muß eine Strafe gewesen sein, diesen Referendar auszubilden. Er vertrug sich nicht mit seinen Vorgesetzten; im Grunde wollte er sein eigener Herr bleiben, konnte sich nicht einordnen und wußte alles besser. Wohl darum hat er auch seine militärische Dienstzeit so knapp und bequem wie möglich gehalten. Ohne Genehmigung und ohne den Versuch einer Entschuldigung überschritt er seit dem Sommer 1837 seine Urlaubsfrist nicht um Tage oder Wochen, sondern um Monate. Abenteuer statt Amtsstube! In einem Brief an seinen Göttinger Studienfreund und Corpsbruder Gustav Scharlach hat Bismarck selbst drastisch erzählt, was geschah:

> Ich will Dich zuerst au fait setzen von dem, was mir seit unserer Trennung widerfahren ist. Bis Aachen kennst Du, glaube ich, meine Schicksale. Dort eröffneten sich mir durch das Wohlwollen einflußreicher Leute in Berlin sehr günstige Aussichten für das, was man eine glänzende Karriere nennt; und vielleicht hätte der Ehrgeiz, der damals mein Lotse war, noch länger und für immer mein Steuer geführt, wenn nicht eine bildschöne Engländerin mich verleitet hätte, den Kurs zu ändern, und 6 Monate ohne den geringsten Urlaub auf ausländischen Meeren in ihrem Kielwasser zu fahren. Ich nötigte sie endlich zum Beilegen, sie strich die Flagge, doch nach zweimonatlichem Besitz ward mir die Prise von einem einarmigen Obristen mit 50 Jahren, 4 Pferden und 15 000 fl. Revenüen wieder abgejagt. Arm im Beutel, krank am Herzen, kehrte ich nach Pommern zurück.

Das geschah um den 1. November 1837, und sechs Wochen später folgte der Dienstantritt in Potsdam. Aber sehr schnell – so

Der Vater:
Karl Wilhelm Ferdinand
von Bismarck

Die Mutter:
Wilhelmine Luise von Bismarck,
geborene Mencken

Das Alte Schloß in Schönhausen/Altmark, in dem Bismarck
am 1. April 1815 geboren wurde

erfährt der Studienfreund – geriet Bismarck dort durch Spiel und Trunk in „unverhältnismäßige Schulden" und in „üble Zwiste" mit seinem Chef. Im Frühjahr 1838 wich er in die Ableistung seines Militärdienstes aus. Dann rettete ihn das Angebot seines Vaters, die Bewirtschaftung der pommerschen Güter zu übernehmen. Die allerdings waren „groß, stark verschuldet und so verwirtschaftet, daß sie fraßen, statt einzubringen". Im übrigen verfügte der Herr Referendar als Güterverwalter über keinerlei Erfahrung, sondern begann 1839 seine Arbeit „mit der vollen Unwissenheit eines schriftgelehrten Stadtkindes". Aber wie es im Brief an Scharlach weiter heißt:

> Ich fand mich hinein, rettete den größten Teil meines zu erwartenden Vermögens, und die Beschäftigung gefiel mir zwei Jahre lang bis 41, wegen ihrer Unabhängigkeit; ich habe nie Vorgesetzte vertragen können, und hatte wegen meiner amtlichen Tätigkeit, teils aus gerechter Abneigung gegen unser verknöchertes Formenwesen, teils in der letzten Zeit aus Trägheit und Widerspruchsgeist, einen solchen Widerwillen gegen alles, was mit der Bürokratie zusammenhängt, eingesogen, daß ich sogar den angenehmen Posten eines Landrats ausschlug, der mir durch die Wahl der hiesigen Stände geboten wurde, und den infolgedessen mein Bruder eingenommen hat.

Daß er seine Aussichten auf eine Beamtenlaufbahn fast mit Vorsatz zerstörte, legt nahe, hierin eine Auflehnung des Sohnes gegen den Ehrgeiz der Mutter und etwas wie Rache für die durch sie – nach Bismarcks Urteil – verdorbene Kindheit zu unterstellen. Jedenfalls hat der Tod der vom Leben und den Söhnen enttäuschten Frau, die, kaum 50 Jahre alt, am 1. Januar 1839 an einem Krebsleiden starb, den Ausweg eröffnet: Als Güterverwalter wurde Bismarck endlich, das heißt mit 24 Jahren, sein eigener Herr. Der Vater kehrte nach Schönhausen zurück; die Brüder übernahmen die pommerschen Güter, Otto Kniephof und Külz. Später, nach dem Tode des Vaters 1845, wurde Otto Herr auf dem Stammbesitz Schönhausen in der Altmark.

Einen „König im kleinen" hat der pommersche Standesgenosse Adolf von Thadden-Trieglaff den Gutsherrn genannt. Vorgesetzte gab es nun nicht mehr, und nach Herzenslust konnte Bismarck seiner Reit- und Jagdleidenschaft frönen. Dennoch kündigt bereits der Bericht an Scharlach eine Trübung an. „Die Beschäftigung gefiel mir zwei Jahre lang", das heißt für die Zeit, in der harte Arbeit zu leisten war, um die landwirtschaftlichen Betriebe wieder in einen guten Stand zu versetzen. Aber bald ließ die Anspannung nach; was folgte, war Routine. Der Brief an den Studienfreund enthüllt eine freudlose Gegenwart:

> Seitdem sitze ich hier, unverheiratet, sehr einsam, 29 Jahre alt, treibe meine Geschäfte ohne besondere Teilnahme, suche meinen Untergebenen das Leben in ihrer Art behaglich zu machen, und sehe ohne Ärger an, wie sie mich betrügen. Des Vormittags bin ich verdrießlich, nach Tische allen milden Gefühlen zugänglich. Mein Umgang besteht in Hunden, Pferden und Landjunkern, und bei Letzteren erfreue ich mich einigen Ansehens, weil ich Geschriebenes mit Leichtigkeit lesen kann, mich zu jeder Zeit wie ein Mensch kleide, und dabei ein Stück Wild mit der Accuratesse eines Metzgers zerwirke, ruhig und dreist reite, ganz schwere Zigarren rauche und meine Gäste mit freundlicher Kaltblütigkeit unter den Tisch trinke.

Vom „tollen Bismarck" war die Rede, Kniephof sah sich in „Kneiphof" umgetauft, und viele Geschichten wurden erzählt; vom Verführer der Dorfmädchen, von Mondscheinritten, die die Kornfelder der Nachbarn zerstampften, vom losgelassenen Fuchs im Ankleidezimmer einer Dame oder vom Pistolenschuß als Weckruf durchs Schlafzimmerfenster eines Bekannten. Was immer an alledem wahr oder erfunden sein mag: Solche Geschichten zeigen die überbordenden Körper- und Seelenkräfte eines Mannes, die die große, lebensbestimmende Aufgabe nicht fanden, nach der sie riefen. Auch eine mehrmonatige Reise nach Schottland, England, Frankreich und der Schweiz im Jahre 1842, vom Vater als Ablenkung angeraten, konnte da wenig helfen; sie machte nur die Enge der Verhältnisse fühlbarer, die auf den Heimkehrer wartete.

So sehr Bismarck das Landleben liebte und zu ihm immer wieder zurückkehrte, seine Begabungen und sein Ehrgeiz rissen ihn fort. Sie mußten ihn entweder zerstören oder zu neuen, größeren Aufgaben drängen. In solcher Perspektive waren die Wahl in den Vereinigten Landtag von 1847 und erst recht die Ereignisse des Revolutionsjahres 1848 Gottesgeschenke, die einen Ausweg eröffneten. Und kaum zu verwundern ist, daß Bismarck sich erst einmal in der Rolle des „roten Reaktionärs" gefiel, der sich einen

Namen machte, indem er den Zeitgeist so kraß wie möglich in die Schranken forderte. Daß er dann doch auf anderen Schauplätzen zu gebrauchen war, hing mit einer Entwicklung zur Reife und zur Verantwortung zusammen, von der jetzt zu sprechen ist.

Gott und Johanna

Der junge Bismarck, noch keine dreißig Jahre alt, war zu ehrgeizig, um sich mit der Aufgabe eines Güterverwalters zu begnügen, zu sensibel und selbstkritisch, um die eigenen Streiche, den „tollen Bismarck" nicht als Schauspielerei, als Imponiergehabe und als eine Form der Selbstbetäubung zu erkennen. Dennoch hat er gerade in der Beschränktheit Hinterpommerns schließlich gefunden, was ihn durch sein ganzes späteres Leben trug: Gott und Johanna.

Um zunächst vom Glauben zu reden: Eine mächtige Erwekkungsbewegung durchlief das zeitgenössische Hinterpommern. Pietismus hat es in vielen Spielarten gegeben; immer jedoch entwickelte er sich in der Auflehnung gegen ein als Glaubenslehre und Kirchenordnung erstarrtes Luthertum; immer ging es um die persönliche, das ganze Leben durchdringende Frömmigkeit und die tätige Nächstenliebe.

Überwiegend kleinbürgerlich geprägt waren die pietistischen Bewegungen am Niederrhein und in Württemberg. In Pommern dagegen gingen die Gutsherren voran, und ihr unumstrittener Führer war Adolf von Thadden-Trieglaff (1796–1882).

Es ist nicht schwer, am Pietismus die Züge von Weltflucht und besonders an seiner pommerschen Ausprägung die konservativen, um nicht zu sagen die reaktionären Tendenzen zu erkennen. Man stemmte sich gegen den liberalen, zum Parlamentarismus und zum deutschen Nationalstaat drängenden Zeitgeist.

Darum standen die Frommen im Sturm von 1848 aufrecht, in dem zunächst so viele sich wegduckten, solange er mächtig schien – den König eingeschlossen. Denn wovor sollte man sich fürchten, wenn man doch wußte, was einen im schlimmsten Falle erwartete, nämlich, wie Thadden einprägsam formulierte, „ein ehrlicher Galgen und eine fröhliche Auferstehung"?

Bismarck blieb ein viel zu skeptischer Einzelgänger, um sich in die Gebetsbruderschaft nach Gutsherrenart hineinziehen zu lassen. Doch wichtig wurden für ihn die persönlichen Begegnungen. Ein ehemaliger Mitschüler im Grauen Kloster zu Berlin war Moritz von Blanckenburg, der 1843 nicht weit von Kniephof die Bewirtschaftung der väterlichen Güter übernahm. Blanckenburg war wiederum verlobt und seit Oktober 1844 verheiratet mit Marie von Thadden, der Tochter des Herrn auf Trieglaff. Bismarck fühlte sich hingerissen zu der jungen, wie selbstverständlich frommen und dabei ganz und gar lebensoffenen, fröhlichen Frau, die ihn, zusammen mit Moritz, zum Glauben zu führen versuchte und – durchaus absichtsvoll – mit Johanna von Puttkamer, ihrer Freundin, bekannt machte. Zu einer tiefen Erschütterung geriet dann für Bismarck Maries plötzliche Erkrankung und ihr früher Tod am 10. November 1846. Was dieser Tod für ihn bedeutete, hat er in seinem Brief an den künftigen Schwiegervater Heinrich von Puttkamer ausgesprochen. Nirgendwo sonst hat Bismarck seine innere Entwicklung so eingehend geschildert. Darum lohnt es sich, den berühmten „Werbebrief" ausführlich zu zitieren, der kurz vor Weihnachten, etwa am 21. Dezember 1846, geschrieben wurde. Schon die Eröffnung stellt sich höchst bemerkenswert dar:

> Verehrtester Herr von Puttkammer
> Ich beginne dieses Schreiben damit, daß ich Ihnen von vorn herein seinen Inhalt bezeichne; es ist eine Bitte um das Höchste, was Sie in dieser Welt zu vergeben haben, um die Hand Ihrer Fräulein Tochter. Ich verhehle mir nicht, daß ich dreist erscheine, wenn ich, der ich erst neuerlich, und durch sparsame Begegnungen Ihnen bekannt geworden bin, den stärksten Beweis von Vertrauen beanspruche, den Sie einem Mann geben können. Ich weiß aber, daß ich, auch abgesehn von allen Hindernissen in Raum und Zeit, welche Ihnen die Bildung eines Urteils über mich erschweren können, durch mich selbst niemals im Stande sein kann, Ihnen solche Bürgschaften für die Zukunft zu geben, daß sie den Einsatz eines so teuren Pfandes von Ihrer Seite rechtfertigen würden, wenn Sie nicht durch Vertrauen auf Gott das ergänzen, was das Vertrauen auf Menschen nicht leisten kann.

Das ist ein wunderbar klarer, beherzter, schon dadurch für sich einnehmender Auftakt – und auf den ersten Blick doch ganz in den Mantel der Bescheidenheit gekleidet. Und wer will, mag hier ein frühes diplomatisches Meisterstück des späteren Staatsmanns erkennen, wie der kritische Biograph Edward Crankshaw es tut. „Ein junger Mann dreht bei dem Versuch, seinen Glauben an Gott nachzuweisen, auf diese Weise einfach den Spieß gegen einen wahrhaft Gläubigen um."

Heinrich von Puttkamer gehörte zu den Frommen im Lande, der auf Reinfeld, seinem Besitz im östlichen Hinterpommern, ein stilles Leben führte. Bismarcks Brief handelt folgerichtig vom Glauben, das heißt zunächst einmal und ausführlich vom Unglauben:

> Ich bin meinem elterlichen Hause in frühester Kindheit fremd und nie wieder völlig darin heimisch geworden, und meine Erziehung wurde von Hause her aus dem Gesichtspunkt geleitet, daß alles der Ausbildung des Verstandes und dem frühzeitigen Erwerb positiver Kenntnisse untergeordnet blieb. Nach einem unregelmäßig besuchten und unverstandenen Religionsunterricht, hatte ich bei meiner Einsegnung durch Schleiermacher an meinem 16ten Geburtstage, keinen andern Glauben, als einen nackten Deismus, der nicht lange ohne pantheistische Beimischungen blieb. Es war ungefähr um diese Zeit, daß ich, nicht aus Gleichgültigkeit, sondern als Folge reiflicher Überlegung aufhörte, jeden Abend ... zu beten, weil mir das Gebet mit meiner Ansicht von dem Wesen Gottes in Widerspruch zu stehen schien ...

In der Gegenperspektive läßt sich verstehen, warum der preußische Junker Otto von Bismarck im Lager der radikalen Glaubenskritik keine Heimat fand. Wichtig wurden für ihn die persönlichen Begegnungen, die der Brief an Heinrich von Puttkamer schildert:

> Etwa vor 4 Jahren kam ich, seit meiner Schulzeit zuerst wieder, in nähere Berührung mit Moritz Blanckenburg, und fand an ihm, was ich bis dahin im Leben nicht gekannt hatte, einen Freund; aber der warme Eifer seiner Liebe suchte vergeblich mir durch Überredung und Disputation das zu geben, was mir fehlte, den Glauben. Durch Moritz wurde ich indeß mit dem Triglafer Hause und dessen weitrem Kreise bekannt, und fand darin Leute, vor denen ich mich schämte, daß ich mit der dürftigen Leuchte meines Verstandes Dinge hatte untersuchen

> wollen, welche so überlegne Geister mit kindlichem Glauben für wahr und heilig annahmen. Ich sah, daß die Angehörigen dieses Kreises, in ihren äußern Werken, fast durchgehende Vorbilder dessen waren, was ich zu sein wünschte. Daß Zuversicht und Friede bei ihnen wohnte, war mir nicht überraschend; denn daß diese Begleiter des Glaubens seien, hatte ich nie bezweifelt. Aber der Glaube läßt sich nicht geben und nehmen, und ich meinte in Ergebung abwarten zu müssen, ob er mir werden würde. Ich fühlte mich bald heimisch in seinem Kreise, und bei Moritz und seiner Frau, die mir teuer wurde, wie je eine Schwester ihrem Bruder, empfand ich ein Wohlsein, wie es mir bisher fremd gewesen war, ein Familienleben, das mich mit einschloß, fast eine Heimat.

Der Boden war also bereitet. Was noch fehlte, war der dramatische Anstoß, das tief erschütternde Erlebnis:

> Was sich in mir regte, gewann Leben, als sich, bei der Nachricht von dem tödlichen Erkranken unsrer verstorbenen Freundin in Cardemin [Marie von Blanckenburg], das erste inbrünstige Gebet, ohne Grübeln über die Vernünftigkeit desselben, von meinem Herzen losriß, verbunden mit schneidendem Wehgefühl über meine eigne Unwürdigkeit zu beten, und mit Tränen wie sie seit den Tagen meiner Kindheit fremd gewesen waren. Gott hat mein damaliges Gebet nicht erhört, aber er hat es auch nicht verworfen, denn ich habe die Fähigkeit ihn zu bitten nicht wieder verloren, und fühle, wenn nicht Frieden, doch Vertrauen und Lebensmut in mir, wie ich sie sonst nicht mehr kannte.

Am Ende des Briefes heißt es:

> Welchen Wert Sie dieser erst zwei Monate alten Regung meines Herzens beilegen werden, weiß ich nicht; nur, hoffe ich, soll sie, was auch über mich beschlossen sein mag, unverloren bleiben; eine Hoffnung, die ich Ihnen nicht anders habe bekräftigen können, als durch unumwundene Offenheit und Treue in dem, was ich Ihnen, und sonst noch niemandem, hier vorgetragen habe, mit der Überzeugung, daß Gott es den Aufrichtigen gelingen lasse.

Die letzten Zeilen enthalten übrigens eine Unwahrheit: Moritz von Blanckenburg war ins Vertrauen gezogen worden und hatte den Entwurf des Briefes gesehen, vielleicht sogar Rat erteilt. Für den heutigen Leser schafft dieser Brief ohnehin mehr Zweifel als Gewißheit. Bismarck wollte etwas erreichen, das Jawort eines frommen Mannes zur Hochzeit seiner Tochter. Was soll man daher von seinem Glaubensbekenntnis halten, das nüchtern betrachtet nur besagt, daß der Verfasser neuerdings betet?

Wurde und blieb Bismarck ein Christ? Viele Abhandlungen, ganze Bücher sind dem Thema gewidmet worden, mit ungewissem Ergebnis.

Zu einem Kirchenchristen im üblichen Sinne hat sich Bismarck jedenfalls nicht entwickelt; von Christus ist überhaupt nur selten und sogar in dem „Werbebrief" an Heinrich von Puttkamer bloß beiläufig und floskelhaft die Rede. Der Gott Bismarcks trägt eher die Züge des Alten Testaments, des Herrn Davids, als die des Christengotts aus dem Neuen Testament. Es ist ein sozusagen kriegstauglicher Gott, mit dem man wider seine Feinde zu Felde ziehen kann, statt ihnen vergeben zu müssen. In sarkastischer Zuspitzung: Bismarcks Gott nimmt sich sehr bismarckisch aus.

Und das Gebot der Nächstenliebe? Bismarck konnte abgründig hassen; die Menschen, die ihm im Weg waren, hat er unerbittlich angegriffen, beiseite geschoben oder niedergetreten. Wenn man ihn dann moralisch bedrängte und an den christlichen Staatsmann appellierte, hat er höchst unwirsch reagiert:

> Wer mich einen gewissenlosen Politiker schilt, tut mir unrecht und soll sich sein Gewissen auf *diesem* Kampfplatz erst einmal versuchen... Wenn ich mein Leben an eine Sache setze, so tue ich es in demjenigen Glauben, den ich mir in langem und schwerem Kampfe, aber in ehrlichem und demütigem Gebete vor Gott gestärkt habe und den mir Menschenwort, auch das eines Freundes im Herrn und eines Dieners Seiner Kirche, nicht umstößt.

Doch hinter alledem findet man gleichwohl ein Kernstück der christlichen Botschaft, das Bismarck unbezweifelbar aufgenommen und stets beherzigt hat: Es gibt in dieser Welt kein Heil, das man mit Menschenmacht erreichen, keine Erlösung, die man herbeizwingen könnte, kein Paradies auf Erden, das die Heimkehr erlaubt oder das sich für die Zukunft als ein Endzustand der Geschichte planen und herstellen läßt. Ebendarum bleiben die

Welt und die Menschen in ihr auf die Gnade Gottes und die Erlösung angewiesen.

Dieser Einsicht, dieser Glaubensgewißheit verdankt Bismarck die unerhörte, fast beispiellose Nüchternheit seines Denkens und Handelns; in diesem Sinne darf man ihn noch im Rückblick einen christlichen Staatsmann nennen, wie es ihn nur selten gegeben hat.

In Bismarcks eigenen Worten:

> Die Weltgeschichte mit ihren großen Ereignissen kommt nicht dahergefahren wie ein Eisenbahnzug in gleichmäßiger Geschwindigkeit. Nein, es geht ruckweis vorwärts, aber dann mit unwiderstehlicher Gewalt. Man kann nur immer darauf achten, ob man den Herrgott durch die Weltgeschichte schreiten sieht, dann zuspringen und sich an seines Mantels Zipfel klammern, daß man mit ihm fortgerissen wird, so weit es gehen soll. Es ist unredliche Torheit und abgelebte Staatsklugheit, als käme es darauf an, Gelegenheiten zu schürzen und Trübungen herbeizuführen, um dann darin zu fischen.

Wer billig rechnet, mag von einer konservativen Haltung sprechen und sie Bismarcks Herkunft zuschreiben. Aber es handelt sich um viel mehr, um einen Sperriegel gegen die Weltanschauungen überhaupt, gegen alle Ideologien, sei es der Revolution oder der Konterrevolution.

Freilich muß man die Kehrseite bedenken. Wenn man Gott im eigenen Gewissen bloß noch darum befragt, was man von Augenblick zu Augenblick tun soll, kann die Antwort im Grunde nur lauten: das, was der Situation angemessen ist. Das heißt ohne alle Verbrämung: das, was Erfolg bringt. Es gibt keine übergeordneten Richtmaße, keine ethischen Prinzipien mehr, keinen Gedanken daran, daß es vielleicht auch einmal ehrenvoller sein kann, bei den Schwachen statt bei den Starken, bei den Verlierern statt bei den Siegern zu sein.

Aus diesen zwiespältigen Überlegungen gelangen wir zurück auf zuverlässigen Boden, wenn wir uns jetzt Johanna zuwenden. Sie war 1824 geboren, also 23 Jahre alt, als sie Bismarck heiratete. Sofern man sie nicht mit den Augen des Verliebten ansieht, wird man sie eine Schönheit kaum nennen dürfen – und hoch gebildet oder geistig bedeutend erst recht nicht. Die Gesichtszüge zeigen eher Strenge als Liebreiz; nur das dichte schwarze Haar wird immer gerühmt. Johanna besaß Temperament und schrieb lebendige Briefe, doch eigene politische Überzeugungen oder gar kritische Diskussionen mit dem Gemahl sind von ihr nicht überliefert. Sie beschränkte sich darauf, ihn zu umhegen und gegen alle zu eifern, die als die Feinde ihres Otto auftraten oder erschienen.

Johanna von Bismarck geborene von Puttkamer

Hinzuzufügen ist, daß Bismarck eine eigenständig urteilende Partnerin schwerlich ertragen hätte. Er verabscheute die politisierenden Frauen – besonders, aber keineswegs nur in der Gestalt Augustas, der Gemahlin Wilhelms I.; fast bis zum Verfolgungswahn schrieb er ihnen beinahe jedes Übelwollen und Unheil zu, das er finden oder erfinden konnte. Nein, was Bismarck bei Johanna suchte und fand, waren Zärtlichkeit, Liebe und Treue. Sie schuf ihm die uneinnehmbare Fluchtburg vor den inneren und äußeren Stürmen seines Lebens, die er brauchte.

Anfechtungen sind keineswegs ausgeblieben. Dennoch darf man von einer beispielhaft glücklichen Ehe sprechen. Sie wird bezeugt von Hunderten Briefen, die Bismarck der Braut und der Gattin geschrieben hat. Sie gehören zur herausragenden, wahrhaft großen Briefliteratur.

Nur wenige Zeugnisse seien hier angeführt. „Du bist mein Anker an der guten Seite des Ufers. Reißt der, so sei Gott meiner Seele gnädig." Das steht in einem Brief aus der Frühzeit der Ehe. Jahrzehnte später klingt es kaum anders: „Ich danke Gott und danke Dir für 40 Jahre unwandelbarer Liebe und Treue. Es waren 14 610 Tage, daneben 2088 Sonntage und zehn 29te Februare. Gute und schlimme, aber doch viel mehr gute."

Seltsam hölzern unterschreibt er im übrigen seine Briefe an die Gattin in der Regel mit „v. B.". Aber immer wieder überrascht und betört die Anschauungskraft dieser Briefe; man möchte gar nicht aufhören, sie zu lesen und weiterzugeben. Hier der Anfang eines

Reiseberichts von der Fahrt nach St. Petersburg, aus der Zwischenstation in Pskow vom 28. März 1859:

> Mein liebes Herz
> Rußland hat sich unter unsern Rädern gedreht, die Werste* bekamen Junge auf jeder Station, aber endlich sind wir im Eisenbahnhafen. 96 Stunden von Königsberg ohne Aufenthalt gefahren, nur in Kowno schliefen wir 4 Stunden, und 3 in Egypten [Station bei Dünaburg], ich glaube es war vorgestern. Jetzt ist mir sehr wohl, nur die Haut brennt mir, da ich fast die ganze Fahrt draußen saß, und wir zwischen 1 und 12 Grad Kälte wechselten. Im Wagen wars für Klüber und mich zu eng, weshalb ich mit Engel tauschte. Wir hatten so tiefen Schnee, daß wir mit 6 und 8 Pferden buchstäblich stecken blieben und aussteigen mußten. Noch schlimmer waren die glatten Berge, besonders hinunter; auf 20 Schritt brauchten wir eine Stunde, weil 4 Mal die Pferde stürzten und sich 8 unter einander verwickelten; dazu Nacht und Wind, eine rechte Winterreise in Natur...

Und hier noch der Bericht aus der großen Politik, von keinem geringeren Ereignis als der Kaiserproklamation zu Versailles am 18. Januar 1871:

> Mein Liebling
> ich habe Dir schrecklich lange nicht geschrieben, verzeih, aber diese Kaisergeburt war eine schwere, und Könige haben in solchen Zeiten ihre wunderlichsten Gelüste, wie Frauen, bevor sie der Welt hergeben, was sie doch nicht behalten können. Ich hatte als Accoucheur [Geburtshelfer] mehrmals das dringende Bedürfnis eine Bombe zu sein und zu platzen, daß der ganze Bau in Trümmer gegangen wäre. *Nötige* Geschäfte greifen mich wenig an, aber die unnötigen verbittern.

Politik als Beruf

Es ist langweilig, wenn man uns Witze oder Anekdoten erzählt, die wir schon kennen. Ähnlich ergeht es uns oft mit der Geschichte, weil wir sie von ihrem Ausgang her lesen und uns in die Dramatik des Geschehens nur noch mit Mühe zurückversetzen.

---

* früheres russisches Längenmaß; 1 Werst = 1,067 Kilometer

Nicht selten geraten wir sogar in die Gefahr, daß wir das Unwahrscheinliche für selbstverständlich nehmen, weil es sich tatsächlich ereignete.

Diese Gefahr besteht auch bei Bismarck. Der Reichsgründer, der überragende Staatsmann des 19. Jahrhunderts, steht uns vor Augen, nicht der unbedeutende Landjunker, der einer unter Tausenden war. Versetzen wir uns daher in die Lage des 32jährigen frischvermählten Mannes im Jahre 1847. Welche Wege in die Zukunft gab es für ihn?

Herkömmlich standen dem preußischen Adel zwei Karriereleitern zur Verfügung: die Offiziers- und die Beamtenlaufbahn. Doch die eine hat Bismarck gar nicht erst betreten, die andere hat er mutwillig selbst zerschlagen. Im Grunde blieb ihm nur das beschauliche Leben als Gutsherr, entweder im altmärkischen Schönhausen oder vielleicht, dank des Erbes seiner Frau, im hinterpommerschen Reinfeld, unterbrochen nur von Sommerwochen mit der Familie und mit Freunden am Ostseestrand von Stolpmünde, von Kuraufenthalten in Kissingen oder Bad Gastein – oder dann und wann einmal von Bildungsreisen nach Italien, Frankreich oder England, sofern man das Geld dafür zusammenbekam.

Aber die Bescheidenheit war seine Sache gerade nicht. Er blieb trotz Gott und Johanna dem eigenen, unbändigen Ehrgeiz ausgeliefert. Daher ist der Eindruck falsch, daß er „ganz ohne literarischen Ehrgeiz" war und daß ihm „sozusagen aus Versehen zu großer Prosa geriet", was er schrieb. Nein, Bismarck war ehrgeizig in allem, was er tat. Nur bei Namen verließ sich der Autor manchmal zu sehr auf den Sprachklang; zum Beispiel richtete er seinen „Werbebrief" an Herrn von Puttkammer – statt Puttkamer – und verkürzte Trieglaff zu Triglaf.

Aber wo konnte der Ehrgeiz sein Ziel finden? Den einzigen Weg bot die Karriere als Berufspolitiker – wobei zur Ironie des Sachverhaltes gehört, daß Bismarck von ihrer Institutionalisierung nichts wissen wollte und mit seinem späteren Widerstand gegen die Einführung von Diäten für Abgeordnete zu verhindern suchte, daß außerhalb von Staatsämtern eine breitere politische Führungsschicht ihre materielle Basis fand. Jedoch mußten die politischen Verhältnisse selbst erst in Bewegung geraten und aus sich heraus nach Männern verlangen, die bereit und fähig waren, die Führung zu übernehmen.

In der Zeit der Windstille zwischen dem Wiener Kongreß von 1815 und der Revolution von 1848 genügte eine wohlmeinende und insgesamt auch wohltätige, dabei gegen die Mitsprache der Bürger verriegelte Beamtenherrschaft unter königlichem Vorsitz. Preußische Politiker von Format gab es daher in dieser Zeit nicht, oder sie konnten sich nicht entfalten. In den deutschen und europäischen Fragen vertraute man sich der Führung Österreichs und dem „Fuhrmann Europas“ an, dem Fürsten Metternich. Staatsmänner wie den Freiherrn vom Stein und den Staatskanzler Hardenberg brauchte man in den bewegten Reformjahren zwischen dem preußischen Zusammenbruch von 1807 und dem Wiener Kongreß; nach 1815 sahen sie sich mehr und mehr in die Verteidigung, schließlich ins Abseits gedrängt. Übrigens stammten beide nicht aus Preußen. Charakteristisch ist auch, daß man 1818 den dänischen Gesandten in Berlin, Christian Günther Graf von Bernstorff, 1769 in Kopenhagen geboren, zum Außenminister berief und ihm für vierzehn Jahre die Amtsführung überließ.

Bismarck selbst hat in seinen „Gedanken und Erinnerungen“ anschaulich geschildert, wie schlecht es für ihn aussah:

> In der Zeit vor 1848 war für einen Kammergerichts-Auscultator und Regierungs-Referendar, dem jede Beziehung zu ministeriellen und höhern amtlichen Kreisen fehlte, kaum eine Aussicht zu einer Beteiligung an der preußischen Politik vorhanden, solange er nicht den einförmigen Weg zurückgelegt hatte, der durch die Stufen der bürokratischen Laufbahn nach Jahrzehnten dahin führen konnte, an den höhern Stellen bemerkt und herangezogen zu werden.

Der junge Bismarck träumte von einer diplomatischen Karriere, aber als er sich beim Außenminister Ancillon vorstellte, machte der ihm wenig Hoffnung:

> Der Minister hatte den Eindruck, daß die Kategorie unsres hausbacknen preußischen Landadels für unsre Diplomatie den ihm wünschenswerten Ersatz nicht lieferte ... Die Wirkung dieser Wahrnehmung zeigt sich deutlich, wenn man die Rangliste unsrer Diplomaten aus damaliger Zeit durchgeht; man wird erstaunt sein, so wenig geborne Preußen darin zu finden. Die Eigenschaft, der Sohn eines in Berlin accreditierten fremden

> Gesandten zu sein, gab an sich einen Vorzug. Die an den kleinen Höfen erwachsenen, in den preußischen Dienst übernommenen Diplomaten hatten nicht selten den Vorteil größerer *assurance* in höfischen Kreisen und eines größern Mangels an Blödigkeit vor den eingeborenen.

Keine Aussichten für den Ehrgeiz zum Handeln, eine Erfüllung zu finden? Die Geschichte liebt seltsame Wege. Sie *beschenkte* Bismarck mit der Revolution von 1848, gegen die er sich leidenschaftlich zur Wehr setzte, denn sie schuf ihm die Bühne, die er für seinen historischen Auftritt brauchte. Mit einem Schlag war das Biedermeier vorüber, „jene vormärzsündhaften Zeiten ..., wo Deutschland noch im Schatten kühler Sauerkrautköpfe gemütlich aß ... und das Übrige Gott und dem Bundestage anheimstellte". Die Konflikte der gesellschaftlichen Interessen und Anschauungen brachen auf, politische Bewegungen, Parteien formierten sich. Nicht zuletzt geriet die Jahrhundertfrage der Deutschen nach der Einheit ihrer Nation auf die Tagesordnung und ließ sich trotz des Scheiterns des Frankfurter Paulskirchenparlaments von ihr nicht mehr verbannen. Jetzt kam es auf Männer an, die im Sturm standhielten und zu steuern verstanden.

Daran fehlte es vor allem den Konservativen. Sie waren es gewohnt zu regieren, aber nicht, in einer offenen Arena um die Meinungsführerschaft zu fechten; die gehörte, nachdem die Revolution über die Zensur triumphierte, jetzt fast ausschließlich den liberalen und revolutionären Bewegungen. Ohnehin hatte sich eine kritische Publizistik längst entwickelt. Seit den dreißiger Jahren gewann das „junge Deutschland" seinen journalistisch und literarisch gleichbedeutenden Einfluß; zu ihm zählten Genies der Kritik wie Ludwig Börne und Heinrich Heine.

Die Konservativen verfügten zunächst nicht einmal über ein Presseorgan. Die *Neue Preußische Zeitung*, nach dem Eisernen Kreuz im Titelkopf bald allgemein *Kreuzzeitung* genannt, mußte im Revolutionsjahr 1848 erst gegründet werden. In Hermann Wagener fand sie einen fähigen Leiter, aber natürlich brauchte man Mitarbeiter. Einer der wichtigsten war für fast drei Jahre, bis zu seiner Ernennung zum Bundestagsgesandten, Bismarck.

Als Journalist übte Bismarck seine Feder an vielen Themen. So ging es in der Nummer 9 vom 11. Juli 1848 um einen „Stimmungs-

Bericht aus Hinterpommern", in der Nummer 101 vom 26. Oktober um die Aufhebung der hergebrachten Jagdprivilegien, die ihn besonders empörte. Allerdings blieben die meisten von Bismarcks Beiträgen zur Tagespolitik ungezeichnet, so daß es nicht leicht ist, sie zu erkennen.

Es ist seltsam, wie wenig der Pressemann von den Biographen und Historikern beachtet worden ist, so, als sei diese Rolle des großen Mannes nicht würdig. Seine späteren Erfolge, sei es als Ministerpräsident und Kanzler, sei es noch nach der Entlassung im Kampf gegen die verhaßten Nachfolger, haben auch etwas damit zu tun, daß er einst gründlich gelernt hatte, wie man Meinungen lenkt – oder sie manipuliert.

1848 stellte sich eine Aufgabe von besonderem Reiz. Es kam darauf an, für die Konservativen eine neue Sprache zu entwickeln, die sich vom feinsinnigen Plaudern in gehobenen Kreisen oder der höfischen Gesellschaft ebenso grundlegend unterschied wie vom Amtsdeutsch der Bürokratie. Angriffslustig drastisch und konkret mußte man sein, um die „Phrasen" des Gegners zu entlarven und den eigenen Anhängern deutlich zu machen, daß ihre Interessen dem Gemeinwohl dienten. Zweifellos kam Bismarck seine angeborene Neigung zum bildhaften Reden und Schreiben zugute. Aber hier, als Tagesschreiber in kritischer Zeit, hat er diese Begabung geübt und entwickelt.

Der Kampf um die Meinungsführerschaft war die eine, die Mobilisierung von Interessen die zweite, nicht weniger wichtige Aufgabe.

Tatsächlich ging es 1848 nicht nur um Verfassungsfragen, um Parlamentsrechte und die nationale Einigung. Die wirtschaftliche Entwicklung und der gesellschaftliche Umbruch im Zeichen der Industrialisierung hatten längst schon begonnen; jetzt aber traten die Gegensätze deutlich zutage, die damit verbunden waren, besonders zwischen dem aufstrebenden Bürgertum und der alten Elite, deren Existenzgrundlage die Landwirtschaft war. Es kam also darauf an, die jeweiligen Interessen zu organisieren, um sie schlagkräftig und durchsetzungsfähig zu machen.

Genau das versuchte das „Junkerparlament". Der große Grundbesitz sollte erkennen, was für ihn auf dem Spiel stand, und sich zusammenschließen. Darüber hinaus wollte man die ländliche Bevölkerung und die alten Mittelschichten, die Händler und

Handwerker, gewinnen, indem man ihnen vor Augen führte, daß der Untergang drohte, wenn man dem „Kapital“ und der Industrie das Feld überließ.

Man hat von Bismarck gesagt, daß er von volkswirtschaftlichen Fragen wenig verstand, und gewiß ist ihm die Entwicklung zur moderneren Industriegesellschaft im Kern immer fremd geblieben. Sogar seine Sprache zeugt davon: Sie gewinnt ihre Anschauungskraft aus historischen Bildern und – vor allem – aus der Vertrautheit mit einer vormodernen ländlichen Welt. Aber die eigenen Interessen mußte niemand dem Junker vorbuchstabieren.

Im historischen Kern ging es um die Möglichkeit eines preußisch-deutschen Elitenwechsels, zu dem die geographische Dimension ebenso gehört wie die gesellschaftliche und die wirtschaftliche. Preußen war seit der Grenzziehung von 1815 zweigeteilt; es hatte einen neuen und zukunftsträchtigen Schwerpunkt in Westfalen und im Rheinland gewonnen. Hier im Westen bahnte sich die stürmische Wirtschaftsentwicklung an, die im Ruhrgebiet einen Schwerpunkt bildete und im Gegensatz stand zu der weitgehenden Stagnation in den ostelbischen Provinzen, sofern man von Berlin und Oberschlesien absieht. Entsprechend setzte – etwas später – die große Bevölkerungswanderung von Osten nach Westen ein, in der sich die Verlagerung des Schwergewichts spiegelte. Entsprechend wurden aus bisher unbedeutenden Kleinstädten wie Dortmund, Essen und Düsseldorf fast über Nacht Zentren des Bergbaus, der Industrie und des Handels.

Mit der Revolution von 1848 griff das aufsteigende Bürgertum auch politisch nach der Macht, die ihm wirtschaftlich immer deutlicher zufiel. Der Ministerpräsident Ludolf Camphausen (1803–90) war ein Führer des rheinländischen Liberalismus, sein Finanzminister David Hansemann (1790–1864) eine der Schlüsselfiguren der Wirtschafts- und Bankenentwicklung. Natürlich gab es im Kabinett Camphausen-Hansemann noch andere, adlige Minister, zum Beispiel den Innenminister Alfred von Auerswald (1797–1870). Aber Auerswald wurde in Königsberg geboren und verkörperte den ostpreußischen Liberalismus, der sich von den brandenburgischen und erst recht von den pommerschen Verhältnissen kraß unterschied. Seine geistigen Traditionen verweisen zurück auf den großen Aufklärer Immanuel Kant, seine wirtschaftlichen Bedingungen auf einen sehr großen Grundbesitz, für den der Export wesentlich war.

Die bürgerlich geführte Regierung ist eine Episode geblieben; die Restauration siegte. Aber damit war der liberale Führungsanspruch noch nicht beseitigt. Im Gegenteil, je weiter die Entwicklung vorankam, desto deutlicher trat er hervor. Daß er schließlich gebrochen wurde, daß der alte Obrigkeitsstaat und die alte Adelselite im Glanz ihrer militärischen Leistungstüchtigkeit das Ansehen zurückgewannen, das sie verloren hatten, war dann Bismarcks Werk. Man hat ihn einen „weißen Revolutionär" genannt, doch darüber darf man den beispiellos erfolgreichen Konterrevolutionär nicht vergessen.

Es kam also darauf an, zunächst einmal elastisch zu reagieren, um den Gegenstoß um so stärker zu führen, wenn die Zeit dafür reif war.

Wir nähern uns damit der dritten und bedeutsamsten Aufgabe, die sich für Bismarck stellte: Es war wichtig, die konservative Partei schlagkräftig zu organisieren, um dann den parlamentarischen Kampf zu eröffnen. Diese Arbeit zahlte sich aus. Zwar wurden bei den Maiwahlen von 1848 die Konservativen fast völlig hinweggefegt, aber bei den Wahlen zum Abgeordnetenhaus vom Februar 1849 gewannen sie 53, bei den rasch folgenden Juliwahlen – nach dem neu eingeführten, bis 1918 gültigen Dreiklassenwahlrecht – 114 von 352 Sitzen. Hinzu kam, daß es etwa 70 fraktionslose Abgeordnete gab, von denen viele mit dem einsetzenden Stimmungsumschwung immer mehr nach „rechts" tendierten.

Im Februar 1849 wurde Bismarck nach einer heftigen Wahlschlacht im Bezirk Zauche-Belzig-Brandenburg mit knapper Mehrheit ins preußische Abgeordnetenhaus gewählt. Beim Siegesmahl sang man erst den Choral „Nun danket alle Gott" und dann das Trutzlied:

> Ich bin ein Preuße, kennt ihr meine Farben?
> Sie schweben mir weiß und schwarz voran:
> Daß für die Freiheit meine Väter starben,
> das deuten, merkt es, meine Farben an.
> Nie werd ich bang verzagen,

wie jene will ich's wagen.
Sei's trüber Tag, sei's heitrer Sonnenschein,
ich bin ein Preuße, will ein Preuße sein.

Darum in der Tat ging es: Gegen Schwarz-Rot-Gold und den „Nationalschwindel“ der Frankfurter Paulskirche kämpfte man um die preußische Selbstbehauptung, und Bismarck ließ sich darin von niemandem übertreffen.

Er zog auch praktische Konsequenzen. Nach seiner Wiederwahl im Juli 1849 verpachtete er Schönhausen und bezog mit seiner Familie eine Wohnung in Berlin, finanziell und räumlich gleichermaßen beengt. Die großstädtische Gemeinsamkeit dauerte vom Oktober 1849 bis zum Februar 1850. Dann erwies sich die Beengung als zu groß: Johanna fuhr mit den Kindern ins heimatliche Reinfeld, und bis zum Sommer 1851 sahen sich die Eheleute nur noch bei den wenigen und meist nicht sehr langen Besuchen in Hinterpommern, für die Bismarck die Zeit fand. Immerhin verdanken wir dieser Trennung viele seiner schönsten Briefe.

Die Politik sollte von nun an sein Beruf werden, und der ließ sich eben nur in der Hauptstadt ausüben. Die Politik als Beruf: Bismarck hat die Chance erkannt und ergriffen, die sich ihm mit der Revolution von 1848 unversehens und, in weiterer historischer Perspektive betrachtet, fast einzigartig bot. Denn auf der einen Seite genügte jetzt die Beamtenherrschaft nicht mehr, über die er in einem Brief an den Vater vom 29. September 1838 geschrieben hatte:

> Der preußische Beamte gleicht dem Einzelnen im Orchester; mag er die erste Violine oder die Triangel spielen: ohne Übersicht und Einfluß auf das Ganze, muß er sein Bruchstück abspielen, wie es ihm gesetzt ist, er mag es für gut oder schlecht halten. Ich aber will Musik machen, wie ich sie für gut erkenne, oder gar keine.“

Auf der anderen Seite gab es die Parteiorganisationen und Fraktionszwänge noch kaum oder allenfalls in den Anfängen, die bei ihrer vollendeten Entwicklung wiederum zum Konformismus, zur Orchesterdisziplin zwingen. Bismarck mußte also nur – aber was liegt nicht in diesem „nur“! – zuspringen, den „Mantel Gottes“ ergreifen und sich mit ihm fortreißen lassen.

Etwas später heißt es in einem Brief an den Vater:

> Für wenige berühmte Staatsmänner ... war übrigens wohl Vaterlandsliebe die Triebkraft, welche sie in den Dienst führte; viel häufiger Ehrgeiz, der Wunsch zu befehlen, bewundert und berühmt zu werden. Ich muß gestehen, daß ich von dieser Leidenschaft nicht frei bin...

Daß man für die Lebensverwirklichung einer großen Leidenschaft gerade im Fall des Gelingens einen Preis zahlen muß, hat Bismarck gewußt oder jedenfalls im Rückblick auf seine ebenso nüchterne wie bildhafte Art ausgesprochen. 1890, nach seiner Entlassung, vergleicht er die menschlichen Leidenschaften mit Forellen in einem Teich: „Eine frißt die andere auf, bis nur mehr eine dicke alte Forelle übrig bleibt. Bei mir hat im Laufe der Zeit die Leidenschaft zur Politik alle anderen Leidenschaften aufgefressen."

Die Frankfurter Lehrzeit

Im April 1849 wies Friedrich Wilhelm IV. die Kaiserkrone zurück, weil sie nicht aus Gottes Gnade, sondern aus den in seinen Augen unberufenen, um nicht zu sagen, schmutzigen Händen einer Volksversammlung stammte. Aber kaum von ungefähr hatte der König 1848 geschwankt, ob er sich von der Revolution fortreißen lassen oder Widerstand leisten sollte. Im Grunde seiner zwiespältigen Seele träumte er von altdeutscher Kaiserherrlichkeit und ihrer glorreichen Wiederkehr. Im Mai 1849 leisteten preußische Truppen Waffenhilfe, um Aufstände in Dresden, in Baden und in der bayerischen Pfalz niederzuwerfen und die bedrohten Fürsten zu retten. Doch zugleich setzte Friedrich Wilhelm dazu an, eine deutsche Union zu schaffen, beraten und vorwärts gedrängt von Joseph Maria von Radowitz (1797–1853), den Bismarck mit treffsicherer Bosheit „den geschickten Garderobier der mittelalterlichen Phantasie des Königs" nannte.

Die Gelegenheit schien günstig, nun doch, aber jetzt von den Fürsten her, ein kleindeutsches Kaiserreich unter preußischer Führung zu gründen. Österreich wurde durch den ungarischen

Aufstand gelähmt. Im März 1849 hatte der ungarische Reichstag das Haus Habsburg-Lothringen für abgesetzt erklärt und Ludwig Kossuth in das Amt eines Reichsverwesers berufen. Aber im Juni 1849 rückten russische Truppen in Ungarn ein, nachdem Österreich um Unterstützung gebeten hatte; mit ihrer Hilfe wurde der Aufstand bald und blutig unterdrückt; am 11. August dankte Kossuth ab und floh ins Ausland. Insgesamt wünschte Zar Nikolaus I. eine Rückkehr zu den vorrevolutionären Verhältnissen.

Jedenfalls kehrte Österreich machtvoll auf die deutsche Bühne zurück, und Friedrich Wilhelms Fürstenunion zerfiel sehr rasch. Im Grunde fühlten sich die Mittel- und Kleinstaaten im alten Deutschen Bund am besten aufgehoben, in dem sich die beiden Großmächte wechselseitig in Schach hielten. Zum 1. September 1850 lud Österreich zur Wiedereröffnung des Frankfurter Bundestages ein. Preußen stand unversehens fast isoliert da: Schwarzenberg* zeigte sich kriegsentschlossen, und auch Rußland nahm eine drohende Haltung ein. Bevor es zum Äußersten kam, trafen Schwarzenberg und der preußische Ministerpräsident Otto von Manteuffel** in Olmütz zu Verhandlungen zusammen. Vielmehr: Schwarzenberg diktierte am 29. November 1850 – im Beisein des russischen Abgesandten Meyendorff – die „Olmützer Punktation". Sie lief auf eine Kapitulation Preußens und den Verzicht auf alle Unionspläne hinaus.

Die Liberalen im Abgeordnetenhaus sprachen von Verrat und forderten sogar den Waffengang mit Wien. Aber auch die Konservativen standen vor einer Zerreißprobe. So wenig die meisten sich für die Unionspläne begeistert hatten, so sehr empörten sich viele über die „Schmach" von Olmütz. In dieser Situation hielt der Abgeordnete v. Bismarck-Schönhausen am 3. Dezember 1850 eine denkwürdige Rede. Wolle man denn wirklich den Krieg? fragt er.

> „Und, meine Herren, welchen Krieg? Keinen Feldzug einzelner Regimenter nach Schleswig oder Baden, keine militärische Promenade durch unruhige Provinzen, sondern einen Krieg

---

* Felix Fürst zu Schwarzenberg (1800–52), österreichischer Staatsmann
** Otto Theodor von Manteuffel (1805–82); seit 1850 Ministerpräsident und zugleich Außenminister

im großen Maßstab gegen zwei unter den drei großen Kontinentalmächten, während die dritte [Frankreich] beutelustig an unserer Grenze rüstet…

Dennoch würde ich vor diesem Krieg nicht zurückschrecken, ja ich würde dazu raten, wenn jemand imstande wäre, mir die Notwendigkeit desselben nachzuweisen oder mir ein würdiges Ziel zu zeigen, welches durch ihn erreicht werden soll und ohne den Krieg nicht zu erreichen ist. Warum führen große Staaten heutzutage Krieg? Die einzig gesunde Grundlage eines großen Staates, und dadurch unterscheidet er sich wesentlich von einem kleinen Staate, ist der staatliche Egoismus und nicht die Romantik, und es ist eines großen Staates nicht würdig, für eine Sache zu streiten, die nicht seinem eigenen Interesse angehört. Zeigen Sie mir also, meine Herren, ein des Krieges würdiges Ziel, und ich will Ihnen beistimmen.

Es ist leicht für einen Staatsmann, es sei in dem Kabinette oder in der Kammer, mit dem populären Winde in die Kriegstrompete zu stoßen und sich dabei an einem Kaminfeuer zu wärmen oder von dieser Tribüne donnernde Reden zu halten und es dem Musketier, der auf dem Schnee verblutet, zu überlassen, ob sein System Sieg und Ruhm erwirbt oder nicht. Es ist nichts leichter als das, aber wehe dem Staatsmann, der sich in dieser Zeit nicht nach einem Grunde zum Krieg umsieht, der auch nach dem Kriege noch stichhaltig ist."

Es ist ratsam, hier sehr genau hinzuhören: Große Staaten sind Machtgebilde, die kein anderes Ziel haben als die Bewahrung und wenn möglich Vergrößerung ihrer Macht. Dafür führen sie Krieg, wenn sich eine günstige Gelegenheit bietet, und niemand darf sie dann tadeln. Es geht um ein nüchternes Berechnen der Gefahren und Chancen; nur den Sentimentalitäten, der Stimmungspolitik, wie Bismarck sie in der deutschen Nationalbewegung am Werke sieht, wird der Kampf angesagt.

Übrigens könnte man in den Ausfall gegen die Romantik durchaus auch eine Kritik am König hineinlesen: Preußen sollte nicht deutschen Träumen nachjagen, sondern seine eigenen, preußischen Ziele verfolgen. Doch Bismarck wendet die Verlegenheit der Regierung um in die Offensive gegen die liberale Opposition und klagt sie der unverantwortlichen Kriegstreiberei an:

„Sollte niemand im Lande als die Majorität der Kammer einen solchen Prinzipienkrieg verlangen, so ist dies meiner Meinung nach kein Grund zum Kriege mit Österreich, sondern zum Kriege mit dieser Kammer. Dann wäre es Pflicht der Räte der Krone, sich zu erinnern, daß eine Kammer leichter mobil zu machen ist als eine Armee (Heiterkeit) und in einer Neuwahl das Volk zu fragen, ob es die Ansichten seiner Vertreter durch Wiederwahl gutheiße... (Lärm. Präsident: Ich bitte um Ruhe.) oder ob es durch seine Wahl zeigen will, daß es mit festem Vertrauen an dem Ministerium hängt, zu dessen Unterstützung – daran erinnern Sie sich, meine Herren – wir fast alle vor einem Jahr hierher geschickt wurden."

Wahrscheinlich ist hier eine Anmerkung wichtig, um sich vom Redner Bismarck ein zutreffendes Bild zu machen. Wenn man an den großgewachsenen und breitschultrigen, später auch massigen Mann denkt, dazu noch an Inhalt und Anlaß seiner Rede – Krieg und Frieden, Anklage der Opposition –, dann hört man unwillkürlich ein tiefes und lautes Donnergrollen. Aber in Bismarck steckte kein Baß, sondern eine ungewöhnlich hohe Stimmlage, und die Lautstärke war seine Sache nicht.

Harry Graf Keßler* hat eine andere Ansprache geschildert, die der alte Bismarck vor Studenten hielt, und viele Zeugnisse belegen, daß Rückschlüsse auf den jüngeren Sprecher erlaubt sind.

Leider habe ich nur einen Satz behalten: „Wir Deutschen, wenn wir einig sind, wir schlagen den Teufel aus der Hölle." Überraschend und im ersten Augenblick befremdet war der Gegensatz zwischen dieser Sprache und dem Vortrag des Fürsten. Seine Fistelstimme würde niemand, wenn sie auf einer Grammophonplatte aufbewahrt worden wäre, als die des „Mannes von Blut und Eisen" erkennen. Nichts vom preußischen Unteroffizier, von Schnarren und Kommandieren lag in ihr... Im Gegenteil, der Fürst befleißigte sich eines Salontones, sprach langsam und scheinbar stockend, als ob er um die Formulierung seiner Gedanken ringen müsse, mit langen Pausen, so wie ein großer Motor, der schwer in Gang kommt; dann allmählich fließender, immer aber leise, ohne Pathos, selbst den eben angeführten Satz in einem gleichgültigen Ton, wie wenn es sich um eine hingeworfene Floskel handelte.

* Deutscher Schriftsteller, 1868–1937

Friedrich Wilhelm IV. war seit 1840 König von Preußen

Doch zurück ins Jahr 1850: Die Liberalen kochten natürlich vor Zorn, als sie sich unerwartet in die Anklage versetzt sahen, die sie auf ihre Weise gerade noch selbst erhoben hatten. Aber die Konservativen triumphierten: Bismarck riß sie aus ihrer Verlegenheit heraus und rettete ihre Einheit. Umgehend ließen sie seine Rede drucken und in 20 000 Exemplaren im ganzen Lande verteilen.

Reden machen Leute; mit seinem Auftritt vor dem preußischen Abgeordnetenhaus am 3. Dezember 1850 hat Bismarck sich seinen Weg in die Zukunft geöffnet. Denn er befreite den König und die Regierung aus einer schwierigen Lage. War damit nicht seine Fähigkeit bewiesen, ein hohes politisches Amt zu übernehmen, womöglich als Außenminister? Friedrich Wilhelm IV. fand eine elegantere Lösung. Nachdem der alte Frankfurter Bundestag, wie er von 1815 bis 1848 bestanden hatte, wieder ins Leben trat, mußte man dort mit einem Gesandten vertreten sein. Und weil Bismarck sich demonstrativ auf den Boden von „Olmütz" gestellt hatte, konnte er die Aufgabe ohne Gesichtsverlust wahrnehmen. Andererseits mochte er sich dann an den Detailproblemen abarbeiten, in denen der Teufel steckte.

Denn im Grunde hielt der König Bismarck wohl noch immer für einen gefährlichen Hitzkopf, den man erst erziehen mußte und vom Entscheidungszentrum in Berlin besser fernhielt.

Wie auch immer: Bei einem so schwierigen und schwärmerischen, bei aller Unentschlossenheit doch höchst eigensinnigen König wie Friedrich Wilhelm IV. konnte Bismarck schwerlich die Regierungsmacht übernehmen, nach der sein Ehrgeiz strebte. Er wurde also am 15. Juli 1851 offiziell zum Bundestagsgesandten ernannt und blieb es bis 1858.

Wahrscheinlich verbrachte Bismarck in Frankfurt seine glücklichsten Jahre. Bald wurde ein Haus mit Garten gemietet. Hier genoß der Herr Gesandte mit seiner jungen Familie ein ungezwungenes Privatleben. Nach der Tochter Marie (1848) und dem Sohn Herbert (1849) wurde der zweite Sohn Wilhelm 1852 in Frankfurt geboren. Wie man lebte, schildert der Jugendfreund Motley, der die Bismarcks im Sommer 1855 besuchte:

> Es ist eines jener Häuser, wo jeder tut, was er will. Die Salons, wo sie offizielle Besuche empfangen, liegen an der Frontseite des Hauses. Ihre Wohnzimmer jedoch bestehen aus einem Salon und einem Eßzimmer an der Rückseite, zum Garten hin. Hier sind Jung und Alt beieinander, Großeltern und Kinder und Hunde alle zusammen, sie essen, trinken, rauchen, spielen Klavier und schießen [im Garten] mit Pistolen, alles zur selben Zeit. Es ist eine jener Wohnungen, wo alle irdischen Dinge, die man essen und trinken kann, angeboten werden – Portwein, Sodawasser, Bier, Champagner, Burgunder oder Rotwein sind fast immer dort –, und jeder raucht immerzu die besten Havanna-Zigarren.

Offenbar führte und genoß der Herr Gesandte, protokollgerecht als „Exzellenz“ anzureden, in der Bürgerstadt Frankfurt das behagliche Leben eines pommerschen Gutsherrn. Er liebte denn auch seine regelmäßigen Ausritte, und nur zu gern ließ er sich in der näheren oder weiteren Umgebung zur Jagd einladen.

Sehr schwer fiel es freilich Bismarck, im Bundestag auch nur protokollarisch den österreichischen Anspruch auf Vormacht zu ertragen. Fürst Metternich hatte seine feste Führung stets mit einem vollendeten Sinn für Formen verbunden, so daß er es den Menschen erleichterte, sich ihm unterzuordnen.

Doch das Österreich Schwarzenbergs war von anderem, weit härterem Zuschnitt. Womöglich noch schwerer wog ein anderer Unterschied. Graf Leo von Thun-Hohenstein, der österreichische Vorsitzende des Bundestages, stammte aus einer der großen böhmischen Magnatenfamilien, von deren Reichtum, Weltläufigkeit und Kunstsinn ein Junker aus der Altmark oder aus Pommern nicht einmal träumen durfte. Entsprechend sah sich Bismarck von oben herab behandelt, und es blieb ihm nur übrig, sich durch kratzbürstiges Verhalten zu rächen.

Ende November 1851 führte das ungleiche Paar ein nur der Form nach spielerisches Gespräch, von dem Bismarck protokollartig berichtet hat. Thun habe behauptet, daß ein überwiegender Einfluß Österreichs in der Natur der Dinge liege. „Er sprach wie Prosa und entwickelte großdeutsche Schwärmereien", spottete Bismarck. „Ich vervollständigte seinen Ideengang dahin, daß die Existenz Preußens, und noch weiter der Reformation, ein bedauerliches Faktum sei, wir beide könnten es aber nicht ändern, und müßten nach Tatsachen, aber nicht nach Idealen rechnen... Ein Preußen, welches, wie er sich ausdrückte, ‚der Erbschaft Friedrichs des Großen entsagte', um sich seiner wahren providentiellen Bestimmung als Reichs-Erzkämmerer hingeben zu können, bestehe in Europa nicht, und ehe ich zu einer derartigen Politik zu Hause riete, würde die Entscheidung durch den Degen vorgehen müssen." Thun wiederum habe Preußen mit einem Mann verglichen, „der einmal das Los von hunderttausend Talern gewonnen hat und nun seinen Haushalt auf die jährliche Wiederkehr dieses Ereignisses einrichte". Darauf Bismarck: „Wenn diese Ansichten in Wien so klar wären wie bei ihm [Thun], so sähe ich allerdings voraus, daß Preußen nochmals in der bewußten Lotterie werde setzen müssen; ob es gewinnen werde, stehe bei Gott." Da grollte schon voraus, was fünfzehn Jahre später im Kanonendonner von Königgrätz Wirklichkeit wurde.

Ein kluger Beobachter hätte wahrscheinlich erkannt, daß Preußen mit jedem Tag seines Stillhaltens gewann. Zu den großen, obwohl wenig auffälligen Leistungen der preußischen Bürokratie gehörte die Entwicklung des Deutschen Zollvereins, dem seit 1833 immer mehr Staaten beitraten, zuletzt am Anfang der fünfziger Jahre Hannover und Oldenburg. Der Zollverein förderte die deutsche Wirtschaftsentwicklung, die immer besser vorankam. Als nun Österreich zum Beitritt drängte, setzten ihm die deutschen Staaten ein beinahe einmütiges „Nein!" entgegen. Es paßte nicht mehr in den preußisch-deutschen Erfolgsrahmen; am Ende wurde es, im Februar 1853, mit einem Handelsvertrag abgefunden. Diese Entscheidung wog nüchtern betrachtet weit schwerer als die preußische „Schmach von Olmütz".

Oder um den Sachverhalt noch in anderer Perspektive zu beleuchten: Von 1787 bis 1850 wuchsen die preußischen Staatseinnahmen etwa ums Fünffache, die österreichischen nur um das Zweieinhalbfache. Dabei blieb Preußen fast schuldenfrei, während Österreich sich eine immer höhere Last aufbürdete. Das Kaiserreich lebte über seine Verhältnisse; Preußen wurde unmerklich, aber stetig stärker.

Edward Crankshaw hat über den Bundestagsgesandten geschrieben:

> Der Nachteil dieser Frankfurter Berufung, wenn man sie als wichtige Station im Werdegang eines Staatsmannes ansieht, war, daß sie Bismarck zu früh und zu ausschließlich auf auswärtige Politik konzentrierte. Er wußte ein wenig über Finanzen, aber beinahe nichts über Industrie und Handel, und er hatte überhaupt keine Kenntnis von der ungeheuren Macht, die die Entwicklung der Eisenbahnen, des Bergbaus und der Fabriken, vor allem aber von Kohle, Stahl und chemischen Industrien für den preußischen Staat bedeuten würden, den er immer noch (und noch jahrelang) für einen armen und rückständigen, schwachen Staat hielt, verglichen mit Österreich.

Ganz so war es denn doch nicht. Zumindest am Rande bekam Bismarck es auch mit den Verhandlungen über den Zollverein zu tun, und dafür wurde ihm ein junger Fachmann und Lehrmeister zugeordnet, der beste, der sich überhaupt finden ließ: Rudolf Delbrück (1817–1903), seit 1849 leitender Beamter im preußischen Handelsministerium und später, von 1867 bis 1876, Bismarcks wichtigster Mitarbeiter und Minister. Im übrigen lernte der Diplomat den Frankfurter Fürsten des Geldes kennen und schätzen: Amschel Meyer Rothschild (1773–1855). Der alte Mann beeindruckte Bismarck mit dem Stolz auf sein Judentum ebenso wie mit seiner Bescheidenheit, und es war durchaus nicht abwertend gemeint, wenn er schrieb:

> Dabei ist er ein kleines, mageres, eisgraues Männchen, der Älteste seines Stammes, aber ein armer Mann in seinem Palast, kinderlos, Witwer, betrogen von seinen Leuten und schlecht behandelt von vornehm französierten und englisierten Neffen, die seine Schätze erben, ohne Dank und ohne Liebe.

Das Haus Rothschild übernahm Bismarcks Bankgeschäfte und

gab später den höchst wertvollen Rat, sich in Berlin an Gerson Bleichröder zu wenden.

Das Verhältnis zwischen den Österreichern und dem Preußen in Frankfurt besserte sich nicht. 1855 schrieb Bismarck an seinen Außenminister Manteuffel:

> Ich war gewiß kein prinzipieller Gegner Österreichs, als ich herkam vor vier Jahren, aber ich hätte jeden Tropfen preußischen Bluts verleugnen müssen, wenn ich mir eine auch nur mäßige Vorliebe für das Österreich, wie seine gegenwärtigen Machthaber es verstehen, hätte bewahren sollen.

Und schon zwei Jahre vorher hieß es noch viel schärfer, daß „schon unserer geographischen Verwachsenheit wegen" die bestehende Lage unerträglich sei. Österreich und Preußen atmeten einander „die Luft vor dem Munde" fort; auf die Dauer müsse „einer weichen oder vom anderen gewichen werden".

Nun darf man sich freilich die Frankfurter Verhältnisse nicht als ein dauerndes diplomatisches Hauen und Stechen vorstellen. Alles in allem ging es sehr geruhsam zu, seit sich nach den unruhigen Jahren zwischen 1848 und 1851 die deutschen Bundesverhältnisse unter konservativen Vorzeichen wieder befestigt hatten. Die Dienstgeschäfte ließen sich meist im Bruchteil einer heute durchschnittlichen Wochenarbeitszeit erledigen. Bismarck fand Zeit zum Reisen; er besuchte viele der kleineren Residenzen, um sich über die dort herrschenden Verhältnisse zu informieren. Vorübergehend wurde er sogar nach Wien geschickt und reiste 1855 nach Frankreich, um die Weltausstellung zu besuchen und Napoleon III. kennenzulernen.

In Frankfurt schrieb der unterbeschäftigte, unruhige und mit der preußischen Politik höchst unzufriedene Gesandte viele Briefe oder auch Denkschriften, mit denen er seinen Außenminister, den König oder auch den Prinzen Wilhelm heimsuchte. In den „Gedanken und Erinnerungen" hat Bismarck Teile seines Briefwechsels mit Leopold von Gerlach (1790–1861), dem Generaladjutanten des Königs und konservativen Parteifreund, vom Frühjahr 1857 wiedergegeben – kaum von ungefähr, denn darin werden die politischen Vorstellungen des künftigen Staatsmannes mit beispielhafter Klarheit dargestellt.

Es ging ihm um den Begriff der Revolution, vor allem in der

Gestalt des Bonapartismus, als dem Gegenstück zur Legitimität. Gerlach verfügte nicht über Bismarcks mitreißende Sprachgewalt. Dennoch wird in seiner Antwort schnell deutlich, worauf er zielt. Er stellt die Verbindung von Innen- und Außenpolitik her, von der bei seinem Briefpartner nicht die Rede ist. Wenn man, wie 1848, als prinzipientreuer Parteigänger christlich-konservativer Politik gegen die Revolution und für die Legitimität des überkommenen Königtums kämpft, dann muß man das auch außenpolitisch tun, sich mit den anderen konservativen Mächten, wie Rußland und Österreich, zur gemeinsamen Abwehr der Gefahr verbinden und sich, wenn nötig, Hilfe leisten. Denn die Revolution macht vor Grenzen nicht halt, wie die Erfahrung zeigt: sie ist international. Und die Herrschaft Napoleons III. stammt aus der Revolution von 1848 wie die Napoleons I. aus der von 1789. Ein bonapartistisches Frankreich wird daher immer wieder dazu gedrängt, revolutionäre Kräfte zu unterstützen.

Ohne auf Gerlachs Argumente wirklich einzugehen, schrieb Bismarck am 11. Mai 1857:

> Berliner Nachrichten sagen mir, daß man mich am Hofe als Bonapartisten bezeichnet. Man tut mir Unrecht damit. Im Jahre 50 wurde ich von unsern Gegnern verräterischer Hinneigung zu Österreich angeklagt, und man nannte uns die Wiener in Berlin; später fand man, daß wir nach Juchten rochen, und nannte uns Spree-Kosaken. Ich habe damals auf die Frage, ob ich russisch oder westmächtlich sei, stets geantwortet, ich bin preußisch, und mein Ideal für auswärtige Politik ist die Vorurteilsfreiheit, die Unabhängigkeit der Entschließungen von den Eindrücken der Abneigung oder der Vorliebe für fremde Staaten und deren Regenten. Ich habe, was das Ausland anbelangt, in meinem Leben nur für England und seine Bewohner Sympathie gehabt und bin stundenweis noch nicht frei davon; aber die Leute wollen sich ja von uns nicht lieben lassen, und ich würde, sobald man mir nachweist, daß es im Interesse einer gesunden und wohldurchdachten preußischen Politik liegt, unsre Truppen mit derselben Genugtuung auf die französischen, russischen, englischen oder österreichischen feuern sehn. In Friedenszeiten halte ich es für mutwillige Selbstschwächung, sich Verstimmungen zuzuziehen oder solche zu unterhalten, ohne

daß man einen praktischen politischen Zweck damit verbindet, und die Freiheit seiner künftigen Entschließungen und Verbindungen vagen und unerwiderten Sympathien zu opfern...

Und in seinem Brief vom 30. Mai holt Bismarck noch einmal groß und grundsätzlich aus, nicht zuletzt müsse man nüchtern feststellen:

> Der Trieb zum Erobern ist England, Nordamerika, Rußland und andern nicht minder eigen als dem napoleonischen Frankreich, und sobald Macht und Gelegenheit sich dazu finden, ist es auch bei der legitimsten Monarchie schwerlich die Bescheidenheit oder die Gerechtigkeitsliebe, welche ihm Schranken setzt...
>
> Schlagen Sie mir eine andre Politik vor, und ich will sie ehrlich und vorurteilsfrei mit Ihnen diskutieren; aber eine passive Planlosigkeit, die froh ist, wenn sie in Ruhe gelassen wird, können wir in der Mitte von Europa nicht durchführen; sie kann uns heut ebenso gefährlich werden, wie sie 1805 war, und wir werden Amboß, wenn wir nichts tun, um Hammer zu werden...

Es ist kein Zufall, daß der alte Mann die vergilbten Texte nach Jahrzehnten wieder hervorsuchte, um der Nachwelt zu zeigen: Dies waren die geistigen Grundlagen, auf denen ich mein Werk errichtet habe. Nebenher wird sichtbar, daß die Verurteilung der Romantik und das Eintreten für den staatlichen Egoismus in der Rede vom 3. Dezember 1850 tatsächlich eine doppelte Frontstellung ankündigten: nicht nur gegen die liberale Opposition, sondern ebenso, obwohl zunächst noch verdeckt, gegen die konservative „Kamarilla"* des Königs.

Aber Bismarcks Werk ist zerbrochen, und im Jahrhundertrückblick wuchsen die Zweifel: Darf man wirklich die historischen Unterschiede so verwischen, wie es in den Briefen geschieht? Trat mit der Französischen Revolution nicht etwas radikal Neues zutage, verglichen etwa mit der „glorreichen" Revolution von 1688 in England?

Seit 1789 gab es, und zwar nicht als Gedankenkonstruktion,

---

* (lat.-span.) „Kämmerchen"; Bezeichnung für eine Günstlingspartei, die ohne verfassungsmäßige Befugnis unkontrollierbaren Einfluß auf einen Herrscher ausübt

sondern als geschichtliche Realität, den Prinzipienkampf zwischen Fürsten- und Volkssouveränität, zwischen Gottesgnadentum und dem Bürgerrecht auf Selbstbestimmung. Auffällig ist nicht zuletzt, daß Bismarck kein Wort über die nationalen Bewegungen verliert, die doch ebenfalls seit 1789 geschichtsmächtig wurden und in der Revolution von 1848 ihren Anspruch neu anmeldeten. Gerlach mochte ja „in seinen Ansichten veraltet" sein, aber er *reagierte* jedenfalls auf die Tiefenströmungen des Jahrhunderts, über die Bismarck sich jetzt hinwegsetzte, als gäbe es sie nicht. Kritisch betrachtet könnte man ihn erst recht veraltet nennen: Er wollte eine preußische Staats- oder Kabinettspolitik betreiben, so als lebte man noch vor 1789 in der Zeit Friedrichs des Großen. Übrigens hat er selbst ausdrücklich von Kabinettspolitik gesprochen und behauptet, daß sie möglich und notwendig sei, solange man einen demokratischen Umsturz nicht mehr befürchten müsse.

Allerdings begann in den fünfziger Jahren insgesamt ein Wandel. Von ihren Mißerfolgen ernüchtert, verwarfen Liberale wie Konservative immer mehr die bisherige „Ideenpolitik". 1853 erschien die einflußreiche Schrift von August Ludwig von Rochau, „Grundsätze der Realpolitik", die für die Zukunft das Stichwort lieferte. So gesehen hat Bismarck schließlich nur in die Wirklichkeit übersetzt, was ohnehin sich anbahnte.

Aber die Frage bleibt und bohrt, ob man denn mit dem „staatlichen Egoismus" und den Triumphen der Macht allein etwas Dauerhaftes begründen kann.

II

Im Wartezimmer

Friedrich Wilhelm IV. war der Schwärmer und Träumer unter Preußens Königen. Aber die Wirklichkeit zerschlug seine Träume – und mehr und mehr auch seine seelische Gesundheit. Im Jahre 1857 zog sich die Finsternis der geistigen Umnachtung um ihn zusammen, ein Schlaganfall kam hinzu, und daher übernahm sein Bruder Prinz Wilhelm Ende Oktober 1857 zunächst die Regierungsgeschäfte und im folgenden Jahr die Regentschaft.

Als Friedrich Wilhelm am 1. Januar 1861 starb, trat Wilhelm I. das Thronerbe an. Er war noch im anderen Jahrhundert, am 22. März 1797, als zweiter Sohn Friedrich Wilhelms III. und der Königin Luise geboren, also nun beinahe 64 Jahre alt, nach den Begriffen des Zeitalters fast schon ein Greis.

Eine hohe, bis zuletzt kerzengerade gerichtete Gestalt mit fast kahlem Kopf, aber eindrucksvollem weißem Backenbart, das Ebenbild eines preußischen Offiziers: So ist Wilhelm I. seinen Zeitgenossen begegnet und im Gedächtnis geblieben. Militärisch ist er auch erzogen und aufs Regieren kaum vorbereitet worden. Denn natürlich erwartete man nicht, daß sein älterer Bruder kinderlos bleiben würde.

Bismarck hat in den „Gedanken und Erinnerungen“ sein eigenes Porträt gemalt:

> Von dem Augenblicke des Antritts der Regentschaft an hatte Prinz Wilhelm den Mangel an geschäftlicher Vorbildung so lebhaft empfunden, daß er keine Arbeit Tag und Nacht scheute, um demselben abzuhelfen. Wenn er „Staatsgeschäfte erledigte“, so arbeitete er wirklich, mit vollem Ernst und voller Gewissenhaftigkeit. Er las *alle* Vorgänge, nicht bloß die, welche ihn anzogen, studierte die Verträge und Gesetze, um sich ein selbständiges Urteil zu bilden. Er kannte keine Vergnügungen, die den Staatsgeschäften Zeit entzogen hätten. Er las niemals Romane oder sonst Bücher, die nicht Bezug auf seinen Herrscherberuf hatten. Er rauchte nicht, spielte nicht Karten. Wenn nach einem Jagddiner in Wusterhausen die Gesellschaft sich in das Zimmer begab, in dem Friedrich Wilhelm I. das Tabakskollegium zu versammeln pflegte, so ließ er sich, damit die Anwesenden in seiner Gegenwart rauchen durften, eine der langen holländischen Tonpfeifen reichen, tat einige Züge und legte sie mit einem krausen Gesichte aus der Hand...

Legendär war die Bedürfnislosigkeit Seiner Majestät – wie die Wanne, die von Zeit zu Zeit vom benachbarten Hotel ins Schloß hinübergetragen wurde, so daß die Berliner wußten: Der Kaiser badet.

Bismarck fährt fort:

> Wenn er überzeugt war, daß Pflicht und Ehre, oder eins von beiden, ihm geboten, einen Weg zu betreten, so ging er ihn ohne Rücksicht auf die Gefahren, denen er ausgesetzt sein konnte, in der Politik ebenso wie auf dem Schlachtfeld.

Viktoria, Gemahlin des Kronprinzen Friedrich Wilhelm und Mutter Kaiser Wilhelms II.

Kronprinz Friedrich Wilhelm bestieg 1888 als Kaiser Friedrich III. den Thron.

> Einzuschüchtern war er nicht. Die Königin war es, und das Bedürfnis des häuslichen Friedens mit ihr war ein unberechenbares Gewicht, aber parlamentarische Grobheiten oder Drohungen hatten nur die Wirkung, seine Entschlossenheit im Widerstande zu stärken.

„Ein unberechenbares Gewicht": Solch grollende Nebenbemerkungen über die Frau an Wilhelms Seite durchziehen die „Gedanken und Erinnerungen" fast wie ein roter Faden. Hier, im Kapitel über den Kaiser, heißt es:

> Alle Gegner, die ich mir in den verschiedensten Regionen im Laufe meiner politischen Kämpfe notwendiger Weise und im Interesse des Dienstes zugezogen hatte, fanden in ihrem gemeinsamen Hasse gegen mich ein Band, das einstweilen stärker war als ihre gegenseitigen Abneigungen gegeneinander... Den Kristallisationspunkt für diese Übereinstimmung bildet die Kaiserin Augusta, deren Temperament, wenn es galt ihren Willen durchzusetzen, auch in der Rücksicht auf Alter und Gesundheit ihres Gemahls nicht immer Grenzen fand.

Bismarck verabscheute also, ja er haßte die Gegenspielerin, der nicht beizukommen war, weil Wilhelms Ritterlichkeit sie deckte. Diese Abneigung beruhte auf Gegenseitigkeit; nach Kräften und

Augusta, die Frau an der Seite Wilhelms I., lehnte Bismarck ab.

Der König und Kaiser Wilhelm I. wußte Bismarck zu schätzen.

mit einem zähen Willen hat die Königin, später Kaiserin Augusta, den Einfluß Bismarcks bekämpft.

Wie soll man diese Frau beurteilen? Sie war im Jahre 1811 als Tochter des Großherzogs von Sachsen-Weimar geboren und 1829 mit dem Prinzen Wilhelm vermählt worden; sie stammte aus dem deutschen Bildungsfürstentum, das durch Goethe geprägt war.

Sie dachte liberal und fand nicht in Preußen, sondern in England das Beispiel einer zeitgemäßen Monarchie. Zu ihren wenigen Triumphen gehörte, daß ihr Sohn, der Kronprinz Friedrich Wilhelm, im Jahre 1858 die Prinzessin Viktoria heiratete, die Tochter der britischen Königin Victoria.

Mit der Regentschaft Wilhelms I. begann, wie man es nannte, die „Neue Ära" preußischer Politik, ein Versuch, die konservativen Kräfte und die liberale Bewegung, den alten Staat und das aufstrebende Bürgertum zu einer Einheit zusammenzuführen. Das war das Programm der „Wochenblattpartei", die ihren Namen von einer 1852 gegründeten Zeitung ableitete, als Gegenstück zur konservativen *Kreuzzeitung*. In der englischen Entwicklung sah man ein Vorbild, und die Führer der Wochenblattpartei rückten jetzt zu Ministern auf, darunter der Sohn einer Frankfurter Bankiersfamilie Moritz Auerswald und, als Außenminister, Alexander Freiherr (später Graf) von Schleinitz. Das

Amt des Ministerpräsidenten übernahm Fürst Karl Anton von Hohenzollern-Sigmaringen, auch er ein Liberaler von gemäßigtem Zuschnitt. Keiner dieser Männer brachte Bismarck Sympathien entgegen, und Schleinitz war zudem noch ein Vertrauter der Prinzessin Augusta, die aus ihren Antipathien keinen Hehl machte. Als Schleinitz 1861 das Außenministerium abgab, wurde er zum Minister des königlichen Hauses ernannt.

Bei den Landtagswahlen von 1858 wurden die Konservativen fast zerschmettert. Sie schrumpften von 181 auf 47 Mandate. Noch schlimmer erging es den Konservativen drei Jahre später bei den Wahlen vom Dezember 1861: Sie retteten gerade noch 14 Sitze, und die Liberalen triumphierten.

Bismarck galt einerseits als der Günstling Friedrich Wilhelms IV. und seiner „Kamarilla", andererseits noch immer als ein erzreaktionärer Junker. Das eine wie das andere diente nun nicht mehr als Empfehlung. Folgerichtig wurde er aus Frankfurt abberufen und nach St. Petersburg versetzt. Das war zwar keineswegs ehrenrührig; traditionell galt die Gesandtschaft beim großen Nachbarn im Osten als besonders wichtig, als die krönende Adresse einer diplomatischen Laufbahn. Aber um eine Abschiebung handelte es sich dennoch und deutlich genug; so weit von Berlin entfernt konnte der unbequeme Mann kaum noch Unruhe stiften. Er sah sich gewissermaßen in ein Wartezimmer verwiesen; wann und ob überhaupt man ihn in die politische Praxis rufen würde, blieb höchst ungewiß.

Aber er nahm die Berufung nach St. Petersburg an, um sich „im Bärenpelz bei Kaviar und Elennsjagd" zu gedulden, bis das für ihn „schlechte Wetter" vorüber war. Ende März 1859 traf er am neuen Bestimmungsort ein und wohnte zunächst im Hotel Demidow am Newski Prospekt. Im Sommer fand er ein angemessenes Haus am Englischen Kai neben der Newabrücke nach Wassili Ostrow und ließ seine Familie nachkommen.

Der preußische Gesandte durfte sich nicht beklagen; er wurde nicht nur korrekt, sondern geradezu freundschaftlich aufgenommen, vom russischen Außenminister, dem Fürsten Gortschakow, ebenso wie vom Zaren Alexander II. Und Bismarck nutzte seine Zeit. Er lernte die Landessprache und sammelte Eindrücke.

Um nicht nur die Hauptstadt St. Petersburg kennenzulernen, unternahm Bismarck Reisen, und im Juni 1859 war er in Moskau.

Bei diesem Besuche in der alten Hauptstadt, der in die Zeit des italienischen Krieges fiel, war ich Zeuge einer merkwürdigen Probe von dem damaligen Hasse der Russen gegen Österreich. Während der Gouverneur Fürst Dolgoruki mich in einer Bibliothek umherführte, bemerkte ich auf der Brust eines subalternen Beamten unter vielen militärischen Dekorationen auch das eiserne Kreuz. Auf meine Frage nach dem Erwerb desselben nannte er die Schlacht von Kulm [29. und 30. August 1813], nach welcher Friedrich Wilhelm III. eine Anzahl etwas abweichend gestalteter eiserner Kreuze an russische Soldaten hatte verteilen lassen, das sogenannte Kulmer Kreuz. Ich beglückwünschte den alten Soldaten, daß er nach 46 Jahren noch so rüstig sei, und erhielt die Antwort, er würde noch jetzt, wenn der Kaiser es erlaubte, den Krieg mitmachen. Ich fragte, mit wem er dann gehn würde, mit Italien oder mit Österreich, worauf er stramm stehend mit Enthusiasmus erklärte: „Immer gegen Österreich." Ich machte ihn darauf aufmerksam, daß Österreich doch bei Kulm unser und Rußlands Freund und Italien unser Gegner gewesen sei, worauf er, immer in militärisch strammer Haltung und mit der lauten und weit hörbaren Stimme, die der russische Soldat im Gespräch mit Offizieren hat, antwortete: „Ein ehrlicher Feind ist besser als ein falscher Freund." Diese unverfrorne Antwort begeisterte den Fürsten Dolgoruki dergestalt, daß im nächsten Moment General und Unteroffizier in der Umarmung lagen und die herzlichsten Küsse auf beide Wangen austauschten. So war damals bei General und Unteroffizier die russische Stimmung gegen Österreich.

Bismarck war trotz seiner äußeren Robustheit ein höchst sensibler Mensch. Seine seelischen Empfindungen schlugen sehr rasch und sehr mächtig ins körperliche Befinden durch. Andererseits trug er selbst dazu bei, seinem Körper zu schaden und ihn für Krankheiten empfänglich zu machen, vor allem durch sein unmäßiges Essen und Trinken.

1859 traten Schmerzen im linken Bein auf, das zwei Jahre zuvor bei einem Jagdritt in Schweden verletzt und nicht richtig behandelt worden war, weil Bismarck von der Jagd nicht lassen wollte. Er war ja ein leidenschaftlicher Jäger und ein passionierter, obschon nicht immer sattelfester Reiter; im Jahre 1870 hat er einmal von den fünfzig schweren Stürzen erzählt, die ihm bis dahin unterlaufen waren. Die Beinbeschwerden griffen nun auf den ganzen Körper über; das Bein wurde durch einen Quacksalber falsch behandelt, so daß die Ärzte in St. Petersburg schließlich meinten, daß nur eine Amputation noch helfen könne. Aber Bismarck gab nicht auf; von Schmerzen gepeinigt und vom Fieber geschüttelt, reiste er nach Berlin, wo die Ärzte ihn und das Bein retteten. Nachdem er sich halbwegs erholt hatte, machte er sich im Oktober auf die Rückreise, brach aber auf einer Zwischenstation in Pommern mit einer schweren Lungenentzündung zusammen, die ihn beinahe das Leben kostete. Fast ein Jahr lang, vom Juli 1859 bis zum Juni 1860, blieb er dem Dienst fern.

Man kann verstehen, daß unter den gegebenen Umständen Bismarck ein höchst schwieriger Vorgesetzter war. Kurd von Schlözer, der begabte und zudem noch charakterfeste zweite Sekretär an der Petersburger Botschaft, notierte im April 1859:

> Mein neuer Chef ist ein Mann, der keine Rücksichten kennt, ein Gewaltmensch, der nach Theatercoups hascht, der imponieren will, der alles kennt, ohne es gesehen zu haben, alles weiß, obwohl er sehr vieles nicht weiß.

Irgendwie sind sich die beiden Männer dann doch nähergekommen. Schlözer wurde schließlich zum Vertrauten Bismarcks und zu einem der wenigen Menschen, deren Widerspruch er ertrug. Entsprechend änderte sich der Tonfall von der Ablehnung zum Respekt: „Ein höllischer Kerl ist er, aber – wo will er hinaus?“ Das war im August 1860. Und schließlich, im Oktober, entstand eine zukunftweisende Darstellung:

> Ich speise täglich, das heißt infolge täglicher spezieller Einladung, bei Bismarck, falls ich nicht sonst engagiert bin. Er ist die verkörperte Politik. Alles gärt in ihm, drängt nach Betätigung und Gestaltung. Er sucht der politischen Verhältnisse Herr zu werden, das Chaos in Berlin zu meistern, weiß aber noch nicht wie.

Die Berufung

Auf die Blütenträume der „Neuen Ära“ fiel bald schon der Reif. Ein Konflikt entbrannte, der mehr und mehr ins Grundsätzliche geriet. Läßt man alle Nebenfragen beiseite, so ging es im

Kern um die Reform und um die Vergrößerung des Heeres. Dafür war Geld erforderlich, und damit kam das Parlament, der preußische Landtag, ins Spiel. „Wer zahlt, schafft an“, sagt das Sprichwort: Gewann damit die liberale Mehrheit des Abgeordnetenhauses etwa ein Mitbestimmungsrecht, einen Zugriff auf die Armee, der das im Militärstaat Preußen geheiligte Recht des Königs untergrub – und womöglich zu Fall brachte?

Die Bedeutung dieser Frage war allen Beteiligten bewußt. Friedrich Christoph Dahlmann (1785–1860), einer der führenden Historiker und politischen Publizisten seiner Zeit, hatte die neueren geschichtlichen Erfahrungen in dem schicksalsschweren Satz zusammengefaßt: „Ein Parlament, welches die Kriegsmacht befehligt, ist der Krone Sturz.“ Genau das war der Alptraum der Konservativen. „Gegen Demokraten helfen nur Soldaten“, hieß der beschwörende Kehrreim der Revolutionsjahre 1848/49.

1851 hat Ernst Ludwig von Gerlach den Sachverhalt farbig beschrieben:

> Ohne das Institut des Leutnants – so spottete neulich eine revolutionäre Zeitung – könnte nach Meinung der Kreuzzeitungs-Partei der Preußische Staat nicht bestehen. Wir bekennen uns freudig zu dieser verspotteten Meinung. Die Leutnants sind fundamentaler als die Kammern. Ohne die Leutnants, die bei kurzem Solde und geringem Avancement nichts weiter fordern als das in ihren Familien seit vielen Generationen ererbte Vorrecht, sich, sowie ein Krieg ausbricht, in Massen totschießen zu lassen, ohne solche Leutnants ... kann die preußische Armee nicht bestehen. Sie muß eben, um Preußisch und Armee zu bleiben, das Brot des Königs von Preußen essen und nicht das Brot der 2. Kammer.

Dies läßt schon vorausdenken an das berühmt-berüchtigte Wort des westpreußischen Gutsherrn Elard von Oldenburg-Januschau (1855–1937), wenige Jahre vor dem Ersten Weltkrieg ins Parlament geschleudert:

> Der König von Preußen und der deutsche Kaiser muß jeden Moment imstande sein, zu einem Leutnant zu sagen: „Nehmen Sie zehn Mann und schließen Sie den Reichstag!“

Der Kampf um das Heer gehört zu den großen Hintergrundthemen der preußisch-deutschen Geschichte im 19. Jahrhundert;

in ihm ging es nicht nur symbolträchtig, sondern sehr handfest um die Entscheidung zwischen dem alten Obrigkeitsstaat und einer Verfassungsordnung, die die Volksvertretung in den Mittelpunkt stellt.

In der „Neuen Ära“ ging es vor allem um drei Fragen. Erstens sollte das Heer vergrößert werden. Denn noch immer wurden, wie seit 1815, jährlich nur 40 000 Wehrpflichtige einberufen. Aber die preußische Bevölkerung hatte sich von 10 auf 18 Millionen fast verdoppelt. Preußens Heeresstärke blieb hinter Frankreich, Österreich und Rußland weit zurück.

Zweitens handelte es sich um die Länge der Dienstzeit: Zwei oder drei Jahre? war hier der Streitpunkt. Schließlich, aber nicht zuletzt kämpfte man um das Verhältnis der aktiven Truppe zur Landwehr, wie Scharnhorst* und der „Vater der Landwehr“, Hermann von Boyen (1771–1848), sie entworfen hatten. Zur Landwehr gehörte, daß ihre Offiziere nicht vom König ernannt, sondern gewählt wurden – also ein verdächtig demokratisches Element.

Als der Konflikt sich abzeichnete und der Kriegsminister Eduard von Bonin, ein Verfechter der Verständigung mit dem Parlament, zurücktrat, berief der König im Dezember 1859 Albrecht von Roon (1803–79) zum Nachfolger. Der war ein Konservativer härtester Prägung, dabei ein Mann von scharfem Verstand und hoher Bildung. Übrigens stammte er aus Pommern; sein Neffe war Moritz von Blanckenburg, Bismarcks pietistischer Freund. Durch diese pommerschen Verbindungen wurden Bismarck und Roon schon früh miteinander bekannt und bald auch zu politischen Verbündeten.

Die meisten Minister der „Neuen Ära“ waren wie die Abgeordneten an einer Einigung interessiert. Die Truppenvermehrung war ohnehin kaum strittig. Wie denn sonst, wenn man vorrechnete, daß allein die französische Armee fast ums Dreifache stärker war als die preußische? Gerade die Liberalen ließen sich im deutschen, im nationalen Sinne von niemandem übertreffen; sie waren gewissermaßen als die Kinder der „Wacht am Rhein“ aufgewachsen, wie sie Max Schneckenburger 1840 erdichtete:

---

* Gerhard Johann David von Scharnhorst (1755–1813), preußischer General und Heeresreformer

Es braust ein Ruf wie Donnerhall,
wie Schwertgeklirr und Wogenprall:
Zum Rhein, zum Rhein, zum deutschen Rhein,
wer will des Stromes Hüter sein?
Lieb Vaterland, magst ruhig sein,
fest steht und treu die Wacht am Rhein.

In der Frage der Dienstzeit hätte bei gutem Willen die Regierung nachgeben können. Besonders hoch schlugen die Wogen im Kampf um die Landwehr; ihre Abschaffung erschien den Liberalen als ein Attentat auf die Errungenschaften von 1813.

Roon legte sein Gesamtkonzept zur Heeresreform im Februar 1860 vor und begann sehr bald auch mit der Durchführung. Haushaltstechnisch sollte es sich um ein Provisorium bis zur endgültigen Einigung mit dem Landtag handeln, aber in Wahrheit betrieb der Minister eine Politik der vollendeten Tatsachen. Fatal war vor allem, daß er behauptete, weiter auf der Grundlage des Wehrgesetzes von 1814 zu stehen. Die parlamentarische Zustimmung sei daher gar nicht nötig, nur „aus Entgegenkommen" lege man die neuen Regelungen zur Beratung vor. Aber jeder wußte, daß das ein Schwindel und das ureigene Recht des Parlaments auf Geldbewilligung betroffen war. Damit wuchs sich der Streit um die militärischen Sachfragen zum Verfassungskonflikt aus.

Am 6. März 1862 stellte die Mehrheit des Abgeordnetenhauses der Regierung eine Art von Ultimatum: Der Haushalt sollte so aufgeschlüsselt werden, daß sich nirgendwo mehr Mittel für eine Weiterführung der Heeresreform verstecken ließen. Im Gegenzug löste der König das Parlament auf, schrieb Neuwahlen aus und berief ein neues Ministerium, das deutlich konservativ geprägt war, freilich mit der Ausnahme von Roon kaum Männer von politischem Format vorweisen konnte. Für jeden sichtbar hatte die mit großen Hoffnungen begonnene Politik der „Neuen Ära" ihr Ende erreicht.

Die Wahlen vom 6. Mai 1862 erwiesen sich als die schiere Katastrophe. Die konservative Partei ging noch einmal von 14 auf 11 Sitze zurück; die liberale Opposition verfügte jetzt über eine Dreiviertelmehrheit.

Und wie verhielt sich in diesen kritischen Monaten und Jahren das Mitglied des Herrenhauses Otto von Bismarck-Schönhausen?

Er übte sich in der Geduld, die eigentlich seine Sache nicht war. Aber für ihn hieß das Motto: Je schlimmer es kommt, desto besser. Denn er wußte, daß Roon auf ihn setzte und ihn dem König als Nothelfer vorschlagen würde, wenn es gar keinen anderen Ausweg mehr gab.

Aber daß Bismarck es nur falsch machen konnte, wenn er vorzeitig sein Versteck verließ, um sich dem König mit einer Art von Regierungsprogramm vorzustellen, zeigt eine Episode des Jahres 1861. Am 10. Juli traf der Herr Gesandte auf der Reise in den Urlaub in Berlin ein. Der König war nicht mehr dort, sondern zur Kur nach Baden-Baden gereist, in die Sommerresidenz seines Schwiegersohns, des Großherzogs von Baden. Gefragt oder ungefragt fuhr Bismarck ihm nach und wurde zu einem Gespräch empfangen. Der König bat um eine schriftliche Ausarbeitung, und Bismarck verfaßte daraufhin seine Baden-Badener Denkschrift, die er später noch, am hinterpommerschen Ferienort, zur danach benannten Reinfelder Denkschrift ausarbeitete.

Die Denkschrift lief auf eine entschiedene Abwendung von der Politik hinaus, die man bisher im Zeichen der „Neuen Ära" betrieben hatte. Diese Politik versuchte, in der Innenpolitik „moralische Eroberungen" zu machen, und verzichtete nach außen auf jeden Fortschritt. Genau umgekehrt müsse man verfahren: Je liberaler und fortschrittlicher man nach außen in der deutschen Frage auftrete, desto konservativer könne man im Innern bleiben. Preußen solle eine grundlegende Reform des Deutschen Bundes und dazu eine „nationale Vertretung des Deutschen Volkes bei der Bundes-Zentralbehörde" fordern, als „das einzige und notwendige Bindemittel, welches den divergierenden Tendenzen dynastischer Sonderpolitik ein ausreichendes Gegengewicht zu geben vermag".

Bismarck war viel zu sensibel, um nicht sehr bald zu begreifen, daß seine Baden-Badener Mission ein Mißerfolg war. Er hat daraus die Lehre gezogen, die sich in einen Satz fassen läßt: nie mehr Programme, mit denen man sich festlegt und auf die man festgelegt wird! Er hat damit die künftigen Historiker und seine Biographen gehörig hinters Licht geführt. Natürlich handelte er pragmatisch, von Augenblick zu Augenblick, wie die Situation es gebot. Aber das heißt doch nicht, daß er ohne Ziel war. Um ein

Bild zu gebrauchen: Bismarck glich dem Bergsteiger, der einen Gipfel erreichen will und sich dabei durch unbekanntes Gelände Schritt um Schritt seinen Weg ertastet.

Im Sommer 1862, nach dem für ihn verheerenden Ausgang der Wahlen, geriet Wilhelm I. an den Rand der Resignation. Mehr und mehr setzte sich der Gedanke in ihm fest, daß es nur noch einen ehrenvollen Ausweg geben könne: den Thronverzicht zugunsten seines Sohnes. Der Thronerbe, Friedrich Wilhelm, war 1831 geboren und erreichte nun seine besten Jahre, ein großer und gutaussehender Mann. Unter dem Einfluß der Mutter und seit 1858 vor allem Viktorias, seiner ihm geistig überlegenen und willensstärkeren englischen Frau, dachte er mehr national und liberal als altpreußisch und war daher populär; als ein noch junger König, als der Repräsentant einer wirklich neuen Ära wäre er gewiß umjubelt und von großen Hoffnungen begleitet worden. Doch er weigerte sich, jetzt das Erbe anzutreten. Ein wirklich, wie in England, aus dem Zentrum der Macht entferntes Königtum, dazu noch auf einen Königsrücktritt gegründet, war wohl doch nicht nach seinem ererbten Hohenzollern-Geschmack.

Als die Verfassungskrise sich im Frühjahr 1862 dramatisch zuspitzte, wurde Bismarck aus Petersburg abberufen. Am 10. Mai, vier Tage nach der Wahl zum Abgeordnetenhaus, traf er in Berlin ein, und sofort wurde ihm zugetragen, daß er wohl als neuer Ministerpräsident vorgesehen sei, um den Kampf mit der liberalen Opposition auszufechten. Aber der König zauderte noch. Bismarck sah sich also erst in Eile herbeigeholt und dann auf ein Abstellgleis geschoben. Das Ergebnis war, daß er zum Gesandten in Paris ernannt wurde – nicht ohne den diskreten Hinweis, daß dies wohl nicht als endgültig, sondern als eine Art von Wartestand zu verstehen sei. Selbst einem Mann mit stärkerem Nervenkostüm wäre das als Zumutung erschienen.

Napoleon III., von den Vorgängen in Berlin offenbar gut unterrichtet, empfing Bismarck als den „kommenden Mann". In diesem Sinne berichtete der Gesandte seinem Außenminister, dem Grafen Albrecht von Bernstorff, über den Kaiser der Franzosen: „Er ist ein eifriger Verfechter deutscher Einheitspläne, das heißt kleindeutscher, nur kein Österreich darin." Er, Bismarck, sei „etwas in die Lage Josephs bei der Frau von Potiphar gekommen", denn Napoleon lagen schon „die unzüchtigsten Bündnisvorschläge auf der Zunge", und „wenn ich etwas entgegengekommen wäre, so hätte er sich deutlicher ausgesprochen".

Schon für den nächsten Tag folgte eine Einladung nach Fontainebleau, und da blieb an Deutlichkeit nichts mehr zu wünschen übrig. Bismarck versuchte wörtlich wiederzugeben, was der Kaiser sagte: „Glauben Sie, daß der König geneigt sein würde, ein Bündnis mit mir zu schließen?" Bismarck meinte, daß das durchaus denkbar sei, nur müsse jedes Bündnis ein konkretes Motiv oder Ziel haben. Darauf Napoleon: „Ich spreche von einem Bündnis nicht im Blick auf irgendein abenteuerliches Unternehmen; aber ich finde, daß Frankreich und Preußen so viele gemeinsame Interessen haben, daß darin die Grundlagen für eine enge und dauerhafte Verbindung zu finden sind." Eine praktische Voraussetzung war übrigens gerade geschaffen worden: Der Deutsche Zollverein und Frankreich hatten im März 1862 einen sehr weit gehenden Handelsvertrag geschlossen, der die beiden Wirtschaftsgebiete füreinander öffnete.

Man spürte zwischen den Zeilen Bismarcks Befriedigung; nach Lage der Dinge konnte sich ein Bündnis zum beiderseitigen Vorteil nur gegen Österreich richten. Wilhelm I. allerdings war entsetzt; wie für Leopold von Gerlach gehörte zu den politischen Urerlebnissen seiner Jugend die Schreckenszeit der napoleonischen Eroberung 1806/07 und dann, 1813, der Kampf um die Befreiung im Schulterschluß mit Österreich.

Bismarck fand dann noch Zeit, für ein paar Tage nach London zu reisen und dort mit dem Oppositionsführer Benjamin Disraeli ebenso Gespräche zu führen wie mit dem Premierminister Lord Palmerston und dem Außenminister Earl Russell.

Von einem Erfolg kann man nicht reden, und Bismarck selbst hat sich beklagt: „Über Preußen wissen die englischen Minister weniger wie über Japan und die Mongolei." Immerhin soll Disraeli über Bismarck gesagt haben: „Hütet euch vor dem Mann! Er meint, was er sagt."

Wahrscheinlich muß man Bismarck die Ungewißheit zugute halten, unter der er litt. Zwei Briefe, im Abstand von knapp zwei Monaten verfaßt, machen seine Anspannung sichtbar. In einem Brief an Roon hieß es am 15. Juli:

> Ich bin jetzt hier [in Paris] überflüssig, weil kein Kaiser, kein Minister, kein Gesandter mehr hier ist. Ich bin nicht sehr gesund, und diese provisorische Existenz mit Spannung auf „ob und wie“ ohne eigentliche Geschäfte beruhigt die Nerven nicht. Ich ging meiner Ansicht nach auf 10 bis 14 Tage her und bin nun 7 Wochen hier, ohne je zu wissen, ob ich in 24 Stunden noch hier wohne. Ich will mich dem Könige nicht aufdrängen, indem ich in Berlin vor Anker liege...

Unter diesen Umständen möchte Bismarck sich dem aufreibenden Wartestand entziehen und bittet dringend um sechs Wochen Urlaub.

Aber nach dem Urlaub ist immer noch nichts entschieden. Am 12. September schreibt daher Bismarck aus Montpellier an den Außenminister Bernstorff und bedrängt den „verehrtesten Freund und Gönner“, endlich Gewißheit zu schaffen:

> Ich habe meine Frau und Kinder seit dem 8. Mai nicht gesehn und führe seitdem eine Existenz, welche allen Gewohnheiten eines Familienvaters widerspricht. Die Meinigen sind auf dem Lande in Hinterpommern, meine Sachen noch in Petersburg, meine Wagen in Stettin, meine Pferde in Schönhausen, und ich selbst weiß nicht, wo ich mein Haupt zu Winter niederlegen werde.

Zwischen den beiden Briefen liegt die so dringend erbetene und endlich bewilligte „Kur“. Bismarck ging erst nach Trouville, wo er sich langweilte, dann nach Biarritz. Dort traf er alte Bekannte aus Petersburg, den Fürst und die Fürstin Orlow. In einem Brief an Johanna vom 11. August hieß es:

> Ich bin ganz Seesalz und Sonne. Seit Orlows hier sind, fehlt es mir auch nicht an Umgang. Ihn kennst Du, und sie würde Dir ebenso gefallen, ganz Deine Abneigung gegen Hof und Salon, wie ein pommersches Fräulein mit grade genug Anflug der großen Welt. Heut sind wir von 7 bis 10 früh spazieren gegangen, über Felsen und Heiden, dann ich noch allein bis nach 12 auf den von der Ebbe bloßgelegten Klippen geklettert, 3 Stunden faul auf dem Sofa gelegen, lesend und träumend, um 3 ins Wasser, aus dem ich am liebsten gar nicht wieder herausgegangen wäre; ich blieb über 1/2 Stunden drin und hatte nachher das Gefühl, daß mir nur die Flügel fehlen, um zu fliegen. Nach dem Essen ritten wir spazieren, im Mondschein bei der Ebbe den festen Strand entlang, und

dann ging ich noch wieder allein. Du siehst, die alte Rüstigkeit kommt wieder… Jetzt ist es 10, und ich lege mich zu Bett, stehe um 6 auf und bade zweimal morgens. Ich spreche nur von mir, wie Du siehst, wie ein alter Gesundheits-Hypochonder; aber was soll ich Dir von hier melden sonst, als daß Luft und Wasser wie Balsam sind. Möge der Herr Euch ebenso gesund erhalten. Mit herzlichsten Grüßen für alle Dein v. B.

Doch nicht Luft und Wasser allein schaffen den Balsam und die Lust zu fliegen. An die Schwester Malwine schrieb der träumende Badegast: „Seit die Orlows gekommen sind, lebe ich mit ihnen, als ob wir allein auf dem Lande wären, und ich habe mich etwas in die niedliche Prinzessin verliebt."

Das „etwas" ist stark untertrieben. Katharina Orlow, geborene Prinzessin Trubetzkoi, war gerade 22 Jahre alt, und Hals über Kopf, mit aller nur denkbaren Leidenschaft, hatte Bismarck sich in sie verliebt, wie vor seiner Ehe wohl nur in Marie von Thadden oder vielleicht auch einmal in Isabella Loraine-Smith, die den jungen Referendar dazu brachte, seinen Dienst in Aachen pflichtwidrig zu verlassen. Aber jetzt handelte es sich um den reifen, seit fünfzehn Jahren verheirateten Mann. Dabei „geschah" freilich nichts, was in einer Schlüssellochperspektive nennenswert wäre. Es handelte sich „nur" um das Spiel der Erotik auf hohem Niveau und schmalem Grat, von dem wir kaum noch etwas wissen, weil zu ihm zugleich die über viele Generationen ererbte und anerzogene Diszipliniertheit gehört. Katharina Orlow hat im Rückblick von einem „freien, unabhängigen Dasein" gesprochen, das „voller Träume" war, von einer „Zeit voll Torheit, Fröhlichkeit und Poesie inmitten einer entzückenden Natur".

Und nochmals ein Brief des Gemahls an die Gattin:

Falaise de Goelands 19. Aug. 62

Mein liebes Herz

Das Datum oben wirst du vergeblich auf allen Karten suchen. 1/4 Meile nördlich von Biarritz ist eine enge Schlucht im Felsenufer, rasig, buschig und schattig, unsichtbar für alle Menschen, durch zwei Felsen mit Heidekraut in Blüte sehe ich das Meer grün und weiß in Schaum und Sonne; neben mir die reizendste aller Frauen, die Du sehr lieben wirst, wenn Du sie

> näher kennst, ein Stückchen Marie Thadden..., aber originell für sich, lustig, klug und liebenswürdig, hübsch und jung. Orlow liegt vor uns auf dem Rasen und raucht, sie schreibt an ihre Mutter... Ich schreibe auf einem Buch, nicht recht leicht zu machen, im Grase sitzend, unter Tamarindenbüschen. Bin lächerlich gesund und glücklich...

Johanna hat natürlich nicht im einzelnen gewußt, aber wohl geahnt, was vorging. An den Freund der Familie Robert von Keudell schrieb sie:

> Wenn ich Anlage zu Neid und Eifersucht hätte, könnte ich mich jetzt wahrscheinlich bis in tiefste Abgründe von diesen Leidenschaften tyrannisieren lassen. In meiner Seele ist aber gar kein Stoff dazu vorhanden, ich freue mich nur immerzu ganz ungeheuer, daß mein lieber Gemahl die reizende Frau dort gefunden, ohne deren Gesellschaft er nimmer solange Ruhe auf einem Fleck gehabt hätte und dann nicht so gesund geworden wäre, wie er's in jedem Briefe rühmt.

Uns, den Nachgeborenen, fällt es nicht immer leicht, Johanna gerecht zu werden. In der Regel ist so viel Enge und sogar Aggressivität an ihr, wenn sie „bis ins tausendste Glied" die wirklichen oder auch nur eingebildeten Feinde ihres Mannes mit Wut und Haß verfolgt. Aber womöglich wissen wir keinen Rat mehr, wenn wir sagen sollen, was Bismarck denn an diese Frau band, mit der er eine beispielhaft glückliche Ehe führte. Die Antwort heißt unwandelbare Liebe; wir finden ihre Spur in dem eben zitierten Brief.

Für Bismarck handelte es sich in der Begegnung mit Katharina Orlow um die letzte heftige Verliebtheit seines Lebens. Vielleicht hat er das geahnt und sie um so intensiver genossen. Genauer muß man allerdings sagen: Seine andere, die noch größere politische Leidenschaft griff nun nach ihm und erfaßte ihn ganz. Sie erwies sich am Ende als die „dicke alte Forelle", die alle ihre Konkurrenten aufgefressen hatte.

In Berlin trieb der Verfassungskonflikt seiner Entscheidung zu. Entweder mußte man den Landtag schon wieder auflösen und Neuwahlen ausschreiben; aber niemand glaubte mehr ernsthaft an ein besseres Ergebnis als am 6. Mai. Oder man mußte sich mit der Opposition einigen, das heißt den Konflikt durch Einlenken beenden. Dazu allerdings war Wilhelm I. nicht bereit:

> Parlamentsregierung, Volksbewaffnung, hinter dem Parlament der König nichts als Präsident – zu dieser Rolle erniedrige ich mich nicht.

Nun schlug Bismarcks Stunde. Am 18. September erhielt er ein Telegramm, das berühmt werden sollte: PERICULUM IN MORA. DÉPÊCHEZ-VOUS. L'ONCLE DE MAURICE HENNING. („Gefahr im Verzuge. Beeilen Sie sich. Der Onkel von Moritz Henning.") Die Unterschrift beruhte auf Verabredung: Henning war der zweite Vorname Moritz von Blanckenburgs, und sein Onkel, der Absender, war Albrecht von Roon. Bismarck handelte sehr schnell. Am 20. September, einem Sonnabend, traf er nach 25 Stunden Bahnfahrt in Berlin ein.

Er fand die bisherige Regierung in Auflösung vor; der Außenminister Graf Bernstorff und der Finanzminister von der Heydt hatten bereits ihren Rücktritt eingereicht. Das schicksalsträchtige Gespräch zwischen Wilhelm I. und seinem künftigen Ministerpräsidenten fand dann am Nachmittag des 22. September in der Sommerresidenz des Königs in Babelsberg bei Potsdam statt. Wir wissen darüber nur, was Bismarck berichtet hat, aber es gibt keinen Anlaß, an seiner Darstellung zu zweifeln. Wilhelm I. eröffnete die Aussprache „ungefähr" mit den Worten:

> „Ich will nicht regieren, wenn ich es nicht so vermag, wie ich es vor Gott, vor meinem Gewissen und meinen Untertanen verantworten kann. Das kann ich aber nicht, wenn ich nach dem Willen der heutigen Majorität des Landtags regieren soll, und ich finde keine Minister mehr, die bereit wären, meine Regierung zu führen, ohne sich und mich der parlamentarischen Mehrheit zu unterwerfen. Ich habe mich deshalb entschlossen, die Regierung niederzulegen, und meine Abdicationsurkunde, durch die angeführten Gründe motiviert, bereits entworfen." Der König zeigte mir das auf dem Tisch liegende Aktenstück in seiner Handschrift, ob bereits vollzogen [unterschrieben] oder nicht, weiß ich nicht...
>
> Es gelang mir, ihn zu überzeugen, daß es sich für ihn nicht um Konservativ oder Liberal in dieser oder jener Schattierung, sondern um Königliches Regiment oder Parlamentsherrschaft handle und daß die letztre unbedingt und auch durch die Periode der Diktatur abzuwenden sei. Ich sagte „In dieser Lage werde ich, selbst wenn Eure Majestät mir Dinge befehlen sollten, die ich nicht für richtig halte, Ihnen zwar

> diese meine Meinung offen entwickeln, aber wenn Sie auf der Ihrigen schließlich beharren, lieber mit dem König untergehn, als Eure Majestät im Kampf mit der Parlamentsherrschaft im Stich lassen."

Auf diese Weise hat Bismarck den König immer wieder angesprochen und damit Wilhelms altertümliche Vorstellungen ebenso angerührt wie seine persönlichen Empfindungen, etwa wenn er sagte: „Ich fühle wie ein kurbrandenburgischer Vasall, der seinen Lehnsherrn in Gefahr sieht. Was ich vermag, steht Euer Majestät zur Verfügung."

Fast nebenher erreichte Bismarck, daß er nicht auf ein Regierungsprogramm festgelegt wurde, sondern – Treue um Treue – freie Hand zum Handeln bekam. Amtlich datiert seine Ernennung vom folgenden Tag, dem 23. September 1862. Wie die Öffentlichkeit reagierte, hat Bismarck auf seine burschikose Weise schon vorweggenommen, als er in seinem Brief an Roon vom 15. Juli 1862 behauptete, daß sein alter schlechter Ruf von „leichtfertiger Gewalttätigkeit" ihm beistehen und man sagen werde: „Nanu gehts los."

Freund und Feind

„Die eigentliche politische Unterscheidung ist die Unterscheidung von Freund und Feind. Sie gibt menschlichen Handlungen ihren politischen Sinn; auf sie führen schließlich alle politischen Handlungen und Motive zurück." Darum gilt: „Die Höhepunkte der großen Politik sind zugleich die Augenblicke, in denen der Feind in konkreter Deutlichkeit als Feind erblickt wird."

Diese Sätze stammen von einem berühmten oder berüchtigten Staatsrechtslehrer des 20. Jahrhunderts, Carl Schmitt, der 1888 geboren wurde. Und sie klingen, als seien sie an Bismarck abgelesen. Dem Kampf gegen die Revolution von 1848 verdankte er seinen Zutritt zur politischen Bühne, und ohne die Zuspitzung des Verfassungskonflikts zwischen Krongewalt und Parlament wäre er niemals in das Amt des preußischen Ministerpräsidenten berufen worden.

Alle Welt wartete gespannt auf den ersten parlamentarischen

Auftritt des neuen Mannes. Er erfolgte am Abend des 30. September 1862 in der Budgetkommission des Abgeordnetenhauses, und niemand wurde enttäuscht. Er sagte, was seine Zuhörer elektrisierte:

> „Nicht auf Preußens Liberalismus sieht Deutschland; Bayern, Württemberg, Baden mögen dem Liberalismus indulgieren [ihm Nachlaß gewähren], darum wird ihnen doch keiner Preußens Rolle anweisen; Preußen muß seine Kraft zusammenfassen und zusammenhalten auf den günstigen Augenblick, der schon einige Male verpaßt ist; Preußens Grenzen nach den Wiener Verträgen [von 1815] sind zu einem gesunden Staatsleben nicht günstig; nicht durch Reden und Majoritätsbeschlüsse werden die großen Fragen der Zeit entschieden – das ist der Fehler von 1848 und 1849 gewesen –, sondern durch Eisen und Blut."

Hieraus wurde bald ein geflügeltes Wort, nur um des Sprachklangs willen mit einer Umkehrung der Reihenfolge – und Bismarck sah sich abgestempelt: „der Mann von Blut und Eisen".

Liest man die Sätze in ihrem Zusammenhang und mit kühlem Kopf, so wird deutlich, daß Bismarck eine Kampfansage kaum beabsichtigte. Er wollte den Abgeordneten zeigen, warum die Heeresreform notwendig war und daß sie den ureigenen Zielen der Liberalen, der nationalen Einigung, dienen werde, die sich 1848 mit „Reden und Majoritätsbeschlüssen" eben nicht erreichen ließ. Doch wer wollte das damals hören, wer konnte es glauben? Selbst die Freunde, falls Bismarck sie noch hatte, blickten betreten beiseite. Der Aufschrei der Feinde aber war einhellig.

Aber wie wirkte die Rede in der Budgetkommission auf den Mann, von dem alles abhing, auf den König? Bismarck hat seine eigene, hinreißende Geschichte erzählt:

> Als ich um die Erlaubnis bat, die Vorgänge während seiner Abwesenheit darzulegen, unterbrach er mich mit den Worten:
>
> „Ich sehe ganz voraus, wie das alles endigen wird. Da vor dem Opernplatz, unter meinen Fenstern, wird man Ihnen den Kopf abschlagen und etwas später mir." ... Als er schwieg, antwortete ich mit einer kurzen Phrase „Et après, Sire?" – „Ja, après, dann sind wir tot!" erwiderte der König. „Ja", fuhr ich fort, „dann sind wir tot, aber sterben müssen wir früher oder später doch, und können wir anständiger umkommen? Ich selbst im Kampfe für die Sache meines Königs, und Eure Maje-

> stät, indem Sie Ihre königlichen Rechte von Gottes Gnaden mit dem eignen Blute besiegeln ... Ludwig XVI. lebte und starb in einer schwächlichen Gemütsverfassung und macht kein gutes Bild in der Geschichte. Karl I. dagegen, wird er nicht immer eine vornehme historische Erscheinung bleiben, wie er, nachdem er für sein Recht das Schwert gezogen, die Schlacht verloren hatte, ungebeugt seine königliche Gesinnung mit seinem Blut bekräftigte? Eure Majestät sind in der Notwendigkeit zu fechten, Sie können nicht kapitulieren, Sie müssen, und wenn es mit körperlicher Gefahr wäre, der Vergewaltigung entgegentreten."
>
> Je länger ich in diesem Sinne sprach, desto mehr belebte sich der König und fühlte sich in die Rolle des für Königtum und Vaterland kämpfenden Offiziers hinein. Der Beweis der Richtigkeit meiner Beurteilung ergab sich daraus, daß der König, den ich ... matt, niedergeschlagen und entmutigt gefunden hatte, ... in eine heitre, man kann sagen fröhliche und kampflustige Stimmung geriet, die sich den empfangenden Ministern und Beamten gegenüber auf das Unzweideutigste erkennbar machte.

Niemand weiß, was zwischen beiden wirklich besprochen wurde. Wie Bismarck die Stimmung des Königs schildert, ist ein Beispiel dafür, daß wir uns hüten müssen, seiner auf die Publikumswirksamkeit berechneten Selbstdarstellung leichthin zu vertrauen. Nur dies scheint sicher und wird von der Erzählung gespiegelt: Er wußte genau, wie Seine Majestät bei seiner Offiziersehre zu packen und dadurch zu beeindrucken war.

Bevor wir fortfahren, sollten wir eine Vorstellung von dem „Feind" gewinnen, gegen den der neue Ministerpräsident zum Kampf berufen wurde. Im Parlament haben wir es mit dem zivilen Preußen zu tun, mit einer Honoratiorenversammlung von hohem Rang. Der Besitz spielt eine bedeutende Rolle, auch der Grundbesitz. Ebenso sind Gelehrte zu nennen, darunter Forscher von Weltrang wie Rudolf Virchow (1821–1902), einer der schärfsten Gegner Bismarcks. Auch Historiker wie Heinrich von Sybel (1817–95) treten kaum weniger heftig auf.

Die weitaus größte Berufsgruppe bilden die Beamten. Besitz, Beamtentum, Bildung: Diese Dreifaltigkeit prägt die höchst ansehnliche Männerversammlung – denn Frauen besitzen weder das aktive noch das passive Wahlrecht –, die Bismarck zum Kampf fordert.

Wenn man sich den zivilen Charakter des Abgeordnetenhauses vorstellt, dann wird verständlich, daß die Gegenüberstellung von „Reden und Majoritätsbeschlüssen“ und „Blut und Eisen“ wie eine Kriegserklärung, wie das rote Tuch auf den Stier wirken mußte und daß niemand mehr auf Zwischentöne hören wollte. Denn was konnten die Abgeordneten anderes tun als Reden halten und Mehrheitsbeschlüsse fassen? Wurde ihnen also nicht ins Gesicht gesagt, daß es auf sie nicht ankam?

Was sollte Bismarck tun? Es blieb ihm kaum etwas anderes übrig, als auf Zeit zu spielen. Im Oktober wurde das Abgeordnetenhaus erst einmal vertagt. Doch ohne offenkundigen Verfassungsbruch ließ es sich nicht auf die Dauer ausschalten; im Januar 1863 mußte es wieder einberufen werden, weil die Haushaltsberatung anstand. Das Parlament ging sofort daran, eine „Adresse“ an Seine Majestät den König zu entwerfen, mit der Bitte oder Aufforderung, den unhaltbaren Zuständen ein Ende zu machen, das heißt, das Ministerium zu entlassen und die Einigung zu suchen. Daraufhin hielt Bismarck seine zweite wichtige Rede, diesmal nicht vor einer Kommission, sondern vor dem Plenum des Parlaments. Er sagte unter anderem:

> „Durch diese Adresse werden dem Königlichen Hause der Hohenzollern seine verfassungsmäßigen Regierungsrechte abgefordert, um sie der Majorität dieses Hauses zu übertragen. (Große Unruhe. Dazwischen Rufe: Ganz richtig!)“

Die Festlegung des Haushalts, meinte Bismarck, setze das Zusammenwirken von Regierung, Herrenhaus und Abgeordnetenhaus voraus. Wenn keine Einigung zustande komme, trete ein Notstand ein. Dann müsse die Regierung nach ihrem Ermessen handeln, wie sie es für richtig halte. Denn sie trage die Verantwortung dafür, daß das Staatsleben geordnet weitergehe.

> „Keiner der Beamten hat der Regierung seine Mitwirkung verweigert, keiner hat erklärt, sein Gehalt vom ersten Januar an nicht empfangen zu wollen. Ich will daraus gar keinen Vorwurf machen, ich ziehe nur den Schluß daraus, daß die Überzeugung, wir hätten verfassungswidrig gehandelt, nicht so unumstößlich dasteht; sonst hätte unter den Tausenden von Beamten doch einer Gewissensregungen empfunden und seine Mitwirkung unter dieser Regierung verweigert.“

Im Hinweis auf die Beamten, die ihr Gehalt nicht verweigerten, steckte natürlich ein gehöriges Stück Bismarckscher Bosheit: Unter den Zuhörern des Herrn Ministerpräsidenten befanden sich ja sehr viele Beamte. Blickt man tiefer, so erkennt man das grundlegende Verfassungsproblem, das in Preußen und dann auch im Deutschen Reich bis 1918 bestand. Auf der einen Seite gab es die Regierungsmacht, die sich aus der hergebrachten Souveränität, der Legitimität, dem Gottesgnadentum des Monarchen ableitete. Auf der Gegenseite stand seit der Epochenwende von 1789 das Grundrecht des Bürgers auf politische Selbstbestimmung – und damit der Souveränitätsanspruch der Nation oder des Staatsvolkes. Jedes Parlament aber, das diesen Namen verdient, wird vom Volk gewählt, und sei es auch nach dem preußischen Dreiklassenwahlrecht. Die Volksvertretung verkörpert den Souveränitätsanspruch der Bürgergesellschaft.

Diese doppelte Souveränität schließt die Möglichkeit, ja die Wahrscheinlichkeit des Zusammenstoßes ein, der zur Verfassungskrise führt. Ein konsequentes Verfassungssystem muß darum zum Entweder-Oder drängen: Entweder gilt die Souveränität von „oben", vom Fürsten her, oder die von „unten", die den Satz zum Prinzip hat: „Alle Staatsgewalt geht vom Volke aus."

Bismarck hat dann bis 1866 keine große Rede mehr gehalten und sich durchweg auf knappe Regierungserklärungen beschränkt. Er versuchte, das Parlament gleichsam links liegenzulassen und das öffentliche Interesse an ihm auszutrocknen. Der Konflikt aber schleppte sich unentschieden hin: Die Regierung handelte, wie sie es für richtig hielt, und der Landtag protestierte. Allerdings blieb die Situation für Bismarck unbehaglich genug: Früher oder später und wenn möglich sehr bald würde er Erfolge vorweisen – oder schmählich geschlagen abtreten müssen.

Noch ein Jahr des Wartens

Viele Geschichtserzählungen eilen von der Konfliktzeit vorwärts zu den Triumphen des Reichsgründers. Bismarck selbst brauchte die Erfolge wirklich sehr dringend und hätte sie gewiß gern geerntet, falls sich dazu nur irgendwo eine Möglichkeit bot.

Aber er dachte viel zu nüchtern, um nicht zu wissen: „Ein willkürliches, nur nach subjektiven Gründen bestimmtes Eingreifen in die Entwicklung der Geschichte hat immer nur das Abschlagen unreifer Früchte zur Folge gehabt.“ Wer nicht warten kann, verliert.

Das Abwarten fiel schwer genug. Im Jahre 1863 war der preußische Ministerpräsident ein sehr einsamer Mann; es gab keine starke Partei, auf die er sich stützen konnte, dafür Feinde ringsum, und die öffentliche Meinung strafte ihn mit Geringschätzung, wenn nicht mit Verachtung. Sein einziger Halt war der König, der die ererbten Vorrechte hartnäckig verteidigte und doch vielen Einflüssen ausgesetzt war, die sich kaum berechnen ließen. Daß Bismarck in dieser Situation geduldig blieb und sich nirgendwo zu vorschnellem Handeln hinreißen ließ, daß er dagegen manches tat, was ihn noch unpopulärer machte, als er ohnehin schon war, gehört zu seinen vielleicht größten Leistungen. Er vermied jede Gefälligkeit, selbst auf die Gefahr, sein Bild für die Nachwelt in eine düstere Perspektive zu rücken. Um den Sachverhalt anschaulich zu machen, soll hier von einigen Episoden dieses Jahres die Rede sein.

Nicht zum ersten und letzten Mal in der neueren Geschichte kam die polnische Frage auf die Tagesordnung. Dazu äußerte sich der Ministerpräsident 1863: „Die Wiederherstellung des Königreichs Polen in irgendeinem Umfang ist gleichbedeutend mit der Herstellung eines Bundesgenossen für jeden Gegner, der uns angreift.“

Das allerdings war kaum aus der Luft gegriffen. Österreich konnte seine polnischen Gebiete preisgeben, ohne bedeutende Einbußen zu erleiden; Rußland, das den Hauptteil Polens besetzt hielt, war ein riesiges Reich, eine Großmacht auch dann, wenn es sich von der Weichsel zurückzog; wahrscheinlich hätte es sich sogar einer Bürde entledigt.

Für Preußen handelte es sich fast um eine Existenzfrage. Es gab ein deutsch-polnisches Mischgebiet in Oberschlesien, dann das überwiegend polnisch besiedelte Großherzogtum Posen und vor allem das westpreußische Problem: das Gebiet zwischen Pommern und Ostpreußen – mit Danzig und dem weit nach Ostpreußen hineinragenden Ermland.

Es war abzusehen, daß ein wiedererstandenes Polen jede sich

bietende Gelegenheit nutzen würde, um seine alten und unvergessenen Ansprüche auf den westpreußischen Besitz durchzusetzen – so wie es nach der deutschen Niederlage im Ersten Weltkrieg ja auch geschehen ist. Wenn aber Polen einen „Korridor" zur Ostsee gewann, dann stürzte die deutsche Landbrücke zwischen Pommern und Ostpreußen ein. Bismarcks harte Haltung stammte daher aus der Angst vor den polnischen Gebietsforderungen.

Im Januar 1863 brach nun ein polnischer Aufstand gegen die russische Besatzungsmacht los. Bismarck reagierte sofort und aktiv; er schickte den Generaladjutanten des Königs, Gustav von Alvensleben, nach Petersburg, der dort am 8. Februar die „Alvenslebensche Konvention" abschloß. Sie besagte, daß die preußischen und russischen Befehlshaber einander Beistand leisten sollten und dabei, wenn nötig, auch die Grenzen überschreiten durften. Dazu ist es nicht gekommen; die russischen Armeen wurden allein mit dem Aufstand fertig. Bismarck aber feierte noch im Rückblick, was er tat:

> Die Konvention war ein gelungener Schachzug, der die Partie entschied, die innerhalb des russischen Kabinetts der antipolnische monarchische und der polonisierende panslawistische Einfluß gegeneinander spielten.

Mehr noch haben Historiker den Schachzug gefeiert. Er habe, so heißt es, die russische Freundschaft und damit die Rückendeckung gesichert, die 1870 im Krieg gegen Frankreich nötig war. Aber berechnete Bismarck wirklich schon um Jahre voraus, was noch weit und sehr ungewiß in der Zukunft lag?

Zunächst einmal handelte er sich neuen Ärger ein. Denn die britische Regierung zeigte sich empört – und der Kaiser der Franzosen erst recht. Napoleon III. suchte seine europäische Führungsrolle darin, daß er, wie in Italien, überall die nationalen Freiheitsbewegungen unterstützte. „Ce n'est pas un homme sérieux", kein ernst- oder ehrenhafter Mann: So urteilte Napoleon III. schon 1862, als Bismarck sich nach seinem kurzen Gesandtschaftsgastspiel verabschiedete. Jetzt sah er sich bitter bestätigt.

Fast wie Napoleon urteilte die öffentliche Meinung in Deutschland. Von Anbeginn fühlte sich die Freiheits- und Nationalbewegung dem Unabhängigkeitskampf der Polen geradezu schwärmerisch verbunden. Daß der deutsche und der polnische Nationalismus, mit- und gegeneinander entflammt, schließlich verheerend zusammenstoßen mußten, sah man noch kaum.

Ins Frühjahr und in den Sommer 1863 fällt eine seltsame Episode: Bismarck führte Gespräche mit dem Arbeiterführer Ferdinand Lassalle. Die Ausgangspositionen hätten unterschiedlicher kaum sein können; der Junker, der die Vorrechte seines Königs verteidigte, traf auf einen Mann, der 1825 als Sohn eines jüdischen Kaufmanns geboren wurde, ein abenteuerliches Leben führte, von der Revolution träumte und am 23. Mai 1863 den „Allgemeinen Deutschen Arbeiterverein" gründete. Heinrich Heine hat ihn 1846 charakterisiert: „Herr Lassalle ... ist ein junger Mann ... mit der gründlichsten Gelehrsamkeit, mit dem weitesten Wissen, mit dem größten Scharfsinn, der mir je vorgekommen..."

Man kann verstehen, daß die ungleichen Partner voneinander fasziniert waren. Beide folgten keinen vorgegebenen Bahnen und genossen ihre Gedankenspiele. Sie trafen sich auch darin, Verfassungsprobleme nicht nur als Rechts-, sondern als Machtfragen anzusehen. Jeder dachte im übrigen an seinen eigenen Vorteil. Bismarck war daran interessiert, Lassalles Arbeitervereine gegenüber der linksliberalen Fortschrittspartei als Druckmittel zu benutzen. Praktische Folgen ergaben sich freilich nicht. Im übrigen starb Lassalle schon 1864 bei einem Duell. Aber noch im Rückblick hat Bismarck dem Gesprächspartner seinen Respekt bezeugt. Er würde sich gefreut haben, erklärte er 1879 – und mit einem Seitenhieb auf die durchschnittlichen Herren von Adel –, „einen ähnlichen Mann von dieser Begabung und geistreichen Natur als Gutsnachbar zu haben".

Inzwischen trieb der Verfassungskonflikt einem neuen Höhepunkt zu. Im Mai 1863 verwarf das Parlament eine Regierungsvorlage mit der zerschmetternden Mehrheit von 295 gegen 5 Stimmen. Am 22. Mai folgte mit 239 gegen 61 Stimmen eine Adresse an den König, in der es hieß:

> Das Haus der Abgeordneten hat kein Mittel der Verständigung mehr mit diesem Ministerium; es lehnt seine Mitwirkung zu der gegenwärtigen Politik der Regierung ab. Jede weitere Verhandlung befestigt uns nur in der Überzeugung, daß zwischen

den Ratgebern der Krone und dem Lande eine Kluft besteht, welche nicht anders als durch einen Wechsel der Personen, und mehr noch, durch einen Wechsel des Systems ausgefüllt werden wird.

Wilhelm I. empfing die Herren gar nicht erst, die die Adresse überreichen wollten. Am 27. Mai wurde der Landtag „geschlossen", das heißt seine Sitzungsperiode für beendet erklärt. Der Sinn dieser Schließung zeigte sich fünf Tage später, am 1. Juni. Außerhalb der parlamentarischen Sitzungsperioden gab es für die Regierung das Recht, Notverordnungen zu erlassen, und darauf gestützt, erging eine scharfe Presseverordnung, die auf Zensur des übelsten Angedenkens hinauslief.

Aus der Presseverordnung ergab sich ein spezieller und bitterer Konflikt mit dem Kronprinzen Friedrich Wilhelm. Er gehörte sozusagen zur hauseigenen Opposition, und natürlich stand er unter dem Einfluß seiner sehr viel willensstärkeren Gattin, der Prinzessin Viktoria, die Bismarck in ihrer Abneigung treu blieb. In sein Tagebuch schrieb der Kronprinz:

Ich habe mich also laut als Gegner Bismarcks und seiner unheilvollen Theorien bekannt und habe also der Welt bewiesen, daß ich sein System nicht angenommen oder gebilligt habe.

Die öffentliche Erklärung geriet sofort in die Presse und erregte ungeheures Aufsehen. Hatte die Opposition nun im Hause Hohenzollern ihren Führer gefunden? Der König war empört, und ein Scharfmacher wie der General Edwin von Manteuffel verlangte sogar, den Kronprinzen vor ein Kriegsgericht zu stellen. Bismarck griff beschwichtigend ein:

Während ich die Erregung des Königs als berechtigt anerkennen mußte, bemühte ich mich zu verhindern, daß er ihr durch staatliche oder auch nur öffentlich erkennbare Akte Folge gebe... Es gelang mir in der Tat, die väterliche Entrüstung durch die Staatsraison zu besänftigen... Einen besonderen Eindruck schien es zu machen, als ich daran erinnerte, ...daß es nicht ratsam sei, den Kronprinzen zum Märtyrer zu machen.

Dem Thronfolger wurde vom Vater nur befohlen, künftig den Mund zu halten, und er nahm das hin. In den Augen der

„Bismark zum Vortrag beim Kaiser". Bei Konflikten drohte Bismarck immer wieder mit Rücktritt, um sich durchzusetzen.

Öffentlichkeit erschien er freilich bald als ein Schwächling, mit dem nicht mehr zu rechnen war. So errang Bismarck auf seine Weise den Sieg: Er brachte den Gegner zum Schweigen, verpflichtete ihn dazu noch durch die Abwendung härterer Maßnahmen – und schob ihn ins Abseits.

Zu einer anderen hochdramatischen Auseinandersetzung kam es ein paar Wochen später, diesmal zwischen Wilhelm I. und seinem Ministerpräsidenten. Der König reiste zur Kur nach Bad Gastein, und Bismarck begleitete ihn wie ein Wachhund. Doch dann geschah doch, was Bismarck befürchtet hatte: Der österreichische Kaiser lud den König zu einem Fürstentag nach Frankfurt ein. Dabei sollte die Reform des Deutschen Bundes besprochen werden. Wilhelm war geschmeichelt, daß der Kaiser ihm die Einladung persönlich überbrachte, und ein engerer deutscher Zusammenschluß, der von „oben", von den Fürsten statt vom Volk her, auf den Weg gebracht wurde, entsprach seinen Vorstellungen. Bismarck aber war aufs höchste alarmiert. Denn der österreichische Vorsitz rückte Preußen einmal mehr in die zweite Reihe. Und schlimmer. Dann wäre die Hoffnung für immer oder doch für lange Zeit dahin, daß Preußen die deutsche Führung übernehmen und daß damit die deutsche Nationalbewegung, mit der liberalen Opposition im eigenen Lande aufs engste verflochten, eingebunden und überspielt werden könnte.

Es gelang Bismarck zunächst, den König halbwegs zu überzeugen. Doch dann trat – inzwischen in Baden-Baden – ein weiterer

Bote auf den Plan: König Johann von Sachsen, dem Wilhelm in Freundschaft verbunden war. Seine Majestät entschloß sich zum Nachgeben: fünfundzwanzig regierende Herren und ein König als Kurier, da müsse man doch zusagen.

Es kam nun zur wirklich dramatischen Auseinandersetzung zwischen Wilhelm I. und Bismarck, die sich über Stunden hinzog. Bismarck bat und beschwor seinen König, die Einladung abzusagen, drohte mit Rücktritt, malte den Untergang Preußens und seiner ruhmreichen Armee in einem deutschen Brei unter Österreichs Vorherrschaft aus. Am Ende verfiel Wilhelm in einen Weinkrampf – und gab nach. An den König von Sachsen schrieb der König von Preußen, nicht ganz der Wahrheit gemäß:

> Ich wollte nach der Soirée bei meiner Tochter zu Dir kommen, ich bin aber bei ihr so unwohl von Nerven-Zuckungen geworden, daß ich eben erst, 11 Uhr, zu Haus komme und zu Bette soll... Gott segne Dich für Deine Freundschaft für mich. Wenn ich aber nach harten Kämpfen bei meinem früheren Entschluß bleiben muß und Eurer Arbeit Vorlage abwarte, ohne mich an der Vorberatung zu beteiligen, so bin ich nur nach meines Gewissens Eingabe verfahren. Gott segne Dich!
>
> Dein treuer Freund Wilhelm.
>
> Verzeihe die zitternde Schrift. Eben verlangt der Arzt, daß ich morgen länger das Bett hüten soll, also würde ich Dich nicht sehen können.

Bismarck riß in seiner Erregung einen Türgriff ab und zerschmetterte eine Waschschüssel. Der sächsische Minister Graf Beust, der ihm in die Quere geriet, meinte: Man solle doch erst einmal Ruhe einkehren lassen und den sächsischen Sonderzug, der zur Fahrt nach Frankfurt bereitstand, noch warten lassen. Bismarck explodierte: Dann werde er preußische Truppen aus dem benachbarten Rastatt einmarschieren lassen, die würden jede weitere Begegnung der Könige schon verhindern. Ein anderer im sächsischen Gefolge, der Fürst zu Hohenlohe-Ingelfingen, bekam zu hören: Allenfalls als persönlicher Sekretär, aber nicht mehr als leitender Minister wäre er, Bismarck, mit nach Frankfurt gefahren. Und nie mehr würde er danach preußischen Boden betreten, weil sein eigener König sich des Hochverrats schuldig gemacht habe.

Immer wieder hat der Herr Ministerpräsident und Reichskanzler den Wunsch nach Entlassung als Druckmittel verwendet; der getreue Diener hat die „Kabinettspistole“ geradezu erpresserisch auf seinen Herrn gerichtet, um den eigenen Willen durchzusetzen. Aber die wahre Größe Wilhelms I. bestand darin, daß er seine Grenzen erkannte und in der zugleich unbeirrbaren Stärke seines Selbstgefühls den schwierigen, rechthaberischen und nur zu leicht übelnehmerischen Vasallen ertrug. Daß er geseufzt haben soll, es sei nicht leicht, *unter* Bismarck Kaiser zu sein, läßt sich nur zu gut verstehen.

Zu den Szenen um den Frankfurter Fürstentag sagt Bismarck selbst:

> Als ich den Herrn verließ, waren wir beide in Folge der nervösen Spannung der Situation krankhaft erschöpft, und meine sofortige mündliche Mitteilung an den sächsischen Minister von Beust trug noch den Stempel dieser Erregung.

Wahr ist allerdings, daß der Mann von „Blut und Eisen“ zugleich ein Mann der schnell blankscheuernden Nerven war. Aber sollen wir ihn darum verurteilen?

Schleswig-Holstein

Sein Sieg über den König nützte Bismarck zunächst nur wenig. „Selbst in der Geschichte von Byzanz wird sich kaum ein ähnliches Bild von Altersschwäche und Verworrenheit auffinden lassen, wie es von dem gegenwärtigen preußischen Regiment dargeboten wird“, höhnte die *Wochenzeitung* des Nationalvereins im August 1863.

Am 1. September verabschiedete der Frankfurter Fürstentag mit großer Mehrheit seinen, das heißt Österreichs Plan zur deutschen Bundesreform. Er sah ein fünfköpfiges Direktorium vor, mit Österreich, Preußen und Bayern als ständigen Mitgliedern. Die beiden übrigen Plätze sollten turnusmäßig von den anderen Staaten besetzt werden. Neben dem fortbestehenden Bundestag war eine periodische Fürstenversammlung sowie eine Versammlung von Bundesabgeordneten vorgesehen. Diese Abgeordneten sollten von den einzelstaatlichen Parlamenten bestimmt werden.

Wie zu erwarten war, weigerte sich die preußische Regierung, der Reform beizutreten, und brachte sie damit zu Fall. Österreich und Preußen, so gab Bismarck zu Protokoll, müßten gleichberechtigt die Führung übernehmen. Und wie überhaupt sollten die Sonderinteressen der Fürsten und Einzelstaaten in Einklang gebracht werden? Man brauche ein echtes, „aus direkter Beteiligung der ganzen Nation" gewähltes Parlament. Indirekt wurde damit natürlich auch die Frage gestellt, die schon die Frankfurter Paulskirchenversammlung von 1848 beschäftigt hatte und erbittert streiten ließ: Wie denn sollte in einem deutschen Nationalparlament Österreich mit der Vielzahl seiner nichtdeutschen Völkerschaften überhaupt vertreten sein?

Bismarck versuchte also, die Liberalen mit ihren Waffen zu schlagen, indem er ihre deutschen Ziele zu seinen eigenen erklärte. Aber da kam er schlecht an, und einmal mehr drückte die *Wochenzeitung* des Nationalvereins aus, was fast alle dachten:

> Der plumpe Versuch des Ministeriums Bismarck, die Eifersucht des deutschen Volksgeistes gegen Österreich zu einer neuen Stütze seiner wankenden Existenz zu machen, wird elendiglich zuschanden werden.

Inzwischen trat Ende Oktober 1863 ein neugewählter Landtag zusammen. In ihm triumphierten die kompromißlos auf den Kampf gegen die Regierung setzenden Kräfte erneut. Die verhaßte Presseverordnung vom 1. Juni wurde sofort aufgehoben, die Heeresreform weiterhin abgelehnt, der Haushaltsentwurf entsprechend gekürzt und die Regierungspolitik in Bausch und Bogen als verfassungswidrig verurteilt. Wie lange noch konnte Bismarck diesem Druck standhalten? Oder der König ihm sein Vertrauen bewahren? Gab es irgendwo einen Ausweg? Ja, und er trug einen Namen: Schleswig-Holstein.

Im Jahre 1460 wählten die Stände von Schleswig und Holstein den Dänenkönig Christian I. zu ihrem Landesherrn. Er gelobte, daß Schleswig und Holstein „ewig und ungeteilt zusammenbleiben sollten". Die Herzogtümer wurden damit nicht dänisch, sondern mit dem Königreich in einer Personalunion verbunden. Dabei blieb es über Jahrhunderte. Der Wiener Kongreß von 1815 erklärte Holstein – nicht Schleswig – zum Mitglied des Deutschen Bundes, ebenso das kleine, von Preußen tauschweise abgetretene Herzogtum Lauenburg.

Das über so lange Zeit friedliche Miteinander zerbrach, als in Deutschland und in Dänemark der Nationalismus Macht gewann. Am 21. März 1848 verkündete der dänische König Friedrich VII. die Einverleibung Schleswigs.

Dieser Vorgang prallte mit der revolutionären Hochstimmung der deutschen Nationalbewegung zusammen, ein Krieg entbrannte. Als aber die Dänen an den Rand der Niederlage gerieten, nahmen Frankreich, England und besonders Rußland eine drohende Haltung ein; sie zwangen die deutschen Truppen zum Rückzug; im Juli 1850 wurde Frieden geschlossen.

Im Herbst 1863 verwirrten nun zwei Ereignisse die Lage erneut: Am 13. November beschloß der dänische Reichstag eine neue Verfassung, die Schleswig einbezog, also klar das Friedensabkommen verletzte, und zwei Tage später starb König Friedrich VII. Der Aufschrei in der deutschen Öffentlichkeit war einhellig: Jetzt oder nie ergab sich die Gelegenheit, ein vom Nachbarn im Norden unabhängiges Land zu schaffen.

Zunächst einmal tat Bismarck zur Empörung der Öffentlichkeit gar nichts. Sächsische und hannoveranische Truppen rückten im Bundesauftrag in Holstein ein, aber keine preußischen. Damit schien sich zu bestätigen, was Bismarcks Gegner schon immer argwöhnten: Seine Unterstützung liberaler Forderungen, zum Beispiel eines deutschen Nationalparlaments, war nichts als inhaltsleere Propaganda. Und traf das etwa nicht die tiefere, im liberalen Verständnis bittere Wahrheit? In einer scharfen Auseinandersetzung mit dem preußischen Gesandten in Paris, dem Grafen Robert von der Goltz, hat Bismarck keinen Hehl daraus gemacht, wie er wirklich dachte:

> Die Frage ist, ob wir eine Großmacht sind oder ein deutscher Bundesstaat, und ob wir, der erstern Eigenschaft entsprechend, monarchisch oder, wie es in der zweiten Eigenschaft allerdings zulässig ist, durch Professoren, Kreisrichter und kleinstädtische Schwätzer zu regieren sind. Unsere Stärkung kann nicht aus Kammern- und Preßpolitik, sondern nur aus waffenmäßiger Großmachtpolitik hervorgehen…

Bismarck trat schließlich an Österreich heran: Die beiden deutschen Großmächte sollten die Dinge in die Hand nehmen, gemeinsam vorgehen und die schleswig-holsteinische Frage im Einvernehmen lösen. In Wien war man überrascht und erfreut.

Im Zusammengehen der beiden konservativen Ordnungsmächte konnte man, wie zu Metternichs Zeiten, Dämme gegen die nationalistische Flut errichten.

Einen anderen und doch wieder ähnlichen Schritt unternahm Bismarck in Großbritannien. Man werde, so erklärte er, die dänischen Rechte nicht antasten.

Im Januar 1864 marschierten die österreichischen und preußischen Truppen in Holstein ein, an den Hannoveranern und Sachsen vorüber und nach Schleswig vor, wo der Krieg entbrannte. Oberbefehlshaber war der alte Feldmarschall Wrangel, bereits achtzig Jahre alt (1784–1877) und berühmt wegen seiner derben Sprache.

Generalstabschef war Helmuth von Moltke (1800–91), der, pikant genug, einst aus dem dänischen in den preußischen Offiziersdienst übergetreten war. Im übrigen war er ein hochgebildeter und notorisch wortkarger Mann, und fast wie Bismarck erwies er sich als ein Schriftsteller von Rang.

Die Dänen leisteten verbissenen Widerstand, und zunächst nur schrittweise kamen die Alliierten voran. Am 18. April 1864 erstürmten die Preußen ruhm- und verlustreich ein Hauptwerk der Verteidigung, die Düppeler Schanzen.

Bismarck kämpfte inzwischen seinen eigenen Zweifrontenkrieg, zunächst und wieder einmal gegen Seine Majestät den König. Denn der eilte zwar gerührt nach Düppel, um seine tapferen Truppen zu begrüßen. Aber nur auf dem Schlachtfeld und nirgendwo sonst wollte er Eroberungen machen. Er klammerte sich – nach Bismarcks Auffassung – an Sentimentalitäten, an seinen Ehrenstandpunkt: „Ohne die verwickelten Rechtsfragen der Erbfolge untersucht zu haben, blieb er dabei: ‚Ich habe kein Recht auf Holstein.'"

Die andere Front bildete die öffentliche Meinung:

> Die öffentliche Meinung war in den gebildeten Mittelständen Deutschlands ... ohne Zweifel in derselben Urteilslosigkeit, welche sich früher den Polonismus und später die künstliche Begeisterung für die Battenbergische Bulgarei* als deutsches

---

* Bulgarien war in den achtziger Jahren ein Zankapfel der Großmächte. Aus Sorge um eine Belastung des deutsch-russischen Verhältnisses vereitelte Bismarck – sehr zum Mißfallen seines Kaisers – die Heirat von Alexander I. von Battenberg (1857–93), dem Fürsten von Bulgarien, mit Prinzessin Viktoria, der Tochter Kaiser Friedrichs III.

> Nationalinteresse unterschieben ließ. Die Macht der Presse war in diesen beiden etwas analogen Lagen betrübend erfolgreich und die öffentliche Dummheit für ihre Wirkung so empfänglich wie immer... Ich weiß nicht, ob es heute noch jemanden gibt, der es für vernünftig hielte, wenn nach Befreiung der Herzogtümer aus ihnen ein neues Großherzogtum hergestellt worden wäre, mit Stimmberechtigung am Bundestage und dem sich von selbst ergebenden Berufe, sich vor Preußen zu fürchten und es mit seinen Gegnern zu halten; damals aber wurde die Erwerbung der Herzogtümer als eine Ruchlosigkeit von allen denen betrachtet, welche seit 1848 sich als Vertreter des nationalen Gedankens aufgespielt hatten.

Den Erbprinzen, Herzog Friedrich VIII. aus dem Hause Schleswig-Holstein-Sonderburg-Augustenburg (1829–80), räumte Bismarck schließlich aus dem Wege, indem er ihn mit kaum erfüllbaren Forderungen konfrontierte. Die letzte und entscheidende Unterredung fand am 1. Juni 1864 statt; danach ging man im Zorn auseinander.

Am 25. Juni scheiterten die Beratungen der Großmächte; praktisch blieb es den Preußen und Österreichern überlassen, die Entscheidungen zu treffen, die sie für richtig hielten.

Der Krieg trat nun in seine Schlußphase, ganz Jütland wurde besetzt. Am 30. Oktober 1864 erfolgte der endgültige Friedensschluß, in dem Dänemark zugunsten Preußens und Österreichs auf alle seine Rechte in Schleswig-Holstein verzichtete.

Doch was sollte weiter geschehen? Es zeigte und rächte sich jetzt, daß sich die Regierung in Wien mit Bismarck zwar auf das gemeinsame Vorgehen in Schleswig-Holstein verständigt, es aber versäumt hatte, klare Kriegsziele zu verabreden. Nach vielem Hin und Her, nach Auseinandersetzungen, die mehr als einmal bereits die Gefahr eines Krieges sichtbar machten, einigte man sich in der Gasteiner Konvention vom 14. August 1865 schließlich darauf, daß Österreich die Verwaltung Holsteins und Preußen die von Schleswig übernehmen sollte; das kleine Herzogtum Lauenburg ging in den Besitz Preußens über, das dafür an Österreich eine Entschädigung zahlte.

Österreich war nun wirklich in eine Falle geraten. Ohnehin hatte es wieder einmal Verhandlungen über die Weiterentwicklung des Zollvereins gegeben, und wieder einmal war Österreich ausgeschlossen worden. Was also sollte Wien mit einer von Anbeginn fast schon verlorenen Exklave Holstein weit im Norden anfangen?

Die öffentliche Meinung zeigte sich tief gespalten. Einerseits war verfehlt oder sogar schmählich verraten worden, was man eigentlich gewünscht hatte: ein deutsches, freiheitliches Schleswig-Holstein, das der Herzog Friedrich VIII. repräsentierte. Andererseits fühlte man patriotischen Stolz, wenn man an die Waffentaten der preußischen Armee dachte. Und Bismarck beeilte sich, bohrend nachzufragen: Welcher Armee? War es nicht die, die gegen den hartnäckigen Protest des Landtages zu ihrer Schlagkraft geschmiedet worden war? Noch hielt indessen die liberale Abwehrfront den Versuchungen stand, die im Erfolg der Machtpolitik angelegt waren.

Dem König führte Bismarck vor Augen, daß er jetzt in die Reihe der großen Preußenkönige eingerückt sei, die Kriegsruhm und neuen Landbesitz erwarben. Zwar handelte es sich vorläufig nur, wie es in den Erinnerungen mit deutlicher Ironie heißt, um die „freundliche Landschaft von Ratzeburg mit seinem See". Aber Ende gut, alles gut. Am 15. September 1865 erhielt Bismarck ein seltsam hölzernes, dennoch huldreiches Handschreiben mit seiner Erhebung in den erblichen Grafenstand.

Königgrätz und Nikolsburg

Am 23. Januar 1866 fand im holsteinischen Altona, vor den Toren Hamburgs, eine große Volksversammlung statt und forderte die Einberufung der Stände von Schleswig und Holstein. Man mochte sich mit den fremden Schutzmächten, mit Preußen und Österreich, nicht abfinden und träumte noch immer von dem eigenen Fürsten und dem eigenen Land.

Bismarck kam dieser Vorfall wie gerufen. Nach vielen Nadelstichen gegen die österreichische Verwaltung in Holstein holte er jetzt zum Keulenschlag aus.Der Kaiserstaat, so hieß es in seiner Botschaft nach Wien, zerreiße offenbar den Gasteiner Vertrag und verlasse die politische Geschäftsgrundlage, den Kampf gegen „den gemeinsamen Feind, die Revolution". Dann aber müsse Preußen für seine „*ganze* Politik volle Freiheit gewinnen und von derselben den Gebrauch machen, welchen wir dem Interesse Preußens entsprechend halten".

Das war nicht mehr die Sprache der Diplomatie, sondern blanke Drohung – davon ganz abgesehen, daß die Vorwürfe auf einer grotesken Entstellung beruhten: Österreich, nicht Preußen, hatte sich dem Kampf gegen „die Revolution", das heißt gegen den Nationalismus verschrieben; unter diesem Vorzeichen war es in den Feldzug hoch im Norden gezogen. Aber Bismarck wollte jetzt keine Verständigung mehr, sondern das Duell um die Herrschaft in Deutschland. Er wollte den Kampf und den Krieg.

Österreich erkannte endlich, wohin es geraten war, und beschloß, nicht noch einmal zurückzuweichen. Man war, wie der russische Zar es etwas später anschaulich formulierte, „zum Krieg resigniert".

Am 28. Februar trat der preußische Kronrat zu seiner entscheidenden Sitzung zusammen, und angesichts der österreichischen „Drohung" beschloß man, sich auf den Waffengang vorzubereiten. Auch der König zeigte sich jetzt zum Kampf und zu ruhmreichen Eroberungen entschlossen. Freilich fiel Wilhelm I. unter wechselnden Eindrücken wieder und wieder ins Zögern und Zweifeln zurück; Bismarck mußte „jeden Morgen den Uhrmacher spielen, der die abgelaufene Uhr wieder aufzieht" – bei einem so schwierigen Schlagwerk ein mühsames Geschäft.

Bei alledem darf man nicht aus den Augen verlieren, wie verfahren die innenpolitische Lage noch immer war. Das Abgeordnetenhaus, das nach längerer Unterbrechung im Januar 1866 zusammentrat, zeigte sofort seine Krallen. Die Vorwürfe flogen hin und her, und bereits am 22. Februar wurde der Landtag auf königliche Anordnung wieder geschlossen.

Hinzu kam, daß der sich abzeichnende deutsche „Bruderkrieg" höchst unpopulär war, wie Rudolf von Delbrück in seinen Erinnerungen schrieb:

> Das ganze Land war bekanntlich gegen den Krieg. Die liberale Partei warf der tief gehaßten Regierung vor, daß sie ohne Not in den Krieg treibe, für einen nicht kleinen Teil der Konservativen war die Allianz zwischen Preußen und Österreich ein Glaubenssatz.

Der König und sein Ministerpräsident wurden mit Bittschriften für den Frieden überschwemmt, und die Kriegsfurcht brachte das Wirtschaftsleben ins Stocken.

Wie ein Blitz die düster wolkenverhangene Landschaft, so beleuchtete ein unerwartetes Ereignis die vorherrschende Stimmung. Am Nachmittag des 7. Mai 1866 unternahm der Tübinger Student Ferdinand Cohen-Blind auf der Straße Unter den Linden ein Attentat auf Bismarck. Mehrere Revolverschüsse verfehlten ihr Ziel. Noch ehe Gendarmen herbeieilen konnten, entwaffnete Bismarck selbst den Attentäter. Im Handgemenge lösten sich zwei weitere Schüsse, die Bismarck streiften.

Mit Anschlägen müssen die Großen dieser Welt ständig rechnen, sei es von Geisteskranken oder von fanatischen Feinden. Bezeichnend war jedoch, wie die Öffentlichkeit reagierte, nämlich höchst zwiespältig. Neben die pflichtschuldige Freude über das Mißlingen einer ruchlosen Tat trat das Verständnis. „Es wird sich niemand getrauen, den jungen Mann für einen schlechten Deutschen zu erklären, der sein Leben daran gegeben hat, um das Vaterland von einem solchen Unhold zu befreien", hieß es im Stuttgarter *Beobachter,* dem Parteiblatt der württembergischen Demokraten.

Einige Stationen auf dem Weg in den Krieg seien nur knapp skizziert. Am 8. April 1866 schlossen Italien und Preußen ein auf drei Monate befristetes Kriegsbündnis gegen Österreich. Italien wollte Venetien erobern; es für 500 Millionen Franc zu verkaufen hatte Kaiser Franz Joseph einige Monate zuvor als unannehmbar zurückgewiesen. Einen Tag später, am 9. April, stellte Preußen im Frankfurter Bundestag einen Antrag auf Bundesreform. Zum Kernstück dieses Vorstoßes gehörte die Einrichtung eines deutschen Nationalparlaments, das aus direkten und gleichen Wahlen hervorgehen sollte. Allgemein sprach man von arglistiger Täuschung oder einem schlechten Witz; wenn Bismarck so fortfahre, meinte der *Kladderadatsch,* müsse man als satirische Zeitschrift das Erscheinen einstellen, denn solch ein Auftreten überbiete die eigene Erfindungskraft.

Insgeheim tat Bismarck noch etwas, was ihm wohl selbst seine ärgsten Feinde kaum zugetraut hätten: Er nahm Verbindung mit den ungarischen Revolutionären von 1849 auf, die sich in Italien um Ludwig Kossuth versammelt hatten; er bot Geld, um in

Ungarn einen neuen Aufstand vorzubereiten. In aller Unschuld erklärte er:

> Ich verfolge mit ruhigstem Gewissen mein Ziel, das mir als richtig für meinen Staat und für Deutschland erscheint. Was die Mittel angeht, so bediene ich mich derer, die sich mir mangels anderer darbieten.

Im Blick auf die Ergebnisse des Krieges hieß es etwas später in einem Telegramm an den erzkonservativen Statthalter von Schleswig-Holstein, Edwin von Manteuffel: „Soll Revolution sein, so wollen wir sie lieber machen, als erleiden." Mit Recht hat Lothar Gall Bismarck den „weißen Revolutionär" genannt, der die „Revolution von oben" nicht nur in Gang setzte, sondern ans Ziel brachte. „Revolution machen in Preußen nur die Könige", hat Bismarck selbst gesagt. Oder wenn schon nicht sie, dann in ihrem Namen Männer wie er.

Im Vorfeld des Krieges gab es noch ein diplomatisches Manöver. Napoleon III. wollte eine Schiedsrichterrolle übernehmen und gewann Rußland und England für den Plan einer europäischen Konferenz. Als Themen wurden Schleswig-Holstein, die Reform des Deutschen Bundes und „die italienische Differenz" genannt. Bismarck konnte sich aufatmend zurücklehnen. Denn mit dieser Differenz war natürlich der Streit zwischen Italien und Österreich um Venetien gemeint, und es war vorauszusehen, daß Frankreich die Partei Italiens ergreifen würde. Darauf konnte Österreich nicht eingehen. Tatsächlich wies das Kaiserreich den Konferenzplan und damit die Einladung ab; so geriet es international in die Rolle des Friedensstörers.

Nun ging es Schlag auf Schlag. Am 1. Juni legte Österreich die Zukunft von Schleswig-Holstein in die Hände des Bundestages. Am 9. Juni marschierten preußische Truppen in Holstein ein, das die Österreicher kurz zuvor schon geräumt hatten. Am 11. Juni stellte Österreich im Bundestag den Antrag, zum Schutz der „inneren Sicherheit Deutschlands und der bedrohten Rechte seiner Bundesmitglieder" das Bundesheer zu mobilisieren. In der Abstimmung drei Tage später wurde der Antrag mit Mehrheit angenommen. Der preußische Gesandte gab eine vorbereitende Erklärung ab, in der er den Bundesvertrag für „gebrochen" und „erloschen" und seine eigene Tätigkeit für beendet erklärte.

Am 15. Juni richtete Preußen an Sachsen, Hannover und Kurhessen ein 24-Stunden-Ultimatum: Diese Staaten sollten ihre Entscheidung im Bundestag und die Mobilmachung ihrer Truppen zurücknehmen, im übrigen den preußischen Reformplänen folgen. Die drei Regierungen weigerten sich; Preußen antwortete am 16. Juni mit der Kriegserklärung und dem Einmarsch seiner Truppen. Ein letzter Bundesbeschluß folgte: Man sollte den bedrohten Mitgliedern sofort zu Hilfe kommen und mit militärischer Macht die preußische Gewalt in die Schranken des Rechts zurückzwingen. Die Juristen hat noch lange beschäftigt, daß damit der Krieg zwischen Österreich und Preußen förmlich und doch ohne direkte Kriegserklärung eröffnet war.

Ehe wir Wilhelm I., Bismarck und Moltke aufs Schlachtfeld folgen, sollten wir noch eine banale Frage beantworten: Woher stammte eigentlich das Geld für den Krieg? Die finanzielle Lage Österreichs war verzweifelt; Preußen dagegen stand im Prinzip glänzend da. Doch eben nur im Prinzip: Um zum Beispiel eine Kriegsanleihe auszuschreiben, hätte man den widerspenstigen Landtag einberufen müssen, mit höchst ungewissem Ergebnis. Der preußische Finanzminister August von der Heydt fand mit Hilfe der Bankiers David Hansemann und Gerson Bleichröder den Ausweg: Es gab die Köln–Mindener Eisenbahn, und ihre Aktienanteile wurden bei zunächst etwas gedrückten, dann aber mit den militärischen Erfolgen rasch steigenden Kursen auf den Markt geworfen. Österreich kam bereits im Herbst 1865 mit französischen Banken ins Geschäft, doch angesichts seiner Verschuldung zu einem mörderischen Zinssatz; nur 61,5 von 100 Gulden waren tatsächlich verfügbar. Auf andere Weise gab es freilich auch für den preußischen Finanzminister ein hohes Risiko.

Ein Einschub ist hier wichtig. Wir verdanken Fritz Stern die grundlegende Untersuchung über Bismarcks Bankier Bleichröder und die Rolle, die er in der Finanzierungsgeschichte der Reichsgründung gespielt hat. Mit Recht sagt Stern: „Es mag eine verzeihliche Übertreibung sein zu sagen, daß Bleichröder alles das darstellt, was in der modernen deutschen Geschichte ausgelassen wurde.“ Offenbar erschien es als peinlich, den Reichsgründer mit Geldsorgen und gar noch mit einem jüdischen Bankier in Verbindung zu bringen; fatal genug enthalten Bismarcks

„Gesammelte Werke", zwischen 1924 und 1935 herausgegeben, keinen einzigen Brief Bismarcks an seinen Bankier, obwohl es sehr viele gab, und noch in der zwanzigbändigen Brockhaus Enzyklopädie von 1967 sucht man dessen Namen vergeblich.

Bismarck, immerhin, hat die Verdienste seines Helfers nicht vergessen; Bleichröder wurde schon 1866 zum „Geheimen Kommerzienrat" ernannt und 1872 als erster ungetaufter Jude in den Adelsstand erhoben.

Historisch betrachtet erlebten die Privatbankiers im 19. Jahrhundert ihre große Zeit. Sie nahmen eine Übergangsstellung zwischen den „Hofjuden" einer älteren Epoche und den modernen Großbanken auf Aktienbasis ein. Das Haus Rothschild ist mit seiner von Frankfurt ausgehenden internationalen Verzweigung am berühmtesten geworden. Der Einfluß und der Erfolg der Privatbankiers beruhten auf einem weiter gespannten persönlichen Beziehungsgeflecht, so, wie es sich im Verhältnis von Bismarck und Bleichröder beispielhaft darstellt.

Alle Welt erwartete einen langen, unentschieden hin und her wogenden Krieg oder sogar einen Sieg Österreichs und der deutschen Bundestruppen. Aber die Preußen verfügten über zwei Vorteile, die sehr bald ihre Bedeutung erwiesen. Erstens gab es Helmuth von Moltke, nach Napoleon I. das strategische Genie des 19. Jahrhunderts. Er hatte den Generalstab zu einem Präzisionsinstrument entwickelt und für genaue Kartenwerke gesorgt; die „Generalstabskarten" im Maßstab 1:100 000 sind seither zum Gütebegriff auch für Zivilisten geworden. Und strategisch exakt wurden nach vorgefertigten Plänen die Eisenbahnen zum Aufmarsch genutzt. Daher standen die preußischen Armeen viel früher zum Angriff bereit und fanden sich besser im Gelände zurecht, als der Feind es erwartete.

Zweitens waren die Preußen mit dem Zündnadelgewehr ausgerüstet, einem Hinterlader, mit dem die Soldaten fünfmal schneller schießen konnten als die Österreicher mit ihren Vorderladern. Außerdem konnten die Preußen nun auch im Liegen laden und schießen, während der Vorderlader eigentlich nur im Stehen ordnungsgemäß zu bedienen war. Die Einführung des neuen Gewehrs hatte man in Österreich unterlassen, weil man sparen mußte und ausgerechnet hier den Rotstift ansetzte.

Das preußische Heer gliederte sich in vier Armeen. Die Hannoveraner wurden am 27. Juni 1866 zur Schlacht gestellt. Sie hielten stand, mußten aber zwei Tage später wegen ihres Mangels an Munition und Verpflegung kapitulieren. Weiter im Süden kam es vor allem auf die Bayern an. Doch bei ihnen gab es mehr Durcheinander als klare Führung; König Ludwig II. träumte sich ohnehin zu seinem Musikgenie Richard Wagner fort oder mußte am Starnberger See ein Feuerwerk anschauen; in entscheidenden Augenblicken war er nicht zu erreichen. In einer Reihe von Gefechten wurden die bayerischen, württembergischen und badischen Truppen von den Preußen geschlagen und zurückgedrängt.

Durch Sachsen, das von König Johann und seiner Armee aufgegeben worden war, um gemeinsam mit den Österreichern zu kämpfen, stießen die 1. Armee und die Elbarmee nach Böhmen vor, und von Schlesien aus trat die 2. Armee zum Vormarsch an. In heftigen Gefechten wurden die österreichischen Grenzstellungen durchbrochen.

Der österreichische Oberbefehlshaber Ludwig von Benedek (1804–81) bezog beim ostböhmischen Königgrätz Stellung, und am Morgen des 3. Juli traten die preußische Elbarmee und die 1. Armee zum Angriff an. In der bis dahin größten Schlacht der Kriegsgeschichte prallte fast eine halbe Million Soldaten aufeinander. Über Stunden zog sich der Kampf unentschieden hin; vor allem die österreichische Artillerie fügte den Angreifern schwere Verluste zu. Doch am Nachmittag kam endlich die 2. Armee heran und entschied den Tag. Die vollständige Einschließung und Vernichtung des Feindes gelang zwar nicht, aber an einen weiteren österreichischen Widerstand war kaum noch zu denken; viele Verbände trieben ihrer Auflösung zu. Nur die Sachsen marschierten noch immer in guter Ordnung.

Bismarck hat im Rückblick auf seine Eindrücke bei Königgrätz festgehalten:

> Wären zu allen Zeiten die Minister des Äußern ihrem Souverän beziehungsweise deren Oberfeldherrn in die Feldzüge gefolgt, wahrlich, die Geschichte würde weniger Kriege zu verzeichnen gehabt haben. Ich habe auf dem Schlachtfelde und was noch weit schlimmer ist, in den Lazaretten die Blüte unserer Jugend dahinraffen sehen durch Wunden und Krankheit, ich sehe jetzt aus diesem Fenster gar manchen Krüppel auf der

> Wilhelmstraße gehen und bei sich denken, wäre nicht der Mann da oben und hätte er nicht den bösen Krieg gemacht, ich säße jetzt gesund bei „Muttern“. Ich würde mit diesen Erinnerungen und bei diesem Anblick keine ruhige Stunde haben, wenn ich mir vorzuwerfen hätte, den Krieg leichtsinnig oder aus Ehrgeiz oder auch aus eitler Ruhmessucht für die Nation gemacht zu haben.

Aber Kriege denn doch, sofern sie als notwendig erschienen, der nächste und weitaus verlustreichere bereits vier Jahre später.

Die Sieger rückten nach Süden und auf Wien vor. Am 18. Juli bezogen der König und sein Stab in dem südmährischen Städtchen Nikolsburg Quartier. Hier wurde am 26. Juli der Vorfriede unterzeichnet. Einen glanzvolleren Feldzug hat es selten gegeben; nur wenige Wochen waren von Beginn bis zur Einstellung der Kampfhandlungen vergangen.

In Nikolsburg mußte Bismarck allerdings seine eigene Schlacht kämpfen, die ihm weit härter zusetzte als alle Eindrücke bei Königgrätz. Die Begeisterung riß jetzt den König und seine Generale fort; an Johanna schreibt Bismarck:

> Uns geht es gut, trotz Napoleon; wenn wir nicht übertrieben in unsern Ansprüchen sind und nicht glauben, die *Welt* erobert zu haben, so werden wir auch einen Frieden erlangen, der der Mühe wert ist. Aber wir sind ebenso schnell berauscht wie verzagt, und ich habe die undankbare Aufgabe, Wasser in den brausenden Wein zu gießen und geltend zu machen, daß wir nicht allein in Europa leben, sondern mit noch 3 Mächten, die uns hassen und neiden.

Der Hinweis auf Napoleon stammte nicht von ungefähr. Der Kaiser der Franzosen hatte abwarten und dann zum eigenen Vorteil den Schiedsrichter spielen wollen; wie ganz Europa überraschte ihn der preußische Blitzsieg. Nun bot er seine „Vermittlung“ an; zum allgemeinen Ärger drang der französische Gesandte, Graf Benedetti, sogar bis ins Hauptquartier vor. Bismarck fürchtete das französische Eingreifen und wollte ihm zuvorkommen, indem er, wie zuerst militärisch, so jetzt diplomatisch, auf Schnelligkeit, auf den sofortigen Friedensschluß setzte.

Aber es gab Feinde ringsum. Bismarck war, obwohl in eher bescheidener Uniform, der einzige Zivilist unter lauter siegestrunkenen Generalen. Sie wollten in Wien ihre Siegesparade abhalten; Bismarck sah darin die unnötige Demütigung einer Großmacht, die man auch künftig zum Nachbarn haben würde.

Alles hing nun vom König ab, der sich vom Siegesrausch anstecken ließ. Er forderte Gebietsabtretungen von Österreich, von Sachsen – man erinnert sich an die Freundschaftsbekundungen für König Johann drei Jahre zuvor! – und von Bayern. Bismarck beharrte darauf, daß alle diese Ansprüche zu Verletzungen führen müßten, die schwer verheilen würden.

Was Bismarck von Österreich verlangte, war im Grunde nur, daß es sich bedingungslos aus Deutschland zurückzog und alle Regelungen Preußen überließ. Im übrigen war er beim Ländergewinn keineswegs bescheiden; neben Schleswig-Holstein beanspruchte er das Königreich Hannover, Kurhessen und Nassau, um endlich zwischen dem Osten und dem Westen Preußens eine breite Landbrücke zu schaffen, dazu noch Frankfurt am Main.

Bismarck ist ein viel zu guter Erzähler, als daß man der Versuchung widerstehen könnte, ihm auch jetzt zuzuhören:

> Ich war nach allen vorstehenden Erwägungen fest entschlossen, die Annahme des von Österreich gebotnen Friedens zur Kabinettsfrage zu machen. Die Lage war eine schwierige; allen Generalen war die Abneigung gemeinsam, den bisherigen Siegeslauf abzubrechen, und der König war militärischen Einflüssen im Laufe jener Tage öfter und bereitwilliger zugänglich als den meinigen... Der Hauptschuldige könne doch nicht ungestraft ausgehn, ... sagte er, und bestand auf den ... Gebietsabtretungen von Österreich. Ich erwiderte: Wir hätten nicht eines Richteramts zu walten, sondern deutsche Politik zu treiben; Österreichs Rivalitätskampf gegen uns sei nicht strafbarer als der unsrige gegen Österreich; unsere Aufgabe sei Herstellung oder Anbahnung deutsch-nationaler Einheit unter Leitung des Königs von Preußen.

So stritt man Punkt um Punkt weiter in immer wachsender Erregung.

> In mein Zimmer zurückgekehrt, war ich in der Stimmung, daß mir der Gedanke nahe trat, ob es nicht besser sei, aus dem offenstehenden, vier Stock hohen Fenster zu fallen;

> und ich sah mich nicht um, als ich die Tür öffnen hörte, obwohl ich vermutete, daß der Eintretende der Kronprinz sei, an dessen Zimmer ich auf dem Korridor vorübergegangen war. Ich fühlte seine Hand auf meiner Schulter, während er sagte: „Sie wissen, daß ich gegen den Krieg gewesen bin, Sie haben ihn für notwendig gehalten und tragen die Verantwortung dafür. Wenn Sie nun überzeugt sind, daß der Zweck erreicht ist und jetzt Friede geschlossen werden muß, so bin ich bereit, Ihnen beizustehn und Ihre Meinung bei meinem Vater zu vertreten."
>
> Er begab sich dann zum König, kam nach einer kleinen halben Stunde zurück in derselben ruhigen und freundlichen Stimmung, aber mit den Worten: „Es hat sehr schwer gehalten, aber mein Vater hat zugestimmt."

Wie sollen wir im Rückblick beurteilen, was hinter den Schloßmauern von Nikolsburg geschah? „Diese Auseinandersetzung", sagt Crankshaw, „hat mehr als alles andere zu der Legende beigetragen, die Bismarck als maßvollen Staatsmann darstellt... Fälschlicherweise hat man Mäßigung mit angeborener Tugend verwechselt. Mäßigung ist eine Quantität, keine Qualität... Bismarcks Mäßigung entstammte derselben Kraft, die ihn zu den extremsten und heftigsten Reaktionen, Gesten und Handlungen anstachelte."

An dieser Bewertung ist beinahe alles falsch. Erstens gehören Mitte und Maß zum Kern der klassischen Tugendlehre, die Aristoteles vor mehr als zweitausend Jahren geschaffen und dem Abendland überliefert hat. Zweitens sind Tugenden kaum angeboren, sondern sie gewinnen ihre Qualität, indem man sie erwirbt. Drittens und vor allem hat Bismarck wirkliche Mäßigung bewiesen und dafür seine ganze politische Existenz eingesetzt. Ständig und mit Recht wird unterstrichen, daß er keinen im voraus festliegenden Plänen folgte, sondern von Augenblick zu Augenblick improvisierte, obschon mit dem Ziel vor Augen. Hier aber hat er die andere Fähigkeit eines großen Staatsmannes bewiesen, nämlich sich nicht von den gerade herrschenden Leidenschaften fortreißen zu lassen, sondern an die Zukunft zu denken. Wenn es für künftige Politiker eine Hochschulausbildung gäbe, dann müßte Bismarcks Kampf um den Frieden in Nikolsburg zu ihrem Lehrplan gehören.

Ein deutscher Aufbruch zur Einheit

Der 3. Juli 1866 war ein doppelt denkwürdiger Tag. Denn nicht nur die preußischen Waffen triumphierten auf dem Schlachtfeld von Königgrätz, sondern Bismarck errang noch einen zweiten, kaum weniger wichtigen Sieg. Mitten im Krieg fanden Wahlen zum Abgeordnetenhaus statt, und ihr Ergebnis war ein Erdrutsch, wohlgemerkt noch bevor man vom Ausgang des Kampfes in Böhmen etwas wußte. Die Konservativen, bisher mit 35 Mandaten eine unbedeutende Minderheit, erreichten 136 Sitze. Bismarcks Gegner, die Fortschrittspartei und das Linke Zentrum, schrumpften von 247 auf 148 Sitze. Die Altliberalen, bei denen ohnehin schon deutlich war, daß sie der Regierung zuneigten, gewannen nach bisher 9 jetzt 24 Sitze. Die Mehrheitsverhältnisse kehrten sich damit um, und die Stimmführer der öffentlichen Meinung fanden fast über Nacht zu einer neuen, patriotischen Sprache.

Sogar eine grundlegende Veränderung der Parteienlandschaft bahnte sich an. Vorbereitet durch die Landtagsabstimmung vom 3. September 1866, von der gleich zu reden sein wird, entstand als Abspaltung von der Fortschrittspartei am 28. Februar 1867 die Nationalliberale Partei, die dann für ein Jahrzehnt eng mit Bismarck zusammenarbeitete und zur wichtigsten politischen Kraft der Reichsgründungszeit aufrückte.

Und was tat der Sieger? Wie beim Friedensschluß mit Österreich schlug er, für viele überraschend, einen Kurs der Mäßigung und Verständigung ein. Das Parlament wurde am 5. August 1866 mit einer von Bismarck sorgfältig vorbereiteten Thronrede eröffnet und darin eine „Indemnitätsvorlage“ angekündigt. Das bedeutete: Die Regierung hielt zwar daran fest, daß in den vorangegangenen Jahren des Verfassungskonflikts „die Fortführung einer geregelten Verwaltung, die Erfüllung der gesetzlichen Verpflichtungen gegen die Gläubiger und die Beamten des Staates, die Erhaltung des Heeres und der Staatsinstitute Existenzfragen des Staates waren“. Aber die Regierung gab zu – und habe das niemals bestritten! –, daß ihr „die gesetzliche Grundlage“ gefehlt hatte. Daher werde man, um der Gesetzlosigkeit abzuhelfen, das

Parlament um eine *nachträgliche Zustimmung* zu den verfügten Ausgaben bitten. „Indemnität" bedeutete also, daß das Parlament von jeder weiteren Anklage der Regierung absah und dafür in seinem ureigenen Recht bestätigt wurde, den Haushalt zu beschließen. „Ich hege das Vertrauen", ließ Bismarck seinen König sagen, „daß die jüngsten Ereignisse dazu beitragen werden, die unerläßliche Verständigung insoweit zu erzielen, daß Meine Regierung in Bezug auf die ohne Staatshaushaltsgesetz geführte Verwaltung die Indemnität, um welche die Landesvertretung angegangen werden soll, bereitwillig erteilt und damit der bisherige Konflikt für alle Zeit zum Abschluß gebracht wird."

Die Indemnitätsdebatte fand Anfang September statt. Mit einer neuen Sprache, in einer wie von Zauberhand verwandelten Atmosphäre hielt Bismarck am 1. September seine Rede zum innenpolitischen Friedensschluß. Er erklärte, daß er auf jede rückwärtsgerichtete Kritik an den früheren Parlamentsmehrheiten verzichten wolle, und erbat von den Abgeordneten einen gleichen Verzicht gegenüber der Regierung. Der Grundsatz, daß man vom ehemaligen Gegner, der zum Partner werden solle, kein Eingeständnis seines Unrechts verlangen dürfe, gelte innenpolitisch ebenso wie außenpolitisch im Verhältnis der Völker und Staaten. Und jetzt sei der Friedensschluß das Gebot der Stunde.

> Wir ... werden dann die Aufgaben, die uns zu lösen bleiben, mit Ihnen in Gemeinschaft lösen; ich schließe von diesen Aufgaben Verbesserungen der inneren Zustände, in Erfüllung der von der Verfassung gegebenen Zusagen, keineswegs aus. (Lebhaftes Bravo von allen Seiten) Aber nur gemeinsam werden wir sie lösen können, indem wir von beiden Seiten demselben Vaterlande mit demselben guten Willen dienen, ohne an der Aufrichtigkeit des andern zu zweifeln. (Bravo!)

Das war in der Tat eine neue Sprache, wie sie Bismarck im Parlament noch niemals gebraucht hatte. Wer genau hinhört, vernimmt freilich auch die Sprache des Siegers, der es sich leisten kann, großzügig zu sein, weil jetzt der Strom der Zeit ihn und nicht mehr seine Gegner vorwärts trägt. Die Indemnitätsvorlage wurde nach zweitägiger Debatte am 3. September mit der Dreiviertelmehrheit von 230 gegen 75 Stimmen angenommen.

Ein Vorgang, der wenig später folgte, wirft grelles Licht auf die verwandelten Umstände. Der Landtag – und nicht etwa der König – ergriff die Initiative, um Bismarck für seine Verdienste um das Vaterland mit einer Dotation, einem verblüffend großzügigen Geldgeschenk, zu belohnen. Die Summe betrug 400 000 Taler, nach heutigem Wert mehr als sieben Millionen Mark. Damit entstand der Grundstock zu einem großen Vermögen, das Gerson Bleichröder umsichtig und gewinnträchtig verwaltete. Der Hauptteil der Summe wurde für den Kauf von Varzin angelegt, das in den folgenden Jahren Bismarcks hinterpommersche Fluchtburg bildete, bei gleichzeitigem Verkauf von Kniephof.

König Wilhelm hat sein eigenes Siegesgeschenk beigesteuert: Bismarck wurde zum General ehrenhalber befördert. Fortan trat er in der Öffentlichkeit und im Parlament mit Vorliebe im Schmuck dieser Uniform auf.

Wenn man die Verwirrung der Zeitgenossen, ihren reißenden Stimmungs- und Meinungswandel verstehen will, dann muß man freilich bedenken, welch eine Sturzflut der Veränderungen in wenigen Monaten über sie hereinbrach. Der alte Kaiserstaat Österreich wurde plötzlich aus Deutschland verdrängt und als europäische Macht in den zweiten Rang verwiesen; Preußen dagegen stieg in den ersten Rang auf. Staaten und Dynastien, darunter so altehrwürdige wie das Welfenhaus in Hannover, wurden weggefegt, und der Traum von der deutschen Einheit nahm fast über Nacht Gestalt an, zunächst einmal bis zur Mainlinie. Den Umsturz bewirkte ein einzelner Mann, der nach seiner junkerlichen Herkunft aus Schönhausen oder aus Hinterpommern weit eher fürs Bewahren als für das Verändern bestimmt zu sein schien. Er hatte verwegen gespielt und gewonnen. Er selbst triumphierte: „Aber besiegt habe ich alle! Alle!“ Das darf man beim Wort nehmen. Zu den Besiegten gehörte aber auch sein eigener Körper. Der Mann der Stunde erkrankte, ein regelrechter Gesundheitszusammenbruch trat ein; für Monate zog er sich aus der Öffentlichkeit zurück.

Einigermaßen wieder zu Kräften gekommen, diktierte Bismarck am 30. Oktober und 19. November 1866 die Entwürfe für die Verfassung des jetzt zu gründenden Norddeutschen Bundes. Die Mitarbeiter, die ihm zur Hand gingen, waren erfahrene Beamte, die Vortragenden Räte im Außen- und Staatsministerium

Von der Dotation, die der preußische Landtag Bismarck bewilligte, erwarb er 1867 Schloß Varzin in Hinterpommern.

Lothar Bucher, Max Duncker und Robert Hepke, Praktiker also und keine Theoretiker, erst recht keine Professoren des Staats- und Verfassungsrechts. Zu Lothar Bucher (1817–92) ist noch anzumerken, daß er zu den Revolutionären von 1848 gehörte, die zeitweilig ins Exil flüchteten. Später war er unentbehrlich als Geburtshelfer der „Gedanken und Erinnerungen".

Die Verfassung des Norddeutschen Bundes wurde am 1. Juli 1867 in Kraft gesetzt. Das Gebiet, für das sie galt, umfaßte das gesamte nördliche Deutschland bis zur Mainlinie, also ohne Bayern, Württemberg und Baden. Die süddeutschen Staaten gehörten aber nicht nur zum Zollverein, der bald noch durch ein Zollparlament ergänzt wurde, sondern sie schlossen mit Preußen und dem Norddeutschen Bund geheime Militärabkommen, um einander zu Hilfe zu eilen, wenn ein Angriff von außen – sprich von Frankreich – drohte.

Nach der Verabschiedung der Verfassung kam es vor allem auf den inneren Ausbau des neuen Bundesstaates an. Dafür berief Bismarck den besten Mann, den es gab und den er schon seit seiner Zeit als Frankfurter Bundestagsgesandter kannte: Rudolf Delbrück. Es begann innerhalb der „Ära Bismarck" die „Ära Delbrück", die bis 1876 dauerte.

Gegen alle Gewohnheiten überließ Bismarck seinem Mitarbeiter weithin das Feld, weil er wußte, daß es nicht um Machtfragen, sondern um eher technische Probleme und um Rechtsfragen ging, die ihn wenig interessierten. Die Maße, die Gewichte und andere, durchweg noch unterschiedliche, nicht selten altertümliche Normen mußten vereinheitlicht werden, ebenso die Grundlagen des Rechts. Eine förmliche Verordnungsflut regnete auf die Bürger nieder; Bismarck sprach spöttisch vom „Verordnungsdurchfall".

Um nur einige Stichworte zu nennen: die Freizügigkeit im gesamten Bundesgebiet, die Vereinheitlichung der Gewichts- und Maßsysteme und die Verabschiedung eines „Deutschen Handelsgesetzbuches", die Gewerbeordnung und ein Strafgesetzbuch wurden eingeführt.

Nach der Reichsgründung ging die Arbeit bruchlos weiter. Durch das Münzgesetz vom 9. Juli 1873 wurde die Reichsgoldwährung mit der Rechnungseinheit 1 Mark = 100 Pfennige = 0,3584 Gramm Feingold eingeführt. Der 1. Oktober 1879 sah die Eröffnung des Reichsgerichts in Leipzig. Die Arbeit am Bürgerlichen Gesetzbuch, das in seinen Grundzügen noch heute gilt, brauchte allerdings sehr viel Zeit. Es wurde 1896 verkündet und zum 1. Januar 1900 in Kraft gesetzt.

In der „Ära Delbrück" ist Deutschlands Wirtschafts- und Rechtsordnung zur modernsten in Europa geworden. Auf diesem Fundament wuchs das Kaiserreich zur industriellen Großmacht empor.

Der Aufbruch, den die Jahreszahl 1866 markiert, hat Deutschland freilich nicht nur modern gemacht, sondern zugleich auch zurückgeworfen. Der Epochenkampf zwischen der Souveränität „von oben" und der „von unten", von dem die Rede war, ist nicht ausgetragen und entschieden, sondern vertagt und übertüncht worden. Von der Politik der „Neueren Ära", vom englischen Vorbild und vom Ziel einer parlamentarisch-demokratischen Entwicklung mit monarchischer Spitze blieben nur noch ferne und verhöhnte Erinnerungen.

Der alte, in seiner militärischen Schlagkraft und Leistungstüchtigkeit glanzvoll bestätigte Obrigkeitsstaat und die mächtige Monarchie erfuhren eine nachhaltige Wiederaufwertung. Daher hat Bismarck im Rückblick auf sein Lebenswerk mit Stolz und

Recht gesagt: „Die Einigung Deutschlands war eine konservative Tat."

Wahrscheinlich am folgenreichsten war, daß Begriffe wie „Nation", „Nationalbewußtsein" und „Nationalstaat" konservativ besetzt wurden. Von 1789 bis 1848 und noch darüber hinaus galt als selbstverständlich, daß es sich um „linke", revolutionäre Vorstellungen und Ziele handelte. Aber nach 1866 rückten nicht nur viele ehemals entschieden liberale Vertreter der deutschen Nationalbewegung, sondern insgesamt Besitz, Beamtentum und Bildung weiter und weiter ins konservative Lager hinüber, fast ohne zu bemerken, daß man über der glücklich gewonnenen Einheit die Freiheit aus dem Auge verlor.

Eine andere und sehr bittere Folge war, daß die Kritiker der deutschen Verhältnisse als „Reichsfeinde" oder „vaterlandslose Gesellen" in die Ecke der nationalen Unzuverlässigkeit gedrängt wurden. Umgekehrt ist es für Linke und Demokraten, für die Verfechter von Bürger- und Menschenrechten zum Problem geworden, daß sie nicht mehr wußten und zum Teil bis heute nicht wissen, wie sie es mit der Nation und mit dem Nationalstaat halten sollen, der sozusagen als die Ausgeburt einer rechten Verschwörung erscheint.

Man hat im Rückblick auf die neuere deutsche Geschichte oft von „Verspätung" oder einem „Sonderweg" gesprochen. Genauer wäre es wohl, von Schizophrenie zu reden: Der Aufbruch zur exemplarischen Modernität, der von einem sehr weit gehenden Traditionsabbruch begleitet wurde, stellte sich *zugleich* als Wendung nach rückwärts, als eine Art von Heimkehr zu den im Grunde längst überholten Vorstellungen und Leitbildern des alten Obrigkeitsstaates dar.

Der Sedantag

Wann würde Bismarck die deutsche Einheit vollenden? So schnell wie möglich? Wer das erwartet hatte, erlebte wieder einmal eine Überraschung. Nach den drei dramatischen Jahren von 1864 bis 1866 hielt er sich von 1867 bis 1869 auffallend zurück. So schrieb er zum Beispiel im Februar 1869 in einem Brief an den preußischen Gesandten in München:

> Daß die deutsche Einheit durch gewaltsame Ereignisse gefördert werden würde, halte auch ich für wahrscheinlich. Aber eine ganz andere Frage ist der Beruf, eine gewaltsame Katastrophe herbeizuführen, und die Verantwortlichkeit für die Wahl des Zeitpunktes. Ein willkürliches, nur nach subjektiven Gründen bestimmtes Eingreifen in die Entwicklung der Geschichte hat immer nur das Abschlagen unreifer Früchte zur Folge gehabt; und daß die deutsche Einheit in diesem Augenblick keine reife Frucht ist, fällt meines Erachtens in die Augen... Die Fähigkeit zu warten, während die Verhältnisse sich entwickeln, ist eine Vorbedingung praktischer Politik.

Ins Gewicht fiel natürlich, daß der Norddeutsche Bund noch ganz unfertig war. Aber mit jedem Friedensmonat wuchs er mehr zusammen und gewann an wirtschaftlicher Stärke. Auch die Organisation des Bundesheeres erforderte ihre Zeit.

Die Gelegenheit zum deutschen Einigungskrieg gegen Frankreich ergab sich im Jahre 1870. Dabei lag der Anlaß auf den ersten Blick weitab, in Spanien. Dort hatte zwei Jahre zuvor ein Militärputsch die Königin Isabella II. aus dem Hause Bourbon vertrieben, und man suchte nun nach einem neuen König. Die Wahl fiel schließlich auf den Prinzen Leopold aus der süddeutschen Nebenlinie der Hohenzollern, dem Hause Sigmaringen.

Bismarck sah von Anfang an die Rückwirkung auf Frankreich. Als die Dinge konkreter wurden und der Vater Leopolds, Fürst Karl Anton, es für selbstverständlich hielt, Wilhelm I. als das Familienoberhaupt der Hohenzollern um seine Zustimmung zu bitten, und davon die eigene Entscheidung abhängig machte, bearbeitete Bismarck den zögernden König mit allen seinen Überredungskünsten. In einem Brief vom 9. März 1870 malte er in glühenden Farben aus, was es bedeutete, wenn ein Hohenzoller den Thron Kaiser Karls V. bestieg – und daß „der Stolz auf eine ruhmreiche Dynastie eine gewaltige moralische Triebfeder zu der deutschen Machtentwicklung Preußens" darstelle.

> Diese Triebkraft wird mächtig wachsen, wenn dem früher so wenig befriedigten Bedürfnis der Deutschen nach Anerkennung im Auslande eine unvergleichliche Weltstellung der Dynastie entgegenkommt.

Als Bismarck das schrieb, wußte er natürlich, daß Spanien als

Nachbarland für Frankreich viel wichtiger war als für Deutschland. Und er kannte die Prestigeempfindlichkeit des napoleonischen Kaisertums. Es beruhte nicht auf einer durch ehrwürdige Traditionen gesicherten Dynastie, sondern auf den persönlichen Erfolgen des Herrschers. Die aber waren seit Jahren ausgeblieben. Das mexikanische Abenteuer, in dem mit der Hilfe französischer Truppen der Bruder des Habsburger Kaisers Franz Joseph, Maximilian, zum Kaiser von Mexiko gemacht werden sollte, endete jämmerlich. Und auf der europäischen Bühne hatte Bismarck, salopp ausgedrückt, mit seinem Sieg von 1866 Napoleon die Schau gestohlen. Es war darum vorauszusehen, daß die spanische Kandidatur eines Hohenzollern auf Napoleon III. wie das rote Tuch auf den Stier wirken mußte.

Auf einmal überstürzten sich die Ereignisse. Am 2. Juli 1870 beschloß die spanische Regierung, dem Prinzen Leopold die Thronfolge anzutragen. Sofort schlug die Erregung in Frankreich hohe Wellen. Um den Krieg zu vermeiden, erklärte Fürst Karl Anton am 12. Juli für seinen Sohn – und im Einverständnis mit Wilhelm I. – den Verzicht auf die Thronkandidatur.

Bismarck, der am selben Tag aus Varzin nach Berlin zurückkehrte, hatte offenbar sein Spiel verloren. Als er dort die fatale Nachricht erhielt, entschloß er sich, falls man ihm glauben darf, ohne Wenn und Aber zum Rücktritt. Am 13. Juli lud er Roon und Moltke zum Essen ein, aber die Niedergeschlagenheit war so groß, daß der Kriegsminister und der Generalstabschef keinen Appetit zeigten. Noch während des Beisammenseins traf ein Telegramm aus Bad Ems ein, wo der König sich zur Kur aufhielt, mit der Mitteilung, daß der französische Botschafter Graf Benedetti Seine Majestät auf der Promenade angesprochen und die Forderung gestellt habe, „daß ich für alle Zukunft mich verpflichte, niemals wieder meine Zustimmung zu geben, wenn die Hohenzollern auf ihre Kandidatur zurückkämen. Ich wies ihn zuletzt etwas ernst zurück…" Außerdem hieß es in dem Telegramm, daß der König „mit Rücksicht auf die obige Zumutung" beschlossen habe, „den Grafen Benedetti nicht mehr zu empfangen, sondern ihm durch einen Adjutanten sagen zu lassen: daß Seine Majestät jetzt vom Fürsten [Anton von Hohenzollern] die Bestätigung der Nachricht [über den Thronverzicht] erhalten, die Benedetti aus Paris schon gehabt, und dem Botschafter nichts weiter zu sagen habe. Seine Majestät stellt Euer Exzellenz anheim, ob nicht die neue Forderung Benedettis und ihre Zurückweisung sogleich sowohl unsern Gesandten als in der Presse mitgeteilt werden sollte."

Bismarck ergriff die Chance, die sich ihm unverhofft doch noch bot; auf der Stelle redigierte und kürzte er den Telegrammtext so, daß er eine ganz neue Tonart erhielt. Damit entstand die berühmte „Emser Depesche", deren Wortlaut dann war:

> Nachdem die Nachrichten von der Entsagung des Erbprinzen von Hohenzollern der kaiserlich französischen Regierung von der königlich spanischen amtlich mitgeteilt worden sind, hat der französische Botschafter in Ems an Seine Majestät noch die Forderung gestellt, ihn zu autorisieren, daß er nach Paris telegrafiere, daß Seine Majestät der König sich für alle Zukunft verpflichte, niemals wieder seine Zustimmung zu geben, wenn die Hohenzollern auf ihre Kandidatur wieder zurückkommen sollten. Seine Majestät der König hat es darauf abgelehnt, den französischen Botschafter nochmals zu empfangen, und demselben durch den Adjutanten vom Dienst sagen lassen, daß Seine Majestät dem Botschafter nichts weiter mitzuteilen habe.

Allen Beteiligten, zunächst einmal den drei Herren an der Berliner Tafelrunde, war klar, welche Wirkung von diesem Text ausgehen mußte. Die französische Regierung, statt sich mit dem Erfolg zu begnügen, den sie schon in den Händen hielt, hatte ihre Sache höchst töricht überzogen und Bismarck die Gelegenheit verschafft, sie vor aller Welt zu demütigen. Dies konnte man in Paris angesichts einer schon aufs höchste erregten, nationalistisch aufgeputschten öffentlichen Meinung unmöglich hinnehmen, ohne nicht nur die amtierende Regierung, sondern das ganze System der Kaiserherrschaft in Gefahr zu bringen.

In Berlin beurteilte man richtig, was folgen würde. Wie Bismarck erzählte, bewirkte die neue Lage „bei den beiden Generalen einen Umschlag zu freudiger Stimmung, dessen Lebhaftigkeit mich überraschte. Sie hatten plötzlich die Lust zu essen und zu trinken wiedergefunden und sprachen in heitrer Laune. Roon sagte: ‚Der alte Gott lebt noch und wird uns nicht in Schande verkommen lassen.' Moltke trat so weit aus seiner gleichmütigen Passivität heraus, daß er sich, mit freudigem Blick gegen die

Zimmerdecke und mit Verzicht auf seine sonstige Gemessenheit in Worten, mit der Hand vor die Brust schlug und sagte: ‚Wenn ich das noch erlebe, in solchem Kriege unsre Heere zu führen, so mag gleich nachher die alte Carcasse [sein Gerippe] der Teufel holen.‘“

Am 19. Juli 1870 erklärte Frankreich den Krieg – und stand nun vor der Welt als der Angreifer da.

Nicht mehr, wie 1866, ein preußisches, sondern ein deutsches Heer zog 1870 in den Krieg, und die Sachsen, Bayern oder Württemberger kämpften so tapfer und erfolgreich wie die Preußen. Man kann diese Tatsache kaum hoch genug einschätzen. Das gemeinsam vergossene Blut war ein Siegel der Einheit.

Mit der gewohnten Präzision und Schnelligkeit marschierten unter Moltkes Oberbefehl drei Armeen in der Pfalz auf. Auf der Gegenseite formierten sich – schlecht koordiniert – zwei Armeen, geführt von den Marschällen Bazaine und MacMahon. Die Anfangsschlachten verliefen sehr blutig und auch für die deutschen Truppen verlustreich. Doch Bazaines Armee wurde in die Festung Metz zurückgeworfen und dort eingeschlossen. Nach vergeblichem Ausbruchsversuch mußte Bazaine mit 4000 Offizieren und 173 000 Mann am 27. Oktober vor dem Prinzen Friedrich Karl kapitulieren.

Noch viel früher entschied sich MacMahons Schicksal. Er wollte Bazaine aus der Einschließung freikämpfen. Doch sehr schnell formierte Moltke zwei seiner Armeen, die bei Metz nicht mehr gebraucht wurden, zum Angriff, drängte MacMahon bei Sedan gegen die belgische Grenze und setzte zur Vernichtungsschlacht an. Trotz verzweifelter Gegenwehr mußte MacMahon am 2. September mit allen seinen Truppen kapitulieren. Mit ihnen geriet auch Kaiser Napoleon in Gefangenschaft. Am 4. September gab es in Paris einen politischen Umsturz; der Kaiser wurde für abgesetzt erklärt und die Republik ausgerufen. Das Land aber stand den Siegern offen; am 16. September erreichten sie Paris und schlossen die Stadt binnen vier Tagen vollständig ein.

Frankreich, das Europa und die Welt noch immer für überragend waffenmächtig hielten, in wenigen Wochen geschlagen: welch eine militärische Glanzleistung, die von 1866 noch überragend! Helmuth von Moltke, der verschlossene, hagere und schon alte Mann, der am 26. Oktober – am Vorabend der Kapitulation von Metz – seinen 70. Geburtstag beging, gelangte auf den Gipfel des Feldherrenruhms. In entschlossenen, genau berechneten strategischen Schachzügen hatte er die Vereinigung der beiden französischen Armeen verhindert und sie getrennt vernichtet.

Nur einen schnellen Friedensschluß, ein zweites Nikolsburg gab es diesmal nicht. Die Vorverhandlungen scheiterten an der Forderung, daß Frankreich das Elsaß und Lothringen abtreten solle. Darauf konnte sich keine französische Regierung einlassen. Ein Volkskampf wurde ausgerufen, und neue Heere wurden fast über Nacht aus dem Boden gestampft. Der Krieg war Anfang September 1870 entschieden, doch er dauerte bis in den Februar 1871.

Das symbolträchtige Bild des Siegers und des Besiegten von W. Camphausen hing einst in vielen deutschen Stuben.

Wie erklärt sich das deutsche Beharren auf Elsaß-Lothringen? Warum diesmal keine Staatskunst der Mäßigung und damit kein Versuch zumindest, die Zukunft für eine Verständigung und für einen dauerhaften Frieden offenzuhalten? Aus deutscher Sicht gab es verschiedene Antworten.

Zunächst einmal führten die Militärs das Wort. Aber Bismarck hätte auf die Militärs doch nicht hören müssen. Nach den Militärs wären an zweiter Stelle die Interessen der Schwerindustrie zu nennen, die begehrlich auf die lothringischen Erzlager blickte. Aber im Frieden standen die Handelswege offen; im Krieg konnte man auf Lieferungen aus Schweden zurückgreifen oder auf Zufuhren aus Übersee – solange man sich nicht auch noch mit der Seemacht Großbritannien anlegte.

Schließlich, doch nicht zuletzt, ging es um den Ansturm der öffentlichen Meinung. Das Elsaß und Lothringen, so hieß es, seien alte deutsche Reichsgebiete, die einst Ludwig XIV. raubte;

man habe ein Recht darauf, sie zurückzufordern. – Wenn man allerdings auf diese Weise „historisch" argumentiert, bleibt in Europa kaum ein Stein auf dem anderen.

Was aber hören wir von Bismarck? Fast nichts. Praktisch von Anfang an hat er zugestimmt; nicht die Spur einer Auseinandersetzung mit der Generalität oder dem König, wie in Nikolsburg, läßt sich nachweisen.

Die Historiker, soweit sie nicht nationalistisch schwärmten und die Eroberung schlicht als selbstverständlich ansahen, haben nach Entschuldigungen gesucht.

In diesem Sinne schreibt zum Beispiel Lothar Gall:

> Die Annexionsforderung ... basierte ganz eindeutig auf seiner Einschätzung der gegenwärtigen und künftigen machtpolitischen Situation in Europa ... der Überzeugung, daß ein dauerhafter Gegensatz zwischen Paris und Berlin so oder so unvermeidbar sei.

In fast allen Überlegungen zu dem vielschichtigen Thema fehlt indessen ein Motiv, wahrscheinlich das wichtigste. Bismarck hat dem Zusammenhalt der Deutschen nie recht getraut. Wenn er früher ein Nationalparlament forderte, um gegen die Interessen der Fürsten und Einzelstaaten die Einheit zu garantieren, dann hat er später umgekehrt argumentiert: „Die deutsche Vaterlandsliebe bedarf eines Fürsten, auf den sich ihre Anhänglichkeit konzentriert."

Es gibt aber ein anderes tiefenwirksames Bindemittel, und Bismarck war gewiß der politische Psychologe von Rang, der es genau kannte: Gruppen von Menschen oder Völker werden zur Schicksalsgemeinschaft geschmiedet, wenn man ihnen den Feind zeigt, der sie bedroht. In diesem Sinne ist der erste deutsche Nationalstaat auf das Freund-Feind-Verhältnis, auf die „Erbfeindschaft" zu Frankreich angelegt worden. Und was die Menschen in der Tiefe zusammenhält, zeigt sich an Symbolen. Die Erinnerung an den glorreichen Sieg über den Erbfeind, der „Sedantag", gewann daher für das Kaiserreich eine überragende Bedeutung. Sebastian Haffner hat – noch aus eigener Anschauung – diesen Tag anschaulich geschildert:

> Der Sedantag war ein rundes halbes Jahrhundert lang der deutsche Nationalfeiertag, mit Paraden, Beflaggung, Schulfeiern, patriotischen Reden und allgemeinen Hochgefühlen. Und

> zwar war es, muß man wahrheitsgemäß und mit einiger Beschämung sagen, der einzige wirklich effektive Nationalfeiertag, den die Deutschen je gehabt haben. Was nachher an seine Stelle trat, der 11. August, Verfassungstag der Weimarer Republik, der 1. Mai der Nazis, der 17. Juni der Bundesrepublik, das war alles nichts Rechtes mehr: halt ein freier Tag und ein paar Weihestunden und Reden, die keinen sonderlich interessierten. Aber der 2. September, Sedantag, mein Gott, da war wirklich noch was los! Das war eine Stimmung – ich finde für die heutige Zeit keinen anderen Vergleich –, als ob die deutsche Nationalmannschaft die Fußballweltmeisterschaft gewonnen hätte, und zwar jedes Jahr aufs neue... Jeder trug im Kopf die triumphalen Bilder, die damals zu Hunderttausenden in Deutschlands guten Stuben hingen: König Wilhelm, der Heldengreis, inmitten seiner Paladine... Moltke bei den Kapitulationsverhandlungen... der gigantische Bismarck neben dem häßlichen Zwerg Napoléon auf der schütteren Holzbank vor dem Weberhäuschen in Domchérie... Von den Hochgefühlen, mit denen das gefeiert wurde, macht man sich heute kaum noch eine Vorstellung.

Aber im Blick auf die spätere Geschichte und das Schicksal des Bismarckreiches im 20. Jahrhundert sollte es möglich sein, eine Vorstellung davon zu gewinnen, was es bedeutet und welch ein Verhängnis es birgt, wenn der Nationalstaat so wesentlich auf das Freund-Feind-Verhältnis, auf Erfolg und Macht, auf den militärischen Triumph gegründet wird – und auf beinahe nichts sonst.

Die Kaiserproklamation

Die Kaiserproklamation im Spiegelsaal des Königsschlosses zu Versailles ist mit Bedacht auf den 18. Januar 1871 gelegt worden. Denn auf den Tag 170 Jahre zuvor hatte sich der Kurfürst von Brandenburg, Friedrich III., als Friedrich I. zum „König in Preußen“ gekrönt. Damit sollte sinnfällig werden, daß Preußen von seinem Ursprung her darauf angelegt war, die deutsche Einheit, den Nationalstaat zu schaffen – obwohl das den historischen Tatsachen kraß widersprach. Doch man braucht nur Gedichte der Zeit zu lesen, erst recht die Jubelgesänge zur Kaiserproklamation und Reichsgründung, um sich in die Zeitstimmung zurückzuversetzen. August Schwartzkopf dichtete das Kaiserlied, das dann zur Hymne wurde:

Heil dir im Siegerkranz,
Herrscher des Vaterlands,
Heil, Kaiser, dir!
Du hast am Rhein gewacht,
hast Deutschland eins gemacht,
brachst seiner Feinde Macht;
Heil, Kaiser, dir!

Sieger von Königgrätz,
Heil, König, dir gerät's,
mit dir ist Gott!
Sedan hat's auch bewährt:
Der unsre Ruh gestört,
gab da sein Kaiserschwert –,
Heil, Kaiser, dir!

Eine Poesie von Rang darf man auf den Tribünen der Ruhmredner allerdings kaum erwarten, und man fühlt mit dem stillen Eduard Mörike:

Bei euren Taten, euren Siegen
wortlos, beschämt hat mein Gesang geschwiegen:
und manche, die mich darum schalten,
hätten auch besser den Mund gehalten.

Fast möchte man glauben, daß Bismarck dem Schwaben dafür die Hand gedrückt hätte. Denn für ihn handelte es sich von Sedan bis zur Kaiserproklamation und darüber hinaus bis zum Friedensschluß mit Frankreich um höchst saure, um nicht zu sagen bittere Wochen und Monate. Zunächst ging es um die schlechte Behandlung des „Zivilisten in Kürassieruniform", wie die Berufsoffiziere ihn nannten:

> Die Verstimmung gegen mich, welche die höhern militärischen Kreise aus dem österreichischen Krieg mitgebracht hatten, dauerte während des französischen fort, gepflegt nicht von Moltke und von Roon, aber von den „Halbgöttern", wie man damals die höhern Generalstabsoffiziere nannte. Sie machte sich im Feldzug für mich und meine Beamten bis in das Gebiet der Naturalverpflegung und Einquartierung fühlbar.

Wichtiger und quälender war für Bismarck natürlich die Ausdehnung des Krieges. Er selbst hatte sie mit der Forderung der Annexion Elsaß-Lothringens politisch zu verantworten, und eine schwerwiegende Fehleinschätzung kam hinzu: Niemand und schon gar nicht die Generalität sah voraus, welche Kraft zum Widerstand das republikanische Frankreich nach der Vernichtung der kaiserlichen Berufsarmeen aufbringen würde. Aber mit dem Umsturz begann der wirkliche Nationalkrieg.

Mehr als einmal stand der Erfolg des ganzen Feldzuges auf des Messers Schneide. Die deutschen Kräfte reichten kaum aus, um einerseits Paris sicher einzuschließen und andererseits die neugebildeten französischen Armeen an der Loire und in Ostfrankreich zurückzuschlagen. Der Krieg verfinsterte sein Gesicht. Am Ende waren auf deutscher Seite 49 000, auf der französischen 139 000 Tote zu beklagen.

Gefährlich war nicht zuletzt, daß überall in Europa und in Ansätzen sogar in Deutschland die öffentliche Meinung umschlug. Bis Sedan sah man in den Deutschen die Angegriffenen, die sich verteidigten, jetzt mehr und mehr die Angreifer. Ein sensibler Beobachter, der Kronprinz Friedrich Wilhelm, schrieb zum Jahresende 1870 in sein Tagebuch:

> Je länger dieser Kampf dauert, desto besser für die Franzosen und desto schlimmer für uns. Man erblickt in uns nicht mehr die unschuldig Bedrohten, sondern vielmehr die übermütigen Sieger, die sich in der Bezwingung des Gegners nicht mehr genügen lassen, sondern sein gänzliches Verderben herbeiführen wollen. Man will in der Nation von Denkern und Philosophen, von Dichtern und Künstlern, von Idealisten und Schwärmern nichts weiter erkennen als ein Volk von Eroberern und Zerstörern, dem kein gegebenes Wort und kein geschlossener Vertrag heilig, das roh und beleidigend von andern spricht, die ihm kein Leid getan, und mit Hohn selbst der Gaben spottet, die ihm als Zeichen der Teilnahme und des Wohlwollens dargebracht worden sind. Zur Stunde will es mir scheinen, als seien wir weder geliebt noch geachtet, sondern lediglich gefürchtet.

Bismarck selbst fühlte, was vorging, und nicht nur für die Militärs galt, was er bereits im November 1870 an Johanna über den Generalstab schrieb:

> Ihm ist der Erfolg kaiserwahnsinnig in die Krone gefahren, und ich ängstige mich oft, daß diese anmaßende Selbstüberschätzung an uns noch gestraft werden wird.

Anfang Dezember sagte er beim Tischgespräch im Kreis seiner Mitarbeiter: „Ich habe die größte Angst. Die Leute ahnen nicht, was die Lage ist. Wir balancieren auf der Spitze eines Blitzableiters; verlieren wir das Gleichgewicht, das ich mit Mühe herausgebracht habe, so liegen wir unten." Diese Bemerkung bezog sich auf die innerdeutschen Verhältnisse, aber natürlich stand dem außenpolitisch Verantwortlichen stets die internationale Situation vor Augen.

Mit allen seinen Kräften und mit wenig Erfolg versuchte er darum, den verlängerten Krieg zu beschleunigen und zum schnellen Abschluß zu bringen. Denn er begann „... sich zu fragen, ob das Ansehen und der politische Eindruck, die das Ergebnis unserer ersten raschen und großen Siege an den neutralen Höfen gewesen waren, nicht von der scheinbaren Tatenlosigkeit und Schwäche unsrer Haltung von Paris verblassen würden oder die Begeisterung anhalten würde, in deren Feuer sich eine haltbare Einheit schmieden ließ".

Diese Schmiedekunst beschäftigte Bismarck im Umgang mit den süddeutschen Staaten. Besonders Bayern sicherte sich wichtige Reservatrechte, wie die eigene Eisenbahn-, Telegrafen- und Postverwaltung. Sogar das bayerische Heer blieb unangetastet. Auch Württemberg zierte sich nicht und rettete fast wie Bayern wichtige Vorrechte. Viele preußische Konservative und norddeutsche Liberale empörten sich über die weitgehenden Zugeständnisse, doch Bismarck kam es darauf an, überhaupt das Ziel zu erreichen.

Der Widerstand, den zu überwinden Bismarck die meiste Nervenkraft kostete, ging wieder einmal von seinem hochverehrten Herrn und König aus. Denn Wilhelm I. sollte nun Kaiser werden, ob er wollte oder nicht.

> Die Annahme des Kaisertitels durch den König ... war ein politisches Bedürfnis, weil er in der Erinnerung aus Zeiten, da er rechtlich mehr, faktisch weniger als heute zu bedeuten hatte, ein werbendes Element für Einheit und Zentralisation bildete.

Kaltblütig kalkulierte Bismarck die Romantik in der Seele der Deutschen, die rückwärtsgewandte Sehnsucht nach der Kaiserherrlichkeit des Mittelalters. Jeder kannte die Kyffhäusersage vom schlafenden und dereinst wiederkehrenden Kaiser.

Leider war Wilhelm I. für diese Form von Romantik vollkommen unempfänglich. Doch lassen wir Bismarck seine Version erzählen: „Außer den bayerischen Unterhändlern befand sich in Versailles als besondrer Vertrauensmann des Königs Ludwig der ihm als Oberstallmeister persönlich nahestehende Graf Holnstein." Ihn schickte Bismarck mit dem Entwurf eines Briefes nach Bayern, den König Ludwig II. an Wilhelm I. richten sollte, um ihm im Namen des nach Preußen bedeutendsten Königtums und der uralten Dynastie der Wittelsbacher die Kaiserkrone anzutragen.

> „Der Graf trat seine Reise nach Hohenschwangau binnen zwei Stunden, am 27. November, an, und legte sie unter großen Schwierigkeiten und mit häufiger Unterbrechung in vier Tagen zurück. Der König war wegen eines Zahnleidens bettlägrig, lehnte zuerst ab ihn zu empfangen" – und gab dann nach. „Er hat darauf im Bette mein Schreiben in Gegenwart des Grafen zweimal sorgfältig durchgelesen, Schreibzeug gefordert und das von mir erbetne und im Konzept entworfne Schreiben an den König Wilhelm zu Papier gebracht ... Am siebenten Tag nach seiner Abreise, am 3. Dezember, war Graf Holnstein mit diesem Schreiben des Königs wieder in Versailles; es wurde noch an demselben Tage durch den Prinzen Luitpold, jetzigen Regenten, unserm König offiziell überreicht und bildete ein gewichtiges Moment für das Gelingen der schwierigen und vielfach in ihren Aussichten schwankenden Arbeiten, die durch das Widerstreben des Königs Wilhelm und durch die bis dahin mangelnde Feststellung der bayrischen Erwägungen veranlaßt waren. Der Graf Holnstein hat sich durch diese in einer schlaflosen Woche zurückgelegte doppelte Reise und durch die geschickte Durchführung seines Auftrags in Hohenschwangau ein erhebliches Verdienst um den Abschluß unserer nationalen Einigung durch Beseitigung der äußern Hindernisse der Kaiserfrage erworben."

Das „erhebliche Verdienst" muß man beim Wort nehmen. Bismarck kannte die Geldverlegenheiten, in denen Ludwig II. wegen seiner unbezähmbaren Neigung zum Schlösserbauen steckte – und bot ihm schlicht Geld an, als Sofortzahlung und in nachfolgenden Raten: in der künftigen Währung gerechnet rund fünf Millionen Goldmark. Holnstein aber machte mit ein paar schlafarmen Nächten das Geschäft seines Lebens; er bekam eine Provision von zehn Prozent. Auch zu den deutschen Traumschlössern von alter und neuer Kaiserherrlichkeit gehören eben, wie zur bayerischen Romantik in Hohenschwangau, Linderhof oder Neuschwanstein, die Hintereingänge für Lieferanten.

Die Königsbestechung wurde aus einem Königsvermögen finanziert, aus dem „Welfenfonds" des nach 1866 enteigneten Königs von Hannover.

Die Auseinandersetzungen zogen sich bis zum Vorabend der Kaiserproklamation hin. Nach Zornausbrüchen und Tränen ging es zuletzt um den Titel. Bismarck berichtet:

> In der Schlußberatung am 17. Januar 1871 lehnte er [König Wilhelm] die Bezeichnung Deutscher Kaiser ab und erklärte, er wolle Kaiser *von* Deutschland oder überhaupt nicht Kaiser sein. (Er war ja auch König von Preußen und nicht „Preußischer König".) ... Der Großherzog wich dadurch aus, daß er ein Hoch weder auf den deutschen Kaiser, noch auf den Kaiser von Deutschland, sondern auf *Kaiser Wilhelm* ausbrachte.

Die krönende, symbolträchtige Feier der Reichsgründung als ein Schauspiel in Hochspannung und Mißstimmung: eine seltsame Vorstellung. Und doch war es so. In dem Text, den Bismarck vortrug, bekundete der König von Preußen seinen Willen, „die seit mehr denn sechzig Jahren ruhende deutsche Kaiserwürde zu erneuern und zu übernehmen". Alle Zeugen stimmen darin überein, daß Bismarck „in tonloser, ja geschäftiger Art ohne jegliche Spur von Wärme oder feierlicher Stimmung" las. Dann rief Großherzog Friedrich von Baden: „Seine kaiserliche und königliche Majestät, Kaiser Wilhelm, lebe hoch! hoch! hoch!" Anschließend schüttelte der Kaiser und König viele Hände; an Bismarck ging er blick- und grußlos vorüber.

Den historischen Augenblick, in dem der Großherzog sein salomonisches Hoch ausbringt, hat Anton von Werner in seinem bekannten Bild festgehalten. Wenn wir das Bild betrachten, erkennen wir, was ihm fehlt: das zivile Element. Man sieht nur Männer – und nur Männer in Uniform. Nirgendwo taucht ein

Am 18. Januar 1871 wurde König Wilhelm I. von Preußen im Spiegelsaal des Schlosses von Versailles zum Deutschen Kaiser ausgerufen.

schlichter dunkler Anzug oder zumindest ein Frack auf – um vom Volk und seinen Dichtern und Denkern nicht erst zu reden. Es ist die Wirklichkeit von Versailles am 18. Januar 1871.

Was folgte, ist schnell erzählt. Am 28. Januar kapitulierte das hungernde und inzwischen auch beschossene Paris, nachdem ein letzter Ausbruchsversuch der Besatzung gescheitert war. Gleichzeitig wurde ein Waffenstillstand vereinbart, und die Generale durften in die feindliche Hauptstadt zur Siegesparade marschieren, die Bismarck ihnen 1866 für Wien mit gutem Grund verweigert hatte. Am 26. Februar wurde der Vorfriede von Versailles geschlossen, dessen Bedingungen dann der Friede von Frankfurt am Main am 10. Mai bestätigte: Frankreich trat das Elsaß – ohne Belfort – und Lothringen mit Metz ab; es zahlte in drei Jahren die ungeheure Summe von 5 Milliarden Franc als Kriegsentschädigung. Bis zur vollen Überweisung hielten deutsche Truppen die östlichen Departements als eine Art Pfandgut besetzt. Am 31. März wurde der erste Reichstag des neuen Nationalstaates feierlich eröffnet und am 16. Juni unter Glockengeläut und Jubel die große Einzugsfeier des Kaisers und Königs, der Generale, der heimkehrenden Truppen und Bismarcks in Berlin begangen.

Die geringsten Schwierigkeiten bereitete die Reichsverfassung, die am 16. April 1871 verkündet wurde. Denn sie war ja schon im Norddeutschen Bund vorgeformt worden. Genaugenommen handelte es sich um die zweite Reichsverfassung, nach der ersten vom 28. März 1848, die das Frankfurter Paulskirchenparlament erarbeitete, aber nicht in Kraft setzen konnte. Die Grundzüge der Verfassung von 1871 seien jetzt knapp skizziert.

In der Präambel heißt es, daß die deutschen Fürsten und die freien Hansestädte Bremen, Hamburg und Lübeck einen „ewigen Bund“ schließen. Sie stellen sich als die eigentlichen Staatsstifter dar – wie Paul Lanbad, der maßgebliche Staatsrechtslehrer der Bismarckzeit, es ausgedrückt hat: „Das Deutsche Reich ist nicht eine juristische Person von 40 Millionen Mitgliedern, sondern von 25 Mitgliedern.“ Ihr Organ ist der Bundesrat mit insgesamt 58 Stimmen, von denen Preußen 17 und Bayern 6 gehören. Die übrigen Staaten folgen in Abstufungen bis zu jeweils einer Stimme. Preußen versteckt also seine Stärke in einer Minderheitenposition. Aber in der Praxis ist die Vorherrschaft nie in Gefahr geraten. Der Sachverhalt hat dazu geführt, daß der Bundesrat aus dem öffentlichen Interesse fast in ein Schattendasein entschwand, obwohl er dem Prinzip nach das oberste Verfassungsorgan darstellt.

An zweiter Stelle folgt das „Präsidium“, von dem es heißt, daß es dem König von Preußen zusteht, „welcher den Namen deutscher Kaiser führt“. Artikel 15 besagt dann: „Der Vorsitz im Bundesrate und die Leitung der Geschäfte steht dem Reichskanzler zu, welcher vom Kaiser zu ernennen ist.“ Der Reichskanzler ist daher auf das Vertrauen des Königs und Kaisers, nicht des Parlaments angewiesen. Neben dem Reichskanzler gibt es keine Reichsministerien, sondern nur Staatssekretäre für die einzelnen Ressorts, die dem Kanzler unterstehen. Es fehlt ein Verwaltungsunterbau, so daß das Reich auf die Zuarbeit der preußischen Verwaltung angewiesen ist. Hieraus ergibt sich, daß mit wenigen und kurzen Ausnahmen, die sich nicht bewährten, der Reichskanzler zugleich der preußische Ministerpräsident gewesen ist.

An dritter Stelle steht der Reichstag, der die Reichsgesetze und die Haushalte beschließt. Der wesentliche Unterschied zum preußischen Landtag gründet darin, daß zu diesem das Dreiklassenwahlrecht nach Steuerstufen gehört, während der Reichstag aus dem allgemeinen und gleichen (Männer-)Wahlrecht hervorgeht.

Es folgen noch Bestimmungen über das Zoll- und Handelswesen, das Eisenbahnwesen, das Post- und Telegrafenwesen, über Marine und Schiffahrt, das Konsulatswesen, das Reichskriegswesen und die Reichsfinanzen.

Betrachtet man das Ganze, so erkennt man, daß es nach Maß auf Bismarck zugeschnitten ist. Denn alle politischen Kraftlinien – des Bundesrates, des „Präsidiums", des Reichstages, des preußischen Landtages und der preußischen Verwaltung – treffen sich im Kanzler und Ministerpräsidenten. Daraus ergeben sich seine Machtfülle und zugleich die Schwierigkeiten. Um nur eine zu nennen: Der Kanzler muß mit dem Reichstag auskommen – und der preußische Ministerpräsident mit seinem Landtag. Die beiden Institutionen treiben aber je länger, desto weiter auseinander. Im Landtag herrschen dank des abgestuften Wahlrechts immer eindeutiger die Konservativen; im Reichstag dagegen kommen auch die liberalen und linken Kräfte zum Zuge. Da kämpfen sich die Sozialdemokraten langsam, aber stetig voran, bis sie im Jahre 1912, bei den letzten Reichstagswahlen des Kaiserreiches, 34,8 Prozent der Stimmen und 110 von 397 Mandaten erringen. (Die Differenz zwischen Stimmen- und Sitzanteil hat unter anderem damit zu tun, daß die Wahlkreiseinteilung der Bevölkerungsentwicklung nicht folgt; in den alten Agrargebieten erreicht man daher mit weit weniger Stimmen ein Mandat als in den neuen industriellen und großstädtischen Ballungsräumen.) Selbst Bismarck ist mit dem von ihm geschaffenen System zunehmend in Schwierigkeiten geraten, und seine Nachfolger hat es zeitweilig fast gelähmt. Zum historischen Hintergrund gehört, daß der alte Prinzipienkonflikt zwischen der Souveränität „von oben" und der „von unten" ungelöst blieb, bis der Sturz der Monarchie 1918 ihn im demokratischen Sinne entschied.

III

Zwischenbilanz

Mit der Kaiserproklamation von Versailles erreichte Bismarck den Scheitelpunkt seiner politischen Laufbahn. Neunzehneinhalb Jahre waren seit seiner Ernennung zum Bundestagsgesandten in Frankfurt vergangen; neunzehn Jahre und zwei Monate sollten für den Reichskanzler bis zur Entlassung noch folgen. Die große Zeit vom Amtsantritt des preußischen Ministerpräsidenten, den die meisten zunächst für eine Spottfigur hielten, bis zur Reichsgründung hatte acht Jahre und vier Monate gedauert.

Bismarck hatte Preußen in den ersten Rang der Großmächte erhoben. Mehr noch. Bismarck hatte die Ordnung Europas aus den Angeln gehoben, die das Erbe des Wiener Kongresses von 1815 war. Wie Benjamin Disraeli, damals der Führer der konservativen Opposition, am 9. Februar 1871 im englischen Unterhaus erklärte: „Dieser Krieg bedeutet die deutsche Revolution, ein größeres politisches Ereignis als die Französische Revolution im vorigen Jahrhundert... Doch was ist in Europa geschehen? Das Gleichgewicht der Kräfte ist vollständig zerstört."

Wahrlich, Bismarck hätte Anlaß gehabt zu triumphieren. Doch davon war jetzt wenig zu hören, eher etwas wie Resignation und die Sehnsucht nach Rückzug.

> Ich bin müde, und während ich noch mit dem Leben dieser Welt verknüpft bin, fange ich an, den Reiz der beschaulichen Ruhe zu schätzen. Ich würde am liebsten von der Bühne in eine Zuschauerloge abtreten.

Dies schrieb er am Weihnachtstag 1871 an seine Freundin aus unbeschwerten Tagen, Katharina Orlow. Am 1. April dieses Jahres hatte er seinen 56. Geburtstag begangen, ein zwar deutlich gealteter, aber beileibe noch nicht alter Mann. Die Erschöpfung blieb von nun an ein Leitmotiv, das immer wieder anklang, auch mit einem Gefühl dafür, daß die Politik sein Leben zerstöre. Eine Freundin der späten Jahre, die Baronin Spitzemberg, notierte in ihrem Tagebuch, was er ihr anvertraute: „Er klagte sehr über Arbeitsunlust und daß die Politik alles in ihm ‚vertrockne', weder Jagd, noch Musik, noch Geselligkeit machte ihm mehr Freude."

Aber warum *spielte* er immer nur mit dem Gedanken? Womöglich wäre ein Abgang dem eigenen Werk sogar zugute gekommen. Am Ende seiner großen Rede vor dem Reichstag des Norddeutschen Bundes vom 11. März 1867 hatte Bismarck gesagt, was zwar rasch zum geflügelten Wort, aber leider nicht Wirklichkeit wurde: „Meine Herren, arbeiten wir rasch! Setzen wir Deutschland, sozusagen, in den Sattel! Reiten wird es schon können." Warum kein Rückzug?

Ehrungen gab es jetzt ohnehin mehr als genug. Noch in Versailles wurde der Zivilist in Uniform vom Generalmajor ehrenhalber zum Generalleutnant befördert. Am Tage der Reichstagseröffnung am 31. März 1871 – und am Vorabend seines Geburtstags – folgte Bismarcks Erhebung in den erblichen Fürstenstand. Er war nun mit „Durchlaucht" anzureden, und seinem Wappen wurden Standarten mit den Wahrzeichen des Elsaß und Lothringens angefügt. Viel lieber nahm er eine erneute Dotation entgegen – diesmal gottlob von Seiner Majestät statt vom Parlament: den Sachsenwald im Herzogtum Lauenburg, vor den Toren Hamburgs, im Schätzwert von einer Million Talern.

Kein Zweifel, Bismarck sehnte sich wirklich aus seinen Amtspflichten fort nach einem ungebundenen Leben. Das läßt sich sogar statistisch belegen: Man hat errechnet, daß er, mit dem Norddeutschen Bund beginnend, von seinen 24 Kanzlerjahren 15 im Dienst und 9 abwesend war. Läßt man die Zeit bis 1871 fort, als im Drang der Geschäfte wenig Freiheit blieb, so kommt man für die späteren Jahre fast auf ein Verhältnis von 1:1. Hätte es damals schon ein „Buch der Rekorde" gegeben, so wäre der Herr Reichskanzler wahrscheinlich in ihm verewigt worden, seit er im April 1877 nach Varzin reiste und erst im Februar 1878 nach Berlin zurückkehrte.

Die Antwort auf die Ausgangsfrage scheint einfach zu sein und erweist sich dennoch als kompliziert. Wer sich der Politik mit ganzer Leidenschaft verschreibt, wer um alles oder nichts gekämpft und die Triumphe der Macht bis zur Neige gekostet hat, der kann sich von Aufgabe und Amt nicht mehr befreien. Man muß ihn losbrechen und vertreiben.

Auf der anderen Seite wächst Bismarck aus seiner altmärkischen oder pommerschen Herkunft nie ganz heraus. Lebenslang steckt in ihm das Kind, das am Fenster der Berliner Lehranstalt beim Anblick des pflügenden Ochsengespanns immer weinen mußte in der Sehnsucht nach Kniephof. Und bis in die Tiefe eingeprägt bleibt die Liebe zum Landbesitz, die Erfahrung der Geborgenheit und Unabhängigkeit, die er gewährt.

Der junge Ehemann schrieb einst an Johanna:

> Du bist mein Anker an der guten Seite des Ufers. Reißt der, so sei Gott meiner Seele gnädig.

Man kann das Bild abwandeln und dabei Gut und Böse beiseite lassen. Bismarck gleicht dem Fährmann zwischen zwei Ufern. Auf der einen Seite gibt es die Zuflucht in Ehe, Familie und Grundeigentum, das Zuhausesein und das Behagen im ländlichen Leben. Nur finden der Tatendrang und der Ehrgeiz darin kein Genügen. Vom anderen Ufer her locken Betätigung, Verantwortung, die Höhen oder Abgründe der Macht – und gegen diese Lockungen streitet wiederum die Sehnsucht nach dem Geborgensein.

Von wenigen und immer seltener werdenden Ausnahmen abgesehen, ist das wahrlich kein Dasein voller Glück, das die Uhren anhalten möchte, sondern ein sehr zwiespältiges, oft bis zum Zerreißen angespanntes und nur bedingt ein erfülltes Leben. Vieles läßt sich von diesem Zwiespalt her deuten, zum Beispiel der abgründige Haß auf die Feinde, die die Ruhe zerstören – und zugleich unentbehrlich sind, ja mitunter geradezu herbeigehaßt werden, weil es ohne sie den Kampf und die Triumphe des Sieges nicht geben kann.

Für die Geschichtsschreibung mag es genügen, wenn sie den Staatsmann in seinem Handeln, im Umgang mit anderen Personen oder den gesellschaftlichen und politischen Kräften beobachtet. Für den Biographen, der den Menschen im Blick behalten und verstehen möchte, genügt es nicht. Wir nutzen daher diese Zwischenbilanz, um dem privaten Bismarck nach Möglichkeit nahezukommen, und wir beginnen mit dem Äußerlichen, dem Besitz.

Neben dem Ursprungsgut in Schönhausen, das ihn kaum noch interessierte, verteilte sich der Besitz seit 1871 auf zwei Schwerpunkte, das hinterpommersche Varzin und Friedrichsruh in dem 1864 für Preußen neugewonnenen Herzogtum Lauenburg. Bei beiden Gütern handelte es sich um sehr große Flächen, in Varzin um zunächst 22 500, in Friedrichsruh um 25 000 Morgen und in beiden Fällen überwiegend um Waldbesitz, wie im zweiten schon der Name „Sachsenwald" sagt. Das kam Bismarcks Neigungen sehr entgegen. Er liebte den Wald und nannte sich selbst einen Baumnarren. Bäume sind Ahnen, hat er einmal gesagt. Darum legte er auch ständig neue Schonungen an, die nach seinem Tod von ihm zeugen sollten. Sehr bezeichnend ist der Ausbruch, den der gestürzte Kanzler im dritten und erst nach dem Ende des Kaiserreichs veröffentlichten Band seiner „Gedanken und Erinnerungen" gegen den General von Caprivi schleudert:

> Ich kann nicht leugnen, daß mein Vertrauen in den Charakter meines Nachfolgers einen Stoß erlitten hat, seit ich erfahren habe, daß er die uralten Bäume vor der Gartenseite seiner, früher meiner, Wohnung [des Amtssitzes in der Wilhelmstraße] hat abhauen lassen, welche eine erst in Jahrhunderten zu regenerierende, also unersetzbare Zierde der amtlichen Reichsgrundstücke in der Residenz bildeten. Kaiser Wilhelm I., der in dem Reichskanzlergarten glückliche Jugendtage verlebt hatte, wird im Grabe keine Ruhe haben, wenn er weiß, daß sein früherer Gardeoffizier alte Lieblingsbäume, die ihresgleichen in Berlin und der Umgebung nicht hatten, hat niederhauen lassen, um un poco più de luce [ein wenig mehr Licht] zu gewinnen... Ich würde Herrn von Caprivi manche politische Meinungsverschiedenheit eher nachsehn als die ruchlose Zerstörung uralter Bäume.

Noch wichtiger war es ihm – darin bewies sich ererbter Junkerinstinkt –, daß es sich um die eigenen Bäume auf dem eigenen Grundbesitz handelte, wenn möglich über das eigene Leben hinaus für die Kinder, Enkel und Urenkel. Folgerichtig gesellte sich zum Appetit beim Essen die Landgier. Tatsächlich ist der Besitz von Varzin durch Zukauf noch um reichlich 10 000, der im Sachsenwald um einige tausend Morgen erweitert worden, so daß zusammengerechnet die beiden Besitzungen gut 60 000 Morgen gleich 15 000 Hektar oder 150 Quadratkilometer umfaßten. Bismarck ist damit zu einem der größten Grundbesitzer Deutschlands aufgestiegen.

Sein eigener Land- oder Forstwirt ist Bismarck nicht mehr geworden; zur Verwaltung fehlten das Interesse und die Zeit. Er war auf Inspektoren angewiesen, und manche wirtschafteten schlecht oder in die eigene Tasche. Aber es entstanden Nebenbetriebe: Sägewerk, Holzschleiferei, Papierfabrik, Brennerei, Pulvermühle und eine Mineralwasserproduktion aus der Bismarck-Quelle. Zwischen 1887 und 1889 betrug im Jahresdurchschnitt das Nettoeinkommen aus Varzin 125 000, aus Friedrichsruh 130 400, aus Schönhausen 9800 Mark. Aber Bismarck wußte, daß in Geldsachen die Gemütlichkeit aufhört; hartnäckig schlug er sich mit den Steuerbehörden herum und erreichte zum Beispiel im Jahre 1871, daß er um eine Steuerklasse heruntergestuft wurde. Damals gab er sein steuerpflichtiges Jahreseinkommen mit 24 500 Talern an, wozu die Dienstbezüge mit 18 000 Talern beitrugen. Zum Vergleich: Das preußische Pro-Kopf-Einkommen betrug im statistischen Durchschnitt 116 Taler. Sogar über die Kirchensteuer soll Bismarck sich geärgert und mit dem Kirchenaustritt gedroht haben, falls seine Veranlagung nicht um 500 Mark im Jahr herabgesetzt werde.

Das Palais des Reichskanzlers, Wilhelmstraße 77

Zum Grundvermögen kam das Depot von Aktien oder Rentenpapieren hinzu, das Bleichröder verwaltete. Sein Wert stieg von 377 000 Mark im Jahre 1871, über 560 000 Mark 1880, auf 1 200 000 Mark 1890. Dabei hätte es viel mehr sein können, wie Bleichröder händeringend erklärte, wenn der Kanzler nur nicht so sehr auf die Erweiterung des Landbesitzes versessen gewesen wäre.

Die Wohnsitze in Varzin und Friedrichsruh waren weder schlichte Gutshäuser noch Schlösser, die diesen Namen verdienten. Um- und Anbauten halfen da wenig. Über Varzin hat Bismarcks Jugendfreund Alexander Graf Keyserling von seiner baltischen Höhe herab gespottet, es sei „im Lazarettgeschmack" erbaut. Immerhin war es schließlich ein großes und solides Haus. In Friedrichsruh handelte es sich ursprünglich um das Gasthaus „Frascati", von den Besuchern aus Hamburg „Freßkate" genannt; sogar nach der Herrichtung für Bismarcks Bedürfnisse fand man im Obergeschoß noch die Numerierung der Gästezimmer aus der früheren Zeit.

Für die Inneneinrichtung darf man noch weniger erwarten; weder Bismarck und seine Familie noch die deutsche „Gründerzeit" mit ihrem schnell aufschießenden Reichtum waren für stilistisches Feingefühl geschaffen. Es gab einfach das, was man brauchte, etwa in Friedrichsruh das „Zylinderbureau", einen mit Rollklappe verschließbaren Schreibtisch, darauf eine Neorenaissance-Uhr. Für den Fürsten stand die eine Chaiselongue bereit, für seinen kaum minder berühmten „Reichshund" Tyras, eine Ulmer Dogge, die zweite.

Für das Kaisergeschenk des Sachsenwaldes bedankte sich Bismarck in einem Brief, der hervorhob:

> Ich wüßte keine Besitzung zu finden, die so sehr meinen Neigungen und Idealen entspräche und zugleich eine so würdige Unterlage des neuen Standes darstellte.

Das war, mit Verlaub, geschwindelt. Auch nach 1871 hielt sich Bismarck mit Vorliebe in Varzin auf, gerade weil es nur mühsam erreichbar war. Erst in den späten Jahren verlagerte sich der Schwerpunkt zunehmend nach Friedrichsruh, unter anderem deshalb, weil Johanna mehr und mehr kränkelte und vom ärztlichen Beistand nicht abgeschnitten werden durfte. Bismarcks Herz aber hing an seinem Varzin, an der Weite und Stille der hinterpommerschen Landschaft, ihrer sanften, wie von der Dünung der nahen See getragenen Bewegung, ihren großen Wäldern mit den eingelagerten Seen und ihrem Wildreichtum. Da konnte er nach Herzenslust reiten oder im Kutschwagen spazierenfahren, ohne auf Menschen zu treffen. Oder fast noch lieber: für Stunden auf einem Stuhl, einer Bank sitzen, die Hände auf seinen hohen Spazierstock und das Kinn auf die Hände gestützt, und ohne Langeweile oder verfinstertes Grübeln in die Natur schauen.

Wir kehren noch einmal zum leidigen Thema des übermäßigen

Essens und Trinkens zurück. Zu berichten ist, daß Johanna ihren Beitrag zum wachsenden Übergewicht und Unwohlsein ihres Gemahls leistete, weil sie in ihrer hinterpommerschen Heimat zum „Nötigen" erzogen worden war, zur Aufforderung, doch nach Herzenslust und immer wieder zuzulangen.

Eine besonders schöne Bemerkung über Bismarcks Appetit und dessen Auswirkungen machte Disraeli, der im Sommer 1878 für einen Monat beim Berliner Kongreß mit dem Reichskanzler zusammentraf:

> Fürst Bismarck mit einer Hand voller Kirschen und der anderen voller Garnelen, die abwechselnd gegessen werden, klagt darüber, daß er nicht schlafen kann und nach Kissingen gehen muß.

Vom Trinken gewinnt man eine Vorstellung, wenn man erfährt, daß allein für Portwein 1873 im ersten Quartal 2275 Taler zu bezahlen waren.

Für Abhilfe sorgte erst ein junger Mediziner aus Bayern, Dr. Ernst Schweninger, als er im Jahre 1881 Bismarcks Hausarzt wurde. Gegen das Schimpfen seines Patienten setzte er sich, wenn nötig, mit Grobheit zur Wehr und benutzte Bismarcks eigene Waffe – den „Kabinettsrevolver" der Rücktrittsdrohung –, um den widerspenstigen hohen Herrn fügsam zu machen. Der Kanzler wurde also auf Diät gesetzt, und schon nach kurzer Zeit trat eine deutliche Besserung seines Befindens ein, die über Jahre anhielt.

Am wichtigsten waren die Menschen, die Bismarck umgaben und bei denen er Rückhalt fand. An erster Stelle stand natürlich Johanna; sie war wirklich der Anker an dem einen Ufer seines Lebens. Es folgten die Kinder, in den späten Jahren mit den Enkelkindern. Bismarck war ein Familienmensch, auch in dem Sinne, daß er eine Art von Familiendynastie zu schaffen versuchte. Wilhelm, der zweite Sohn, brachte es in kurzer Zeit vom Landrat zum Oberpräsidenten von Ostpreußen, und der Schwiegersohn Kuno Graf zu Rantzau machte als Diplomat Karriere.

Doch fast alles hängt im patriarchalischen Erbgang von dem ältesten Sohn ab, das heißt hier von dem 1849 geborenen Herbert. Bismarck band diesen Sohn so eng wie möglich an sich – und überforderte ihn. Herbert trat 1874 in den auswärtigen

Dienst ein und wurde schon zwölf Jahre später als Staatssekretär an dessen Spitze berufen.

Zu einer schlimmen Episode kam es, als Herbert, inzwischen ein erwachsener Mann von 32 Jahren, die Fürstin Elisabeth Carolath heiraten wollte, die dafür die Scheidung aus ihrer ersten Ehe einreichte. Ein Skandal und ein Karrierebruch drohten. Bismarck verbot darum seinem Sohn diese Heirat, tobte und drohte, bat und weinte, redete gar von Selbstmord. Herbert gab schließlich nach, aber er war seitdem ein innerlich zerbrochener und verbitterter Mann; diese Bitterkeit kehrte er nach außen ins grobschlächtige Schimpfen. Immer allerdings blieb er ein treuer Mitarbeiter des Vaters, und als der 1890 von Kaiser Wilhelm II. entlassen wurde, nahm auch er seinen Abschied vom Amt. Erst danach, 1892, heiratete er die sehr viel jüngere Gräfin Marguerite von Hoyos (1881–1945). Beide Söhne sind übrigens nicht alt geworden. Wilhelm starb schon 1901, noch vor seinem 50. Geburtstag, und Herbert 1904, nur sechs Jahre nach seinem Vater.

Zu Bismarcks Familie gesellten sich Dauergäste wie Schweninger und die Gelegenheitsbesucher: Mitarbeiter, Diplomaten, Journalisten, Geschäftspartner. Besonders willkommen waren alte Freunde. John Motley besuchte Bismarck 1872 in Varzin und war hingerissen. Er stellte fest, daß es im Hause des berühmten Staatsmanns noch immer so zwanglos zuging wie zwanzig Jahre früher beim Bundestagsgesandten in Frankfurt.

Bei einem zweiten Hinsehen stellt man allerdings fest, daß der Kreis um Bismarck im Grunde sehr eng war, und man entdeckt die Lücken. Es gab zum Beispiel kaum einen Umgang des Gutsherrn mit seinen Gutsnachbarn. Der Fürst und Reichskanzler war aus seiner Herkunft herausgewachsen, und die prinzipientreuen Pietisten hatten mit dem weißen Revolutionär ohnehin meist gebrochen, weil sie seine Macht- und Erfolgspolitik für gottlos hielten.

Es fehlten auch die Gelehrten, die Künstler und Schriftsteller: kein Fontane weit und breit. Das Haus Bismarck stellte sich nicht völlig, aber weitgehend unmusisch und unliterarisch dar. Und wenn man sich vor Augen führt, daß die kränkelnde Johanna die Menschheit in Freund und Feind aufteilte und sich hauptsächlich ihren Haß auf die Feinde von der Seele redete, daß Herbert noch finsterer daherschimpfte und die Schwester Malwine sich auf

Die Söhne: In Herbert (links) sah Bismarck eine Art Thronfolger, während Wilhelm (rechts) halbwegs eigenständig Karriere machte.

spitze Bemerkungen kaprizierte, dann gewinnt man keinen sehr freundlichen Eindruck. Die Besuche der Keyserlings oder Motleys blieben die Ausnahme.

Die Vereinsamung ist wohl der Preis, der für fast jeden einzigartigen Aufstieg und erst recht für die Fülle der Macht bezahlt werden muß. In Bismarcks eigenen Worten: „Die alten Freunde sterben oder werden Feinde und neue erwirbt man nicht mehr." Was aber bleibt dann? Vielleicht nur dies: auf einer Bank zu sitzen, die Hände auf den Stock und das Kinn auf die Hände gestützt, um Zwiesprache mit denen zu halten, die geduldig zuhören. Noch einmal der späte Bismarck: „Ich habe mir mit den Bäumen mehr zu sagen als mit Menschen."

Die Reichsfeinde und die vaterlandslosen Gesellen

Gab es für Bismarck nach 1871 noch eine Aufgabe von Rang, die über die hausväterliche Verwaltung und Absicherung des glücklich Erreichten hinausführte und den Einsatz lohnte? Gab es eine wirkliche Herausforderung? Seine ganze Laufbahn war mit dem Entweder-Oder, mit dem Kampf bis zum Äußersten verbunden. Die Revolution von 1848 hatte ihm zum Eintritt in die politische Arena verholfen; im Jahre 1862 wurde er zum preußischen Ministerpräsidenten berufen, weil das Duell zwischen Krone und Parlament auf des Messers Schneide stand; 1866 und 1870 hatte er in den Kriegen gegen Österreich und Frankreich um alles oder nichts gespielt. Der Kampf war sein Element, und unentbehrlich machte ihn einzig die Furcht vor dem Abgrund, die radikale Bedrohung, der sich niemand sonst gewachsen zeigte.

Beim Ausbau der inneren Einheit wurde der Kanzler kaum gebraucht. Zwar gab es Arbeit genug, aber es war die Arbeit von Fachbeamten und Fachkommissionen, und die nahm Rudolf Delbrück in seine kundigen Hände. Gefahren von außen oder gar Kriege kamen vorerst nicht in Sicht. Kaum zufällig blieb Bismarck den Amtsgeschäften immer häufiger und länger fern. „Ja, wenn es gälte, einen großen und mächtigen Eber – meinetwegen einen erymanthischen – zu erlegen, dann würde ich dabei sein, dann würde ich mir noch einmal etwas zumuten." Doch jetzt handelte es sich bloß um eine „schlechte Hasenjagd". – Zum Verständnis: Der Erymanthos ist ein Gebirge im Nordwesten des Peloponnes, in dem der Sage nach Herakles den mächtigen und gefährlichen Erymanthischen Eber erlegte.

Was war da zu tun? Die Antwort ist einfach. Man mußte den drohenden Feind wenn nötig erfinden. Den Anlaß oder vielmehr Vorwand lieferte der sogenannte Kulturkampf, dessen Vorgeschichte und Verlauf zunächst skizziert werden soll.

Im Jahre 1870 wurde auf dem Ersten Vatikanischen Konzil die „Unfehlbarkeit" des Papstes verkündet, sofern er „ex cathedra", in seinem Lehramt auf dem Stuhle Petri spricht. Dieser Beschluß verursachte eine gewaltige Aufregung, nicht nur in Deutschland und auch innerhalb der katholischen Kirche. Es kam sogar zur Kirchenabspaltung der Altkatholiken, die allerdings eine kleine Minderheit blieben. Bei vielen Protestanten war die Aufregung noch größer; manche glaubten, daß da ein neues Mittelalter beschworen werde und daß dagegen der Geist der Neuzeit, der auf der Aufklärung und der Mündigkeit des Menschen beruhte, zum Kampf gefordert sei. In diesem Sinne hat Rudolf Virchow von einem „Kampf für die Kultur" gesprochen und damit den Begriff „Kulturkampf" geprägt.

In Deutschland kam hinzu, daß sich mit Kaiserkrönung und Reichsgründung die nationalen Phantasien ins Mittelalter verirrten, wenn sie die alte, nun wiedererstandene Kaiserherrlichkeit feierten. Plötzlich erinnerte man sich an das lange Ringen zwischen Kaisern und Päpsten; man sah Heinrich IV., wie er im Jahre 1077 im Büßergewand zur Felsenburg von Canossa pilgerte, um dort, doch erst nach tiefer Demütigung, von Papst Gregor VII. aus dem Kirchenbann erlöst zu werden.

Noch etwas kam hinzu, und zwar etwas handfest Aktuelles. Es gab das Zentrum als katholische Volkspartei, die, von der Konfession zusammengehalten, eigentlich sehr verschiedene Gruppen und Schichten umfaßte: Adel und Landbevölkerung, Industrielle, Kaufleute, Handwerker und Fabrikarbeiter. Als Konfessionspartei wurde das Zentrum nun zunehmend verdächtigt, „ultramontan“, das heißt dem päpstlichen Machtanspruch jenseits der Berge verhaftet zu sein und von dort her verschwörerisch gelenkt zu werden. Mit anderen Worten: Der Ultramontanismus wurde gleichgesetzt mit dem Bigotten, Undeutschen und Reichsfeindlichen.

Die Oppositionsrolle, in die das Zentrum zunehmend gedrängt wurde, führte wiederum dazu, daß sich ihm die Gegner der neuen Verhältnisse anschlossen, vorab die Welfen, die Bismarck nicht verziehen, daß er Hannover zur preußischen Provinz gemacht und das angestammte Herrscherhaus vertrieben hatte. Die Verbindung ließ sich um so leichter herstellen, als seit 1871 Ludwig Windthorst (1812–91), der selbst ein überzeugter Hannoveraner war, zum Führer des Zentrums aufrückte. Die durchweg katholischen Polen aus den Ostprovinzen Westpreußen, Posen und Schlesien traten hinzu, etwas später die Elsässer und Lothringer. Parteilose Abgeordnete wurden als Gäste aufgenommen.

Nichts hätte willkommener sein können. Diese Kombination machte es leicht, demagogisch von „Reichsfeinden“ zu reden. Erstmals in der Geschichte des deutschen Nationalstaates wurde der Nationalismus als giftige Waffe gegen den innenpolitischen Gegner eingesetzt – und doppelt giftig, weil man ihn zugleich als den Wegbereiter auswärtiger oder übernationaler Mächte verdächtigte. Dieses Denk- oder vielmehr Verteufelungsmuster hat Schule gemacht, im Kampf gegen die Sozialdemokratie ebenso wie bei den Antisemiten, wenn sie den Juden unterstellten, daß sie die Handlanger einer Weltverschwörung, etwa der „Weisen von Zion", seien.

Am 30. Januar 1872 hat Bismarck seine Kriegserklärung an das Zentrum formuliert. Im preußischen Abgeordnetenhaus antwortete er auf eine Rede von Ludwig Windthorst und sagte unter anderem:

> Es war ein großer politischer Fehler, den die Herren vom politischen Standpunkt des Vorredners begingen, daß sie diese Fraktion auf rein politischem Boden, indem sie ihre Glaubensgenossen aus den verschiedenen Fraktionen durch die Einflüsse, die ihnen zur Verfügung standen, nötigen, sich ihnen anzuschließen. (Sehr wahr!) ... Wenn nun zur Herstellung des Friedens mit dem Staat also die Fraktion des Herrn Vorredners sich auf einem politischen Boden konfessionell konstituiert hatte und ihre politische Haltung in der Hauptsache von der Konfession abhängig machte, so konnte man nun fragen: Sucht sie in dieser Weise den Frieden zu erstreben, indem sie ihre Macht zeigt? Ich habe, als ich aus Frankreich zurückkam, die Bildung dieser Fraktion nicht anders betrachten können als im Lichte einer Mobilmachung der Partei gegen den Staat. (Sehr wahr!)

„Der Ministerpräsident ist nicht der Staat, und noch hat kein Minister gewagt, *seine* Gegner auch Gegner des *Staates* zu nennen", entgegnete Windthorst in einer Reichstagsrede. Er war beinahe blind und ein sehr klein geratener Mann; die Karikaturisten wurden nicht müde, diesen Kontrast zum Riesen Bismarck zu zeigen. Aber er war ein vorzüglicher Redner, und er ließ sich nicht einschüchtern. Bismarck wußte, was er an Windthorst hatte. „Mein Leben erhalten und verschönen zwei Dinge", hat er einmal erklärt, „meine Frau und – Windthorst. Die eine ist für die Liebe da, der andere für den Haß." Das wurde lachend gesagt, aber die Erhaltung und Verschönerung des Lebens durch den Haß läßt tief in Bismarcks zweipoligen Seelenhaushalt blicken.

Die praktische Kriegserklärung an die Zentrumspartei war bereits eine Woche vor der Rede im Abgeordnetenhaus erfolgt: Am 23. Januar 1872 wurde Adalbert Falk zum preußischen Kultusminister ernannt. Er war ein entschiedener Liberaler, und in seiner Amtszeit hagelte es Gesetze und Verordnungen gegen die katholische Kirche.

Man kann zwei Gruppen unterscheiden. In der ersten ging es um Rechtsprinzipien, die zum Wesen des modernen Staates gehören, zum Beispiel um die Ziviltrauung und die staatliche Schulaufsicht. Auch in anderen Ländern sind die entsprechenden Gesetze im mehr oder minder heftigen Kampf mit der Kirche durchgesetzt worden.

Die zweite Gruppe sah ganz anders aus; sie griff tief ins kirchliche Leben ein. Bereits im November 1871 beschloß der Reichstag den „Kanzelparagraphen". In Ergänzung des soeben verabschiedeten Strafgesetzbuches bedrohte er „jeden Geistlichen oder anderen Religionsdiener" mit Strafe, der in Ausübung seines Amtes „Angelegenheiten des Staates" in einer „den öffentlichen Frieden gefährdenden Weise zum Gegenstand einer Verkündigung oder Erörterung" machte. Das war ein Kampf- und Ausnahmegesetz der schlimmsten Art, jeder Willkür offen. Es folgte im Juni 1872 das Verbot des Jesuitenordens. Die preußischen Maigesetze von 1873 brachten gleich ein Bündel von Maßnahmen. Die künftigen Geistlichen wurden einem „Kulturexamen" unterworfen. Weiter wurde das staatliche Aufsichtsrecht über die Kirche verschärft und im Gegenzug die kirchliche Disziplinargewalt über Geistliche und Laien eingeengt, dazu noch die Einstellung jedes Geistlichen mit einem Einspruchsrecht des zuständigen Oberpräsidenten verbunden. Es folgte das „Brotkorbgesetz", das die Bezahlung des Geistlichen an sein Wohlverhalten fesselte, und im Mai 1875 das „Klostergesetz", das für Preußen die Auflösung aller Klostergemeinschaften, mit Ausnahme der krankenpflegenden, binnen sechs Monaten verfügte.

Vom Papst, Pius IX., leidenschaftlich unterstützt, verweigerte die Kirche, sich diesen Gesetzen zu unterwerfen. Die Regierung wiederum versuchte den Widerstand mit allen Mitteln zu brechen. Viele Bischöfe und Geistliche wurden abgesetzt und mit Geld- oder sogar Gefängnisstrafen belegt. Zeitweilig waren alle preußischen Bistümer und rund ein Viertel der Pfarrstellen verwaist.

Das Ergebnis des Kulturkampfes ließ sich beinahe absehen. Das katholische Kirchenvolk wurde bis in sonst eher gleichgültige Randschichten hinein mobilisiert und politisiert, und dies kam natürlich dem Zentrum zugute. Mit seinen Bündnispartnern erreichte es bei den Reichstagswahlen 1874 einen Wähleranteil von 38,1 Prozent und errang fast ein Drittel der inzwischen 397 Reichstagssitze.

„Seien Sie außer Sorge: *Nach Canossa gehen wir nicht* – weder körperlich noch geistig!" verkündete Bismarck am 14. Mai 1872 im Reichstag und erntete dafür „lebhaftes Bravo".

Nicht gerade ein Bußgang, aber ein Rückzug wurde dann doch erforderlich. Er begann 1878, dadurch erleichtert, daß Papst Pius IX. am 2. Februar starb. Der Nachfolger, Leo XIII., zeigte sich kompromißbereit und half dem Kanzler, sein Gesicht zu wahren. Auf der preußisch-deutschen Seite wurde Falk 1878 geopfert, und Schritt um Schritt wurden die Ausnahmegesetze widerrufen. Das Mißtrauen und die Bitterkeit, die sich aufgestaut hatten, wirkten allerdings lange nach und ließen sich nicht durch einen Federstrich des Gesetzgebers beseitigen.

Aber warum hat Bismarck den Kulturkampf überhaupt begonnen, jedenfalls ihn über das sachlich Gebotene so weit und entscheidend hinausgetrieben? Die Historiker haben sich an dieser Frage abgemüht, ohne eine schlüssige Antwort zu finden.

Es bleibt ein irrationaler Rest, etwas wie Hysterie. Bismarck selbst brauchte den Kampf und für den Kampf einen Feind.

Dieser Befund wird dadurch bestätigt, daß genau in dem Augenblick, in dem sich das Ende des Kulturkampfes abzeichnete, ein neuer Feind ins Visier geriet: die deutsche Sozialdemokratie. 1869 entstand in der Konkurrenz zu dem von Lassalle 1863 gegründeten Allgemeinen Deutschen Arbeiterverein die Sozialdemokratische Arbeiterpartei unter der Führung August Bebels (1840–1913) und Wilhelm Liebknechts (1826–1900); beide waren die ersten Reichstagsabgeordneten ihrer Partei. Im Mai 1875 vereinigten sich Lassalleaner und Sozialdemokraten zur Sozialistischen Arbeiterpartei Deutschlands, die dann seit ihrer offiziellen Wiederbegründung im Jahre 1890 Sozialdemokratische Partei Deutschlands, kurz SPD hieß. Die Außenseiter entwickelten sich bald zu einer schlagkräftigen Organisation, ergänzt durch die zwar unabhängigen, aber mit der Partei eng verbundenen Freien Gewerkschaften.

Die Vorgeschichte der Sozialistenverfolgung ist schnell erzählt. Als Bismarck Sondergesetze verlangte, stieß er zunächst auf den

Widerstand der Liberalen, doch unerwartete Ereignisse kamen ihm zu Hilfe. Am 11. Mai 1878 gab der junge Klempnergeselle Max Hödel zwei Schüsse auf Kaiser Wilhelm ab, als der auf der Straße Unter den Linden im Wagen vorüberfuhr. Hödel war wenige Wochen zuvor in Leipzig aus der Sozialdemokratischen Partei ausgeschlossen worden und trieb sich seitdem in Berlin herum. Sein Revolver war schadhaft, und niemand wurde verletzt.

Am 24. Mai lehnte der Reichstag das von Bismarck vorgelegte Kampfgesetz ab. Doch eine Woche später, am 2. Juni, feuerte Dr. Karl Nobiling, eine gescheiterte Existenz, zwei Schrotschüsse auf den Kaiser ab und verletzte ihn schwer. Als Bismarcks Mitarbeiter Christoph von Tiedemann die Nachricht überbrachte, stieß der Kanzler schwer atmend mit dem Stock auf den Boden und sagte: „Dann lösen wir den Reichstag auf." Erst nach einer Pause erkundigte er sich nach dem Befinden Seiner Majestät.

Am 18. Oktober 1878 beschloß der neugewählte Reichstag mit 221 gegen 149 Stimmen das Gesetz gegen „die gemeingefährlichen Bestrebungen" der Sozialdemokratie. Für das Gesetz stimmten Konservative und Nationalliberale, dagegen die Mehrheit der Fortschrittspartei, das Zentrum und natürlich die Sozialdemokraten. Das Gesetz, jeweils auf drei Jahre befristet, wurde mehrfach verlängert, bis es kurz vor dem Ende von Bismarcks Amtszeit im Januar 1890 zu Fall kam und im Oktober auslief.

Das Sozialistengesetz erlaubte der Polizei – ohne Einschaltung der Gerichte – das Verbot oder die Auflösung aller verdächtigen Versammlungen, die Beschlagnahmung von Parteikassen, Büchern und Zeitungen, Hausdurchsuchungen, Verhaftungen und die Ausweisung von Personen aus ihrem Wohnort. Von alledem wurde unerbittlich Gebrauch gemacht – und das Ziel dennoch nicht erreicht. August Bebel organisierte eine planmäßige Unterstützung der verfolgten Genossen; ein neues Parteiorgan, das Wochenblatt *Der Sozialdemokrat* wurde seit September 1879 in Zürich gedruckt und von dort aus ins Reich geschmuggelt. Mit einem Stimmenanteil von 7,6 Prozent und mit neun Mandaten war die Partei 1878 in die Illegalität gestoßen worden; mit 19,8 Prozent und 35 Mandaten feierte sie 1890 ihren Sieg.

Bismarck war eine beliebte Zielscheibe für die Karikaturisten.

Im Jahre 1895 besuchte ein junger englischer Student aus gutem Hause, der Enkel eines Premierministers, Berlin: Bertrand Russell (1872–1970), der später berühmte Philosoph, engagierte Pazifist und Nobelpreisträger. Er interessierte sich für die deutsche Sozialdemokratie. Russell hat seine Eindrücke zu einem bemerkenswerten Buch verarbeitet, „German Social Democracy", das mit großer Verspätung auch in Deutschland veröffentlicht worden ist. Ihr marxistisch-orthodoxer „Überbau" ließ die Partei ständig von Revolution, vom Sieg des Proletariats über die Bourgeoisie und von Internationalität reden, obwohl sie sich in der Praxis immer mehr zur demokratischen Reformpartei entwickelte, die sich in ihrer patriotischen Verwurzelung ohnehin nicht übertreffen ließ, wie sich 1914 zeigte. Ihre Rhetorik machte es den Gegnern und schon Bismarck leicht, Angst vor der „roten Gefahr" und den „vaterlandslosen Gesellen" zu verbreiten. Was aber Russell besonders eindrucksvoll darstellt, ist die Tatsache, daß die Atmosphäre von Angst, Fremdheit, Ferne und Verfolgung über das Ende des Sozialistengesetzes fortdauerte. Ein Abgrund trennte die Sozialdemokraten von der bürgerlichen Gesellschaft des wilhelminischen Deutschland.

Wir kommen damit zu einer entscheidenden Frage: Wie sollen wir Bismarcks Treibjagd beurteilen? Unter den Historikern herrscht geradezu ein Ausnahmezustand von Einigkeit: Die Sozialistenverfolgung war ein schwerer Fehler wie zuvor schon der Kampf gegen die katholische Kirche und die Zentrumspartei. Sie hat sogar zum Sturz des Kanzlers beigetragen, weil Kaiser Wilhelm II. einen neuen Anfang machen wollte und zunächst die Verständigung mit der Arbeiterbewegung suchte, bevor er sich eines Schlechteren besann.

Hier sei eine entschieden andere Meinung vertreten. Zwar ist Bismarck vordergründig und für den Augenblick gescheitert. In einer Tiefendimension aber und über seine eigene Amtszeit weit hinaus bis tief ins 20. Jahrhundert hinein hat er erreicht, was er wollte. Er hat im Kampf, im Freund-Feind-Verhältnis den deutschen Nationalstaat geschaffen, und genau in diesem Sinne, im Kampf nun gegen den inneren Feind, hat er ihn langfristig geprägt. Dabei ist zu bedenken, daß jede Feinderklärung stets auch – oder sogar in erster Linie – auf den „Freund“, das heißt auf diejenigen zielt, die in der Angst vor dem Feind in ihrem Eigenwillen gebrochen und zur Gefolgschaft formiert werden sollen.

Das ist gelungen; Bismarck hat das deutsche Bürgertum dazu erzogen, sich vor dem roten Gespenst zu fürchten und seine eigenen Ideale, wie sie von 1848 bis in die Zeit des preußischen Verfassungskonflikts bestimmend waren, aufzugeben, zu verleugnen, ja sie sogar als Gefahr zu begreifen. So hat Bismarck das deutsche Bürgertum in seinem politischen Selbstbewußtsein gebrochen und entmündigt; er hat es gelehrt, Schutz beim starken Mann und beim starken, durch seine militärische Machtentfaltung bestimmten Staat zu suchen. Er hat zugleich die Idee und die Realität der Nation aus dem Lager der Freiheit und des Fortschritts in das konservative Gegenlager hinübergeschafft. Was denn sonst war jemals das Ziel des „weißen“ Revolutionärs? Er hat dieses Ziel zunächst mit der Reichsgründung und dann mit seinen innenpolitischen Feldzügen nicht nur angestrebt, sondern erreicht. Er war und er blieb ein Mann des Erfolges.

Daß damit Deutschland trotz seiner technischen, wirtschaftlichen und weithin auch gesellschaftlichen Modernität politisch in die Reformunfähigkeit geriet und daß seine Entwicklung zur parlamentarischen Demokratie verhängnisvoll blockiert wurde, steht freilich auf einem anderen Blatt. Aber es erscheint dann in der Geschichtsschreibung nicht mehr als Bismarcks Blatt, sondern als das einer späteren Zeit.

Gegen Ende seines Buches über die deutsche Sozialdemokratie schrieb Bertrand Russell:

> *Wenn* die Sozialdemokraten ihre kompromißlose Haltung aufgeben können, ohne an Stärke zu verlieren; wenn andere Parteien diese Veränderung wahrnehmen und einen versöhnlicheren Ton anschlagen, und wenn ein Kaiser oder Kanzler

> auftauchen sollte, der weniger kompromißlos feindlich gegen jeden Fortschritt an Zivilisation oder Freiheit ist als Bismarck oder Wilhelm II. – wenn alle diese glücklichen Umstände eintreten sollten, dann mag Deutschland sich auf friedlichem Wege, wie England, zu einer freien und zivilisierten Demokratie entwickeln. Einstellung der Verfolgung, vollständige und uneingeschränkte Demokratie, absolute Koalitions-, Rede- und Pressefreiheit – sie allein können Deutschland retten, und wir hoffen inständig darauf, daß die deutschen Herrscher sie gewähren werden, ehe es zu spät ist. Tun sie es nicht, so sind Krieg und Auslöschung der nationalen Existenz das fast unvermeidliche Schicksal des deutschen Kaiserreiches.

Dem ist nichts hinzuzufügen – außer der deutschen Geschichte in der ersten Hälfte des 20. Jahrhunderts.

Varzin oder der Kampf um Stabilisierung

Im Jahre 1815, in dem Bismarck geboren wurde, begann in Deutschland die Zeit des Biedermeiers. Zu ihr gehörte die Idylle, das beschauliche Glück im Winkel, wie es Ludwig Richter gemalt hat. Aber es gab eine Kehrseite: den Stillstand, die Armut und Not. Zu Bismarcks bestimmenden Kindheitserlebnissen gehörte die ländliche Idylle – oder das Verlangen nach ihr. Diese Sehnsucht ist nie erloschen; in der Tiefe seiner Seele hat sie auch der reife Mann immer bewahrt.

Wahrscheinlich hängt seine Entschlossenheit zum politischen Kampf sogar mit dem Wunsch zusammen, die Idylle um jeden Preis zu retten; insofern stehen der Wille zur Macht und die Sehnsucht nach einem Rückzug in die Geborgenheit nicht im Widerspruch, sondern sie bedingen einander. Sogar die Gier nach immer weiterer „Abrundung" des eigenen Besitzes wurde in der vorbewußten Tiefe wohl noch immer von der Angst getrieben, ihn zu verlieren.

Doch bereits das Deutschland der Jahrhundertmitte sah ganz anders aus als das des Biedermeiers. Man könnte von einem dreifachen *W* sprechen: Es gab ein starkes und über alle Konjunkturschwankungen hinweg langfristiges *Wachstum* der Wirtschaft, das von der Agrar- zur Industriegesellschaft hinüberführte; es wurde begleitet von einem Jahrhundertprozeß des Bevölkerungswachstums. Mit diesem doppelten Wachstum verband sich ein unwiderruflicher *Wandel* der gesellschaftlichen Verhältnisse. Das Bürgertum gewann die wirtschaftliche Vormacht und drängte den Adel ins Abseits – nur um sich wiederum von der Arbeiterklasse herausgefordert zu sehen, die es mit der erfolgreichen Entwicklung der Produktivkräfte selbst produzierte. Schließlich gehören zur Sache die *Wanderungen* eines ständig größeren Teils der Bevölkerung, die es zuvor in diesem Ausmaß noch nicht gegeben hatte und in denen sich das Zeitalter der Massenmobilität ankündigt. Es liegt nahe, zu alledem Karl Marx und Friedrich Engels das Wort zu geben, die schon 1848 prophetisch gesagt haben:

> Die Bourgeoisie kann nicht existieren, ohne die Produktionsinstrumente, also die Produktionsverhältnisse, also sämtliche gesellschaftlichen Verhältnisse fortwährend zu revolutionieren… Die fortwährende Umwälzung der Produktion, die ununterbrochene Erschütterung aller gesellschaftlichen Zustände, die ewige Unsicherheit und Bewegung zeichnet die Bourgeoisieepoche vor allen anderen aus. Alle festen, eingerosteten Verhältnisse mit ihrem Gefolge von altehrwürdigen Vorstellungen und Anschauungen werden aufgelöst, alle neugebildeten veralten, ehe sie verknöchern können. Alles Ständische und Stehende verdampft, alles Heilige wird entweiht, und die Menschen sind endlich gezwungen, ihre Lebensstellung, ihre gegenseitigen Beziehungen mit nüchternen Augen anzusehen.

Vor solch einem Hintergrund gewinnt Bismarcks Ankauf von Varzin, sein erneuertes Heimischwerden in der östlichen Stille, eine ganz eigene Bedeutung. Hier, wie überall in Hinterpommern, war vom Aufbruch in ein neues Zeitalter wenig zu spüren. Hier galt noch die „vormoderne“, patriarchalisch geprägte Ordnung. So gesehen stellte Varzin wirklich eine Fluchtburg dar.

Ein Hauptschlüssel zur Gesamtentwicklung war der Eisenbahnbau. Noch gewaltiger wuchsen die Transportleistungen, und mit dem Massenverkehr sanken gleichzeitig die Kosten. Das mag uns heute kaum noch imponieren, weil wir an weit größere Transportleistungen, an weltweite Entfernungen und im Düsenflugzeug an die zehnfache Geschwindigkeit gewöhnt sind. Für die Menschen des 19. Jahrhunderts handelte es sich um eine Epochenwende in der Weltgeschichte. Denn bis zum Ende der Goethezeit waren der Ritt auf einem galoppierenden Pferd oder die Fahrt übers Wasser unter windgeschwellten Segeln die schnellsten Arten der Fortbewegung, die sich denken ließen. Frachtgüter mußten mit Muskelkraft transportiert und selbst auf den günstigsten Binnenstraßen, den Flüssen, stromauf von Menschen und Tieren geschleppt werden. Die Entwicklung der Dampfschiffe ergänzte daher den Eisenbahnbau. Die Entwicklung der Eisenbahn strahlte vielfältig aus. Etwa 300 000 Arbeiter wurden über viele Jahre beim Streckenbau beschäftigt, und bei der Eisenbahn entstand ein ganzes Bündel neuer Berufe.

Kapital mußte in einer bisher unbekannten Größenordnung bereitgestellt werden, und dafür genügten die traditionellen Finanzierungsformen nicht mehr. Es begann die Zeit der Aktiengesellschaften und entsprechend die der Banken auf Aktienbasis, die dazu bestimmt waren, Privatbankiers wie die Rothschilds und Bleichröders in die zweite Reihe zu drängen.

Mehr Kohle, Eisen und Stahl wurden benötigt – und, wichtig genug, es mußte transportierbar sein. Die Zeit der Reviere im Ruhrgebiet, an der Saar und in Oberschlesien begann schon vor der Jahrhundertmitte. Ein Zahlenvergleich sei hier angefügt, der vielleicht am genauesten den Stand der industriellen Entwicklung demonstriert. Im Jahre 1840 gab es in Deutschland eine Dampfmaschinenkapazität von 40 000 Pferdestärken – nicht mehr als in Belgien; 1870 gab es in Deutschland dann 2,48 Millionen PS, und bis zur Jahrhundertwende wurde diese Zahl noch einmal verdreifacht. Nur die Vereinigten Staaten und Großbritannien lagen weiterhin vorn.

Mit der Epoche der Dampfmaschinen und des Eisenbahnbaus entstanden nicht nur neue Verkehrswege und Industriereviere, sondern ganze Landschaftsbilder wurden verändert, sogar weitab von den neuen Wirtschaftszentren. Holz konnte man in der früheren Zeit über längere Strecken nur transportieren, wenn es in der Nähe Flüsse oder Kanäle gab, die das Flößen erlaubten. Jetzt aber, indem das Transportproblem gelöst wurde, begann die Revolution der modernen Forstwirtschaft; sie schuf die dichten und dunklen Bestände von Fichten und Kiefern, die wir seither kennen und für typisch halten, obwohl sie erst seit der Mitte des 19. Jahrhunderts angelegt wurden.

Deutschlands Bevölkerung wuchs (in den Grenzen des späteren Reiches) von 25 Millionen im Jahre 1817 – dem ersten Jahr, für das es eine zuverlässige Statistik gibt – über 35 Millionen 1848 und 41 Millionen 1871 auf 67 Millionen im Vorkriegsjahr 1913. Das enorme Städtewachstum begann. Berlin zählte am Anfang des 19. Jahrhunderts 172 000 und am Ende 1,9 Millionen Einwohner. Diese Zahlen hätten noch dramatischer steigen müssen, wenn nicht eine massive Auswanderung nach Übersee, vor allem in die Vereinigten Staaten, möglich gewesen wäre. Deutschland bot den Deutschen nicht genügend Arbeit und Brot, selbst nach der Reichsgründung nicht. Im Gegenteil: Von 1871 bis 1873 zählte man jährlich rund 100 000 Auswanderer; ein weiterer Höhepunkt wurde von 1881 bis 1883 mit mehr als einer halben Million erreicht.

Die Möglichkeit der Auswanderung nach Übersee öffnete einerseits ein Überdruckventil. Wenn es zum „großen Kladderadatsch", zur sozialen Explosion nicht gekommen ist, die die Jünger von Karl Marx zuversichtlich erwarteten, dann findet man hier einen Teil der Erklärung. Andererseits hat der Bevölkerungsdruck die rasche Industrialisierung erst ermöglicht: Es gab genug billige Arbeitskräfte, und falls sie sich den knappen Löhnen und harten Arbeitsbedingungen verweigerten, konnte man sie leicht ersetzen.

Zu den Ursachen des Wachstums gehören natürlich eine nach und nach verbesserte Ernährung, Hygiene und medizinische Betreuung. Die periodischen Hungersnöte früherer Zeiten wurden gebannt, weil man jetzt Getreide in großen Mengen schnell und über weite Strecken transportieren konnte. Die Kindersterblichkeit sank, und die Seuchen verloren, wenn nicht ihren Schrecken, dann doch mehr und mehr ihre verheerende Kraft. Noch wichtiger war, daß man häufiger und früher heiratete. In der traditionellen Agrargesellschaft durfte oft nur der älteste Sohn des Bauern oder Handwerksmeisters vor den Traualtar treten – oder die Tochter, wenn sie mit gebührender Mitgift in einen Hof oder Betrieb einheiratete. Die jüngeren Geschwister blieben als Knechte und Mägde oder Gesellen meist lebenslang ledig, bei scharfen Sanktionen gegen uneheliche Geburten. Mit der Abwanderung in die rasch wachsenden Städte und Industriegebiete lösten sich diese Traditionsschranken auf. Oder umgekehrt: Man wanderte ab, weil man sich der Ehebeschränkung nicht mehr fügen wollte und jetzt eine Chance sah, ihr zu entkommen.

Unsere Skizze mag genügen, um die Dramatik des wirtschaftlichen und gesellschaftlichen Wandels in der Zeit der Reichsgründung kenntlich zu machen. Dabei muß man im Vergleich mit der Gegenwart hinzufügen: Wir haben uns daran gewöhnt, daß nur die Veränderung das Beständige ist. Die Menschen des 19. Jahrhunderts aber wurden davon überwältigt. Es gab gewiß den Gewinn, die Befreiung, um nochmals mit Marx und Engels zu reden, vom „Idiotismus" des Landlebens, aber auch erst recht den unerhörten Verlust, den Abschied vom unvordenklich Gewohnten. Und die Reichsgründung hat den Wandel weiter beschleunigt.

1871 begann sogar eine überhitzte „Gründer"-Konjunktur. Frankreich zahlte die ihm auferlegten Milliardenforderungen schneller als erwartet, um die deutschen Besatzungstruppen aus dem Land zu schaffen, und die im Umlauf befindliche Geldmenge erhöhte sich sprunghaft, trotz mancher, aber vergeblicher Mahnungen zur Vorsicht. Ein Spekulationsfieber setzte ein. Doch bereits im Jahre 1873 begannen der Kurssturz und der „Gründerkrach".

Zwar kann von einer Wachstumspause in Deutschland kaum die Rede sein, aber die Zeiten wurden spürbar härter. Eine Phase der Deflation begann; der Index der Großhandelspreise wurde fast halbiert. Noch schlimmer erging es den Rohstoffpreisen für Eisen, aber auch für Weizen. Die goldenen Zeiten der deutschen Großgrundbesitzer, die jahrzehntelang der wachsenden Nachfrage kaum nachkamen und sie in steigende Preise umsetzten, waren beendet. Der allgemeine Preisverfall mochte die Verbraucher entlasten, die über ein gesichertes Einkommen verfügten, aber er mußte mit steigender Arbeitslosigkeit bezahlt werden; die Auswanderungsrekorde der achtziger Jahre haben hiermit zu tun.

Der Gründerkrach hatte nicht nur wirtschaftliche, sondern auch geistige Folgen. Das Meinungs- und Stimmungsbild veränderte sich; alle die Leute meldeten sich zu Wort, die immer schon gewußt hatten, daß die Auflösung der traditionellen Gesellschaftsordnung im Zeichen des Liberalismus und des Kapitalismus das Verhängnis barg. In der Depression bekam der Kulturpessimismus Konjunktur; man muß von ihm reden, weil auch er zum deutschen Wandel nach der Reichsgründung gehört.

Einer seiner Künder war Paul de Lagarde, bürgerlich eigentlich Paul Anton Bötticher und Professor für Orientalistik in Göttingen. Er haßte alles Moderne, von den Juden als den Wegbereitern und Repräsentanten des modernen Geldwesens bis zu den Literaten als Wegbereitern und Repräsentanten des modernen Geistes.

Positiv setzte Lagarde auf die Jugend. Denn „sie will Krieg für ein konkretes Ideal führen, sie will Gefahr, Wagnis, Wunder, Tod“. Zu den konkreten Idealen gehörte ein Siedleradel, der über die deutschen Grenzen hinaus erobernd nach Osten vordringen sollte, und ein germanisch geadeltes Christentum. „Adel“ und „Aristokratie“ wurden jetzt ohnehin zu Modebegriffen; im Blick auf die Universität vergaß man die „Gelehrtenrepublik“ und bewunderte die „Geistesaristokratie“.

Lagarde hat viele beeinflußt, bis hin zu Thomas Mann. Ein Mann eigener Prägung war dagegen Ferdinand Tönnies (1855 bis 1936), der 1887 sein soziologisches Hauptwerk „Gemeinschaft und Gesellschaft“ veröffentlichte. Die Gemeinschaft erschien ihm als ursprünglich und natürlich; in ihr fügt ein übergeordneter „Wesenswille“ die Menschen zusammen. Die Gesellschaft ist spät, sie geht aus der Auflösung der Gemeinschaft hervor; in ihr herrscht der „Kürwille“, das heißt die Willkür, mit der jeder seine egoistischen Interessen verfolgt.

Die Rückkehr zur Gemeinschaft hat Tönnies nicht propagiert, aber genau in diesem Sinne ist er verstanden worden. Die Jugendbewegung, die um die Jahrhundertwende begann, nahm das Stichwort auf, und in der Weimarer Republik entwickelte sich eine allgemeine Gemeinschaftsbegeisterung, die dann die Nationalsozialisten für ihre „Volksgemeinschaft“ in Dienst nahmen.

Exemplarisch läßt sich der Gesinnungswandel, der nach der Reichsgründung und vor allem nach dem „Gründerkrach“ von 1873 begann, an Heinrich von Treitschke (1834–96) ablesen. Der ehemals liberale Kritiker Bismarcks, dann der „Herold der Reichsgründung“, übernahm 1874 einen Lehrstuhl für Geschichte an der Universität von Berlin und ist zum überragend einflußreichen Lehrer einer ganzen, der nachfolgenden wilhelminischen Generation geworden. Was er seinen Hörern und Lesern einprägte, mag ein Zitat aus seinen Vorlesungen über Politik anschaulich machen:

> Alle Gesellschaft bildet von Natur eine Aristokratie. Die Sozialdemokratie kennzeichnet den Unsinn ihrer Bestrebungen schon durch den Namen. Wie mit dem Staat gegeben ist ein Unterschied von Obrigkeit und Untertan, der niemals aufgehoben werden kann, so ist mit dem Wesen der Gesellschaft ein für allemal gegeben die Verschiedenheit der Lebenslage und Lebensbedingungen ihrer Glieder.

Treitschke scheute die drastische Schlußfolgerung nicht:

> Die Masse wird immer die Masse bleiben müssen. Keine Kultur ohne Dienstboten. Es versteht sich doch von selbst, wenn nicht Menschen da wären, welche die niedrigen Arbeiten verrichten, so könnte die höhere Kultur nicht gedeihen. Wir kommen zu der Erkenntnis, daß drei Millionen ackern, schmieden und hobeln müssen, damit einige Tausend forschen, malen und dichten können. Das klingt hart, aber es ist wahr und wird in aller Zukunft wahr bleiben. Mit Jammern und Klagen ist hiergegen gar nichts auszurichten. Der Jammer entspringt auch nicht der Menschenliebe, sondern dem Materialismus und dem Bildungsdünkel unserer Zeit.

Es ist seltsam, wie ausgerechnet der Historiker zur Natur verklärt, was doch dem Wandel unterliegt. Aber gerade weil sich jetzt der Übergang von der Agrar- zur Industriegesellschaft und damit zu ganz neuen Lebensverhältnissen ankündigte, versuchte Treitschke, das Rad der Entwicklung anzuhalten. Nur folgerichtig ist, daß er zu den Wegbereitern des modernen Antisemitismus gehörte. Im übrigen setzte er der Verblendung der Massen und der Selbstsucht des einzelnen den Machtstaat entgegen. Denn „dieser naiven Selbstsucht der Regierten steht die wesentlich politische Anschauung der Regierenden gegenüber, die den Staat nicht aus einer Interessengruppe heraus, sondern vom Standpunkt der Gesamtheit betrachtet. Sie denken zunächst an die Macht und Einheit des Ganzen; und da sie schwere Verantwortung tragen für das Los der Millionen, so betrachten sie festen Gehorsam als das erste Erfordernis."

In seinem Aufsatz „Das deutsche Ordensland Preußen" heizte Treitschke auch den Polenhaß an. Er stellte den Deutschen Orden des Mittelalters so dar, als handle es sich schon um die zum Erobern berufenen Herrenmenschen der Zukunft: „Die massiven Gaben deutscher Gesittung, das Schwert, der schwere Pflug, der Steinbau ... verbreiteten sich über die leichtlebigen Völker des Ostens." In einem gleichzeitig mit dem Aufsatz geschriebenen Brief hieß es: Im Deutschen Orden seien „einige Züge des deutschen Wesens verkörpert..., die man selten recht beachtet – die aggressive Kraft und die herrische gemütlose Härte". Zu den Klagen gehörte, daß in polnischer Zeit die berühmte Marienburg verunstaltet wurde: „Zwischen den Pfeilern der Remter zog der Pole dünne Wände, weil er der Kühnheit der deutschen Gewölbe nicht traute, und die ernste Wahrheit des Ziegelrohbaus ward bedeckt mit der lügenhaften Hülle des Gipses." Aber die Lüge war auf Treitschkes Seite: der Gips stammte aus Baumaßnahmen der preußischen Verwaltung nach der ersten polnischen Teilung.

Wir kehren zurück zu Wirtschaft und Gesellschaft und nähern uns den politischen Konsequenzen. Seit dem Gründerkrach wehte den liberalen Parteien der Wind ins Gesicht. Ein Signal des Kommenden setzte im April 1876 Rudolf Delbrück mit dem Rücktritt von seinen Regierungsämtern. Denn damit kündigte sich das Ende einer Ära an; seit der Gründung des Norddeutschen Bundes war er der Motor und die Symbolfigur liberaler Wirtschafts- und Einigungspolitik gewesen. Bismarck wand sich und gab verschiedene Erklärungen, mitunter beklagte er auch, daß sein wichtigster Mitarbeiter ihm „genommen" worden sei. Doch Delbrück spürte, daß der Kanzler sich von ihm entfernte, und kam dem erzwungenen Rücktritt durch den eigenen Entschluß zuvor.

Sinkende Preise, billiges Eisen aus England, billiges Getreide aus Amerika und aus Rußland im Überfluß: Es begann jetzt ein erbitterter Kampf um die Einführung von Schutzzöllen, der sich über Jahre hinzog. Damit schlug die Stunde der Interessenverbände. Schon im Dezember 1875 sprachen Wilhelm von Kardorff und Karl Freiherr von Stumm-Halberg als Vertreter der Schwerindustrie und zugleich als prominente Mitglieder der Freikonservativen Partei beim Kanzler vor. Bismarck legte sich vorerst nicht fest, ermutigte seine Gäste jedoch ausdrücklich zu ihren Aktivitäten.

Eduard Lasker, der prominente Parlamentarier und Führer der Nationalliberalen, warf Bismarck „die Finanzpolitik eines Besitzers“ vor. Bismarck schlug zurück. Der Bruch mit den Nationalliberalen, der tragenden Partei in der Zeit der Reichsgründung und der Ära Delbrück, war damit vollzogen, und das Zentrum – eben noch „die Reichsfeinde“! – war nun als Mehrheitsbeschaffer willkommen.

Etwas Grundsätzliches wird hier sichtbar, das über den aktuellen Anlaß hinausweist. Bismarck hat die Parteien, die Konservativen ebenso wie die Liberalen und das Zentrum, benutzt oder zurückgestoßen, wie es ihm von Augenblick zu Augenblick gerade nützlich war, und wenn nötig auch auf Spaltungen hingearbeitet. Er hat, wenn nicht vorsätzlich, dann in der Praxis, verhindert, daß sich solide Mehrheitskoalitionen entwickelten, die in parlamentarischen Systemen zur Bedingung des Regierens gehören. Der Preis war, daß die gesamte Gesetzgebungspolitik in ein Zwielicht der Unstetigkeit und Unberechenbarkeit geriet. Ein „System der Aushilfen“ wurde zur Regel, das bei zunehmendem Aufwand an Einschüchterungen oder Verlockungen mit abnehmendem Ertrag arbeitete und in der Spätzeit des Kanzlers immer deutlicher in die Sackgasse führte.

Bismarck hat das bitter beklagt. Aber noch mehr scheute er den anderen Preis: die Gefahr, von einer Parteienkoalition abhängig zu werden. Im Kern war und blieb er ein Gegner und nicht ein Anwalt des parlamentarischen Prinzips. Er wollte sein eigener Herr und niemandes Diener sein, außer des Kaisers und Königs – sofern Seine Majestät tat, was der Kanzler wollte.

Der Endkampf um die Zollvorlage begann am 2. Mai 1879. Fachkommissionen tagten fast ununterbrochen, und 155 Redner sprachen im Plenum des Reichstags. Noch während der Debatte traten der liberale Reichstagspräsident Max von Forckenbeck und sein Stellvertreter zurück; sie wurden durch Abgeordnete der Konservativen und des Zentrums ersetzt. Am 29. Juni folgte der Rücktritt des preußischen Kultusministers Adalbert Falk als Signal für den Abbruch des Kulturkampfes. Der Landwirtschaftsminister Karl Rudolf Friedenthal, der die Getreidezölle ablehnte, und der Finanzminister Arthur Hobrecht, der nicht gegen die

Liberalen regieren wollte, schlossen sich an. Am 12. Juli wurde das Zollgesetz mit einer soliden Hundertstimmenmehrheit verabschiedet.

Für den Augenblick wogen die politischen Folgen schwerer als die wirtschaftlichen. Man hat geradezu von einer konservativen „Umgründung" oder „zweiten Gründung" des Reiches gesprochen. Jenseits des Parlaments entstand eine große Interessenkoalition von „Roggen und Eisen", von Großgrundbesitz und Schwerindustrie, die die Geschicke des Kaiserreichs weithin bestimmt hat.

Bismarck hat lange gezögert, bevor er handelte; ohnehin war er kein Fachmann für wirtschaftliche Fragen. Dann allerdings hat er die „Umgründung" mit all seiner Tatkraft betrieben. Aber warum überhaupt? War sie wirklich notwendig? Und wo lagen die Motive?

Zweifellos kamen eigene Interessen – die des Großgrundbesitzers – ins Spiel. Ebendarum hat der Kanzler auf die Herausforderung Eduard Laskers so schroff und nachtragend reagiert. Doch in der Tiefe ging es um viel mehr, um Zukunftsängste in einem geradezu existentiellen Sinne. Die Paradoxien des eigenen Werkes holten den Reichsgründer ein. Er hatte mit der Einigung Deutschlands den Kern des alten Obrigkeitsstaates gerettet – und *zugleich* eine Dynamik entfesselt, die im Sinne von Karl Marx und Friedrich Engels uralte Ordnungen unwiderruflich zerstörte. Bedrohte die wirtschaftliche und gesellschaftliche Revolution womöglich elementarer als die politische von 1848, was Bismarck am Herzen lag? Wie lange würde es ein unabhängiges, lebenswertes Leben überhaupt noch geben? Wie lange Varzin?

Man versteht weder Bismarck als Menschen noch seine politischen Energien, wenn man in ihm nicht den Mann der abgründigen Ängste erkennt. Dabei hat er von seinen Alpträumen, seinen Sorgen vor der Zukunft immer wieder gesprochen, meist allerdings in außenpolitischen Zusammenhängen. Aber gab es zwischen Außen- und Innenpolitik denn keinen Zusammenhang? War es nicht auch und nicht zuletzt die wirtschaftliche Dynamik des neuen deutschen Nationalstaates, die sich mit der europäischen Machtbalance immer weniger vertrug? Oder umgekehrt: Bedrohte etwa die unabsehbare Entfesselung des Weltmarktes

Deutschland? Von solchen Fragen her kann man eigentlich alles, was Bismarck in den späten und mühsamen Jahren seiner Kanzlerschaft tat, auf einen einzigen Begriff bringen: Er kämpfte um Stabilität. Die „Umgründung" des Reiches von 1878/79 war ein Versuch der wirtschaftlichen Stabilisierung. Die innere Entwicklung sollte gesichert und zugleich gezähmt, wenn möglich lenkbar gemacht werden. Von der Gegenwart aus betrachtet, mag sich beinahe primitiv und höchst unzulänglich ausnehmen, was vor 120 Jahren begann. Aber es handelte sich um einen Anfang moderner Wirtschaftspolitik.

Ähnliches gilt auf einem anderen wichtigen Feld der Bismarckschen Innenpolitik: der Gründung der Sozialversicherungen, die zur gesellschaftlichen Stabilisierung beitragen sollten. 1883 wurde die Krankenversicherung, 1884 die Unfallversicherung und 1889 die Invaliden- und Altersversicherung eingeführt. Ohne Wenn und Aber kann man sagen: Der deutsche Sozialstaat begann unter Bismarck – und mit Bismarcks Einsatz für ihn.

Das Versicherungsprinzip löste die uralte Armenpflege ab, die im Industriezeitalter ohnehin nicht mehr brauchbar war und den einzelnen entmündigte, der ihr anheimfiel. Im übrigen wurden mit dem Versicherungsprinzip Berufsgenossenschaften verbunden, in denen Arbeitervertreter ihren paritätischen Platz fanden. Natürlich handelte es sich immer mehr um Gewerkschaftsvertreter und Sozialdemokraten, die so in die Alltagspraxis des Sozialstaates eingebunden wurden. Schritt um Schritt, zunächst kaum bemerkbar und doch unwiderstehlich, entwickelte sich damit die SPD unter der Hülle ihrer revolutionären Sprache zu *der* Sozialstaatspartei, der nichts ferner lag als die Staatszerstörung. Die Geschichte liebt nun einmal die Ironie: Bismarck hat zur Weiterentwicklung und Veränderung der deutschen Sozialdemokratie mehr beigetragen, als Männer wie Bebel glaubten und sich für die Zukunft vorstellen konnten.

Auch in der Sozialpolitik ist also Bismarck in langfristiger Perspektive nicht gescheitert, sondern erfolgreich gewesen. „Der Staatssozialismus paukt sich durch", hat er selbst gesagt. Ersetzt man „Staatssozialismus" durch „Sozialstaat", wie es ja gemeint war, so ist dem wenig hinzuzufügen – außer dem Wissen von den Grenzen menschlichen Tuns, das in einem Bismarckwort der Reichstagsrede vom 2. April 1881 aufscheint:

Keine politische Frage kommt überhaupt zu einem vollständigen mathematischen Abschluß, so daß man Bilanzen nach den Büchern ziehen kann; sie stehen auf, haben ihre Zeiten und verschwinden schließlich unter anderen Fragen der Geschichte.

In der Mitte Europas

Menschen können wandern, Nationen nicht. Die geographische Lage bestimmt ihr Schicksal, und zum deutschen Schicksal gehört, die Mitte Europas zu bilden, von vielen Nachbarn umgeben.

Durch Jahrhunderte handelte es sich um eine schwache Mitte, vielen Einflüssen und auch Eroberungsgelüsten von außen her offen. Aber wie durch ein Wunder und fast über Nacht verwandelte sich die Schwäche in Stärke; der Jubel, der die Reichsgründung begleitete, hatte nicht zuletzt mit dem Gefühl zu tun, aus der Ohnmacht endlich zur Macht erlöst zu sein. Deutschland war seit 1871 die Vormacht Europas. Seine Bevölkerung wuchs rasch, seine Wirtschaft erst recht. Um seine Bildungsinstitutionen, besonders die Universitäten, um die Leistungen seiner Wissenschaft und Forschung wurde es weithin beneidet. Und seine Armee hatte bewiesen, daß sie die am besten organisierte und schlagkräftigste der Welt war.

Für eine mächtige Mitte gibt es Gefahren von innen und außen. Die Gefahr von innen her ist, daß man der Selbstbewunderung verfällt und die weniger mächtigen Nachbarn kaum mehr wahrnimmt, schon gar nicht in ihren Ängsten vor dem Riesen nebenan, der sie bedrängen und erdrücken könnte. Um es in einem Vergleich und mit Verständnis zu sagen: Wer reich ist, hat es schwer, ärmeren Leuten ein guter Nachbar zu sein und noch zu erkennen, daß es Fragen gibt, in denen man mit ihnen solidarisch sein muß. Diese Gefahr der Verblendung war von Anfang an im deutschen Nationalismus angelegt. Kaum von ungefähr hat Friedrich Nietzsche 1873 in der ersten seiner „Unzeitgemäßen Betrachtungen“ vor dem Wahn gewarnt, daß mit den deutschen Waffen auch die deutsche Kultur gesiegt habe:

> Dieser Wahn ist höchst verderblich..., weil er imstande ist, unseren Sieg in eine völlige Niederlage zu verwandeln: in die Niederlage, ja Exstirpation* des deutschen Geistes zugunsten des Deutschen Reiches.

Die Gefahr von außen her ist so offensichtlich, daß sie sich in einen Satz fassen läßt: Die Randmächte werden dazu gedrängt, sich gegen die Vormacht in ihrer Mitte zusammenzuschließen, um sie einzudämmen oder äußerstenfalls zu zerschlagen. Das Land in der Mitte Europas spürt die Gegenkräfte von außen, fühlt sich „eingekreist" und rüstet sich dafür, diese Einschließung aggressiv zu durchbrechen; die Randmächte wiederum sehen sich zur aggressiven Gegenrüstung herausgefordert. Jeder verteidigt sich, und alle stimmen sich auf den Angriff ein. Es fehlt dann nur noch der fatale „Funke im Pulverfaß", der das Verhängnis auslöst. So ist es schließlich 1914 geschehen.

Bismarck war seiner Herkunft nach viel zu sehr ein vornationaler Preuße und durch seine Vorbildung wie durch seine Erfahrungen als Diplomat viel zu sehr Europäer, um nicht zu wissen, daß der deutsche Nationalstaat in der Mitte Europas das Äußerste war, was man den Völkern und Staaten ringsum zumuten durfte. Schon 1871 hat er darum das neue Reich für „saturiert" erklärt und betont, daß es keinerlei Ansprüche mehr stelle. Nur die Bewahrung des Erreichten sei fortan das Ziel.

Aber ließ es sich bewahren? Konnte man die einmal entfesselte Dynamik zum Stillstand bringen? Immer wurde der Reichskanzler, der doch vor allem sein eigener Außenminister war, vom „Alptraum der Koalitionen" heimgesucht. „Diese Art Alp wird für einen deutschen Minister noch lange, und vielleicht immer, ein sehr berechtigter bleiben", hieß es im „Kissinger Diktat", das der Vater den Sohn Herbert am 15. Juni 1877 niederschreiben ließ.

Vielleicht am eindrucksvollsten wirkt die große Reichstagsrede vom 6. Februar 1888 mit ihrem fast schon testamentarischen Charakter. Bismarck gibt einen Überblick, eine Art von Rechenschaft über vierzig Jahre Krieg und Frieden. Er verschweigt nicht die Gefahrenlage in der Mitte Europas, die Befürchtungen, die sie weckt, und die Wachsamkeit, die sie erfordert:

---

* völlige Entfernung

> Wenn ich sage, wir müssen dauernd bestrebt sein, allen Gefahren gewachsen zu sein, so erhebe ich damit den Anspruch, daß wir noch größere Anstrengungen machen müssen als andre Mächte zu gleichem Zweck, wegen unserer geographischen Lage. Wir liegen mitten in Europa. Wir haben mindestens drei Angriffsfronten. Frankreich hat nur seine östliche Grenze, Rußland nur seine westliche Grenze, auf der es angegriffen werden kann. Wir sind außerdem der Gefahr der Koalition nach der ganzen Entwicklung der Weltgeschichte und nach dem vielleicht minderen Zusammenhang, den die deutsche Nation bisher in sich gehabt hat im Vergleich mit anderen, mehr ausgesetzt als irgendein anderes Volk. Gott hat uns in diese Situation gesetzt, in welcher wir durch unsere Nachbarn daran gehindert werden, irgendwie in Trägheit oder Versumpfung zu geraten.

Bismarck verschweigt auch nicht, daß die deutsche Situation durch die Reichsgründung nicht einfacher, sondern schwieriger geworden ist:

> Wir hatten ja früher, in den Zeiten der Heiligen Allianz – mir fällt ein altes amerikanisches Lied dabei ein, welches ich von meinem verstorbenen Freunde Motley gelernt habe; das sagt: In good old colonial times, when we lived under a king – nun, das waren eben patriarchalische Zeiten, da hatten wir eine Menge Geländer, an denen wir uns halten konnten, und eine Menge Deiche, die uns vor den wilden europäischen Fluten schützten. Da war der Deutsche Bund, und die eigentliche Stütze und Fortsetzung und Vollendung des Deutschen Bundes, zu deren Dienst er gemacht, war die Heilige Allianz. Wir hatten Anlehnung an Rußland und Österreich, und vor allen Dingen: Wir hatten die Garantie der eigenen Schüchternheit, daß wir niemals eine Meinung äußerten, bevor die anderen gesprochen hatten. (Heiterkeit.) Das alles ist uns abhanden gekommen; (Sehr gut! rechts.) wir müssen uns selber helfen.

Nein: Gegen das forsche „Sehr gut!" von rechts setzt Bismarck seinen eigenen Deich, das Bekenntnis:

> Jede Großmacht, die außerhalb ihrer eigenen Interessensphäre auf die Politik der anderen länger zu drücken und einzuwirken und die Dinge zu leiten sucht, die periklitiert*

* sich einer Gefahr aussetzen; wagen

> außerhalb des Gebietes, welches Gott ihr angewiesen hat, die treibt Machtpolitik und nicht Interessenpolitik, die wirtschaftet auf Prestige hin.

Fast fühlt man sich um Jahrzehnte zurückversetzt in die erste außenpolitische Rede, die Bismarck gehalten hat, die Olmütz-Rede von 1850, in der es heißt, daß nur die nüchterne Interessenpolitik und nicht die Romantik einer Großmacht würdig sei. Das elementare Interesse des Reiches in der Mitte Europas aber war es nun, den Frieden zu wahren. Und wie am Anfang seiner politischen Laufbahn stand Bismarck an ihrem Ende wieder gegen die herrschende Meinung.

Auch die Kolonialfrage zeigte Bismarck auf der Höhe unpopulärer Nüchternheit. Im letzten Drittel des 19. Jahrhunderts herrschte der „Scramble for Africa", der Wettkampf europäischer Mächte um die letzten noch freien Gebiete. Selbst ein kleiner Staat wie Belgien sicherte sich das Kongobecken, das dann auf der Berliner Kongo-Konferenz von 1884/85 als „Unabhängiger Kongostaat" anerkannt wurde. Inzwischen predigten die Kolonialenthusiasten landauf und landab, daß der Besitz großer Gebiete über die Zukunft entscheide; die Kolonien sollten Rohstoffe liefern, als Absatzmärkte dienen und Siedlungsland schaffen für die eigene Überschußbevölkerung.

Das alles war Unsinn. Die Siedlungsgebiete, die historisch eine Rolle gespielt haben – Nord- und Südamerika, Australien, Neuseeland und mit Einschränkungen Südafrika –, waren längst vergeben. Die Preise für Rohstoffe oder Tropenfrüchte diktierte der Weltmarkt; es machte wenig aus, ob man sie aus eigenen oder fremden Kolonien bezog – und zwar um so weniger, je mehr es im Zeitalter der Industrialisierung um anderes ging als um exotische Gewürze oder Seidenstoffe wie in der Frühzeit der Eroberungen. Wirklich wichtige Absatzmärkte für Industrieprodukte boten ohnehin nicht zurückgebliebene Gebiete, sondern wiederum Industriestaaten, die die Werkzeugmaschinen, Chemiefabrikate oder Elektroanlagen brauchen und bezahlen konnten. Jede Wirtschaftsstatistik einst und noch heute demonstriert den Sachverhalt. Andererseits verursachten Kolonien Kosten für Verwaltungsbeamte und Truppen; sie zogen Energien vom Mutterland ab, die man dort besser hätte einsetzen sollen. Portugal und Spanien haben die frühen und riesigen Kolonialeroberungen bei der inneren Entwicklung nicht genutzt, sondern geschadet; Großbritannien ist nicht durch den Besitz Indiens, sondern als Pionierland der Industrialisierung zur Vormacht des 19. Jahrhunderts aufgestiegen; Belgien und Deutschland erreichten ihre schnelle Wirtschaftsentwicklung unabhängig von Kolonien; die Schweiz und Schweden sind ganz ohne sie ausgekommen.

In Deutschland entstand bald nach der Reichsgründung eine Bewegung für den Kolonialerwerb, und 1882 wurde der Deutsche Kolonialverein gegründet. Bismarck aber lehnte es ab, auf dessen Forderungen einzugehen. Kolonien seien „bloß für Versorgungsposten gut", behauptete er und spottete: „Diese Kolonialgeschichte" sei „für uns genau so wie der seidne Zobelpelz in polnischen Adelsfamilien, die keine Hemden haben."

Im Jahre 1884 vollzog Bismarck, noch immer Reichskanzler, allerdings eine überraschende Wendung. Beim Auswärtigen Amt wurde eine Kolonialabteilung eingerichtet, und damals oder bald danach entstanden deutsche Kolonien in Afrika und sogar in der Südsee, samt „Bismarckarchipel". Doch nach kurzer Zeit erlosch das Kanzlerinteresse schon wieder. In Wahrheit ging es Bismarck in dieser Episode von 1884 gar nicht um Kolonien, sondern um europäische Machtpolitik, um den Versuch, Frankreich aus seiner Fixierung auf die Revanche gegenüber Deutschland zu lösen. In einer kooperativen Kolonialpolitik sollte Frankreich nach Afrika abgelenkt und dort auf einen Gegensatz zu England festgelegt werden. Als der Versuch scheiterte, kehrte Bismarck sehr schnell zur bewährten Skepsis zurück.

Bismarcks Bündnispolitik zwischen 1871 und 1890 soll hier nur knapp skizziert werden; man hat sie bis in alle Einzelheiten erforscht und immer wieder beschrieben, wohl weil sie als seine Meisterleistung gilt. Am dringendsten und am erfolgreichsten hat sich der Kanzler um das Zusammengehen mit Österreich bemüht, und es ist daher angebracht, einen Blick auf diesen Schicksalspartner zu werfen.

Nach der Niederlage von 1866 wurde ein Jahr später der „Ausgleich" mit Ungarn vollzogen; seitdem standen Ungarn und das übrige Österreich als innenpolitisch selbständige Reichshälften nebeneinander. Für die gemeinsamen Angelegenheiten – Auswärtiges, Finanzen, Krieg – wurden besondere Reichsminister ernannt. Gemeinsam blieb natürlich auch das Staatsoberhaupt;

am 8. Juni 1867 wurde Kaiser Franz Joseph in Budapest zum König von Ungarn gekrönt. Darum sprach man von der kaiserlichen und königlichen, kurz k. u. k. Monarchie. Ein entsprechender Ausgleich mit anderen Volksgruppen, etwa den Tschechen, gelang dagegen nicht.

Der Zweibund zwischen Österreich-Ungarn und dem Deutschen Reich wurde im Oktober 1879 geschlossen. Mit dem Bündnisvertrag von 1879 hat Bismarck sozusagen die historische Ernte eingebracht, deren Saat schon mit der Mäßigung im Sieg von 1866 in Nikolsburg ausgestreut worden war. Bis zum Ziel blieb allerdings ein weiter Weg, nicht nur, aber auch deshalb, weil wieder einmal ein Konflikt zwischen dem „Diener" und seinem „Herrn" sich abzeichnete. Wilhelm I. – der ja nach seinem eigenen Verständnis nicht zu den Siegern von Nikolsburg gehörte – verfügte über ein gutes Gedächtnis und ein altmodisches Ehrgefühl, jedoch nicht über die Geschmeidigkeit des Diplomaten; seine Jugenderinnerungen wurden unauslöschbar von der Waffenbrüderschaft mit Rußland im Kampf gegen die napoleonische Herrschaft und überhaupt von den Traditionen preußisch-russischer Freundschaft geprägt. Kurz: Er gab Rußland entschieden den Vorzug.

Sorgfältig vorbereitet fand daher im Herbst 1871 zunächst ein Versöhnungstreffen zwischen Franz Joseph und Wilhelm I. in Bad Ischl und Salzburg statt. Es folgte 1872 ein Gegenbesuch Franz Josephs in Berlin, zu dem sich Zar Alexander II. gesellte, und 1873 wurde ein Dreikaiserabkommen geschlossen. So ergab sich eine Abfederung der Annäherung zwischen Berlin und Wien durch das Dreiecksverhältnis zu St. Petersburg. In dem Abkommen versprachen die Monarchen einander, in der direkten und persönlichen Zusammenarbeit „den gegenwärtig in Europa herrschenden Friedenszustand zu befestigen" und sich „auf dem Gebiet der Grundsätze" beizustehen.

Aber welcher Grundsätze? Die Formulierung blieb unbestimmt genug. Im Grunde ging es nur um ein Zeichen des guten Willens – und um die Befriedigung persönlicher Gefühle bei den drei Majestäten. Ohnehin erkannten alle nüchternen Beobachter, daß die Verbindung zwischen Österreich-Ungarn und Rußland von Anfang an brüchig und kaum belastbar war, schon weil die beiden Mächte auf dem brodelnden Balkan als eifersüchtige, wenn nicht feindselige Rivalen aufeinanderprallten.

Die Probe kam sehr bald. 1875/76 brachen auf dem Balkan Aufstände gegen die türkische Herrschaft los, die sich durch das Eingreifen von Serbien und Montenegro zum Krieg ausweiteten. Die Türken siegten zunächst. Rußland und Österreich-Ungarn schlossen ein Geheimabkommen: Österreich-Ungarn versprach, in einem russischen Krieg gegen die Türkei neutral zu bleiben, und gewann dafür den Anspruch auf Bosnien-Herzegowina. Im Krieg gegen die Türkei, der 1877 begann, stießen die russischen Armeen sehr weit vor; nur ein Tagesmarsch blieb ihnen noch bis Konstantinopel. Zum Friedensschluß von San Stefano vom 3. März 1878 gehörte, daß Bulgarien bis an die Ägäis ausgedehnt und vorläufig durch russische Truppen gesichert werden sollte. Das Zarenreich gewann damit praktisch den lange ersehnten Zugang zum Mittelmeer.

Nun war England alarmiert und versprach der Türkei Beistand – natürlich gegen einen guten Preis, die Mittelmeerinsel Zypern. Österreich-Ungarn aber erklärte Rußland für vertragsbrüchig; ein großer europäischer Konflikt drohte. Er wurde in intensiven Verhandlungen vorläufig und endgültig auf dem Berliner Kongreß entschärft, der vom 13. Juni bis zum 13. Juli 1878 tagte. Deutschland wurde als Gastgeber der Konferenz gewählt, weil es dank Bismarck die einzige strikt neutrale Großmacht geblieben war – und vor allem, weil man Bismarck mehr als jedem anderen Staatsmann eine erfolgreiche Verhandlungsführung zutraute. Als „ehrlicher Makler" oder, im Sinne Metternichs, als der „Fuhrmann Europas" übernahm er die vielleicht glanzvollste Rolle seines Lebens.

Mit Recht sagt Lothar Gall:

> Für Petersburg wie für London, für Wien und sogar für Paris wurde er nun mehr und mehr zu dem Mann, der nicht nur bereit, sondern wohl als einziger imstande sei, das deutsche Macht- und Prestigeinteresse, die Kräfte des deutschen Nationalismus im Interesse des europäischen Friedens und einer für alle Mächte akzeptablen Ordnung in Schranken zu halten. Aus dem Störenfried Europas ... war so binnen weniger Jahre eine Art Garant seiner Ordnung geworden.

Freilich nicht alle zeigten sich von Bismarcks Maklerrolle entzückt. Als Bedingung des Friedens mußte Rußland Zugeständnisse machen. Bulgarien wurde so zurückgeschnitten, daß es die

Dardanellen oder die Ägäis nicht erreichte; wieder einmal zerrann der russische Traum vom Zugang zum Mittelmeer. Der Hauptgegner war hier England, aber der Zar und die Petersburger Regierung suchten die Schuld beim deutschen Kanzler; die Verstimmung reichte tief und ließ sich niemals mehr ganz beseitigen.

Dies gab nun Bismarck die Gelegenheit, endlich das Bündnis mit Österreich anzusteuern. Bis zu seinem Abschluß am 7. Oktober 1879 gab es allerdings die üblichen Verwirrspiele und dramatischen Auftritte. Am 15. August 1879 schrieb Zar Alexander II. an Wilhelm I. den später sogenannten „Ohrfeigenbrief". Er beschwerte sich darüber, daß Bismarck sich gegenüber dem russischen Regierungschef, dem Fürsten Gortschakow, von persönlichen Vorurteilen leiten lasse.

Wilhelm I. fühlte sich besonders betroffen, weil ihm vorgeworfen wurde, daß er das Versprechen seiner Dankbarkeit vergessen oder gar gebrochen habe. Ohne Bismarck zu fragen, reiste der Kaiser Anfang September 1879 zu einem Treffen mit dem Zaren nach Alexandrowo, um nach besten Kräften die guten Beziehungen wiederherzustellen.

Sollte Bismarck sich etwa überspielen lassen? Er war außer sich. Im Endkampf um das Bündnis mit Österreich-Ungarn benutzte der Kanzler wieder einmal die „Kabinettspistole", die Rücktrittsdrohung, um den Kaiser zum Nachgeben zu zwingen. Dabei handelte es sich zunächst einmal um ein Geheimbündnis, in dem sich das Reich und Österreich-Ungarn Hilfe bei Angriffen von außen versprachen. 1882 erweiterte sich der Zweibund durch den Beitritt Italiens zum Dreibund, denn Italien fürchtete Frankreichs Übermacht im Mittelmeer und seine Kolonialexpansion in Nordafrika. Italien schloß wiederum ein Abkommen mit England, so daß das Inselreich sich indirekt dem mitteleuropäischen Bündnis zugesellte. Dem Verhältnis zu Rußland sollte 1881 ein neuer Dreikaiservertrag aufhelfen, mit einer Verpflichtung der Partner zu wohlwollender Neutralität, falls eine der Mächte von außen angegriffen würde. Dieser Vertrag wurde 1884 noch einmal verlängert, verfiel aber, wie sein Vorgänger aus dem Jahre 1873, angesichts neuer Unruhen und Rivalitäten auf dem Balkan. Zum Ersatz schloß Bismarck mit Rußland 1887 den berühmten „Rückversicherungsvertrag".

Der Höhepunkt des Berliner Kongresses: Im Festsaal des Reichskanzlerpalais unterzeichneten die Vertreter der Großmächte am 13. Juli 1878 die Friedensregelung.

Darin erkannte das Reich Rußlands Einfluß auf dem Balkan an – und noch viel mehr:

> In dem Falle, daß Seine Majestät der Kaiser von Rußland sich in die Notwendigkeit versetzt sehen sollte, zur Wahrung der Interessen Rußlands selbst die Aufgabe der Verteidigung des Zugangs zum Schwarzen Meer zu übernehmen, verpflichtet sich Deutschland, seine wohlwollende Neutralität zu gewähren und die Maßnahmen, die Seine Majestät für notwendig halten sollte, um den Schlüssel seines Reiches in der Hand zu halten, moralisch und diplomatisch zu unterstützen.

Wie alle diese Vertragswerke zueinander paßten und wie vor allem Buchstabe und Geist des Zweibundes mit dem Rückversicherungsvertrag vereinbart werden sollten, blieb Bismarcks Geheimnis. Das ist wörtlich zu nehmen: Alle Verträge und ihre Zusatzabkommen waren „geheim“, „streng geheim“ oder „ganz geheim“.

Im Jahre 1889 hat Bismarck auch noch in London einen Bündnisvertrag angeboten. Dieser Vorstoß scheiterte, weil Englands Interessen im Mittelmeer, in Ägypten und dem Sudan, in Indien, in Südafrika, kurz im überseeischen Weltreich und in der Sicherung seiner Verbindungen festgelegt waren. Gegenüber Europa bestand das englische Interesse darin, das Gleichgewicht der Mächte zu wahren. Ein Bündnis mit dem ohnehin schon mächtigen Deutschland mußte aus englischer Sicht dieses Gleichgewicht eher stören als sichern.

Überblickt man Bismarcks Außenpolitik von 1871 bis 1890, so steht am Anfang die Feststellung: Er hat den Frieden bewahrt. Und die Bewunderung für den Artisten, für sein virtuoses Spiel mit vielen Kugeln tritt hinzu.

Bei näherer Betrachtung drängen allerdings die Zweifel hervor. Es ist die Frage, ob Bismarck mit seinem rastlosen Umhertasten und am Ende mit seiner komplizierten Geheimbündelei die Atmosphäre des Vertrauens schuf, die für einen dauerhaften Frieden unerläßlich ist. Man lebte doch nicht mehr in der Epoche der Kabinettspolitik, sondern in Nationalstaaten, in denen die öffentliche Meinung eine Macht war. Die Parlamente, die Zeitungen, die Menschen überhaupt wußten aber nie recht, was vorging. Nur Gerüchte, Ahnungen, Andeutungen, halbe Wahrheiten liefen wie die Irreführungen um. Solch ein Zwielicht fördert kaum die Ruhe als erste Bürgerpflicht, sondern weit eher die Hysterien. Geheim*verhandlungen* mögen unerläßlich sein, um ans Ziel zu kommen; Geheim*verträge* mit ganz geheimen Zusatzabkommen sind etwas ganz anderes.

Es bleiben handfeste Fragen: War Österreich-Ungarn wirklich der geeignete Schicksalspartner? War nicht abzusehen, daß die Rivalität Rußlands und Österreich-Ungarns auf dem Balkan das Reich in die Feindschaft und womöglich in den Krieg mit Rußland hineinzog? Im Jahre 1854 hatte der Bundestagsgesandte von Bismarck das Schutz- und Trutzbündnis beklagt, das damals zwischen Preußen und Österreich abgeschlossen wurde, und er hatte davor gewarnt, „daß unsere schmucke und seefeste Fregatte an das wurmstichige alte Orlogschiff* von Österreich koppelte". Kam das dem Fürsten und Reichskanzler Bismarck gar nicht mehr in den Sinn?

Oder anders gefragt: War der greise Kaiser Wilhelm womöglich klüger als sein Kanzler, wenn er sich verzweifelt gegen die Ankoppelung an die Donaumonarchie zur Wehr setzte und bei

* (niederl.; dt.) Kriegsschiff

der Freundschaft – oder wenn möglich einem engen Bündnis – mit Rußland bleiben wollte? Niemand kann darauf schlüssig antworten, weil die Geschichte stumm bleibt, wenn wir sie mit unserem „Was wäre gewesen, wenn...?“ belästigen. Sicher ist aber, daß Bismarck nicht nur mit seiner Bündnisentscheidung, sondern noch auf andere und fatale Weise die Entfremdung zwischen Deutschland und Rußland bewirkte.

Das Zarenreich trat nach Bauernbefreiung und Eisenbahnbau in den achtziger Jahren in die kritische Phase seiner nachholenden Industrialisierung ein. Dazu brauchte es Kapital, und um so härter sah sich das Land auf seinem nächsten und wichtigsten Absatzmarkt für Getreide und Holz, dem Deutschen Reich, von der 1879 beginnenden Aufrichtung der Zollschranken getroffen, die in den folgenden Jahren immer höher gelegt wurden.

Bismarck hat aber noch eine und nun wirklich verhängnisvolle Entscheidung getroffen. Im Jahre 1887 wies er die Reichsbank an, russische Wertpapiere von der Beleihung auszuschließen. Praktisch wurde damit der deutsche Kapitalmarkt für russische Anleihen verriegelt: Rußland sollte geschwächt und seine weitere Aufrüstung verhindert werden. Doch es handelte sich um eine kurzsichtige Entscheidung, denn es gab einen Ausweg, allerdings nur diesen einen. England verhielt sich abweisend, weil es das russische Vordringen nach Süden fürchtete, nicht nur über den Balkan nach Konstantinopel, sondern auch über den Kaukasus nach Persien und über Afghanistan nach Indien; die Vereinigten Staaten waren selbst noch ein Schuldnerland. So blieb das wohlhabende und, wie sich schon 1871 zeigte, kapitalkräftige Frankreich, das fortan die russischen Anleihen bediente. Ironisch mag man sagen: Diese Entwicklung hat das französische Bürgertum sehr viel gekostet, weil die russischen Staatspapiere und Aktien seit der Oktoberrevolution von 1917 wertlos wurden. Aber der Preis, den Deutschland zu bezahlen hatte, lag noch viel höher.

Für das Zarenreich handelte es sich wirklich um eine Frage auf Leben und Tod, und man kann diese Tatsache gar nicht wichtig genug nehmen. Entweder gelang die nachholende Industrialisierung, die die Wahrung des Friedens zur Bedingung hatte. Oder es blieb nur eine Flucht aus den ungelösten Gesellschaftsproblemen nach außen, in die Aggression und in den Krieg. Gerade dafür hat

Bismarck die Weichen gestellt. Das Bündnis mit dem Kapitalgeber Frankreich gegen Deutschland als dem gemeinsamen Feind drängte sich nun unwiderstehlich auf.

Wir kommen zu einem doppelt merkwürdigen Ergebnis. Im Gegensatz zur herrschenden Meinung wurde im vorletzten Kapitel festgestellt, daß Bismarcks innenpolitische Polarisierung zwar für den Augenblick ihr Ziel verfehlte, langfristig jedoch verheerend erfolgreich war. Jetzt zeigt sich, und wieder im Gegensatz zu den geläufigen Urteilen, mit umgekehrten Vorzeichen ein ähnliches Ergebnis: Bismarcks bewunderte Meisterleistung als Diplomat und europäischer Staatsmann erreichte kurzfristig ihre Ziele, leitete zugleich aber auf Wege, auf denen für die Zukunft das Verhängnis lauerte.

Mit der ihm eigenen Meisterschaft hat Bismarck selbst den Unterschied zwischen Augenblickserfolg und langfristiger Wirkung beschrieben:

> Irrtümer in der Kabinettspolitik der großen Mächte strafen sich nicht sofort, weder in Petersburg noch in Berlin, aber unschädlich sind sie nie. Die geschichtliche Logik ist noch genauer in ihren Revisionen als unsre Oberrechenkammer.

Und vom möglichen Scheitern seines Lebenswerkes hat Bismarck mehr gewußt oder geahnt als die unberufenen Lobredner. In einem Brief zum Jahresende 1887 an den preußischen Kriegsminister Bronsart von Schellendorf schrieb er:

> Nach Lage der europäischen Politik ist es wahrscheinlich, daß wir in nicht zu ferner Zeit den Krieg gegen Frankreich und Rußland gleichzeitig zu bestehen haben werden.

IV

Die Entlassung

Kurz vor seinem 91. Geburtstag starb am 9. März 1888 Kaiser Wilhelm I. Für Friedrich III., seinen schon vom Tod überschatteten, durch den Kehlkopfkrebs stumm gemachten Sohn, blieben nur 99 Tage. Mit ihm starb die letzte, ohnehin bloß noch

Kaiser Wilhelm II.
im Jahr seiner Thronbesteigung 1888

vage Hoffnung auf die Wiederkehr einer „Neuen Ära" und die deutsche Entwicklung zur parlamentarischen Monarchie nach englischem Vorbild.

Am 15. Juni 1888 bestieg Wilhelm II. den – dank Bismarck – ruhmumkränzten Thron des Deutschen Kaisers und Königs von Preußen. Der junge Mann, gerade 29 Jahre alt, war vielseitig begabt und interessiert; mit seiner schnellen Auffassungsgabe hat er die Zeitgenossen immer wieder überrascht. Er besaß ein Gespür dafür, daß Deutschlands Zukunft vom Fortschritt der Wissenschaft und der Technik bestimmt sein würde. Nachdrücklich förderte er die Realgymnasien, die Technischen Hochschulen, schließlich auch die Grundlagenforschung in der nach ihm benannten Kaiser-Wilhelm-Gesellschaft, die heute noch als Max-Planck-Gesellschaft weitergeführt wird. Von allem Neuen, sei es die Entdeckung der Röntgenstrahlen, seien es Elektromotoren, Turbinen, Autos, Zeppeline oder die stets schnelleren Schiffe, ließ er sich begeistern.

Zugleich allerdings war Wilhelm II. ein antimoderner Mann, verriegelt gegen vorwärtsweisende Entwicklungen der Kunst und Literatur, überzeugt vom Gottesgnadentum des Herrschers, hingegeben ans unkritisch idealisierte Vorbild Friedrichs des Großen. Doch gerade in diesem Widerspruch ist er populär geworden: der Repräsentant seiner Epoche und der nach ihm benannten Wilhelminischen Zeit, der Kaiser einer Bürgergesellschaft, die sehr nüchtern rechnete und um so leichter den Träumen von einer weit hergeholten, romantisch verklärten deutschen Weltmacht und Weltmission verfiel. Theodor Fontane hat die Faszination ebenso wie den Widerspruch gültig beschrieben:

> Was mir an dem Kaiser gefällt, ist der totale Bruch mit dem Alten, und was mir an dem Kaiser nicht gefällt, ist das dazu im Widerspruch stehende Wiederherstellenwollen des Uralten. In gewissem Sinne befreit er uns von den öden Formen und Erscheinungen des alten Preußentums, er bricht mit der Ruppigkeit, der Popligkeit, der spießbürgerlichen Sechserdreierwirtschaft der 1813er Epoche, er läßt sich, aufs Große und Kleine hin angesehen, neue Hosen machen, statt die alten auszuflicken. Er ist ganz unkleinlich, forsch und hat ein volles Einsehen davon, daß ein deutscher Kaiser was anderes ist, als ein Markgraf von Brandenburg... Ich wollte ihm auf seinem Turmseilweg willig folgen, wenn ich sähe, daß er die richtige Kreide unter den Füßen und die richtige Balancierstange in Händen hätte. Das hat er aber nicht. Er will, wenn nicht das Unmögliche, so doch das Höchstgefährliche mit falscher Ausrüstung, mit unzureichenden Mitteln. Er glaubt, das Neue mit ganz Altem besorgen zu können, er will Modernes ausrichten mit Rumpelkammerwaffen.

Das galt nicht nur militärisch, sondern erst recht gesellschaftlich; im feudalen Glanz seines Hofstaates und als „Lehnsherr" seines Adels verkörperte der Kaiser eine längst überholte Ordnung – und versuchte nicht ohne Erfolg, das Bürgertum in sie einzubinden. Im gleichen Text sagt der märkische Dichter:

> Preußen – und mittelbar ganz Deutschland – krankt an unseren Ost-Elbiern. Über unsren Adel muß hinweggegangen werden; man kann ihn besuchen wie das ägyptische Museum und sich vor Ramses und Amenophis verneigen, aber das Land ihm zuliebe regieren in dem Wahn: dieser Adel sei das Land, – das ist unser Unglück, und solange dieser Zustand fortbesteht, ist an eine Fortentwicklung deutscher Macht und deutschen Ansehns nach draußen nicht zu denken. Worin unser Kaiser die Säule sieht, das sind nur tönerne Füße.

Kein Porträt Wilhelms II. darf die körperlichen und seelischen Gebrechen aussparen. Aus Fehlern bei der Geburtshilfe blieb ein verkürzter und nahezu gelähmter linker Arm. Eine tiefe Entfremdung von der Mutter, bei der der Heranwachsende die Schuld suchte, war in dieser Verkrüppelung angelegt. Dem Kind fehlten dann Zärtlichkeit und Liebe; eine harte und kalte Dressur durch den Erzieher Georg Ernst Hinzpeter trat hinzu. Seinem Freund

Philipp Eulenburg hat sich der Kaiser einmal anvertraut und sehr bitter beklagt:

> Ich hatte keine ausgleichende Mutterliebe. Ich gehöre zu den Naturen, die Lob brauchen, um angefeuert zu werden und Gutes zu leisten. Tadel lähmt mich. *Niemals* habe ich aus Hinzpeters Mund ein Wort der Anerkennung erfahren. Als ich einmal... in einer Anwandlung von Fleiß abends ein großes Pensum gut gearbeitet hatte – mehr als ich brauchte –, beherrschte mich ein Gefühl der Befriedigung, eine Art Stolz. Ich wußte, daß ich ein Wort der Anerkennung verdiente. Ich *brauchte* es in jenem Augenblick. Aber Hinzpeter verzog keine Miene. Es war, als ob nichts vorgefallen sei. Das hat mich unaussprechlich verletzt, war wie ein Wendepunkt. Ich tat *nichts* mehr freiwillig. Die Härte meines Wesens wurde gewissermaßen geweiht. So kommt es, daß ich absolut nichts empfinde, wo andere leiden. Der Abschied von Frau und Kindern ist mir gleichgültig – aber ich mache mir Vorwürfe darüber. Und doch kann ich es nicht ändern... Es fehlt mir etwas, das andere haben. Alle Lyrik ist in mir tot.

Vieles läßt sich von hier aus erklären, vom immerfort schneidigen, forciert männlichen Auftreten und Reden, über die Unfähigkeit, bei einer Sache zu bleiben und geregelt zu arbeiten, die dann in Betriebsamkeit, Jagden, Hoffesten und einer unstillbaren Reisewut vor sich selber flieht, bis zum Verlangen, fast der Gier nach Lobhudelei, die das Urteilsvermögen verzerrt und nicht selten vernichtet. Und das alles über einem Abgrund von Unsicherheit, die in die notorische Taktlosigkeit mündet. Punkt um Punkt war Wilhelm II. damit das genaue Gegenteil seines schlichten und vornehmen Großvaters.

Mit diesem jungen Mann bekam es nun der alternde Bismarck zu tun. Früher einmal hatte Wilhelm den Kanzler glühend verehrt, vielleicht auch darum, weil seine Eltern und besonders seine Mutter ihm kritisch gegenüberstanden. Doch jetzt stieß der Thronerbe auf den empfindsam machtbewußten, unerbittlich auf seine Erfahrung und sein überlegenes Urteil pochenden Bismarck – gewissermaßen auf den politischen, ins Riesenhafte gesteigerten Hinzpeter. Psychologisch betrachtet war der Bruch damit programmiert.

Die Entfremdung begann bereits an der Jahreswende 1887/88

mit einem Briefwechsel. Dem Anschein nach ging es um Beiläufiges: um die evangelische Stadtmission in Berlin, für die Prinz Wilhelm öffentlich sichtbar eintrat.

Bismarck schrieb einen sehr langen Brief und zeigte in immer neuen Wendungen, daß ein Monarch über den Parteien stehen muß. In den „Gedanken und Erinnerungen" heißt es dann:

> Die vorstehende Korrespondenz rief die erste, vorübergehende Empfindlichkeit des Prinzen mir gegenüber hervor. Er hatte geglaubt, daß ich sein Schreiben mit einer Anerkennung im Stile seiner strebsamen Umgebung beantworten würde, während ich es für meine Pflicht gehalten hatte, in meinem eigenhändigen, vielleicht etwas lehrhaft gehaltenem Schreiben, dessen Umfang meine Arbeitsfähigkeit erheblich überstieg, vor den Bestrebungen zu warnen, durch welche Cliquen und Personen sich der Protektion des Thronerben zu versichern suchten. Die Antwort des Prinzen ließ mir nach Form und Inhalt keinen Zweifel darüber, daß der Mangel an Anerkennung der Bestrebungen des Prinzen und meine warnende Kritik verstimmt hatten.

Entsprechend stand es mit den Erfahrungen, auf die sich der Kanzler berief.

> Das Wort „Erfahrung" in meinem Munde verstimmte ihn und rief gelegentlich die Äußerung hervor: „Erfahrung? Ja die habe ich allerdings nicht."

Und hier kann man den Ärger des jungen Kaisers sogar verstehen; wohl zu allen Zeiten gehört es zur Strategie der älteren Generation, daß sie sich auf ihre Erfahrungen beruft, um damit die Nachdrängenden, die Kinder oder Enkel einzuschüchtern und unmündig zu halten. Doch durchaus einfühlsam sagte Bismarck:

> Wenn ich jetzt zurückblicke, so nehme ich an, daß der Kaiser während der 21 Monate, die ich sein Kanzler war, seine Neigung, den ererbten Mentor los zu werden, nur mit Mühe unterdrückt hat, bis sie explodierte, und eine Trennung, die ich, wenn ich den Wunsch des Kaisers gekannt hätte, mit Schonung aller äußeren Eindrücke eingeleitet haben würde, in einer plötzlichen, für mich verletzenden, ich möchte sagen beleidigenden Weise erzwang... Der „neue Herr" hat das

> Bedürfnis, nicht nur von einem Mentor frei zu werden, sondern auch für Gegenwart und Zukunft die Verdunklung nicht zuzulassen, welche eine kanzlerische Wolke etwa wie die Richelieus oder Mazarins entwickeln würde. Einen nachhaltigen Eindruck hatte auf ihn eine gelegentlich von dem Grafen Waldersee beim Frühstück in Gegenwart des Flügeladjutanten Adolf von Bülow mit Berechnung getane Äußerung gemacht: „daß Friedrich der Große nie der Große geworden sein würde, wenn er bei seinem Regierungsantritt einen Minister von der Bedeutung und Machtstellung Bismarcks vorgefunden und behalten hätte".

Die Krise zwischen Kaiser und Kanzler wurde zunächst vertagt: Bismarck entzog sich den möglichen Zusammenstößen durch seine Abwesenheit. Wieder einmal, von Ende Mai 1889 bis Ende Januar 1890, also für volle acht Monate, hielt er sich nicht in Berlin, sondern in Friedrichsruh auf. Nur im August und im Oktober 1889 zwangen ihn die Besuche des Kaisers Franz Joseph und des Zaren Alexanders III. jeweils für ein paar Tage zur Rückkehr. Eine seltsame Situation: Der leitende Staatsmann ließ sich bei Hofe gewissermaßen durch seinen persönlichen Gesandten, den Sohn und Staatssekretär im Auswärtigen Amt Herbert von Bismarck vertreten.

Aber die Welt stand nicht still. 1889 brach im Ruhrgebiet ein großer Streik der Bergarbeiter aus.

Der Kaiser ließ sich vom Staatssekretär des Innern und preußischen Staatsminister Karl Heinrich von Bötticher mit Plänen zur Sozialpolitik ausrüsten und berief für den 24. Januar 1890 eine Sitzung des Kronrates ein, um dort die Pläne vorzutragen, als seien es seine ureigenen. Für den nächsten Tag stand im Reichstag die Schlußabstimmung über die Verlängerung des Sozialistengesetzes bevor. Das, so der Kaiser, könne in dem einen oder anderen Punkt vielleicht noch gemildert werden. Bismarck empörte sich: Jedes Nachgeben hätte „verhängnisvolle Folgen". Und wenn der Kaiser in einer so wichtigen Frage anderer Meinung sei, dann wäre er selbst „wohl nicht mehr recht an seinem Platze". Wenn im übrigen der Reichstag das Gesetz nicht beschließe, wie die Regierung es wolle, dann müsse man sich „ohne dasselbe behelfen und die Wogen höher gehen lassen".

Aber was war damit gemeint? Sollte der Reichstag auf unbestimmte Zeit geschlossen und dann womöglich mit einer Notstandsdiktatur regiert werden, falls erforderlich unter Einsatz des Militärs? Das Reich war ja als ein „ewiger Bund" der Fürsten gegründet worden; könnten also die Fürsten diesen Bund nicht aufkündigen und neu beschließen, mit Änderung des Wahlrechts und weitgehender Entmachtung des Reichstags?

Auch der Umgebung des Kaisers, eingesponnen in die Romantik einer Herrschaft von Gottes Gnaden, waren solche Pläne nicht fremd. So fragte zum Beispiel Philipp Graf zu Eulenburg:

> Wie wäre ein Antrag sämtlicher Bundesfürsten auf Revision des Wahlmodus unter Führung des Kanzlers? Ich gebe zu, daß es sich hierbei um einen Staatsstreich handeln und das Schießen kaum vermieden werden könnte, aber ich glaube fast, daß der Fürst dafür zu haben sein würde, denn im Grunde krankt er doch an seinem Wahlrecht.

Doch der Kaiser war zwar ein Mann der starken Worte, aber ein Zauderer, sobald es um Taten ging. Und viele der Reichsfürsten hätten sich wahrscheinlich widersetzt, weil sie in ihren eigenen Ländern längst schon mit fortschrittlicheren Verfassungen als Preußen oder das Reich lebten. Am 25. Januar 1890 kam das Sozialistengesetz im Reichstag zu Fall. Am 4. Februar wurden – ohne Gegenzeichnung des Kanzlers! – zwei kaiserliche Erlasse zur Sozialpolitik veröffentlicht. Der eine kündigte eine internationale Konferenz zum Arbeiterschutz, der andere eine umfangreiche Gesetzgebung an: Beschränkung der Höchstarbeitszeit pro Tag und der Frauenarbeit, Verbot der Kinderarbeit, Regelungen für die Sonn- und Feiertagsruhe, Arbeitsschutzbestimmungen und vermehrte Fabrikinspektionen, um das Beschlossene durchzusetzen. Wilhelm II., so schien es, wollte sich als sozialer Kaiser einen Namen machen und nahm dafür den Bruch mit Bismarck in Kauf.

Handelte es sich etwa um den notwendigen Neuanfang, der aus der Sackgasse herausführte, in die der altersstarre Kanzler geraten war? Dann würde man es gerne mit Wilhelm II. halten und Bismarck verabschieden. Doch da es ihm an Beharrlichkeit fehlte und schnelle Erfolge ausblieben, fiel er rasch ins unfruchtbare Schimpfen und düstere Drohen zurück. Er erlaubte sich Reden wie die – 1891 – bei einer Rekrutenvereidigung, in der es hieß:

> Kinder Meiner Garde, mit dem heutigen Tag seid ihr Meiner Armee einverleibt worden, steht jetzt unter Meinem Befehl und habt das Vorrecht, Meinen Rock tragen zu dürfen. Tragt ihn in Ehren. Denket an unsere ruhmreiche vaterländische Geschichte; denket daran, daß die deutsche Armee gerüstet sein muß gegen den inneren Feind sowohl als gegen den äußeren. Mehr denn je hebt der Unglaube und der Mißmut sein Haupt im Vaterlande empor, und es kann vorkommen, daß ihr eure eignen Verwandten und Brüder niederschießen und -stechen müßt. Dann besiegelt die Treue mit der Aufopferung eures Herzblutes.

Nach einem anderen Zeitungsbericht sagte der Kaiser:

> Es gibt für euch nur einen Feind, und der ist Mein Feind. Bei den jetzigen sozialistischen Umtrieben kann es vorkommen, daß Ich euch befehle, eure eigenen Verwandten, Brüder, ja Eltern niederzuschießen – was ja Gott verhüten möge –, aber auch dann müßt ihr Meine Befehle ohne Murren befolgen.

Wahrlich, ein Regierungswechsel war überfällig und der politische Neubeginn erst recht. Aber darf man ihn so wünschen? Oder was soll man von einem Monarchen halten, der von einem wichtigen Verfassungsorgan sagt: „Es ist Mir vollständig gleichgültig, ob in dem Reichstagskäfig rote, schwarze oder gelbe Affen herumspringen?"

Fast wider Willen kehrt man zu Bismarck zurück und sieht sich zur Zustimmung genötigt, wenn man bei ihm liest:

> Das furchtbar Gefährliche im Charakter des Kaisers ist, daß er dauernd keinem, momentan jedem Einfluß zugänglich ist und alles sofort zur Tat werden läßt, somit jede Stetigkeit aufhört.

Statt „Tat" müßte man allerdings „Wort" oder „Rede" setzen – für ein Staatsoberhaupt schlimm genug. Wie die Mutter des Kaisers an ihre Mutter, die Königin Victoria, schrieb:

> Wenn ich den Schatten eines Einflusses hätte, würde ich Wilhelm anflehen, keine öffentlichen Reden mehr zu halten, denn sie sind zu schrecklich.

Was folgte, ist bald erzählt. Bismarck setzte sich dagegen zur Wehr, daß Minister oder Staatssekretäre hinter seinem Rücken mit dem Kaiser umgingen und – wie Bötticher – Pläne entwarfen, die er mißbilligte. Darum brachte er eine fast vergessene preußische Kabinettsordre aus dem Jahre 1852 in Erinnerung; sie besagte, daß die Minister den Ministerpräsidenten zu unterrichten hatten, wenn sie in wichtigen Angelegenheiten beim König Vortrag hielten. Der Kaiser erlangte die Zurücknahme dieser Anordnung; Bismarck verweigerte sie mit gutem Recht: Anders könne ein Kanzler oder Ministerpräsident nicht regieren. Man muß freilich hinzufügen, daß er selbst sich in seine fatale Lage gebracht hatte. Denn was sollten die Minister tun, wenn der Regierungschef für Monate abwesend, der ungestüme Kaiser jedoch um so näher war? Wer die Zügel schleifen läßt, darf sich kaum beklagen, wenn die Pferde durchgehen.

In einer Unterredung vom 8. Februar 1890 versuchte Bismarck Klarheit zu schaffen und sagte dem Kaiser auf den Kopf zu: „Ich fürchte, daß ich Euer Majestät im Wege bin." Die Antwort war Schweigen – also Zustimmung.

> Ich entwickelte darauf ... die Möglichkeit, wie ich in dem Falle zunächst meine preußischen Ämter niederlegen, nur das von meinen Gegnern seit mehr als zehn Jahren für mich empfohlene „Altenteil des Auswärtigen" behalten und das Kapital von Erfahrung und Vertrauen, welches ich mir in Deutschland und im Ausland erworben, ferner für Kaiser und Reich nutzbar machen könne. Seine Majestät nickte zu diesem Teil meiner Darstellung zustimmend und fragte am Schlusse in lebhaftem Ton: „Aber die Militärforderungen werden Sie doch noch im Reichstag durchbringen?"

Illusionen und Winkelzüge hier und dort: Bismarck suchte nach neuem parlamentarischem Rückhalt und empfing am 10. März seinen alten Intimfeind, den Zentrumsführer Ludwig Windthorst. Der allerdings urteilte nüchtern und sagte noch am selben Abend zu einem Parteifreund: „Ich komme vom politischen Sterbebett eines großen Mannes." Dieses Gespräch mit Windthorst führte fünf Tage später in einer mündlichen Auseinandersetzung zwischen Kaiser und Kanzler zum Zusammenstoß. Denn, so Bismarck, „der Kaiser erklärte, ich hätte vorher bei ihm anfragen müssen. Ich widersprach ... Ich könnte mich einer solchen Kontrolle in Einzelheiten und in meiner persönlichen Bewegung im eignen Hause nicht unterwerfen. Der Kaiser verlangte das aber peremptorisch mit der Frage: ‚Auch nicht, wenn Ihr Souverän es befiehlt?' Ich beharrte in Ablehnung."

Zuletzt verlagerte sich der Konflikt auch noch auf das Gebiet der Außenpolitik. Man schrieb den 17. März 1890, und Bismarck erinnerte sich:

> An demselben Morgen kam eine Anzahl von Berichten von Seiner Majestät zurück, darunter einiges von einem Konsul in Rußland. Denselben lag ein offnes, also durch die Büros gegangenes Handbillet Seiner Majestät bei, also lautend:
>
> „Die Berichte lassen aufs Klarste erkennen, daß die Russen im vollsten strategischen Aufmarsch sind, um zum Kriege zu schreiten. – Und muß ich sehr bedauern, daß ich so wenig von diesen Berichten erhalten habe. Sie hätten mich schon längst auf die furchtbar drohende Gefahr aufmerksam machen können! Es ist höchste Zeit, die Österreicher zu warnen, und Gegenmaßregeln zu treffen. Unter solchen Umständen ist natürlich an eine Reise nach Krasnoe meinerseits nicht mehr zu denken.
>
> Die Berichte sind vorzüglich. W."

Diese Hysterie hat Bismarck vernichtend kommentiert:

> Also, weil ein Konsul einige, zum Teil drei Monate alte militärische Vorgänge aus dem Bereich seiner Wahrnehmung berichtet hatte, unter anderem die dem Generalstab bekannte Versetzung einiger Sotnien [etwa: Schwadronen] Kosaken nach der österreichischen Grenze, sollte Österreich in Alarm gesetzt, Rußland bedroht, der Krieg vorbereitet und der Besuch [beim Zaren], zu dem Seine Majestät sich aus eignem Antriebe angemeldet hatte, aufgegeben werden; und weil die Berichte des Konsuls verspätet eingegangen waren, wurde mir implicite der Vorwurf des Landesverrats gemacht, der Vorenthaltung von Tatsachen, um eine von außen drohende Gefahr zu vertuschen...
>
> Ich muß es als eine Laune des Zufalls ansehn, und die Geschichte wird es vielleicht verhängnisvoll zu nennen haben, daß am Vormittag des gleichen Tages der in der Nacht aus Petersburg eingetroffne Botschafter Graf Paul Schuwalow sich bei mir mit der Erklärung meldete, er sei ermächtigt, in gewisse Vertragsverhandlungen einzutreten, und daß diese Verhandlungen sich demnächst zerschlugen, als ich nicht Reichskanzler blieb.

Es ging um den drei Jahre zuvor abgeschlossenen Rückversicherungsvertrag. Seine Nichtverlängerung ließ den „Draht nach St. Petersburg“ abreißen und machte den Weg für das Bündnis zwischen Rußland und Frankreich frei.

Dieser 17. März 1890 war wirklich ein Schicksalstag: Am Vormittag überbrachte der Chef des Militärkabinetts, General Wilhelm von Hahnke, dem Kanzler die Aufforderung oder geradezu den Befehl, sein Entlassungsgesuch zu schreiben und sich ein paar Stunden später zur Entgegennahme des Abschieds im Schloß einzufinden. Da Bismarck mehr Zeit beanspruchte, um den Text sorgsam zu formulieren, erschien am Abend der Chef des Zivilkabinetts, Hermann von Lucanius, im Kanzleramt, um es anzunehmen. Am Abend des 18. März reichte Bismarck dann sein Abschiedsgesuch ein. Es handelte sich um ein Dokument von eigenem Rang und noch einmal um ein diplomatisches Meisterstück. Denn im Kern liest man gar kein Entlassungsgesuch, sondern die Bedingungen, die ein Staatsmann stellen muß, um verantwortlich zu regieren. Zunächst ist ausführlich von der Kabinettsordre von 1852 die Rede, dann von der Außenpolitik.

Bismarck schreibt:

> Ich würde nach den jüngsten Entscheidungen Euerer Majestät über die Richtung unsrer auswärtigen Politik, wie sie in dem Allerhöchsten Handbillet zusammengefaßt sind, mit dem Euere Majestät die Rückgabe der Berichte des Konsuls von Kiew gestern begleiteten, in der Unmöglichkeit sein, die Ausführung der darin von Euerer Majestät vorgeschriebnen Anordnungen bezüglich der auswärtigen Politik zu übernehmen. Ich würde damit alle die für das Deutsche Reich wichtigen Erfolge in Frage stellen, welche unsre auswärtige Politik seit Jahrzehnten im Sinne der beiden hochseligen Vorgänger Euerer Majestät in Beziehungen zu Rußland unter ungünstigen Verhältnissen erlangt hat und deren über Erwarten große Bedeutung für die Gegenwart und Zukunft Graf Schuwalow mir nach seiner Rückkehr von Petersburg soeben bestätigt hat.

Erst nach dieser vorsorglichen Schuldzuweisung folgt in knappen Worten die Bitte, „in Gnaden und mit der gesetzlichen Pension“ entlassen zu werden. Es blieb das Satyrspiel – die kaiserliche Entlassungsordre vom 20. März, in der es hieß:

> Mein Lieber Fürst! Mit tiefer Bewegung habe Ich aus Ihrem Gesuch vom 18. d. M. ersehen, daß Sie entschlossen sind, von den Ämtern zurückzutreten, welche Sie seit langen Jahren mit unvergleichlichem Erfolg geführt haben. Ich hatte gehofft, den Gedanken, Mich von Ihnen zu trennen, bei unseren Lebzeiten nicht näher treten zu müssen. Wenn ich gleichwohl im vollen Bewußtsein der Tragweite Ihres Rücktritts jetzt genötigt bin, Mich mit diesem Gedanken vertraut zu machen, so tue ich dies zwar betrübten Herzens, aber in der festen Zuversicht, daß die Gewährung Ihres Gesuches dazu beitragen werde, Ihr für das Vaterland unersetzliches Leben und Ihre Kräfte so lange wie möglich zu schonen und zu erhalten... Was Sie für Preußen und Deutschland gewirkt und erreicht haben, was Sie Meinem Hause, Meinen Vorfahren und Mir gewesen sind, wird Mir und dem deutschen Volke in dankbarer, unvergänglicher Erinnerung bleiben... Ihre Verdienste vollwertig zu belohnen, steht nicht in Meiner Macht. Ich muß Mir daran genügen lassen, Sie Meines und des Vaterlandes unauslöschlichen Dankes zu versichern. Als Zeichen dieses Dankes verleihe ich Ihnen die Würde eines Herzogs von Lauenburg. Auch werde Ich Ihnen Mein lebensgroßes Bild zugehen lassen.

Eine zweite, diesmal militärische Kabinettsordre überbrachte die Ernennung zum Generalobersten ehrenhalber mit dem Range eines Feldmarschalls. Aber am Abend dieses 20. März hielt der Kaiser vor Generalen eine Rede, in der von Bedauern über den Rücktritt oder von Anerkennung nichts mehr zu hören war, sondern nur etwas von lange aufgestauter Wut und von Anklagen gegen einen ungehorsamen Untergebenen.

Noch einmal Bismarck:

> Am 26. März verabschiedete ich mich von dem Kaiser. Seine Majestät sagte, „nur die Sorge um meine Gesundheit" habe ihn bewogen, mir den Abschied zu erteilen. Ich erwiderte, meine Gesundheit sei in den letzten Jahren selten so gut gewesen wie in dem vergangenen Winter. Die Veröffentlichung meines Abschiedsgesuchs wurde abgelehnt. Gleichzeitig mit dem Eingange desselben hatte Caprivi schon von einem Teil der kanzlerischen Dienstwohnung Besitz ergriffen; ich sah, daß Botschafter, Minister und Diplomaten auf dem Treppenflur warten mußten, ein Zwang für mich, das Packen und Abreisen dringend zu beschleunigen; am 29. März verließ ich Berlin

> unter diesem Zwang übereilter Räumung meiner Wohnung und unter den vom Kaiser im Bahnhof angeordneten militärischen Ehrenbezeigungen, die ich ein Leichenbegängnis erster Klasse mit Recht nennen konnte.

Die „Gedanken und Erinnerungen" verschweigen das menschlich Anrührende, das dennoch geschah. Am Vorabend seiner Abreise, am 28. März, besuchte Bismarck das Mausoleum Wilhelms I. in Charlottenburg: „Ich habe mir Rosen genommen und sie dem alten Herrn auf den Sarg gelegt. Da bin ich lange gestanden und habe ihm vieles hinuntergerufen." Vielleicht im Zorn über den Enkel, aber vor allem in Tränen. „Ja, in Tränen – denn mit rotgeweinten Augen kam der Fürst von seines Kaisers Grab nach Hause", berichtet die Baronin Spitzemberg.

Und dann die Abfahrt am 29. März:

> Kopf an Kopf stand die Menge, alle Fenster waren dicht besetzt. Erst zog eine Schwadron Kürassiere zu Fuß, Musik an der Spitz, vorüber, dem Lehrter Bahnhof zu. Endlich, bald nach fünf, verkündigten Hochrufe das Nahen des Fürsten; mit einem Male standen die Bürgersteige leer, und wie eine Sturmflut warf sich die Menge dem Wagen entgegen, ihn umringend, begleitend, aufhaltend, Hüte und Tücher schwenkend, rufend, weinend, Blumen werfend. Im offenen Wagen, mit den bekannten Füchsen bespannt, saß Bismarck, totenbleich, in Kürassieruniform und Mütze, neben ihm Herbert in Zivil, vor ihnen der große schwarze Hund, alle drei schon jetzt mit Blumen überschüttet, zu denen immer neue kamen. So wogte es weiter, den Linden zu, und langsam folgten wir, alle tief ergriffen...
>
> Frau von Hirschfeld war im Lehrter Bahnhof und schilderte den Enthusiasmus als unermeßlich, die inneren Räume waren zum Erdrücken voll, die Fenster wurden ausgehoben, an den Säulen hingen die Menschen bis hoch oben, jubelnd, weinend, sich die Hände drückend; plötzlich fing einer an, die „Wacht am Rhein" zu singen, und „wie Donnerhall" pflanzte sich der Sang fort, bis draußen die Zehntausende entblößten Hauptes das alte Siegeslied sangen; der Kürassierschwadron liefen die hellen Tränen von den Wangen, es fehlte wenig, so hätten sie sich dem Fürsten entgegengestürzt.

Im Schatten des Denkmals

Ein deutsches Reich, eine Wilhelmstraße 77 ohne Bismarck – „das kann unser Geschlecht nicht fassen“, schrieb die Baronin Spitzemberg am 19. März 1890 in ihr Tagebuch und mußte gleich darauf feststellen, daß nicht alle so dachten:

> Ich ging zu Marschalls, wo ich ihn traf, der mir aber sonderbar kühl erschien, ganz auf der kaiserlichen Seite, sich damit tröstend, daß es so habe kommen müssen.

Wie denn sonst? Adolf Freiherr Marschall von Bieberstein (1842–1912) war seit 1883 badischer Gesandter in Berlin und rückte 1890 zum Staatssekretär des Auswärtigen auf, als Nachfolger des mit seinem Vater zurückgetretenen Herbert von Bismarck. Nicht nur er, sondern jeder, der Ehrgeiz besaß und Karriere machen wollte, wandte sich jetzt von der gestürzten Größe ab und der neuen, der kaiserlichen Gnadensonne zu.

Die Baronin war eine Freundin der Bismarcks, doch auch sie notierte zwei Tage später:

> Was nun die Familie betrifft, so bricht über sie nicht ungerecht die Nemesis herein für die Brutalität und Unbarmherzigkeit, mit der sie so viele Menschen, groß und klein, in den Staub getreten; aber der Anblick wird nicht erfreulich sein.

Aber die verständliche Auflehnung, die Selbstbefreiung von einer lastenden Größe und das Mündigwerden sind gerade nicht das, was die wilhelminische Entwicklung seit 1890 wirklich kennzeichnet. Eher trifft das Gegenteil zu. Bereits die Szenen, die sich bei Bismarcks Abreise aus Berlin am 29. März 1890 abspielten, deuten einen Umschwung an: Der eben noch umstrittene, angefeindete, in die Ausweglosigkeit geratene Kanzler wird umjubelt und verehrt; mit seinem Sturz steigt er zu übermenschlicher Größe, fast zur Sagengestalt auf. Er wird zum alles überragenden Denkmal der Deutschen.

Der bei weitem erfolgreichste Denkmalerbauer war Bismarck selbst, und an erster Stelle sind natürlich die „Gedanken und Erinnerungen“ zu nennen. Die Arbeit an dem Memoirenwerk begann im Mai 1890 mit der Berufung des getreuen und bald unentbehrlichen Lothar Bucher zur Mitarbeit. Der Altachtundvierziger hatte viele Mühe, seinen oft verdrossenen oder von Tagesfragen abgelenkten Herrn bei der Sache zu halten und ihn aus den Legenden heraus halbwegs wieder auf den Pfad der geschichtlichen Wahrheit zu führen. Als Bucher im Oktober 1892 starb, kam die Arbeit praktisch ans Ende, obwohl sie keineswegs abgeschlossen war. Man erkennt das Fragmentarische besonders im zweiten Band der „Gedanken und Erinnerungen“, der für die Zeit zwischen Reichsgründung und Entlassung eher Zufälliges als eine chronologisch geordnete Darstellung bietet.

Nach seiner Entlassung reiste Bismarck am 29. März 1890 nach Friedrichsruh ab.

Trotz dieser Einschränkung und der historischen Vorbehalte, die notwendig sind, begegnen wir einem Selbstzeugnis von hohem literarischem Rang, das noch heute mehr Anschauung als jedes Gemälde vermittelt – und mehr Dauer verspricht als jedes Denkmal aus Erz oder Stein. Übrigens handelte es sich um einen Jahrhundertbestseller; die beiden ersten Bände erschienen wenige Monate nach Bismarcks Tod Ende November 1898, und schon Anfang Dezember waren mehr als 300 000 Exemplare verkauft. (Der dritte, relativ schmale Band, der von der Entlassung spricht und über Wilhelm II. urteilt, sollte laut Bismarcks Verfügung erst nach dem Tode Wilhelms II. veröffentlicht werden. Nach dem Kaisersturz vom November 1918 fühlte der Verlag sich hieran nicht mehr gebunden und veröffentlichte den Band im Jahre 1919.)

Als Bismarcks publizistisches „Zentralorgan" stellte Dr. Emil Hartmeyer seine *Hamburger Nachrichten* zur Verfügung, und der politische Redakteur dieser Zeitung, Hermann Hofmann, schrieb und veröffentlichte, was Bismarck ihm eingab. Überhaupt waren Journalisten jetzt in Friedrichsruh willkommen, deutsche wie ausländische. Maximilian Harden fand sich ein, früher einmal Schauspieler, jetzt Herausgeber der *Zukunft*, der nach der Jahrhundertwende, gleichsam als Bismarcks Racheengel, seinen Vernichtungsfeldzug gegen die „Kamarilla", den Freundeskreis des Kaisers, eröffnete. Zu den Besuchern Friedrichsruhs gehörten Diplomaten, Historiker wie Heinrich von Sybel und Erich Marcks, der Schriftsteller Sidney Whitman und viele andere. Alle wurden mit betörender Liebenswürdigkeit empfangen und lauschten entzückt den Plauderkünsten des Hausherrn, die anekdotische Bildkraft mit absichtsvollen Bosheiten verbanden; alle trugen in die Welt, was sie hörten. Kurz: In der Abgeschiedenheit des Sachsenwaldes entstand die wortmächtige, höchst wirkungsvolle Propagandazentrale des gestürzten Kanzlers.

Neben die publizistische Tätigkeit trat die Bereitschaft Bismarcks, sich in jeder nur denkbaren Form feiern zu lassen. Wenig wählerisch nahm er Ehrenmitgliedschaften an, und die Liste seiner Ehrenbürgerschaften ergibt von Altona bis Zwickau 312 deutsche Städte. Freigebig, als lebte er schon im Zeitalter des Marketing, lieh Bismarck seinen Namen auch an Produkte aus: an Erdbeeren, Kuchen, Fahrräder, Joppen, Schlapphüte, Zigarren – um von Straßen, Plätzen, Schulen, Eichen und den Heringen nicht erst zu reden.

Diese Bereitschaft, sich feiern zu lassen, wurde indessen vom Drang der Bürger noch bei weitem übertroffen, den großen Mann zu verehren. Ihren Höhepunkt erreichten die Huldigungen am 1. April 1895, Bismarcks 80. Geburtstag. Eine halbe Million Telegramme, Briefe und Postkarten überflutete Friedrichsruh, samt Blumengebinden und Dutzenden von Delegationen; die Geschenke füllten mehrere Güterwaggons. Auch Gedichte wurden verfaßt.

Vor allem wuchsen überall die Denkmäler im engeren Sinne empor, noch vor dem Tode des Reichsgründers und danach bis zum Ersten Weltkrieg erst recht. Über 700 Bismarckdenkmäler sind geplant und mehr als 500 tatsächlich gebaut worden; neben dieser Zahl verschwindet beinahe, was man Friedrich dem Großen, Kaiser Wilhelm I., Goethe und Schiller oder sonst einer historischen Figur in Bronze oder Stein jemals gewidmet hat. Erst das Sowjetimperium hat mit seinen Leninstandbildern den deutschen Bismarckkult überboten.

Es gibt typische und untypische Denkmäler. Zu den untypischen gehört die Canossa-Säule von Bad Harzburg aus dem Jahre 1877, die an den Ausspruch Bismarcks im Kulturkampf erinnert: „Nach Canossa gehen wir nicht." Bei den typischen kann man drei Gruppen unterscheiden. Erstens wuchsen die Bismarcktürme empor, aus Naturquadern oder aus Backstein erbaut, von meist historisierenden Stilideen geprägt. Natürlich wurden die Türme durchweg auf Anhöhen errichtet, um von dort aus weit in das dank Bismarck geeinte deutsche Land schauen zu können.

Zweitens wuchsen nach Bismarcks Tod und einem Aufruf der deutschen Studentenschaft seit 1898 die Feuersäulen empor, auch sie am erhabenen Ort, um in die Ferne zu leuchten. Manchmal war von „Feueraltären" die Rede, auf denen „Opferflammenspenden" dargebracht werden sollten. Jedenfalls handelte es sich um patriotische Weihestätten, an denen man zu Schutz und Trutz miteinander singen konnte, wie bei Bismarcks Abreise aus Berlin am Lehrter Bahnhof:

> Lieb Vaterland, magst ruhig sein,
> fest steht und treu die Wacht, die Wacht am Rhein!

Drittens, der Zahl nach allerdings an erster Stelle, sind die Denkmäler im eigentlichen Sinne, die Standbilder zu nennen. Betrachtet man sie einzeln, so zeigen sie eine Individualität, die sie der Wechselwirkung mit ihrer im Jahrhundertablauf meist stark veränderten Umgebung verdanken. Zur Serie gereiht wirken sie höchst monoton. Zivile Darstellungen sind selten; fast durchweg begegnet uns der Mann in der Uniform, barhäuptig oder mit Pickelhaube, in Stulpenstiefeln, den Säbel zur Seite oder auf ein Schwert gestemmt, der grimmig in unbestimmte Fernen blickt. Einem frühen Chronisten, Max Ehrhardt-Apolda, verdanken wir viele Beschreibungen, und beinahe beliebig wählen wir hier eine aus, die dem Bismarckdenkmal zu Elberfeld gewidmet ist:

Schloß Friedrichsruh im Sachsenwald bei Hamburg

Die Anregung zur Errichtung dieses Denkmals geschah am 1. April 1894, durch Regierungsbaumeister Rudolf Hermanns, als der Nationalliberale Verein zu Elberfeld wie alljährlich seine Versammlung am Geburtstage des Fürsten abhielt. – Stürmischer Beifall belohnte diesen Vorschlag und unter dem Vorsitz des Konsuls W. Döring traten eine Anzahl einflußreicher patriotisch gesinnter Männer alsbald zu einem Komitee zusammen… Die von 8 bedeutenden Bildhauern eingeforderten Entwürfe trafen in den ersten Tagen des März 1896 ein. Der Sieg wurde dem Entwurfe des Professors L. Brunow, Berlin, zugesprochen. Auf einem einfachen, an den Seitenflächen mit bedeutenden Aussprachen des Reichskanzlers geschmückten Sockel, den ein breiter Unterbau mit abschließenden, durch Kettengehänge verbundenen Eckpfosten trägt, erhebt sich das Standbild des Fürsten, ernst, groß und würdevoll. In die gewohnte Uniform gekleidet, steht er in fester Energie, mit der ganzen Wucht und Macht seiner gigantischen Persönlichkeit dem Beschauer gegenüber.

Dieser Beschauer, falls er sonst von Bismarck nichts wüßte, müßte freilich annehmen, daß es sich um einen ruhmreichen

Feldherrn handelt. Daß die martialische Figur einen Staatsmann darstellt, der gegen die Militärs, die „Halbgötter" vom Generalstab, schwere Konflikte ausfocht und gegen sie den Primat des Politischen verteidigte, würde der Betrachter schwerlich erraten. Mit anderen Worten: Die Denkmäler zeigen wenig oder nichts vom wirklichen Bismarck. Um so genauer aber zeigen sie, wie die Erbauer ihn sehen wollten: als den Recken von „Blut und Eisen". Daß wir Deutschen Gott, aber sonst nichts auf der Welt fürchten, steht da ehern gemeißelt vor uns – ohne Wenn und Aber oder gar einen Zusatz, der von der Liebe und Pflege des Friedens redet.

Wenn man in der Tiefendimension zu ergründen versucht, was die Denkmalbauer bewegte, dann drängt sich fast unwiderstehlich ein Stichwort auf: Angst. Wie Kinder im Dunkeln fürchteten sich die Bürger der Wilhelminischen Zeit offenbar davor, allein zu sein, auf die eigene Kraft zu vertrauen und politisch mündig zu werden. Der Heroenkult um Bismarck rief nach dem mitreißenden Willen, nach dem deutschen Genie, dem allmächtigen Führer, daß er die Unmündigen geleite und schütze. Sehr deutlich bringt das Max Ehrhardt-Apolda in seinem Sammelwerk „Bismarck im Denkmal" aus dem Jahre 1903 zum Ausdruck, wenn er in seinem Vorwort sagt:

> Die Fülle der schon vorhandenen Bismarckdenkmäler läßt kaum erwarten, daß der nationale Eifer nach solchem künstlerischen Beweis des Patriotismus seinen Höhepunkt schon überschritten hat… O, daß uns die lebendige Erinnerung an den deutschen Mann Bismarck, der uns einzigste politische Kraft zeigte in den unbegrenzten Weiten und Tiefen seines deutschen Gemütes, Kraft verleihen möge zu hoffen. Deshalb lassen wir uns auch nicht abhalten, unsere Marktplätze und unsere Höhen zu schmücken mit Bildern Otto von Bismarcks. Die Menschheit hat doch einmal Symbole nötig für ihre Ziele und für die Kraft zum Verfolg dieser Ziele… Und so ist unsere Frage an den Gott, der Eisen wachsen ließ: Wann wirst du uns einen zweiten Bismarck schenken? Und erst, wenn wir den haben – ja dann wird die deutsche Welt aufhören, ihrem Bismarck Denkmäler zu setzen.

Nicht selten wurde Bismarck sogar zur mythischen Figur, zum eher heidnischen als christlichen Gründergott stilisiert. In der

Beilage zum Entwurf einer krönenden nationalen Gedenkstätte bei Bingerbrück, die dann doch nicht mehr gebaut wurde, hieß es:

> Fromme Scheu umfängt uns, wenn wir an den Recken vom Sachsenwald denken; nicht als unseresgleichen bewundern wir ihn; wenn wir nicht Vater und Mutter wüßten, würden wir wie die Alten seine Zeugung einem von den Göttern zuschreiben. So stellen wir ihm halb festlich verehrende, halb Opferrausch spendende Feuerschalen neben seinen Tempel, und zwei Wächter, die den frommen Wallfahrer schützen, den Neiding fernhalten, decken den Treppenaufgang. Kraft und Leben atmet sein Werk. Eine lebensprossende Germania krönt den Vorbau, ein kräftiger Eichenlaubkranz mit den Zeichen der Bundesstaaten umzieht die ganze Ehrenhalle.

Die geheime Angst, die die Denkmäler und der Kult um den großen Mann verraten, war natürlich zweischneidig angelegt. Die eigene Beschwichtigung wandte sich zugleich als Drohung gegen diejenigen, die sich dem Reichsgründer in den Weg stellten und sein Werk herabsetzten. Genau auf diese Art von Angstmachen war nicht zuletzt die Selbstdarstellung und die publizistische Propaganda des gestürzten Kanzlers ausgerichtet.

Konkret betroffen waren vor allem der Kaiser und seine Umgebung. Die latente Panik, die in den Berliner Hof- und Regierungskreisen umging, zeigte sich drastisch im Jahre 1892. Bismarck reiste nach Wien, um dort die Hochzeit seines Sohnes Herbert mit der ungarischen Gräfin Marguerite Hoyos zu feiern, und machte bei der Hinfahrt in Dresden, auf der Rückreise in München Station. Von einer „politischen Demonstration der Dynastie Bismarck“ war daraufhin die Rede und von einem „Rattenkönig von Intrige“. Der Reichskanzler Leo Graf von Caprivi wies seinen Botschafter in Wien an, Bismarck weder zu empfangen noch eine Einladung zur Hochzeit anzunehmen. Wilhelm II. schrieb persönlich an Kaiser Franz Joseph und bat darum, „mir nicht die Lage im Lande zu erschweren, indem Du den ungehorsamen Untertan empfängst, ehe er nicht sich mir genähert und peccavi* gesagt hat“. Entsprechende Briefe und Bitten wurden nach Dresden und München geschickt.

---

* (lat.) Ich habe einen Fehler gemacht.

Es versteht sich, daß die kleinlichen Maßnahmen nur auf ihre Urheber zurückschlugen. Bismarcks Reise glich einem Triumphzug, und je deutlicher man ihm in den Residenzen und Botschaften die kalte Schulter zeigte, desto mehr wurde er von den Menschenmassen gefeiert. Außerdem ließ sich der Kanzler ohne Amt nicht den Mund verbieten. Vor seiner Abreise aus Wien gab er der *Neuen Freien Presse* ein Interview, in dem er sich bei der *Bevölkerung* für die Aufnahme bedankte, die ihm zuteil geworden war. Auf Berlin gemünzt, hieß es: „Ich habe gar keine persönlichen Verpflichtungen mehr gegen die jetzigen Persönlichkeiten und gegen meine Nachfolger. Alle Brücken sind abgebrochen." Eine Rückkehr ins Amt sei daher ausgeschlossen – nicht aber, daß er womöglich im Reichstag auftreten und dort „gewissermaßen als Chef der Opposition" die Regierung angreifen werde.

Dazu ist anzumerken, daß Bismarck im Frühjahr 1891 in den Reichstag gewählt wurde. Zwar hat der Abgeordnete von seinem Mandat keinen Gebrauch gemacht. Doch nicht hierauf kam es an, sondern auf die Drohstrategie: Der Kaiser, seine Kamarilla und der Nachfolgekanzler sollten in Angst und Schrecken versetzt werden.

Wilhelm II. war kaum zu beneiden. In seiner ohnmächtigen Wut hat er mehrmals ernsthaft erwogen und ausgesprochen, daß man Bismarck wegen Hoch- und Landesverrats oder wegen Majestätsbeleidigung in die Festungshaft nach Spandau schicken müsse – aber natürlich niemals gewagt, den Worten auch die Tat folgen zu lassen. Da im übrigen die Fürstin Johanna gegen den Kaiser noch weit ärger wütete als ihr diplomatisch geschulter Gemahl, merkte Bismarck ironisch an:

> Das Alter Methusalems würde nicht ausreichen, um die Gefängnisstrafen abzusitzen, denen sich meine Frau täglich wegen Majestätsbeleidigungen schuldig zu machen pflegt.

Ins Lächerliche geriet der Kaiser, als er versuchte, Wilhelm I. zum „Großen" auszurufen und ihn zum eigentlichen Reichsgründer zu stilisieren, der allenfalls „Handlanger" gehabt habe. In einigen Versionen war statt von Handlangern auch von „Pygmäen" die Rede.

Über solch ein Geschwätz empörte sich Fontane mit Recht:

> Ich bin kein Bismarckianer, das Letzte und Beste in mir wendet sich von ihm ab, er ist keine edle Natur; aber die Hohenzollern sollten sich *nicht* von ihm abwenden, denn die ganze Glorie, die den alten Wilhelm umstrahlt – und die noch dazu eine *reine* Glorie ist, weil das Häßliche davon an Bismarcks Händen kleben blieb – die ganze neue Glorie des Hauses verdankt das Hohenzollerntum dem genialen Kraftmeier aus dem Sachsenwald. „Es wächst das Riesenmaß der Leiber hoch über Menschliches hinaus." Und das Riesenmaß seines Geistes stellt noch wieder das seines Leibes in Schatten. Und *der* soll Werkzeug gewesen sein oder Handlanger oder gar Pygmäe! Wie kann man die Geschichte *so* fälschen wollen. Es ist der sprichwörtliche Undank der Hohenzollern, der einen hier anstarrt.

Was immer also der Kaiser und seine Kanzler oder heimlichen Ratgeber taten: Gegen den Riesen im Sachsenwald half es nicht viel. Schon 1891 hat Bismarck über Wilhelm II. gehöhnt: „Ich bin der dicke Schatten, der zwischen ihm und der Ruhmessonne steht..."

Das Bild vom Schatten vor der Ruhmessonne läßt unwillkürlich an den bekannten Satz denken, den Bernhard von Bülow – damals Staatssekretär des Auswärtigen und ab 1900 Kanzler – 1897 im Reichstag prägte: „Wir wollen niemand in den Schatten stellen, aber wir verlangen auch unseren Platz an der Sonne." Zwar handelte es sich dem Anschein und Anlaß nach um Kolonialpolitik, um das Streben nach „Weltgeltung". Dafür sollte der Schlachtflottenbau, der bald darauf begann, das Machtinstrument liefern. Doch man fragt sich, ob dieser Drang zum abenteuerlich Neuen und Weiten in der vorbewußten Tiefe womöglich von einem lastenden Fluch, vom beschädigten Selbstgefühl derer mitbestimmt war, die im Schatten des großen Denkmalerbauers immerfort fröstelten.

Sieht man dessen Verhalten aus unserem gesicherten Jahrhundertabstand an, so fallen freilich Schatten auch auf Bismarck. Sein Anklagen anderer, das sich selbst in der Pose der verfolgten Unschuld und des immerwährenden Rechthabens darstellte, hat schon die Sensiblen unter den Zeitgenossen irritiert. So schrieb Theodor Fontane 1893:

> Das ewig sich auf den Waisenknaben und Biedermaier hin Ausspielen ist gräßlich, und man muß sich immer wieder das Riesengroße zurückrufen, was er genialisch zusammengemo-

gelt hat, um durch diese von den krassesten Widersprüchen getragenen Mogeleien nicht abgestoßen zu werden.

Schwerer wog, daß Bismarck neben seiner Kritik an den Nachfolgern wenig zu bieten hatte, was in die Zukunft wies. Im Kern blieb nur das Negative, der Rat zu Gewalt und Unterdrückung. Über die Sozialdemokraten bekam ein amerikanischer Journalist 1893 zu hören: „Sie sind die Ratten im Lande und sollten vertilgt werden." Noch 1897, kein Jahr mehr vor seinem Tod, sagte der alte Mann: „Die soziale Frage hätte einst durch Polizeimittel gelöst werden können, jetzt wird man militärische anwenden müssen." Was sollte man damit anfangen? Und handelte es sich im Grunde nicht um das Eingeständnis, daß das eigene Lebenswerk in die Ausweglosigkeit geraten war? Wieder gab es die Sensiblen unter den Jüngeren, die das spürten.

Harry Graf Keßler (1868–1937) schildert, wie im Sommer 1891 deutsche Studenten in Kissingen mit Bismarck zusammentrafen:

> Seine Konversation war blendend, von einer Farbigkeit und Plastik, wie ich sie auch später selten erlebt habe. Leider kann eine Niederschrift keinen Begriff von ihrem seltsamen Zauber geben; denn er bestand aus einer Verbindung von meisterhafter Bildhaftigkeit der Sprache mit einer teils bewußten, teils unbewußten Schauspielkunst, die so vollendet war, daß sie wie knorrige norddeutsche Natur wirkte... Es hielt schwer, sich durch diese alle Register beherrschende verführerische Kunst nicht den Kopf verdrehen zu lassen... Je länger man zuhörte, um so stärker zwang sich einem die Erkenntnis auf, daß, was er sagte, sich an eine Generation wandte, die der Vergangenheit angehörte..., alles war rückwärts gerichtet. Seine Konversation hatte trotz ihres Glanzes deshalb etwas Gespenstisches, als ob wir ihn von seinen verstorbenen Zeitgenossen fort aus dem Grabe geholt hätten... Uns, uns Jungen, hatte er offenbar nichts zu sagen. Nein, nichts, wenn er diese einzige, uns tief bewegende Situation, wo er zum erstenmal seit seinem Sturz, vielleicht zum erstenmal seit Jahrzehnten, mit der deutschen Jugend zusammentraf – wo diese Jugend mit stürmischer Verehrung und höchsten Erwartungen bei ihm Anschluß und Ziele suchte –, vorüberließ, ohne ihr zu sagen, wie er sich ihren Weg, ihre Reife, ihre Aufgabe vorstellte. Kein Zweifel, er machte sich selbst darüber keine Gedanken. Es wäre unbillig, schlimmer

> noch, naiv und taktlos gewesen, ihn zu fragen. Ich verzichtete, schwieg und hörte zu, wie er ein Stück nach dem andern seiner großen Vergangenheit hervorholte.

Weitaus politischer und doch wiederum ähnlich klingt es 1895 bei Max Weber (1864–1920):

> Ein Vierteljahrhundert stand an der Spitze Deutschlands der letzte und größte der Junker, und die Tragik, welche seiner staatsmännischen Laufbahn neben ihrer unvergleichlichen Größe anhaftete und sie sich heute noch immer dem Blick vieler entzieht, wird die Zukunft wohl darin finden, daß unter ihm das Werk seiner Hände, die Nation, der er die Einheit gab, langsam und unwiderstehlich ihre ökonomische Struktur veränderte und eine andere wurde, ein Volk, das andere Ordnungen fordern mußte, als solche, die er ihm gegeben und denen seine cäsarische Natur sich einfügen konnte. Im letzten Grund ist eben dies es gewesen, was das teilweise Scheitern seines Lebenswerkes herbeigeführt hat. Denn dieses Lebenswerk hätte doch nicht zur äußeren, sondern auch zur inneren Einigung der Nation führen sollen, und jeder von uns weiß: das ist nicht erreicht. Es konnte mit seinen Mitteln nicht erreicht werden. Und als er im Winter des letzten Jahres, umstrickt von der Huld seines Monarchen, in die geschmückte Hauptstadt einzog, da – ich weiß es wohl – gab es viele, welche so empfanden, als öffne der Sachsenwald wie ein moderner Kyffhäuser seine Tiefen. Allein nicht alle haben diese Empfindung geteilt. Denn es schien, als sei in der Luft des Januartages der kalte Hauch der Vergänglichkeit zu spüren. Uns überkam ein eigenartig beklemmendes Gefühl – als ob ein Geist herniederstiege aus einer großen Vergangenheit und wandelte unter einer neuen Generation durch eine ihm fremd gewordene Welt.

So war es wohl. Bismarck und die nachfolgende, wilhelminische Generation hatten einander nichts mehr zu sagen. Durch alle Huldigungen und Denkmalsbauten wurde diese Fremdheit nicht aufgehoben, sondern in ihre passende Form gebracht. Immer weniger war vom leibhaftigen Menschen mit seinen Empfindungen und Vorstellungen die Rede, immer mehr bereits zu Lebzeiten von dem Mythos, der das Entrücktsein voraussetzt.

Am Ende bleibt die Frage, ob der große Denkmalerbauer mit seinen immerwährenden Anklagen nicht auch das eigene späte

Leben in einen erkältenden Schatten gerückt hat. Er konnte nicht loslassen, nicht sich zurücklehnen und wirklich genießen, was ihm neben dem Ruhm in seinen Wäldern, mit den Bäumen und Hunden, im Kreis der Familie und der Freunde geblieben war. Nach einem schon früher zitierten Wort hatte die dicke alte Forelle der politischen Leidenschaft alle anderen Leidenschaften aufgefressen – sofern man von der niemals nachlassenden, von den Doktoren Schweninger und Chrysander nur zum Teil zu zügelnden Eß- und Trinklust absieht. Nach dem Sturz aus dem Amt aber verwandelte sich diese Leidenschaft in die Bitterkeit, und in der Ohnmacht blieb groß nur die Macht zum Hassen. Zuletzt, bei nachgebenden Kräften, Durchblutungsstörungen, vielfältig immer wachsenden Schmerzen und besonders nach dem Tod Johannas am 27. November 1894 mündeten Bitterkeit und Haß in die Resignation.

Otto von Bismarck starb am 30. Juli 1898.

Bismarck und die Folgen

Das von Bismarck geschaffene Reich ist nach kaum einem Dreivierteljahrhundert seines Bestehens in Feuer und Blut, in Schmach und Schande untergegangen; den Weg in den Untergang säumen beispiellose Verbrechen. Die Frage liegt daher nahe, ob dieses Ende nicht bereits im Anfang angelegt war. Weist Otto von Bismarck etwa schon voraus auf Adolf Hitler?

Wenn man die Frage nach geschichtlichen Ursachen und Wirkungen derart plump stellt, kann man sie nur als unsinnig zurückweisen. Im strikten Gegensatz zum großdeutschen „Führer" wollte Bismarck nicht uferlos erobern, unterwerfen und die Freiheit der Völker ringsum vernichten, sondern er mühte sich darum, den deutschen Nationalstaat in die europäische Machtbalance einzuordnen. Indem er das Reich für „saturiert" erklärte und den „Kolonialschwindel" in seine Schranken wies, ging es ihm je länger, desto dringender darum, den Frieden zu wahren. Selbst wenn im nachhinein manche seiner Mittel als fragwürdig erscheinen, war dies doch das Ziel. Die scharfe Kritik an den Nachfolgern wurde neben aller persönlichen Erbitterung zugleich von der Sorge bestimmt, daß sie sein Friedenserbe verspielten.

Bismarck war im Kern ein Konservativer, ein Bewahrer; er wollte erhalten, was ihm als erhaltenswert erschien, und dafür brauchte er den starken, nach außen und innen wehrhaften Staat. Für Hitler dagegen stellten Macht und Eroberung Selbstzwecke dar. Sebastian Haffner hat mit Recht gesagt:

> Er wollte nicht der rechte Diener seines Staates sein, sondern Der Führer – ein absoluter Herr; er erkannte richtig, daß absolute Herrschaft nicht in einem intakten Staatswesen möglich ist, sondern nur in einem gebändigten Chaos... Das Deutsche Reich mußte aufhören, Staat zu sein, um ganz Eroberungsinstrument werden zu können. – Es gibt in dieser Hinsicht keinen größeren Gegensatz als den zwischen Hitler und Bismarck.

Aber wie verhielt es sich mit dem Kaiserreich, mit seinem Weg in Krieg, Niederlage und den Sturz der Monarchie? Manchmal wird behauptet, daß Deutschlands Dynamik – sein Bevölkerungswachstum und seine schnell zunehmende Wirtschaftskraft – das Reich zwangsläufig aus den Verankerungen jeder traditionellen Machtbalance reißen mußte und einen großen europäischen Zusammenstoß in der einen oder anderen Form unausweichlich machte. Auch das ist Unsinn. Die Geburtenrate sank; 1871–75 kamen auf 1000 Einwohner 39,35 Geburten pro Jahr, 1911–13 nur noch 28,11. Bei nüchterner Betrachtung ließ sich absehen, daß das Wachstum nachlassen und schließlich zum Stillstand kommen würde. Vor allem fing die rasche Wirtschaftsentwicklung den Überdruck auf, der sich im 19. Jahrhundert in hohen Auswanderungszahlen niederschlug. Wenn man also – und nicht erst im „Dritten Reich“, sondern schon im Ersten Weltkrieg – nach neuem „Lebensraum“ rief, den man im Osten erobern müsse, dann stand dies im krassen Gegensatz zur tatsächlichen Entwicklung, und man muß von Ängsten und von Wahnvorstellungen sprechen, die ihrer eigenen Erklärung bedürfen.

Ähnlich die wirtschaftliche Dynamik. Gewiß gab es eine Konkurrenz der Industriestaaten. Doch es handelte sich nicht – wie Imperialismustheorien es behaupteten – um ein Nullsummenspiel, bei dem der eine verliert, was der andere gewinnt, sondern an jeder Handelsstatistik hätte man ablesen können, daß bei wachsender Verflechtung man füreinander Absatzmärkte schuf. Großbritannien zum Beispiel nahm zwar zunehmend deutsche Waren auf, steigerte umgekehrt aber auch seine Exporte. Der Goldstandard ermöglichte einen ungehinderten Kapitalfluß; durch Zinsbewegungen wurden die Bilanzen weitgehend ausgeglichen; in der neueren Geschichte hat es selten eine wirtschaftlich so entspannte Situation gegeben wie am Vorabend des Ersten Weltkriegs.

Nein, weder in der Bevölkerungs- noch in der Wirtschaftsentwicklung war eine verhängnisvolle Macht der Tatsachen angelegt, die das Reich aus seiner von Bismarck geschaffenen und verteidigten Friedensverankerung riß. Wenn dennoch, und offenbar unaufhaltsam, das wilhelminische Deutschland einen Weg ins Unheil beschritt, dann muß man nach anderem, Irrationalem, nach den abgründigen Ängsten und Wahnvorstellungen fragen. Nur von ihnen her läßt sich die Frage beantworten, warum der erste deutsche Nationalstaat in die Katastrophe geriet. Und dabei allerdings wird man auf die Fundamente der Reichsgründung und auf Bismarcks Politik seit 1871 verwiesen.

Blenden wir zurück. Als Wilhelm I. im Jahre 1862 Bismarck zu seinem Ministerpräsidenten berief, befand sich das traditionelle Preußen in einer doppelt ausweglosen Situation. Es gab die Konfrontation zwischen der Krongewalt und dem Parlament; jede Seite erhob Anspruch auf die Vormacht. Der König dachte an Abdankung; hätte er sie vollzogen, so wäre wohl eine Entwicklung zur parlamentarischen Monarchie nach englischem Muster unausweichlich geworden. Gleichzeitig gab es die deutsche Nationalbewegung, die trotz der verlorenen Revolution von 1848 ständig stärker wurde. Preußen aber war kein Nationalstaat.

Bismarck fand den Weg aus der Ausweglosigkeit. Er trat eine geniale „Flucht nach vorn“ an; in kurzen und siegreichen Kriegen begründete er die deutsche Einheit. Preußen verlor sich in ihrem Schatten, aber seine alte Staatsordnung wurde dem neuen Reich eingepflanzt und damit gerettet. Der triumphale Nachweis ihrer Leistungstüchtigkeit gab ihr das Ansehen zurück, das sie eigentlich schon, und wie viele glaubten, unwiderruflich verloren hatte. Die Kraft der liberalen Bürgerbewegung wurde gebrochen; indem sie ihr eines Ziel, die Einheit, erreichte – doch nicht aus eigener Kraft –, verzichtete sie auf das andere, die politische

Selbstbestimmung im Sinne eines parlamentarischen Regierungssystems. Denn es schien nun bewiesen zu sein, daß man mit „Blut und Eisen“, wenn der große, der überragende Staatsmann die Führung übernahm, alles erreichen konnte – und sehr wenig oder nichts durch Reden und Mehrheitsbeschlüsse.

Der alte Theodor Mommsen hat den Vorgang vernichtend kritisch beurteilt:

> Die Gewinne an Macht waren Werte, die beim nächsten Sturm der Weltgeschichte wieder verlorengehen; aber die Knechtung der deutschen Persönlichkeit, des deutschen Geistes, war ein Verhängnis, das nicht mehr gutgemacht werden kann.

Denn wer seine Selbstbestimmung zugunsten einer Über-Macht preisgibt, verliert seine Selbstachtung und gerät in den Selbsthaß. Da der unerträglich ist, wird er nach außen abgelenkt: Man lebt mit Feindbildern, mit Feinderfindungen, auf die man bald nicht mehr verzichten kann, weil sie zu den Bedingungen der eigenen Existenz gehören.

Diese Wirkung der bismarckschen Erfolgspolitik muß man sich so groß und so nachhaltig wie nur möglich vorstellen. Von ihr reden die Denkmäler, die man dem Reichsgründer errichtete. Keine Bürgerrevolution erstritt sich Grund- und Menschenrechte, kein Kampf gegen Fremdherrschaft führte die Nation zu Freiheit und Selbstbestimmung. Was es gab, war einzig der glorreiche Sieg der Waffen im Triumph über den „Erbfeind“. Die Macht und der Sieg: Das waren die Bausteine zur Einheit oder, wie wir heute sagen, zur Identität der Nation. In solchem Sinne muß man sogar feststellen, daß die Annexion Elsaß-Lothringens eigentlich kein Fehler, sondern folgerichtig war: Indem sie den Gründungskrieg mit Frankreich sozusagen auf Dauer stellte, jedenfalls seine Wiederkehr zur ständigen Drohung machte, schuf sie als Freund-Feind-Verhältnis einen Zusammenhalt, für den es im gesicherten Frieden kaum Bindemittel gab. Wie so oft verraten Verse mehr als Abhandlungen. Im Jahre 1872 schrieb Heinrich Leuthold sein Gedicht „Das Eisen“:

> Lange genug als Dichter und Denker priesen
> oder höhnten andre das Volk der Deutschen;
> aber endlich folgten den Worten Taten,
> Taten des Schwertes.

Nicht des Geistes, sondern des Schwertes Schärfe
gab dir alles, wiedererstandnes Deutschland:
Ruhm und Einheit, äußere Macht und Wohlfahrt
dankst du dem Eisen!

Laß die Harfen tönen von Siegesgesängen,
aber halte mitten im Jubel Wache!
Unter Lorbeerzweigen und Myrtenreisern
trage das Schlachtschwert!

Denn die Zeit ist ehern, und Feinde dräun dir
wie am Hofe Etzels den Nibelungen;
selbst zur Kirche nur in den Panzerhemden
gingen die Helden.

Meine Mahnung wird erst der Enkel segnen,
wenn er unverdrossen die Waffe wahrte,
Menschenalter hin, bis es ihm obliegt, im
Weltkrieg zu siegen.

Etwas Unheimliches und Unheilverkündendes, so scheint es, war in unserem ersten deutschen Nationalstaat angelegt.

Aber spricht dagegen nicht die Friedenspolitik, die Bismarck seit 1871 betrieb? Leider nein. Denn im Innern gab es keine ergänzende Versöhnungspolitik, sondern die Feind- und Kriegserklärungen, zunächst an die „Reichsfeinde" des Zentrums, dann und niemals endend an die Arbeiterbewegung. Die Sozialdemokratie wurde ins Abseits und zu einer dogmatischen Verhärtung gedrängt, in der sich wiederum ihre Sprache wie eine Kriegserklärung an die bestehende Ordnung und die bürgerliche Gesellschaft ausnahm.

Im Gegenzug rückte für eine Mehrheit der Deutschen das Nationalbewußtsein verhängnisvoll nach rechts; wer von Demokratie sprach, bewies schon dadurch seine undeutschen Neigungen. Im Ersten Weltkrieg, in den „Ideen von 1914" und überhaupt in der Kriegspropaganda trat diese Frontstellung dramatisch hervor: Die deutsche Kultur stand im Existenzkampf gegen die westlich-demokratische Zivilisation, wie der Historiker Georg von Below – allerdings voreilig – formulierte:

Die Erlebnisse des Weltkrieges haben den Zusammenbruch der Ideale der französischen Revolution dargetan. Die Ideen

> der Freiheit, Gleichheit, Brüderlichkeit sind durch die deutschen Ideen von 1914, Pflicht, Ordnung, Gerechtigkeit überwunden.

In solcher Frontstellung lag für viele auch schon die fatale Vorverurteilung der Republik beschlossen, mit der man es nach 1918 zu tun bekam – und die Hinwendung zu denen, die glaubwürdig eine Vernichtung des demokratischen „Systems" versprachen.

Aber wir kehren zu Bismarcks unmittelbaren Erben zurück. Nicht nur für den Kaiser und seine Kanzler, sondern im Grunde für eine ganze Generation bildete der Reichsgründer den dicken Schatten vor ihrer Ruhmessonne. Alles historisch Wichtige schien getan zu sein; man sah sich, mit Max Weber zu reden, dem Fluch des politischen Epigonentums* ausgeliefert. Weber, aber nicht nur er, hat daraus abgeleitet, daß man aus der Ausweglosigkeit heraus noch einmal die Flucht nach vorn antretensolle:

> Wir müssen begreifen, daß die Einigung Deutschlands ein Jugendstreich war, den die Nation auf ihre alten Tage beging und seiner Kostspieligkeit halber besser unterlassen hätte, wenn sie der Abschluß und nicht der Ausgangspunkt einer deutschen Weltpolitik sein sollte.

Oder wieder im Gedicht, in Adolf Wilbrandts Gruß voraus an das Jahrhundert nach Bismarck:

> Und haben wir viel geforscht, gedacht,
> die allerschönste Musik gemacht,
> tragisch und heiter die Welt besungen,
> den Erbfeind dann in uns bezwungen,
> als treu geeintes Volk in Waffen
> ein ehrenfestes Reich geschaffen:
> So laßt uns nun die Welt ergreifen,
> den letzten Kleinmut von uns streifen,
> ausstrahlen über die Erde hin
> so deutsche Kraft wie deutschen Sinn,
> mit gottdurchdrungnem Heldenwillen
> das zwanzigste Jahrhundert füllen.

Am Willen und an der Anstrengung dazu hat es wahrlich nicht gefehlt. Das Mittel aber, das zum Ziel führen sollte, war der

* (griech.) Epigone – „Nachgeborener"; Nachahmer ohne eigene Ideen

Schlachtflottenbau. Schon frühzeitig gab Wilhelm II. die zündende Parole aus: „Volldampf voraus!" Anlaß war ein eher makabres Ereignis: Am 16. Februar 1894 ereignete sich auf dem Panzerschiff *Brandenburg* eine Kesselexplosion, bei der vierzig Seeleute den Tod fanden. Am nächsten Tag schickte der Kaiser ein Beileidstelegramm an den Kommandanten, das mit den Worten schloß:

> Wir stehen alle in Gottes Hand... Im festen Vertrauen auf ihn fügen wir uns in Ergebung in seinen unerforschlichen Willen und sehen der Zukunft zuversichtlich und getrost entgegen. Ich werde den Gefallenen zur Erinnerung eine Gedächtnistafel in der Garnisonskirche zu Kiel stiften, und im übrigen Volldampf voraus!

Wenn man das komplizierte, abgründig zwiespältige Verhältnis der wilhelminischen Bürgergesellschaft zum Erbe Bismarcks verstehen will, bildet der Schlachtflottenbau einen Hauptschlüssel. Dieses seltsame, im Grunde abwegige Unternehmen verdient aber eine nähere Betrachtung. Exemplarisch könnte man auch von Wilhelm II. reden, denn mit seiner Marinebegeisterung, sozusagen als der erste Seemann der Nation, repräsentierte er die Epoche, der er den Namen gab. Im Jahre 1897 ernannte er den Mann zum Staatssekretär des Reichsmarineamtes, der zum überragenden Organisator des Flottenbaus werden sollte: Alfred Tirpitz. Und mit den Flottengesetzen von 1898 und 1900 begann im Ernst die Realisierung des Traums von der Weltmacht.

Technisch betrachtet handelte es sich um eine Meisterleistung. Fast aus dem Nichts entstand in nur anderthalb Jahrzehnten die beispielhaft moderne und kampfkräftige „Hochsee"-Flotte, die keinen Vergleich mehr zu scheuen brauchte. Im Rückblick ist indessen kein Zweifel möglich: Mit ihr bereitete sich das deutsche Verhängnis vor: Sebastian Haffner hat von einer „Todsünde" des Deutschen Reiches gesprochen, und Michael Stürmer hat bitter gefragt:

> Wo bleibt jener gesunde Überlebensinstinkt, der die Omnipotenzphantasien der Flottenideologen der tödlichen Lächerlichkeit preisgab? Wo die nüchterne Rechenhaftigkeit der Industrie, die in der ganzen Welt Geschäfte machte und doch heroischen Alpträumen vom Endkampf zum Opfer fiel?

> Deutschland war zur Fabrikhalle der Welt geworden. Aber die deutschen Eliten, statt Realpolitik zu treiben, träumten von Weltpolitik, Kolonialexpansion und Flottenbau, und wenn das alles zu nichts führte, dann mochte die Fabrikhalle einstürzen, wie die Festhalle des Hunnenkönigs die letzten Nibelungen unter sich begrub: atavistischer Alptraum aus der Welt der Konstruktionsbüros.

Denn gewiß war, daß der Schlachtflottenbau sich gegen Großbritannien richtete und damit die traditionell beherrschende Seemacht zum Duell auf Leben und Tod forderte. Schon in der Vorlage von 1900 hieß es, die Flotte müsse so stark werden, „daß ein Krieg auch für den seemächtigsten Gegner mit derartigen Gefahren verbunden ist, daß seine Machtstellung in Frage gestellt wird". Tirpitz hat dafür das Wort von der „Risikoflotte" geprägt, eine Art von Abschreckungstheorie: England würde den Krieg nicht wagen, wenn es den Untergang seiner eigenen Weltgeltung fürchten mußte. Doch das war Verschleierung; zielbewußt arbeitete dieser Großbaumeister auf die Entscheidungsschlacht irgendwo zwischen Themsemündung und Helgoland hin, technisch ausgedrückt mit einem Höchstmaß an Feuerkraft und Panzerung der Linienschiffe, für die Abstriche bei Reichweite und Geschwindigkeit in Kauf genommen wurden. Zwar beteuerte man immer wieder, daß eine Handelsnation die Flotte zum Schutz ihrer Seewege brauche. Aber dafür hätte man etwas ganz anderes bauen müssen, nämlich neben kleinen Einheiten zum Küstenschutz schnelle Kreuzer mit weitem Aktionsradius.

Zur Lüge gesellte sich die Selbsttäuschung. „Communications dominate war", auf die Nachschublinien kommt es an, hätte man bei dem damals und mit Recht berühmten Theoretiker der Seemacht, dem Amerikaner Alfred Thayer Mahan, lesen können. Im Seekrieg geht es nicht um ein Königgrätz oder Sedan, um die eine, in Stunden oder Tagen alles entscheidende Schlacht, sondern um die Sicherung der eigenen Verbindungen und die Blockade der feindlichen, die sich erst in Monaten oder Jahren auswirkt. Darum gehören zum Seekrieg ganz andere Begriffe vom Raum und von der Zeit als zum Landkrieg. England mußte die Schlacht gar nicht schlagen, es konnte die Blockadelinien weitab von den deutschen Häfen aufbauen und fast risikolos sichern –

wie es folgerichtig im Ersten Weltkrieg geschah. Damit erfüllte die englische Flotte exakt ihre Aufgabe, während die deutsche „Hochsee"-Flotte funktionslos auf ihren Liegeplätzen verdarb. Um es nüchtern und hart zu sagen: Tirpitz hatte die See nicht verstanden; sein Traum paßte zum Ausbildungsdrill und zum Sturmangriff preußischer Garderegimenter, nicht aufs Meer. Im übrigen scheute England das Risiko keineswegs, sondern nahm die Herausforderung an.

Deutschland war in seiner europäischen Mittellage niemals ungefährdet; immer mußte es mit dem großen Landkrieg rechnen, im kritischen Falle gegen Frankreich und Rußland zugleich. Das war der Alptraum Bismarcks, der darum den „Draht nach Petersburg" nicht abreißen lassen wollte. Aber für den Landkrieg verfügte man über die beste Armee der Welt, und die Chancen, sich zu behaupten, standen keineswegs schlecht. Nur eines mußte man unbedingt vermeiden; sich zugleich noch die erste Seemacht zum Feind zu machen. Daß man ausgerechnet dies mutwillig tat, hätte sich Bismarck in seinen schlimmsten Befürchtungen schwerlich vorstellen können. Doch genau darauf lief der Traum von der Weltgeltung durch Seemacht hinaus.

Wo lagen die Triebkräfte des Unheils? Es bietet sich an, von handfesten Wirtschaftsinteressen zu sprechen, und natürlich kamen sie ins Spiel, von den Werften bis zu Stahl- und Rüstungsunternehmen wie Krupp. Aber bei genauerem Hinsehen taugt dieser Hinweis wenig, weil es sich nur um einen schmalen Ausschnitt der Gesamtwirtschaft handelte. Niemand sonst konnte an der Herausforderung Englands gelegen sein, weder dem Mittelstand noch den vorwärtsdrängenden Großunternehmen der Chemie oder der Elektroindustrie, noch den traditionellen Interessen des ostelbischen Adels, der Armee oder der preußischen Bürokratie, denen man sonst den beherrschenden Einfluß zuschreibt.

Nein, man muß tiefer loten. Im Schlachtflottenbau und im Streben nach Weltmacht fanden die verdrängten Machtträume eines Bürgertums ihre Gestalt, das Bismarck in seinem politischen Eigenwillen gebrochen, unterworfen und in den alten Obrigkeitsstaat eingefügt hatte. Aus diesen Träumen stammte die kaiserliche und wilhelminische Marinebegeisterung, die sich bis zur Sonntagskleidung der Kinder auswirkte.

Brandenburg-Preußen war trotz seiner langen Küsten stets Landmacht geblieben, sofern man vom kurzen und folgenlosen Zwischenspiel des niederländisch erzogenen Großen Kurfürsten absieht. Denn nur die Armee konnte das zerrissene Staatsgebilde zusammenhalten und sichern. Mit dem Drang zur See trat darum etwas Un- oder gar Antipreußisches, etwas Neu- und Nationaldeutsches zutage; sehr bezeichnend hatte schon das Frankfurter Nationalparlament von 1848 zum Bau einer Flotte angesetzt.

Verfassungsrechtlich war die Marine eine Sache des Reiches; sie unterstand dem Kaiser, nicht dem König von Preußen, und daher entkam sie dem Bannkreis preußischer Traditionen. Sie war nicht Ausdruck eines besonderen Milieus, sondern ein wirklich nationales Machtinstrument. Als Seeoffiziere konnten Bürgersöhne Karriere machen und Ansehen gewinnen, ohne vom Adel überschattet und erdrückt zu werden.

Zugleich war die Marine ein Ausdruck der industriellen Modernität. Wenn der Adel die im Zeitalter der Repetier- und Maschinengewehre kaum noch brauchbare Kavallerie liebte, den „Rittmeister" eigentlich für feiner befand als den „Hauptmann" und auf Artillerie und Pioniere herabsah, dann stellte sich die Flotte als Ingenieurleistung dar, als die Macht aus Maschinen; nicht als die Nostalgie, sondern als die Zukunft der Gewalt.

Eben darin, daß man mit der Hochrüstung zur See aus dem Bannkreis preußischer Traditionen und sogar aus der „Sedan"-Gloriole heraustrat, hatte die Fixierung auf England ihren Ursprung. Ein Schlachtensieg über das Inselreich in dessen ureigenstem Element hätte bedeutet, daß man sein Erbe als Weltmacht antrat. Und es hätte bedeutet, daß man endlich den Riesenschatten Bismarcks hinter sich ließ und den eigenen „Platz an der Sonne" eroberte.

Das klingt zwar höchst irrational. Aber genau darauf kommt es an: Nicht eine nüchtern abgewogene Berechnung von Nutzen und Nachteil, sondern das Traumhafte, der Wahn muß erklärt werden. Es gab einen abgründigen Zwiespalt der Gefühle, die sich auf den alten, von Bismarck noch so preußisch und „junkerlich" geprägten Staat bezogen. Indem sich das Bürgertum seit der Reichsgründung seiner Über-Macht beugte – und dies in den Bismarckdenkmälern sprechend zum Ausdruck brachte –, setzte es sich in der vorbewußten Tiefe zugleich einer Selbstverachtung aus, die sich im Ablauf der Zeit nicht milderte, sondern verschärfte. Denn mit dem raschen industriellen Fortschritt trat das Mißverhältnis zwischen der wirtschaftlichen Macht, die man errang, und der politischen Entmündigung, in die man sich fügte, immer krasser zutage. Aus dem Verlorenen ein neues und eigenes siegesdeutsches Selbst- und Machtbewußtsein zu schaffen war darum das eigentliche Ziel.

Zugleich konnte man glauben, daß man dem deutschen Übervater folgte. Er hatte, und nur zu erfolgreich, seine äußere Friedenspolitik mit der inneren Feinderklärung verbunden. Mit ihr aber geriet der erste deutsche Nationalstaat zunehmend in die Ausweglosigkeit. Wie sollte man die Arbeiterbewegung und die Sozialdemokratie niederwerfen, die doch mit dem erwünschten industriellen Fortschritt unaufhaltsam an Stärke gewannen? Man hat August Bebel den heimlichen „Gegenkaiser" des wilhelminischen Deutschland genannt; schon dieser Begriff zeigt die Gespaltenheit der Nation. Vielleicht hätte sie sich durch mutige Reformen überwinden lassen, durch einen Schritt um Schritt vollzogenen Übergang zur parlamentarischen und demokratischen Monarchie. Aber dieses Tor zur Zukunft hatte der Reichsgründer verriegelt, indem er dem Bürgertum die Angst vor der „roten Gefahr" einimpfte.

Bot sich da nicht an, auf Bismarcks Erfolgsrezept zurückzugreifen und eine „Flucht nach vorn" anzutreten, so, wie der große Mann es nach 1862 im scheinbar aussichtslosen Kampf mit dem Parlament und der liberalen Bewegung getan hatte? Lag es nicht nahe, wie 1866 und 1879, mit dem siegreichen Krieg sozusagen zur zweiten, eigenen Reichsgründung zu kommen und die sonst unmögliche innere Einigung im Sinne des triumphierenden Machtstaates herbeizuzwingen? Und wovon sonst sprach der Jubel vom August 1914 und mit ihm das Gefühl, aus einer unerträglichen Lage endlich befreit zu sein?

Es sei übrigens angemerkt, daß der Sachverhalt bereits vor dem Krieg beim Namen genannt worden ist. Zum Beispiel hat im Jahre 1911 der damals noch junge, bald bekannte Lehrer des Staats- und Völkerrechts Erich Kaufmann ausdrücklich den „siegreichen Krieg" zum „sozialen Ideal" erklärt. Das Wesen des Staates ist nach Kaufmann „Machtentfaltung, ist der Wille, sich in der Geschichte zu behaupten und durchzusetzen" – und darum die

Machtentfaltung auch das oberste sittliche Gebot. Das heißt zugleich:

> Im Kriege offenbart sich der Staat in seinem wahren Wesen, er ist seine höchste Leistung, in dem seine Eigenart zur vollsten Entfaltung kommt. Hier hat er zu beweisen, daß ihm die Weckung und Zusammenfassung aller Kräfte gelungen ist, daß die höchsten Forderungen, die er stellt, auch wirklich erfüllt werden, und daß das Letzte seinem Bestehen in der Weltgeschichte geopfert wird... Je stärker diese Anforderungen und Leistungen werden, und je weiter und komplizierter sie sich bis in alle Verästelungen des Lebens hinein erstrecken, um so mehr wird der Krieg zu einer wirklichen Berechtigungs- und Leistungsprobe des ganzen Staates.

Ein paar Jahre später hat Oswald Spengler den Zeitgeist beschworen, als er der Jugend zurief:

> Wenn ... sich Menschen der neuen Generation der Technik statt der Lyrik, der Marine statt der Malerei, der Politik statt der Erkenntniskritik zuwenden, so tun sie, was ich wünsche, und man kann ihnen nichts Besseres wünschen.

Da allerdings war die Katastrophe schon abzusehen; das stammte, einleitend, aus dem „Untergang des Abendlandes". Und es liegt nahe, hier gegen seine unberufenen Bewunderer noch einmal Bismarck zu zitieren: „Die geschichtliche Logik ist noch genauer als unsere Oberrechenkammer." Denn das kaiserlich-wilhelminische Traumprojekt verwandelte sich in den sehr realen Alptraum. Es hat entscheidend dazu beigetragen, daß aus dem siegreichen Krieg die Niederlage wurde. Die Hochrüstung zur See drängte in der Vorgeschichte des Ersten Weltkriegs Großbritannien an die Seite Frankreichs und Rußlands; als sich im Krieg die Schlachtflotte als funktionslos erwies, verschworen sich die Admirale auf den unumschränkten U-Boot-Krieg, der zur Kriegserklärung der Vereinigten Staaten führte; im Herbst 1918 wurde die Flotte zur Keimzelle der Revolution.

Es fällt uns Nachgeborenen schwer, die Gefühlslage des wilhelminischen Bürgertums oder gar den Jubel vom August 1914 noch zu verstehen. Zur Anschauung hilft vielleicht eine Reise nach Hamburg, um den Bismarck anzuschauen, der dort als steinerner Rolandriese Schwertwache hält.

Woran die Bürger der Freien und Hansestadt Hamburg dachten,

läßt bereits der Spruch des Preisgerichts erkennen:

Die Darstellung Bismarcks als reckenhafter Rolandriese auf wuchtigem, wirkungsvoll abgestuftem Unterbau gewann diesem Entwurfe die einstimmige Zuerkennung des ersten Preises. Jene Auffassung verkörpert in treffender Weise nicht nur die sich im Volksbewußtsein allmählich vollziehende Steigerung der Gestalt Bismarcks ins Heldenhafte, sondern entspricht auch am besten dem Aufstellungsorte, der ein weither, womöglich auch vom Hafen aus sichtbares Standbild erwünscht erscheinen läßt.

Aus Hunderten von Bismarckdenkmälern ragt der „reckenhafte Rolandriese" von Hamburg heraus.

Anzumerken ist, daß die vom Volksbewußtsein redende Einstimmigkeit erst zustande kam, als Alfred Lichtwark, der bekannte Kunstpädagoge, sich aus dem Preisgericht zurückzog. Schon mehrfach hatte er sich gegen Kolossalwerke ausgesprochen und für die Zukunft erwartet, „daß eine vornehmer gesonnene und künstlerisch empfindlichere Nachwelt sie nicht ertragen kann". Aber Lichtwark irrte; die Kolossalepoche, die sich gegen eine „entartete" Kunst aufs „gesunde Volksempfinden" berief, sollte erst noch kommen. Und so steht der Riese von Hamburg seither an seinem Aussichtsplatz, als „Steigerung der Gestalt Bismarcks ins Heldenhafte".

Der Spruch des Preisgerichts deutet bereits an, gegen wen dieser Roland Schwertwache hielt: Er droht zum Hafen – und das heißt in der Konsequenz zum Elbstrom hinunter, zur Nordsee hinaus und nach England hinüber; er zeigt sich als der Schutzherr deutscher Seemacht. Ein Zufall ist das kaum; Deutschlands Zukunft lag jetzt auf dem Wasser; bei Blohm & Voß liefen nicht nur die stets größeren, schnelleren, luxuriöseren Passagierdampfer der

HAPAG vom Stapel, sondern auch die kaiserlichen Linienschiffe und die Schlachtkreuzer, die *Derfflinger, Seydlitz* und *Von der Tann.*

Beispielhaft demonstriert das hanseatische Denkmal den Mißbrauch Bismarcks durch seine Erben. Denn was wohl hätte dem Mann aus dem benachbarten Sachsenwald mehr zuwider sein können, als zum Schirmherrn des Schlachtflottenbaus und einer neudeutschen Seemacht herhalten zu müssen, die ihre Speerspitzen gegen England richtete? Der Reichsgründer war seiner Herkunft nach noch Preuße und durch seine Bildung noch Europäer genug, um zu wissen, wo die Grenzen lagen, die der Staat in der Mitte des Kontinents zu beachten hatte. Der Mutwille, Großbritannien zum Duell zu fordern, wäre ihm darum gewiß als die Todsünde erschienen, um die es sich handelte. Und für ebendiese Todsünde wurde er zum Standbild, zum Wahrzeichen erkoren.

Andererseits beriefen sich die Erben durchaus mit Recht auf ihr Vorbild. Bismarcks Macht- und Erfolgspolitik zeigt tatsächlich, wie man sich aus der Ausweglosigkeit heraus einen Weg bahnt. Er brach Kriege vom Zaun, um zum Ziel zu kommen. Und schon er spielte dabei um alles oder nichts.

Der Erste Weltkrieg endete freilich nicht mit dem erhofften Sieg, sondern mit der bitteren Niederlage. In der Weimarer Republik aber entstanden ganz neue Fronten. Die einstigen „Reichsfeinde“ und „vaterlandslosen Gesellen“ kämpften nun gegen die Gewaltbewegungen von rechts und von links für die Bewahrung der Verfassungsordnung, des Rechts und der Freiheit; sie waren jetzt die eigentlich Konservativen. Zu dieser Verkehrung der alten Gegensätze paßte Bismarck im Grunde nicht mehr; er hörte auf, eine doppeldeutige Leitfigur und der mythische Übervater zu sein.

Erst recht gilt das für die Zeit nach der nationalsozialistischen „Machtergreifung“ von 1933. Denn von da an ging es nicht mehr um die Bewahrung oder Wiederherstellung, sondern um die Zerstörung von Ordnung und Recht, um den Triumph der Willkür und Gewalt; die Berufung auf Preußen, auf Friedrich den Großen und Bismarck – wie beim „Tag von Potsdam“ am 21. März 1933 – erwies sich als bloßes Blendwerk.

Wo überhaupt hätte Bismarck unter solchen Umständen seinen

Platz gefunden? Es ist verlockend, sich das in einem Gedankenspiel auszumalen. Angenommen, er hätte in den zwanziger und dreißiger Jahren als Gutsherr von Pommern oder in Schönhausen gelebt: Wäre er – wie die meisten seiner Standesgenossen – ein Gegner der Republik gewesen? Hätte er – wie nur wenige – zum Widerstand gegen die Gewaltherrschaft gefunden?

Natürlich gibt es keine gesicherte Antwort, doch unwillkürlich wird man an einen Mann erinnert, der nach Herkunft und Haltung als ein Nachfahre Bismarcks erscheint: der pommersche Gutsherr Ewald von Kleist-Schmenzin. 1890 geboren, war der altpreußische Konservative und bekennende Christ ein Gegner der Weimarer Republik, aber mehr noch ein unbeugsamer Gegner der Tyrannei – und das nicht nur in der Spätzeit, als die deutsche Niederlage sich abzeichnete, sondern vom ersten Tag an. 1938 reiste er nach London, um die britische Regierung auf die Festigkeit gegen Hitler einzuschwören und damit dem innerdeutschen Widerstand eine Chance zu verschaffen. Im Januar 1944 fragte Stauffenberg Kleists Sohn, ob er bereit sei, sich für ein Attentat zur Verfügung zu stellen und sich mit dem Diktator in die Luft zu sprengen. Der Sohn erbat Bedenkzeit, fuhr nach Pommern und fragte den Vater. Dessen Antwort hieß: „Ja, das mußt du tun. Wer in einem solchen Moment versagt, wird nie wieder froh in seinem Leben." Nach dem 20. Juli 1944 wurde Ewald von Kleist verhaftet, zum Tode verurteilt und am 9. April 1945 in Berlin-Plötzensee hingerichtet.

Bismarck und die Folgen: Im Rückblick aus der Gegenwart bleibt ein tief zwiespältiger Eindruck, und jeder Versuch, in der einen oder anderen Richtung zu einem eindeutigen Urteil zu finden, verfehlt die Wahrheit. Bismarck war der bedeutendste konservative Staatsmann und der eigentliche Revolutionär des 19. Jahrhunderts, das deutsche Genie, das unseren ersten Nationalstaat erschuf und sich dann darum mühte, ihm den Frieden zu sichern. Aber zugleich baute er auf die Feindbilder und setzte sie durch; er hat damit ein Muster geschaffen, das sich unheilvoll auswirkte.

Ähnlich vielschichtig und widersprüchlich stellt sich die Person dar. Wir begegnen der Liebe und dem Haß, dem Vertrauen auf Gott und der Skrupellosigkeit, dem Mann der Verantwortung und der Spielernatur, dem Triumph und den Tränen, dem

Gewalttäter und dem Sprachkünstler von Rang. Doch aus solchen Widersprüchen sind seit jeher und wohl auch für die Zukunft die Tragödien gemacht, die uns in ihren Bann ziehen, weil sie die Größe und das Verhängnis zum Schicksal verbinden, sei es für Menschen oder für Völker.

Ein Nachwort zur Gegenwart

Genau ein Jahrhundert nach Bismarcks Entlassung im Jahre 1890 entstand der zweite deutsche Nationalstaat, und die Frage stellt sich, ob ihm ein besseres Schicksal beschieden sein wird als dem ersten.

Es ist verständlich, daß Besorgnisse oder sogar Ängste aufkommen. Denn der Weg des Reiches, das 1871 gegründet wurde, hat ins Zeitalter der Weltkriege und am Ende in die Menschenverachtung und Menschenvernichtung, in die deutsche Katastrophe geführt. Aber dieses Buch versucht zu zeigen, wie kompliziert die Person und das Werk Bismarcks sich darstellen. Diese Kompliziertheit verbietet die einfachen Schlußfolgerungen und Urteile. Wer sich auf sie einläßt, verfälscht die geschichtliche Wahrheit kaum weniger plump, als diejenigen es taten, die einst den Reichsgründer zum Ahnherrn oder Kronzeugen ihres Wahns von der Weltmacht stilisierten.

Dennoch bleiben und bedrängen uns die Zweifel: Ziehen etwa mit der neugewonnenen Einheit die alten Gefahren wieder herauf? Nicht wenige, die sich als „Linke" und als Demokraten verstehen, scheinen das anzunehmen. Beim geschichtlichen Vergleich werden zunächst jedoch die Unterschiede sichtbar, die es vielschichtig gibt.

Wir sind heute ein alterndes und nicht mehr, wie noch vor drei oder vier Generationen, ein junges Volk. Im Älterwerden aber möchte man genießen, was man glücklich gewann, statt sich auf waghalsige Abenteuer einzulassen. Womöglich sind genau darin die wirklichen Gefahren der Gegenwart angelegt. Es fällt uns offenbar schwer, die Herausforderungen der Zukunft anzunehmen. Von der Natur bis zum Sozialstaat soll bewahrt werden, was wir haben. Alles Neue weckt eher Angst als Begeisterung. Wir wenden unsere Tüchtigkeit an Werkzeugmaschinen, Autos und Eisenbahnen; wir produzieren, was wir immer schon produzierten, aber wird sind nicht mehr, wie am Anfang des 20. Jahrhunderts, das Pionierland des Fortschritts. Von einer Weltgeltung deutscher Wissenschaft und Forschung kann erst recht nicht mehr die Rede sein. Im Grunde hat sie schon Hitler ruiniert.

Wir sind eine zivile Nation geworden. Die Verführungskraft des Militärischen ist dahin; kein Bundespräsident, Bundeskanzler oder Minister dürfte es noch wagen, in Uniform aufzutreten und Reden zu halten. Unsere Soldaten möchten wir, wenn irgend möglich, zu Hause behalten, und falls sie doch einmal eingesetzt werden, sollen sie unbedingt nur dem Frieden dienen.

Es gibt keine Erbfeindschaften mehr und keinen Kampf um umstrittene Grenzen. Jahr für Jahr reisen Abermillionen von Menschen kreuz und quer durch Europa und nehmen diese Grenzen kaum noch wahr. Daß sie gerade dann unwichtig werden, wenn niemand mehr sie in Zweifel zieht, gehört zu den unausdrücklichen und längst selbstverständlichen Alltagserfahrungen. Die wirtschaftlichen Verflechtungen werden ohnehin ständig enger, und die Europäische Gemeinschaft, sei es nun mit oder ohne gemeinsame Währung, bildet eine handfeste Realität.

Ob wir allerdings schon gelernt haben, ganz ohne Feindbilder auszukommen, ist eine Frage, bei der wieder die Zweifel beginnen. Der erste deutsche Nationalstaat wurde gegründet, gedieh und ging unter mit seinen Feindbildern. Für die Bundesrepublik und die DDR, die nach 1945 unter den Vorzeichen des kalten Krieges entstanden, war es kaum anders, und von Bismarck bis Konrad Adenauer haben die großen Kanzler uns das Feindbilder-Bilden gelehrt. Von solch überragenden Erziehern sich zu befreien ist offenbar schwierig. Zwar sind die Nachkriegsgegensätze mit dem Ende des Ost-West-Konflikts zerfallen; nach einem nicht nur scherzhaft gemeinten Wort sehen wir uns „von Freunden umzingelt“. Aber manchmal gewinnt man den Eindruck, als erblühten gerade damit die Depressionen und Hysterien und als wühlten viele im historischen Schutt nach den hinterlassenen Scherben, um sie wie Souvenirs aus einem Berliner Andenkenladen spazierenzutragen: Rette sich und den Feind, wer kann!

Damit wir über diesen Zustand hinausgelangen, ist dreierlei wichtig. Erstens dürfen wir uns nicht in einer einzigen Zugehörigkeit einschnüren lassen. Denn damit versteigt sie sich ins Absolute; sie schließt alles andere aus und gerät in die Angst und den Haß, wenn sie sich öffnen soll. Hier ließe sich sogar von Bismarck noch etwas lernen. Er fühlte sich in Pommern zu Hause und war doch Preuße, Deutscher und Europäer zugleich. Der Patriotismus des Deutschen muß darum nicht bedeuten, wie Heinrich Heine befürchtete, „daß sein Herz enger wird, daß es sich zusammenzieht wie Leder in der Kälte, daß er das Fremdländische haßt, daß er nicht mehr Weltbürger, nicht mehr Europäer, sondern nur ein enger Deutscher sein will“. Es war einmal anders, und es kann anders werden. Zu einer nationalen Verantwortung, die in die Zukunft führt, gehört auch die europäische und die weltbürgerliche Dimension, zum Beispiel im Eintreten für Bürger- und Menschenrechte.

Zweitens sollten wir uns mit der Nation als einer politisch bedeutsamen Einheit wieder befreunden. Sie begann ihren historischen Weg seit 1789 mit der großen Französischen Revolution der Freiheit und Gleichheit, und auch in Deutschland war es bis in die sechziger Jahre des 19. Jahrhunderts selbstverständlich, daß sie ihre Frontstellung gegen die Mächte der Beharrung und gegen die Herrscher von Gottes oder selbsternannten Gnaden richtete. Erst Bismarck hat sie, sozusagen als ein Dieb von Format, aus dem Feldlager der Bürgerfreiheit gestohlen und ins konservative Gegenlager hinübergetragen. Aber müssen denn Demokraten sich darin noch heute auf Bismarck einschwören? Oder gar die Nation einem Gesindel überlassen, vor dem sie sich dann mit Recht fürchten?

Drittens, aber nicht zuletzt ist es wichtig, daß wir politisch mündig werden und ein Selbstbewußtsein gewinnen, das die Feindbilder nicht mehr braucht, um einen Zusammenhalt, eine „Identität“ zu schaffen. Hierfür bietet die Vorgeschichte unseres zweiten Nationalstaates eine kaum erwartete Möglichkeit; wir müssen sie nur ergreifen und festhalten. Denn die neue deutsche Einheit entstand nicht wie die alte aus dem Triumph des Obrigkeitsstaates im Glanz seiner siegreichen Waffen, sondern im Gegenteil aus dem Sturz der vormundschaftlichen Gewalt, die vor der Zivilcourage einer Bürgerbewegung kläglich in den Staub sank. Wenn wir daher einen „Sedantag" zu feiern hätten, dann wäre es der 9. November 1989, der Tag oder die Nacht, als die Mauer fiel, hinter der die Angst der selbsternannten Vormünder sich geborgen wähnte.

Die Zukunft liegt vor uns als ein offener Horizont. Niemand kennt sie. Um so wichtiger ist, daß wir uns von den Erfahrungen leiten lassen, die wir teuer genug erkauft haben. Darum kann man am Ende nur wiederholen, wovon schon im Vorwort die Rede war: Wir brauchen den Blick in die Geschichte, und heute heißt das vor allem, daß wir unseren ersten Nationalstaat verstehen lernen und mit dem Mann vertraut werden, der ihn erschuf.

Zeittafel: Otto von Bismarck

1815	1. April: Otto von Bismarck wird in Schönhausen/Altmark geboren.
1832–35	Jurastudium in Göttingen und Berlin
1836–39	Regierungsreferendar in Aachen und Potsdam Militärdienst
1839	Bismarck übernimmt die Gutsverwaltung im pommerschen Kniephof.
1847	17. Mai: Erste Parlamentsrede Bismarcks Heirat mit Johanna von Puttkamer
1848	Mitbegründer der konservativen *Kreuzzeitung* Leidenschaftlicher Kampf gegen die Revolution
1849	Abgeordneter im preußischen Landtag
1851	15. Juli: Ernennung zum Bundesgesandten im wiedereröffneten Frankfurter Bundestag
1859	Ab März: Gesandter in Sankt Petersburg
1862	Ab Mai: Gesandter in Paris 23. September: Ernennung zum preußischen Ministerpräsidenten
1863	„Alvenslebensche Konvention“ mit Rußland Gespräche mit dem Arbeiterführer Ferdinand Lassalle
1864	Krieg gegen Dänemark
1865	15. September: Erhebung in den erblichen Grafenstand

1866	7. Mai: Attentat auf Bismarck „Deutscher Krieg“ zwischen Preußen und Österreich 3. Juli: Preußischer Sieg bei Königgrätz 26. Juli: Bismarck setzt in Nikolsburg einen auf Verständigung mit Österreich gerichteten Vorfrieden durch.
1867	1. Juli: Gründung des Norddeutschen Bundes Bismarck kauft das hinterpommersche Gut Varzin.
1870	19. Juli: Kriegserklärung Frankreichs 2. September: Deutscher Sieg bei Sedan
1871	Gründung des Deutschen Reichs Bismarck wird zum Reichskanzler ernannt, in den erblichen Fürstenstand erhoben und erhält den Sachsenwald mit Friedrichsruh zum Geschenk.
1878	Bismarck erreicht den Höhepunkt seines Ansehens als europäischer Staatsmann. Das Sozialistengesetz leitet die Verfolgung der Sozialdemokraten ein.
1883	Das Krankenversicherungsgesetz wird als erstes Sozialgesetz verabschiedet. Es folgen 1884 die Unfallversicherung und 1889 die Invaliditäts- und Altersversicherung.
1887	Rückversicherungsvertrag zwischen Rußland und dem Deutschen Reich
1890	20. März: Kaiser Wilhelm II. entläßt Bismarck als Reichskanzler und preußischer Ministerpräsident.
1894	21. November: Tod Johanna von Bismarcks
1898	30. Juli: Bismarck stirbt in Friedrichsruh.

LISE
ATOMPHYSIKERIN

Die Lebensgeschichte der
LISE MEITNER

Eine Kurzfassung
des Buches von

CHARLOTTE KERNER

Mit zahlreichen Abbildungen

Lise Meitner, geboren 1878 in Wien, ging einen Weg, der damals für eine Frau äußerst ungewöhnlich war. Die „höhere Tochter" wurde eine leidenschaftliche Physikerin und verschaffte sich als Assistentin von Max Planck Zugang zur Forschung in einer Zeit, in der Frauen offiziell an Hochschulen noch gar nicht zugelassen waren. Lise Meitners Zusammenarbeit mit dem Chemiker Otto Hahn führte zu bahnbrechenden Erkenntnissen in der Atomphysik und bildete die Grundlage zur Entdeckung der Kernspaltung.

Charlotte Kerners Biographie zeigt ausgesprochen verständlich und anschaulich den Lebensweg der Frau auf, die von Albert Einstein als unsere „Madame Curie" bezeichnet wurde.

Ganz höhere Tochter

1878–1901

Das dritte Kind des Wiener Rechtsanwalts Dr. Philipp Meitner und seiner Frau Hedwig wird am 17. November 1878 geboren. Es ist wieder ein Mädchen und erhält den Namen Elise. Zwischen dem kaiserlich-königlichen Augarten und dem Praterstern der Hauptstadt des Österreichischen Kaiserreiches liegt das Geburtshaus von Elise Meitner, die Nummer 27 in der Kaiser-Josefs-Straße. Der deutsche Dichter Heinrich Heine gibt heute der Straße ihren Namen.

Im Jahre 1878 dreht sich das Riesenrad noch nicht, und Kaiser Franz Joseph I. regiert seit dreißig Jahren die österreichisch-ungarische Monarchie. Die Geburt von Elise Meitner ist festgehalten im Geburtenregister der israelitischen Kultusgemeinde Wien, denn Elises Vater und Mutter hatten beide einen jüdischen Elternteil. Nach Elise kommen noch fünf weitere Kinder auf die Welt. Trotz der angesehenen Rechtsanwaltskanzlei des Vaters leben die Meitners sparsam, fünf Mädchen und drei Jungen müssen schließlich groß werden.

Philipp Meitner ist Freidenker. Seine Kinder erzieht er nicht im jüdischen Glauben, sie besuchen den evangelischen Religionsunterricht. Das ist im Wien der Gründerzeit nichts Besonderes. Viele jüdische Familien, die als Ärzte oder Juristen zum gehobenen Bürgertum zählen, praktizieren den jüdischen Glauben nicht. Auch Elise wird protestantisch erzogen. Sie hat ihre jüdische Abstammung jedoch nie verleugnet. Und es wird diese Abstammung sein, die dem Leben von Elise Meitner fast sechzig Jahre nach ihrer Geburt eine Wende geben soll, an der sie fast zerbricht.

Davon ahnt die kleine Elise noch nichts. Sie wächst in einer glücklichen Familie auf. In dem eng verbundenen Geschwisterkreis fühlt sie sich aufgehoben. Sie steht ein wenig unter dem

Kommando der zwei älteren Schwestern, doch sie hat ja die kleineren Geschwister, um die sie sich liebevoll kümmert. Gern erinnert sie sich später an ihre Kindheit.

In der großen Familie steht Elise genau in der Mitte. Dadurch lernt und übt sie Verhaltensweisen, die auch ihr späteres Leben prägen. Zum einen kann sie sich unterordnen, wenn sie jemanden respektiert. Als Kind sind das die älteren Geschwister und besonders der Vater als Familienoberhaupt, später ihre naturwissenschaftlichen Lehrmeister. Zum anderen lernt sie, sich zu behaupten und durchzugreifen. Als Kind hält sie die kleineren Schwestern und Brüder zusammen, als erwachsene Frau führt sie ihre Studenten „wenn nötig mit eiserner Hand", beobachtet ihr Neffe Otto Robert.*

Elise wird in einer Zeit groß, die der österreichische Schriftsteller Stefan Zweig so beschreibt:

> Es war das goldene Zeitalter der Sicherheit. Alles in unserer fast tausendjährigen österreichischen Monarchie schien auf Dauer gegründet... Man lebte gut, man lebte leicht und unbesorgt in jenem alten Wien, und die Deutschen im Norden sahen etwas ärgerlich und verächtlich auf uns Nachbarn an der Donau herab, die statt „tüchtig" zu sein und straffe Ordnung zu halten, sich genießerisch leben ließen, gut aßen, sich an Festen und Theatern freuten und dazu vortreffliche Musik machten. Leben und leben lassen war der berühmte Wiener Grundsatz.

In diesem Wien der Operetten, Walzer und Kaffeehäuser wird im Lauf der Zeit aus der Elise die „Lise" Meitner. Ihre Brüder und Schwestern geben ihr den Kosenamen Wuzerl. Im Wiener Dialekt bedeutet das Stäubchen oder Staubkorn. Die kleine und zierliche Lise ist ein dunkler Typ. Ihre langen braunen Haare steckt sie am Hinterkopf zusammen, die dunkelbraunen Augen blicken nachdenklich. Die vollen Lippen des jungen, etwas pausbackigen Mädchens sind zu einem leicht schiefen Mundausdruck verzogen, halb lächelnd, halb traurig. Eine ihrer besten Freundinnen beschreibt sie als ein stilles Kind, dessen frühes Interesse an mathematischen und physikalischen Fragen sie oft den prakti-

* Otto Robert Frisch (1904–79) war der Sohn von Lise Meitners Schwester Auguste und selbst ein bekannter Physiker. Sein Lebensweg hat sich oft mit dem Lise Meitners gekreuzt, er ist ein wichtiger Zeuge ihres Werdegangs.

Hedwig Meitner und ihre Kinder, Elise sitzend mit Puppe

schen Dingen des Alltags unsicher gegenüberstehen ließ. „Es steht nicht im Physikbüchl", sagen dann die Geschwister zu ihr.

Bereits als Schulkind fesseln Lise naturwissenschaftliche Erscheinungen. Eines Tages beobachtet sie das Farbenspiel auf einer öligen Wasserpfütze. Woher kommen diese wundervollen Farben? Die Erklärung, die Lise erhält, beeindruckt sie nachhaltig. Von da an fragt sie häufiger nach, wenn sie etwas Unbekanntes in der Natur sieht und entdeckt.

Lise besucht fünf Jahre lang die Volksschule, dann drei Jahre eine Bürgerschule am Czerninplatz Nr. 3. Die Bürgerschule vermittelt eine Bildung, die über das Lehrziel der allgemeinen Volksschule hinausgeht – für Schüler, die eine Mittelschule oder ein Gymnasium nicht besuchen. In Lises Fall muß es richtiger heißen, nicht besuchen dürfen. Denn sie ist ein Mädchen, und denen ist der Zugang zu den höheren Lehranstalten noch nicht gestattet.

Am 15. Juli 1892 hält Lise das Jahreszeugnis der Klasse III der Bürgerschule in Händen. Es ist gleichzeitig ihr Entlassungszeugnis. Sie sieht fünfmal ein „sehr gut", sechsmal ein „gut", und ihr sittliches Betragen war „vollkommen entsprechend“. Trotz dieses guten Zeugnisses keine Möglichkeit, weiter zu lernen und zu studieren? Die Vierzehnjährige und ihre Eltern reden über die Zukunft. Hat sie damals bereits gesagt, daß sie studieren will? Es ist anzunehmen, denn Lise erzählt später:

> Obwohl ich mich schon in frühen Jahren sehr stark zur Mathematik und Physik hingezogen fühlte, konnte ich mein Leben nicht gleich dem Studium widmen. Das hing zum Teil mit den Vorstellungen zusammen, die damals zur Frauenbildung existierten, und zum Teil mit den besonderen Umständen in meiner Heimatstadt Wien. So verlor ich einige Jahre.*

In diesen „verlorenen“ Jahren bereitet sich Lise auf ihr Examen als Französischlehrerin vor. Das hat sie zusammen mit den Eltern beschlossen, zur Sicherheit. Denn wenn ihre großen Pläne scheitern sollten, könnte sie sich immer noch mit Sprachunterricht selbst ernähren. Lise Meitner fühlt sich außerdem verpflichtet, zu dem Familieneinkommen beizutragen. Mit Privatstunden verdient sie etwas Geld, und mit ihrer finanziellen Unterstützung wird ihre Schwester Auguste, Gustl genannt, zur Komponistin ausgebildet.

Was aber sind ihre großen Pläne? Lise will in Privatkursen den Abiturstoff erlernen, um dann an einem Gymnasium eine sogenannte externe Matura abzulegen, eine Art Schleichweg für studierwillige Frauen, die seit 1899 in Österreich offiziell die Universitäten besuchen dürfen. Vater und Mutter unterstützen Lises Wunsch ohne Einschränkung und haben nichts dagegen, daß ihre Tochter einen Beruf anstrebt, der für eine Frau ungewöhnlich ist. Wenn sie Naturwissenschaftlerin werden will, dann soll sie doch. Besonders der Vater, zu dem sich Lise sehr hingezogen fühlt, glaubt an ihre Fähigkeiten und ihre Intelligenz. Die Eltern vermitteln ihrer Tochter mit dieser Haltung eine Sicherheit, ein Selbstvertrauen, das sie auch bei widrigen äußeren Umständen im späteren Leben nie verliert. In ihrem tiefsten Innern ist sie

---

* Übersetzung der Verfasserin.
Lise Meitner hat einige Artikel und Reden in englischer Sprache verfaßt oder veröffentlicht und Interviews in Englisch gegeben. Alle Zitate, die ich selbst aus dem Englischen übersetzt habe, werden immer als „Übersetzung der Verf.“ gekennzeichnet.

überzeugt, daß sie etwas kann und daß sie Fähigkeiten hat. Und darauf ist sie stolz und wird es immer sein.

Die Familie fördert die Pläne von Lise still und unauffällig. Keiner posaunt ihre Abiturvorbereitung in die Welt hinaus. Dazu sind die gesellschaftlichen Widerstände noch zu groß.

Die Frauen der damaligen Zeit tragen umständliche, enge, hochgeschlossene Kleider, die sie ohne fremde Hilfe kaum anziehen können. Sie türmen mit vielen Klammern und Nadeln ihre Haare kunstvoll auf und befestigen darauf große Hüte. Diese einschnürende Mode ist Ausdruck der gesellschaftlichen Regeln, die Frauen in ihrer geistigen Entwicklung ein- und beschränken. Als junger Mann beobachtete der Schriftsteller Stefan Zweig die Mädchen am Ende des vergangenen Jahrhunderts:

> Eine Art leiser Verwirrung irritierte unablässig ihr ganzes Gehabe. Sie gingen anders als die Mädchen von heute, deren Körper gestählt sind durch Sport, die sich unbefangen und leicht unter jungen Männern als ihresgleichen bewegen ... Sie waren mehr Mädchen, als die Mädchen es heute sind ... in ihrem Wesen der exotischen Zartheit von Treibhauspflanzen ähnlich, die im Glashaus in einer künstlich überwärmten Atmosphäre und geschützt vor jedem bösen Windhauch aufgezogen werden: Das kunstvoll gezüchtete Produkt einer bestimmten Erziehung und Kultur.
>
> Aber so wollte die Gesellschaft von damals das junge Mädchen, töricht und unbelehrt, wohlerzogen und ahnungslos, neugierig und schamhaft, unsicher und unpraktisch, und durch diese lebensfremde Erziehung von vornherein bestimmt, in der Ehe dann willenlos vom Manne geformt und geführt zu werden.

Lises Leben verläuft anders dank der Toleranz und des Weitblickes ihrer Eltern und wohl auch, weil Vater und Mutter ahnen, daß ihre Tochter kein Mädchen ist, das leicht einen Ehemann findet oder finden will, der für sie sorgt. Sie darf und muß einen Beruf erlernen. Auch ihre Schwestern ergreifen Berufe, eine von ihnen wird Komponistin, zwei andere Ärztin und Chemikerin.

Doch Lise entspricht auch ganz dem Bild einer Frau aus der Zeit der k. k. Monarchie. Sie ist wohlerzogen, schamhaft, bescheiden und besonders in der Öffentlichkeit eher scheu. Bis ins hohe Alter hinein bleibt sie eben auch immer ganz „höhere Tochter". Für eine junge Frau aus dem kultivierten, bürgerlichen Milieu gehört es sich, Bescheid zu wissen über Kunst und Literatur. Lise kennt ihre Klassiker. Sie liebt „Freund Goethe", und oft und gern zitiert sie aus seinen Werken. Sie beschäftigt sich mit Musik. Doch gibt ihr das Elternhaus mehr mit fürs Leben als das, was zu einer guten Erziehung gerade notwendig ist. Hedwig Meitner soll ihre Kinder oft ermahnt haben: „Hört auf mich und euren Vater, aber denkt selbst."

Lise Meitner mit 21 Jahren, 1899

Philipp Meitner zwingt seinen Kindern Literatur und Kunst nicht auf, er lehrt sie, die Musik zu verstehen. Sie besuchen Konzerte und musizieren zu Hause. Lise selbst spielt Klavier. Ihr Leben lang liebt sie die Musik über alles. Rechtsanwalt Dr. Meitner ist ein philosophisch und politisch interessierter, liberaler Mensch. Auch das prägt Lise. Von Haus aus interessiert sie sich für soziale Fragen, ihre Augen und ihr Herz sind für menschliche Not offen.

Ab dem Jahr 1898 bleibt Lise wenig Zeit für Vergnügungen. Sie besucht zusammen mit zwei anderen Mädchen einen Privatkurs, um sich auf die strenge Abiturprüfung vorzubereiten. In nur zwei Jahren lernen die Mädchen – auch in den Fächern Griechisch und Latein – den Schulstoff von acht Jahren, „was gar nicht so leicht war". Lise ist fleißig und zielstrebig, arbeitet konzentriert und viel. Ein Foto aus dem Jahre 1899 zeigt sie bei einem Besuch des Botanischen Gartens in Wien. Sie sieht blaß aus, um die Augen liegen dunkle Ringe.

Die Geschwister hänseln die fleißige Lise ab und an. Wenn sie einmal kein Buch in der Hand hält und nicht lernt, sagen sie ihr voraus, daß sie durch die Prüfung fallen wird. Lise bleibt wenig Zeit für Kleider oder ähnliches. Ihr macht das nichts aus, sie ist nicht eitel und hat wenig Spaß, sich herauszuputzen und aufzufallen. Lise arbeitet zwar hart, doch der Unterricht macht ihr auch viel Freude.

Ihr Physik- und Mathematiklehrer Dr. Arthur Szarvasy, der später Professor für experimentelle Physik wird, begeistert sie besonders:

> Er hatte eine wirkliche Gabe, den Mathematik- und Physiklehrstoff in einer außergewöhnlich anregenden Weise darzustellen. Und manchmal war es ihm sogar möglich, uns im Institut an der Wiener Universität Geräte zu zeigen, was eine Seltenheit für privaten Unterricht war. Üblicherweise bekam man ja nur Zeichnungen und Kurven zu sehen, und ich muß zugeben, daß ich daraus häufig keine richtige Vorstellung von dem Aussehen der Geräte gewann. Heute amüsiert es mich, wenn ich an mein Erstaunen denke, mit dem ich einige Geräte zum ersten Mal ansah.*

Der Lehrer bestätigt und bestärkt Lise in ihrem Wunsch, Naturwissenschaften zu studieren. Weil die Abiturprüfung darüber entscheidet, ob das möglich sein wird, ist ihr recht mulmig zumute, als sie im Sommer des Jahres 1901 das kaiserlich-königliche akademische Gymnasium zu Wien betritt. Das Knabengymnasium am Beethovenplatz erinnert an ein kleines Burgschloß. Wer durch eines der drei schweren Eingangsportale geht, findet sich in einer Eingangshalle wieder, die mit ihren Säulen und Deckenbögen aussieht wie ein Kirchenschiff. Vom efeubewachsenen Innenhof fällt Licht durch die bleiverglasten Fenster. Auf dem Steinboden hallen die Schritte, feierlich und ein wenig unheimlich zugleich. Vierzehn Mädchen sind zur Prüfung angetreten. Nur vier bestehen. Darunter die Tochter des Rechtsanwaltes Dr. Philipp Meitner und seiner Frau Hedwig. Sie kann endlich studieren, mit fast 23 Jahren! Am 11. Juli 1901 wird Elise Meitner das „Maturitäts-Zeugnis“ ausgestellt.

---

* Übersetzung der Verf.

IN DIESEM Sommer des Jahres 1901 ist das zwanzigste Jahrhundert gerade ein halbes Jahr alt, das Atom-Zeitalter beginnt. Die Physik wird die Jahrhundertwissenschaft sein, und sie wird der Menschheit zum ersten Mal in der Geschichte Mittel in die Hand geben, mit denen sie sich selbst vernichten kann. Die Atombombe wird die Welt verändern.

Angefangen hat alles im Jahre 1895. Wie ein Wunder oder Zauberei erschien den Zeitgenossen, was Zeitungen aus der deutschen Stadt Würzburg meldeten: Ein Mann namens Wilhelm Conrad Röntgen soll in einer Novembernacht Strahlen entdeckt haben, die Holz und Metall durchdringen! Strahlen, mit denen man in den Körper des Menschen hineinsehen kann! Ungläubig und begeistert starren die Menschen auf die erste Aufnahme einer Hand, in der die Knochen sichtbar sind.

Bald nach der Entdeckung der Röntgenstrahlen beobachtet der Franzose Henri Becquerel, daß auch Uransalze „unsichtbare" Strahlen aussenden und eine fotografische Platte schwärzen. Diese neue Erscheinung fasziniert eine Frau in Paris. In einem kleinen, gläsernen Versuchsraum im Erdgeschoß der Hochschule für Physik und Chemie experimentiert Marie Curie, geborene Sklodowska, für ihre Doktorarbeit. Die Chemikerin stellt fest, daß Uransalze strahlen, gleichgültig ob sie trocken sind oder naß, klumpig oder pulverförmig. Die Strahlen rühren also nicht von chemischen Veränderungen, von Reaktionen her, die beispielsweise auch Wärme oder Licht freisetzen. Es ist etwas anderes, etwas Unbekanntes im Gange: Das Atom selbst strahlt. Diese kleinste Einheit birgt ein Geheimnis, zu dem noch kein Mensch vorgedrungen ist.

Zusammen mit ihrem Mann Pierre entdeckt Marie Curie im Jahre 1898 zwei neue Elemente, die diese Strahlen aussenden. Aus einer Tonne Uranerz-Rückständen gewinnen sie schließlich 0,1 Gramm einer bis dahin unbekannten Substanz. Dieses neue Element taufen sie Radium, das andere Polonium. Das Phänomen der Strahlung nennen sie Radioaktivität. Anfang des 20. Jahrhunderts sprechen Naturwissenschaftler zum ersten Mal von der „Atomenergie".

Wird es mir gelingen, eine Wissenschaftlerin zu werden?

1901–07

Das Meldungsbuch Nr. 15.316 ist das „des Studierenden Lise Meitner inscribiert in der Philosophischen Fakultät der k. k. Universität zu Wien“. Am 2. Oktober 1901 beginnt das Fräulein Meitner sein Studium der Physik und Mathematik; Gebiete, zu denen in jener Zeit das Fach Philosophie einfach dazugehört. Sie hat mit der Physik ein Fach gewählt, von dem der berühmte deutsche Physiker Professor Arnold Sommerfeld damals meint, am besten solle man neugierige Studenten vor dem Beginn ihres Studiums mit dem Hinweis warnen: „Achtung, Einsturzgefahr! Wegen radikalen Umbaus vorübergehend geschlossen!“

Lise Meitner ist stark beeindruckt von der neuen Gedankenwelt, die sich ihr an der Universität eröffnet. Sie empfindet Stolz und hat gleichzeitig ein wenig Angst vor der eigenen Courage:

> Für ein Mädchen war es zu dieser Zeit ja überhaupt ungewöhnlich, Vorlesungen zu besuchen. In dieser Zeit entwickelte sich das Frauenstudium in Wien gerade…, aber ich wußte sehr wenig darüber. Ich muß gestehen, daß ich – sogar noch heute – nicht weiß, ob meine Universitätslehrer die Frauenausbildung unterstützten oder nicht. Alles, was ich sagen kann, ist, daß ich sehr beunruhigt war, ob es mir gelingen würde, eine Wissenschaftlerin zu werden…*

In ihrem Meldungsbuch trägt sie im ersten Semester 25, im zweiten gar 36 Wochenstunden ein. Sie belegt wie die meisten Studienanfänger zu viele Wochenstunden. Im Sommer beginnen die Vorlesungen oft um sieben Uhr, im Winter eine Stunde später. Um die Mittagszeit ist Lise Meitner manchmal so müde, daß sie Angst hat, in der Vorlesung einzuschlafen und vom Stuhl zu rutschen.

Die Lehrer ermutigen sie, kleine Ruppigkeiten von seiten der

* Übersetzung der Verf.

Kommilitonen nimmt sie gelegentlich wahr, doch manchmal streiten sich die Studenten auch um einen Sitzplatz neben den zwei Exotinnen. Außer ihr studiert noch eine Frau Physik, sie heißt Selma Freud.

Die Studentin Meitner stürzt sich als erstes auf die Mathematik; sie belegt Differential- und Integralrechnung bei Professor Geigenbauer. Im Sommersemester 1902 gibt er ihr die Arbeit eines italienischen Mathematikers. Seine Schülerin soll darin einen Fehler finden.

> Ich brauchte beträchtliche Unterstützung von ihm…, und als er mir freundlicherweise vorschlug, daß ich die Arbeit unter meinem Namen veröffentlichen sollte, fand ich das nicht richtig, und unglücklicherweise verärgerte ich ihn damit für immer. Damals wurde mir jedoch klar, daß ich nicht Mathematikerin, sondern Physikerin werden wollte.*

Lise Meitner nimmt es sehr genau mit der Wahrheit. Sich mit fremden Federn zu schmücken lehnt sie ab. Sie kann und will lieber etwas Eigenständiges leisten. Eine Haltung, die sie ihr Leben lang nicht aufgibt.

Im Anfänger-Praktikum von Anton Lampa experimentiert die angehende Physikerin zum ersten Mal. Die Apparate sind sehr primitiv, die Arbeitsbedingungen einfach. Als Lise Meitner Professor Lampa fragt, wo sie Eis für ein Experiment herbekommen könne, antwortet dieser schroff, sie müsse doch nur in den Hof runtergehen und Schnee hochholen.

Wenn ihr das Studium Zeit läßt, besucht Lise Meitner Opern- und Konzertaufführungen. Sie besorgt sich Karten für den „Olymp“. So nennen die Wiener die billigsten Sitz- und Stehplätze ganz hinten und ganz oben, direkt unter der Decke. Für Lise ist dieser „Olymp“, wo sich mehr die wahren Musikexperten und nicht die gewöhnlichen Konzertbesucher ein Stelldichein geben, wirklich ein musikalischer Himmel. Sie verfolgt die Aufführungen mal mit und mal ohne Partitur. Da sie nur knapp einen Meter fünfzig groß ist, hat sie in einigen Sälen Schwierigkeiten, vom „Olymp“ aus einen Blick auf die Bühne oder das Orchester zu ergattern. Die Balustrade ist für sie zu hoch.

---

* Übersetzung der Verf.

DIE FAMILIE MEITNER ist inzwischen in die Eßling-Gasse Nr. 15 umgezogen, ein Viertel des ersten Stadtbezirkes mit hohen Häusern aus der Jahrhundertwende und vielen Textilgeschäften. Der rund zwanzigminütige Fußweg ins Institut für theoretische Physik in der Türkenstraße Nr. 3 führt sie in die Börsengasse an der Börse vorbei. Sie überquert den Schottenring und läuft an den dicken Mauern der Roßauerkaserne entlang, die am Schlickplatz liegt. Am Ende des Platzes biegt sie links in die Türkenstraße ein. Die Straße und die Gehwege mit dem Kopfsteinpflaster steigen sanft an. In der parallel laufenden Bergstraße hat Sigmund Freud, der Begründer der Psychoanalyse, seine Praxis.

Das Haus in der Türkenstraße Nr. 3 hat eine schmucklose Fassade, zwischen dem ersten und zweiten Stock sitzen hervorspringende Erker. Dieses recht primitive, umgewandelte Wohnhaus beherbergt das Physikinstitut.

Im Vorlesungssaal, der steil ansteigt, stehen die Bänke dicht an dicht. Der Eingang erinnert Lise Meitner an den Einlaß zu einem Hühnerhaus. „Wenn hier ein Feuer ausbricht, kommen nur wenige von uns lebend heraus“, denkt sie manchmal während einer Vorlesung. Weil die Baufälligkeit der Hörsäle bekannt ist, bringt die Wiener Zeitung folgende scherzhafte Notiz: „Wieder hat sich ein Student in das physikalische Institut in der Türkenstraße begeben; unglückliche Liebe soll das Motiv gewesen sein.“

An einem Oktobertag des Jahres 1902 macht sich Lise wie gewöhnlich auf den Weg in das Institut im neunten Bezirk der Stadt Wien. Ihr Ziel an diesem Oktobertag ist die Vorlesung Ludwig Boltzmanns; der bekannte Physiker hält seine Antrittsvorlesung. Nachdem er zwei Jahre lang in Leipzig unterrichtet hat, kehrt der geniale Wissenschaftler jetzt auf seinen alten Lehrstuhl an der k. k. Universität zu Wien zurück.

Boltzmann gewinnt Lise gleich mit seiner ersten Vorlesung für sich, die wie alle seine Vorlesungen lebhaft, klar, fesselnd, witzig und voller Anekdoten ist. In dieser Antrittsvorlesung schlägt Boltzmann einen Bogen von dem ersten Werkzeug, einem Knüppel in der Hand eines Orang-Utan, über die Erfindungen der Urmenschen in Bärenfellen und Schuhen aus Baumrinden bis hin zu der Frage:

> Ist die Menschheit durch alle Fortschritte der Kultur und Technik glücklicher geworden? In der Tat eine heikle Frage. Gewiß, ein Mechanismus, die Menschen glücklich zu machen, ist noch nicht erfunden. Das Glück muß jeder in der eigenen Brust suchen und finden.
>
> Aber schädliche, das Glück störende Einflüsse hinwegzuschaffen gelang der Wissenschaft und Zivilisation, indem sie Blitzgefahr, Seuchen der Völker und Krankheit der einzelnen in vielen Fällen erfolgreich zu bekämpfen wußte. Sie vermehrte ferner die Möglichkeit, das Glück zu finden, indem sie uns Mittel bot, unseren schönen Erdball leichter zu durchschweifen und kennenzulernen, den Aufbau des Sternenhimmels uns lebhaft vorzustellen und die ewigen Gesetze des Naturganzen wenigstens dunkel zu ahnen. So ermöglicht sie der Menschheit eine immer weitergehende Entfaltung ihrer Körper- und Geisteskräfte, eine immer wachsende Herrschaft über die gesamte übrige Natur und befähigt den, der den inneren Frieden gefunden hat, diesen in erhöhter Lebensentfaltung und größerer Vollkommenheit zu genießen.

Lise Meitner bewundert den Wissenschaftler, den theoretischen Physiker Boltzmann, rückhaltlos. Er eröffnet ihr in jeder Vorlesung „eine ganz neue und wunderbare Welt“. Ab 1902 liest Boltzmann einen vierjährigen Kurs, der unter anderem von der Mechanik, Elektrizität, dem Magnetismus und der Gastheorie handelt. Sie ist seine ständige Zuhörerin.

Otto Robert Frisch hört seiner Tante oft zu, wenn sie noch im hohen Alter von den Vorlesungen Ludwig Boltzmanns schwärmt. „Es war wahrscheinlich er“, ist seine Vermutung, „der ihr die Vorstellung von der Physik als einen Kampf um die letzte Wahrheit vermittelte, eine Vision, die sie nie verlor.“ Sie studiert Physik in dieser „Atmosphäre voll Idealismus“.

Um eine Wahrheit kämpft Boltzmann um die Jahrhundertwende ganz besonders hart: die Anerkennung der Atomlehre. Das Wort Atom stammt aus dem Griechischen und bedeutet unteilbar. Um die Jahrhundertwende stellten sich die meisten Chemiker die Atome, diese kleinsten, unveränderlichen Teile, noch als starre Kügelchen vor. Jedes Element sollte aus einer besonderen Art von Atomen bestehen. Der alte Traum der Alchimisten, ein Element in ein anderes zu verwandeln, schien unerfüllbar.

Die Entdeckung der Radioaktivität hat dieses Gedankengebäude erschüttert. Die strahlenden Atome mußten mehr sein als starre Kügelchen, und das periodische System der Elemente deutete auf gesetzmäßige Zusammenhänge zwischen den einzelnen Atomarten hin. Zum ersten Mal kamen begründete Zweifel an dem Atom als der allerletzten Einheit der Materie auf, das „Unteilbare" galt nicht mehr als unteilbar. Von diesen neuen Ideen hört Lise Meitner in den Vorlesungen Boltzmanns.

Im Jahre 1906, während eines Urlaubsaufenthaltes, setzt Boltzmann seinem Leben ein Ende. Seit längerer Zeit litt er an Depressionen. Möglicherweise auch unter dem Eindruck der scharfen Angriffe gegen ihn als „Atomistiker" erhängt er sich. Die rasante Entwicklung der Atomphysik, der sogenannten modernen Physik, erlebt er nicht mehr. Sein Freitod erschüttert den Kreis der Wiener Physiker. Zu diesem Kreis gehört inzwischen auch das Fräulein „Doktor" Meitner.

Nach acht Semestern Studium, noch im Jahre 1905, hat sie ihre Doktorarbeit in Angriff genommen. Das Thema lautet: „Wärmeleitung im inhomogenen Körper". Lise Meitner untersucht, ob und wie eine Quecksilber-Fett-Mischung Wärme weitergibt. Für ihren Versuch schichtet sie drei Kupferplatten übereinander. Zwischen der unteren und mittleren befindet sich die Salbenschicht, kleine Glasstückchen trennen die mittlere und obere Platte. Diese „Leitungssäule" steht auf einem Blechgefäß, durch das der Strahl einer Wasserleitung fließen kann. Über den gesamten Versuchsaufbau stülpt sie eine Hülle aus Pappkarton.

In einem Wasserkessel erzeugt Lise Meitner Dampf. Sie leitet ihn durch einen Schlauch in ein Siedegefäß, das auf der obersten Kupferplatte steht und diese erwärmt. An drei Thermometern, die übereinander in seitlichen Öffnungen stecken, kann sie ablesen, wie die Wärme von oben nach unten weitergeleitet wird. Mit einem vierten Thermometer kontrolliert sie die Raumtemperatur. Ihre Betreuer sind mit den Ergebnissen ihrer Experimente sehr zufrieden. Den mündlichen Teil der Doktorprüfung, das sogenannte Hauptrigorosum, besteht sie am 11. Dezember 1905 „einstimmig mit Auszeichnung". Der offizielle Promotionstermin ist der 1. Februar 1906.

Lise Meitner, die jetzt den Titel Dr. phil. trägt, ist die zweite Frau, die in Wien im Hauptfach Physik promoviert (zusammen mit ihrer Kommilitonin Selma Freud), und erst der vierte weibliche Doktor an der Wiener Universität überhaupt. Die „schönste Zeit im Leben eines Wissenschaftlers" nennt sie später den Abschnitt bis zu ihrem Doktorat. Sie vergleicht den Einstieg in die naturwissenschaftliche Gedankenwelt mit einer Reise in ein „Land der Wunder". Und von dem war sie „wie ein Kind von der Märchenwelt fasziniert, ohne sich zu fragen, wie und wo man in diese Welt hineingehört".

Das frischgebackene Fräulein Doktor arbeitet weiterhin in einem Zimmer in dem baufälligen Institut für theoretische Physik in der Türkenstraße. Die Fenster ihres Arbeitszimmers gehen auf einen trübseligen Hof, in dem Straßenmusikanten gelegentlich ihre Kunst zum Besten geben. Im Juli 1906 erscheint ihre erste Veröffentlichung auf dem Gebiet der Radioaktivität: „Über die Absorption von α- und β-Strahlen". Ein Jahr später, im August 1907, folgt die zweite „radioaktive" Veröffentlichung „Über die Zerstreuung von α-Strahlen". Stefan Meyer, ein ehemaliger Assistent von Boltzmann, hat Lise Meitner mit dem Gebiet der Radioaktivität bekannt gemacht. Dafür dankt sie ihm später:

> Wenn ich an meine Studienzeit in Wien zurückdenke, so ist eine meiner lebendigsten Erinnerungen, wie Sie eines Tages in mein Arbeitszimmer kamen und mir an meinem für Alpha-Messungen bestimmten Elektroskop zeigten, daß Ihre Hände etwas radioaktiv infiziert waren. Das kam mir damals als etwas höchst Wunderbares vor. Sicher hat Ihre Arbeitsrichtung auch die meinige mitbestimmt, und in Anbetracht der Freude, die mir die Verfolgung der fast märchenhaften Entwicklung der Radioaktivität im Laufe meines Lebens immer wieder geschenkt hat, bin ich auch heute noch voller Dankbarkeit für diese Mitbestimmung.

Was sind das für Strahlen, die diese junge Frau immer stärker in ihren Bann ziehen? Nach der Entdeckung der Radioaktivität bemerken die Wissenschaftler bald, daß drei verschiedene Arten von Strahlen beim radioaktiven Atomzerfall frei werden. Woher diese genau kommen und wie sie entstehen, wußte damals niemand. Man nannte sie deshalb kurzerhand nach den drei Anfangsbuchstaben des griechischen Alphabets Alpha(α)-, Beta(β)- und Gamma(γ)-Strahlen.

In dieser Zeit interessiert sich Lise Meitner bereits für das

Gebiet der Radioaktivität, ihr Herz gehört aber der theoretischen Physik. Mit 28 Jahren hat sie zwar geschafft, eine Wissenschaftlerin zu sein, doch steht sie noch ganz am Anfang. Sie will weiterlernen. Zu wem soll sie gehen, nachdem ihr Lehrer Boltzmann nicht mehr am Leben ist? Ihr fällt die Nobelpreisträgerin Madame Curie ein, die inzwischen einen Lehrstuhl für Physik an der Sorbonne in Paris innehat:

> Ich wollte ja ursprünglich zu ihr gehen; zum Glück hat sie mir abgeschrieben. Ich habe ja so bestimmt viel mehr gelernt. Ihr Buch ist in physikalischen Sachen mehr vom chemischen Standpunkt geschrieben.

Nach der Absage aus Frankreich erinnert sie sich an den deutschen theoretischen Physiker Max Planck.* Er lehrt an der Universität zu Berlin. Lise Meitner kennt nur Plancks Namen, sie weiß nichts über seine Quantentheorie und nichts über die deutschen Universitäten. Sie hat Planck nur einmal gesehen, als er das Institut für theoretische Physik in Wien besichtigte. Nach dem Tode Boltzmanns sollte nämlich der deutsche Physiker dessen Lehrstuhl übernehmen, aber Planck lehnte schließlich ab.

Lise bittet ihre Eltern um die Erlaubnis, nach Berlin gehen zu dürfen. Philipp und Hedwig Meitner haben nichts dagegen und versprechen, die Tochter anfangs mit Geld zu unterstützen.

Zur gleichen Zeit erhält Lise Meitner ein Stellenangebot von der Auer-Gesellschaft, einer Gasglühlicht-Fabrik in der Nähe Wiens. Es ist ungewöhnlich, „daß ein Mädel eine Stellung in der Industrie bekommen sollte". Sie lehnt das Angebot, auf das sie stolz ist, dennoch ab. Sie will lieber nach Berlin, um weiterzustudieren. Ihre Entscheidung ist goldrichtig, denn in Berlin sammeln sich nicht zuletzt um Max Planck viele der bedeutendsten Naturwissenschaftler der damaligen Zeit.

Vater Meitner zollt dem Entschluß seiner Drittältesten Anerkennung: „Ich bewundere deinen Mut." Lise Meitner beweist wirklich Mut, als sie die Reise nach Berlin antritt. Denn von einer

---

* Max Planck (1858–1947) ist der Vater der Quantentheorie. Er konnte im Jahre 1900 zeigen, daß bei einer Strahlung Energie in kleinen Paketen (Quanten) entsteht. Diese Theorie und ihre Weiterentwicklung wurden zu einem wichtigen Schlüssel, um das Innenleben eines Atoms zu begreifen. Im Jahre 1918 erhielt Planck den Physik-Nobelpreis.

Frau in ihrem Alter erwartet die Gesellschaft damals etwas ganz anderes. Bemühen wir noch einmal den Zeitgenossen Stefan Zweig:

> Aber welche Tragik dann, wenn eines dieser jungen Mädchen seine Zeit versäumte, wenn es mit 25, mit 30 Jahren noch nicht verheiratet war! Das unverheiratete Mädchen wurde zum sitzengebliebenen Mädchen, das sitzengebliebene Mädchen zur alten Jungfer, an der sich der schale Spott der Witzblätter unablässig übte.

Darum schert sich Dr. phil. Lise Meitner, ledig, 28 Jahre, nicht. Im Herbst des Jahres 1907 verläßt sie ihre Geburtsstadt Wien und ihr Heimatland Österreich, „um für einige Semester nach Berlin zu gehen. Ich blieb 31 Jahre!“

Die unbeschwertesten Jahre

1907–12

Als Lise Meitner in der Metropole Berlin ankommt, weiß sie nicht, daß hier in Preußen im Jahre 1907 den Frauen der Zutritt zu den Hochschulen noch verwehrt ist – im Gegensatz zum übrigen Deutschland. Max Planck gab im Jahre 1897 bei einer Umfrage zum Thema über die „Befähigung der Frau zum wissenschaftlichen Studium und Beruf“ eine eindeutig ablehnende Antwort:

> Wenn eine Frau, was nicht häufig, aber doch bisweilen vorkommt, für die Aufgaben der theoretischen Physik besondere Begabung besitzt und außerdem den Trieb in sich fühlt, ihr Talent zur Entfaltung zu bringen, so halte ich es, in persönlicher wie auch in sachlicher Hinsicht, für unrecht, ihr aus prinzipiellen Rücksichten die Mittel zum Studium von vornherein zu versagen, ich werde ihr gerne, soweit es überhaupt mit der akademischen Ordnung verträglich ist, den probeweisen und stets widerruflichen Zutritt zu meinen Vorlesungen und Übungen gestatten, und habe in dieser Beziehung auch bis jetzt nur gute Erfahrungen gemacht.
>
> Andererseits muß ich aber daran festhalten, daß ein solcher Fall immer nur als Ausnahme betrachtet werden kann, und daß es insbesondere höchst verfehlt wäre, durch Gründung

> besonderer Anstalten die Frauen zum akademischen Studium heranzuziehen, wenigstens sofern es sich um die rein wissenschaftliche Forschung handelt. Amazonen sind auch auf geistigem Gebiet naturwidrig. Bei einzelnen praktischen Aufgaben, z. B. in der Frauenheilkunde, mögen vielleicht die Verhältnisse anders liegen, im allgemeinen aber kann man nicht stark genug betonen, daß die Natur selbst der Frau ihren Beruf als Mutter und als Hausfrau vorgeschrieben hat, und daß Naturgesetze unter keinen Umständen ohne schwere Schädigungen, welche sich im vorliegenden Falle besonders an dem nachstehenden Geschlecht zeigen würden, ignoriert werden können.

Lise Meitner kennt diese Meinung des Professors zum Frauenstudium nicht. Und so steht nun das österreichische Fräulein Doktor im Zimmer des Geheimrates in der Berliner Universität.

Sie möchte sich als Hörerin für seine Vorlesungen einschreiben. Planck ist freundlich, aber auch sichtlich erstaunt. Er bemerkt, sie habe doch bereits einen Doktortitel, was sie denn noch wolle?

> Als ich ihm antwortete, daß ich gerne ein wirkliches Verständnis von der Physik gewinnen möchte, sagte er nur ein paar freundliche Worte und ging nicht weiter auf die Sache ein. Natürlich schloß ich daraus, daß er keine sehr hohe Meinung von Studentinnen haben konnte, und das stimmte sicher zu dieser Zeit.*

Die junge Frau muß Planck dennoch beeindruckt haben. Vielleicht ist es ihre Entschlossenheit, vielleicht ihr zielstrebiges und bescheidenes Auftreten, vielleicht ihre Naivität und ihr Mut oder alles zusammen. Auf jeden Fall hält Planck diese Meitner wohl für die „Ausnahme", die er in seiner Stellungnahme zum Thema „Die akademische Frau" erwähnt hat. Sie darf sich für Plancks Vorlesungen einschreiben.

Anfangs kämpft Lise Meitner in diesen Vorlesungen mit einem Gefühl der Enttäuschung. Im Gegensatz zu ihrem Wiener Lehrer Boltzmann, der seine Zuhörer durch eine sichtbare und fühlbare persönliche Begeisterung „für die Wunderbarkeit der Naturgesetze" mitriß, doziert Planck klar, aber zurückhaltend. Sie

---

* Übersetzung der Verf.

empfindet seine Vorlesungen als „etwas unpersönlich“ und „beinahe nüchtern“ und ihn selbst als sehr „geheimrätlich“. Doch bald lernt sie Max Planck und dessen Familie näher kennen. Bei ihrem ersten Besuch in seinem Wohnhaus in der Wangenheimer Straße ist sie beeindruckt von der vornehmen Schlichtheit des Hauses und der ganzen Familie. Sie merkt mit der Zeit, daß sie sich in dem Geheimrat Planck geirrt hat, wie viele Menschen, die ihn nicht wirklich gekannt haben. Denn, so schreibt sie später,

> ...wie fern war ihm jede „Geheimrätlichkeit“. Er war von einer seltenen Gesinnungsreinheit und innerlichen Geradlinigkeit, der seine äußere Einfachheit und Schlichtheit entsprach. Nur zur Illustration sei erwähnt, daß er täglich in seine Vorlesungen mit der Berliner Stadtbahn in der dritten Klasse fuhr, und dasselbe auch bis ins hohe Alter auf langen Reisen getan hat.

Wenn Lise Meitner später an die massiven Widerstände gegen das Frauenstudium denkt, findet sie es immer wieder sonderbar, daß sogar Max Planck solch abwegige Ansichten vertrat.

> Planck konnte ein sehr aufmerksamer und warmherzig anteilnehmender Beobachter seiner Mitmenschen sein. Ich habe das sehr oft persönlich mit größter Dankbarkeit empfunden. Wieviel menschliches Verständnis und wieviel Förderung habe ich von ihm bekommen.

In ihren ersten Monaten in Berlin begegnet Lise Meitner noch in einem anderen Fall massiven Vorurteilen gegen studierende Frauen. Nur Vorlesungen über theoretische Physik zu hören füllt sie nicht genug aus. Sie will praktisch weiterkommen, besser experimentieren lernen und spricht deshalb bei Professor Heinrich Rubens vor, dem Leiter des Berliner Instituts für Experimentalphysik. Sie fragt nach einem Laborplatz. Er ist bereit, die Studentin aufzunehmen, aber augenblicklich steht nur ein Platz in seinem eigenen Zimmer zur Verfügung. Lise Meitner erschrickt, vor dem Herrn Professor hat die höhere Tochter in ihr zuviel Respekt: „Da habe ich mir gedacht, um Gottes willen, so schüchtern wie ich bin, ich werde nie wagen, etwas zu fragen.“

Während sie noch überlegt, wie sie Professor Rubens antworten kann, ohne ihn zu beleidigen, deutet dieser an, daß ein

Max Planck, Lise Meitners wissenschaftlicher Mentor

Doktor Otto Hahn sein Interesse an einer Zusammenarbeit mit ihr bekundet habe. Der Chemiker Hahn kenne ihre Wiener Arbeiten, er sei auf dem Gebiet der Radioaktivität tätig und habe in Kanada bei dem berühmten englischen Physiker Ernest Rutherford gelernt. Lise Meitner zeigt sich interessiert.

So trifft die schüchterne Physikerin schließlich mit Otto Hahn zusammen. Der Chemiker ist vier Monate jünger als sie.* Sein Auftreten ist unkonventionell, überhaupt nicht steif. Er sieht sympathisch aus, blond, mit einem Schnauzer und blitzenden blauen Augen. Sie hat sogleich das Gefühl, den kann sie fragen und muß sich „nicht genieren, wenn ich etwas gar nicht verstehe“. Als Lise Meitner in ihrem späteren Leben auf den Anfang dieser Zusammenarbeit zurückblickt, wundert sie sich ein wenig,

> ...daß ein Chemiker spontan sagt, er wolle mit einer jungen Physikerin arbeiten. Na ja, weil er vielleicht das Gefühl gehabt hat, daß er die Physik ganz gut gebrauchen kann. Ich muß gestehen, das weiß ich nicht. Vielleicht hat es ihn auch gelockt, mit einem Mädel – so wie er war! – zu arbeiten, auch das ist möglich...

Sie bittet sich acht Tage Bedenkzeit aus. Otto Hahn muß zudem erst mit Emil Fischer** reden, in dessen Institut er arbeitet. Fischer ist dafür bekannt, daß er weder in den Institutsräumen

---

* Otto Hahn ist am 8. März 1879 in Frankfurt geboren. Jahrgang 1879 sind auch Albert Einstein und Max von Laue. Max Planck sagte einmal scherzhaft, daß dieser Jahrgang für die Physik und Chemie vorbestimmt gewesen sei. Nur Lise Meitner habe die Zeit nicht abwarten können und sei „als vorwitziges Mädchen“ bereits im November 1878 zur Welt gekommen.

** Emil Hermann Fischer (1852–1919), deutscher Chemiker, erhielt 1902 den Nobelpreis für Chemie

noch in den Vorlesungen Studentinnen duldet. Nur Putzfrauen dürfen – als einzige weibliche Wesen – ins Institut.

Hahn bespricht das heikle Thema mit Fischer. Der Professor – so berichtet eine Anekdote – poltert seinen Assistenten an: „Auf keinen Fall fange ich eine Weiberwirtschaft an!" Schließlich lenkt Fischer ein: „Wenn sie im Keller bleibt und niemals das Institut betritt, soll es mir recht sein."

Als Lise Meitner dann Emil Fischer trifft, erzählt er ihr, daß seine Vorbehalte gegen Frauen im Chemischen Institut von den schlechten Erfahrungen mit einer russischen Studentin herrührten. Die hätte einen solchen exotischen Haarstil gehabt, daß er ständig in Angst gelebt habe, ihre Haare fingen am Bunsenbrenner Feuer. Fischer stimmt der männlich-weiblichen Zusammenarbeit schließlich zu, weil Lise Meitner einwilligt, sich nicht in den Institutsräumen blicken zu lassen. Ihre Arbeit muß auf die sogenannte Holzwerkstatt beschränkt bleiben, einen kleinen Raum, der ursprünglich als Werkstatt für einen Zimmermann geplant war. In diesem Raum im Souterrain, dessen einziger „Schrank" eine Hobelbank gewesen ist, steht nun ein einfacher Tisch für Schreibarbeiten und ein langer, schwerer Eichentisch für die Meßgeräte. Zum Glück besitzt die Holzwerkstatt, die Hahn schon 1906 in ein richtiges kleines Labor verwandelt hat, einen separaten Eingang. Nur so kann Lise Meitner die Bedingungen Professor Fischers erfüllen. Eine Damentoilette fehlt natürlich. Das ist übrigens ein weiterer Grund, den Fischer gegen weibliche Studierende anführt! Lise Meitner besucht, wenn nötig, die Toilette einer nahe gelegenen Gastwirtschaft.

Gegen diese aus heutiger Sicht herabsetzende Behandlung protestiert sie nicht. Damals in Berlin erkennt oder fühlt Lise Meitner wohl, daß sie die Chance der Zusammenarbeit mit Hahn in der Holzwerkstatt nutzen muß, um wissenschaftlich weiterzukommen. Nur über eine Sache, die mit dem Institutsverbot zusammenhängt, ärgert sie sich wirklich:

> Dann habe ich Hahn gesagt, ich kann doch keine Chemie lernen, wenn Sie herunterkommen und mir sagen, was Sie gemacht haben, und ich kann nichts sehen.

Manchmal schleicht sich die lernbegierige Österreicherin in den hölzernen Hohlraum unter den ansteigenden Sitzbänken eines Hörsaales. Versteckt lauscht sie den Vorlesungen. Im Labor arbeitet sie sich systematisch in die radioaktive Chemie ein.

Die diskriminierende Verbannung von Lise Meitner in die Holzwerkstatt erweist sich im nachhinein – so urteilen viele Wissenschaftshistoriker – als ein ungewöhnlicher Glücksfall. Denn die Jahre dort, die ganz genau am 28. November 1907 beginnen, legen den Grundstein für die Zusammenarbeit von Lise Meitner und Otto Hahn, die 31 Jahre später zur Kernspaltung führt.

Der Chemiker und die Physikerin ergänzen sich von Anfang an sehr gut. Nicht nur durch ihre unterschiedlichen Fachgebiete, auch durch ihre Art. Hahn arbeitet sehr intuitiv, er ist ein ausgezeichneter Experimentator. Lise Meitner dagegen denkt sehr kritisch, systematisch, sie fragt mehr nach dem Warum. „Es war die ideale Arbeitsgemeinschaft eines genialen Chemikers mit einer hervorragend ausgebildeten, tiefschürfenden Physikerin", urteilt die österreichische Kernphysikerin Professor Berta Karlik, die Lise Meitner gut gekannt hat.

Im Dezember 1908 kündigt sich hoher Besuch in der Holzwerkstatt an, der berühmte Rutherford besucht seinen Schüler Hahn. Der englische Physiker kommt aus Schweden, wo er gerade den Nobelpreis für Chemie erhalten hat. Hahn stellt seine Mitarbeiterin vor. Rutherford ruft erstaunt aus: *„I thought, you were a man!"* (Ich dachte, Sie seien ein Mann!) Lise Meitner erinnert sich:

> Er war sehr überrascht ... Und dann mußte ich Lady Rutherford helfen, Spielzeug ... zu kaufen. Sie hat erwartet, daß jeder Kutscher in Berlin Englisch kann. Ich hab damals sehr schlecht Englisch gekonnt, aber doch so viel, daß ich ein bißl vermitteln konnte.

Schnell macht sich die Arbeitsgruppe Hahn-Meitner in der Fachwelt einen Namen. Im ersten Jahr ihrer Zusammenarbeit veröffentlichen sie drei Untersuchungen, darunter im September 1908 eine Arbeit über das „Actinium C", ein sogenanntes Zerfallsprodukt, das bei radioaktiver Strahlung entsteht. Im Jahre 1909 verfaßt das Gespann Hahn-Meitner die sechs nächsten Arbeiten. Sie behandeln weiterhin das ganze Gebiet der Beta-Strahlen, eine Publikation beschäftigt sich mit dem Thorium D, wiederum ein radioaktives Zerfallsprodukt. Lise Meitner erzählt:

Lise Meitner und Otto Hahn in der Holzwerkstatt, Berlin 1909

> Wir haben das Thorium D in der Zeit gefunden; da hat Baeyer [ein Kollege] gesagt, das hätten sie die Lise Meitner allein veröffentlichen lassen müssen... Das hat mir Hahn selbst erzählt... Er hat dann bei einer sehr viel späteren Gelegenheit in irgendeinem Aufsatz ... geschrieben, daß ich das allein gemacht habe. Wir haben alles dann gemeinsam veröffentlicht. Er war ja so viel bekannter als ich. Es war kein schlechter Wille bei ihm, es war eine Gedankenlosigkeit.

Lise Meitner ist genauso Hahns Mitarbeiterin, wie er ihr Mitarbeiter ist. Doch von Anfang an scheint sie nach außen hin und in der Öffentlichkeit mehr „seine" Mitarbeiterin zu sein.

Nach den ersten wissenschaftlichen Erfolgen, die die Holzwerkstatt verbuchen kann, fördert Fischer die beiden jungen Wissenschaftler, so gut er kann. Die Arbeitsgruppe erhält einen zweiten Raum neben der Holzwerkstatt, den sie speziell für chemische Experimente nutzen. Fischer steht der Disziplin Radiochemie nicht mehr so skeptisch gegenüber, und er akzeptiert auch das neumodische Gesetz, das endlich die Zulassung von Frauen an die preußischen Universitäten regelt – eineinhalb Jahre nach Lise Meitners Ankunft in Berlin. Fischer läßt eine Damentoilette einrichten, und die Physikerin darf fortan die Räume der Studenten betreten. Wenn sie mit Otto Hahn umhergeht, bringen die Studenten jedoch nur ein demonstratives „Guten Tag, Herr Hahn“ über die Lippen.

In dieser Zeit lernt Lise Meitner die drei Jahre jüngere Elisabeth Schiemann* kennen. Die Freundschaft hält lebenslang, der Briefwechsel der beiden Frauen erstreckt sich über fünfzig Jahre. Elisabeth Schiemann erzählt, wie sie sich im Jahre 1909 getroffen haben:

> Unsere erste Begegnung ... fand ganz spontan in der Berliner Stadtbahn statt, auf dem regelmäßig gleichen Weg zur Arbeit, die sie in die Holzwerkstatt im Chemischen Institut, mich, die Biologin, in die nahe gelegene landwirtschaftliche Hochschule führte. Trotz der sehr verschiedenen Arbeitsgebiete und Temperamente schloß sich schnell ein festes Freundschaftsband, und bald ging Lise Meitner schwesterlich in meinem Elternhaus aus und ein, so daß sie an keinem Familienfeste fehlen durfte. Beim Mittagstisch mit Hahn und dem Kreise der jungen Physiker, zu dem sie mich mitnahm, knüpften sich gemeinsame Freundschaften, die uns durch das Leben begleitet haben. Fröhliche Sonntagswanderungen lehrten sie, die an die Tiroler Höhen gewöhnt war, auch die schöne Märkische Landschaft und ihren weißen Sand lieben.

Lise Meitner liebt die Natur, und das Spazierengehen gilt ihr als „heilige Pflicht des Naturforschers“. Das Wort heilig ist kein Zufall, sondern hat sehr viel mit ihrer religiösen Einstellung zu tun. Im September des Jahres 1908 ist sie bereits während eines Besuches in ihrer Heimatstadt aus der jüdischen Gemeinde ausgetreten und hat sich noch im gleichen Monat in Wien evangelisch taufen lassen. Mit diesem Schritt machte sie als fast Dreißigjährige amtlich, was eh eine Tatsache war: Sie hatte die jüdische Religion nie praktiziert und war im evangelischen Glauben erzogen.

Lise Meitner ist keine fanatische Christin, sie interessiert sich für alle Weltreligionen. Ihr Neffe Otto Robert Frisch erlebt Lise Meitner als eine Frau mit „sehr toleranten Ansichten, obwohl sie einen totalen Atheismus nicht akzeptieren konnte“. Sie selbst beantwortet die Frage nach ihrer religiösen Einstellung indirekt.

---

* Elisabeth Schiemann, die 1881 geboren wurde, überlebte Lise Meitner um vier Jahre. Sie starb 1972 in Berlin. Elisabeth Schiemann wurde Professorin der Biologie und leitete in Berlin ein Institut für Kulturpflanzenforschung.

In ihrem sehr persönlichen Nachruf auf den großen Wissenschaftler Max Planck spricht sie über dessen Religiosität und zitiert dabei zwei Stellen aus Plancks Vortrag „Naturwissenschaft und Religion“:

> Das Wunderbare ist…, daß in allen Vorgängen der Natur eine universelle uns bis zu einem gewissen Grad erkennbare Gesetzlichkeit herrscht.
>
> Nichts hindert uns, die Weltordnung der Naturwissenschaften und den Gott der Religion miteinander zu identifizieren.

Lise Meitner muß sehr ähnlich empfunden haben. An ihre Freundin Elisabeth schreibt sie, wie schön es doch sei, im Wald zu sitzen und sich selbst nur als Teilchen dieser wunderbaren, schönen und harmonischen Welt zu fühlen.

In ihren ersten Berliner Jahren lebt Lise Meitner recht bescheiden in einer Pension. Sie muß mit dem Geld auskommen, das ihr die Eltern schicken. Sie ernährt sich hauptsächlich von belegten Broten und schwarzem Kaffee. In der Holzwerkstatt arbeitet sie meistens bis kurz vor zwanzig Uhr. Dann läuft entweder sie oder Hahn in die Geschäfte in der Nachbarschaft, um Aufschnitt oder Käse einzukaufen, bevor die Läden um zwanzig Uhr schließen. Otto Hahn kann sich nicht erinnern, daß das Eingekaufte einmal gemeinsam verzehrt wurde: „Lise Meitner ging nach Hause, und ich ging nach Hause.“ An den samstäglichen Kaffeehausbesuchen ihrer Kollegen beteiligt sie sich nicht. Vielleicht weil sie mit ihrem Geld sparsam umgehen muß, sicher aber auch, weil sich das für eine „höhere Tochter“ nicht schickt. Gerne trifft sie dagegen ihre Berliner Kollegen im Haus von Max Planck:

> Planck liebte heitere, ungezwungene Geselligkeiten, und sein Heim war der Mittelpunkt einer solchen Geselligkeit. Die mehr fortgeschrittenen Hörer und die physikalischen Assistenten wurden ganz regelmäßig in die Wangenheimer Straße eingeladen. Fielen die Einladungen in das Sommersemester, so wurden im Garten Laufspiele gespielt, an denen sich Planck mit geradezu kindlichem Eifer und größter Behendigkeit beteiligte. Es gelang fast nie, nicht von ihm eingefangen zu werden. Und wie sichtlich vergnügt er war, wenn er einen erwischt hatte.

Die junge Frau bekommt in Berlin über Hahn und ihre Lehrer rasch Kontakt zu dem Kreis der Berliner Physiker. Sie besucht die berühmten „Mittwochs-Kolloquien“ von Anfang an. Diese Treffen bilden schon seit 1907 ein außergewöhnliches geistiges Zentrum. Alle neuen naturwissenschaftlichen Forschungsergebnisse, die damals nur so hereinströmten, werden mittwochs vorgetragen und besprochen. Lise Meitner hört Vorträge über Astronomie, Physik, Chemie. Sie selbst ergreift fast nie das Wort, dazu ist sie zu schüchtern. Meistens hört sie schweigend zu. Teilnehmer dieser Diskussionsrunde sind nicht nur ihre Professoren, sondern auch deren Assistenten.

> ...ungewöhnlich rege, junge Wissenschaftler – sie sind heute fast alle weltberühmt –, und in diesen Kreis wurde ich nach kurzer Zeit als zugehörig aufgenommen. Das war sowohl menschlich und wissenschaftlich eine sehr große Hilfe für mich.

Lise Meitner befindet sich nicht nur in Berlin, sondern auch auf ihren ersten beiden Kongressen in bester wissenschaftlicher Gesellschaft. Auf einem Kongreß in Salzburg, in ihrem Heimatland Österreich, stellt Dr. Meitner im Jahre 1909 „zwei kleinere Arbeiten“ über die Beta-Strahlung vor. Sie hat Lampenfieber, wie immer, wenn sie in der Öffentlichkeit spricht. Wahrscheinlich ist sie besonders aufgeregt, weil im Saal die Großen der Physik sitzen, unter ihnen Albert Einstein.* Professor Anton Lampa, der Lise im Anfängerpraktikum in Wien zum Schneeholen geschickt hat, stellt seine ehemalige Studentin im Laufe des Kongresses dem damals eher unbekannten Einstein vor. In ihrer Erinnerung bleibt Einsteins Vortrag haften. Sie sieht, wie Einstein seine berühmte Formel vorstellt, die auch auf seinem Grabstein steht: $E = mc^2$, Energie ist Masse mal Lichtgeschwindigkeit im Quadrat. Einstein erläutert die Bedeutung dieser Formel für das Gebiet der radioaktiven Strahlung. Lise Meitner versteht nicht sehr viel, aber sie ist „überwältigt und überrascht“ von diesen neuen Ansichten.

Lise Meitner wird auf der Grundlage der Formel $E = mc^2$ später

---

* Albert Einstein (1879–1955) arbeitete damals noch in der Schweiz. Von 1914 an lebte und arbeitete er als Direktor des Kaiser-Wilhelm-Instituts für Physik in Berlin. Der „Physik-Papst“ Einstein erhielt 1921 den Physik-Nobelpreis.

die Energiemenge berechnen, die bei der Spaltung eines Atoms frei wird.

Im September 1910 weilt Lise Meitner dann auf dem ersten internationalen Radiumkongreß in Brüssel. Die radioaktive Einheit „1 Curie“ wird aus der Taufe gehoben, und natürlich ist auch die Namenspatronin anwesend, Madame Curie. Die Nobelpreisträgerin spricht ihre Kollegin an: „Sie haben bereits einiges veröffentlicht, dabei sehen Sie aus wie ein junges Mädchen.“ Lise Meitner verteidigt sich auf französisch: „Aber ich bin schon über dreißig Jahre alt.“ Madame Curie antwortet – ganz Frau: „So etwas sagt man nicht.“ Die Physikerin aus Berlin empfindet das als „sehr nett“. Mit der großen Curie teilt Lise Meitner inzwischen nicht nur das Forschungsgebiet, sondern – durch eine schicksalhafte Fügung – auch den Geburtstag.

Wie wir wissen, wurde Elise Meitners Geburtstag am 17. November 1878 offiziell registriert. Auf ihrem letzten Schulzeugnis verschwindet jedoch plötzlich die Eins vor der Sieben. Die Eins taucht auf dem Taufschein aus dem Jahre 1908 nochmals auf, dann wird sie für immer vergessen. Lise Meitner feiert fortan ihren Geburtstag am selben Tag wie Madame Curie. Der 7. November 1878 wird in allen Nachschlagewerken, in allen Veröffentlichungen und Nachrufen auf Lise Meitner als ihr Geburtsdatum geführt. Ob vielleicht die Unachtsamkeit eines Bürogehilfen aus dem 17. den 7. November machte, werden wir nie erfahren. Dieser Zufall war jedoch fast wie eine Prophezeiung. Denn Lise Meitner schaffte es nicht nur, eine Wissenschaftlerin zu werden, sie wird später auch den Beinamen die „deutsche Madame Curie“ erhalten.

Bis zum Herbst 1912 forscht Lise Meitner mit Otto Hahn in der Holzwerkstatt, die inzwischen radioaktiv verseucht ist. Kopfweh und Schwindel kennen beide. Wenn Lise Meitner ihre Familie in Wien besucht, muß sie die Angehörigen immer wieder beruhigen, wenn sie blaß aussieht. Ihr gehe es gesundheitlich gut, versichert sie dann dem besorgten Vater.

Nach ihren ersten Berliner Forscherjahren blickt Lise Meitner auf eine stolze Liste von 22 wissenschaftlichen Veröffentlichungen (ihre drei Wiener Arbeiten nicht mitgezählt), die sie zusammen mit Hahn und anderen Kollegen oder allein publiziert hat. Die Zeit in der Fischerschen Holzwerkstatt nennt sie später ihre „unbeschwertesten Jahre“:

> Wenn unsere eigene Arbeit gutging, sangen wir zweistimmig, meistens Brahmslieder, wobei ich nur summen konnte, während Hahn eine sehr gute Singstimme hatte. Mit den jungen Kollegen am nahe gelegenen physikalischen Institut hatten wir menschlich und wissenschaftlich ein sehr gutes Verhältnis. Sie kamen uns öfters besuchen, und es konnte passieren, daß sie durch das Fenster der Holzwerkstatt hereinstiegen, statt den üblichen Weg zu gehen. Kurz, wir waren jung, vergnügt und sorglos, vielleicht politisch zu sorglos.

Diese sorglose Zeit beendet der Umzug in das neugegründete Kaiser-Wilhelm-Institut. Dort wird alles viel „würdevoller“ sein.

Physikerin ohne jedes böse Gewissen

1912–20

Seine Majestät, Kaiser Wilhelm II. persönlich, eröffnet am 12. Oktober 1912 feierlich das Kaiser-Wilhelm-Institut für Chemie in Berlin-Dahlem. Otto Hahn, der eine kleine Abteilung für Radiochemie leitet, demonstriert dem Kaiser leuchtende radioaktive Präparate in einer Dunkelkammer, die mit Rotlicht beleuchtet ist. Der Kaiser begrüßt auch die bescheiden im Hintergrund stehende Lise Meitner mit ein paar freundlichen Worten. Die Physikerin ist entsetzt, daß sogar der Kaiser berlinert.

Als Naturliebhaberin schätzt Lise Meitner die Umgebung ihrer neuen Arbeitsstätte, deren Eckturm ein Dach in Form einer Pikkelhaube trägt. Vor dem Institut wogt ein großes Kornfeld, und nach Süden, gegen Zehlendorf, liegt eine weite Ebene mit vereinzelten malerischen Windmühlen. Besonders schön ist das Gelände zwischen dem Kaiser-Wilhelm-Institut für Chemie und dem benachbarten Institut des Chemikers Fritz Haber. Ein Chemiker hat dieses Areal mit Tulpen, Chrysanthemen, Dahlien und anderen bunt blühenden Blumen bepflanzt, die er für Farbstoffuntersuchungen benötigt.

Lise Meitner arbeitet als unbezahlter Gast in der Hahnschen Abteilung, doch bezieht sie seit geraumer Zeit ein Assistentengehalt. Max Planck, der Professor, der noch im Jahre 1897 so massiv gegen geistige Amazonen wetterte, hat die Österreicherin zum ersten weiblichen Universitätsassistenten in Preußen gemacht. Lise Meitner nennt später diese Stelle den „Beginn meiner wissenschaftlichen Karriere".

Leise Meitner arbeitet sehr viel, nachdem sie Assistentin von Max Planck geworden ist. Sie muß die Übungsaufgaben von fast 300 Studenten korrigieren. Am Anfang hält Planck sein Seminar am Samstag, und sie opfert ihre Sonntage und braucht die Montage, um pünktlich um halb fünf Uhr nachmittags mit den korrigierten Aufgaben in Plancks Wohnung zu erscheinen. Ganz nebenbei erwirbt sie sich so ein sehr solides physikalisches Wissen. Es stört sie nicht, daß ihr als Wissenschaftlerin nicht viel Zeit für Privates bleibt. Die Physik ist ihr Leben und wird ihr Leben bleiben. Für sie selbst

> ... wie für jeden wahren Wissenschaftler bedeutete die wissenschaftliche Arbeit Freude, Anregung und Spaß oder Erheiterung (was im Englischen als „fun" bezeichnet wird), auch dann, wenn das richtige Ergebnis erst auf Umwegen gewonnen werden konnte, besonders in der glücklichen Zeit der „reinen Wissenschaft", wo der Wissenschaftler nicht an gefährliche Anwendungsmöglichkeiten seiner Ergebnisse zu denken brauchte.

Gleich im Jahre 1913 erhält Lise Meitner ein verlockendes Angebot aus Prag, das damals zu Österreich gehört. Ihr wird eine Dozentenstelle angeboten und für später eine Professur in Aussicht gestellt. Auf diese öffentliche Anerkennung ihrer Arbeit reagiert die Institutsleitung. Lise Meitner kann nun genau wie Hahn als Wissenschaftliches Mitglied des Kaiser-Wilhelm-Institutes und mit einem festen Gehalt angestellt werden, auf unbefristete Zeit. Unter diesen Umständen entscheidet sich die 35jährige Physikerin für Berlin.

Auch Otto Hahn trifft in diesem Jahr eine wichtige Entscheidung. Er heiratet im März die Kunststudentin Edith Junghans, die er zwei Jahre zuvor kennengelernt hat. Lise Meitner, die sich in Wien aufhält, telegrafiert von dort Glückwünsche, die ganz auf den Chemiker Hahn zugeschnitten sind:

> Das Leben macht manche Erfindung, die jenseits der festen Mauer unserer Wissenschaft steht: Wir wünschen der neuen Verbindung recht lange Lebensdauer bei höchster Aktivität.

Über die Zeit in der Holzwerkstatt, die erst kurz vor seiner Hochzeit zu Ende geht, äußert sich Otto Hahn folgendermaßen:

> Von Gemeinsamkeiten zwischen uns, außerhalb des Instituts, konnte keine Rede sein. Lise Meitner hatte noch ganz die Erziehung einer höheren Tochter genossen, war sehr zurückhaltend und fast scheu.

Lise Meitner wird nie heiraten. Nach dem Warum wird sie öfters gefragt. Ihr Neffe Otto Robert Frisch erlebte, daß sie einen Freund, der diese Frage stellte, nur verständnislos angeschaut hat: „Aber, mein Lieber, dafür hatte ich einfach keine Zeit." Ihre Antwort ist nicht kokett, sondern ernst gemeint. Lise Meitner hat erst die Universität verlassen, als sie in den Augen der Gesellschaft bereits dem sogenannten besten Heiratsalter entwachsen war. Zudem gab sie sich nicht mit dem Doktortitel zufrieden, sondern wollte Wissenschaftlerin werden. Sie mußte deshalb mindestens genauso viel und genauso gut arbeiten wie ihre männlichen Kollegen. Deren Frauen betrachtete Lise Meitner häufig mit einem mitleidigen Blick. Sie konnte sich wahrlich etwas Schöneres vorstellen, als mit einem Physiker oder Chemiker verheiratet zu sein, der ständig bis spät in die Nacht im Labor saß. Sicher ist, kaum ein Mann hätte das bei seiner „Ehefrau Lise" geduldet. Deshalb ist es auch kein Zufall, daß zum Beispiel Madame Curie – wie viele Naturwissenschaftlerinnen nach ihr – einen wissenschaftlichen Kollegen zum Ehemann nahm.

Doch in Sachen Ehe folgt Lise Meitner nicht der großen Curie. Aus dem Team Hahn-Meitner wird nicht das Ehepaar Hahn-Meitner. Die österreichische Physikerin fühlt sich ihrem Kollegen durch die gemeinsame Arbeit und „eine herzliche Freundschaft" verbunden. Nicht mehr, aber auch nicht weniger.

Das Institut, in dem Lise Meitner ab 1913 arbeitet, ist eines der ersten, das die neugegründete Kaiser-Wilhelm-Gesellschaft zur Förderung der Wissenschaften eingerichtet hat. Diese Gesellschaft, die erstmals Staat und Industrie gemeinsam finanzieren, fördert die wissenschaftliche Grundlagenforschung. Die Wissenschaftler finden in gut ausgestatteten Labors ideale Arbeitsbedingungen vor, Geld steht ihnen genug zur Verfügung. Lise Meitner erinnert sich, daß Vertreter der Großindustrie ihr gegenüber

Das Team Hahn/Meitner 1913 im Labor des Kaiser-Wilhelm-Instituts für Chemie

immer wieder betont haben, sie solle nur nach rein wissenschaftlichen Gesichtspunkten arbeiten. Ihr Kommentar: „Die Industrie wußte, daß sich die praktische Ausführung sozusagen von selbst ergibt."

Lise Meitner genießt die Möglichkeiten, die sich ihr als Wissenschaftlerin bieten. Für sie ist das „freie Wissenschaft", und die erscheint ihr „ebenso selbstverständlich wie freies Atmen" zu sein. Manchmal, wenn sie für teures Geld radioaktive Präparate bestellt, beschleicht sie ein schlechtes Gewissen. Ist das gerechtfertigt, so viel Geld für die reine Forschung auszugeben? Doch bei der Arbeit vergißt sie diese kleinen Skrupel wieder.

Die gerade begonnene wissenschaftliche Idylle stört sehr schnell der Erste Weltkrieg. Am 28. Juni 1914 fallen der österreichische Thronfolger Franz Ferdinand und seine Frau in Sarajevo einem Attentat zum Opfer. Dieses Ereignis entzündet eine schon lange schwelende Krise zwischen den Großmächten, die mit komplizierten Beistandspakten aneinandergekoppelt sind. Bereits wenige Tage nach dem Attentat stehen sich Rußland, Frankreich und England auf der einen, Österreich, Ungarn und Deutschland auf der anderen Seite gegenüber.

Gleich zu Beginn des Krieges muß Lise Meitners Kollege Otto Hahn einrücken. Sie bleibt in Berlin und schreibt ihm regelmäßig über den Gang der Versuche im gemeinsamen radioaktiven Labor.

Im Juli des Jahres 1915 zieht auch Lise Meitner in den Krieg. Sie meldet sich freiwillig als Röntgenschwester. Sie hat das Gefühl, etwas für ihr Vaterland Österreich tun zu müssen. Bevor sie an die Front geht, läßt sie sich in Wien gegen Cholera impfen. Sie sieht nochmals alle Geschwister, mit Ausnahme eines Bruders, der bereits Soldat ist. In einem langen Eisenbahnzug verläßt sie schließlich mit einer 220 Mann starken Mannschaft, fünfzig Schwestern, zehn Ärzten und der gesamten Hospitalausrüstung die Stadt Wien. Mehr als sechzig Stunden dauert die Fahrt nach Lemberg, damals die Hauptstadt des österreichischen Reichsteils Galizien, heute ein Teil der Ukraine. Bis in dem Fronthospital das Röntgenzimmer fertig eingerichtet ist, hilft Schwester Lise im Operationssaal. Anfang August 1915 schreibt sie den ersten Brief an ihre Freundin Elisabeth Schiemann, er ist fast acht Seiten lang:

> Ach Elisabeth, was habe ich da schon zu sehen bekommen, so schrecklich habe ich es mir nicht vorgestellt, wie es in Wirklichkeit ist. Und was diese armen Menschen, die im besten Fall als Krüppel weiterleben können, für schreckliche Schmerzen leiden. Ihr Schreien und Stöhnen kann man ja überhören neben dem Anblick der schrecklichen Wunden; aber heute hatten wir einen armen, an Beinen und Armen sehr schwer Verwundeten, der sang vor Schmerzen, während ihm die Tränen übers Gesicht liefen, ich werde lange daran denken. Wir bekommen natürlich, da wir nur etwa 40 km von der Front entfernt sind, die am schwersten Verwundeten hierher, das sage ich mir selbst zum Trost. Aber man macht sich seine eigenen Gedanken über den Krieg, wenn man all dies sieht.

Um sechs Uhr früh steht Lise Meitner auf. Sie assistiert dann bei drei bis vier Operationen und verbindet bis zum Mittagessen mehr als dreißig Verwundete. Nachmittags reinigt sie die Operationsbestecke und bessert Geräte aus. Anfang September ist ihr Röntgenzimmer endlich fertig, und im Oktober hat sie bereits über zweihundert Röntgenaufnahmen gemacht. Der Winter kommt mit aller Macht, es herrschen achtzehn bis zwanzig Grad Kälte, und Lise Meitner sieht die ersten Soldaten, die mit erfrorenen Gliedmaßen eingeliefert werden. An der harten Arbeit, die manchmal fast ihre Kräfte übersteigt, schätzt Lise Meitner, daß sie immer noch Zeit findet, sich persönlich um die Verwundeten zu kümmern. Die Dankbarkeit, die die Leute dafür empfinden und zeigen, hat für sie „etwas Beschämendes". Gerade weil sie sich persönlich einbringt, leidet sie besonders. Ihr geht es zwar gesundheitlich gut, doch wiegt sie gerade noch fünfzig Kilogramm:

> Manchmal wächst es mir einfach über den Kopf. Man kämpft doch förmlich um das Leben jedes einzelnen Patienten, manchmal mit einer Art verzweifeltem Trotz, wie wenn man es dem Tod noch abtrotzen könnte.
>
> Kennst Du das Märchen von Grimm, wo der Arzt den Tod überlistet, indem er den Kranken vom Kopfende ans Fußende legen läßt? Ich muß oft daran denken, weil ich nie glauben will, daß so ein armer Kranker wirklich verloren ist, bevor ich ihn tot sehe. (22. Dezember 1915 an Elisabeth Schiemann)

Weihnachten feiert Lise Meitner in diesem zweiten Kriegsjahr an der Front. Zusammen mit dem Personal bereitet sie eine Feier vor. In jedem der elf Krankensäle, wo inzwischen über tausend Menschen liegen, steht ein Christbaum und liegen Weihnachtspakete.

Unter der Wucht der schrecklichen Kriegseindrücke setzt sich Lise Meitner mit ihrem Beruf und dem Sinn der wissenschaftlichen Arbeit auseinander:

> Daß es eine Physik gibt, daß ich selbst einmal physikalisch gearbeitet habe oder wieder arbeiten werde, liegt mir so ferne, als ob es nie zuvor und niemals wieder sein könnte. Abends, wenn ich im Bett liege und nicht gleich schlafen kann, dann krieg ich wohl manchmal so leise physikalische Heimwehgedanken, tagsüber aber denke ich nur an meine Kranken. (14. Oktober 1915 an Otto Hahn)

Kurz vor Weihnachten schreibt sie schließlich an Elisabeth Schiemann:

> Ich liebe die Physik, ich kann sie mir schwer aus meinem Leben wegdenken. Es ist so eine Art persönliche Liebe, wie gegen einen Menschen, dem man sehr viel verdankt. Und ich, die ich so sehr am schlechten Gewissen leide, bin Physikerin ohne jedes böse Gewissen.

Ab dem Sommer 1916 arbeitet Lise Meitner in dem Vereinshospital des Roten Kreuzes in Prag-Karolinenthal. Dort hat sie nicht mehr so viel zu tun und fühlt sich nicht so nützlich wie in Lemberg, ihrem ersten Einsatzort. Die „Herren Ärzte" lassen ihr keine freie Hand, sie empfinden die Physikerin als

Lise Meitner als Krankenschwester im 1. Weltkrieg, 1915

„häßliche Konkurrenz". Lise Meitner muß erleben, daß die Ärzte ihre Röntgenwünsche dem Diener nur in tschechischer Sprache mitteilen, obwohl sie Deutsch sprechen und wissen, daß Schwester Lise kein Tschechisch kann. Manchmal veranlaßt die Physikerin die „Herren", bloß indem sie sie ansieht, ihre Gespräche auf deutsch weiterzuführen, „aber eigentlich habe ich diesbezüglich so wenig Ehrgeiz". Unter diesen Verhältnissen überlegt sie ernsthaft,

> ...ob es nicht meine Pflicht ist, nach Berlin ans Kaiser-Wilhelm-Institut zurückzugehen. Ich sage, meine Pflicht, weil ich ehrlich bestrebt bin, meine Wünsche dabei beiseite zu lassen. Denn diesen zufolge könnte ich schon längst in Berlin sein. So wie ich mich kenne, werde ich wohl noch ein paar Wochen brauchen, um zu einem definitiven Entschluß zu kommen. Für mein eigenes „Seelenheil" wäre es zwar besser, es ginge rasch. Es ist eine große Gefahr, verbittert und dadurch ungerecht zu werden, wenn man lange in so unbefriedigenden Verhältnissen steckt. Und ich habe wahrhaftig viel Kleinliches und Häßliches gesehen in diesen letzten Monaten. (27. August 1916 an Elisabeth Schiemann)

Auch wegen dieser unbefriedigenden Arbeitssituation reist Lise Meitner „ohne jedes böse Gewissen" nach Berlin, wann immer sie einige Tage Urlaub bewilligt bekommt. In dem Dahlemer Institut setzt sie die noch vor dem Krieg mit Otto Hahn gemeinsam begonnene Arbeit fort. Der Chemiker und die Physikerin suchen seit langem den Stoff, der im Periodensystem der Elemente den leeren Platz Nr. 91 ausfüllen kann. Es muß ein Element sein, aus dem bei Abgabe radioaktiver Strahlung das Element Actinium entsteht.

Otto Hahn leistet seinen Militärdienst von Anfang an in einer

Spezialeinheit für Gaskampf. Dort trifft er auf andere Wissenschaftskollegen. Erforscht und getestet wird das Kampfgas in Berlin am Institut von Fritz Haber, das gleich neben Lise Meitners und Otto Hahns Arbeitsstätte liegt. Aus diesem Grund kommt Hahn öfters nach Berlin. Manchmal trifft er Lise Meitner und kann Zeit für sein eigenes Labor abzweigen.

Die passende Gasmaske zu dem schrecklichen Giftgas entwickelt Professor Richard Willstätter, der Wissenschaftler, an dessen bunt blühenden Blumen sich Lise Meitner so erfreut hat. Fast das gesamte Kaiser-Wilhelm-Institut für Chemie wird von den Gasforschern belegt. Nur die kleine radiochemische Abteilung von Otto Hahn und Lise Meitner bleibt verschont – für die reine Wissenschaft. Die Situation in Berlin ist keine Ausnahme, so sieht es an fast allen deutschen Universitäten aus. Aus einer patriotischen Gesinnung heraus protestieren die meisten Wissenschaftler nicht dagegen, daß ihr Wissen für militärische Zwecke genutzt wird. Die deutsche Tüchtigkeit feiert sehr schnell schreckliche Triumphe. Im April 1915 wird das Giftgas zum ersten Mal an der französischen Grenze erprobt. Einsätze an anderen Frontabschnitten folgen. Die Kriegsgegner Deutschlands sind entsetzt.

Der Erste Weltkrieg ist der erste Krieg, der mit solchen modernen Waffen geführt wird. Die Chemie spielt damals die Rolle, die im Zweiten Weltkrieg die Physik spielen wird. Damals ist es ein Kampfgas, im Zweiten Weltkrieg wird es die Atombombe sein. Ein Argument für die neuen Waffen damals, gestern und auch noch heute: Sie beenden den Krieg schneller und verhindern noch mehr Todesopfer.

Lise Meitner setzt sich – gezwungenermaßen – mit der Tatsache auseinander, daß sich das Kaiser-Wilhelm-Institut für Chemie zu einer Arbeitsstätte für militärische Zwecke entwickelt. Mitte 1917 schreibt ihr Otto Hahn, daß auch die gemeinsame Abteilung für die Kriegsforschung kassiert werden würde, wenn sie nicht für immer nach Dahlem zurückkehre. Lise Meitner folgt seinem Rat auch deshalb, weil sonst die fest installierten Apparate für die Protactiniumsuche demontiert und damit ihre jahrelange Arbeit zunichte gemacht worden wären.

Widerstand regt sich im Institut. Lise Meitner bekommt nach ihrer Rückkehr zu hören, sie verstehe als Österreicherin wohl die deutschen Belange nicht so recht. Sie wird unsicher, inwieweit sie berechtigt ist, militärische Untersuchungen zu verhindern:

> Es war eine große Hilfe sowohl in praktischer als in menschlicher Hinsicht, daß Max Planck, den ich um Rat fragte, sehr entschieden erklärte, es wäre richtig, die wissenschaftliche Arbeit aufrechtzuerhalten.

Es lohnt sich, daß Lise Meitner und ihr Kollege Hahn trotz des Krieges weiterforschen. Anfang des Jahres 1918 schreibt Lise Meitner ihrem Kollegen, daß sie jetzt daran denken könnten zu publizieren. Sie hat nochmals zehn Tage lang von morgens halb neun bis abends neun Uhr im Labor gemessen, und jetzt steht endgültig fest: Das Element 91 ist entdeckt. Sie taufen es Protactinium, sein Kürzel lautet Pa. Die Arbeit, die Lise Meitner und Otto Hahn viel Ruhm einbringt, erscheint unter dem Titel: „Die Muttersubstanz des Actiniums, ein neues radioaktives Element von langer Lebensdauer“.

Die neue Arbeit über das Protactinium stellt Lise Meitner selbst in dem berühmten Mittwochs-Kolloquium vor, weil Otto Hahn im Sommer desselben Jahres Urlaub macht. Sie berichtet Hahn in einem Brief, daß alle gesagt haben,

> ...wie hübsch unsere Arbeit sei. Woraus Sie sehen können, daß ich ganz vernünftig vorgetragen habe, obwohl ich dummerweise wieder sehr befangen war. Ich war froh, daß Sie nicht dabei waren. Sie hätten sicher geschimpft. So bin ich mit einem freundschaftlichen Scherz Plancks und einer sehr wohlwollenden psychologischen Betrachtung Einsteins über meine Schüchternheit davongekommen, wobei mir beide noch die Beruhigung gaben, daß ich klar und verständlich vorgetragen hätte.

Lise Meitners wissenschaftliche Arbeit wird noch im Jahr 1918 dadurch gewürdigt und anerkannt, daß sie eine eigene physikalisch-radioaktive Abteilung im Kaiser-Wilhelm-Institut erhält. Hahn leitet sein chemisch-radioaktives Institut weiter. Nur für die Gelderzuteilung sind beide zur Hahn-Meitner-Abteilung zusammengefaßt.

Nach den finanziell mageren Jahren in der Holzwerkstatt und nach den wirren Kriegsjahren kann sich Lise Meitner, die frischgebackene Abteilungsleiterin, jetzt ihre erste eigene Wohnung einrichten. Zum ersten Mal verdient sie genügend Geld. Immer wieder geht sie durch die Zimmer und freut und wundert sich, „daß man mit Physik Vorhänge und ähnliche Dinge erarbeiten kann“.

LISE MEITNER lädt gern Gäste ein. Denn scheu und still ist sie nur in der Öffentlichkeit, in einem großen Kreis. Inmitten guter Bekannter oder Freunde lebt sie auf, redet viel und kann witzig und schlagfertig sein, wie folgende kleine Geschichte zeigt. In welchem Jahr sie sich zugetragen hat, wissen wir nicht, auf jeden Fall war es an einem 7. November, denn Lise Meitner feierte Geburtstag. Sie hat mehrere Kollegen eingeladen, unter ihnen den wohlbeleibten Chemiker Otto von Baeyer, der von sich selbst sagt, er habe jahrelang seine Füße nicht gesehen. Als Lise Meitner ihren Gästen, die mehrmals nach dem Anlaß der Feier fragen, schließlich gesteht, daß sie heute Geburtstag habe, sagt Baeyer: „Ich biete Ihnen einen Tauschhandel an. Sie sagen mir, wie alt Sie sind, und ich sage Ihnen mein Gewicht.“ Lise Meitner antwortet wie aus der Pistole geschossen: „Das ist kein fairer Tausch. Sie könnten dünner werden, ich aber werde nicht jünger.“

Noch mehr als kleine Geselligkeiten liebt sie ein Gespräch unter vier Augen. Dann offenbart sich hinter ihrer Bescheidenheit und Schüchternheit eine andere Lise Meitner.

> Jeder, der ihr begegnete, hatte sogleich den Eindruck einer starken Persönlichkeit. Die Intensität, mit der sie Gespräche führte, wird jedem, der sie persönlich kannte, unvergeßlich bleiben. Scharfer Verstand, kritischer Geist und große Konzentrationsfähigkeit zeichneten sie aus.

Die Physikprofessorin Berta Karlik, die Lise Meitner so charakterisiert, ist außerdem beeindruckt durch

> ...ihr unverkennbares Streben nach Klarheit der Gedankengänge und ihren geradezu leidenschaftlichen Wunsch, die ungeschminkte Wahrheit zu ergründen.

Alles Eigenschaften, die eine Stärke von Lise Meitner bei ihrer wissenschaftlichen Arbeit bedeuten. Es sind aber sicher auch Eigenschaften, die einen persönlichen Umgang mit ihr nicht gerade leicht machen.

Lise Meitner stellt an sich und andere sehr hohe Ansprüche. Sie ist eine gute Menschenkennerin. Mit ihren positiven und negativen Urteilen hält sie nicht hinterm Berg – auch wenn es um Menschen geht, die ihr nahestehen. Vor Härte bewahrt Lise Meitner letztlich ihr tiefes Interesse an Menschen und Schicksalen. Sorgfältig pflegt sie lebenslange Freundschaften, die einen sehr wesentlichen Teil ihres persönlichen Lebens ausmachen. Sie ist eine treue Briefschreiberin.

SEIT Lise Meitners Zeit in der Holzwerkstatt hat sich das Bild vom Atom gründlich gewandelt. Die Radioaktivität und Atomphysik entwickeln sich unglaublich rasch. Fast jeder Monat bringt ein wunderbares, überraschendes, neues Ergebnis in einem der großen Laboratorien. Im Jahre 1911 entdeckt Ernest Rutherford den Atomkern und entwickelt sein Atommodell: Um einen positiv geladenen, winzig kleinen Kern gruppiert sich eine Hülle aus negativ geladenen Teilchen, den Elektronen. Zwei Jahre später vervollständigt der Däne Niels Bohr diese Entdeckung. Er vergleicht das Atom mit einem Planetensystem in Miniformat, in dem Elektronen auf bestimmten Bahnen umlaufen, aber auch von Bahn zu Bahn springen können. Die klassischen physikalischen Gesetze gelten in dieser neuen atomaren Welt nicht mehr. Das „Bohrsche Atommodell" verändert die Vorstellung von der Welt so grundlegend wie im 16. Jahrhundert die Entdeckung des Astronomen Nikolaus Kopernikus, der nachweisen konnte, daß sich nicht die Sonne um die Erde, sondern die Erde um die Sonne dreht. Daß es in der Physik noch so viel Neues zu denken und zu entdecken gibt, fasziniert nicht nur Lise Meitner. Dazu meint der Zukunftsforscher Robert Jungk:

> Es gibt in fast jeder Epoche ein Gebiet menschlichen Denkens und Schaffens, das die Begabten besonders anzieht. Plötzlich, und niemand könnte sagen, wie, spüren die Aufgeschlossensten, wo gerade der Boden neu aufgebrochen wird... Eine solche Anziehungskraft besaß die Atomphysik in den Jahren nach dem Ersten Weltkrieg. Zu ihr stießen philosophisch begabte Geister und künstlerisch Veranlagte, politische Köpfe, denen die Tagespolitik zu konfus schien, und Abenteurer, die auf dem bis in die fernsten Kontinente erforschten Erdball

> nichts mehr zu erobern fanden. Im Studium des Unsichtbaren und Allerkleinsten war noch Hoffnung auf Offenbarungen, hier konnte man noch neuen Gesetzen auf die Spur kommen und jenes mit Furcht gemischte Entzücken spüren, etwas gedacht zu haben, was niemand vorher je dachte, gesehen zu haben, was niemand zuvor je sah.

In ihrer eigenen Abteilung widmet sich Lise Meitner voll Eifer den noch unbekannten Eigenschaften der Beta- und Gamma-Strahlen. Sie will klären, warum die beiden Strahlengruppen beim radioaktiven Zerfall entstehen. Die Physikerin aus Leidenschaft hat ihr eigenes Forschungsgebiet gefunden. Im Jahre 1920 geht die enge Zusammenarbeit mit Otto Hahn zu Ende – sie hat fast dreizehn Jahre gedauert. Auch nach dieser langen Zeit siezen sich die beiden noch immer.

Das Werden einer Wissenschaftlerin

1920–33

Bald nachdem Lise Meitner mit dem Aufbau ihrer eigenen Abteilung begonnen hat, lernt sie einen der bedeutendsten Wissenschaftler dieses Jahrhunderts kennen. Vor der Deutschen Physikalischen Gesellschaft in Berlin hält der Däne Niels Bohr am 28. Mai 1920 einen Vortrag. Lise Meitner und ihre Kollegen verstehen wenig von dem, was „der Vater des Atommodells“ berichtet. In einer „halb niedergeschlagenen und halb scherzhaften Stimmung“ beschließen alle, Bohr für einen ganzen Tag nach Dahlem einzuladen.

An dem geplanten Treffen sollen jedoch keine Physiker teilnehmen, die bereits Professoren sind. Lise Meitner wird beauftragt, Max Planck aufzusuchen. Sie muß dem Geheimrat erklären, daß sie nur Bohr, der bei Planck wohnt, aber nicht Planck selbst einladen wollen.

Ein weiteres Problem: Es gibt in der Nachkriegszeit wenig zu essen. Der Physiker James Franck muß Fritz Haber besuchen und fragen, ob sie das Kasino benutzen dürfen, das dieser für seine Studenten und Assistenten eingerichtet hat. Allerdings ohne ihn, denn er sei ja Professor, also „Bonze“. Haber stimmt zu, und am nächsten Tag bittet er sich sogar die Ehre aus, alle Teilnehmer dieses „bonzenfreien Kolloquiums" in seine Villa einzuladen. Er möchte nur, daß Einstein am Mittagessen teilnimmt.

Das Treffen mit Bohr ist ein voller Erfolg. „Bohr war fabelhaft. Er hat wirklich versucht, auf jede unserer dummen Fragen eine Antwort zu geben, die uns geholfen hat", erinnert sich Lise Meitner.

Den Dänen Niels Bohr hat Lise Meitner 1920 nicht wirklich kennengelernt, dazu war sie viel zu schüchtern. Ein Jahr später ändert sich das. Lise Meitner besucht Kopenhagen, um einen wissenschaftlichen Vortrag über Beta- und Gamma-Strahlen zu halten.

> Die große Schwierigkeit für die Deutschen war damals, daß sie strikt von allen wissenschaftlichen Kongressen ausgeschlossen wurden, und Bohr unternahm einige Anstrengungen, daß sie wieder zugelassen wurden. Er erzählt mir viel über den Krieg und seine Erfahrungen in England. Mit einem Wort, wir sprachen über alles unter der Sonne, ob traurig oder lustig.*
>
> Wie ich weggefahren bin, war Margarethe [die Frau von Bohr] auf der Bahn und hat gesagt, Niels kommt auch. Er ist dann fast im letzten Moment angelaufen gekommen mit einem Strauß Rosen und hat zu mir gesagt, Rosen sind das Dümmste, was man einem Menschen auf die Reise mitgeben kann... Ich habe ja viele wirklich besondere Menschen in meinem Leben kennengelernt, aber der Eindruck, den mir Bohr damals und immer wieder gemacht hat, ist doch überwältigend gewesen.

Im selben Jahr, in dem das berühmte bonzenfreie Kolloquium stattfindet, erhalten die Frauen endlich auch in Preußen das Recht, einen Professorentitel zu erwerben. Am 21. Februar 1920 wird die entsprechende Verordnung verabschiedet, Lise Meitner ist bereits 41 Jahre alt. Alle ihre gleichaltrigen Kollegen sind seit langem habilitiert, Otto Hahn zum Beispiel seit dem Sommer 1907! Zwar nennt sich Lise Meitner schon seit 1919 „Professor", doch dies war kein echter Professorentitel. Denn zu dem gehört das Recht, Studenten zu unterrichten, auf lateinisch

* Übersetzung der Verf.

Radiumkongreß im Mai 1921 in Freiberg/Sachsen. In der vorderen Reihe Otto Hahn (2. v. l.) und Lise Meitner

venia legendi genannt. Im Jahre 1922 spricht die Philosophische Fakultät der Universität Berlin Lise Meitner dieses Recht zu, allein aufgrund ihrer bisherigen Forschungsarbeiten. Sie wird Privatdozentin ohne die sonst erforderliche Habilitationsarbeit, aber sie muß wie üblich eine Antrittsvorlesung halten. Im Oktober spricht sie über das Thema „Die Bedeutung der Radioaktivität für kosmische Prozesse". Ein Journalist, der über diesen Vortrag eine Meldung macht, hält es wohl nicht für möglich, daß eine Frau über den Kosmos referiert. Aus den kosmischen Prozessen macht er kurzerhand „kosmetische Prozesse".

Ihre erste Vorlesung bietet Lise Meitner im Sommersemester 1923 an. Noch vier Jahre muß sie dann warten, bis sie am 1. März 1926 die Urkunde in den Händen hält, die sie zu einer außerordentlichen, nicht beamteten Professorin macht. Das ist viel, aber weniger, als ihre männlichen Kollegen mit der gleichen Qualifikation bekommen, die inzwischen fast alle einen Lehrstuhl innehaben.

Bis zum Jahre 1933 unterrichtet Professor Lise Meitner, dann wird sie wieder mundtot gemacht. Dieses Mal nicht, weil sie eine

Frau, sondern weil sie Jüdin ist. Die Nationalsozialisten werden ihr die Lehrbefugnis entziehen.

Diese Wende kündigt sich bereits im Jahre 1920 an. Eine „Arbeitsgemeinschaft Deutscher Naturforscher" startet Angriffe gegen den Juden Albert Einstein und seine Relativitätstheorie. Einer der schärfsten Kritiker Einsteins ist der Nobelpreisträger und Physiker Philipp Lenard aus Heidelberg. Unter Hitler wird er ein überzeugter Antisemit und veröffentlicht ein vierbändiges Werk über die „Deutsche Physik", in dem er nur die Arbeiten von rein arischen Physikern vorstellt. Albert Einstein wendet sich im Jahre 1920 mit einem Artikel im *Berliner Tageblatt* gegen die antisemitischen „Naturforscher". Daß er damit in die Öffentlichkeit geht, nehmen ihm Kollegen übel. Lise Meitner erlebt diese Auseinandersetzung mit.

> Dieser Artikel, in einer nichtwissenschaftlichen Zeitung publiziert, erregte großes Ärgernis bei einigen der bedeutendsten süddeutschen Physiker, die verlangten, daß Einstein sich bei Lenard entschuldigen sollte. Planck, in seinem Wunsch, Einstein in Deutschland zu behalten, suchte, seiner Natur gemäß, nach einem sachlichen Ausweg. Im Anschluß an eine Tagung, ich glaube es war 1921 [tatsächlich 1920] in Nauheim, sollte eine nur Wissenschaftlern zugängliche Sitzung stattfinden, in der Lenard seine Einwände gegen die Relativitätstheorie vorbringen und Einstein sie beantworten sollte. Den Abend vorher war ich mit Planck zusammen. Er betonte, wie sehnlichst er eine vernünftige Beilegung des Konfliktes wünsche, und daß er alles tun wolle, um Einstein nicht zu verlieren. Er sei auch bereit, zur Besänftigung von Lenard selbst eine geeignete Erklärung zu unterschreiben. In der Sitzung hatte Planck den Vorsitz. Als einer der Gegner der Relativitätstheorie sich gleich zu Anfang zu Wort meldete und über den erwähnten Zeitungsartikel zu sprechen begann, erklärte Planck kurz und scharf, das gehöre nicht zur Sache, und entzog dem Redner das Wort. Planck, dem Liebenswürdigkeit die natürliche Umgangsform war, konnte im Bedarfsfall auch scharf sein. Daß diese Auseinandersetzung zwischen Lenard und Einstein zu keinem Ergebnis geführt hat, mag nebstbei erwähnt sein. Aber Einstein blieb jedenfalls bis 1932 in Deutschland.

Lise Meitner kennt Einstein auch privat. Persönlich liegt ihr der geniale Wissenschaftler mit seiner lockeren, offenen Art nicht so wie der „Geheimrat“ Max Planck. Sie verteidigt sich gegenüber ihren physikalischen Kollegen, von denen sie oft den Vorwurf zu hören bekommt, daß sie Planck so viel höher schätze als Einstein. Lise Meitner weiß: „Bohr und Einstein konnten tiefer denken als Planck, das ist mir klar.“ Trotzdem steht ihr der bescheidene Geheimrat näher, weil sie „in menschlichen Dingen“ ähnlich reagieren.

Ganz unverständlich ist der pressescheuen Physikerin, daß Albert Einstein auch Journalisten empfängt und sich ausfragen läßt. Als sie einmal in Einsteins Berliner Wohnung Zeuge eines Interviews wird, bemerkt sie nach dem Weggang des Reporters, dafür sei ihr die Zeit zu schade. Einstein antwortet der Kollegin: „Aber Lise, der Wissenschaftler will leben, der Straßenkehrer will leben, und der Journalist will auch leben.“

Einstein schätzt die Arbeit seiner Kollegin, sonst würde er Lise Meitner wohl kaum – nach der berühmten französischen Nobelpreisträgerin – „unsere“ oder die „deutsche Madame Curie“ nennen. Besonders eine Arbeit sichert der Österreicherin die Anerkennung der Fachwelt: Bereits im Jahre 1924 kann sie beweisen, daß bei der Atomstrahlung die Beta-Strahlen vor den Gamma-Strahlen entstehen.

Die Gamma-Strahlen sind den Röntgenstrahlen vergleichbar. Dagegen bestehen die Alpha- und Beta-Strahlen aus positiv beziehungsweise negativ geladenen Teilchen, die beim radioaktiven Zerfall aus dem Atomkern geschleudert werden. Lise Meitner erklärt dazu:

> Der Umstand, daß Alpha- und Beta-Strahlen infolge ihrer großen Geschwindigkeit (die mehr als 20 000 bis 100 000mal größer ist als die der schnellsten Geschosse) eine sehr große Energie besitzen, macht es zusammen mit der außerordentlichen Verfeinerung unserer Meßapparate möglich, ein einziges Alpha- oder Beta-Teilchen durch seine Wirkungen nachzuweisen, also sozusagen ‚sichtbar‘ zu machen; ähnlich wie etwa auf frisch gefallenem Schnee eine Skispur verrät, daß ein Skiläufer dort gelaufen ist.

Auf dieser faszinierenden Spurensuche führt Lise Meitner eine Methode neu in Berlin ein und verbessert sie. Es handelt sich um die Nebelkammer, erdacht von dem Engländer Charles Wilson. Durch diese mit Wasserdampf gefüllte Kammer schickt sie radioaktive Strahlen. Entlang dem Weg der Teilchen verflüssigt sich der Wasserdampf, eine Spur entsteht, die fotografiert werden kann. Lise Meitner erklärt:

> Die Dimensionen aller Atome sind trotz ihres komplizierten Baus sehr klein, die Bahnen der äußersten Elektronen haben Durchmesser von etwa 1/50millionstel cm, und die Atomkerne sind in Kugelräumen von noch mindestens zehntausendmal kleineren Radien konzentriert. Es muß wohl dem Fernstehenden sehr merkwürdig erscheinen, daß man über so kleine Gebilde, die weit jenseits jeder Sichtbarkeitsgrenze liegen, überhaupt etwas aussagen kann.

Die Arbeiten über die radioaktiven Strahlen, auf die Lise Meitner immer sehr stolz ist, bringen ihr auch erste Auszeichnungen ein. In den Jahren 1924 bis 1925 wird sie außerdem zusammen mit Otto Hahn für den Chemie-Nobelpreis für die Arbeiten über das neue Element Protactinium vorgeschlagen. Lise Meitner gehört jetzt zu der großen internationalen „Familie der Physiker", die sich auf Kongressen trifft und gemeinsam zu den Vorträgen von Niels Bohr nach Göttingen reist, die sie scherzhaft „Bohr-Festspiele" nennen. Lise Meitner beeindruckt in dieser Gemeinschaft, daß das Interesse an der Wissenschaft die Gräben – zumindest zwischen den Menschen – überbrückt, die der Erste Weltkrieg zwischen den Nationen gerissen hat. „An sich könnte die Wissenschaft das beste völkerverbindende Mittel sein", diese Hoffnung gibt sie nie mehr auf.

Ab und zu begegnen der wissenschaftlich so anerkannten Lise Meitner noch immer männliche Vorurteile. Sie ärgert sich – doch letztlich kann sie als intelligente Frau wirklich nur den Kopf schütteln. Das macht sie auch, als ihr folgende Geschichte passiert. In der Zeitschrift *Naturwissenschaftliche Rundschau* veröffentlicht sie einige allgemeinverständliche Artikel zu physikalischen Themen, unter die sie nur ihren Familiennamen setzt. Ein Herausgeber des „Brockhaus", des großen Nachschlagewerkes, wird aufmerksam und bittet die Redaktion um die Adresse dieses Herrn Meitner. Er will ihn als Autor für einen Lexikonbeitrag über Radioaktivität gewinnen. Aber als die Antwort das wahre Geschlecht enthüllt, schreibt der Brockhaus-Herausgeber ärgerlich zurück, er würde nicht daran denken, einen von einer Frau verfaßten Beitrag zu drucken. „Und das, nachdem er meine früheren Artikel gelesen und wohl auch gemocht hatte."

Lise Meitner schüttelt nur den Kopf über soviel Ignoranz.

Auch nachdem Lise Meitner, inzwischen respektvoll „die Meitnerin" genannt, eine eigene Abteilung leitet, reißt der Kontakt zwischen ihr und Otto Hahn nicht ab. Ihr Arbeitszimmer liegt im Erdgeschoß, Hahns Büro im ersten Stock des Kaiser-Wilhelm-Instituts. Der gesamte rechte Flügel im Erdgeschoß gilt als „Privatlabors" der beiden Chefs. Zwischen allen besteht ein reger wissenschaftlicher Gedankenaustausch. Immer nach dem Mittagessen treffen sich die Mitarbeiter von Lise Meitner und Otto Hahn in einem Teezimmer. Sie trinken Tee, lesen die neuesten Zeitschriften und diskutieren, aber ohne die zwei Chefs, die derweil eine Mittagspause machen. Diese sogenannte Teesitzung beendet eine Sekretärin, die erscheint, die Zeitschriften einsammelt und wieder auf die Chef-Schreibtische zurücklegt.

Die viele Teetrinkerei im Institut nimmt Gustav Hertz*, der für seinen skurrilen Humor bekannt ist, zum Anlaß, Lise Meitner gründlich zu erschrecken. Hertz lehnt bei einem Besuch im Labor den angebotenen Tee ab: „Das Zeug ist mir verleidet, geben Sie mir Alkohol." Er läßt sich von einem Studenten eine Flasche mit reinem Alkohol aus dem Regal reichen. Lise Meitner ist entsetzt: „Aber Hertz, Sie können das unmöglich trinken, es ist reines Gift!" Der Angesprochene läßt sich nicht stören, gießt ein Glas voll und trinkt – ohne Schaden zu nehmen. Er hat zuvor den Alkohol durch Wasser ersetzt.

Lise erinnert sich:

> In dieser Arbeitsgemeinschaft herrschte ein guter Geist und eine fröhliche Stimmung, ein Widerschein von Hahns Persönlichkeit. Das wirkte sich nicht nur sehr günstig in der Arbeit aus, sondern kam auch immer wieder bei den Weihnachts- oder Geburtstagsfeiern, bei Sommerausflügen und ähnlichen Gelegenheiten zum Ausdruck. Bei einer dieser Feiern wurden unsere beiden Abteilungen als Hühnerhof in Versen geschil-

* Gustav Hertz (1887–1975), deutscher Physiker, erhielt 1925 zusammen mit James Franck den Physik-Nobelpreis für den Franck-Hertz-Versuch.

> dert, wobei wohl jeder etwas abbekam, aber im Einklang mit dem Motto: Nur verulken, nicht verletzen wollen wir nach den Gesetzen, die der Tag den Menschen zieht. Guter Witz die Bosheit flieht.

Auch sie selbst beherrscht den guten Witz. Ihren alten Kollegen Hahn, den sie inzwischen duzt, weist sie gerne mit dem Satz zurecht: „Hähnchen, sei still, von Physik verstehst du nichts."

LISE MEITNER hat das Institut im Griff. Die Studenten und Assistenten spüren, daß diese zierliche Person energisch durchgreifen kann. Als Otto Hahn und Lise Meitner wieder einmal einen Aushang an der Materialausgabe gemeinsam unterzeichnen, stellen Leute aus dem Institut mit einem Korrekturzeichen zwei Buchstaben im Vornamen Lise um. So steht schließlich unter dem Aushang: *Otto Hahn, lies Meitner.*

Sie achtet besonders streng darauf, daß alle Institutsmitglieder die Schutzvorschriften für den Umgang mit radioaktiven Substanzen einhalten. Um eine Verseuchung zu verhindern, dürfen die „aktiven" Leute nur auf bestimmten Stühlen sitzen. Diese Stühle sind mit gelber Farbe kenntlich gemacht. Toilettenpapierrollen hängen neben den Telefonen und Türklinken. Nur mit diesem papiernen Schutz dürfen die Radioaktiven Klinken oder Hörer anfassen. Alle begrüßen sich ohne Händedruck und gewöhnen sich das Händewaschen an.

Lise Meitner verbietet allen, radioaktive Substanzen durch das Haus zu tragen oder ihren Raum mit strahlenden Präparaten zu betreten. Eines Tages, als sie in ihrem Zimmer über einem Elektroskop sitzt, klopft es an der Tür. Sie begrüßt den eintretenden Briefträger, ohne sich umzudrehen: „Ach, Sie bringen mir etwas aus England!" Der Briefträger ist erstaunt: „Können Sie das darin sehen?" Lise Meitner hat an ihrem Gerät einen radioaktiven Ausschlag registriert. In dem Paket befinden sich nämlich radioaktive Präparate, die sie in England bestellt hat. Weil sie weiß, daß keiner ihrer Mitarbeiter es wagen würde, mit einem radioaktiven Präparat ihr Arbeitszimmer zu betreten, kann sie zur Verblüffung des Briefträgers „hellsehen".

Widersetzen sich die Mitarbeiter ihren Anordnungen oder stellen irgend etwas an, beordert Lise Meitner sie zu einer Strafpredigt in ihr Arbeitszimmer mit den alten Korbstühlen.

Die Institutsmitglieder nennen die strenge Lise Meitner in ihrer Abwesenheit „Lischen“. Denn sie kann auch sehr verständnisvoll sein. Kommen ihre Studenten mit einem wissenschaftlichen Problem nicht weiter, tröstet Lise Meitner sie mit dem Satz: „Wissenschaft ist meistens Kummer.“

„Lischen“ interessiert sich auch für die persönlichen Sorgen ihrer Assistenten und Studenten. Mit einigen bleibt sie bis ins hohe Alter in Briefkontakt. Als ihr ehemaliger Doktorand Arnold Flammersfeld sie in einem Brief an eine Geschichte mit einem undicht gewordenen Strahlenpräparat erinnert, bei der Lise Meitner wohl sehr ärgerlich geworden war, antwortet sie ihm:

> Ich habe mir überlegt, ob ich in ähnlichen Fällen in Dahlem Ihnen oder anderen Mitarbeitern wirklich „schlaflose Nächte“ bereitet habe. Ich hoffe, Sie alle hatten einen zu gesunden Schlaf für solche Katastrophen. Nebenbei hatte ich in Dahlem bei allem Altersunterschied immer das gute Vertrauensverhältnis zu den jungen Mitarbeitern als ein großes Plus in meinem Leben empfunden und war mir gar nicht bewußt, daß ich im Notfall so energisch „dreinfahren“ konnte. Aber das muß ich offenbar manchmal getan haben – ich kann nachträglich nur hoffen, daß ich Sie alle mehr durch sachliche Gründe, als durch mein Dreinfahren überzeugt habe.

Lise Meitner wohnt inzwischen – Stellung und Titel angemessen – in der Institutsvilla gleich neben ihrer Arbeitsstätte. Ihre Wohnung mit den sieben hohen, großen und repräsentativen Zimmern liegt im Erdgeschoß. Weil sie Angst vor Einbrechern hat, läßt sie das Fenster ihres Schlafzimmers vergittern. Den Haushalt führt ihr eine Haushaltshilfe. Wenn sie einmal ohne richtige Haushaltshilfe ist, empfindet sie das als „eine Art Krankheit“.

Lise Meitner paßt sicher besser in ihr Labor als in die Küche. Im Institut taucht sie spätestens morgens zwischen acht und neun Uhr auf. Wenn sie mit energischem Schritt durch die Eingangshalle geht und dabei zufällig einen Zuspätkommenden trifft, fragt sie unwirsch: „Sie haben wohl den Zug verpaßt?“ Nach der zweistündigen Mittagspause arbeitet sie meistens bis spät in die Nacht. Gegen 23 Uhr taucht sie manchmal – immer noch im weißen Kittel – im Zimmer eines Doktoranden auf, bringt Kekse mit und plaudert ein wenig.

Ein Porträt aus dem Jahr 1927

Von der vielen Arbeit erholt sich Lise Meitner im Urlaub – die Ferienzeiten des Kaiser-Wilhelm-Instituts sind reichlich bemessen. Sie bekommt im Sommer sechs Wochen, zu Weihnachten und zu Ostern je zwei und zu Pfingsten eine Woche Urlaub. Wenn sie nicht ihre Familie in Wien besucht, reist sie in die österreichischen Berge. In diesen Jahren sieht sie auch Venedig, Florenz, den Comer See und Bozen. In ihren Ferien faulenzt sie gern allein oder wandert mit ihrem Bruder Walter und dessen Frau Lotte, die eine berühmte Porträtfotografin ist und Lise Meitner oft fotografiert hat.

Ein Wermutstropfen fällt in diese „schönsten Jahre" Lise Meitners: Im Dezember des Jahres 1924 stirbt ihre Mutter, vierzehn Jahre nach dem Tod von Philipp Meitner.

EIN MITGLIED der Familie Meitner zieht 1927 nach Berlin: Otto Robert Frisch, der Sohn von Lise Meitners verheirateter älterer Schwester Auguste. Der Physiker arbeitet in der Physikalisch-technischen Reichsanstalt und bleibt drei Jahre in der deutschen Metropole. Otto Robert Frisch trifft seine Tante in Berlin häufiger. In seinen Lebenserinnerungen beschreibt er, wie sie sich zusammen durch vierhändige Klavierstücke gearbeitet haben:

> Die Überschrift „Allegro, ma non tanto" übersetzte sie „schnell, aber nicht Tante". Sie führte mich auch ins Konzertleben ein: Dank ihr hörte ich Brahms-Sinfonien und viel klassische Kammermusik zum ersten Mal.

Mit ihrem Kollegen Max von Laue* genießt Lise Meitner die

* Max von Laue (1879–1960), deutscher Physiker, arbeitete ab 1919 in Berlin. Im Jahre 1914 erhielt er den Physik-Nobelpreis, u. a. für den Nachweis der Gitterstruktur von Kristallen. Er leitete und organisierte in Berlin die berühmten Mittwochs-Kolloquien, zu denen Lise Meitner so gerne hinging.

vielfältigen musikalischen Angebote der Großstadt Berlin. In diesen Jahren vertieft sie viele Freundschaften, natürlich die zu Otto Hahn und dessen Frau Edith, und zu James Franck. Und auch Elisabeth Schiemann spielt in ihrem Leben weiterhin eine große Rolle.

DIE BANGE Frage, „Wird es mir gelingen, eine Wissenschaftlerin zu werden?", die sie sich als junges Mädchen gestellt hat, kann Lise Meitner im Jahre 1933 getrost mit einem lauten und stolzen Ja beantworten.

Von 1920 bis 1933 hat sie – allein und zusammen mit Mitarbeitern – über fünfzig Arbeiten veröffentlicht. Fritz Haber teilt das Leben eines Forschers in drei Abschnitte ein: Werden, Sein, Bedeuten. Wenn man ihm folgt, so war Lise Meitners „Werden" die Holzwerkstatt in Berlin und ihr „Sein" der Aufbau der eigenen kernphysikalischen Abteilung am Kaiser-Wilhelm-Institut. Daß sie eine international anerkannte Atomphysikerin geworden ist, zeigt sich besonders in der Einladung zu der 7. Solvay-Konferenz im Herbst des Jahres 1933, die in Belgien stattfindet. Tagungsthema sind die Struktur und die Eigenschaften des Atomkerns. Ein Abschlußfoto dieser großen Tagung zeigt sie inmitten der berühmtesten Wissenschaftler der damaligen Zeit. Sie sitzt an einem langen Tisch etwas entfernt von zwei anderen Frauen, der inzwischen weißhaarig gewordenen Madame Curie und deren Tochter Irène.

Dieses Leben, das sich Lise Meitner wohl immer so gewünscht hat, werden die politischen Ereignisse in Deutschland zerstören. Im Frühjahr 1933 haben die Nationalsozialisten bereits die Macht ergriffen. Lise Meitner bleibt noch eine Gnadenfrist von fünf Jahren.

Die Jüdin gefährdet das Institut

1933–38

Adolf Hitler wird am 30. Januar 1933 zum Kanzler einer Koalitionsregierung ernannt. Im März gibt die Kaiser-Wilhelm-Gesellschaft ihren Instituten die Anweisung, eine Hakenkreuzfahne zu hissen, die Kosten werden übernommen. Die neu bestellte Fahne weht bereits in Dahlem, als Lise Meitner ihrem Kollegen Otto Hahn, der als Gastprofessor in den Vereinigten Staaten weilt, von diesen Veränderungen berichtet. Sie schreibt ihm am 21. März, dem Tag, an dem der neue Reichstag feierlich eröffnet wird:

> Eben waren Frau Geh.[eimrat] Schumann und Edith* da, um die Radio-Übertragung der Potsdamer Feier zu hören. Sie war durchaus harmonisch und würdevoll. Hindenburg sprach ein paar kurze Sätze und übergab das Wort an Hitler, der sehr machtvoll, taktvoll und persönlich sprach. Hoffentlich geht es in diesem Sinne weiter. Wenn die besonnenen Führer ... sich durchsetzen, so kann man eine schließlich zum Guten sich auswirkende Entwicklung erhoffen. Daß die Übergangszeiten allerlei Mißgriffe bedingen, ist ja fast unvermeidlich. Es hängt jetzt alles von einem vernünftigen Maßhalten ab.

Lise Meitner irrt sich. Drei Tage nachdem sie den Brief geschrieben hat, reißt Hitler mit dem Ermächtigungsgesetz die ganze Macht im Staate an sich. Am 1. April ruft er einen Tag des Juden-Boykotts aus. Die Nationalsozialisten gehen schnell vor. Am 7. April 1933 wird das „Gesetz zur Wiederherstellung des Berufsbeamtentums" verabschiedet. Paragraph 3 sieht die Entlassung aller Beamten „nichtarischer Abstammung" vor. Auch Lise Meitner muß den offiziellen Fragebogen ausfüllen. Unter Punkt 7, der die Rassenzugehörigkeit der Großeltern abfragt, schreibt sie „nichtarisch".

Im Institut entsteht eine recht große nationalsozialistische Zelle. Nachdem die vorgeschriebenen Beurlaubungen durchgeführt sind, beginnt an den Hochschulen wieder der Vorlesungsbetrieb. „Es geht alles ganz ordnungsgemäß", schreibt Lise Meitner im Mai an Otto Hahn, doch sie selbst fühlt sich „derzeit etwas unbrauchbar".

Wegen der politischen Lage tritt Fritz Haber, der Direktor des Kaiser-Wilhelm-Instituts für physikalische Chemie, zurück. Der jahrelange wissenschaftliche Nachbar von Lise Meitner und Otto Hahn ist Jude. Die Physikerin erinnert sich 1957 in einem Brief an Max Born an diese Zeit:

---

* Frau von Otto Hahn

> In den ersten Monaten der Hitler-Regierung, als er [Planck] besonders um Haber zu kämpfen versuchte, sagte er einmal richtig verzweifelt: „Was soll ich nur machen, es ist ja ein Gesetz.“ Und als ich darauf sagte: „Aber wie kann etwas so Gesetzloses ein Gesetz sein?“, schien er buchstäblich erleichtert.

Lise Meitner, die den Amerikabesucher Hahn auf dem laufenden hält, beruhigt ihn nach dem Rücktritt Habers. Er müsse nicht sofort zurückkommen, aber er solle doch seine Reise nach Kalifornien aufgeben. Sie empfindet nicht nur Habers Rücktritt als schmerzlich. Auch „die geschäftige Tätigkeit all derer, die meinen, jetzt sei durch zur Schau gestellte Gesinnungstüchtigkeit ein persönlicher Vorteil zu gewinnen“, betrübt sie.

Otto Hahn kehrt Ende Juni nach Berlin zurück, das sich inzwischen grundlegend verändert hat. Seit die Nationalsozialisten immer mehr ihre wahre Absicht offenbaren, überlegt sich auch Lise Meitner, ob sie als Professorin zurücktreten und Deutschland verlassen soll, wie so viele ihrer Kollegen und so viele Künstler. Dr. Carl Bosch von der Firma IG Farben, die das Kaiser-Wilhelm-Institut mitfinanziert, versucht bereits im April, sie davon abzuhalten. Er schreibt Lise Meitner, daß „intensiv versucht wird, für verdienstvolle Männer und Frauen der Wissenschaft, die unter das Beamtengesetz fallen, besondere Regelungen zu erreichen“. Er bittet sie, keinerlei Rücktrittsgedanken zu hegen, sondern einstweilen wie bisher ihre Tätigkeit fortzusetzen.

Auch Max von Laue, Otto Hahn und besonders Max Planck raten Lise Meitner zum Bleiben. Sie ist schließlich Österreicherin, und ihre Staatsbürgerschaft schützt sie vor Zugriffen der deutschen Nationalsozialisten. Im Juli 1933 wird Lise Meitner jedoch für das kommende Wintersemester beurlaubt. Hahn und Planck schreiben daraufhin im August 1933 an das Preußische Ministerium für Wissenschaft, Kunst und Volksbildung in Berlin und setzen sich für das Verbleiben Lise Meitners als Professorin an der Universität Berlin ein. Geheimrat Planck betont, daß Lise Meitner in ihrem Fachgebiet eine Autorität ersten Ranges mit internationaler Anerkennung sei.

Die berühmten Fürsprecher nützen nichts. Am 11. September 1933 wird Lise Meitner die Lehrbefugnis entzogen. Sie bleibt trotzdem, nicht nur weil sie Österreicherin ist, auch die Atmosphäre am Institut beeinflußt ihre Entscheidung. Otto Hahn zum Beispiel, der seit 1929 als alleiniger Direktor das Kaiser-Wilhelm-Institut für Chemie leitet, tritt Anfang 1934 aus dem Lehrkörper der Universität aus – aus Solidarität mit den entlassenen jüdischen Kollegen.

Unter den Mitarbeitern selbst sind die wenigen überzeugten Nazis bekannt. Vor denen nehmen sich alle in acht, der Rest hält zusammen.

Fast trotzig und auch ein wenig realitätsfern versuchen die Institutsmitglieder, alles zu tun, damit die wissenschaftliche und menschliche Gemeinschaft erhalten bleibt. Lise Meitner weiß um diese „erstaunliche Besonderheit unseres Kreises". Sie fühlt sich sicher, und gelegentlich erzählt sie, daß sie als Österreicherin alle Aufforderungen der Partei in den Papierkorb werfen könne. Lise Meitners Doktorand Flammersfeld bringt es auf den Punkt: „Politisch war das Institut eine Oase."

Die Ausnahmesituation am Institut macht es der Physikerin leicht, in Berlin zu bleiben. Wie so viele andere „Nichtarier" verdrängt auch Lise Meitner. Vielleicht klammert sie sich auch an die Hoffnung, daß alles wie ein Spuk vorübergehen wird und eigentlich nicht schlimmer werden kann. Warum soll sie, die sich in ihrer „Oase" so sicher fühlt, alles verlassen und aufgeben, was sie seit 1907 liebgewonnen und beruflich erreicht hat? Zudem ist sie bereits 55 Jahre alt, das macht ein Weggehen nicht einfacher. Am Beginn der nationalsozialistischen Terrorherrschaft hat Lise Meitner nicht die Kraft und die Weitsicht, Deutschland, ihre zweite Heimat, zu verlassen. So verständlich dieser Entschluß ist, so bitter bereut sie ihn später. Nach dem Zweiten Weltkrieg schreibt sie an Otto Hahn:

> Heute weiß ich, daß es nicht nur dumm, sondern ein großes Unrecht war, daß ich nicht sofort weggegangen bin..., denn letzten Endes habe ich durch mein Bleiben doch den Hitlerismus unterstützt.

Wäre Lise Meitner nicht in Berlin geblieben, so hätte sie Otto Hahn im Jahre 1934 nicht zu einer neuen gemeinsamen – und folgenschweren – Arbeit überreden können.

Aus Fachzeitschriften erfährt sie von neuen Versuchen des

Italieners Enrico Fermi*. Der italienische Physiker beschießt das schwerste bekannte Element, das Uran, mit Neutronen. Das Neutron wurde erst 1932 von dem Engländer James Chadwick entdeckt. Dieser neue wichtige Baustein des Atomkerns ist elektrisch nicht geladen. Das Teilchen kann leichter in den positiv geladenen Atomkern eindringen, da es nicht abgestoßen wird. Fermi möchte durch den Neutronenbeschuß aus dem Uran ganz neue, künstliche und sehr schwere Elemente schaffen, die er „Transurane" nennt.

Lise Meitner ist von diesen Versuchen fasziniert. Sie will unbedingt wieder mit Hahn zusammenarbeiten. Denn sie weiß genau, daß sie mit der Physik allein nicht weiterkommen kann. Es braucht einen so ausgezeichneten Chemiker wie Hahn, wenn die Versuche erfolgreich sein sollen. Sie erinnert sich: „Ich habe mehrere Wochen gebraucht, bis sich Otto dafür interessierte." Sie nehmen die seit Jahren unterbrochene, direkte Zusammenarbeit wieder auf.

Zu der Arbeitsgruppe Hahn-Meitner stößt Anfang 1935 der junge Chemiker Fritz Straßmann, der als Assistent am Kaiser-Wilhelm-Institut arbeitet. Das Team Hahn-Meitner-Straßmann formiert sich. Sie beginnen mit den Versuchen, die schließlich zur Kernspaltung führen werden.

Anfang 1935 stirbt der nach England emigrierte Fritz Haber während eines Aufenthaltes in der Schweiz. Die Nationalsozialisten verbieten, eine Gedenkfeier für den verstorbenen jüdischen Wissenschaftler in Berlin abzuhalten. Otto Hahn und Max Planck widersetzen sich. Lise Meitner erinnert sich:

> Als er [Max Planck] bei der Vorbereitung der Totenfeier für Fritz Haber auf die größten Widerstände seitens aller Behörden stieß…, sagte er am Abend vor der Feier zu mir: „Diese Feier werde ich machen, außer man holt mich mit der Polizei heraus." Und er hat sie gemacht und mit den Worten geschlossen: „Haber hat uns die Treue gehalten, wir werden ihm die Treue halten."

In der Gedenkfeier sitzt Lise Meitner neben Fritz Straßmann und Max Delbrück. Gekommen sind auch die Frauen der Profes-

* Enrico Fermi (1901–54), italienischer Physiker. Er war in den vierziger Jahren für den Bau des ersten Kernreaktors in Chicago verantwortlich. 1938 erhielt er für seine Transuran-Entdeckung den Physik-Nobelpreis.

soren, denen die Teilnahme durch Rundschreiben und Erlasse untersagt wurde. Diese Feier, die einen kleinen, aber immerhin sichtbaren Widerstand gegen das Hitler-Regime leistet, setzt Hahns Kaiser-Wilhelm-Institut für Chemie bei den Nazis nicht ins beste Licht. Hahn und seine Mitarbeiter gelten fortan als politisch verstockt. Trotz allem arbeitet das Team Hahn-Meitner-Straßmann weiter.

Lise Meitner veröffentlicht im Jahre 1935 zusammen mit Max Delbrück, ihrem theoretischen Hausphysiker, ein Buch mit dem Titel „Der Aufbau der Atomkerne“. Im selben Jahr schlägt Max Planck wiederum Otto Hahn und Lise Meitner zusammen für den Chemie-Nobelpreis des nächsten Jahres vor. Von 1932 bis 1938 sind in Lise Meitners Publikationsliste dreißig Artikel vermerkt!

Im Jahre 1936 setzt Max von Laue Lise Meitner allein auf die Vorschlagsliste für den Nobelpreis des nächsten Jahres. Er beabsichtigt wohl auch, die „Jüdin“ mit einer solchen Anerkennung zu schützen. Denn während die Nationalsozialisten inzwischen allen Deutschen die Annahme des Preises verbieten, könnte sie als Österreicherin den Preis in Empfang nehmen. Lise Meitner weiß davon, denn Otto Hahn schreibt ihr im Dezember 1938, daß ein Kollege ihm gesagt habe, wie er sich freuen würde, wenn sie den Preis der edlen Physiker bekäme. Auch Max Planck ist einverstanden: „Der Plan ist mir sehr sympathisch.“

Im Institut kann Lise Meitner zwar ungestört und unbehelligt von der Politik arbeiten, aber ein öffentliches Auftreten ist ab 1936 nicht mehr möglich. An den von ihr so geschätzten physikalischen Kolloquien des Max von Laue darf sie nicht mehr teilnehmen, und die Erlanger Chemische Gesellschaft lädt nur Otto Hahn zu einem Vortrag über eine gemeinsam verfaßte Arbeit ein. Er schreibt dem Veranstalter:

> Man hört dann dauernd im wesentlichen nur meinen Namen für eine Untersuchung, an der Lise Meitner mindestens ebenso beteiligt ist wie ich. Dies liegt natürlich an Verhältnissen, gegen die wir nichts machen können. Aber es kommt mir doch nicht ganz recht vor, wenn ich sozusagen auf etwas reise, was nicht mein alleiniges Eigentum ist. Ich glaube sicher, Sie werden meinen Standpunkt verstehen und es mir nicht verdenken, wenn ich Ihnen diesmal abschreibe …

Alle im Institut nehmen unabhängig von ihrer politischen Einstellung regen Anteil an den Experimenten der Arbeitsgruppe Hahn-Meitner-Straßmann. Die Berliner stehen in einer gewissen Konkurrenz zu einer Arbeitsgruppe in Paris. In Frankreich arbeitet Irène Curie, zusammen mit ihrem Ehemann Frédéric Joliot, an den gleichen Versuchen. Diesem wissenschaftlichen Wettrennen widmen die Institutsangehörigen, wahrscheinlich bei der Weihnachtsfeier im Jahre 1937, folgende Verszeilen:

Hört des Sängers Klagelied:
Böse Menschen haben wieder
in Paris das Transuran
eh'r gemacht als Meitner-Hahn.

„Ach", jammert Frl. Meitner nun,
„Hähnchen, was ist da zu tun?
Haben wir nicht längst verkündet,
daß man Transurane findet?
Haben nicht mit vieler Müh'
untersucht wir die Chemie?"

Und Tränen vergießt das noble Paar,
daß das Nobelpaar eh'r fertig war.
Und sie schwören feierlich,
bald dafür zu rächen sich.*

Nicht einmal ein Vierteljahr nach der fröhlichen Weihnachtsfeier marschieren Hitlers Truppen in Österreich ein. Der „Anschluß" von Lise Meitners Heimatland ist vollzogen. Aus der Österreicherin wird am 12. März 1938 eine deutsche Jüdin. In dieser neuen Situation macht ihr ein Nazi-Vertreter am Institut Schwierigkeiten.

Das NSDAP-Mitglied Kurt Heß, der eine Gastabteilung im Oberstock der Dahlemer Forschungsstätte leitet, versucht über Hahn ein weiteres Arbeitszimmer zu bekommen. Hahn hält ihn durch eine halbe Zusage hin, bespricht die Angelegenheit mit Lise Meitner und lehnt schließlich ab. Heß macht daraufhin eine Anzeige gegen Lise Meitner: Die Jüdin verhindere, daß er Räume

* Im Jahre 1935 erhält das Ehepaar Joliot-Curie den Chemie-Nobelpreis für seine Entdeckung der künstlichen Radioaktivität. Darauf bezieht sich in dem Gedicht das Wort „Nobelpaar".

zu kriegswichtigen Arbeiten bekomme. Er soll wörtlich gesagt haben: „Die Jüdin gefährdet das Institut."

Andere Parteivertreter, die Lise Meitner wohlwollend gegenüberstehen, raten Hahn zu einer Unterredung mit dem Schatzmeister der Kaiser-Wilhelm-Gesellschaft. Das Gespräch zwischen Hahn und Heinrich Hörlein, der für die Finanzierung des Institutsbetriebs zuständig ist, findet im März des Jahres 1938 statt. Aus Hahns Sicht stellt sich die Unterredung folgendermaßen dar:

> Da verlor auch ich etwas die Nerven und sprach bei einer Unterredung mit Hörlein über Lise Meitner und die neue dumme Situation seit der Einverleibung Österreichs. Hörlein schlug vor, Lise möge doch ihre Stelle kündigen, es sei ja nichts mehr dagegen zu machen – sie könne eventuell inoffiziell noch weiterarbeiten. Genau weiß ich nicht mehr, welches die konkreten Vorschläge waren. Unglücklicherweise berichtete ich diese Unterredung an Lise am 22. März 1938. Lise war sehr unglücklich und böse mit mir, daß ich sie nun auch im Stich gelassen hätte.

Lise Meitner ist verzweifelt. Ihre Wut richtet sich gegen Hahn, der ihr den Vorschlag Hörleins übermittelt, sie solle etwa in zwei Tagen aufhören, im Institut zu arbeiten: „Da habe ich mich dagegen gewehrt und gesagt, ich habe doch gar keine Möglichkeit, wo ich hingehen kann." Sie schickt ein Telegramm an den Präsidenten der IG Farben, Carl Bosch. Er kommt prompt nach Berlin, und sie haben eine Unterredung. Auch er stimmt mit dem Vorschlag von Hörlein nicht überein und verspricht Lise Meitner, an einen „anständigen Nazi im Ministerium" zu schreiben. Am 20. Mai 1938 richtet Bosch einen Brief an den Reichsminister Wilhelm Frick und bittet, der Wissenschaftlerin Professor Lise Meitner die Ausreise in das neutrale Ausland zu gestatten.

Eine ungewisse Zeit beginnt für Lise Meitner. Anfang Juni schreibt ihr James Franck, der bereits 1933 emigriert ist, aus Amerika einen Brief für den amerikanischen Konsul in Berlin. Darin verspricht er, Lise Meitner finanziell zu unterstützen „im Falle, daß sie in die Vereinigten Staaten emigriert". James Franck, der damals noch an der Johns-Hopkins-Universität arbeitet, jedoch bereits ein Angebot der Universität Chicago akzeptiert hat, legt dem amerikanischen Konsul in Berlin seine gesamte finanzielle

Situation offen. Zur gleichen Zeit will Max von Laue von einem Geheimerlaß gehört haben, der jedem Universitätsgelehrten in Zukunft verbietet, Deutschland zu verlassen – egal, ob Jude oder nicht. Lise Meitner bangt um ihre Zukunft.

> Wie ich das gehört habe, hatte ich Angst, sie werden mich in Deutschland festhalten, und ich werde nicht arbeiten können.

Gemeinsam mit Hahn sucht sie den niederländischen Physiker Peter Debye auf, der in Berlin arbeitet. Sie bitten ihn, einen Brief an seinen Landsmann Dirk Coster zu verfassen, der in Groningen Professor ist. Ein Brief von Lise Meitner oder Otto Hahn könnte kontrolliert und aufgehalten werden. Der Brief erreicht Coster, der schnell reagiert und mit einem verschlüsselten Telegramm antwortet: „Ich schaue mir den Assistenten an, und wenn er mir gefällt, nehme ich ihn gleich mit." Die Fluchtvorbereitungen laufen an.

In dieser unsicheren Situation zieht Lise Meitner in das Hotel Adlon in Berlin. Die Antwort des Ministeriums auf den Bittbrief von Carl Bosch trifft ein. Lise Meitner notiert in Stenoschrift den Inhalt auf einem Briefbogen des Hotels:

> Sehr geehrter Herr Geheimrat!
> Im Auftrag des Herrn Reichsministers darf ich Ihnen auf Ihr Schreiben vom 20. vorigen Monats ergebenst mitteilen, daß politische Bedenken gegen die Ausstellung eines Auslandspasses für Frau Prof. Meitner bestehen. Es wird für unerwünscht gehalten, daß *namhafte Juden* aus Deutschland ins Ausland reisen, um dort als Vertreter der deutschen Wissenschaft oder gar mit ihrem Namen und ihrer Erfahrung entsprechend ihrer Einstellung gegen Deutschland zu wirken. Von der K. W. G. dürfte sicherlich ein Weg gefunden werden, daß Frau Prof. Meitner auch nach ihrem Ausscheiden weiter in Deutschland verbleibt und unter Umständen auch privat im Interesse der Gesellschaft arbeitet. Diese Auffassung hat insbesondere der Reichsführer-SS und Chef der Deutschen Polizei im Reichsministerium des Inneren vertreten.

In der Zwischenzeit bereitet der Physikerkollege in den Niederlanden ihre Flucht vor. Er erreicht, daß die holländische Regierung eine Mitteilung an eine kleine Grenzstation schickt: Lise Meitner kann mit einem österreichischen Paß und ohne

Visum einreisen. Wahrscheinlich am Abend des 13. oder 14. Juli 1938 kommt Dirk Coster in Berlin an. Er wohnt, um keinen Verdacht zu erregen, nicht bei Hahn und nicht im Hotel Adlon.

Jetzt rächt sich, daß Lise Meitner keinerlei Vorkehrungen getroffen hat. Alles muß schnell gehen. Sie verbringt die letzte Nacht vor ihrer Abreise bei Otto Hahn und dessen Frau Edith. Für dringende Notfälle übergibt Hahn der alten Kollegin einen schönen Brillantring, ein Erbstück seiner verstorbenen Mutter. Lise Meitner kann nur so viele Sachen mitnehmen, wie in einen Handkoffer passen. „Ich habe genau eineinhalb Stunden Zeit gehabt, um zu packen, um nach 31 Jahren von Deutschland wegzugehen."

Hilflos steht Lise Meitner da, die Ereignisse haben sie überrollt. Tief in ihrem Innern zweifelt sie noch immer, ob das alles sein muß. Warum wollen die Freunde sie so schnell loswerden? Sie fühlt sich abgeschoben.

Lise Meitner trifft Dirk Coster erst auf der Bahn. Sie hat Glück, daß ihre Flucht gelingt. Denn die Fluchtvorbereitungen der letzten Wochen sind einem mißtrauischen Mitbewohner der Institutsvilla nicht verborgen geblieben. Handschriftlich hatte Kurt Heß eine Anzeige bei der NSDAP-Ortsgruppe Dahlem verfaßt. Der Sicherheitsdienst beauftragte einen Wissenschaftler aus dem Institut mit der Überprüfung der Verdächtigungen. Doch dieser gab die Anzeige erst auf dem Dienstwege zurück, als Hahn von der glücklichen Ankunft Lise Meitners in Groningen erzählt hatte.

Im Kaiser-Wihelm-Institut weiß niemand von Lise Meitners Flucht. Da die Institutsferien sowieso am 16. Juli beginnen, glauben alle, Lise Meitner sei in Urlaub gefahren. Es ist jedoch ein Urlaub für immer, eine Reise ins Exil.

... aber es ist Wirklichkeit

1938/39

Lise Meitner sitzt mit Dirk Coster im Zug, der sie über die holländische Grenze bringen soll. Zum Glück wird der Zug nicht – wie oft geschehen – von der SS kontrolliert. Auch an der

Grenze geht alles glatt, obwohl die Beamten Lise Meitners Paß genau anschauen und sehen, daß sie kein Visum hat. Coster vermutet, daß die holländischen Zollbeamten ihre deutschen Kollegen überredet haben. Lise Meitner hat dreizehn Mark in der Tasche, erlaubt sind nur zehn Mark. Sie fragt einen Beamten, was sie machen soll. Er antwortet, sie solle das Geld behalten.

In Groningen angekommen, benachrichtigen Lise Meitner und Coster mit einem abgesprochenen telegrafischen Kodewort Otto Hahn in Berlin. Er antwortet mit einer verklausulierten Postkarte. Lise Meitner bleibt bei der Coster-Familie, bis sie Nachricht aus Stockholm erhält, wo Freunde ihr einen Arbeitsplatz am Nobel-Institut vermitteln. Sie fährt weiter nach Kopenhagen zu ihrem Freund Niels Bohr, der versucht, sie zum Dableiben zu überreden. Lise Meitner lehnt ab. Sie hatte wohl das Gefühl, so vermutet ihr Neffe Otto Robert Frisch, daß sich in Kopenhagen genug junge Leute mit Kernphysik beschäftigen, und denen wollte sie nicht im Wege stehen, besonders weil ihr Neffe einer von ihnen war. Lise Meitner entscheidet sich für den Arbeitsplatz am Nobel-Institut in Stockholm.

Nachdem sie eine Einreisegenehmigung erhalten hat, fährt sie zunächst zu ihrer Freundin Eva von Bahr-Bergius*, die zusammen mit ihrem Mann in Kungälv, einem Ort in der Nähe von Göteborg, wohnt. Bei ihr lebt Lise Meitner die erste Zeit. Sie kann noch gar nicht richtig fassen, daß sie Deutschland, daß sie Berlin verlassen hat. Es ist wie ein böser Traum.

In Berlin erreicht Otto Hahn inzwischen ein offizielles Schreiben, das die „Beurlaubung von Fräulein Meitner“ vorschlägt. Sie weiß davon nichts, als sie am 24. August 1938 von Kungälv aus brieflich um ihre Entlassung bittet:

> Lieber Otto!
> Was ich Dir heute zu schreiben habe, wird einen sehr tiefen Einschnitt in unser beider Leben bringen. Ich habe gestern Geheimrat Bosch um meine Emeritierung gebeten.

---

* Eva von Bahr lernte Lise Meitner wahrscheinlich bereits in Wien kennen. Sie war ebenfalls Physikerin, nach Lise Meitners Einschätzung „eine weit über Durchschnitt begabte Physikerin“. Eva von Bahr lebte in Berlin, bevor sie den schwedischen Lehrer Niklas Bergius heiratete und nach Schweden zog.

Über das Gefühlsmäßige brauchen wir nicht zu reden. Wir wissen wohl beide, wie es damit steht. Es wird sicher kein Tag vergehen, an dem ich nicht mit Dankbarkeit und Sehnsucht an unser freundschaftliches Zusammensein, an die gemeinsame Arbeit und an das Institut denken werde. Aber ich gehöre nicht mehr dorthin, und wenn ich mir jetzt rückblickend die letzten Monate überlege, so scheint es mir, daß mein Ausscheiden auch den Wünschen der Mitarbeiter entsprechen dürfte. Es hat keinen Sinn, viel Worte zu machen; Tatsachen sind Tatsachen, man kann über sie nicht hinweggehen... Ich habe es innerlich selbst noch nicht ganz erfaßt, daß das, was ich hier geschrieben habe, Wirklichkeit ist, aber es *ist* Wirklichkeit. – Laß bald von Dir hören und sei herzlich gegrüßt.
Immer Deine Lise

Lise Meitner wartet auf ihre offizielle Entlassung. Erst dann möchte sie einen Abschiedsbrief an das Institut schreiben, das in den vergangenen Jahren das Zentrum ihres Lebens war. Sie befürchtet nämlich, daß einige glauben, sie sei pflichtvergessen davongelaufen. Sie möchte auf keinen Fall das Vertrauen ihrer alten Mitarbeiter verlieren, weil diese vielleicht nicht die wahren Hintergründe ihrer Flucht kennen. Sie bittet Otto Hahn in einem Brief eindringlich, keine „übereilte Totenfeier“ für sie abzuhalten. Er soll auf ihren Brief warten und inzwischen allen klar und ehrlich sagen, warum sie Berlin verlassen mußte. Anklagend schreibt sie Hahn:

Ich habe doch nichts Unrechtes getan, warum soll ich sozusagen als nicht existierend – oder schlimmer – als lebendig begraben behandelt werden? ... Meine Zukunft ist abgeschnitten, soll mir auch noch die Vergangenheit weggenommen werden?

Im Herbst 1938 beginnt Lise Meitner ihre Arbeit am Nobel-Institut, sie wohnt in Stockholm in einem Hotelzimmer. Daß es ihr nicht gutgeht, zeigen die Briefe an ihre Freundin Elisabeth in Berlin:

Ich sehe manchmal mein Leben wie das Leben eines fremden Menschen, den ich erst kennenlernen muß. Ich habe immer gesagt, ich wäre bereit, bis zu meinem letzten Atemzug noch dazuzulernen; und das Leben hat mich beim Wort genommen, ich habe viel zu lernen.

Was soll sie sonst noch schreiben, wenn ihr jeder Tag gleichgültig und nebensächlich vorkommt? Sie sei innerlich leer wie eine hohle Nuß, klagt sie.

DAS WEIHNACHTSFEST des Jahres 1938 verbringt Lise Meitner in Kungälv bei ihrer Freundin Eva. Es liegt Schnee, und die Sonne strahlt. Auch ihr Neffe Otto Robert Frisch reist aus Kopenhagen an und bleibt über Silvester. Am 17. Januar des Jahres 1939 berichtet Lise Meitner ihrer Freundin Elisabeth in Berlin, daß sie während der Ferien mit Otto Robert Frisch physikalisch gearbeitet hat: „Wir haben sogar eine kleine physikalische Überlegung gemeinsam gemacht, die gedruckt werden soll."

Lise Meitner untertreibt: Sie hat mit ihrem Neffen keine „kleine physikalische Überlegung gemacht", sondern mit ihm zusammen die erste theoretische Erklärung und physikalische Deutung für die Kernspaltung ausgearbeitet, die Otto Hahn und Fritz Straßmann im Dezember 1938 in Berlin gelungen ist. „Die Entdeckung der Uranspaltung durch Otto Hahn und Fritz Straßmann hat ein neues Zeitalter in der Geschichte der Menschheit eröffnet", schreibt Lise Meitner später. Wie ist es gekommen, daß sie als erste davon erfährt?

Ab dem November 1938 gehen ständig Briefe zwischen Deutschland und Schweden hin und her. Lise Meitner und Otto Hahn diskutieren die Versuche, die in Berlin nach Lises Weggang weiterlaufen. Der gesamte Briefwechsel, den Hahns Enkel Dietrich Hahn herausgegeben hat, ist ein wichtiges historisches Dokument. Er zeigt nicht nur, wie der Chemiker Hahn Schritt für Schritt die Unglaublichkeit seiner Versuche bemerkt. Die Briefe beleuchten auch Lise Meitners Rolle bei der Entdeckung der Kernspaltung durch Hahn und Straßmann in Berlin. An einem Montagabend, es ist der 19. Dezember 1938, notiert Otto Hahn abends im Labor für seine Kollegin in Schweden die verblüffenden Ergebnisse. Er und Straßmann haben, nachdem sie das Uran mit abgebremsten Neutronen beschossen haben, in den Spaltprodukten das Element Barium gefunden. Gesucht haben sie nach den Transuranen, den Elementen, die etwa genauso schwer sind wie das Uran. Das Barium liegt jedoch in der Mitte des Periodensystems, hat also nur das halbe Atomgewicht:

Der Chemiker Fritz Straßmann, der als Mitarbeiter Hahns an der Entdeckung der Kernspaltung beteiligt war

Ich habe mit Straßmann verabredet, daß wir vorerst nur Dir dies sagen wollen. Vielleicht kannst Du irgendeine phantastische Erklärung vorschlagen. Wir wissen dabei selbst, daß es eigentlich nicht in Ba* zerplatzen kann…

Also überleg Dir mal, ob sich nicht irgendeine Möglichkeit ausdenken ließe… Falls Du irgend etwas vorschlagen könntest, das Du publizieren könntest, dann wäre es doch noch eine Arbeit zu dreien. Daß wir dauernd Unsinn machen oder sonst irgendwelche Infektionen uns Streiche spielen, glauben wir nicht.

Bereits drei Tage später antwortet Lise Meitner ganz aufgeregt:

> Eure Radium-Resultate sind sehr verblüffend. Ein Prozeß, der mit langsamen Neutronen geht und zum Barium führen soll! … Mir scheint vorläufig die Annahme eines so weitgehenden Zerplatzens sehr schwierig, aber wir haben in der Kernphysik so viele Überraschungen erlebt, daß man auf nichts ohne weiteres sagen kann: Es ist unmöglich.

Zur Absicherung schlägt Lise Meitner weitere Untersuchungen vor. Am selben Tag, wiederum abends, schreibt ihr Hahn, daß er und Straßmann die überraschenden Versuchsergebnisse schnell publizieren wollen:

> Wir können unsere Ergebnisse nicht totschweigen, auch wenn sie physikalisch vielleicht absurd sind. Du siehst, Du tust ein gutes Werk, wenn Du einen Ausweg findest. Wenn wir morgen oder übermorgen fertig werden, dann schicke ich Dir einen Durchschlag des Manuskripts.

---

* Ba ist das Element Barium.

Eine Woche später, am 28. Dezember, informiert Otto Hahn wiederum die „liebe Kollegin“:

> Ich will Dir noch schnell einiges über meine Ba-Phantasien etc. schreiben. Vielleicht ist Otto Robert bei Dir in Kungälv, und Ihr könnt ein bißchen darüber diskutieren. Das Manuskript unserer Arbeit wirst Du nachgeschickt bekommen haben... Wäre es möglich, daß das Uran 239 zerplatzt in ein Ba und ein Ma?* ... Es würde mich natürlich sehr interessieren, Dein offenes Urteil zu hören. Eventuell könntest Du etwas ausrechnen und publizieren.

Lise Meitner findet die Resultate „sehr aufregend“. Am 30. Dezember schickt sie Otto Hahn herzliche Neujahrswünsche und Grüße und teilt ihm mit, daß das Manuskript, bei dem leider die Seite 11 fehlt, gut angekommen ist: „Es ist alles sehr verblüffend.“ Nach seiner ersten Übernachtung in Kungälv, diesem „bedeutungsvollsten Besuch meines Lebens“, sieht Otto Robert Frisch, wie seine Tante über dem letzten Brief aus Berlin brütet. Er will ihr von seiner Arbeit erzählen, doch sie hört nicht zu, sondern gibt ihm den Brief zu lesen. Auch Frisch findet die Resultate überraschend. Lise Meitner überzeugt ihn, daß Hahn und Straßmann viel zu gute Chemiker sind, um sich so zu irren. Den beiden ist sicher kein Fehler unterlaufen. Neffe und Tante diskutieren während eines Spazierganges durch den verschneiten Wald weiter. Frisch hat seine Langlaufski angeschnallt, Lise Meitner stapft zu Fuß neben ihm her. Die zierliche Frau hält mit dem Tempo des Skiläufers mit. Ein Gedanke reiht sich an den anderen, Argumente gehen hin und her.

Ein Atomkern ist ja kein brüchiger Körper, der so einfach zerbrechen kann. Sie erinnern sich daran, daß einige Kollegen schon einmal vorgeschlagen hatten, den Atomkern mit einem Tropfen Flüssigkeit zu vergleichen. Ein normaler Tropfen zerreißt, wenn er in die Länge gezogen wird, obwohl seine Oberflächenspannung dem entgegenwirkt. Ein Atomkern unterscheidet sich von einem Flüssigkeitstropfen in einem ganz wichtigen Punkt: Er ist elektrisch geladen.

Als sie an diesem Punkt ihrer Überlegungen angelangt sind, setzen sich Lise Meitner und Otto Robert Frisch auf einen

---

* Ma ist das Element Masurium, heute Technetium (Tc) genannt.

Baumstamm. Sie überlegen und diskutieren weiter: Reicht die elektrische Ladung des Urankerns wohl aus, um die Oberfläche dieses wackeligen, instabilen Tropfens – des Atomkerns – zu zerstören? Sie überlegen weiter und rechnen schließlich auf kleinen Zetteln aus, daß die beim Zerplatzen entstandenen zwei Kerne zusammengenommen leichter sein müssen als der ursprüngliche Urankern. Lise Meitner erinnert sich an eine Formel zur Berechnung von Kernmassen, deren Grundlage die berühmte Einsteinsche Gleichung $E = mc^2$ ist. Wenn Masse verschwindet, wird also Energie frei, eine große Menge Energie. Sie errechnen eine freiwerdende Energie von 200 Millionen Elektronenvolt pro Urankern. So viel Energie ist noch bei keiner chemischen oder physikalischen Elementarreaktion entstanden. Alles paßt zusammen! So ist es gekommen, daß Lise Meitner und Otto Robert Frisch als erste Menschen diese neue, ungeahnte Energiequelle berechnen. Lise Meitner schreibt gleich am ersten Tag des neuen Jahres, am 1. Januar 1939 um 12.30 Uhr, einen Brief nach Berlin:

> Wir haben Eure Arbeit sehr genau gelesen und überlegt, vielleicht ist es energetisch doch möglich, daß ein so schwerer Kern zerplatzt.

Einen Tag später kehrt Otto Robert Frisch aufgeregt nach Kopenhagen zurück. Er erzählt Niels Bohr, der gerade nach Amerika abreist, von den Überlegungen in Kungälv. Bohr schlägt sich mit der Hand auf die Stirn und ruft: „Ach, was für Idioten wir doch alle waren!" Er verspricht, in Amerika nichts von den Überlegungen zu erzählen, bis die geplanten Arbeiten von Lise Meitner und Otto Robert Frisch erschienen sind, für die sie noch weitere physikalische Versuche planen. Sie sprechen ihre Publikationen in mehreren Telefonaten ab und entschließen sich, statt des Wortes „Zerplatzen" das englische Wort *fission* (Spaltung) für die neu entdeckte Kernreaktion zu verwenden. In der Biologie beschreibt dieses Wort die Teilung eines Einzellers, und die hat, wie Lise Meitner erklärt, viel Ähnlichkeit mit der Kernspaltung:

> Wenn in dem hochgeladenen Urankern ... durch das eingefangene Neutron die ... Bewegung des Kerns genügend heftig wird, so kann sich der Kern in die Länge ziehen; es bildet sich

> eine Art „Taille“, und schließlich erfolgt eine Trennung in zwei ungefähr gleichgroße, leichtere Kerne, die dann wegen ihrer gegenseitigen Abstoßung mit großer Heftigkeit auseinanderfliegen.

Am 11. Februar 1939 erscheint die erste Arbeit von Frisch und Meitner über die *nuclear fission,* die Kernspaltung.

In der Zwischenzeit wird die weltbewegende Arbeit von Hahn und Straßmann veröffentlicht. Niels Bohr, in Amerika angekommen, berichtet auf einem Kongreß der Amerikanischen Physikalischen Gesellschaft in Washington über diese neue Kernreaktion. Einige Wissenschaftler verlassen die Sitzung, noch ehe Bohr zu Ende gesprochen hat, um im eigenen Labor die verblüffenden Experimente zu wiederholen. Veröffentlichungen folgen Schlag auf Schlag, die Presse stürzt sich auf das Thema. Jeder soll oder will der erste gewesen sein.

Selbst zwischen Lise Meitner und Otto Hahn kommt es zu Mißverständnissen, Spannungen und Mißtrauen. Sie ist verletzt, daß nach den überraschenden Ergebnissen von Hahn und Straßmann die früheren Arbeiten nicht gemeinsam, also zu dritt, widerrufen werden. Das geht nicht, weil Otto Hahn schnell veröffentlichen will. Er seinerseits ist verstimmt, daß besonders im Ausland durch konfuse Zeitungsmeldungen der Eindruck entsteht, daß er selbst gar nicht geahnt habe, welche Entdeckung ihm in Berlin gelungen ist. Hahn bemängelt die Überschrift der ersten Veröffentlichung von Frisch und Meitner: „Eine neue Kernreaktion“. Sieht das nicht so aus, als ob nur sie erkannt hätten, was da passiert war? Otto Hahn schreibt ihr, daß er seine und Straßmanns Arbeit nicht gerecht behandelt fühle. Es trifft Hahn, daß das alles beim Institutskaffee im Berliner Institut weidlich ausgeschlachtet wird. Einige fanatische Leute vermuten dahinter wohl auch eine politische Sache, eine Art jüdischer Verschwörung. Hahn bekommt zu hören:

> ... es geschehe uns recht, denn wir hätten ihnen gar nichts über unsere Ergebnisse gesagt, bevor die Arbeit heraus war. Hätten wir es getan, dann hätten Flügge und die anderen den physikalischen Nachweis ebenso schnell erbringen können, wie es dann von verschiedenen Seiten in wenigen Tagen geschah. (Ich persönlich bin nicht überzeugt davon. Ich darf aber natürlich nicht sagen, daß ich Dich immer genau auf dem lau-

> fenden gehalten habe und das Institut nicht. Das würde mir wohl sehr verübelt. Als Straßmann einmal gefragt wurde, ob wir gleich das Manuskript weitergeschickt hätten, hat er es intelligenterweise entrüstet abgeleugnet). (3. März 1939)

Lise Meitner entschuldigt sich in einem Brief für ihr mißverständliches Zitieren. Sie ist betrübt über die Vorwürfe und Verdächtigungen. Warum sind einige Herren „eingeschnappt"? Sie hat doch nichts Unrechtes getan und Hahn ihre Arbeiten vor der Veröffentlichung zugeschickt:

> Daß wir die Manuskripte vorher geschickt haben, wissen die Herren doch wohl. Du wirst ja verstehen, daß mir sehr viel daran liegt, nicht in dem Kreis als treulos zu erscheinen, an den ich mich immer noch unverändert verknüpft fühle. (1. März 1939)

Lise Meitner hat noch andere Ängste. Sie mußte ihre Aufzeichnungen und alle wissenschaftlichen Geräte in Berlin zurücklassen. Sie ist mit leeren Händen nach Stockholm gekommen. Nach den schönen Ergebnissen, die Hahn und Straßmann ohne sie erzielt haben, werden jetzt viele glauben, „daß ich überhaupt nichts gemacht habe, und Du auch die ganze Physik in Dahlem gemacht hast. Ich verliere allmählich den Mut."

Otto Hahn beruhigt seine Kollegin:

> Du kannst mir glauben, ich schäme mich manchmal etwas, daß wir so schnell klare Resultate bekommen, und Du sitzt in Stockholm im leeren Institut. Aber aus der Geschwindigkeit, mit der dies aufgegriffen wird, mußt Du auch verstehen, daß wir rasch weiterkommen wollten... Wie Du glauben kannst, Siegbahn* denkt, Straßmann und ich machten auch die Physik, verstehe ich nicht. Wir haben bei der ganzen Arbeiterei die Physik absolut nicht berührt, sondern immer wieder nur chemische Trennungen gemacht. Wir kennen doch unsere Grenzen und wissen natürlich auch, daß in diesem besonderen Falle es zweckmäßig war, nur Chemie zu machen.

Lise Meitners Befürchtungen bestehen nicht zu Unrecht. Es sieht doch wirklich so aus, als hätten die Chemiker erst nach dem Weggang der Physikerin die richtigen Versuche gemacht. Es ist

* Lise Meitners neuer Chef, der Leiter des Nobel-Instituts

und bleibt eine Tatsache, daß sie nicht in Berlin dabei war, als Hahn und Straßmann erkannten, daß ihnen eine Uranspaltung gelungen war. Die beiden Wissenschaftler haben das selbst herausgefunden, während Lise Meitner nur noch eine dreijährige gemeinsame Arbeit – die falsche Suche nach den Transuranen – widerrufen muß. Sie weiß genau, daß das „keine gute Empfehlung" für ihren neuen Anfang ist.

Otto Hahn selbst zeigt nicht zuletzt durch die Briefe, in denen er nur Lise Meitner von dem verblüffenden Fortgang der Forschungsarbeit berichtet, daß er sie noch zum Team zählt. Sie hat schließlich 1934 die Versuche initiiert, die zur Kernspaltung führten. In seiner mehr als dreijährigen Arbeit legte das Team Hahn-Meitner-Straßmann die Grundlagen für die Entdeckung der Uranspaltung. Dazu gehört auch die falsche Suche nach Transuranen, die im übrigen in anderen Labors auf der Welt genauso durchgeführt worden ist. Lise Meitner betont immer wieder, daß die Uranspaltung zuerst auf rein chemischem Wege nachgewiesen wurde:

> ... ohne jede theoretische Wegweisung... Aber dieser wunderbare Erfolg der mit der Physik so eng verschwisterten Chemie rechtfertigt doch nicht die so oft von Chemikern geäußerte Ansicht, daß die Physiker die Entdeckung der Uranspaltung verzögert haben, weil sie einen solchen Prozeß als unmöglich erklärt hatten. Das haben sie in Wirklichkeit niemals getan. An eine Kernspaltung hat vor ihrer Entdeckung wohl niemand gedacht.

Lise Meitner hat die Fähigkeit umzudenken, nachdem sie von den wunderlichen Versuchsergebnissen aus Berlin gehört hat. Sie liefert in wenigen Tagen die richtige physikalische Deutung nach.

> „Insoweit wäre man geneigt, die Entdeckung der Uranspaltung als letzte Krönung der jahrelangen Zusammenarbeit der beiden Forscher anzusehen", schreibt Werner Heisenberg*. „Aber vielleicht ist das doch nicht die ganze Wahrheit. Wenn man Hahn bei einem Glas Wein nach dieser Seite seiner Entdeckung fragte, konnte ihm die Äußerung entschlüpfen: Ich weiß nicht; ich fürchte, Lischen hätte mir die Uranspaltung verboten."

---

* Werner Heisenberg (1901–76), deutscher Physiker, erhielt 1932 den Physik-Nobelpreis für seine Arbeiten zur Quantentheorie. Von 1941–45 war er Direktor des Kaiser-Wilhelm-Instituts für Physik in Berlin.

Hätte sie es verboten, aus physikalischen Überlegungen heraus? In den Briefen, die zwischen Berlin und Schweden hin- und hergehen, hat sie immer nachgefragt, neue Versuche und Überprüfungen angeregt, um wirklich sicher zu sein. Auch aus diesem Grund sieht Fritz Straßmann Lise Meitner immer als Mitentdeckerin der Kernspaltung an.

Otto Hahn selbst nennt in der Öffentlichkeit Lise Meitner jedoch nie und Straßmann ganz selten im Zusammenhang mit jener Entdeckung, die ihn weltberühmt macht. Im Jahr 1945 wird ihm für den Nachweis der Uranspaltung dann auch allein der Chemie-Nobelpreis zugesprochen. Der niederländische Physiker Dirk Coster, der Lise Meitner zur Flucht verholfen hat, schreibt ihr aus diesem Anlaß:

> Otto Hahn, der Nobelpreis! Er hat es sicher verdient. Es ist aber schade, daß ich Sie in 1938 aus Berlin entführt habe... Sonst wären Sie auch dabeigewesen. Was sicher gerechter gewesen wäre, und uns besonders viel Freude gemacht hätte.

Im Nobel-Komitee sitzt unter anderem Manne Siegbahn, der Leiter des Nobel-Instituts, an dem Lise Meitner nach ihrer Flucht einen Arbeitsplatz erhalten hat. Bereits 1939 vermutete die geflüchtete Physikerin, daß Siegbahn nach der erfolgreichen Kernspaltung in Berlin glaubt, daß sie überhaupt nichts in Dahlem geleistet habe. Sie erfährt hintenherum einige Einzelheiten aus der entscheidenden Nobel-Sitzung, sie hat wohl recht behalten.

Renate Feyl, eine Schriftstellerin aus Ostberlin, hat das Leben Lise Meitners in folgendem Satz zusammengefaßt: „Ihre Arbeit ist gekrönt worden mit dem Nobelpreis für Otto Hahn." Das stimmt und ist doch teilweise falsch.

Richtig ist, daß Lise Meitner wegen ihrer Bescheidenheit, wegen ihrer gesamten Persönlichkeit im Schatten Hahns bleibt. Richtig ist, daß sie als Frau eher als Mitarbeiterin und Zuarbeiterin gilt. Lise Meitner hat in ihrem Leben oft genug erlebt, daß den Frauen besonders in den Naturwissenschaften keine eigenständigen großen Leistungen zugetraut werden. Insofern faßt der Satz von Renate Feyl ein typisches Frauenschicksal zusammen.

Gerade in Lise Meitners Arbeitsgebiet, der Radioaktivität, hatten jedoch zur damaligen Zeit einige Frauen – ganz „untypisch“ – Großes geleistet: allen voran Madame Curie, deren Tochter Irène und die Chemikerin Ida Noddack. Die beiden erstgenannten waren Nobelpreisträgerinnen. Lise Meitner selbst war mehrmals, zusammen mit Hahn und allein, für den Nobelpreis vorgeschlagen worden. Das wußte sie. Um diese Auszeichnungen haben sie letztlich die politischen Verhältnisse gebracht.

Es ist Lise Meitners Schicksal, daß sie als Jüdin vor den Nationalsozialisten fliehen mußte. So kam es, daß ein Teil – und nur ein Teil – ihrer Arbeit mit dem Nobelpreis für Hahn gekrönt wurde.

Lise Meitner selbst übt niemals, weder in der Öffentlichkeit noch im Gespräch mit Freunden oder in privaten Briefen, Kritik daran, daß Otto Hahn allein den Chemie-Nobelpreis für die Uranspaltung erhält. Sie betont mehrmals, daß er die Kernspaltung auf rein chemischem Wege entdeckt habe. Klar und nachweisbar ärgert sich die Physikerin immer nur über eine Sache: Wenn ihre eigenständige wissenschaftliche Arbeit nicht anerkannt wird. Schließlich hat sie dreizehn Jahre lang ganz selbständig geforscht – ohne Otto Hahn! Typisch für sie ist der Brief, den sie im Dezember 1945 an ihre Freundin Eva schreibt:

> Daß Hahn den Nobelpreis für Chemie voll verdient hat, ist kein Zweifel. Aber einiges Drum und Dran war vielleicht etwas ungerecht gegen Otto Robert und mich. Der Artikel in D. N. [einer schwedischen Zeitung] war fast beleidigend, ich bin doch wirklich nicht nur Mitarbeiterin von Hahn gewesen, ich bin ja Physikerin und habe doch ein paar ganz ordentliche physikalische Sachen gemacht.

Als ob ich in der Wüste lebte

1939–45

Lise Meitners schwedisches Exil beginnt mit einem großen Erfolg, ihrer theoretischen Deutung der Kernspaltung, und mit einer großen Enttäuschung: Ihr Arbeitsplatz an dem neu errichteten Nobel-Institut, das der schwedische Physiker und

Nobelpreisträger Manne Siegbahn leitet, ist ganz anders als erwartet. Lise Meitner steht ohne Mitarbeiter und ohne Geräte da:

> Mir geht es sehr wenig gut. Ich habe hier eben einen Arbeitsplatz und keinerlei Stellung, die mir irgendein Recht auf etwas geben würde. Versuche Dir einmal vorzustellen, wie das wäre, wenn Du statt Deines schönen eigenen Instituts ein Arbeitszimmer in einem *fremden* Institut hättest, ohne jede Hilfe, ohne alle Rechte und mit der Siegbahnschen Einstellung, der nur große Maschinen liebt und sehr sicher und selbstbewußt ist. Und ich mit meiner inneren Unsicherheit und Befangenheit. Und daß ich alle die Kleinarbeit machen muß, die ich 20 Jahre lang nicht gemacht habe. Natürlich ist es meine Schuld; ich hätte viel besser und viel früher mein Fortgehen vorbereiten müssen, hätte von den wichtigsten Apparaten wenigstens Zeichnungen haben müssen etc. (5. Februar 1939 an Otto Hahn)

Allmählich beschleicht sie das Gefühl, sie habe wirklich alles verkehrt gemacht, was verkehrt zu machen war. Sie erfährt außerdem von ihrer Freundin Eva von Bahr-Bergius, daß Siegbahn ihr von Anfang an nur einen Arbeitsplatz, aber keinerlei Geldmittel oder Mitarbeiter zugedacht hatte. Lise Meitner ist verzweifelt, sie hadert mit sich selbst und mit ihrem Schicksal. Und das sei, so schreibt sie Otto Hahn, nicht der richtige Zustand, um sich in der neuen, fremden Umgebung durchzusetzen.

Mit sechzig Jahren steht Lise Meitner fast vor dem Nichts. Sie hat ihr Institut in Berlin und damit ihre wissenschaftliche Arbeit verloren. Aus der angesehenen Frau Professor, die in einer großen Villenetage mit einer Haushaltshilfe residiert hat, ist ein Flüchtling geworden, der sich bei Behörden melden muß und einen *Flyttningsbetyg (för ensam person),* wie es auf schwedisch heißt, bekommt. Sie lebt in einem Hotelzimmer und schildert Elisabeth Schiemann, daß das sehr zum „Gefühl der Heimatlosigkeit beiträgt, wenn man seit einem halben Jahr aus Koffern lebt, ewig etwas von Papieren sucht". Sie bezieht nicht einmal das volle Gehalt eines Assistenten. Obwohl sie sehr sparsam lebt, reicht das Geld in dem teuren Stockholm nur für das Nötigste. Sie kann gerade ihr Zimmer und das Essen bezahlen und die Ausgaben für Briefmarken und Omnibus bestreiten. Sie darf gar nicht daran denken, „was mit mir geschieht, wenn ich krank werde".

Die Emeritierungsbezüge, eine Art Pension, die ihr als ehemaligem Mitglied der Universität und Angestellter der Kaiser-Wilhelm-Gesellschaft zustehen, gehen in Berlin bis zum September 1940 auf ein Konto. Anfangs wird das Geld zum Teil an ihre Geschwister in Wien überwiesen. Sie selbst kann nichts bekommen, nicht einmal dreißig Mark, um direkt in Deutschland das Abonnement der Zeitschrift *Naturwissenschaften* zu bezahlen. Aus Berlin konnte sie nur einen Teil ihrer Kleider mitnehmen, Bücher und Möbel, Sparguthaben und Wertgegenstände ließ sie zurück. Dort kümmern sich inzwischen Otto Hahn und Elisabeth Schiemann um die umfangreichen, nervenaufreibenden Formalitäten, die notwendig sind, um Lise Meitner alles nachzuschicken. Sie fühlt sich im Stich gelassen, weil ihre Sachen aus Berlin, die sie doch so dringend benötigt, einfach nicht kommen.

Ihre ganze Familie ist inzwischen aus Österreich geflohen, zum Teil leben ihre Geschwister in England, zum Teil in Amerika. Ihre ältere Schwester Gustl und deren Mann Lutz Frisch, die Eltern von Otto Robert Frisch, gingen nach Schweden. Mit ihnen will Lise Meitner im Mai 1939 in Stockholm zusammenziehen. Drei Wochen bevor ihr Auszug aus dem Hotel ansteht, sind ihre Möbel aus Berlin immer noch nicht eingetroffen. Verständlicherweise verbittert schreibt sie Otto Hahn:

> Heute hat mir ein Rechtsanwalt, den ich vor 14 Tagen mit der Bitte aufgesucht habe, mir doch etwas behilflich zu sein, meine Sachen endlich zu bekommen, telefonisch angeboten, mir ein Bett und Bettzeug zu leihen. Ich habe es also nach mehr als dreißigjähriger Arbeit immerhin so weit gebracht, daß mir ein wildfremder Mensch ein Bett leiht.

Lise Meitner korrespondiert wegen ihrer Umzugsangelegenheit mit dem „Konsulent F. W. Israel Arnold", einem Rechtsanwalt in Berlin. Der Zusatz „Israel" weist seit dem 1. Januar 1939 in Deutschland alle Männer jüdischer Abstammung, die keinen eindeutig jüdischen Namen tragen, als Nichtarier aus. Auf dem Briefbogen der Anwaltskanzlei ist vermerkt: „Zugelassen nur zur rechtlichen Vertretung von Juden." Seine Briefe schickt Dr. Arnold pflichtgemäß an „Prof. Dr. Lise Sarah Meitner".

Im April endlich gibt die deutsche Reichsschrifttumskammer den Rest ihrer Bücherei frei, nachdem sie die „verbotenen bzw. unerwünschten oder staatswichtigen Schriften" beschlagnahmt hat. Als ihre Habe in Stockholm eintrifft, ist ein Teil der Möbel stark beschädigt. Lise Meitner macht ihrer Empörung über diese „rücksichtslose, ja sogar rohe Behandlung" in einem Beschwerdebrief an die Spedition Luft. Sie hängt sehr an den Möbeln, die Hedwig Meitner testamentarisch „ihrer Lise" vermacht hat. Ein Tischler flickt die Möbel wieder zusammen. Die Zerstörungen und Verletzungen in ihrem Leben bleiben.

Nach dem Umzug in die neue Wohnung kramt Lise Meitner auch ihr altes Gästebuch wieder hervor, das sie 1931 in Berlin begonnen hat. Sicher blättert sie wehmütig in dem Buch mit dem grauschwarz und lila gemusterten Stoffeinband. Wie hat sich ihr Leben seit der letzten Eintragung am 27. Juni 1938 verändert! Auf ein neues Blatt schreibt sie mit schwarzer Tusche und in Großbuchstaben den Namen ihrer neuen Heimat: STOCKHOLM.

Lise Meitner ist nicht nur einsam, sie sieht in ihrem Leben keinen Sinn mehr. Zwar versucht sie sich zu beschäftigen, „aber das ändert nichts an der innerlichen Verarmung". Ihre Briefe an die Freundin Elisabeth klingen immer niedergeschlagener. Geistig ausgehungert fühle sie sich, wie leer laufende Mühlsteine. Im März 1940 klagt Lise Meitner über den nicht endenwollenden Winter:

> Man friert innerlich und äußerlich. Alles was ich einmal an meinem persönlichen Leben mit bewußter Dankbarkeit liebgehabt habe, ist weg oder hat sich ins Gegenteil verkehrt. Es ist wirklich so, als ob einem das Leben jedes persönliche Wünschen abgewöhnen wollte. Es erinnert an die Geschichte von dem Bauern, der erzählt, daß er seiner Kuh das Fressen abgewöhnt hat, aber gerade, wie sie es am besten erlernt gehabt hat, ist das Biest gestorben.

Das rauhe schwedische Klima schlägt auf ihre Gesundheit, sie ist oft erkältet und fühlt sich müde. Sie schluckt Vitamintabletten und weiß dabei so genau: „Das Erleben läßt sich nicht mit Vitamintabletten dirigieren." Einen schmerzlichen Klang haben ihre Briefe nach Berlin, in die sich auch Verbitterung mischt. Sie hadert mit Otto Hahn, als sei er schuld, daß sie Berlin und ihre geliebte Arbeit verlassen mußte. Abgeschoben und unverstanden fühlt sie sich, von allen im Stich gelassen.

Ab dem Jahre 1941 hält Frau Professor Meitner am Stockholmer Institut wieder Vorlesungen über Kernphysik. Doch die Zuhörer, ein kleiner Kreis von Mitarbeitern, interessieren sich nicht ernsthaft für dieses Gebiet. Sie lebe wissenschaftlich wirklich wie Robinson auf seiner Insel, stellt sie resigniert fest, nur daß sie in ihrem Alter nicht mehr von der Insel wegkomme. Trotzdem lehnt sie das erneute Angebot von James Franck ab, ihr in den Vereinigten Staaten eine Stelle zu besorgen. Sie will sich nicht noch einmal auf ein unbekanntes Abenteuer einlassen.

Gelegentlich hört Lise Meitner in einer Kirche die „Reden" eines alten Pastors. Das Wort „Predigt" passe zum Glück nicht zu ihm. Der Kirchenmann spricht ihr aus dem Herzen, als er ausführt, Haß und Resignation seien die beiden Klippen, zwischen die Menschen so vielfach geraten. Vermeiden müsse man beide Gefühle, weil sie so unfruchtbar seien. Genau das versucht Lise Meitner zu tun, „aber die Problematik des Weltgeschehens macht es den Menschen nicht leicht, diese Klippen zu vermeiden". Sie weiß das nur zu gut, sie hat im Exil Wut und Verbitterung, Verzweiflung und Niedergeschlagenheit wahrlich kennengelernt.

IM LAUFE der Zeit gewinnt Lise Meitner auch in Stockholm neue Freunde. Sigvard Eklund, ein junger Assistent am Nobel-Institut, ist einer von ihnen. Er lernt mit Unterstützung von Lise Meitner Deutsch. Später wird er als Direktor der Internationalen Atomenergiebehörde in Lise Meitners Heimatstadt Wien stolz auf die berühmte Deutschlehrerin verweisen. Trotz dieser neuen Freunde kann Lise Meitner den Verlust aller früheren Lebenszusammenhänge nicht verwinden:

> Es gibt eine Reihe von Menschen, die sehr nett und herzlich zu mir sind – ich wundere mich sogar oft darüber, warum sie es sind. Und doch fühle ich mich meistens so einsam, als ob ich in der Wüste lebte.

Lise Meitner freut sich deshalb sehr, als sie im Herbst des Jahres 1943 Otto Hahn treffen kann. Der Chemiker hält Vorträge in

Göteborg und Stockholm. Das Wiedersehen überschatten Auseinandersetzungen, fast täglich führen die zwei stundenlange Diskussionen. Lise Meitner vertritt die Ansicht, daß alle – auch die nichtnazistischen Deutschen – mitverantwortlich seien für das schreckliche Unglück, das Deutschland über die ganze Welt gebracht habe. Hahn widerspricht ihr. Trotz der tiefgehenden Meinungsverschiedenheiten trennen sie sich „als bessere Freunde, als wir es in den Jahren seit 38 gewesen waren". So empfindet es Lise Meitner. Ihre Einstellung zu Deutschland hat sie Hahn gegenüber in folgendem Satz zusammengefaßt: „Ich komme mir wie eine Mutter vor, die klar sieht, daß ihr Lieblingskind hoffnungslos mißraten ist."

Während des Zweiten Weltkrieges kommt zu der unbefriedigenden Arbeit und ihrer Einsamkeit noch die Sorge um die Geschwister, von denen Lise Meitner immer spärlicher Post erhält. Auch um die alten Freunde in Deutschland bangt sie, wenn keine Briefe kommen und die Zeitungen neue Kämpfe und Bombenangriffe melden. Sie kann sich nur noch schwer konzentrieren, in ihrem Kopf kreist ständig ein Gedanke: „Wenn doch nur die Welt aus diesem Hexenkessel herauskäme!"

Am 8. Mai des Jahres 1945 kapituliert Nazi-Deutschland. In ihre Freude, daß der schreckliche Krieg beendet ist, mischt sich Sorge um die Zukunft, ihre eigene, die ihrer Freunde und nicht zuletzt die Sorge um Deutschland: Wie wird dieses Land mit seiner historischen Schuld fertig?

Nach dem Ende des Zweiten Weltkrieges schreibt Lise Meitner an Otto Hahn einen besorgten und zugleich anklagenden Brief. Sie vermerkt später auf einem Durchschlag der ersten Seite, daß Hahn diesen Brief nie erhalten hat.

> Lieber Otto,
> diesen Brief wird ein Amerikaner mitnehmen, er wird ihn gleich holen, und ich schreibe also in großer Eile, und dabei habe ich so vieles zu sagen, was mir am Herzen liegt. Behalte das, bitte, im Auge und lies ihn bitte mit Zuversicht an meine unerschütterliche Freundschaft.
>
> Ich habe Dir in diesen Monaten in Gedanken sehr viele Briefe geschrieben, weil mir klar war, daß selbst Menschen wie Du und Laue die wirkliche Lage nicht begriffen hatten… Das ist ja das Unglück von Deutschland, daß Ihr alle den

Maßstab für Recht und Fairness verloren hattet. Du hattest mir selbst im März 1938 erzählt, daß Hörlein Dir gesagt hat, daß schreckliche Sachen gegen die Juden gemacht werden würden. Er wußte also von allen den geplanten und später ausgeführten Verbrechen und war trotzdem Mitglied der Partei, und Du hast ihn – auch trotzdem – für einen sehr anständigen Menschen angesehen und Dich von ihm in Deinem Verhalten gegenüber Deinem besten Freund bestimmen lassen.

Ihr habt auch alle für Nazi-Deutschland gearbeitet und habt auch nie nur einen passiven Widerstand zu machen versucht. Gewiß, um Euer Gewissen los zu kaufen, habt Ihr hier und da einem bedrängten Menschen geholfen, aber Millionen unschuldiger Menschen hinmorden lassen, und keinerlei Protest wurde laut.

Ich muß Dir das schreiben, denn es hängt so viel für Euch und Deutschland davon ab, daß Ihr einseht, was Ihr habt geschehen lassen. Es ist hier im neutralen Schweden schon lange vor Kriegsende diskutiert worden, was man mit den deutschen Gelehrten nach Beendigung des Krieges tun soll. Wie mögen erst die Engländer und Amerikaner darüber denken? Ich und viele andere mit mir meinen, ein Weg für Euch wäre, eine offene Erklärung abzugeben, daß Ihr Euch bewußt seid, durch Euere Passivität eine Mitverantwortung für das Geschehene auf Euch genommen zu haben, und daß Ihr das Bedürfnis habt, soweit das Geschehene überhaupt gutgemacht werden kann, dabei mitzuwirken. Aber viele meinen, es sei zu spät dafür. Diese sagen, Ihr hättet erst Euere Freunde verraten, dann Euere Männer und Kinder, indem Ihr sie in einem verbrecherischen Krieg ihr Leben habt einsetzen lassen, und schließlich hattet Ihr auch Deutschland selbst verraten, weil Ihr, als der Krieg schon ganz hoffnungslos war, Euch nicht einmal gegen die sinnlose Zerstörung Deutschlands gewehrt habt. Das klingt erbarmungslos und doch glaube mir, es ist ehrlichste Freundschaft, warum ich Dir das alles schreibe. – Daß die übrige Welt Deutschland bedauert, könnt Ihr wirklich nicht erwarten. Was man in diesen Tagen von den unfaßbaren Greueln in den Konzentrationslagern gehört hat, übersteigt alles, wovor man sich gefürchtet hatte. Als ich im englischen Radio einen sehr sachlichen Bericht der Engländer und Amerikaner über Belsen und Buchenwalde hörte, fing ich laut an zu heulen und konnte die ganze Nacht nicht schlafen. Und wenn Du die Menschen gesehen

hättest, die aus den Lagern hierher kamen... Du wirst Dich vielleicht erinnern, daß ich, als ich noch in Deutschland war, ... Dir oft sagte: Solange nur wir die schlaflosen Nächte haben und nicht Ihr, solange wird es in Deutschland nicht besser werden. Aber Ihr hattet keine schlaflosen Nächte, Ihr habt nicht sehen wollen, es war zu unbequem. Ich könnte es Dir an vielen, großen und kleinen, Beispielen beweisen. Ich bitte Dich, mir zu glauben, daß alles das, was ich hier schreibe, ein Versuch ist, Euch zu helfen.
Mit sehr herzlichen Grüßen an alle Deine Lise

Ich selbst habe nicht an der Atombombe mitgearbeitet

1945/46

Am 6. August 1945, dem Tag, an dem die Amerikaner die erste Atombombe auf die japanische Stadt Hiroshima warfen, hört Lise Meitner kein Radio und liest keine Zeitung. Erst ein Telefonat macht sie auf dieses weltverändernde Ereignis aufmerksam:

> An diesem Tag rief mich ein Reporter an und fragte mich, was ich zur Bombe zu sagen hätte. Ich fragte, über was in aller Welt reden Sie denn, und sagte ihm, daß ich wohl die falsche Gesprächspartnerin sei. Aber als er sagte „Atombombe", kamen meine Befürchtungen, die ich in all den vergangenen Jahren halb verdrängt hatte, wieder zurück. Ich wußte und ich hätte es eigentlich die ganze Zeit wissen müssen: Die Energie, bei deren Freilassung wir geholfen hatten, wird zum Bau einer zerstörerischen Bombe eingesetzt werden.*

Die Presse stürzt sich auf Lise Meitner, weil alle anderen Experten verschwunden sind. Otto Hahn wird zusammen mit anderen deutschen Atomwissenschaftlern in England von den Siegermächten festgehalten. Die Naturwissenschaftler, die in den Vereinigten Staaten den geheimen Bombenbau vorangetrieben haben, sind noch nicht erreichbar.

* Übersetzung der Verf.

Am 8. August 1945 meldet die amerikanische Zeitung *New York Herald Tribune*, daß die mathematischen Berechnungen von Dr. Lise Meitner, der 67 Jahre alten Österreicherin, eine bedeutende Rolle bei der Entwicklung der Atombombe gespielt haben.

In Amerika stöbern Reporter die Geschwister Lise Meitners auf, um mehr über die Beteiligung der plötzlich so berühmt gewordenen Schwester an der Atombombe zu erfahren. Eine deutsche Zeitung schreibt: „Dr. Lise Meitner, die österreichische Physikerin, die 1938 aus Berlin vertrieben wurde, hatte einen entscheidenden Anteil an der Erfindung der Atombombe." Schnell erhält sie den Titel „Mutter der Atombombe". Eine amerikanische Nachrichtenagentur meldet, daß sie deswegen in Schweden Morddrohungen erhalten haben soll. In diesem Wirrwarr, in dem Gerüchte und Spekulationen gedeihen, betont Lise Meitner immer nur eines: „Weder Professor Hahn noch ich selbst haben den leisesten Anteil an der Entwicklung der Atombombe gehabt." Am 9. August 1945 zerstört eine zweite Atombombe die Stadt Nagasaki. Wahrscheinlich weiß Lise Meitner davon noch nichts, als sie an demselben Tag um 18.30 Uhr im Radio ein Live-Gespräch mit der Frau des ein Jahr zuvor verstorbenen amerikanischen Präsidenten Franklin D. Roosevelt führt, das die amerikanische Rundfunkgesellschaft NBC zwischen New York und Leksands in Schweden überträgt. Das pathetisch klingende Gespräch der zwei Frauen steht ganz unter dem Eindruck, daß die Atombombe den Krieg endgültig beendet hat.

Zwei Tage danach erklingt Lise Meitners Stimme wieder in Amerika. Am 11. August spricht sie in einer Radiosendung auch mit einer ihrer Schwestern in den Vereinigten Staaten. Neun Jahre hat sie ihre Geschwister in England und Amerika nicht gesehen. Wohl auch aus diesem Grund akzeptiert sie schnell und sehr gern die Einladung nach Amerika, die im September in ihr Haus flattert. Ein österreichischer emigrierter Physiker, Dr. Karl Herzfeld, bietet Lise Meitner im Wintersemester 1945 eine Gast-Professur an der Katholischen Universität von Amerika in Washington an. Sie kann ein halbes Jahr bleiben, alle ihre Ausgaben werden übernommen.

Lise Meitner stürzt sich in die Vorbereitungen für diese große

Reise. Sie verbessert ihr Englisch und bereitet Vorlesungen vor. Sie arbeitet mindestens vierzehn Stunden täglich.

Nach einem Zwischenstopp in England, wo sie ihren Bruder Walter in London besucht, fliegt sie im Januar 1946 in die Vereinigten Staaten. Der Flug ist für die 67jährige alte Dame ein großes Erlebnis: „Das Bewußtsein, über den Ozean zu fliegen, ist ein großer Eindruck." Am 27. Januar kommt sie in New York an. Etwas erkältet und verschreckt steht sie im Scheinwerferlicht der Öffentlichkeit, hinter vielen Mikrofonen. Die Presse stürzt sich auf sie. Daß sie immer wieder nach der Atombombe gefragt wird, stört sie. Einem *New-York-Times*-Reporter erklärt sie: „Sie wissen hier in Amerika mehr über die Atombombe als ich."

Die Physikerin ist aus der Wüste ihres Exils in ein „Narrenhaus" geraten. Reporter, Radio- und Kinoleute bestürmen sie und fragen ständig nach ihrem Privatleben. Sie beantwortet keine dieser zudringlichen Fragen. Nur über ihre Nationalität gibt sie bereitwillig Auskunft. Lise Meitner hebt immer hervor, daß sie Österreicherin ist und keine Deutsche.

Sie genießt die hektische Aufmerksamkeit aber auch und saugt alle neuen Eindrücke begierig in sich auf. In New York ist sie überrascht, daß ihr die Wolkenkratzer nicht so besonders hoch vorkommen. Doch abends, wenn die unzähligen Fenster der Hochhäuser beleuchtet sind und die Skyline funkelt, überwältigt sie dieser imposante Anblick.

Bald nach ihrer Ankunft trifft Lise Meitner in Washington den amerikanischen Präsidenten Harry S. Truman. Das Präsidenten-Ehepaar kommt zu dem Empfang, den der amerikanische Women's National Press Club zu Ehren der Physikerin gibt. Denn die Journalistinnen wählen Lise Meitner zur „Frau des Jahres 1946". Außer ihr werden noch zehn andere Frauen für ihre Leistungen in Kunst und Politik ausgezeichnet. Lise Meitner läßt, so berichten die Zeitungen, die Ehrung sichtlich bewegt über sich ergehen.

Anfang Februar beginnt die Österreicherin mit ihrer Lehrtätigkeit an der Katholischen Universität in Washington. Dienstags, donnerstags und freitags hält sie jeweils eine einstündige Vorlesung über Kernphysik, außerdem bietet sie ein Seminar an. Mit einer Pressemitteilung kündet die Universität das der

Öffentlichkeit an. Lise Meitner korrigiert den Entwurf des Pressebüros, sie streicht den Satz heraus, daß sie gerne alle Fragen beantwortet, „die im Zusammenhang mit meinen Versuchen zur Atomspaltung stehen". Auch in dieser Pressemitteilung äußert sie sich zur Atombombe:

> Ein dauernder Frieden ist wünschenswerter als die Entwicklung von Waffen, die die Menschheit vernichten können. Ich wußte nicht, daß die Atombombe entwickelt worden war, bis die Meldung kam, daß eine auf Japan abgeworfen wurde. Ich war überrascht, daß sie in so kurzer Zeit fertiggestellt wurde, und dafür gebührt den Männern und Frauen Anerkennung, die zu dieser wissenschaftlichen Entwicklung beigetragen haben. Es wäre jedoch wünschenswerter, wenn die Wissenschaftler nun alle ihre Anstrengungen darauf richten würden, die Atomenergie für industrielle und friedliche Zwecke zu nutzen.*

Empfindet es Lise Meitner nicht als unerträglich, daß sie durch die Atombombenabwürfe zu solchen Ehrungen, zu einem aus heutiger Sicht schrecklichen Ruhm kommt? Wahrscheinlich nicht. Denn wie die meisten ihrer Zeitgenossen glaubt auch sie, daß die Atombombe das Ende des Zweiten Weltkrieges beschleunigt und damit auch Menschenopfer verhindert hat. Außerdem weiß niemand so recht, welchen Schrecken die neuen Waffen in den japanischen Städten Hiroshima und Nagasaki verbreitet haben. Nur so wird verständlich, warum Lise Meitner im Jahre 1946 in Amerika der wissenschaftlichen Leistung, die in der Atombombe steckt, noch Achtung entgegenbringt.

In Amerika trifft Lise Meitner nicht nur ihre Schwestern und deren Familien wieder, sondern auch viele emigrierte Kollegen. Sie schreibt an Max von Laue: „Ich konnte nicht umhin zu denken: Was für ein Geschenk hat Deutschland Amerika gemacht."

Ihrem alten Freund James Franck gesteht sie in einem Brief aus Washington, wie besorgt sie über die Zukunft der Welt ist. Doch wie könnte eine vernünftige und brauchbare Lösung für die Menschheit aussehen? Auch Lise Meitner weiß keine Antwort. Wenn sie eine wüßte, so beteuert sie gegenüber Franck, „würde

---

* Übersetzung der Verf.

ich die ganze Physik stehenlassen und meine Kraft dafür einsetzen".

Was Lise Meitner in Amerika sieht und erlebt, findet nicht nur ihre Zustimmung. Sie wundert sich, daß der amerikanische Präsident Truman so „informell, beinahe burschikos" auftritt und den Eindruck eines „jovialen, lächelnden Jungen" macht. Ihr lapidarer Kommentar in einem Brief an Otto Robert Frisch: „Das ist vermutlich amerikanisch." Ganz typisch für die USA findet sie die „Vorliebe und Begabung für alles Technische" und „die Befürchtung, unterschätzt zu werden". Wie wach sie die politische Situation in den Vereinigten Staaten beobachtet, zeigt folgende Beschreibung der Amerikaner:

> Im allgemeinen finde ich ja, daß die Amerikaner etwas recht Kindliches haben, was reizvoll ist, aber oft sehr an Oberflächlichkeit streift. Ich bin ziemlich beunruhigt über die Art, wie hier die politischen Probleme behandelt werden. Es geschieht zu wenig für die europäischen Länder, und außerdem habe ich oft Angst, daß Amerika im Begriff ist, militaristisch zu werden. Die Angst vor Rußland und das Bewußtsein, in der Atombombe eine große militärische Überlegenheit zu besitzen, verwirrt hier die Menschen. Die amerikanischen Wissenschaftler führen einen richtigen Kampf gegen diese Einstellung, aber das Militär ist viel stärker. (19. April 1946)

In den ersten drei Monaten ihres Amerikaaufenthaltes überschwemmen Lise Meitner über 500 Briefe. Darunter viele, zu viele Einladungen und nicht wenige Bittbriefe aus Deutschland, wo Tageszeitungen ihre USA-Reise gemeldet haben. Eine Frau Eich aus Würzburg fragt zum Beispiel bei der „sehr geehrten Frau Professor" an, ob sie ihr aus Amerika zwei Paar Schuhe, Größe 38/39, schicken kann, Geld sei vorhanden. Lise Meitner erfüllt den Wunsch nach ihrer Rückkehr und notiert auf dem Brief: *2 Paar getragene Schuhe geschickt.* In Washington erreicht Lise Meitner auch die Bitte, Ehrenmitglied im „Bund der demokratischen Frauen Österreichs" zu werden. Sie nimmt an.

In Amerika treten Filmleute an Lise Meitner heran. Sie wollen ihren Anteil an der Atombombenentstehung dramatisch in Szene setzen. Sie lehnt jetzt und auch später alle derartigen Vorhaben ab: Sich selbst im Film dargestellt zu sehen ist für sie „schlimmer, als nackt den ganzen Broadway hinunterzuspazieren“, schreibt Otto Robert Frisch in seinen Lebenserinnerungen. Lise Meitner ist eben eine sehr „private Person“. In den Vereinigten Staaten bittet sie die Journalisten immer wieder: „Laßt mich in Ruhe!“ Schon vor der Reise und auch in Amerika lehnt sie strikt ab, „gegen meine innerste Überzeugung meine sehr uninteressante Lebensgeschichte zu schreiben oder schreiben zu lassen“. Sie glaube nicht, daß sie dazu verpflichtet sei.

Im Juni ehrt die „Nationale Konferenz der Christen und Juden“ die Physikerin auf einem Empfang. Der Nobelpreisträger und Kanzler der Universität von Washington, Dr. Arthur Compton, verliest die Würdigung. Geehrt wird Lise Meitner für ihren wissenschaftlichen Anteil bei der Uranspaltung und als eine Frau, „die an das Weltbürgertum glaubt und für die friedliche Nutzung der neugefundenen Energie steht, damit das Atomzeitalter zu einem Zeitalter des Friedens wird“.

Die vielen Zeitungsberichte, Menü- und Tischkarten, Eintrittskarten und Fotos, die sie mit Präsident Truman beim Empfang des Women's Press Club zeigen, hebt Lise Meitner sorgfältig auf. In ein dickes Lederalbum klebt sie alles liebevoll ein. Im Juli 1946 verläßt sie, hoch geehrt mit vier Ehrendoktorwürden, auf dem Passagierschiff *Queen Mary* die USA.

MIT DIESER Reise beginnt nach dem „Sein“ in der Holzwerkstatt und dem „Werden“ am Kaiser-Wilhelm-Institut in Berlin endlich der dritte Abschnitt im Leben dieser Wissenschaftlerin, ihr „Bedeuten“, das die politischen Ereignisse ab 1933 so brutal abgeschnitten haben.

In Amerika hat Lise Meitner zwar Angebote erhalten, dort zu leben und zu arbeiten. Doch sie will mit bald siebzig Jahren ihr Leben nicht noch einmal ganz umstellen. Sie kehrt nach Europa, nach Stockholm zurück. In einem Brief gesteht sie ihrer Freundin Eva von Bahr-Bergius, daß sie sich nach ihrer großen Reise noch heimatloser fühle als zuvor. Ihr ist durch das Wiedersehen mit den alten Kollegen und ihren Familienangehörigen noch klarer geworden, wie allein sie ist.

Im Dezember 1946 trifft Lise Meitner in Stockholm Otto Hahn und dessen Ehefrau Edith, die anläßlich der Nobelpreis-Verleihung nach Schweden kommen. Die Kaiser-Wilhelm-Gesellschaft heißt noch „Max-Planck-Gesellschaft in der britischen Zone"*, Otto Hahn ist der vorläufige Präsident. Der Besuch aus Deutschland trägt sich am 5. Dezember 1946 in Lise Meitners altes Gästebuch ein: „Nach langer Zeit endlich mal wieder." Hinter ihre Unterschrift setzen Otto und Edith Hahn in Klammern den Satz: „die sich wie in 1001 Nacht vorkommen!" – wohl wegen des Diners, das Lise Meitner für sie gibt. Zwei Tage später sind die Hahns „schon wieder bei der Lise". Am 10. Dezember überreicht der schwedische König Otto Hahn den Chemie-Nobelpreis für die Entdeckung der Kernspaltung.

Hahns Besuch in Schweden überschatten Auseinandersetzungen mit Lise Meitner. Thema ist nicht etwa der Nobelpreis, sondern es sind politische Fragen. Sie widerspricht ihrem alten Kollegen entschieden, wenn dieser beklagt, daß die Amerikaner jetzt dasselbe in Deutschland täten, was die Deutschen in Rußland und Polen getan hätten. Lise Meitner schilderte James Franck in einem früheren Brief, wie sogar Hahn, der die Nazis gehaßt und verachtet hat, mit aller Macht verdrängt. Er habe zu ihr gesagt:

> ...er sei glücklich, daß sich Deutschland nicht mit der Schuld der Konstruktion einer Atombombe und dem sinnlosen Töten von so vielen tausend Menschen belastet hätte. Ich versuchte ihm klarzumachen, daß er das wohl hätte sagen dürfen, wenn er dazugefügt hätte, er sei darum darüber froh, weil die Deutschen ja so viel Schreckliches getan hätten...

Lise Meitner versteht auch nicht, daß jetzt

> ...die Legende verbreitet wird, daß die Deutschen aus purster Anständigkeit die Atombombe nicht gemacht hätten. Ich habe natürlich Hahn gesagt, daß er Deutschland nicht mit unrichtigen Behauptungen helfen könnte, daß die Alliierten genau wüßten, wie überraschend wenig die Deutschen von den Vorbedingungen einer explosiven Kernreaktion gewußt hätten, und daß es ein großer Nachteil für Deutschland sei, wenn so anständige Menschen wie er zu so unrichtigen Mitteln der Hilfe griffen. Im Moment schien es ihm etwas einzuleuchten, aber es wirkte nicht nach, und in allen seinen

* Die Max-Planck-Gesellschaft zur Förderung der Wissenschaften e. V. wird erst 1948 endgültig Rechtsnachfolger der Kaiser-Wilhelm-Gesellschaft. Hahn ist von 1948–60 ihr Präsident.

Interviews klang derselbe Ton. Nur die Vergangenheit vergessen und das Unrecht hervorheben, das Deutschland geschieht. Da ich ja ein Teil der zu verdrängenden Vergangenheit bin, hat Hahn in keinem der Interviews, wo er über seine Lebensarbeit sprach, unsere langjährige Zusammenarbeit oder auch nur meinen Namen erwähnt. Ich habe eine Reihe von entrüsteten Anfragen über die Ursache von Hahns Verhalten bekommen... Es war mir ganz klar, daß Hahn sich seiner Unfreundschaftlichkeit kaum bewußt war, und er hat mir ganz naiv nach seiner Rückkehr für meine „große Freundschaftlichkeit“ gedankt. Natürlich war das Zusammensein mit ihm manchmal etwas schmerzhaft, aber ich war darauf gefaßt und hatte mir fest vorgenommen, keine persönlichen Debatten zu führen, und daran habe ich festgehalten.

Lise Meitner sucht nach einer Erklärung für Hahns Meinung, die ihrer Einschätzung nach viele anständige Deutsche teilen. Sie stellt sich selbst die Frage, ob ihre Generation vielleicht zu alt ist, um den Dingen klar ins Auge zu sehen. Vielleicht haben alle – auch sie – nicht mehr die Kraft dazu: „Es scheint mir jedenfalls beunruhigend für die Zukunft von Deutschland und für die Zukunft der Welt.“

Bei mir sind die Gefühle gemischter Art

1946–68

Ein Brief mit einer „sehr schicksalsschweren Frage“ erreicht Lise Meitner im Jahre 1947. Fritz Straßmann, der mit ihr und Otto Hahn am Kaiser-Wilhelm-Institut zusammengearbeitet hat, fragt bei der Frau Professor an, ob sie nicht die Leitung der Physikalischen Abteilung in Mainz übernehmen möchte. Straßmann selbst arbeitet als Professor am neugegründeten Max-Planck-Institut für Chemie.

Lise Meitner freut sich über das Angebot, besonders weil es von Straßmann kommt, den sie sehr schätzt. Sie schreibt ihm: „Ich sage Ihnen ganz aufrichtig, wenn die Anfrage nicht von Ihnen gekommen wäre, ich sie wirklich nur mit Nein hätte beantworten können.“ Doch jetzt denkt sie in allen Konsequenzen die unerwartete Möglichkeit durch, die sich ihr eröffnet. Auf der einen Seite spürt sie die Sehnsucht nach ihrem alten Wirkungskreis. Auf der anderen Seite weiß sie, daß nichts mehr so sein wird und sein kann wie vor ihrer Flucht, wie vor der Terrorherrschaft Hitlers. Ihrer Freundin Eva von Bahr-Bergius erklärt sie, warum sie auf das Stellenangebot aus Mainz „ausweichend" antwortet:

> Ich glaube persönlich, daß ich nicht in Deutschland leben könnte. Nach allem, was ich aus den Briefen meiner deutschen Freunde sehe und von anderer Seite über Deutschland höre, haben die Deutschen noch immer nicht begriffen, was geschehen ist, und alle Greuel, die nicht ihnen persönlich widerfahren, völlig vergessen. Ich glaube, ich würde in dieser Atmosphäre nicht atmen können. (10. Januar 1948)

Ihre Bedenken verstärken alte Mitarbeiter des Kaiser-Wilhelm-Instituts, die um sogenannte „Persil-Scheine" bitten – eine Art Zeugnis, das sie als Nichtnazi ausweisen soll. Lise Meitner hält nicht viel von dieser „sogenannten Entnazifizierung", weil das „nur zu Verlogenheit und Erbitterung führt". Auch bei dem ersten Wiedersehen mit Elisabeth Schiemann, die Lise Meitner 1947 in London trifft, spürt sie, wie schwer es ist, miteinander zu reden. Unbefangen ist keine der Frauen. Elisabeth fragt Lise Meitner, ob sie nicht daran denke, nach Österreich zurückzukehren. Die Physikerin antwortet erstaunt, sie könne doch gar nicht nach Österreich zurückgehen, weil sie dort niemals eine Stellung gehabt habe. Elisabeth Schiemann meint, daß die Österreicher vielleicht eine Stellung für sie schaffen könnten. Die sicher gutgemeinten Vorschläge der Freundin verletzen Lise Meitner, die sensibel alle vermeintlichen Zwischentöne registriert. Sehr getroffen fragt sie Hahn in einem Brief: „Wollte sie [Elisabeth] mir damit sagen, daß man mich in Deutschland nicht mehr haben will?"

Trotz der Vergangenheit, trotz ihrer Kritik und ihrer Befürchtungen geht Lise Meitner auf die alten Kollegen zu. Fast zehn Jahre nach ihrer Flucht aus Berlin betritt sie zum ersten Mal wieder deutschen Boden. Im April 1948 reist sie nach Göttingen zur Gedächtnisfeier für den verstorbenen Max Planck, den sie so sehr verehrt hat. Dort spricht sie mit Otto Hahn über die angebotene

Stelle in Mainz. Im Sommer sagt sie von Stockholm aus endgültig ab. Der Brief, in dem sie Otto Hahn ihre Beweggründe erläutert, ist nochmals eine Abrechnung mit der Hitler-Zeit und besonders mit dem Verhalten der Wissenschaftler gegenüber dem Nationalsozialismus:

> Jedenfalls glaube ich, daß ich nicht die Stelle in Mainz übernehmen kann. Ich habe wenig Angst vor den ungünstigen Lebensverhältnissen, aber sehr erhebliche Bedenken gegenüber der geistigen Mentalität. Alles, wo ich etwa – außerhalb der Physik – anderer Meinung sein würde als die Mitarbeiter, würde sicher mit den Worten begegnet werden: Sie versteht natürlich die deutschen Verhältnisse nicht, weil sie Österreicherin ist oder weil sie jüdischer Abstammung ist...
>
> Man hat ja zu viele Beweise, wie viele Wissenschaftler mit Hitler (mit und ohne Überzeugung) mitgegangen sind. Als Einstein 1933 in Amerika vor den unglücklichen Folgen des Hitlerismus warnte, wurde er sofort aus der Akademie der Wissenschaften ausgeschlossen (noch vor April 33). Das kann doch nicht von einer Minderheit der Akademie durchgeführt worden sein. Fast gleichzeitig hat Leux und ein anderer Chemiker den Antrag gestellt, daß Einstein die Ehrenmitgliedschaft in der Chemischen Gesellschaft entzogen werden soll, was auch nur von der Mehrheit des Vorstandes beschlossen worden sein kann. Als Franck in einem Zeitungsartikel seinen Rücktritt von seiner Professur mit den Worten begründete, daß seinen Kindern die Möglichkeit verwehrt würde, „sich als gute Deutsche zu bewähren“, haben 42 Dozenten der Göttinger Universität einen Aufruf gegen ihn veröffentlicht, „er sabotiere das Dritte Reich“... Ist es wirklich berechtigt zu sagen, daß die Mehrzahl der Wissenschaftler von Anfang an gegen Hitler war?... (6. Juli 1948 an Otto Hahn)

Im Gegensatz etwa zu Albert Einstein, der nie wieder deutschen Boden betritt und keine deutschen Ehrungen annimmt, reicht Lise Meitner die Hand zur Versöhnung. Als sie zum „Auswärtigen Wissenschaftlichen Mitglied der Max-Planck-Gesellschaft“ gewählt wird, nimmt sie an. Sie bittet gleichzeitig, ihre Zusage als Ausdruck ihrer Dankbarkeit aufzufassen für die schönen Jahre wissenschaftlicher Arbeit, die ihr die Kaiser-Wilhelm-Gesellschaft vor 1933 geboten habe.

Die zahlreichen Auszeichnungen, die Lise Meitner ab 1948 nicht nur aus Österreich, sondern auch aus der Bundesrepublik erhält, akzeptiert sie alle. In ihrer Dankesrede für den Otto-Hahn-Preis erklärt sie, warum:

> Wenn ich von den politischen Problemen absehe, waren meine in Deutschland verbrachten Jahre die schönsten meines Lebens.

Diese schönsten Jahre werden nochmals schmerzlich gegenwärtig, als Lise Meitner Anfang der fünfziger Jahre Berlin besucht und durch „die Trümmer meiner eigenen Vergangenheit" geht. Wo früher die Dienstvilla stand, in der sie gelebt hatte, sieht sie einen unordentlichen, teilweise mit Gras bewachsenen Platz. An einigen Stellen kann sie aus dem Bodenmuster noch erkennen, wo einmal ihr Badezimmer, ihre Küche und der Wintergarten gewesen waren: „Das Wiedersehen mit Dahlem war etwas beklemmend."

Im *Berliner Tagesspiegel* erscheint 1953 folgendes Porträt Lise Meitners:

> Es fällt auf den ersten Blick schwer, sich vorzustellen, daß Frau Meitner tatsächlich unser gesamtes Weltbild entscheidend beeinflußt hat. Diese zierliche Dame, die selbst in hochhackigen Pumps noch auffallend klein wirkt, hat so sanfte Bewegungen, eine so warme, leise Stimme, daß man sie sich überhaupt nicht in irgendeinem wissenschaftlichen Institut, sondern nur in der Intimität eines Zimmers vorstellen mag. Selbst in einem Hörsaal gibt sie jedem ihrer tausend Zuhörer das Gefühl, als unterhalte sie sich mit ihm allein. Sie hat nichts Lehrhaftes, nicht Dozierendes. Sie erzählt, ja, sie plaudert fast. So meint man – bis dann plötzlich ihr Manuskript mit einem lauten Rascheln vom Pult herunterfällt und sie es nicht einmal bemerkt. Und man sieht, sie plaudert eben doch nicht, sie arbeitet so konzentriert, daß für sie nichts mehr wirklich ist außer ihren Gedanken.
>
> Aber Lise Meitner lebt nicht nur in ihrer Gedankenwelt. Das zeigte sich anschaulich, als die heute in Stockholm Lebende nach dem Vortrag eng von einstigen Mitarbeitern umringt wurde. Nicht nur von Professoren. „Kennen Sie mich denn nicht mehr, Frau Professor", sagte etwa einer, „ich war doch damals Bote im Institut." Sie kannte ihn, sie kannte jeden

> einzelnen, und nicht nur das, sie erinnerte sich der Frauen, fragte, was aus der Ausbildung des Sohnes, der Heirat der Tochter geworden sei. Sie war erschüttert, als sie zweimal hintereinander die Antwort bekam: Der ist auch gefallen. Denn Lise Meitner ist eine mitfühlende, warmherzige Frau.

Alte, kaum verheilte Wunden reißen immer schnell wieder auf. Besonders wütend und gleichzeitig bedrückt ist Lise Meitner, als sie im Jahre 1953 von einem Vortrag und einem Artikel erfährt, worin sie als „die langjährige Mitarbeiterin Hahns, Frl. Lise Meitner", dargestellt wird. Sie schreibt Otto Hahn:

> Ich bin im Jahre 1917 vom Verwaltungsrat des K. W. I. [Kaiser-Wilhelm-Instituts] für Chemie offiziell mit der Einrichtung der Physikalischen Abteilung betraut worden und habe sie 21 Jahre geleitet. Versuche Dich mal in meine Lage hineinzudenken! Soll mir nach den letzten 15 Jahren, die ich keinem guten Freund durchlebt zu haben wünsche, auch noch meine wissenschaftliche Vergangenheit genommen werden? Ist das fair? Und warum geschieht es? Was würdest Du sagen, wenn Du auch charakterisiert würdest als der langjährige Mitarbeiter von mir?

Diese Einordnung, gegen die sich Lise Meitner zu Recht wehrt, hält sich – teilweise unter den Fachkollegen und sicher in der Öffentlichkeit. Das große Vergessen beginnt, besonders als ihre Generation nach und nach wegstirbt. Im Jahre 1974 muß ihr ehemaliger Mitarbeiter Straßmann feststellen:

> Man fragt darum mit Staunen, warum die Jugend bei uns, und sogar der wissenschaftliche Nachwuchs, so wenig oder gar nichts weiß von dieser ungewöhnlichen Frau.

Nach dem Ende des Zweiten Weltkrieges verbessert sich Lise Meitners Arbeitssituation in Schweden. Sie bezieht drei kleine Räume in der *Försökstation* der Königlich-Technischen Hochschule in Stockholm, ihr stehen Geräte zur Verfügung, sie hat wieder Assistenten:

> Es ist ja ein Wunder, daß mir in meinem Alter eine solche Möglichkeit geboten wird, und da in Schweden die Kernphysik sehr wenig entwickelt ist, scheint die Möglichkeit gegeben, daß ich etwas nützlich sein könnte. Also habe ich allen Grund, dankbar zu sein. (31. August 1946 an Eva von Bahr-Bergius)

Ende 1947 bewilligt ihr der schwedische Reichstag eine Forschungsprofessur mit entsprechendem Gehalt. Sie hat keine finanziellen Sorgen mehr. Als sehr ungerecht empfindet sie es, daß die Max-Planck-Gesellschaft nun dieses neue, „ziemlich hohe Gehalt" mit ihren Emeritierungsbezügen verrechnen will, nachdem sie neun magere Jahre lang nicht einmal das Gehalt eines Assistenten bezogen hat.

Lise Meitners Leben normalisiert sich. Sie lebt jetzt allein in Stockholm, nachdem die Eltern von Otto Robert Frisch auf ihre alten Tage zu dem Sohn nach Cambridge gezogen sind. Im Jahre 1948 nimmt sie die schwedische Staatsbürgerschaft an. Der Schwedische Reichstag hat ihr in einem namentlichen Beschluß erlaubt, die österreichische beizubehalten. An die österreichische Gesandtschaft muß sie 500 Kronen zahlen, damit sie Österreicherin bleiben darf.

Die grauhaarige alte Dame mit dem neuen schwedischen Paß ist noch sehr rüstig. Sie geht jeden Tag zu Fuß den gut einen Kilometer langen Weg von ihrer Wohnung zum Forschungsinstitut, in ihren Ferien wandert sie und besteigt hohe Berge, bevorzugt in Österreich.

In Schweden fühlt sich Lise Meitner eben doch nie richtig zu Hause, trotz der Bemühungen vieler Freunde und trotz der verbesserten Arbeitssituation. Sie bleibt eine Ausländerin, die die schwedische Sprache nicht wirklich beherrscht. In ihrem Alter eine fremde Sprache wirklich zu erlernen erfordert eine Kraftanstrengung, die sie neben der wissenschaftlichen Arbeit nicht mehr aufbringen kann. Lise Meitner behält das Gefühl, nicht in ihr

> ... neues Leben wirklich hineingewachsen zu sein. Das ist unabänderlich, und so nimmt man es als gegeben und hält sich an das Gute, das man doch immer und irgendwie und irgendwo geschenkt bekommt. (20. Dezember 1957 an Elisabeth Schiemann)

Als ein wirkliches Geschenk erlebt Lise Meitner ihren Geburtstag am 7. November 1953. Sie wird 75 Jahre alt. Durch eine Zahlung von 25 Kronen an die Lokalzeitung hat Lise Meitner – wie schon bei ihrem 70. Geburtstag – verhindert, daß eine Meldung zu ihrem Jubiläum erscheint. So sei sie sicher, daß alle Menschen aus wirklicher, innerer Freundlichkeit zum Gratulieren kämen. Über 150 Briefe und Telegramme erreichen sie, viele kommen aus dem Ausland, viele sind von Schülern und Kollegen. Lise Meitner ist gerührt. Sie erhält so viele Blumen, daß ihre Wohnung noch zwei Wochen nach dem Festtag „wie ein Blumengarten" aussieht.

Otto Hahn hat sich etwas Besonderes ausgedacht. Er spricht über den Berliner Sender RIAS einige Grußworte für die alte Kollegin, die Lise Meitner in Stockholm am 11. November empfangen kann. Als sie davon telegrafisch unterrichtet wird, muß sie sehr aufpassen, „um nicht überwältigt zu werden".

Lise Meitner versöhnt sich mit ihrem Leben. Sie schreibt an ihren Bruder Walter:

> Ich halte mich an ein sehr schönes Goethe-Gedicht, das ich kürzlich entdeckt habe, in dem nach der Aufzählung der guten Dinge, die einem im Alter genommen werden, zum Schluß gesagt wird: Mir bleibt genug, es bleibt Idee und Liebe.

Die Arbeit macht Lise Meitner auch wieder Spaß. Allerdings sei an das einstige Arbeitstempo nicht mehr zu denken, bemerkt sie gegenüber Otto Hahn.

Sie beschäftigt sich wieder mit der Kernspaltung und überlegt, wovon es abhängt, ob die *fission* symmetrisch oder unsymmetrisch erfolgt. Sie veröffentlicht darüber einen Beitrag in der Wissenschaftszeitschrift *Nature.* Dieser Artikel, „Spaltung und Schalenmodell der Atomkerne" aus dem Jahre 1950, ist Lise Meitners vorletzter und ihre letzte bedeutende wissenschaftliche Veröffentlichung. Fast 150 Publikationen sind es geworden, bevor sie zwei Jahre später das experimentelle Arbeiten endgültig aufgibt.

> Ich bin der Meinung, daß man mit der wissenschaftlichen Arbeit aufhören soll, solange man nicht mit dem Kopf wackelt.
> (15. Oktober 1952 an Otto Hahn)

Im Jahre 1953 bezieht sie ein „fürsorglich eingerichtetes Arbeitszimmer" am Institut von Sigvard Eklund, der für die Königliche Akademie der Ingenieurwissenschaften einen Forschungsreaktor baut. Lise Meitner fühlt sich wohl in ihrem

Fritz Straßmann, Lise Meitner und Otto Hahn (v. l.) 1956 bei der Einweihung der Neubauten des Max-Planck-Instituts für Chemie in Mainz

„Altersstüberl". Sie geht einmal wöchentlich in wissenschaftliche Kolloquien und versucht in ihrem Fachgebiet, der Kernphysik, auf dem laufenden zu bleiben.

Wenn sie Zeit hat, besucht sie gerne Freunde in Österreich und Deutschland. Sie trifft den Bundespräsidenten Theodor Heuss, der ihr den Verdienstorden der Bundesrepublik, den Orden „Pour le mérite", verleiht. Sie ist Gast bei der Nobelpreisträger-Tagung in Lindau. Im Jahre 1959 fliegt sie nach Berlin, wo das Hahn-Meitner-Institut für Kernforschung eingeweiht wird. Sie genießt das Wiedersehen mit allen alten Kollegen.

Ein gerngesehener und häufiger Gast ist Lise Meitner auf Frauenkongressen und Akademikerinnentreffen. Sie spricht vor Frauen in der Bundesrepublik und Österreich, in Schweden und den Vereinigten Staaten über ihren Lebensweg und den anderer Wissenschaftlerinnen. Sie äußert sich auch allgemein zum Thema Gleichberechtigung:

> Einzigartige Leistungen wie die der Wissenschaftlerinnen Marie Curie oder Irène Joliot-Curie, der Schriftstellerin Selma Lagerlöf und von Florence Nightingale können zwar im Einzelfall gängige Vorurteile widerlegen, aber die Vorurteile

> bestehen trotzdem weiter. Sie richten sich hauptsächlich gegen Frauen in Mittelklasse-Berufen und ganz besonders gegen Frauen in Führungspositionen. Niemand scheint gegen Frauen als Fabrikarbeiterinnen zu protestieren. Aber ich kenne keine Frau, die in der Industrie eine leitende Stellung einnimmt.*

Lise Meitner weiß nur zu gut, wie viele Vorurteile noch existieren: Als sie im Jahre 1948 als erste Frau Mitglied in der Österreichischen Akademie der Wissenschaften werden soll, gelingt ihre Wahl zum korrespondierenden Mitglied im Ausland nur gegen den harten Widerstand einiger Kollegen.

Im November 1962 zeichnet die Georg-August-Universität zu Göttingen Lise Meitner mit der Dorothea-Schlözer-Medaille** aus, „in Würdigung ihrer hohen Verdienste als weltweit anerkannte Forscherin und zugleich als Vorbild für alle wissenschaftlich arbeitenden Frauen". Lise Meitner ist sich bewußt, daß sie durch ihr Leben gezeigt hat, daß Frauen – besonders auch in den Naturwissenschaften – Großes leisten können. Sie war keine kämpferische Frauenrechtlerin, sondern hat einfach durch ihr Beispiel einen Beitrag zur Gleichstellung der Frauen geleistet. Sigvard Eklund weiß aus Gesprächen mit ihr: „Darauf war sie stolz."

Noch zu einem anderen Jahrhundertthema hält Lise Meitner viele Vorträge und besucht Tagungen, nachdem sie mit ihrer wissenschaftlichen Arbeit aufgehört hat. Seit dem 6. August 1945 – dem Tag, an dem die erste Atombombe explodierte – läßt sie eine Sorge nicht mehr los:

> Wie wird alles weitergehen? ... Es muß eine internationale Verständigung, eine Beseitigung der Geheimhalterei und eine internationale Kontrolle zustande kommen, oder die Menschheit geht rettungslos in ihr Verderben.

Im Jahre 1953 sitzt Lise Meitner als einzige Frau im Ehrenkomitee der internationalen Wissenschaftlertagung „Wissenschaft und Freiheit". In Hamburg mit dabei sind auch alte Berliner

---

* Übersetzung der Verf.

** Dorothea Schlözer (1770–1825) bestand 1787 als erste weibliche Kandidatin das philosophische Doktorexamen.

Kollegen: Otto Hahn, Max von Laue und James Franck, der „Vater der Atombombe“ Robert Oppenheimer und der Philosoph Bertrand Russell. Lise Meitner beschäftigt sich zwar mit Politik, doch hütet sie sich davor, sich zu politischen Fragen öffentlich zu äußern. In denen fühle sie sich nicht kompetent, erklärt sie einem Reporter in Hamburg. Sie bleibt zurückhaltend und unterschreibt keinen der zahlreichen Aufrufe, die in den fünfziger Jahren gegen die Atomrüstung verfaßt werden.

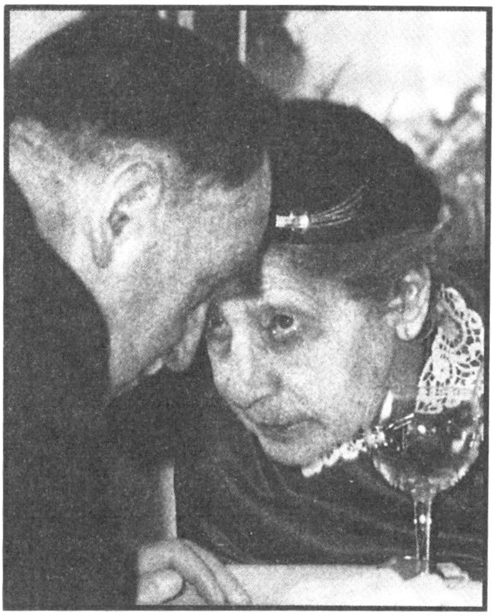

Otto Hahn und Lise Meitner bei der Abschiedsfeier für Max von Laue, 1959

Mit fast achtzig Jahren nimmt Lise Meitner an der zweiten Internationalen Konferenz für die friedliche Nutzung der Atomenergie der Vereinten Nationen teil. In Genf ist sie Mitglied der schwedischen Delegation. Sie glaubt und hofft, daß der Rüstungswettlauf beendet werden kann.

Fest hält Lise Meitner an ihrem Ideal der reinen Wissenschaft. Sie beklagt, daß der „ohnedies überbetonte Begriff der Nützlichkeit der Wissenschaft die Freude an dem Verständnis fundamentaler Naturgesetze mehr und mehr verdirbt“. Ihr Idealbild bleibt der Wissenschaftler, der aus Erkenntnisinteresse forscht und sein Wissen nicht in den Dienst irgendwelcher Nützlichkeiten oder Anwendungen stellt. Lise Meitner fühlt, daß dieses Ideal in der heutigen Welt kaum noch Platz hat.

Sie liest die Berichte über den Fall Oppenheimer, über die Entstehung der Atombombe. Als sie erfährt, wie alle an dem Atombombenbau Beteiligten ständig überwacht wurden, ihre Briefe geöffnet und Telefongespräche abgehört wurden, fragt sie: „In was für einer Welt leben wir?“ Es ist nicht mehr die Welt, in der Lise Meitner groß geworden ist:

> Es ist alles so schwierig geworden, weil wir an den alten Grundlagen hängen, die nicht mehr da sind. Es ist in der Politik nicht anders als in der Kunst. Überall ist es ein Suchen nach neuen Grundlagen, nach neuen Ausdrucksformen und wenig bewußter Wille, sich gegenseitig zu verstehen und sich zu verständigen... Wir lernen langsam. Trotzdem glaube ich daran, daß es einmal wieder eine vernünftig geordnete Welt geben wird – auch wenn ich es nicht mehr erleben werde.

Auf dem von Lise Meitner „so geliebten, lichtvollen Bild der Wissenschaft" liegen Schatten. Hinter jeder wunderbaren wissenschaftlichen Leistung lauere das Gespenst der schlechten Anwendungsmöglichkeiten. Vor langer Zeit, in der Holzwerkstatt, glaubte sie noch an die „Wunderbarkeit der Wissenschaft – und fast auch der Wissenschaftler", dieser Glaube sei zerplatzt wie „Seifenblasen". Ende der fünfziger Jahre ist die Welt in Ost und West geteilt, immer mehr Geld fließt in die militärische Forschung. Lise Meitner muß feststellen, daß keine internationale Verständigung in Sicht ist:

> Viel weiter entwickelt hat sich leider bisher der dunkle Weg zum Bösen, der Wettlauf in der Konstruktion todbringender Waffen, die nicht nur den „Untergang des Abendlandes", sondern der ganzen Menschheit bedingen können. Wir wollen hoffen, daß schließlich Vernunft und Rechtsbewußtsein den falschen Weg ausschließen werden. Aber es gibt ein altes Sprichwort: „Es ist später, als Du denkst."

Im Jahre 1959 reist Lise Meitner nochmals in die Vereinigten Staaten, sie hält Vorträge am Bryn-Mawr-College. Sie erzählt und plaudert gern mit den jungen Studentinnen, die aus allen Teilen der Welt stammen und, wie Lise Meitner feststellt, zum Teil ein ausgezeichnetes Wissensniveau haben. Obwohl die 81jährige Professorin das stetige Zusammensein mit Menschen und das ständige Englischsprechen anstrengen, stellt sie nach ihrer Rückkehr fest: „Die Reise nach Amerika hat mir wunderbar getan."

Jung will Lise Meitner nicht noch einmal sein. Sie glaubt, daß es die heutige Jugend schwerer habe, ihren Weg zu finden, als es für die Älteren „trotz Hitler" gewesen sei. „Sie erleben viel mehr,

Mit Studentinnen im amerikanischen Bryn-Mawr-College

aber es gibt ihnen weniger“, schreibt sie an die Tochter ihres alten Freundes James Franck.

Im Jahre 1960 trägt sie zum letzten Mal, diesmal mit einem Kugelschreiber und schon etwas zittriger Handschrift, einen neuen Städtenamen in ihr altes Gästebuch ein: Cambridge. Sie ist in die alte englische Universitätsstadt gezogen, um in der Nähe ihres Neffen Otto Robert Frisch und dessen Familie zu sein. Ihre Gesundheit ist angegriffen, das Rauchen hat sie noch in Schweden auf Rat eines Arztes aufgegeben. Sie kauft sich eine kleine, ebenerdige Eigentumswohnung, die praktisch und modern ist. Ihr neues Zuhause hat ein Wohn- und Speisezimmer, Küche und Bad, ein Schlafzimmer für sie selbst und eines für die Haushaltshilfe. Lise Meitner, die zunehmend schwerhörig wird, hat den Ehrgeiz, solange sie kann, mit der modernen Physik mitzuhalten. Sie führt ein ständiges Verzeichnis „Otto-Robert-fragen“:

> Und ich habe mit ehrlichem Vergnügen schon vor Jahren scherzhaft und doch ernsthaft gesagt: Früher war Otto Robert mein Neffe, jetzt bin ich seine Tante. Ich bin sehr zufrieden mit dieser Veränderung.

Im Jahre 1963 lädt Sigvard Eklund die alte Dame der Kernphysik nach Wien ein, wo sie über ihr Leben spricht. Ihre Ansprache wird unter dem Titel „Lise Meitner schaut zurück" gedruckt. In Wien faßt sie ihr Leben folgendermaßen zusammen:

> Ich glaube, daß sich alle jungen Leute versuchen vorzustellen, wie ihr Leben einmal aussehen soll. Wenn ich das in meiner Jugendzeit tat, kam ich immer zu dem Schluß: Das Leben muß nicht leicht sein, wenn es nur inhaltsreich ist. Und dieser Wunsch ging in Erfüllung.
>
> Der Erste und Zweite Weltkrieg und deren Folgen haben dafür gesorgt, daß mein Leben nicht einfach war. Daß es trotzdem ein erfülltes Leben war, verdanke ich der wundervollen Entwicklung der Physik zu meinen Lebzeiten und den großen und liebenswerten Persönlichkeiten, mit denen mich meine Arbeit auf dem Gebiet der Physik zusammenbrachte.*

Weihnachten 1964 fährt Lise Meitner zum letzten Mal in die Vereinigten Staaten, um ihre Verwandten zu besuchen. Nach ihrer Rückkehr erleidet sie einen Herzanfall. Sie muß in ein Pflegeheim, wo sie sich wieder recht gut erholt.

Zwei Jahre später wird ihr nochmals eine große Ehre zuteil: 1966 verleiht die amerikanische Atomenergiebehörde den Enrico-Fermi-Preis der Vereinigten Staaten von Amerika zum ersten Mal an Nichtamerikaner, nämlich an das Team Hahn/Meitner/Straßmann. Zum ersten und gleichzeitig zum letzten Mal werden die drei Wissenschaftler gemeinsam für ihre Arbeiten geehrt, die zur Kernspaltung geführt haben. Die Physikerin ist die erste Frau, die diesen angesehenen Preis erhält.

Lise Meitner freut sich, doch „sind die Gefühle etwas gemischter Art. Aber in gewisser Hinsicht habe ich doch eine Art Freude darüber." In Lise Meitners Leben kommt diese Anerkennung ihrer Arbeit vor dem Zweiten Weltkrieg sehr spät, fast zu spät. Sie ist zu alt und krank, um nach Wien zu reisen. Sie schickt Otto Robert Frisch, der den Preis in Empfang nimmt. Sie kann nicht mehr die Früchte einer solchen Auszeichnung ernten, die einem Wissenschaftler neben dem Geld auch immer viele Einladungen zu Vorträgen einbringt.

---

* Übersetzung der Verf.

Ein Vertreter der amerikanischen Atomenergiebehörde läßt es sich nicht nehmen, die *old lady* der Atomphysik nach der offiziellen Feier in Wien noch in Cambridge aufzusuchen. Er möchte ihr den Preis doch noch persönlich überbringen. Von einem Blatt liest Lise Meitner mit leiser, gebrochener Stimme eine kleine Dankesrede ab, die groß und deutlich getippt wurde. Sie sitzt in einem Lehnstuhl, ihr Rücken ist stark gebeugt, sie wirkt noch kleiner und zerbrechlicher, als sie eh schon ist.

Lise Meitner mit fast achtzig Jahren während eines Besuchs in Heidelberg

In ihren zwei letzten Lebensjahren läßt Lise Meitners Kraft stetig nach. Sie kann nur noch langsam und mit kleinen Schritten gehen. Nachdem sie mehrere kleine Schlaganfälle erlitten hat, macht ihr das Sprechen Mühe. Die Worte und insbesondere die Namen selbst der Nahestehendsten fallen ihr oft nicht ein. Manchmal kann man nicht herausfinden, was sie eigentlich sagen will. Aber sie scheint sich nicht viel daraus zu machen. Sie vergißt sofort wieder, was sie wollte. Sie liest kaum noch und sitzt meistens in ihrem Sessel. Wenn ihr Neffe und dessen Frau sie besuchen und etwas erzählen, hört sie mit Aufmerksamkeit zu und scheint das meiste aufzufassen. Nach ein paar Minuten hat sie es aber wieder vergessen. Das ist sehr traurig mit anzusehen, aber sie leidet nicht darunter. Sie hat keine Schmerzen und träumt den ganzen Tag vor sich hin. Wenn es nicht regnet, sitzt sie ein paar Stunden im Garten.

Im Sommer 1968 stirbt Otto Hahn in Göttingen an Herzversagen. Otto Robert Frisch und seine Frau erzählen Lise Meitner nichts davon. Sie überlebt ihren alten Kollegen um drei Monate.

Ihr Leben geht in einem Pflegeheim langsam und friedlich zu Ende: Sie schläft am 27. Oktober kurz nach Mitternacht ein. Ihren 90. Geburtstag erlebt sie nicht mehr. Begraben wird sie auf eigenen Wunsch auf einem Friedhof in Südengland neben ihrem jüngsten Bruder Walter. Außer ihrem Namen und dem Geburts- und Todesjahr schmückt den einfachen Grabstein die eingemeißelte Inschrift: EINE PHYSIKERIN, DIE NIEMALS IHRE MENSCHLICHKEIT VERLOR.*

Exkurs

Ich fürchte, sie gelingt doch

Zur Geschichte der Atombombe 1939–45

Im Jahre 1939 ist es kein Geheimnis mehr: Die Entdeckung der Kernspaltung hat eine Atombombe möglich gemacht.

Nachdem Lise Meitner und ihr Neffe Otto Robert Frisch den Vorgang physikalisch erklärt haben, finden andere Wissenschaftler durch Versuche schnell heraus, daß bei der Uranspaltung eine Kettenreaktion entstehen kann: Wird ein Urankern geteilt, entsteht auch Energie in Form von freigesetzten Neutronen. Diese ungeladenen Atombausteine dringen in neue Kerne ein, spalten diese, weitere Neutronen fliegen heraus und so weiter... Am Ende steht der große Knall, die 1939 für „möglich" erachtete Atombombe.

Der nach Amerika emigrierte Physiker Leo Szilard glaubt an die Machbarkeit dieser neuen schrecklichen Waffe. Den in Deutschland arbeitenden Atomforschern wie Otto Hahn, Werner Heisenberg und Carl Friedrich von Weizsäcker trauen er und andere das Fachwissen und die Fähigkeit allemal zu. Und deshalb fürchtet der gebürtige Ungar Szilard nur eines: Was passiert, wenn Adolf Hitler als erster diese Bombe bauen läßt und die Welt erpreßt? Szilard handelt. Er verfaßt zusammen mit zwei Kollegen einen Brief an den amerikanischen Präsiden-

* A Physicist, who never lost her humanity.

ten Roosevelt. Die Naturwissenschaftler wollen auf die Möglichkeit einer Atombombe aufmerksam machen. Um ihrem Schreiben mehr Gewicht zu verleihen, bitten die Verfasser den berühmten Albert Einstein um seine Unterschrift. Der seit 1933 in den Vereinigten Staaten lebende Physiker zögert, schließlich ist er überzeugter Pazifist. Doch er zaudert nicht lange, auch er möchte unter allen Umständen verhindern, daß Hitler allein in den Besitz dieser Waffe kommt. Einen Monat vor dem Kriegsbeginn in Europa, im August 1939, geht der Brief auf den Weg.

Den amerikanischen Präsidenten Roosevelt erreicht der Brief über einen Berater erst im Oktober 1939. Der Präsident antwortet sehr kurz, er scheint dem Schreiben keine besondere Bedeutung beizumessen, setzt aber eine Studienkommission ein. Am 7. März 1940 weist Einstein in einem zweiten Brief nochmals auf die Gefahr einer Atombombe hin. Zwei Jahre lang passiert wenig. Die Engländer und Amerikaner beschließen lediglich eine Zusammenarbeit im Bereich der Atomphysik. Und im Jahre 1941 zeigt Enrico Fermi endgültig, daß die Atombombe kein physikalisches Hirngespinst ist.

Lise Meitner kommentierte diese Zeit später:

> Es ist ein unglücklicher Zufall, daß diese Entdeckung [die Kernspaltung] in die Zeit der Kriegsjahre gefallen ist. Verteidigungsnotwendigkeiten auf der einen Seite, Angriffswünsche auf der anderen Seite, haben das Streben der fachkundigen Wissenschaftler auf das Ziel konzentriert, die neuentdeckte Energiequelle in den Dienst des Krieges zu stellen, ein Streben, das zur Konstruktion der Atombombe geführt hat.

Dieses „Streben“ beginnt mit aller Macht im Sommer des Jahres 1942. Nach dem japanischen Überfall auf den amerikanischen Stützpunkt Pearl Harbor ist Amerika in den Krieg in Asien eingetreten. Die Lage spitzt sich zu, als Roosevelt das Kernforschungsprogramm dem Militär unterstellt. Leiter wird der General Leslie Groves, ein Macher. Sein Büro liegt in Manhattan, der Deckname des Geheimprojektes lautet „Manhattan Engineer District“, kurz Manhattan-Projekt genannt.

Der wissenschaftliche Manager ist der Physiker Robert

Oppenheimer*, ein brillanter Denker. Es fällt „Oppie“ nicht schwer, die fähigsten Wissenschaftler der damaligen Zeit für das Atombombenprojekt zu gewinnen. Oppenheimer kann begeistern und überzeugen. Viele der Physiker, Chemiker und Techniker hatte Hitler aus ihrer europäischen Heimat vertrieben, und so leisten sie gerne einen Beitrag, um den Diktator unschädlich zu machen. Viele der Wissenschaftler lockte auch die technische Herausforderung.

Die Forscher leben und arbeiten in Los Alamos im amerikanischen Bundesstaat Neu-Mexiko. Um ein altes einsames Internat herum hat der General Holzbaracken errichten lassen, alles erinnert an ein komfortables Gefängnis. Das Gelände ist abgeriegelt, Post und Ausgang werden überwacht und kontrolliert. Nichts soll von dem Manhattan-Projekt nach außen dringen.

Auch Otto Robert Frisch, Lise Meitners Neffe, arbeitet in Los Alamos. Er ist begeistert von der Atmosphäre im Forscherlager:

> Es war angenehm zu wissen, daß es möglich war, abends in irgendeine Richtung loszugehen, an die erstbeste Tür zu klopfen und dort interessante Leute zu treffen, die musizierten oder anregende Konversation führten. Nie habe ich eine kleine Stadt mit so einem breiten Spektrum von intelligenten und kultivierten Bewohnern gesehen.

Fast gerät in Vergessenheit, daß sie hier an einer Waffe, der Atombombe, bauen. Den gefährlichen Versuch, die kritische Uranmenge herauszufinden, bei der eine kontrollierte Kernexplosion beginnt, nennen die Wissenschaftler „den Drachen am Schwanz kitzeln“.

Los Alamos ist das Kernstück, das Hirn des Manhattan-Projekts. An dem gesamten Unternehmen sind zeitweise bis zu 200 000 Menschen beteiligt, quer durch die USA, in Fabriken, Büros, Labors und Bergwerken. Kaum einer weiß, für was er arbeitet.

---

* Robert Oppenheimer (1904–67) widersetzt sich später (1953) dem Bau der Wasserstoffbombe. Er gerät dadurch in den Verdacht, eine kommunistische Gesinnung zu haben. Ein Regierungsausschuß verhört ihn, er wird zum „Fall Oppenheimer“. Die US-Regierung untersagt seine weitere Beteiligung an geheimen Projekten.

Auch die alten Freunde Lise Meitners, James Franck und Niels Bohr, forschen in Los Alamos. Warum ist sie nicht dabei? Otto Robert Frisch betont später immer wieder, daß seine Tante alle Angebote abgelehnt habe, an der Atombombe mitzuarbeiten. Wie diese „Angebote" aussahen, wer sie Lise Meitner gemacht hat, wissen wir nicht. Während in Amerika fieberhaft geforscht wird, sitzt die Physikerin allein in ihrem Stockholmer Exil. Lise Meitner wünscht sich nur eines:

> Die neu erschlossene Energiequelle möchte nur zu friedlichen Zwecken ausgenützt werden. Während des Krieges pflegte ich zu meinem Stockholmer Freund Oskar Klein zu sagen: „Ich hoffe, die Konstruktion einer Atombombe gelingt nicht, aber oft fürchte ich, sie gelingt doch." Meine Furcht war berechtigt.

Im November 1944 marschieren amerikanische Truppen in Straßburg ein. Sie beschlagnahmen die Papiere der dort tätigen deutschen Atomforscher und befragen die Physiker. Im April 1945 werden die Wissenschaftler, darunter auch Otto Hahn, in England interniert. Nun steht endgültig fest: Die Deutschen haben keine Atombombe, sie bauen nicht einmal daran, sie sind meilenweit zurück. Die „Angst vor der deutschen Atombombe", die so viele zur Mitarbeit im Manhattan-Projekt getrieben hat, zerplatzt wie eine Seifenblase. Im Mai 1945 kapituliert Nazideutschland.

Trotzdem forschen die Männer in Los Alamos weiter. Das Manhattan-Projekt steht kurz vor dem Abschluß, die Militärs haben längst das Sagen und nur eine Angst, daß der Krieg zu Ende geht, bevor die Bombe gebaut ist. Sie wollen nicht nur die Atombombe, sie wollen sie auch abwerfen. Wenn nicht auf Deutschland, dann woanders. Japan, das immer noch mit Amerika im Krieg liegt, kommt ins Gespräch.

Im Juni 1945 sprechen sich sieben Wissenschaftler, die in Los Alamos dabei sind, gegen die Abwurfpläne aus. Weil James Franck einen Bericht für den amerikanischen Kriegsminister als erster unterzeichnet, erhält das Dokument den Namen „Franck-Report". Die Unterzeichner fordern, den ersten Atombombentest vor der internationalen Öffentlichkeit durchzuführen. Ihre Begründung lautet:

> Wenn die Vereinigten Staaten das erste Land wären, welches diese neuen Mittel zur rücksichtslosen Zerstörung der Menschheit anwendete, würden sie auf die Unterstützung der Welt verzichten, den Aufrüstungswettlauf beschleunigen und die Chancen für ein künftiges Abkommen zur Kontrolle derartiger Waffen zunichte machen.

Diese Gedanken und Befürchtungen finden unter den Wissenschaftlern eine breite Mehrheit.

Doch die „starken und klugen Argumente", so schätzt Lise Meitner den Franck-Report ein, verhallen ungehört. Am 16. Juli 1945 explodiert die erste Atombombe in einer trostlosen Ebene in Neu-Mexiko, der die spanischen Eroberer den Namen „Jornada del Muerto", Reise des Todes, gaben. Als der Atomblitz den Morgenhimmel erhellt, sind die Beobachter wie gelähmt, begeistert und erschrocken zugleich.

Nach diesem erfolgreichen Test geht alles sehr schnell. Jetzt befehlen die Militärs, und der neue amerikanische Präsident Truman genehmigt die Abwurfpläne.

Es ist aus heutiger Sicht sehr zweifelhaft, ob dadurch der Krieg in Asien soviel schneller beendet wurde. Denn schon vor den Atombombenabwürfen war Japan am Ende und bereit zu Kapitulationsverhandlungen, wenn die Vereinigten Staaten einen Schritt auf die Gegner zu gemacht hätten.

Am 6. und 9. August 1945 fallen Atombomben auf die japanischen Städte Hiroshima und Nagasaki und machen sie dem Erdboden gleich. Hunderttausende von Menschen sterben und werden zu Krüppeln. Japan kapituliert.

Im November des Jahres 1945 veröffentlicht der Nobelpreisträger Harold Urey in einer Wissenschaftszeitschrift einen Aufsatz mit dem Titel „Das Atom und die Menschheit". Der amerikanische Chemiker zieht Schlußfolgerungen und stellt Forderungen, die heute noch genauso aktuell sind wie damals, die damals nicht erfüllt wurden und heute noch unerfüllt sind:

> Wenn Atombomben in einem Land hergestellt werden, dann können sie in allen Industrienationen der Welt hergestellt werden.
>
> Wenn Atombomben in allen diesen Ländern gebaut werden, dann werden wir den Rest unserer Tage mit der tödlichen

Furcht leben, daß sie eingesetzt werden, und – ohne Zweifel – sie werden im Laufe der Zeit auch benutzt.

In keinem Land der Erde dürfen Atombomben hergestellt werden, und keine Regierung – egal, welcher Art – darf Atombomben besitzen.

Der friedliche Nutzen der Kernenergie ist völlig unwichtig, solange nicht die Gefahr der Atombombe für immer von der Erde verbannt ist.

Am 29. August 1949 zündet die Sowjetunion ihre erste Atombombe. Amerika kann es nicht fassen. Die Rüstungsspirale beginnt sich zu drehen...

Zeittafel: Lise Meitner

1878	17. November: Elise (Lise) Meitner wird in Wien geboren.
1885–92	Besuch der Volksschule und danach der Bürgerschule in Wien
1892–98	In Privatstunden bereitet sich Lise Meitner auf das Examen als Französischlehrerin vor.
1901	Lise Meitner legt eine externe Abiturprüfung ab und erhält dadurch Zugang zum Studium der Physik und Mathematik an der Universität Wien.
1905/06	Promotion zum Dr. phil., Thema der Doktorarbeit: „Wärmeleitung im inhomogenen Körper“
1906	Im Juli erscheint Lise Meitners erste Veröffentlichung auf dem Gebiet der Radioaktivität: „Über die Absorption von Alpha- und Beta-Strahlen“.
1907–12	Studentin und Assistentin von Max Planck an der Universität Berlin November 1907: Beginn der wissenschaftlichen Zusammenarbeit mit dem Chemiker Otto Hahn in der sogenannten „Holzwerkstatt“ des Chemischen Instituts In den Jahren bis 1912 entdecken Lise Meitner und Otto Hahn unter anderem die radioaktiven Zerfallsprodukte Actinium C und Thorium D.
1912	Umzug ins Kaiser-Wilhelm-Institut für Chemie in Berlin-Dahlem
1915–17	Einsatz als Krankenschwester in Lemberg und Prag

1918	Lise Meitner und Otto Hahn entdecken das Element Protactinium. Lise Meitner erhält eine eigene physikalisch-radioaktive Abteilung im Kaiser-Wilhelm-Institut.
1923–33	Vorlesungstätigkeit als Professorin, Teilnahme an zahlreichen Wissenschaftskongressen, intensive wissenschaftliche Publikationstätigkeit
1933	September: Aufgrund ihrer „nichtarischen" Abstammung wird Lise Meitner die Lehrerlaubnis entzogen.
1935	Die Arbeitsgruppe Hahn/Meitner/Straßmann formiert sich und beginnt mit den Versuchen, die schließlich Ende 1938 zur Entdeckung der Kernspaltung führen.
1938	Juli: Flucht über die holländische Grenze und weiter ins Exil nach Stockholm Herbst: Beginn der Arbeit am Nobel-Institut in Stockholm
1939	Februar: Gemeinsam mit ihrem Neffen Otto Robert Frisch veröffentlicht Lise Meitner eine Arbeit, die den Prozeß der Kernspaltung theoretisch deutet.
1946	Amerikareise mit zahlreichen Vorträgen und Ehrungen
1957	Lise Meitner erhält den Verdienstorden der Bundesrepublik Deutschland „Pour le mérite".
1960	Übersiedlung nach Cambridge
1968	Tod am 27. Oktober in Cambridge

Franz Liszt

DES LEBENS WIDERSPRUCH

Eine Kurzfassung des Buches von

CHRISTOPH RUEGER

Mit zahlreichen historischen Abbildungen

Schon früh wurde Franz Liszt als Wunderkind am Piano gefeiert; später eilte er als Komponist seiner Zeit weit voraus. Unter seinen Zeitgenossen trug auch sein Ruf als ebenso lebenslustiger wie ruheloser, von den Frauen heißbegehrter Künstler zu seiner großen Popularität bei.

Mit großer Sachkunde, aber auch mit einer gehörigen Portion Humor folgt Christoph Rueger dem abenteuerlichen und schillernden Lebensweg Liszts. Die Reise führt kreuz und quer durch Europa: in die Konzertsäle, die Häuser und Paläste der Noblen und Reichen, aber auch – für neun Jahre – in eine römische Mönchszelle.

PANORAMA EUROPA – EIN KONTINENT HÄUTET SICH

Bei den meisten Geistesgrößen könnte man die Einführung zu ihrer Biographie überschreiben mit: „Land und Leute". Bei Franz Liszt gibt es kein Land, bei ihm gibt es von Anfang an nur – Europa.

Und was für ein Europa! Der alte Kontinent im Umbruch, im Aufbruch, im Chaos, im Gärungsprozeß, im schicksalhaften Wechsel von Evolution und Revolution.

Durch die Napoleonischen Kriege hatten sich die europäischen Nationen sozusagen unfreiwillig kennengelernt. Russen kämpften vor Waterloo, Franzosen verließen das brennende Moskau, Engländer siegten in Spanien. Seit der Französischen Revolution war die Alte Welt nicht mehr zur Ruhe gekommen.

Immer wieder und allerorten fanden sich blinde oder unfähige Herrscher wie Ludwig XVI. und seine Marie-Antoinette oder zynische Höflinge, die dem Rad der Geschichte kräftig in die Speichen griffen, auch wenn es sie dann selbst überrollen sollte. Und überall und ständig fanden sich todesmutige, ja fanatische Kämpfer gegen Bevormundung und Sklaverei, für Gedankenfreiheit und Menschenwürde, für das Privileg des Individuums und den Vorrang des Gemeinwohls vor Fürstenwillkür.

Es gab keine isolierten politischen Erschütterungen mehr. Die revolutionären Wogen erfaßten ganz Europa – am längsten blieb das ferne Rußland dem 18. Jahrhundert verhaftet. Diesem Hort der Reaktion auch geographisch entgegengesetzt war der andere Pol des politischen Europa – Frankreich; an zwei Seiten vom Meer umspült, nach Süden durch die Pyrenäen vom stillen Spanien abgeschottet, nach Osten gefährlich offen. Über diese natürliche Grenze, den Rhein, flogen die gewagten Gedanken und schwärmten die Boten des Fortschritts aus. In Paris konzentrierte sich die künstlerische und geistige Elite des Kontinents. Liszt und

Chopin taten das Richtige, sich dieser Stadt zuzuwenden. Sie wählten damit die Zukunft.

Aus unerfindlichen Gründen läßt der „Kulturfahrplan“ der Geschichte immer wieder einmal Künstler ein und derselben Disziplin gleich scharenweise starten. Bach, Händel und Scarlatti wurden 1685 geboren, die beiden Operngrößen des 19. Jahrhunderts – Wagner und Verdi – im Jahr der Völkerschlacht bei Leipzig, als Napoleon seine erste, nicht wiederaufzuholende Niederlage erlitt, 1813.

Aber es ist einigermaßen verblüffend, daß ebenfalls um diese Zeit die drei größten Klavierkomponisten ihres Jahrhunderts zur Welt kamen – Chopin und Schumann 1810, Franz Liszt 1811. Chopin wird noch vor der Jahrhundertmitte an Tuberkulose sterben, Schumann wenig später in einer Irrenanstalt enden.

Das aktive, bewußt gestaltete Leben des Franz Liszt, der über eine vergleichsweise robuste Konstitution verfügte, legte sich symmetrisch um die Jahrhundertmitte – jeweils dreieinhalb Jahrzehnte vor und nach 1850. Damit umspannt sein Leben die entscheidenden politischen Ereignisse in Europa: 1815 Wiener Kongreß, Neuordnung Europas nach dem Stand vor Napoleons gigantischen Umformungen. In Frankreich wird der unpopuläre Ludwig XVIII. König. 1830 fegt die Julirevolution seinen arroganten Nachfolger Karl X. vom Thron. Den besteigt jetzt Louis Philippe, der Bürgerkönig.

1848 erreicht die Unzufriedenheit mit dem Bürgerkönigtum und seiner fragwürdigen Finanzmoral ihren Höhepunkt: Louis Philippe wird verjagt und die Republik ausgerufen – die zweite.

Es brodelt in ganz Europa: Wagner, Kgl. Sächsischer Hofkapellmeister, steht auf den Dresdener Barrikaden; aus Wien flieht Metternich; in Berlin verneigt sich der König vor den „Märzgefallenen“. Doch die Demokratisierung, die jetzt allenthalben zur Beschwichtigung der Völker einsetzt, ist nur eine halbe Sache. Schon bald gelingt es dem Neffen Napoleons I., sich mit einem Staatsstreich zum zweiten Kaiser der Franzosen zu machen. Inzwischen ist auch der ungarische Aufstand niedergeschlagen – mit des Zaren Hilfe; man findet einen bemerkenswerten Kompromiß: Ungarn wird autonome Monarchie, der österreichische Kaiser ist zugleich ungarischer König. Liszt schreibt die Krönungsmesse.

Nach dem Tod Nikolaus' I., des „Gendarmen Europas“, wird

Alexander II. den überfälligen Forderungen nach Aufhebung der Leibeigenschaft gerecht. Doch blieb diese Aufhebung letztlich nur Papier, denn die Bauern mußten sich erst „freikaufen", was nur über Generationen möglich war.

In Deutschland formt Otto von Bismarck – wenn auch als Kunstprodukt und auf den Schultern eines besiegten Frankreich – 1871 ein neues Kaiserreich. Als Realpolitiker und Diplomat mit Gespür für Kompromisse hatte er erkannt, daß man sich vom schwerfälligen Vielvölkerkoloß Österreich-Ungarn trennen müsse, wollte man flexibel auf die Forderungen der Zeit reagieren.

Mit der Proklamation des deutschen Kaiserreichs geht zugleich das französische zu Ende; eine eigentümliche Wachablösung – Napoleon III. an Wilhelm I. Nach den Wirren der Pariser Kommune und ihrer blutigen Liquidierung erhält Frankreich seine nächste Republik, die dritte.

Liszts Profil ist zu diesem Zeitpunkt längst geprägt. Paris, das brodelnde Paris der Jahre um 1830, hat ihn geformt – seine Romantik, sein künstlerisches und politisches Kosmopolitentum, seine soziale und ästhetische Weltsicht.

In die Lebenszeit des Künstlers von 1811 bis 1886 fallen aber auch epochale Erfindungen und zivilisationsgeschichtliche Neuerungen: Lokomotive und Eisenbahnnetz, Zollverein, Telegraf (Samuel Morse) und Telefon, Straßenbahn und Gasbeleuchtung. Die Rotationspresse läßt die Auflage der Tageszeitungen sprunghaft anschwellen, jetzt enthalten sie zunehmend Werbung, Veranstaltungshinweise, Kritiken und neuerdings auch Fortsetzungsromane. Auf dem Gebiet des Instrumentenbaus ermöglicht die Einführung des Eisenrahmens ab der Jahrhundertmitte die Massenfabrikation von Flügeln und Klavieren; diese wiederum wird Voraussetzung für den Aufschwung der Klaviermusik und den wachsenden Bedarf an Kompositionen für dieses Instrument. Die „Repetitionsmechanik" des Parisers Sébastien Érard (der Liszts erste Tourneen finanziert) verbessert die Spielbarkeit und schafft überhaupt erst die Grundlage für Liszts überwältigende Virtuosität.

Liszt befindet sich also mitten im Umbruch der Zeiten, im Gären eines Kontinents, im Wandel von Tradition und ethischen Maßstäben.

Da braucht es entweder eine krasse Egozentrik wie im Fall

Wagner oder ein starkes kommunikativ-kreatives Profil wie bei Liszt, um seinen eigenen Kurs, sein Selbst zu wahren. Wenn Wagners Devise lauten könnte: Der Zweck heiligt die Mittel, so würde auf Liszt am ehesten das Wort des Thomas von Aquin zutreffen: *Bonum est diffusivum sui* – Das Gute liegt im Sich-Verströmen.

DER START

Väter und Söhne – Franz als Hoffnungsträger

Adam Liszt gehörte zu den Vätern, die sich nichts sehnlicher wünschen, als daß ihre Söhne einmal verwirklichen, was ihnen selbst versagt geblieben war. Im Stammbaum ist er sozusagen die Generalprobe für den „Auftritt" des Komponisten. Über seinen Urgroßvater namens Sebastian weiß man nicht viel. Dessen Sohn Georg Adam arbeitete als Lehrer, Notar und Schreiber, spielte nebenbei Orgel und Violine und hat sich später besonders um den Knabenchor seiner Dorfkirche gekümmert. Sein größtes Verdienst vor der europäischen Musikgeschichte bestand darin, daß er seinen Sohn Adam (1777–1827) sorgfältig in der Tonkunst unterweisen ließ: Klavier, Violine, Cello und Kontrapunkt. Adam Liszt sang im Chor mit und spielte im Orchester. Nicht nur, daß er so ein solides Repertoire an weltlicher und geistlicher Musik kennenlernte, er komponierte auch, unter anderem ein „Tedeum" für Chor und Orchester.

Nur die dürftigen häuslichen Verhältnisse, in denen Adam mit einer Vielzahl jüngerer Geschwister aufgewachsen war, hatten den begabten jungen Mann seinerzeit gezwungen, ein Philosophiestudium abzubrechen und beim Fürsten Nikolaus Esterházy Dienst zu suchen. Ohne dieses Vorbild wäre Franz wohl kaum auf die Idee gekommen, Musiker zu werden; und ohne die einstigen eigenen Ambitionen hätte Adam Liszt wohl nie die Kraft aufgebracht, sein ganzes weiteres Leben der Ausbildung und der Karriere seines Sohnes zu widmen.

Als Schreiber diente er sich rasch nach oben und landete schon 1805 in der „Zentrale" des Fürstentums, in Eisenstadt. Hier dürfte er auch Haydn kennengelernt haben, der als Hofkapellmeister „von Haus aus“ (also nicht mit ständiger Anwesenheitspflicht) bei Festen von Wien herüberkam, und hier hat er sich mit dem fürstlichen Konzertmeister und späteren Hofkapellmeister Hummel angefreundet.

Der war noch Mozarts Schüler und schon als Kind ein berühmter Pianist gewesen. Als Adam Liszt ihn spielen hörte, soll er beschlossen haben, selbst mit dem Klavier aufzuhören. Andere Biographen versichern das Gegenteil: Hummel habe ihn dazu gebracht, sich verstärkt dem Instrument zu widmen. So oder so, das Klavierspiel des Vaters war ein Grunderlebnis für die Entwicklung des späteren Komponisten.

Als tüchtiger Verwaltungsbeamter brauchte Liszt senior nicht lange auf Beförderung zu warten: 1808 wurde er Rechnungsführer, aber wo! In Raiding (Doborján), fünfzig Kilometer von Eisenstadt entfernt. Der Zugang zur Außenwelt bestand in einem einzigen ungepflasterten Weg, es war eine Beförderung ins Abseits… Einige Hütten, nur ein größeres Haus, das des Verwalters der fürstlichen Schäferei, Adam Liszt. Hierher holt er seine Braut, die Bäckerstochter Maria Anna Laager aus Krems. Am 22. Oktober 1811 bringt sie ihr erstes und einziges Kind zur Welt. Die einfache, stets nüchtern denkende Frau wird den Lebensweg des Sohnes noch bis 1866 begleiten und auf seine komplizierte Psyche stets einen ausgleichenden Einfluß ausüben. In einer Krise wird sie ihn davon abhalten, Priester statt Musiker zu werden.

Dramatisches hielt das Jahr 1812 bereit: Napoleon fiel in Rußland ein, Moskau wurde von den Russen angezündet, die Große Armee zog sich in kläglichen Resten nach Frankreich zurück, die nationalen Kräfte in Österreich schnupperten Morgenluft. In Raiding sorgte ein anderer Anlaß für große Aufregung: Franz’ Großvater war vom Dienstherrn fristlos entlassen worden (vielleicht hatte er aus Not Unterschlagungen begangen) und stand mit seiner großen Familie plötzlich mittellos da. Sohn Adam, der erfolgreiche Beamte, nahm Vater und Geschwister in sein Haus auf und bat den Fürsten für den Vater „fußfällig um gnädige Lossprechung“. Erst viel später verdiente sich der Großvater sein Brot wieder selbst, als Fabrikarbeiter. Sein Trost war das Orgelspiel. Doch auch Franz Liszt mußte sich über die Öde und die Monotonie des Provinzlebens hinweghelfen. Sein Trost war das Klavierspiel. Und damit beginnt seine schöpferische Biographie.

List statt Lischt: also „Liszt“ – Auftakt auf dem Lande

Zuerst war es der Vater, der aus taktischen Gründen behauptete, Franz sei ungarischer Abstammung. Als er die magyarischen Aristokraten so weit gebracht hatte, daß sie dem Jungen ein jährliches Stipendium stifteten, bedankte er sich als Patriot und schrieb für seinen Sohn in der Presseankündigung des ersten Pester Konzerts: „Ich bin ein Ungar und kenne kein größeres Glück, als die ersten Früchte meiner Erziehung und Bildung meinem teuren Vaterlande als das erste Opfer innigster Anhänglichkeit vor meiner Abreise nach Frankreich und England ehrfurchtsvoll darzubringen.“ Später bezeichnete sich der Künstler selbst gern als Ungar. Das stimmte rein verwaltungsmäßig, und es machte sich gut, schließlich war Chopin Halbpole, und das kam bei den Leuten bestens an. Es ist unwahrscheinlich, daß Liszt wirklich geglaubt hat, magyarischer Abstammung zu sein. Eher könnte er – romantisch, wie er war – angenommen haben, daß etwas Zigeunerblut in seinen Adern fließe. Und Magyaren und Zigeuner waren für ihn ohnehin eine Einheit. So wehrte er sich nicht, sondern ließ es sogar gern geschehen, daß man für ihn 1840 einen Adelsstammbaum aus einem alten ungarischen Geschlecht zimmerte.

Die Fakten sind etwas verworren. Eine reine Österreicherin war die Mutter; Vater Liszt kam wie dann der Sohn aus einem Landstrich der Doppelmonarchie, der rund zweieinhalb Jahrhunderte von Ungarn verwaltet wurde – dem deutschsprachigen Burgenland, zu dem auch Raiding gehörte. Ungarisch sprach der Vater nur bruchstückhaft – gerade so viel, um sich mit den Angestellten der Esterházys zu verständigen. Franz konnte nur einige Brocken. Und sein Bekenntnis, er sei Ungar, formulierte er – französisch. Was das typisch ungarische „z“ im Familiennamen betrifft: Das hatte erst Adam Liszt eingefügt, damit die Magyaren den Namen nicht „Lischt“ aussprachen, was „Mehl“ bedeutet.

Wenn man verwaltungstechnische Formalien nicht über Fragen von Sprache und Mentalität stellt, kann man schwerlich vom Ungarn Liszt sprechen, sondern muß ihn als Österreicher akzeptieren. Doch entwickelte er sich schon sehr bald unter Pariser Einfluß zu einem Hauptvertreter der französischen Romantik und wird diese Sprache bald als die ihm gemäße bezeichnen – des Französischen bedient er sich sogar, um seine Neigung zur Weimarer Klassik zu erklären! Abstammung österreichisch, deutschsprachig aufgewachsen, registriert im ungarischen Teil der Doppelmonarchie, zeitlebens französischer Romantiker, primär französisch denkend und sprechend, engagiert im deutschen Musikleben, ist Liszt das frühe Beispiel eines europäischen Kosmopoliten.

Die später zunehmende Hinwendung des Komponisten zu Ungarn ist auf dreierlei zurückzuführen: romantische Sehnsucht nach den friedlichen Gefilden der Kindheit; Inspiration aus der Zigeunermusik, die ebenfalls von romantischer Sehnsucht nicht zu trennen war; und schließlich Geborgenheit in einem Land, das ihn rückhaltlos, ja verzückt als seinen Botschafter feierte, während er als Komponist später in Westeuropa immer heftiger attackiert wurde. In dieses traute Verhältnis mischte sich dann, in Liszts Spätphase, jedoch Bitterkeit: Die nationalistischen Kreise Ungarns verübelten ihm sein Europäertum.

„Ein bleiches, schwächlich aussehendes Kind", so beschrieb Carl Czerny den Knaben, den man ihm als Schüler zugeführt hatte. Der ungarische Journalist Adolf Frankenburg, ein Jugendfreund des Komponisten, erinnerte sich: „Wollten wir mit ihm spielen, in Hof oder Garten, folgte er uns nur selten, eher zog er sich an einen einsamen Ort zurück oder spazierte still sinnend auf und ab im Schatten der Bäume."

Aus dieser frühen Zeit, der Ruhe vor dem Sturm, der mit der Berufstätigkeit des neunjährigen Wunderkindes einsetzen wird, sind die Grunderlebnisse wichtig, die Mentalität und Charakter des Knaben formten. Da ist die durchaus romantische Naturschau, die mit seinem Einzelgängertum harmoniert. Auch später bezieht er die Natur in sein Schaffen ein, schwärmt von den Steppen Ungarns, läßt sich von den landschaftlichen Reizen der Schweiz zu musikalischen Impressionen anregen und vertont die Zypressen der Villa d'Este in Tivoli. Aber für ihn ist Natur kein grundlegender Bestandteil des Schaffens wie etwa für Tschaikowski, der den weiten Blick aus dem Fenster brauchte, um schreiben zu können. Natur ist für Liszt eher eine, wenn auch inspirierende, kleidsame romantische Staffage.

Beeinflußt hat ihn auch das Ritual der katholischen Kirche, des einzigen „Kulturzentrums" in Raiding, wo er Weihrauch schnuppern, der Liturgie und den Klängen der Orgel lauschen und sich im mystischen Halbdunkel seinen Träumen hingeben konnte. In Rom wird er einst über neun Jahre hinweg fast ausschließlich Kirchenmusik komponieren... Und dann der Gegenpol dazu. Mit Sicherheit haben ihn die Zigeunerkapellen (andere gab es damals in Österreich-Ungarn kaum) mit ihren teils mitreißenden, teils schmachtenden Weisen in ihren Bann gezogen – ihn, den späteren Meister pianistischer Zigeunerklänge.

Das einzige konkret abgesicherte Grunderlebnis vertraut der Vater seinem Tagebuch an:

> In seinem sechsten Jahr hörte er mich ein Konzert von Ries in cis-Moll spielen. Er lehnte sich ans Klavier, war ganz Ohr. Am Abend kam er aus dem Garten zurück und sang das Thema. Wir ließen's ihn wiederholen, er wußte nicht, was er sang: Das war das erste Anzeichen seines Genies. Er bat unaufhörlich, mit ihm das Klavierspiel zu beginnen.

Mit einem Male war die innere Öde vorbei, Adam Liszt hatte einen neuen Lebensinhalt. Was ihm nicht beschieden war, sollte Franz erreichen. Mit seiner, Adam Liszts, Hilfe. Man muß den Vater bewundern, mit welcher Umsicht und Entschiedenheit, doch auch Gelassenheit er von jetzt an seinen Sohn führte. Natürlich haben ihm die beiden Mozarts vorgeschwebt. Aber er investierte mehr. Hatte Leopold Mozart aus der gefestigten Position eines Hofkomponisten gehandelt, so mußte er das Äußerste riskieren. Nach den ersten Anfängen, die er dem Kind auf dem Klavier selbst beigebracht hatte, galt es jetzt, dem voranstürmenden Schüler einen Lehrer von Rang zu besorgen. Ein neues Instrument war schon gekauft. Dafür hatte Adam Liszt seine goldene Uhr und seine Rinder gelassen. Nun bat er seinen Dienstherrn, er möge Franz' Ausbildung in Wien finanzieren.

Zu Haydns Zeiten wäre das vielleicht denkbar gewesen, aber inzwischen gab es schon nicht einmal mehr die Eisenstädter Hofkapelle. Wenigstens konnte Adam Liszt dem Fürsten seinen Sproß vorstellen. Franz hinterließ den besten Eindruck und wurde für sein Spiel mit einem Galaanzug belohnt. Doch dabei blieb es. Den Rest mußte der Vater selbst wagen. Da sein Plan, in fürstlichen Diensten nach Wien zu kommen, fehlgeschlagen war, entschloß er sich schweren Herzens, ein Jahr unbezahlten Urlaub zu nehmen und alle bewegliche Habe zu verkaufen, um mit der Familie in die Kaiserstadt zu ziehen.

Von unerwarteter Seite kam Unterstützung: Ein blinder Violinvirtuose, Baron Braun, hörte von dem Neunjährigen und arrangierte in Ödenburg ein Konzert in festlichem Rahmen. Franz spielte ein als sehr schwierig geltendes Konzert und verblüffte das Publikum durch seine Improvisationen.

Adam Liszt nutzte die Gunst der Stunde und ließ gleich ein zweites Konzert folgen; nun ist Franz als Wunderkind etabliert und kann offiziell bei Hofe spielen. Er darf in dem Preßburger Palais der Esterházys auftreten, zugegen ist die Creme des ungarischen Adels. Fünf Magnaten, die Grafen Esterházy, Apponyj, Amadé, Szapáry und Viczay, versprechen, mit jährlich 6000 Gulden die weitere Ausbildung für sechs Jahre zu finanzieren. Wenn man die späteren Briefe des Vaters liest, in denen er die extremen Schwierigkeiten beschreibt, unter denen er den weiteren Weg des jungen Musikers bahnen mußte, kann dieses Versprechen nicht oder nur in geringem Umfang eingelöst worden sein.

Jetzt hatte Franz auch seine erste Kritik:

> Die außerordentliche Fertigkeit dieses Künstlers sowie auch dessen schneller Überblick im Lösen der schwersten Stücke, indem er alles, was man ihm vorlegte, vom Blatt weg spielte, erregte allgemeine Bewunderung und berechtigt zu den herrlichsten Erwartungen.

Als Wunderkind im „geldfressenden Wien"

Zunächst hatte Vater Liszt bei der Suche nach einem geeigneten Lehrer an Franz Hummel gedacht, der seit 1819 Hofkapellmeister in Weimar war. Doch der verlangte ein zu hohes Honorar. In Wien erklärte sich nach Anhören der begehrte Klavierpädagoge Carl Czerny, einer von Beethovens letzten Schülern, bereit, den Jungen gegen sehr geringes Entgelt zu unterrichten.

Auf diese Weise gab statt des Mozart-Schülers Hummel der

Beethoven-Schüler Czerny dem berühmtesten Pianisten und Klavierpädagogen des 19. Jahrhunderts den ersten (und einzigen) professionellen Unterricht auf Hochschulniveau. Abgesehen von der Schwächlichkeit des Kindes – „beim Spielen wankte es am Stuhl wie betrunken herum, so daß ich oft dachte, es würde zu Boden fallen" – fiel dem Lehrer die Urtümlichkeit seines Spiels auf: „... ganz unregelmäßig, unrein, verworren, und von der Fingersetzung hatte er so wenig Begriff, daß er die Finger ganz willkürlich über die Tasten warf." Diese Aussage ist aufschlußreich: Mozart spielte bereits mit fünf – halb so alt wie Liszt damals – makellos Klavier (und Violine). Unter Wunderkindern war Franz ein Spätentwickler.

Das war die fachliche Seite; ungeklärt blieb die existentielle. Adam Liszt wußte nicht, wie er den Aufenthalt „in dem geldfressenden Wien" ohne Anstellung noch länger finanzieren sollte. Und er schilderte dem Fürsten seine Situation ein weiteres Mal:

> Aus Liebe für mein Kind ... opferte ich Ruhe und Vermögen ... die Zahl der vaterländischen Künstler zu vermehren ... wodurch er sich und dem Vaterlande nützlich sein kann ... glaubte ich dann alles getan zu haben, was Natur und moralische Gesetze Eltern aufbürden können.

Eine klare Sprache: Ich habe meinen Teil getan, nun bist du am Zuge! Wien ist die erste Station in Liszts Karriere, die ihn von Metropole zu Metropole führen wird. Das Wien der Restauration mit seiner „Melange" aus Unterhaltungssucht, Resignation und Sensationsgier wird seine Wirkung auf den jungen Künstler nicht verfehlen. Und hier leben seine wichtigsten Lehrmeister, direkte und indirekte.

1821 stand die Donaumetropole noch ganz im Zeichen des Wiener Kongresses. Nach dem Pariser Frieden und Napoleons Verbannung auf Elba hatten sich 1814 die Abgesandten der Siegermächte in Wien getroffen, um unter Metternichs Leitung über die Neuordnung Europas zu beraten. Zuerst schien man den Sieg kräftig feiern zu wollen. „In einem steten Rausch wechselten Privatbälle und Hofredouten, Maskeraden und lebende Bilder, Feuerwerke und Karusselle, Jagden, Wagen- und Reiterzüge, Musterungen und Feldübungen der Truppen", schreibt der Kulturhistoriker Georg Gottfried Gervinus.

Wien war prächtig. Zum großzügigsten und fidelsten Kongreß

aller Zeiten hatte man die horrende Summe von 30 Millionen Gulden verflüssigt und als zusätzliches Amüsement zu den ortsansässigen noch viertausend weitere Prostituierte herangeschafft.

In die Serie der Festivitäten platzte im März 1815 wie eine Bombe die Alarmmeldung: Napoleon hat Elba verlassen und ist in Frankreich gelandet. Plötzlich begannen die Kongreßteilnehmer zu arbeiten... Preußische Pünktlichkeit – Blücher kam zum vereinbarten Zeitpunkt auf das Schlachtfeld bei Waterloo – rettete in letzter Sekunde den schon wankenden Sieg der Verbündeten. Damit war der napoleonische Alptraum zerstoben, der Abenteurer wurde nach seinem 100-Tage-Intermezzo auf St. Helena festgesetzt. Dafür kam, von Wien verordnet, ein neuer Alptraum, der früher oder später zur Auflehnung der Völker führen mußte: die Restauration.

Diese politischen Ereignisse um Liszts Kindheit sind auch für sein Leben von Belang: Europaweit wird das Fundament für die Umwälzungen und Erschütterungen der folgenden Jahrzehnte bis zur Gründung des deutschen Kaiserreichs und der Pariser Kommune von 1871 gelegt. Aus ihnen folgen aber auch ganz unterschiedliche, oft gegensätzliche Geistesströmungen – etwa die politisch engagierte französische Romantik oder die nach innen gerichtete Beschaulichkeit des deutschen Biedermeier.

Politisch – das war die Hauptsache – herrschte Ruhe. Das System der Gesinnungsschnüffelei und totalen Zensur, mit dem der allmächtige Kanzler das Land und ganz Europa überzogen hatte, funktionierte reibungslos. Liszt denkt später zurück:

> Die Atmosphäre zu Wien war damals sehr ungesund, man kam sich vor wie in einem riesigen Gefängnis. Alles hörte auf Metternichs Kommando. Und hätte es nicht die großen, alles Politische und Diplomatische in den Schatten stellenden Männer der Kunst gegeben, wir wären wohl gar bald dieser Stätte entflohen.

In Wien wird Franz mit den damals populären und aufsehenerregenden Kunstschöpfungen in Berührung gekommen sein, mit den Walzern Joseph Lanners und den Volksstücken Ferdinand Raimunds, den Dramen Theodor Körners und Franz Grillparzers und den Opern von Gioacchino Rossini und Carl Maria von Weber (dessen „Freischütz“ bejubelt wurde). Immerhin lebten und wirkten damals in der österreichischen Hauptstadt noch

Der Wiener Kongreß. Nach einem Gemälde von Jean-Baptiste Isabey

Ludwig van Beethoven und Franz Schubert. Beiden wird später der Virtuose und Komponist Liszt mit brillanten Klavierbearbeitungen ihrer Werke den Weg zum breiten Publikum ebnen. Er hört die großen Pianisten jener Zeit: Franz Hünten, Ignaz Moscheles, vor allem Hummel. Und er erlebt erstmals Zigeunermusik aus Meisterhand. Gebannt lauscht der Elfjährige dem Spiel des Geigers Biháry. „Wie Tropfen einer geistfeurigen Essenz schlugen die Töne der Geige an mein Ohr… Wäre … jeder Ton des Künstlers ein befruchtendes Samenkorn…, er hätte nicht tiefer in mir wurzeln können."

Adam Liszt, tüchtiger Agent seines Sohnes, versucht natürlich, ihn dem großen, nun schon ertaubten Beethoven zuzuführen. Das ist alles andere als einfach. Immerhin kann sich Adam Liszt bei Beethoven ins Konversationsbuch eintragen und ihn zu einem Konzert seines Jungen einladen. „Versprechen Sie es mir, daß Sie dahin kommen." Ob sich Beethoven wirklich aufgerafft hat, tatsächlich aufs Podium gestiegen ist und den Knaben auf die Stirn geküßt hat (wie es dann abgebildet wurde), bleibt fraglich. Liszt aber behauptet es.

Seine Versicherung könnte ebenso symbolisch gemeint sein wie die seiner ungarischen Abstammung. Worauf es ihm ankam, hat er später zum Ausdruck gebracht: auf die „Stafettenübergabe“ vor der europäischen Musikgeschichte. „Es steigerte sich in mir die Gier, endlich dem großen Manne zu begegnen, von dem ich den Weihekuß empfangen sollte.“ Beethovens Verleger Diabelli interessiert sich für Franz: Bei ihm bekommt er alle Noten umsonst. Dafür steuert Franz einen Walzer für dessen Variationswerk bei. Der Wiener Musikverleger hatte 50 Komponisten um Beiträge gebeten; Beethoven lieferte (verspätet) gleich einen kompletten Zyklus, die „Diabelli-Variationen“.

Selbst auf Czerny schlägt der Erfolg seines Zöglings zurück: Er erhält enormen Zulauf an zahlungskräftigen Schülern. Und er revanchiert sich bei Franz, indem er ihn nun kostenlos und einzeln unterrichtet. Vorübergehend studiert dieser auch bei Antonio Salieri, dem einstigen Gegenspieler Mozarts und späteren Lehrer Schuberts. Franz hat bei ihm Partiturspiel. Das erscheint wichtig, weil sich der Komponist spätestens in der Weimarer Zeit als Dirigent und Komponist intensiv mit dem Orchester beschäftigen wird.

Der mächtigste Mann in Wien, Metternich, hat wenig Sinn für Musik. Man weiß, daß er eine Unterstützung für den bedürftigen Schubert ausgeschlagen hat, ebenso eine Staatsrente für Beethoven. Adam Liszt bringt den gefürchteten Kanzler dahin, ein Empfehlungsschreiben an Luigi Cherubini ausstellen zu lassen, er befürworte das weitere Studium des Knaben an dessen Pariser Institut. Liszt senior bringt dies unter die Leute. Bald weiß ganz Wien, wer Franz Liszt protegiert.

Mit dem Erreichten konnten Vater und Sohn zufrieden sein. Die Öffentlichkeitsarbeit lief ausgezeichnet, man wußte die Mächtigen hinter sich, hatte um den Musiker die Aura des Gesalbten (genauer: Geküßten) aufgebaut; Franz hatte sich fachlich vervollkommnet, einen enormen Fundus an Eindrücken und Anregungen gesammelt und nicht zuletzt das Feuer der Zigeunermusik in sich aufgenommen. Damit war er bestens vorbereitet, um in Paris seine höheren künstlerischen Weihen zu erhalten, die biographisch mit seiner Pubertät zusammenfallen und ihn demnach äußerst aufnahmebereit vorfinden werden.

Bestandsaufnahme vor Paris

Bevor Franz Liszt mit Wien seine Heimat und zugleich seine Kindheit im eigentlichen Sinne verläßt, sei skizziert, wie seine Persönlichkeit schon damals angelegt war. In Wien hatten sich gewissermaßen die Farbflächen herausgebildet, die dann in Paris klare Konturen gewinnen werden.

Ein Kind, für das schon einmal der Sarg bereitstand. Schwächlich, introvertiert, sein engster Vertrauter das Klavier, seine Sozialstellung aus der Normalität herausgelöst – mit sechs war er noch ein Kind, dann begann schon die berufsorientierte Ausbildung. Er kommt vom Land, sein Vater war subalterner Beamter eines Fürsten, seine Mutter eine sehr einfache Frau. Er wird sich ihrer nie schämen, sie aber auch nie voll in sein Leben einbeziehen. Er hat keine abgeschlossene Schulbildung, ein Trauma, das seine Pariser Jahre prägen wird. Er hat die für sein Schaffen wichtige Fähigkeit erworben, sich nach innen zurückzuziehen. Später wird man ihn von Zeit zu Zeit als apathisch oder lässig kritisieren, die Fürstin Sayn-Wittgenstein gar als faul. Er wird sich in offenkundiger Selbstironie „Fainéant" – Faulpelz – nennen.

Schon als Elfjähriger kennt er die Mechanismen des Podiums, weiß Beifall zu heischen, ein Publikum zu faszinieren – es wird ihm bald Reflex sein. Später läßt ihn das, zumal in der Soutane des Abbés, fast diabolisch wirken. Die beiden Komplexe, mit denen sich Liszt zeitlebens herumschlagen muß, hängen eng miteinander zusammen: Herkunft und Bildung.

Seine niedere Herkunft, die Kindheit auf dem Dorf wird er später durch hohen bis höchsten gesellschaftlichen Umgang auszugleichen versuchen. Das gilt besonders für seine Beziehungen zu Frauen: Mit einer Ausnahme (Lina Schmalhausen, die Getreue seiner letzten Jahre) gehörten sie zur Aristokratie. Die beiden großen Frauengestalten seiner Biographie sind eine Gräfin und eine Fürstin.

Die Mystifikation um Geburt und Abstammung (Ungar, Zigeuner), die Liszt selbst unterstützt, erklärt sich als Flucht nach vorn. Denn unter patriotischen Vorzeichen bedeutet „auf dem Lande geboren" bekennerhaft und positiv „aus dem Volke stammend".

Anlaß für Solidarität, Stolz auf erreichte Fortschritte und Rükkenstärkung durch eine Gemeinschaft.

Ehrlicher spricht er über sein Bildungsdefizit. Er empfindet schon bald schmerzhaft die Wissenslücken, die aus einer unsystematischen und zu früh abgebrochenen Schulbildung folgen. Diese objektive Selbsteinschätzung macht ihm dann das Nachholen möglich. Was aber unbestritten gilt: Liszt war einer der geistig interessiertesten Komponisten und nutzte später jede Gelegenheit, sich zu vervollkommnen. Er war überzeugt, daß „einseitige Fertigkeit und Wissenschaft für den Künstler nicht mehr ausreichend ist, weil der ganze Mensch sich mit dem Menschen erheben und bilden muß, indem Macht und Inhalt seines Geistes den Inhalt bestimmt, den er in seinem Werke niederlegt".

Noch der 43jährige bedauert seinem Sohn Daniel gegenüber: „Denen, die nicht regelrechte Schulstudien durchgemacht haben, mangelt immer ein gewisser Fonds, der leicht flüssiggemacht werden kann", und er bedauert, nach dem Tod des Vaters keinen strengen, systematischen Unterricht genossen zu haben. Er verteidigt sich damit, daß ihn damals keiner auf diesen Weg gewiesen habe und er außerdem seit seinem zwölften Lebensjahr genötigt gewesen sei, „für meinen und meiner Eltern Unterhalt zu sorgen" und deshalb „musikalische Studien zu machen, die meine Zeit ganz in Anspruch nahmen bis zum 16. Jahr, in dem ich begann, im Klavierspiel und sogar in der Harmonielehre und im Kontrapunkt Unterricht zu erteilen und mich in den Salons und Konzertsälen wohl oder übel als Virtuose hören zu lassen". Er holte nach, so gut er konnte, auch, um sich dadurch vor „manchen meiner Fachgenossen auszuzeichnen, die auf nichts anderes bedacht sind als auf ihre 16telnoten und den gewöhnlichen Verlauf ihres Philisterlebens".

Durch die Isolierung in jungen Jahren und die allzu frühen Erfolge wird Liszt notwendigerweise eitel. Er braucht Bewunderung und Beifall als Selbstbestätigung, weil er andere Formen der Kommunikation nicht erlernt hat. Wenn er später Freundschaften aufbaut, hat er dazu doch kein rechtes Geschick oder Vermögen. Er betreibt sie entweder aus Idealismus und überfordert sein Gegenüber oder aus einer Samariterpose heraus, die natürlich erst recht keine ungetrübte Erwiderung auslösen kann. Eine einzige Freundschaft, die er hingebungsvoll pflegt, wird für ihn tragisch enden – die mit Richard Wagner.

Das „Wunderkind“ Franz Liszt im Alter von elf Jahren

Das fast spartanische Haushalten und die strenge Sittlichkeit des Elternhauses hat er wahrscheinlich als ebenso muffig empfunden wie die ländliche Situation überhaupt. Er wird alles tun, um Konventionen zu brechen, und in dem frivolen Paris wird er sogar unter den Vordersten sein, die die Gesellschaftsnormen verhöhnen. Die Weimarer finden später seine Lebensführung einfach skandalös; aber auch Freunde wie von Bülow empfinden seine Zwanglosigkeit gegenüber der bürgerlichen Moral als peinlich.

In den Wiener Jahren hat Franz Liszt nicht zuletzt den Anschluß an eine erhabene Künstlertradition gefunden: per „Handauflegung“ durch Czerny und – falls authentisch – per „Musenkuß“ durch Beethoven. Er kommt nach Paris mit den Keimen eines Auftragsbewußtseins, das ihn schon bald etwa von Paganini abrücken und an die Seite eines Berlioz stellen wird.

GEISTIGE HEIMAT PARIS

„Ein neuer Mozart ist uns erschienen“

Die Reise nach Paris war bereits von Triumphen begleitet. München, Augsburg, Stuttgart und Straßburg standen auf dem Programm. Eine Rezension sprach es aus: „Ein neuer Mozart ist uns erschienen!“

Genauso wird Adam Liszt gedacht haben, und genau wie Leopold Mozart sein „Wolferl“ ein halbes Jahrhundert zuvor im Triumphzug nach Paris geführt hat, will er es mit seinem Franz tun.

Dabei war das eigentliche Ziel die Vervollkommnung des Knaben in der Komposition. Denn pianistisch schien er ausgereift – wenn ihm der Beethoven-Schüler Czerny nichts mehr beizubringen wußte, wer dann? Die Hoffnungen galten dem berühmten Pariser Konservatorium, dem ältesten Musikinstitut außerhalb Italiens. Luigi Cherubini, der Direktor, hatte mit Beginn der Restauration als Bonapartist gegolten und erst 1821 den hohen Posten erhalten. Nun gab er sich betont autoritär und tyrannisierte seine Umgebung. Durch einen unglücklichen Zufall hatte ihn Beethoven einmal als den bedeutendsten Opernschöpfer der Gegenwart bezeichnet. Seitdem leitete Cherubini jede wichtige Äußerung mit der Floskel ein: „Beethoven und ich…“ Jetzt stehen Vater und Sohn Liszt dem Musikpapst gegenüber. Und da muß der junge Künstler den ersten Tiefschlag seines Lebens hinnehmen: Am Pariser Konservatorium dürfen keine Ausländer studieren. Und das sagt ausgerechnet ein Italiener. Später schildert Liszt, wie tief der Schlag gesessen hat.

> Ich bebte an allen Gliedern. Nichtsdestoweniger verharrte, flehte mein Vater; seine Stimme belebte meinen Mut, und ich versuchte, ebenfalls einige Worte zu stammeln. Allein, das Reglement war unerbittlich – und ich untröstlich. Alles schien mir verloren, selbst die Ehre, und ich glaubte an keine Hilfe mehr… Die Wunde war zu tief und blutete noch lange Zeit fort.

Was die hartherzige Entscheidung Cherubinis betraf: Er hat tatsächlich nur einmal eine Ausnahme gemacht – bei Jakob Ebertsch, den sein Vater, ein jüdischer Kantor aus Offenbach, nach Paris gebracht hatte. Zum Fall Liszt aber meinte Cherubini später: „Ich habe ihm … nicht helfen können; aber er besaß so viel Genie, daß er sich selber half. Für ein Genie der beste Weg.“

Und das traf tatsächlich zu, denn Vater und Sohn gaben nicht auf, sondern gewannen zwei Privatlehrer, den Italiener Ferdinando Paër und den Böhmen Antonín Reicha. Paër war Protegé Napoleons gewesen und Direktor der Italienischen Oper geworden. Reicha, der mit Beethoven noch im kurfürstlichen Orchester zu Bonn gesessen hatte, galt als erfolgreicher Opernkomponist und begehrter Lehrer. Zu seinen Schülern gehörten Berlioz, César Franck und Charles Gounod. Von ihm berichtet Berlioz: „Reicha lehrte den Kontrapunkt mit bemerkenswerter Klarheit; er hat mir in kurzer Zeit und mit wenigen Worten viel beigebracht. Er glaubte in gewissen Bezirken der Kunst an Fortschritt, und seine Hochachtung für die Erzväter der Harmonie ging nicht bis zum Fetischismus.“ Reicha plädierte auch für die Einbeziehung der Volksmusik in die Komposition. Diese Aspekte treffen auf den künftigen Komponisten Liszt zu.

Das erste öffentliche Konzert, das „le petit Litz“, wie man ihn nannte, 1824 (angeblich elfjährig!) in Paris gab, war vollendet inszeniert. Und zwar nicht zuletzt von seinen beiden Lehrern, die sich mit ihm dekorieren wollten. In der Grand Opéra ließ Reicha nach dem umjubelten Spiel Lilienblüten auf den kleinen Virtuosen regnen, Paër körbeweise Rosen auf ihn schütten. Sogar Talma – Mime der Nation und einst Napoleons Schauspiellehrer – wurde gegen stattliches Geld dafür gewonnen, daß er Franz auf offener Bühne umarmte und abküßte. Ein fulminanter Start!

> Dieses ... Konzert war ein Triumph für meinen Buben: Sobald er auftrat, war des Applaudierens kein Ende ... nach jedem Stück wurde er zwei- und dreimal gerufen ... Man nennt ihn allgemein das Wunderkind ... Seine Phantasie am Klavier ist wirklich außerordentlich, und dieses ist's eben, was ... Paris zum höchsten Grad des Erstaunens und der Bewunderung bringt ...

Und wenig später meldet Adam Liszt stolz seinem Vater:

> Sei'n Sie indessen vergnügt, wenn ich Ihnen sage, daß Franzl seinesgleichen noch nicht gefunden hat und daß Hummel und Moscheles durch ihn ins Winkel gesetzt worden sind. Seine Kompositionen übersteigen unsere Vernunft.

Die Erfolgsmeldungen sprechen sich herum. Czerny ist besorgt, der Vater könne Franz frühzeitig verschleißen oder seine weitere Ausbildung vernachlässigen:

> In einer so vielversprechenden Karriere, als er jetzt ist, kann er mit weiser Benutzung seiner Kräfte und der jedesmaligen Umstände auf einen Grad gelangen, den vor ihm in diesem Alter vielleicht keiner bisher erreicht hat. Ihre väterliche Vorsicht wird ihn auch vor allen Verirrungen und vorzüglich vor dem Eigendünkel bewahren ... und der Beifall der Menge wird ihn nie im Studium lässiger machen.

Die Warnungen waren berechtigt. Die größte Gefahr für ein Talent, der allzu frühe und allzu große Erfolg, stellte sich ein. Schon um den Zwölfjährigen wurde ein regelrechter Starkult veranstaltet: In den Schaufenstern lagen seine Porträts und die Gipsabgüsse seiner Hände als Souvenirs.

Eine Baronin bringt ihn zu dem Klavier- und Harfenfabrikanten Sébastien Érard, der gerade seine berühmte Repetitionsmechanik entwickelt hat, die bislang ungeahnte Effekte ermöglicht (rascheste Tonwiederholungen). Mit einem solchen Flügel schickt er Franz auf eine erste Englandtournee. In London wird das Wunderkind von Georg IV. empfangen, für eine Galavorstellung zahlt man 200 Pfund, die Presse stellt ihn an die Seite der führenden Pianisten seiner Zeit und erfindet farbenreiche Legenden – dem Knaben soll die ungarische Nationalheilige, St. Elisabeth, eine „feuerumkränzte Lyra" gezeigt haben. Es konnte nicht ausbleiben, daß man auch – wie seinerzeit von Mozart – von „le petit Litz" eine Oper erwartete. Ein etwas albernes Sujet, keineswegs der Vorstellungswelt eines Dreizehnjährigen entsprechend, wurde von ihm schlecht und recht mit ein paar hübschen Melodien versehen und achtbar in Töne gekleidet: „Don Sancho oder Das Liebesschloß". Nach vier Aufführungen verschwand das Stück in der Versenkung. Man hatte allzusehr Meister Päer durchgehört. Der matte Achtungserfolg lag wie eine Prophezeiung über dem weiteren Schaffensweg des Komponisten Liszt, denn es ist meist der Pianist, dem man später zujubeln wird.

Und wieder geht es auf Reisen. Érard hat eine neue Tournee organisiert, in die Schweiz und nach London. Den Alltag einer solchen Konzertreise mag ein weiteres Zitat aus Vater Liszts Bericht vom Pariser Debüt des Sohnes vor Augen führen.

> Und stelle Dir vor, wir gehen fast jeden Tag in Gesellschaften, überall wird nur phantasiert, improvisiert und über aufgegebene Themen gespielt.

Wie aufreibend muß dieses Leben sein – nicht nur konzertieren, sondern auch noch in privatem Rahmen auftreten, konversieren (später flirten) und stets gute Figur machen! Nicht zu vergessen die endlosen Kutschfahrten über Hunderte von Kilometern mit den Zufallstreffern der Gasthöfe. Und das alles von einem Kind zu verkraften, das ohnehin kein Vitalitätsausbund war, sondern schwächlich und anfällig.

Nach weiteren drei Jahren, ausgefüllt mit Gastspielen, ist es dann nicht verwunderlich, wenn Liszt den Salon und das Podium, den Applaus und das Fluidum der Bewunderung gleichzeitig braucht wie der Fisch das Wasser und zunehmend verabscheut.

Erste Krisen – erste Wunden

In den Pausen zwischen den Tourneen konnte sich Franz nicht etwa ausruhen. Da galt es, Klavierstunden und Konzerte am Ort zu geben, um sich und die Eltern zu versorgen. Für Adam Liszt war die Rechnung aufgegangen, er hatte sein Ziel erreicht. Doch sein Sohn befand sich in einer Persönlichkeitsentwicklung, die das Vorstellungsvermögen des Vaters überstieg. Niemals hätte er den Widerwillen seines Kindes gegen das ständige Sich-zur-Schau-Stellen begriffen. Für ihn war das der Erfolg schlechthin.

Franz war nur begrenzt belastbar. Die Folge: Er versuchte sich zu entziehen und strebte zur „zweiten Instanz" seiner Kindheit, in die Kirche. Er las asketische Schriften und wollte ernsthaft Priester werden. Adam Liszt nahm ihm die Bücher weg und erklärte kurzerhand, er sei für die Kunst, nicht für die Kirche bestimmt.

Immerhin begriff er, daß sein Sohn ausspannen mußte. Auch ihm wird das Reiseleben beschwerlich geworden sein. Man suchte einen Kurort auf, Boulogne-sur-Mer. Dort befiel Adam Liszt ein gastrisches Fieber, an dem er nach drei Tagen starb.

Die Beziehungen zwischen Vater und Sohn waren zuletzt gespannt gewesen. Der Tod versöhnte sie wieder. Die letzten Worte des Sterbenden waren in die Zukunft des Künstlers gerichtet: „Auf dem Totenbett ... sagte mir mein Vater, daß ich ein gutes Herz und Verstand besäße, aber daß er fürchte, daß die Frauen mein Leben verwirren und mich beherrschen würden." Das freilich blieb ihm damals unverständlich, denn nach eigener Aussage hatte er mit 16 Jahren noch keine Ahnung von Frauen und mußte sogar seinen Beichtvater bitten, ihm das sechste Gebot zu erklären, weil er fürchtete, es „vielleicht unbewußt übertreten zu haben".

Der Tod des Vaters 1827 (im selben Jahr starb Beethoven) leitete die tiefste und längste Krise im Leben des jungen Musikers ein. 16jährig stand er plötzlich allein da, mußte den Vater bestatten lassen und die Mutter nach Paris holen, damit sich überhaupt jemand um ihn kümmerte. Im übrigen war Franz völlig lebensunpraktisch – der Vater hatte ja bisher alles erledigt (wie einst Leopold Mozart für seinen Sohn). Doch es ging ihm nicht nur um das existentielle Überleben – Geldverdienen war er gewohnt –, sondern er hatte höhere Ziele, als sie sich sein Vater jemals vorstellen konnte. Zehn Jahre später beschreibt er seine damalige Situation in einem Brief an George Sand:

> Als ich allein nach Paris zurückgekehrt war und zu ahnen begann, was die Kunst werden könnte, was der Künstler werden müßte, war ich wie erdrückt von den Unmöglichkeiten, welche sich auf allen Seiten dem Wege entgegenstellten, den sich mein Gedanke vorgezeichnet hatte. Überdies nirgends ein sympathisches Wort des Gleichgesinntseins findend – nicht unter den Weltleuten und noch weniger unter den Künstlern, die in bequemer Gleichgültigkeit dahinschlummerten, die nichts von mir und nichts von den Zielen wußten, die ich mir gestellt, nichts von den Fähigkeiten, die mir zuerteilt waren –, überkam mich ein bitterer Widerwille gegen die Kunst, wie ich sie vor mir sah: erniedrigt zum mehr oder minder einträglichen Handwerk, gestempelt zur Unterhaltungsquelle vornehmer Gesellschaft. Ich hätte alles in der Welt lieber sein mögen als Musiker im Solde großer Herren, patronisiert und bezahlt von ihnen wie ein Jongleur oder wie der weise Hund Munito.

In einer kursorischen Aufstellung, die er gegen Lebensende seiner Biographin Lina Ramann schickt, heißt es: „Mein geringfügiger Lebenswandel ... zerteilt sich ... in fünf Akten." Das Ende des ersten Aktes war der Tod des Vaters. Die Jahre 1828 bis 1830 läßt Liszt aus, er verdrängt sie. Diese Zeitspanne braucht er, um den härtesten Schicksalsschlag seines jungen Lebens zu verwinden, eine tiefe Demütigung in Zusammenhang mit der ersten Liebesleidenschaft, die er erleben durfte.

Da er vor Königen spielte, von ihnen königlich belohnt und von höchsten Würdenträgern gelobt und von ganz Paris umschwärmt wurde, da er die Kinder (meist Töchter) der großen Gesellschaft unterrichtete, war es für den 17jährigen ganz selbstverständlich, daß er Caroline de Saint-Cricq, Tochter eines Ministers, lieben dürfe. Wobei man annehmen kann, daß es sich um ein platonisches, aber nicht minder leidenschaftliches Verhältnis gehandelt hat. Die kranke Mutter des Mädchens freute sich für ihr Kind und hat den Vater wohl auch entsprechend beeinflußt. Nach ihrem Tod aber machte der Graf dem Klavierlehrer seiner Tochter, der um ihre Hand anhielt, mit eisiger Höflichkeit den gesellschaftlichen Abgrund deutlich, der zwischen ihnen lag, und wies ihm die Tür. Liszt hatte sinnbildlich seinen Fußtritt von der

Aristokratie bekommen, wie einst (allerdings konkret) Mozart vom Grafen Arco. Und wie dieser sich von der gräflichen Stiefelspitze in die Unabhängigkeit des freischaffenden Künstlers befördern ließ, so gab der Vicomte de Saint-Cricq den Auftakt für die Galerie von Aristokratinnen, die Liszt nunmehr fast planmäßig um den Finger wickeln und bei erstbester Gelegenheit fallenlassen wird. Schließlich löste dieses Erlebnis in Liszt den latenten Groll gegen alle angeborenen Privilegien aus (hierin Beethoven verwandt), was ihn in seltsamen Zwiespalt bringt, da er andererseits die Aristokratie umwerben muß – und möchte.

Aber bevor er zu einer solchen Gegenoffensive fähig ist, muß er erst seine Krise meistern. Caroline hatte ihm die Anfänge der wirklichen Liebe gezeigt. In seiner Ratlosigkeit wendet sich Franz an die Mutter. Die weise Frau beruhigt ihn, dieses Gefühl sei gut und gesund, ja, es sei gottgewollt.

Jetzt, da dieser erste Traum, kaum greifbar geworden, zerstoben ist, verfällt der Sohn in eine Art Werther-Stimmung. Wieder winkt der alte Ausweg – die Kirche. In ihren Schoß will er ein weiteres Mal flüchten. Nun ist es die Mutter, die ihn in die Wirklichkeit zurückruft. Zu jenem Entschluß hatte maßgeblich auch ein recht eigenartiges Musikerlebnis beigetragen. Wieder war es ein Violinvirtuose, doch weder Urmusikant wie der Zigeuner Biháry noch Dämon wie Paganini, der ihm bald begegnen wird, sondern ein Mystiker, ein religiöser Fanatiker: Chrétien Urhan, später (1832) Sologeiger der Grand Opéra, daneben auch Organist an der Kirche Saint-Vincent-de-Paul. Urhan hatte die seit Bachs Passionen in Vergessenheit geratene Viola d'amore wiederentdeckt und brachte mit ihren warmen, inbrünstigen Klängen die Hörer zu meditativer Andacht. Später wird Liszt mit ihm gemeinsam konzertieren.

Da er sich nicht mehr in Gesellschaft zeigte, erschien nach Monaten im *Étoile* die lakonische Notiz: „Franz Liszt, geb. 1811 in Raiding, gest. 1828 in Paris." Das zweite Mal totgesagt!

„Nieder mit dem Alexandriner!" – Paris um 1830

Langsam erhebt sich Liszt aus seiner bislang tiefsten Krise. Die nun beginnende Selbstfindung, die gierige Aufnahme des brodelnden Lebens um ihn und das Erwachen der Manneskraft

Die Julirevolution in Paris 1830. Dieses historische Ereignis von europäischem Rang erlebte Liszt in seiner entscheidenden Entwicklungsphase.

bewirken eine Identifikation mit Ort und Zeit, wie sie sich in seiner Biographie nicht wiederholen wird. Weder empfindet und artikuliert sich Franz Liszt deutsch, noch geht sein Ungarntum über patriotische Emphase und werbewirksame Pose hinaus. Liszt ist typischer Pariser der 30er Jahre, im innersten Wesen ein Vertreter der französischen Romantik.

Geweckt wurde er aus seiner Krise durch die Kanonen der Julirevolution. Nichts vergessen und nichts dazugelernt, diese bittere Erkenntnis über die Bourbonen gilt in besonderem Maße für Karl X., den letzten Vertreter des Absolutismus. Durch extrem konservative Gesetzgebung hatte er eine geschlossene Front des Widerstands provoziert. Ausnahmsweise waren sich Bonapartisten, Intellektuelle und Arbeiter einig und jagten ihn binnen dreier Tage aus dem Land. Durch halb legitime Erbfolge kam dann der Herzog Louis Philippe von Orléans an die Regierung, aus der jüngeren Linie der Bourbonen.

Der neue König war klug, diplomatisch, unbelastet, hatte sich in der Emigration besonnen verhalten, war durch und durch

Bourgeois geblieben. Sein dicker Regenschirm, den er als Spazierstock zu benutzen pflegte, wurde ebenso Symbol für das neue Bürgerkönigtum wie sein birnenförmiger Kopf. Die Karikaturisten, speziell Daumier, hatten Konjunktur. Zugute halten konnte man ihm zumindest, daß er wieder die Trikolore an die Stelle der bourbonischen Lilie setzte. Aber da er durch Bankiers, Pressemagnaten und Industriehaie zur Macht gekommen war, konnte er auch nur mit deren Hilfe an der Macht bleiben. Die Korruption blühte unter Louis Philippe wie nie zuvor. Seine wohlgemeinte Devise des „Juste-milieu"* wurde schamlos der anderen untergeordnet, mit der er (selbst ein geschickter Börsenjongleur) die Kapitalwirtschaft ankurbeln wollte: „Enrichissez-vous! – Bereichert euch!" Man dankte ihm seine Bemühungen um ausgewogene Innenpolitik nicht, alle Seiten waren mit ihm unzufrieden. Die Bonapartisten sahen ihn als Thronräuber, das konservative Ausland wollte ihn nicht anerkennen, der Zar sogar militärisch eingreifen. Zwei Putschversuche und eine Reihe von Attentaten machten dem Bürgerkönig das Leben schwer.

Indirekte Folgen der Pariser Julirevolution waren Erhebungen in Belgien (ausgelöst durch eine Brüsseler Aufführung von Aubers Oper „Die Stumme von Portici") und in Polen.

Rechtzeitig vor Ausbruch des dortigen Aufstandes hatten Freunde den jungen Frédéric Chopin als größte Hoffnung der polnischen Musik nach Paris geschickt. Die Revolutionäre erklärten den Zaren für abgesetzt und verlangten die Grenzen vor der ersten Teilung Polens von 1772 durch Preußen und Rußland. Nach der Niederlage der Aufständischen, denen das Ausland mit Sympathie, wenn auch nicht mit Truppen beigestanden hatte, wurde Polen russische Provinz; Russisch wurde Amtssprache und die orthodoxe Religion eingeführt...

Sogar die Schweiz erhob sich 1830 und fand zur Demokratie. Bald danach wurde sie zum Asyl für Emigranten und politisch Verfolgte aller Richtungen. Metternich schäumte und sprach von einer „befestigten Kloake". In die Schweiz wird Liszt mit seiner Geliebten Marie d'Agoult vor der Pariser Gesellschaft fliehen. In Genf reift er dann zum Kosmopoliten.

Nicht nur den Lärm der Kanonen vernahm der knapp 20jährige,

* wörtlich: richtige Mitte. Das Schlagwort steht für die Herrschaft des konservativ gesinnten Großbürgertums in liberalen und konstitutionellen Formen.

sondern auch verschiedene Parolen, die ein verändertes Fühlen und Denken der Künstler signalisierten und bei ihm auf fruchtbaren Boden fielen. Jetzt tut er alles, um seine Bildungslücken zu schließen. Er liest wie ein Besessener.

Die Revolution hatte gewissermaßen die Emotionen freigesetzt. Im Geiste der empfindsamen Schriften von Rousseau und speziell von Goethes „Werther" kamen neue Romane heraus, auf die sich Liszt in einigen Werken beziehen wird – „René" von François René de Chateaubriand und „Obermann" von Étienne de Sénancour. Wortführer der neuen Romantik war Victor Hugo. Er hatte für Frankreich Shakespeare wiederentdeckt. Bedeutsam wurden jetzt auch Goethes „Faust" und die von Weltschmerz und Freiheitsdrang geprägten Dichtungen Byrons. Nicht mehr das Schöne stand im Mittelpunkt des ästhetischen Interesses, sondern das Charakteristische, das auch das Häßliche sein konnte. Die Schablonenhelden der konventionellen Bühne wichen Menschen aus dem wirklichen Leben.

Besonders reizte die Kombination bisher sauber voneinander getrennter Eigenschaften: Was bei Schiller der rechtschaffene Räuber war, wurde jetzt die Prostituierte mit dem reinen Herzen. Eine totale Literatur war gefragt, die nach Hugo „lyrisch, episch, dramatisch" zugleich sein müsse. „Nieder mit dem Alexandriner*!" rief er aus und forderte ganz im Geist Shakespeares die „fruchtbare Einheit des Grotesken und Erhabenen". Diese Devise wird ganz besonders auf das kompositorische Werk Liszts, namentlich in seiner Weimarer Periode, zutreffen: grelle Kontraste, nur episodisch „schöne" Stellen der Melodien, dafür immer neue charakteristische Wendungen.

Eine besondere Form des Charakteristischen ist das Diabolische, von Berlioz gestaltet, aber auch schon bei Weber „Freischütz" und bei dem „Teufelsgeiger" Paganini zu finden. Später wird man gerade Liszt eine mephistophelische Ausstrahlung bescheinigen! Freiheit war großgeschrieben: Freiheit des Ortes – aus Passion, Freiheit der Liebe –, die Ehe war suspekt, Freiheit von Klischees – man brauchte nur wenig, ja nichts zu besitzen.

---

* Mit „Alexandriner" ist sinngemäß jedes Korsett für Literatur und Kunst gemeint. Die Bezeichnung für diesen schon Ende des 11. Jahrhunderts in Frankreich aufkommenden Vers zu 12 Silben geht auf eine altfranzösische Version der Sage von Alexander dem Großen zurück.

Individualität war gefragt. Sie entsprach – ins Kollektive übertragen – der Freiheit des Volkes. Dabei bildete sich ein neuer, im Grunde doch wieder uniformer Typ heraus, der rasch in Mode kam. Der Romantiker war vorzugsweise schwarz gekleidet, wählte exzentrische Kragen, die Gesichtsfarbe glich möglichst der eines Toten, Haltung und Gebärden sollten auf den bevorstehenden Abschied vom Leben oder doch wenigstens ein intensives, konfliktreiches Seelenleben hindeuten. Romantisch – sprich extrem – waren die Schlußakkorde im Leben „romantischer" Künstler: Byron und Petöfi starben auf dem Schlachtfeld, Puschkin und Lermontow fielen im Duell, Wahnsinn setzte dem Leben von Lenau und Schumann ein Ende, durch Krankheit, Frustration, enttäuschte Sehnsucht oder Not starben vorzeitig Novalis, Shelley, Schubert, Chopin und Delacroix. Edgar Allan Poe ertrank im Alkohol. Monarchen verfielen Wahnideen und lebten in Scheinwelten: Friedrich Wilhelm IV. von Preußen oder Wagners Mäzen, Ludwig II. von Bayern.

Was sie vielleicht nie hätten zugeben dürfen, konnte sich der Künstler auszusprechen erlauben. „Ich liebe die außergewöhnlichen Menschen, ich bin selbst einer", schreibt Balzac an George Sand. Also lebte man anders, konträr zur Gesellschaft – um nicht vom Grau der Ereignis- und Spannungslosigkeit verschlungen zu werden. Deshalb kleidete und gab man sich exzentrisch. George Sand rauchte Zigarren, ebenso Liszts zweite Lebensgefährtin, die Fürstin Sayn-Wittgenstein. Die Sand war Transvestitin, allerdings nur hinsichtlich der Kleidung. Der feuerrote Schopf von Hector Berlioz provozierte die Umwelt ebenso wie das schulterlange Haar von Liszt.

Der Kult des Persönlichen, des Individuellen und Charakteristischen führte dazu, daß man sich auch im Alltag wie auf Theaterbrettern, wie zwischen Bühnenkulissen bewegte und gab. Hierzu der Spötter Heine, der Deutsche und Franzosen studierte:

> Man ertrinkt im Sentiment. Triviales gibt es nicht, weil alles trivial und tränenschwanger ist. Der Herr Hofrat, der seiner Frau einen guten Morgen wünscht, tut dieses, als sei er Hamlet und habe die Aufgabe, sich im nächsten Augenblick in der Frühstücksmilch zu ertränken.

Eine romantische Beziehung in Liszts Umgebung kann man direkt als melodramatisch bezeichnen – und prompt wurde sie auch „vertont" (als „Fantastische Sinfonie"). Und „Pate" stand bei diesem Roman in Tatsachen kein Geringerer als Shakespeare: die Schauspielerin Harriet Smithson, einst berühmt als Ophelia, hatte es dem Komponisten Berlioz angetan, der sie heftig, ja bis zum Wahnsinn umwarb. Aber sie erhörte ihn erst, als ihr Stern im Sinken und sie auf dem Weg zum Alkoholismus war. Da lernte Liszt die beiden kennen. Um Harriets Schulden abzudecken, veranstaltete der unermüdliche Berlioz ein Benefiz. Vom Erlös kaufte sie neue Kleider. Berlioz schluckte vor ihren Augen demonstrativ Gift, hatte aber das Gegengift parat. Liszt kam aus dem Staunen nicht heraus. Am 3. Oktober 1833 war er Trauzeuge bei der Eheschließung der beiden in der englischen Botschaft.

Die romantische Attitüde war länderübergreifend, war Zeitgeist. Es schmeichelte Lord Byron, wenn er „Teufelslord" genannt wurde, und er tat das Seine, um diesen Beinamen glaubhaft zu machen. Paganini lebte von seinem dämonischen Ruf, Berlioz mußte die Rolle des eruptiven Nonkonformisten spielen. Und auch Liszt wußte bald, was man von ihm erwartete. Nur, daß er nicht eine, sondern etliche Rollen beherrschte... Man lese nur, wie ihn die Sand 1836 für die Pariser Presse aus Genf beschrieb:

> Hochgewachsen, überschlank, mit bleichem Gesicht, großen meergrünen Augen, in denen blitzartig Lichter aufleuchteten wie bei einer sprühenden Welle, von kränklicher und zugleich machtvoller Erscheinung, unentschlossenem Gang, schien er mehr zu gleiten, als den Boden zu berühren, sah zerstreut aus, unruhig wie ein Gespenst, dem die Stunde der Rückkehr in die Finsternis schlägt.

Das ist freilich nur die eine Seite, ebenso unvollständig wie die Vorstellung von Liszt als schwarz oder gar dezent gekleidetem Zeitgenossen. Es gibt genügend Augenzeugen, die von seiner ungebrochenen Männlichkeit sprechen, in betontem Unterschied zu den meisten anderen femininen Salonpianisten, ebenso genug Berichte von seiner dandyhaften, ja geschmacklosen Art, sich zu kleiden: auffallen um jeden Preis. Doch das Wesen der französischen Romantik ist ja gerade der ihr innewohnende Gegensatz. Hier unnatürlichstes Pathos, dort nüchternster Alltagsrealismus, hier individualistische Verstiegenheit, dort soziales Engagement, hier snobistische Arroganz, da sentimentale Verbrüderung der Klassen.

Eine extrem unromantische Romantik – Der junge Rebell

Liszt beteiligte sich auch an der Diskussion über die damals modischen Soziallehren. Man sprach um 1830 über den Sozialismus wie heute über ökologische Fragen. Daß man dabei im Salon der Überprivilegierten saß und keinerlei konkrete Beziehung zur „Basis“ hatte, störte ebensowenig wie fünfzig Jahre zuvor, als Marie-Antoinette mit ihren Hofdamen Ziegen molk, um die reinen, unverfälschten Empfindungen des Landvolks nachzuvollziehen.

Man kann direkt von einer Sozialromantik sprechen. 1841 ließ der Bankier Olinde Rodrigues einen Sammelband „Sozialdichtung von Arbeitern“ erscheinen, der Verse eines Hutmachers, eines Schusters, eines Uhrmachers und einer Stickerin enthielt. Die professionellen Schriftsteller, besonders Félicité de Lamennais (Liszts späterer Freund) und Victor Hugo, spendeten Lob. Hugo wandte sich an die Hobbyautoren mit den schmeichelhaften Worten: „Wir alle sind Arbeiter, einschließlich Gott, und ihr arbeitet noch stärker als mit der Hand durch den Gedanken.“

Durch Lamennais, einen Abbé, der christlich-soziale Utopien verkündete, wurde Liszt mit den Lehren des Comte de Saint-Simon bekannt gemacht: sozial gerechte Lösung der Arbeiterfrage und werktätige Bruderliebe als Hauptinhalt des Christentums. Das erste verstieß unter dem Bürgerkönig gegen die Staatsraison, das zweite stellte Priesterschaft und Papsttum in Frage. Kein Wunder, daß Lamennais später exkommuniziert wurde; Liszts Beichtvater blieb er dennoch.

Auf sein Gedicht „Der Schmied“ komponierte Liszt einen Männerchor, und ebenfalls ihm widmete er das Klavierstück „Lyon“ für die Opfer des Weberaufstands. Zu deren Gedenken hatte ein anderer, für die geistige Entwicklung des Künstlers wesentlicher Kopf ein Poem „Harmonie“ geschrieben – Alphonse de Lamartine. Dessen mystischer Pantheismus beeindruckte Liszt tief, von Lamartine übernahm er das Vorwort zu seinem verblüffend modernen Klavierstück „Harmonies poétiques et réligieuses“. Hier gibt es weder Tonart noch Taktstriche – „Nieder mit dem Alexandriner!" Ihm verdankt er auch die Entstehung weiterer „metaphysischer" Kompositionen: den Klavierzyklus „Apparitions" (Erscheinungen) und die Orchesterdichtung „Les Préludes".

Das Besondere an der französischen Romantik ist ihr Gegenwartsbezug. Damit wird sie eigentlich eine ganz „unromantische Romantik", denn – so Egon Friedell – „wenn etwas extrem unromantisch ist, so ist es die Politik". Und politisch waren sie alle, von Saint-Simon über Abbé Lamennais und Lamartine bis zu Balzac und Hugo. Letzterer schrieb im Vorwort zu „Hernani": „Die französische Romantik … war ganz einfach, als heißer, sprühend elementarer Ausdruck des Zeitgeistes, Realismus." Noch knapper formuliert der Maler Eugène Delacroix: „Wer Romantik sagt, meint moderne Kunst." Keiner kann diesen Realismus im Verein mit einer besessenen Produktivität besser vorführen als Honoré de Balzac (den Adel hat er sich aus werbepsychologischen Gründen selbst verliehen), wie ihn Friedell sieht:

> In Balzac kocht und raucht das Maschinenzeitalter. Er selbst ist nichts als eine wunderbar gebaute Riesenmaschine, die unaufhörlich aus Materie Materie macht. Der Genius ist zum Perpetuum mobile geworden! Balzacs gigantische Fabrik walzt Menschen, in allen Größen und Qualitäten, pausenlos und massenhaft, und speit sie auf den Markt; er ist Leiter eines „Menschenwerks" …

Unter den Malern ist Delacroix *der* französische Romantiker. Farbenrausch stellt er über korrekte Linienführung, Schreckliches über „Salonfähiges". Seine Figuren sind teils pathetisch, teils provokant, aber stets proportioniert und formbewußt – obligatorische Bedingungen für französische Kunst. Besonders interessant für den deutschen Betrachter sind seine Illustrationen zu „Faust", Verbindungsstück zwischen Goethe und Liszt und optisches Pendant zu Gounods „Margarethe".

In der französischen Romantik verfließen die herkömmlichen Kunstgattungen; die Musik rückt nicht nur mit der Literatur zusammen (sinfonische Dramen und Dichtungen statt Sinfonien), sondern auch mit der Malerei. Für Liszt gehören die Künste gleichberechtigt zusammen und sind nichts anderes als verschiedene Äußerungen eines Gestaltungswillens.

Die Ästhetik der jungen, aufbegehrenden Künstlergenerationen und die realen Marktbedürfnisse waren wie immer zwei grundverschiedene Größen. Die letzte Periode der Bourbonen-Restauration mit einem arroganten „Ancien régime" einerseits und der wenig gebildeten, aber tonangebenden Großbourgeoisie andererseits, die nach der Macht drängte: Das war die Atmosphäre, wo leichte, ja seichte Unterhaltung gefragt war. Auch als es „frische Luft" gab und Auftrieb für die Jungen, änderte sich in der Kunstszene nicht viel. Der Bürgerkönig investierte nichts in die Künste, was nach dem Gesetz der umgekehrten Wirkung dazu führte, daß man nun gerade „in Kultur" machte. Nicht etwa, daß die Ansprüche gestiegen wären: Neben den genialen Delacroix schob sich jetzt der akademisch-fade Horace Vernet, neben Bellini und Donizetti erklang unter Beifallsstürmen Meyerbeer. Balzac brachte das Kunstniveau der vermögenden Oberschicht auf die kurze Formel: „Ich gehe in die Oper, um zu verdauen." Und was die Mechanismen des Kulturbetriebes betraf: Meyerbeer, damals einer der erfolgreichsten Komponisten, entstammte dem Bankiersfach, und ihm gebührt das zweifelhafte Verdienst, die Marktgesetze auch in den Bereich der künstlerischen Meinungsbildung eingebracht zu haben. Nicht nur, daß er Claqueure bezahlte, die seinen Werken zum Durchbruch verhelfen und andere zum Scheitern bringen sollten. Er erfand speziell auch die „dormeurs", schläfrige Gestalten auf gut sichtbaren Plätzen, die bei Opern der Konkurrenz vergeblich gegen Langeweile und Müdigkeit ankämpften und damit natürlich jedes Stück zur Strecke brachten ...

Auf dem musikalischen Sektor markieren Meyerbeer und Berlioz ebenso zwei Pole wie Liszt und Chopin. Nach einem Ausspruch von Friedell verkörpern Meyerbeer und Berlioz die beiden Seelenhälften des Sprechers der französischen Romantik, Victor Hugo. Meyerbeer sucht das Malerische und Effektvolle, Berlioz das Grausig-Groteske, das Abnorme. In Meyerbeers Ausstattungs- und Sensationsoper ist der „stahlharte, bis zur Schamlosigkeit unbedenkliche Wille zum Erfolg Musik geworden"; Berlioz hingegen wirkt wie das Gewissen der Tonkunst vor den strengen Augen der Geschichte, er verkörpert den – vorerst erfolglosen – Fortschritt. Beide Pole finden sich in Liszts Schaffen wieder.

Der Salon ist der Kommunikationsort des Zeitalters und das Ambiente der intimen Kunstpflege. Man braucht massenweise Salonmusik. Das ist die historische Stunde für Chopin und Liszt.

Zwar haben beide Erfolg, aber vor der Musikgeschichte besteht in der Gesamtheit seines Schaffens nur der erste. Seine Begrenzung in jeder Hinsicht hat ihm zu einer Verdichtung verholfen, die Liszt nur teilweise und vorwiegend erst im Alter gelingen wird. Chopin schreibt ausschließlich Klaviermusik, begnügt sich mit einigen wenigen Formen und experimentiert nicht, behält aber zeitlebens eine spezifische Klangsprache bei – Gemisch aus zeittypischer Sentimentalität, polnischer Folklore und klassischer bis kontrapunktischer Satztechnik.

DIE KANONEN, die Karl X. ins englische Exil jagten, waren für den jungen Liszt, der seit seiner Kränkung durch Saint-Cricq aufrührerisch gesinnt war, der Auftakt zu einem ungewöhnlichen Opus. Mit kühnem Schwung und inspiriert durch Beethovens „Schlacht bei Vittoria“, warf er Skizzen für eine „Revolutionssinfonie“ aufs Papier, in die er die „Marseillaise“ und das hugenottische Volkslied „Vive Henri IV.“ aufnehmen wollte. Beendet wurde nur ein Satz mit dem eigenen Titel „Héroïde funèbre“. Geplant war eine fünfsätzige programmatische Partitur – und das ein halbes Jahr bevor im Dezember 1830 die erste romantische Programmsinfonie der Welt uraufgeführt wurde – die „Symphonie fantastique“ von Berlioz!

Auch wenn dieses Fragment schwach ist – wie alle Schlachten- und Lärmstücke von besagter Beethoven-Komposition bis zu Tschaikowskis „Das Jahr 1812“ –, ist es doch ein wichtiges Dokument für die soziale Position des Verfassers. Damals hatte er noch die Beseitigung der Klassenunterschiede angestrebt, später wird er immer besser verstehen, unter diesen Schranken „hindurchzuschlüpfen“. Aber vorerst qualifiziert sich seine anfangs revolutionäre Gesinnung unter dem Einfluß von Saint-Simon und Lamennais zu einer versöhnlicheren, die offene Gewalt verabscheut. Der junge Sozialromantiker glaubt, daß das christliche Ideal durch humanistisches Handeln verwirklicht werden könne. Dabei haben laut Lamennais „jene zwei Klassen, die Amt und Macht haben, alle Klassen zu versöhnen, zu beleben und mit gemeinsamer Liebe dem Ziele der Menschheit entgegenzuführen: die Priester und Künstler“, besondere Funktionen. Was Wunder, daß Liszt in letzter Konsequenz versuchen wird, beides in ein und derselben Person zu sein!

Aus dieser hohen, höchsten Berufung der Kunst leitete er auch seine Auffassung vom Künstlerberuf ab. „Lange genug hat man sie als Höflinge und Parasiten in den Palästen gesehen, lange genug haben sie die Amouren der Großen und die Freuden der Reichen verherrlicht: Nun ist die Stunde gekommen, den Mut der Schwachen aufzurichten und die Leiden der Unterdrückten zu lindern...“, heißt es 1835 in seiner Schrift „Zur Stellung der Künstler“. Und weiter: „Wir glauben so unerschütterlich an die Kunst wie an Gott und die Menschheit... Wir glauben an einen unendlichen Fortschritt, an eine unbegrenzte soziale Zukunft der Tonkünstler; wir glauben daran mit aller Kraft der Hoffnung und Liebe!“

Das sind Worte der französischen Romantik und der christlichen Sozialutopien. Aber bei Liszt führen sie zu konkreten Ergebnissen: nicht nur zu den Schriften „Zur Stellung der Künstler“ und „Über zukünftige Kirchenmusik“, sondern letztlich auch zur Gründung des *Allgemeinen deutschen Tonkünstlerverbandes* und zu einer Vielzahl hochherziger Aktionen, Stiftungen und Initiativen zugunsten schwächer gestellter Künstler oder ihrer Angehörigen. Daß er mit seinem flammenden Idealglauben bei manchen Zeitgenossen auf völliges Unverständnis stieß, mag eine kuriose Begebenheit von 1835 belegen. Vincenzo Bellini war, erst vierunddreißigjährig, bei Paris an der Schwindsucht gestorben. Liszt verehrte den genialen Melodiker damals so sehr, daß es „für längere Zeit keinen Raum mehr für andere Musik in meinem Geiste gab“. Auf Motive aus Bellinis Erfolgsopern „Die Puritaner“ und „Die Nachtwandlerin“ schrieb er wenig später ebenfalls außerordentlich populäre Paraphrasen. Nun, nach dem vorzeitigen Tod des Italieners, richtete er eine Eingabe an den Bürgerkönig und schlug den Bau eines Pantheons für Bellini vor. Da er die Attribute „kühn und zukunftsträchtig“ verwendete, landete das Schreiben im Polizeipräsidium – weil staatsgefährdend.

Drei Begegnungen – Berlioz, Paganini, Chopin

An seinen Verleger schrieb Berlioz: „Die vorherrschenden Eigenschaften meiner Musik sind leidenschaftlicher Ausdruck, innere Glut, rhythmische Begeisterung und das Unerwartete.“ Auch Liszt hätte das unterschreiben können; eine Kopie dieses Briefes hing in Weimar über seinem Arbeitstisch. Und noch der Abbé der späten Jahre unterstreicht die Bedeutung des Franzosen für sein eigenes Schaffen: „Paganini gab mir das Feuer, Berlioz die Tiefe und den Adel. Was er über seine Musik hinterlassen hat, ist ... das Bekenntnis zur Musik dieses Jahrhunderts schlechthin."

Der Dichter Théophile Gautier nannte sie das Triumvirat der Künste: Hugo, Delacroix und ihn – Hector Berlioz. Rote Mähne, unversöhnlich in seinen aufrührerischen Ansichten und leidenschaftlich in seiner Liebe zur Shakespeare-Mimin Harriet Smithson. Ein chaotischer Mensch, aber sein Chaos war fruchtbar. Liszt hat von ihm eine Menge gelernt. Auf die Idee einer Programmsinfonie war er mit seiner „Revolutionssinfonie" zwar schon selbst gekommen, aber neu für ihn waren das Mephistophelische (für seine spätere „Faust-Sinfonie" und seine „Mephisto-Walzer" wichtig) und das Prinzip, ein Thema durch ein ganzes Werk zu ziehen und es dabei bis zur Gegensätzlichkeit umzuwandeln. So hatte es Berlioz mit der „idée fixe", dem Leitmotiv seiner Harriet, in der „Fantastischen Sinfonie" gemacht; dort erklingt es zuletzt sogar infernalisch verzerrt auf dem Hexensabbat, wohin der Komponist die Geliebte haßerfüllt verbannt, da sie ihn nicht erhören will.

Bislang – seit Haydn, Mozart, Beethoven – war das Übliche die Auseinandersetzung zwischen zwei Themen gegensätzlicher Beschaffenheit mit dem endlichen Sieg des einen über das andere. Jetzt kommt Liszt, angeregt durch Berlioz, auf den Gedanken, sich auf nur ein Thema zu beschränken und ihm verschiedene, ja konträre Erscheinungsformen zu geben. Erinnert das nicht an sein eigenes Wesen?

Und noch etwas regt die Begegnung mit Berlioz an: Liszt ist von der „Fantastischen Sinfonie" und den Ouvertüren des Freundes, darunter je eine nach Shakespeare und Byron, so begeistert, daß er neuartige Klavierfassungen von ihnen anfertigt, „Partitions de piano".

In einem Zeitalter, wo der Musik noch keinerlei Medien außer dem Notendruck zur Verfügung standen, waren das nicht nur notwendige, sondern äußerst gängige und erfolgreiche Mittel zur Verbreitung eines Werkes. Liszt war ihr Begründer und blieb ihr unübertroffener Meister.

Im Jahr 1831 versetzte ein Virtuose Paris in Taumel: Niccolò Paganini kam in die französische Hauptstadt. Es war eine unglaubliche Mixtur, der er seine faszinierende Wirkung verdankte. Wilde Gerüchte eilten dem Künstler voraus: Er habe Mutter und Braut umgebracht und im Gefängnis vom Satan persönlich die Kunst erlernt, auf einer einzigen Saite zu spielen. Er war von atemberaubender, ja dämonischer Häßlichkeit (häßlich galt als dem Schönen gleichberechtigt, eine Art „Punk-Ästhetik" des 19. Jahrhunderts); er hatte eine fast schamlose erotische Ausstrahlung. Seine Auftritte waren ausgeklügelt inszeniert. Doch alles übertraf sein stupendes, noch nie gehörtes Geigenspiel.

Zeitgenössische Karikatur auf die Konzertveranstaltungen des Violinvirtuosen und Komponisten Niccolò Paganini in Wien

Balzac erinnert die schwarz ausgeschlagene Bühne an eine „mysteriöse Beerdigungsszene", er beschreibt, wie Männer und Frauen in Hysterie gerieten, wenn gegen Ende ganz zufällig drei Saiten rissen und der „Teufelsgeiger" auf der einzig verbliebenen weiterspielte, wie sich etliche Damen die Kleider aufrissen… Daß die Karten extrem teuer waren, kam dem notorisch geizigen Virtuosen doppelt zugute. Wer so viel bezahlt hatte, wollte natürlich auch auf ungewöhnliche Weise unterhalten werden und war zu allem bereit.

Das Erlebnis Paganini hatte Liszt noch gefehlt, um gänzlich zu neuem, intensiverem Leben und Streben zu erwachen. Er war staunend Zeuge, wie der Genueser mit seinem kleinen Instrument ganze Menschenmassen in seinen Bann zog und in Atem hielt. Nicht nur Paganinis Technik frappierte ihn (das konnten die Modepianisten auf ihre Weise auch), sondern das Elementar-Ungekünstelte und das hier Romantisch-Entrückte, dort Ekstatisch-Sinnliche seines Spiels: „Welch ein Mann, welch eine

Geige, welch ein Künstler!" Er ist nun entschlossen, der Paganini des Klaviers zu werden, denn wieviel mehr vermag er – Franz Liszt – mit seinen edleren und damit auch tragfähigeren Möglichkeiten des Klaviers als der italienische „Hexenmeister", der mit seinem kleinlichen Geiz, seiner Skandallüsternheit und Mädchenjägerei jedes höhere künstlerische Motiv vermissen läßt.

Dieser Entschluß fällt in die Zeit, da er sein Wissen durch fieberhaftes Lesen aufzufüllen sucht. Die Bitte an einen Freund: „Lehren Sie mich die ganze französische Literatur!" gleicht schon einem Hilferuf. So stehen jetzt Tonleitern neben Weltkultur.

> Mein Geist und meine Finger arbeiten wie zwei Verdammte – Homer, die Bibel, Platon, Locke, Byron, Hugo, Lamartine, Chateaubriand, Beethoven, Bach, Hummel, Mozart, Weber umgeben mich. Ich studiere, befrage, verschlinge sie gierig; ferner übe ich vier bis fünf Stunden (Terzen, Sexten, Oktaven, Tremolos, Triller, Kadenzen etc. etc.). Vorausgesetzt, daß ich nicht toll werde – wirst Du einen Künstler in mir wiederfinden! Ja, einen Künstler nach Deinem Geschmack, so wie man sie heutzutage braucht.

Der Adressat, Pierre Wolf, ist ein Schüler und Freund aus Genf, in dessen Vaterhaus sich Liszt später mit Marie einquartieren wird.

Die beste Bestätigung, daß dieses Selbststudium funktionierte, lieferte das bald darauf fertiggestellte Klavierstück, die „Große Fantasie auf ‚La campanella' von Paganini", mit der Liszt seine berühmten Transkriptionen nach dem Geiger beginnt. Das Erlebnis dieses Virtuosen wirkte noch bis zu dessen Tod 1840. Liszt schrieb ihm einen bewundernden Nachruf: „Paganini. Ein Nekrolog."

Kein größerer Gegensatz unter Virtuosen wäre denkbar als zwischen Paganini und Chopin, der ebenfalls 1831 in Paris erscheint. Doch auch Liszt und Chopin trennen Welten. Gemeinsam haben sie das Instrument und das Nationalgefühl (bei Liszt allerdings auch als Pose). Aber die sensible, nach innen gerichtete Natur, das fast feminin Zarte, ja zunehmend Morbide bei Chopin steht in völligem Kontrast zur mannhaften Sinnlichkeit und einem gewissen Exhibitionismus bei Liszt. Dennoch bewundert er den anderen und hat ein Ohr für das Neue in Chopins Klangsprache: „Hier duftet, was die Welt bisher nicht hat spüren können." Freilich, er – Franz Liszt – war der gefeierte Star der riesigen Säle, hatte die vergleichsweise robuste Konstitution und war härter vortrainiert. So kann er es sich leisten, Chopin bis zuletzt zu bewundern, zu unterstützen und sein Werk zu verbreiten. Drei Jahre nach dem Tod des Freundes wird er ein Buch über ihn schreiben. Und als er Ende 1885, ein halbes Jahr vor seinem Tod, Chopins Grab besucht, sagt er von ihm: „Er war die Grazie und Melancholie dieses Jahrhunderts."

Daß er sich nicht wie Chopin als Komponist auf das Klavier beschränkt hat, verdankt er Berlioz: „Ich durfte das Orchester nicht auslassen." Und gerade mit seinen sinfonischen Dichtungen hat Liszt einen grundlegenden Beitrag zur Geschichte der Orchestermusik geleistet.

Auch wenn sich Chopin unter dem Aspekt des Salons mit damals modischen Tänzen – Walzer, Mazurka, Polonaise – auseinandersetzt, so bleibt er doch stets gehaltvoll und verzichtet auf vordergründige Virtuosität. Diesen Vorwurf wird man Liszt nicht immer ersparen können. Denn zum einen schreibt er einfach zu viel und zu rasch, zum andern richtet er sich allzugern nach den Wünschen des Publikums und dem Diktat der musikalischen Tagesproduktion. Man braucht nur die Werkverzeichnisse der beiden Pianisten-Komponisten zu vergleichen.

Siege im Salon – Das „Elfenbeinprofil"

Der kometenhafte Aufstieg des gerade flügge gewordenen Liszt in der Pariser Gesellschaft und speziell der Damenwelt der oberen Kreise erfüllte ihn mit Stolz und gab ihm sein durch den Grafen Saint-Cricq verletztes Selbstbewußtsein wenigstens teilweise wieder. Diese zielstrebige und erfolgreiche Selbstdarstellung im Salon brachte ihm auch bissige Kommentare seiner mitunter neiderfüllten Zeitgenossen ein. „Er ist bereits wie eine alte Kokotte, der Applaus ist ihm unentbehrlich geworden, und das Leben wird ihm unmöglich, sobald irgendwelche Finger sichtbar werden, mehr ‚à la mode' als die seinigen...", schrieb Balzac. In seinem Roman „Beatrix" entwirft er ein boshaftes Bild von Liszt (er ist dort Maler und heißt Conti). Heine spöttelt über das „tolle, schöne, häßliche, fatale und mitunter sehr kindische Kind seiner

Zeit, den gigantischen Zwerg, den rasenden Roland mit dem ungarischen Ehrensäbel, den genialen Hans Narr". In der Tat, manchmal setzte er sich recht vollmundig in Szene, wie 1833 einer Schülerin gegenüber: „Mehr als vier Monate habe ich weder Schlaf noch Ruhe gehabt: Geburtsaristokratie, Begabungsaristokratie, Glücksaristokratie, elegante Koketterie der Boudoirs, die schwere ... Atmosphäre der diplomatischen Salons, der sinnlose Tumult der Routs, Gähnen und Bravorufen in literarischen und künstlerischen Abendveranstaltungen, egoistische und verletzende Freuden auf dem Ball. Plaudereien und Dummheiten in Teegesellschaften, Scham und Selbstvorwürfe am nächsten Morgen, Triumph im Salon, überspannte Kritiken und Lobhudeleien in Zeitungen aller Art, künstlerische Enttäuschungen, Erfolg beim Publikum, alles das habe ich durchgemacht, alles erlebt, alles gefühlt, verachtet, verflucht und beweint." Kurz gesagt: die Provinz berauscht sich an der Metropole. Wie Liszt auf eine nicht verliebte Frau gewirkt hat, berichtet die Mutter einer Schülerin, Madame Boissier: „Ein Jüngling, der tief nachdenkt, der träumt, der alles zu erklären versucht. Sein Gehirn ist ebenso erstaunlich ausgebildet wie seine Finger, und wäre er nicht ein so vollendeter Musiker, so würde er ein ebenso bedeutender Philosoph und Schriftsteller sein." Offenbar verstand es Liszt schon sehr bald, seine Bildungslücken durch rhetorische Gewandtheit und Phantasie auszugleichen. Es will etwas heißen, wenn der Wiener Musikwissenschaftler Ambros ihm zugesteht: „Man sende ihm ... einen ... Mörder ... Gewinnt er nur Zeit, mit dem Mörder ... zehn Worte zu sprechen, so ist er gerettet!"

In der Saison 1833/34 begegnet er den beiden interessantesten Frauen, die der Pariser Salon damals aufzuweisen hatte. Die eine war in den Augen der gutbürgerlichen Gesellschaft eine einzige Provokation: Die Männer haben sich immer wieder gegen sie und ihre Bedeutung gewehrt – einer ihrer Liebhaber, Alfred de Musset, ordnete sie (da war er allerdings schon „abgelegt") dem „Typus der gebildeten Amsel" zu, Friedrich Nietzsche (nicht unbedingt ein Frauenförderer) nennt sie später eine „Schreibekuh". Und das alles nur, weil sie die Männer dominierte – statt jene sie – und weil sie sich erkühnte, auch deren ureigenstes Handwerk, die Schriftstellerei, mit unzweifelhaftem Talent zu betreiben. Die Baronin Dudevant, „Sprößling von Feldherren,

Königen, Tänzerinnen und Straßenhändlern" und laut Heine die „bedeutendste Schriftstellerin seit der Revolution", schrieb unter einem männlichen Pseudonym - George Sand. Sie kleidete sich wie ein Mann, rauchte Zigarren, hatte aber durchaus weibliche Ambitionen, wenn es um Männer ging. Ihr damaliger Freund, Alfred de Musset, stellte ihr den jungen Franz Liszt vor. Er hat es sehr schnell bereut, denn es gab offenbar sofort einen Funken zwischen den beiden, zumindest das spontane Einverständnis zwischen Künstlern verwandter Sensibilität.

George Sand hatte keinerlei Skrupel, wenn es um ihre Neigungen ging. Ihre jahrelange Beziehung zu Chopin hat den polnischen Komponisten viel Kraft gekostet. In Genf wird sie Liszt und seine Geliebte besuchen; dort trifft sie auf Jérôme Bonaparte, mit dem sie ein Verhältnis beginnt.

Aus- und Aufbruch: Marie

Was in der Beziehung zu George Sand vielleicht nur schwelte, kam bei der zweiten Dame, der Liszt noch Ende 1833 begegnete, offen zum Ausbruch: eine Leidenschaft, die Jahre vorhalten sollte, die erste erfüllte Liebe des jungen Künstlers. Marie d'Agoult, geborene von Flavigny und Enkelin des Frankfurter Bankiers Bethmann, war die beträchtlich jüngere Frau eines Grafen, mit dem sie drei Kinder hatte, und galt als Pariser Schönheit: blaue Augen, blond, aristokratisches Profil. (Es gibt allerdings Einwände: Heine findet ihre Füße zu groß, nach Delacroix hat sie ein schiefes Gesicht und zu breite Backenknochen, und über ihre zuweilen wenig geschmackvolle Garderobe mokieren sich Chopin und Rossini.) Zu den äußeren Vorzügen kamen noch geistige Regsamkeit und rasche Auffassungsgabe - später wird sie als Schriftstellerin unter dem Pseudonym Daniel Stern ihren Weg machen. Allerdings gesteht sie selbst, daß sie vor der Begegnung mit Liszt außer einer sehr begrenzten Klostererziehung keine systematische Bildung erhalten habe. So konnten sich beide ergänzen und beim Nachholen von Allgemeinbildung unterstützen.

Ein Umstand sollte nicht übersehen werden. Marie war reich, sehr reich. Bevor sie mit Liszt „ausbrach", machte sie ihren Schmuck zu Geld und transferierte mehrere Millionen Francs

Links: Die Schriftstellerin George Sand
Unten: Frédéric Chopin, gezeichnet von George Sand

auf eine Genfer Bank. Ihre Existenz war gesichert, und Liszt wird maßgeblich von ihrem Vermögen leben.

Profil gesellte sich spontan zu Profil, auch im wörtlichen Sinne, denn Liszt hatte im Salon längst den Spitznamen „Elfenbeinprofil“ (oft wurde sogar auf die Ähnlichkeit beider hingewiesen). Was Marie darüber hinaus an ihm fesselte, war nicht nur sein Klavierspiel (sie spielte selbst nicht schlecht), sondern seine ständig wechselnde Stimmung und Mimik. Seine unterschiedlichen „Naturen“ erlebte sie als spannend und aufregend. Etwas Besseres konnte ihm gar nicht widerfahren. Für Marie war es bald keine Frage, sich für den sechs Jahre Jüngeren zu entscheiden. Freilich wußte sie, was das bedeutete: „Ich liebe dich und steige herab“, sagte sie. Begreiflicherweise hat sie gezögert, mit der Pariser Gesellschaft zu brechen, um ihr weiteres Leben an Liszts Seite zuzubringen. Der plötzliche Tod eines ihrer Kinder lockerte die Bindung an die gräfliche Familie. Den Ausschlag gab dann die massive Einwirkung des Geliebten, die sich in ihren Memoiren wie folgt liest. (Die Vorgeschichte: Man hatte, wohl um sich zu prüfen, eine Trennung von mehreren Wochen vereinbart. Da wurde offensichtlich, daß Marie schwanger war. Liszt bat um ein Treffen, bevor er Paris verlassen wollte.)

„Was haben Sie mir zu sagen? Reisen Sie?“ fragte ich. „*Wir* reisen“, antwortete Franz in einem seltsamen Tonfall und heftete einen langen Blick auf mich, der in der tiefsten Tiefe meines Herzens nach Zustimmung suchte. Ich schwieg. Ich vermochte, wagte nicht zu verstehen.

„Wir reisen!“ wiederholte er. Und seine Augen nahmen

einen so flehentlichen Ausdruck von Hoffnung und Liebe an, daß es mir unmöglich war, ihn auszuhalten.

„Was sagen Sie, Franz?" Und ich wandte den Blick ab.

„Ich sage", fuhr Franz fort, „daß wir nicht so weiterleben können. Sagen Sie nichts dagegen. Ich habe alles vorausbedacht, was Sie einwenden könnten. Seit den ersten Tagen meiner heißen, verlangenden Liebe zu Ihnen habe ich für Sie gezittert. Ich beschloß, Sie zu verlassen. Eben noch wollte ich ein Weltmeer zwischen Sie und mich legen, damit Sie wenigstens, wenn auch kein Glück, so doch Frieden hätten... Und was habe ich getan? Arme Frau! Wie sind Sie jetzt gebeugt, kraftlos und unfähig zu leben! Was ist aus Ihnen fern von mir geworden? Nein, nein, ich werde Sie nicht so traurig hinsiechen und umkommen lassen... Wir müssen, angesichts des Himmels, die Heiligkeit oder das Verhältnis unserer Liebe eingestehen. Hörst du mich, verstehst du mich?" Und Franz preßte mich in seine Arme.

„Großer Gott!" rief ich aus.

„Dein Gott ist nicht mein Gott!" sagte Franz und legte seine Hand auf meinen Mund. „Es gibt nur einen Gott, den Gott der Liebe." Acht Tage später verließen wir Frankreich. Alles war zerbrochen, verworfen, mit Füßen getreten, nur unsere Liebe nicht.

Wenn dieser Dialog das literarische Werk Maries ist, dann beweist er, daß sie schreiben konnte. Wenn er einigermaßen authentisch ist, dann zeigt er den Charmeur und Liebhaber Liszt in vollem Glanz. Das Ganze ist wie eine gute Komposition aufgebaut. Langsame Exposition mit starkem mimischem Anteil und wirkungsvollen Pausen. Sein Thema wird eingehämmert („Wir reisen!"), ihr Thema ist nur rudimentär und eigentlich von keinem Wollen mehr getragen.

Einer so virtuos vorgetragenen Attacke konnte sich nicht einmal eine Frau vom Format Marie d'Agoults entziehen. Und sie wollte auch gar nicht.

Durch Fleiß zum Star

Eine Pariser Zeitung stellte die Frage, die seinerzeit bestimmt Tausende nicht beantworten konnten: „Woher kommt es, daß wir ganz von selbst, sobald sich Liszt ans Klavier setzt, um die einfachste Sache ... zu spielen, in unserer Brust plötzlich eine Beklemmung, ein Stocken des Atems spüren?“ Clara Wieck, die ihn 1838 erstmals in Wien hörte – damals war sie noch Schumanns Verlobte –, kommt der Sache ziemlich nahe.

> Er kann ein Stück heute so und morgen so spielen. Es ist immer Liszt, der da spielt, aber es ist immer wieder eine andere Seele... Substanz ist genügend da. So, wie er in seinem Leben ist, so gibt er sich auch als Künstler: ein turbulenter, bisweilen cholerischer Demagoge, der alles fordert, alles ... und sei es die stabilste Konstruktion seines Klaviers, denn er ist durchaus in der Lage, ein solches an einem Abend in den Orkus zu befördern.

Demagoge ... In Wien schreibt ein Karl Doblinger, daß sich alle Musikfreunde für Liszt ans Kreuz nageln lassen würden. „Man stirbt so gerne für ihn, diesen Gott, der uns gezeigt hat, daß durch ihn das musikalische Himmelreich auf Erden begonnen hat.“

In der Donaumetropole verkauft man Liszt-Schnupfdosen und lilafarbene Liszt-Bonbons, ein Hofbäcker formt seinen Körper im Maßstab 1:1 aus Marzipan und verziert ihn mit kandierten Früchten; wie heute Mozartkugeln konnte man damals Lisztkopferl kaufen... Und wenn man 1838 in Wien niesen mußte, sagte man „Prost Liszt!“, sofern man auf der Höhe seiner Zeit war.

Zur Demagogie à la Paganini gehörten auch Gesten und Posen wie die, nach Bachs „Air“ (aus der Orchestersuite D-Dur) das Haupt auf die Tasten zu legen und die Hände zu falten. Oder der Schräg-aufwärts-Blick, den die Zeichner meistens im Bild festgehalten haben – einmal mit der Büste Beethovens vis-à-vis. Später bringt der Abbé seinen Weimarer Schülern bei, daß sie dem zahlenden Publikum auch bestimmte Gesten schuldig seien – etwa (vor wichtigen Einsätzen) die Hände zirka dreißig Zentimeter über die Tasten zu heben.

Am Anfang stand die Technik, die bei ihm schon bald über alles bisher Gewohnte hinausging. Berlioz beschreibt, wie Liszt von Genf aus wieder nach Paris kam. Jetzt vernahm man Akkordtriller, rascheste Tonwiederholungen, weitgriffige Akkorde, perlende Läufe in Terzen und Sexten, donnernde Oktaven und Doppeloktaven. „Das ist die neue große Schule des Klavierspiels“, begeisterte sich der Franzose. Liszt war der erste Pianist, der einen

Franz Liszt am Klavier, umringt von Freunden und Künstlerkollegen (v. l. n. r.: Alexandre Dumas d. Ä. oder Alfred de Musset, Victor Hugo, George Sand, Niccolò Paganini, Gioacchino Rossini und Marie d'Agoult)

ganzen Abend allein bestritt: im März 1839 bei Fürst Galitzin, dem russischen Gesandten in Rom. 1841 führte er diese Form der Aufführungspraxis in Paris ein. Und sein Beispiel machte rasch Schule.

Er hörte nie auf, an seiner Technik zu arbeiten, solange er öffentlich auftrat. Auf Reisen führte er meist sein „Tablett" mit, eine künstliche, stumme Tastatur, auf der er seine Finger trainierte. „Man muß sie am Tage mindestens fünf Stunden hintereinander bewegen, damit sie nicht erstarren."

Aber auch nach seinem Abschied vom Konzertpodium stand das Klavier im Zentrum seiner musikalischen Aktivitäten: zum Demonstrieren, zum Komponieren und zum Unterrichten. Immer wieder verblüffte seine Blattspielkunst. Grieg legte Liszt eine Sonate für Violine und Klavier vor und war fassungslos, wie der beide Partien ineinander verwob: „Er war sogleich über dem Ganzen am Klavier. In meiner fröhlichen Verwunderung begann ich zu lachen und lachte und lachte gleich einem Idioten!"

Liszts virtuose Spieltechniken setzten sich durch, und allmählich verschoben sich die Maßstäbe. Von seinem „Großen Konzertsolo" sagte er später:

> Ja, vor zwanzig Jahren dachten die Leute, das Stück wäre nicht zu spielen. Ich entsinne mich, daß Kullak und selbst Henselt meinten, mein Scherzo und der Marsch wären „unmöglich". Auch andere meiner Stücke wurden ähnlich beurteilt. Stücke, die heutzutage von jedem jungen Pianisten gespielt werden.

Die neue Technik überforderte die damaligen Klaviere, die noch keinen eisernen Rahmen hatten. Wie schon Clara Wieck andeutete, war das Ausfallen eines Instruments bei einem Liszt-Konzert nichts Überraschendes; die Fürstin Metternich brachte es auf folgenden Vergleich: „Als Prinz Eugen die Türken schlug, brach das Muselmanenreich zusammen. Diesmal war es Franz Liszt…, und das Reich, das er zerschlug, bestand aus Holz und Saiten… Man fühlt sich nach einem solchen Konzert wie zerstückelt."

Kaiser Ferdinand dachte weniger an Prinz Eugen, sondern verglich Liszts Spiel mit der Kanonade von Olmütz.

Er hat sie alle verblüfft, auch die Neider und die Skeptiker, die hinter die Klangfassade blickten. Und er hat den Pianisten Kalkbrenner Lügen gestraft, der nach der ersten Englandtournee des Knaben Franz behauptet hatte, er sei nur eine „aufgezogene Spieluhr, die bald abgelaufen ist und dann keinen Ton mehr von sich gibt".

Und ob Liszt Töne von sich gab! Hier eine – allerdings giftgetränkte – Beschreibung durch Heinrich Heine (Liszt scheint ihm eine finanzielle Zuwendung versagt zu haben, die man ihm hätte als Bestechung des Kritikers auslegen können).

> Ja, er ist hier, der große Agitator, der … Wunderdoktor der Musik, der wiederauferstandene Rattenfänger von Hameln, der neue Faust…, der ungarische Ehrensäbel seines Jahrhunderts, der … edle Franz Liszt! … Er ist hier, der Attila, die Geißel Gottes aller Érardschen Pianos, die schon bei der Nachricht seines Kommens erzitterten und die nun wieder unter seiner Hand zucken, bluten und wimmern, daß die Tierquälergesellschaft sich ihrer annehmen sollte…

Zum Star gehört nicht nur Können, sondern auch das Auftreten. Liszt schillert zwischen Eleganz und Dandytum. Ironisch fragt seine Mutter, ob er mit viermaligem Frackwechsel am Tag auskomme. Die Fürstin Metternich macht sich über den „Schönling Liszt" lustig und kommentiert seinen affektierten Gang: „Er hat etwas von einem Känguruh, dem man einen hohen Orden verliehen hat!“

Einmal benötigt er fünf Kutschen, um seine Utensilien mitsamt den Dienern zu transportieren. In London wird er 1840 Felix von Lichnowsky kennenlernen, dessen Onkel Beethovens Gönner gewesen war. Die beiden wetteifern in ausgefallener Garderobe. „Es war eine Wohltat, diesem herrlichen jungen Mann zu begegnen. Durch ihn entstand in mir der Gedanke, daß auch in deutschen Landen Eleganz großgeschrieben werden kann. Lichnowsky hat Stil und Lebensart – und ich bin gewiß, daß wir zueinander passen.“

Die Mutter ermahnt ihn, nicht Lila mit Gelb zu kombinieren. „Das tun Gecken. Und ich halte Dich immer noch für einen seriösen Künstler, mein lieber Sohn!“ Und in London liest man in der Presse, daß sich seit Lord Byron niemand mehr so exzentrisch gekleidet habe. „Stellen Sie sich vor ... Sie erwarten einen Besuch und derselbe erscheint schon zum Frühstück in enganliegenden quittegelben Beinkleidern und einem froschgrünen Frack... Vergessen Sie da nicht, den Tee einzugießen?“

Für eine gewisse Reduzierung, die sich allerdings auf das Französische beschränkte und dafür das russisch-orientalische Element begünstigte, sorgte später die Fürstin, in erster Linie aus Eifersucht auf Marie d'Agoult und deren Welt. Sie warf alle mißliebigen Kleidungsstücke Liszts ins Feuer, dazu mehrere Kisten mit ganzen Litern Parfüm, was dem stets klammen Lichnowsky die laute Klage entlockte: „... zu einem Preise, mit dem man gut und gerne ein kleines Gut hätte erwerben können!“

Die Presse ist zufrieden: Von einem Mann mit so ausgeprägter Eitelkeit und so hohem Schauwert lassen sich prächtige Karikaturen machen – ein Lackaffe etwa mit Diamantenhalsband, von Damen an der Leine geführt. Doch hält die Euphorie nicht lange vor; plötzlich überkommt den Star eine tiefe Müdigkeit, eine große innere Leere. Ratsuchend wendet er sich an die Mutter. Diese, eine Stimme der Natürlichkeit inmitten der ganzen Szenerie, kann ihm nur antworten: „Nun hast Du angefangen, so ein großes Theater zu machen, also mache es weiter, denn ziehst Du den Vorhang vorzeitig zu, wird das Publikum nicht zufrieden sein und Dich bald verachten. Du mußt ... auf dem Pfade fortschreiten, auf den Du aus ganz eigenem Antriebe Deine Füße gesetzt hast. Gehe weiter..., und wird es ein Gethsemane!" Der Tadel ist nicht ganz berechtigt; schließlich ist Liszt keineswegs aus eigenem Antrieb auf die ersten Tourneen gegangen.

Vor diesem Hintergrund gewinnt Liszts Entschluß, auf dem Zenit seines Ruhms dem Virtuosendasein zu entsagen, ganz besonderes Gewicht. Er ist diesem Gethsemane entgangen.

WANDERJAHRE ZU ZWEIT

Die „Sünder" in der Stadt Calvins

Die beiden waren nicht verheiratet. Das wußte man in Genf und mied die Neuangekommenen. Laut George Sand hatten sie sich in Paris direkt „anstößig verliebt" aufgeführt. Jetzt, in Genf, kam für das endlich vereinte Paar die „Realisation vieler Geschichten aus 1001 Nacht", wie Marie es beschrieb.

Eingetroffen waren sie im Frühling 1835; Liszt, allein vorausgereist, erwartete die Geliebte in Basel. In Genf mietete er sich bei dem Vater seines Schülers Pierre Wolf ein: in der Rue Tabarzin, mit Blick auf den See und die Alpen.

Allmählich bildete sich um die beiden ein Kreis aus Intellektuellen, Aristokraten und Emigranten; auch namhafte Durchreisende schauten gern in der „Tabarzinerie" vorbei – etwa Chopin, die Gräfin Potocka, sogar der Exkönig von Westfalen, der mit George Sand nach Chopin-Polonaisen tanzte, die Liszt im Salon spielte. Im Dezember kam das erste Kind zur Welt, Liszts Tochter Blandine Rachel, die aber tragisch früh sterben wird. Auch auf dem Standesamt gibt Liszt die Identität Maries nicht preis.

Die Geburt Blandines kann vom Grafen d'Agoult nicht ignoriert werden, auch wenn er sich im Grunde genommen mit den Tatsachen abgefunden hat. Es war ohnehin keine Liebesheirat gewesen, den Ehevertrag hatte noch Karl X. aufgesetzt, der mit den Flavignys persönlich bekannt war, und Marie hatte zugestimmt, noch ehe sie ihren Zukünftigen zu Gesicht bekommen hatte. Inzwischen hat der Graf seine eigenen Affären. Aber man muß die Formen wahren, und das bedeutet nun doch die Scheidung, auch wenn man sich damit Zeit lassen kann.

So souverän wie der Pariser Lebemann sah es die Genfer

Gesellschaft nicht: Hier war schließlich die handfeste Moraltheologie des Calvinismus maßgebend. Es hatte nicht zufällig lange gedauert, bis man überhaupt mit dem in wilder Ehe lebenden Paar verkehrte, und zu ihnen kamen ohnehin nur unkonventionelle Zeitgenossen. Wie bigott sich die Genfer verhielten, wurde deutlich, als Liszt neben einer Reihe gut besuchter und beifällig aufgenommener Wohltätigkeitskonzerte auch ein einziges für sich selbst gab. Der Saal war halb leer: „Sie kamen nicht wegen meiner ‚Vie scandaleuse'*..." Man wohnte und lebte komfortabel. Das Geld stammte von Marie, denn auch die Klavierprofessur, die Liszt 1836 am neugegründeten Genfer Konservatorium antrat, brachte nichts ein – Liszt unterrichtete kostenlos. Doch es war eine schöpferisch ertragreiche Zeit. Er komponierte viel, konnte ungestört üben und seine Allgemeinbildung vervollkommnen, las eine Menge und hörte an der Universität Vorlesungen. Die Gräfin schrieb für die Pariser *Gazette Musicale* Artikel, in denen sie mit Liszts Zustimmung seine Gedanken ausführte und unter seinem Namen veröffentlichte. Genf war also der Beginn der literarischen Werkstatt um den Komponisten. Marie, die sich damals in erster Linie wohl selbst profilieren wollte, hat doch durch ihre publizistische Tätigkeit erst die Grundlage für Liszts Renommee in Paris und Westeuropa geschaffen. Im Gegensatz zur zweiten „Redakteurin" an seiner Seite, der Fürstin Caroline, hat sie sich damit unzweifelhafte Verdienste erworben.

Das wohltuend gleichförmige Leben im trauten Familienkreis und gemeinsamen Heim dauerte mit einer Unterbrechung (Paris) bis Oktober 1836. Unter diesen Umständen schrieb Liszt seinen ersten großen Klavierzyklus, das „Album d'un voyageur". Der erste seiner drei Teile wird später fast identisch mit dem Band „Suisse" der „Années de pèlerinage" sein. Hierher gehörten programmatische Klavierstücke wie „Die Kapelle des Wilhelm Tell", „Der See von Wallenstadt", „Die Glocken von Genf". Im zweiten Teil, „Melodische Alpenblumen", findet sich ein Stück ohne Titel, das ungemein modern anmutet und beinahe schon von Bartók stammen könnte, es verwendet – um die Naturklänge in den Alpen nachzuahmen – die später so genannte „Bartók-Leiter".

* frz.: skandalträchtiges Leben

Die Mottos über den einzelnen Nummern fand Liszt bei Byron, Schiller und Sénancour.

1834 war ein wichtiges Jahr für die musikalische Fachpresse Europas gewesen. In Leipzig hatte Robert Schumann die *Neue Zeitschrift für Musik* gegründet, die sich später als einziges Blatt in deutscher Sprache zu Liszt bekennen wird. Und in Paris war der Verleger Schlesinger den eifrigen Vorstellungen Liszts und Berlioz' gefolgt und hatte die *Revue et Gazette Musicale* herausgebracht. In dieser Zeitschrift ließ Marie nun Liszts Aufsätze erscheinen – „Zur Stellung der Künstler" und „Reisebriefe eines Baccalaureus der Tonkunst".

„... der erste ... und der einzige" – Affäre Thalberg

Man kann sich vorstellen, daß der an Ortsveränderungen gewohnte Liszt die Genfer Situation bald schon als „goldenen Käfig" empfinden mußte: Er war sozusagen vergattert zu Weib und Kind und Heim. Glücklicherweise gab es einen dringenden Anlaß, wenigstens einen Abstecher nach Paris zu unternehmen. Dort konzertierte gerade Sigismund Thalberg, den einige sogar über Liszt stellten.

Thalberg vertrat die alte Schule und kam aus der Hochfinanz; als unehelicher Sohn eines geadelten Bankiers verfügte er über glänzende Verbindungen, nicht zuletzt zur Presse. Zu seinen Bewunderern zählte der Schriftsteller Sainte-Beuve, der über Liszt eine geistreiche Satire verfaßt hatte: „Die Kunst, ein Drama am Klavier zu inszenieren." Liszt empfand Thalberg als Bedrohung. Später bekennt er der Gräfin, daß ihn „drei Tage lang ein zügelloses Verlangen maßlos gequält hat, nach Paris zu fahren und mich zum Thalberg-Konzert ins Parkett ... zu setzen. Ich fühlte, ich wußte, daß der Zuschauer die Aufmerksamkeit des Saals mehr auf sich ziehen würde als der Hauptdarsteller. Das wäre eine Art Rückkehr von der Insel Elba gewesen ..." Liszt als l'Empereur! Er fuhr dann auch tatsächlich nach Paris, aber Thalberg war abgereist. So gab er einige Konzerte, die das Publikum mit Jubel aufnahm. Man nahm verblüfft zur Kenntnis, wie sich sein Spiel inzwischen vervollkommnet hatte.

Im Jahr darauf kam es endlich zum Wettstreit der beiden, die sich übrigens persönlich gut verstanden – man wußte, was man den sensationshungrigen Parisern schuldig war. Daß auf Liszts Seite auch Rivalität mitschwang, vertraute er nur Marie an.

Das Ereignis fand am 31. März 1836 im Rahmen einer exklusiven Wohltätigkeitsveranstaltung zugunsten italienischer Flüchtlinge im Palais der Fürstin Belgiojoso statt. Bei Eintrittskarten zu 40 Francs kamen über siebentausend zusammen. Wie der französische Dichter Alfred de Musset vor dem Konzert anmerkte, stand für die meisten fest, daß Liszt „als der König des Klavierspiels aus der Bataille hervorgehen würde; vor allem deswegen, weil er die meisten Damen der Gesellschaft auf seiner Seite hatte. Und Damen sind nun einmal die besten Beifallspenderinnen. Wer auf sie verzichten muß, darf mit einem lauen Empfang rechnen.“

Nun, Musset hatte seine Gründe, Liszts Erfolge zu einem guten Teil dem Mann zuzuschreiben – mußte er doch immer wieder um seine Geliebte, George Sand, bangen…

Doch beide Pianisten waren auf ihre Weise Sieger – Liszt dämonisch à la Paganini, Thalberg aristokratisch, konventionell und glatt. Eine Kritik traf den Kern: „Thalberg ist die Grazie wie Liszt die Kraft.“ Und die Gastgeberin brachte es geschickt auf die Formel: „Thalberg ist der erste aller Klavierspieler, Liszt aber der einzige!“

Die „Männerfresserin“ auf Nohant – George Sand

Im Herbst 1836 kam George Sand zu Besuch in die Schweiz; man traf sich in Chamonix, wo Liszt ins Gästebuch des Hotels eintrug: „Geboren auf dem Parnaß, vom Zweifel kommend und zur Wahrheit gehend.“

Anschließend wohnte man in Genf zusammen und reiste dann gemeinsam nach Frankreich, aber in verschiedene Richtungen: er nach Paris, um sich mit Thalberg zu messen, die Freundinnen nach Nohant, Georges Schloß am Indre (Département Indre). Liszt spielte in Paris unter anderem Kammermusik von Beethoven mit dem Geiger Urhan, der ihn während seiner Pariser Krise tief beeindruckt hatte.

Im Frühjahr 1840 trifft auch Liszt auf Nohant ein. Es geht dort etwas verstiegen zu, die Schloßherrin tauft alle um, sie ist Königin, Marie Prinzessin, Liszt – Hofnarr.

Aber es bleibt kein konfliktloses Zusammenleben. Dazu sind die beiden Frauen, Gastgeberin und Geliebte, zu starke Persönlichkeiten. Es mußte so kommen, daß George Sand ihre Ausstrahlung auch auf Liszt wirken ließ und damit Marie eifersüchtig machte. Sie, die als „Männerfresserin" galt und am Lebensende auf eine Serie unglücklicher Liebhaber zurückblicken konnte, war von Person und Musik des Gastes gefesselt. „All meine Leiden werden zur Poetik, all meine Instinkte beleben sich ..."

Tatsächlich hatte sie mit Liszt mehr gemeinsam als Marie. Wie er war auch sie durch eine mystische Jugendphase gegangen, der dann eine sozialpolitische folgte. Beide waren sehr trieb- und antriebsstark und geltungsbedürftig. Liszt schreibt direkt von „heiliger Zuneigung" und „daß wir einander treu sind und daß unsere Seelen sich ... verstehen". Diese Seelenverwandtschaft ist nicht zu leugnen. Mehr wird es vielleicht gar nicht gewesen sein, Marie tritt rechtzeitig dazwischen. Später gesteht George Sand der Freundin, sie sei damals „unsterblich" in Liszt verliebt gewesen, nicht zuletzt, weil sie die „Kraft besaß, ihn zu inspirieren".

Das Resultat der „Ménage à trois" – des Lebens zu dritt – war jedenfalls eine vorzeitige Abreise des Liszt-Paares, sonst hätte es noch einen Eklat gegeben. Er hat das Ganze offenbar genossen und schreibt von einem anmutigen Aufenthalt „voll reichen inneren Lebens"; war es nicht schmeichelhaft, von zwei weiblichen Wesen dieses Formats gleichzeitig umworben und bewundert zu werden?

George hat dann bald schon ihren Chopin (man möchte fast sagen: ihr Opfer) gefunden. Aber die Episode mit Franz Liszt hat sie nicht vergessen.

Die Damen und ein früherer Liebhaber der Sand machten ihrem Herzen Luft – wie damals üblich – in Schlüsselromanen, die gewissermaßen auf höherem Niveau die „Gesellschaftsspalten" der heutigen Presse darstellten. Zuerst verarbeitete Balzac in „Beatrix" bereitwillig alles, was ihm George Sand in zärtlichen Momenten wohlüberlegt anvertraut hatte: eine Persiflage auf Franz und Marie. Dann folgte von George Sand „Horace", wo sie über Marie herzog, Liszt aber bezeichnenderweise verschonte. Und die Gräfin selbst rächte sich schließlich als Daniel Stern mit

„Nélida" (Anagramm aus dem Vornamen ihres Pseudonyms) gleich an beiden – an der Freundin für ihre Indiskretion und an dem einstigen Geliebten, der sie inzwischen verlassen hatte.

Italien und „ein dummes Nationalgefühl"

Nach dem etwas mißglückten Aufenthalt in Nohant zieht es die Liebenden nach Italien. In Bellagio am Comer See wird Weihnachten 1837 als zweites Kind Cosima geboren, später die Ehefrau von Liszts ergebenem Schüler Hans von Bülow, dann aber (wie einst ihre Mutter) wird sie aus Ehe und Konvention ausbrechen, um mit Richard Wagner zusammenzuleben: Als „Herrin von Bayreuth" wird sie für die letzten Jahre ihres Vaters noch fatale Bedeutung gewinnen.

Zu den Stücken auf Schweizer Natur und Lokalkolorit kommen, als sich die Familie später in Mailand niederläßt, eindrucksvolle Werke, inspiriert von den Schwesterkünsten Malerei, Bildhauerei und Lyrik. Hier bilden sich die Voraussetzungen für Liszts Gesamtschau der Künste. So schreibt er jetzt an Berlioz nach Paris:

> Meinem staunenden Auge erschien die Kunst in ihrer ganzen Herrlichkeit; es sah sie enthüllt in ihrer ganzen Universalität, offenbart in ihrer ganzen Einheit. Jeder Tag befestigte in mir durch Fühlen und Denken das Bewußtsein der verborgenen Verwandtschaft der Werke der Genies. Raffael und Michelangelo verhalfen mir zum Verständnis von Mozart und Beethoven…

Dem entspricht der 2. Band seiner „Années de pèlerinage – Italien", der der universellen Kunst gewidmet ist: zwei Malern, zwei Dichtern und einer Doppelbegabung, dem Maler-Musiker Salvatore Rosa. Mit „Sposalizio" (Die Verlobung) folgt Liszt dem streng kuppelförmigen Aufbau des Raffael-Gemäldes, „Il penseroso" (Der Sinnende) ist nach der Statue des Michelangelo angelegt, ein durchweg chromatisches – in Halbtönen fortschreitendes – Klavierstück. Unter dem Eindruck der Liebeslyrik Francesco Petrarcas (dessen Leben und Schaffen hatte eine schwärmerische, platonische Liebe bestimmt) entstehen drei Lieder nach seinen Sonetten, die zusätzlich Klavierfassungen erhalten werden – „Tre sonetti". Und er schreibt die sogenannte „Dante-Sonate" (nach einer Dante-Lektüre). Die „Canzonetta" folgt einer Melodie angeblich des Salvatore Rosa, die in Wahrheit aber von Bononcini stammt.

Zwei Ereignisse der Mailänder Zeit sind erwähnenswert. Rossini, der damals schon aufgehört hatte zu komponieren, um sich nur noch der Kochkunst zu widmen, lud die beiden ein. Das Gelage dauerte sieben Stunden. Zu Ehren des Besuches gab es „Ente à la Franz Liszt". Der solcherart Geehrte mit der für ihn typischen Emphase: „Von den Rossinis gesättigt zu werden – wahrlich ein Erlebnis des Jahrhunderts!"

Die Einschätzung seitens des Gastgebers fiel weniger schmeichelhaft aus. „Man kann es begreifen, daß sie nicht sofort wissen, wie man einer gefüllten Ente zu Leibe geht. Aber man kann es nicht begreifen, daß sie Kaffee zum Braten wünschen", und ebensowenig, daß sie „nach den kandierten Früchten greifen und die Hände noch voll Sauce haben". Summa summarum: „Ich schätze die Liszts, aber sie sind noch weit davon entfernt, in der Gesellschaft perfekt zu sein." Auch im musikalischen Bereich gab es Vorbehalte. Liszt ist ein „prächtiger Pianist und komponiert auch ansehnlich…, obwohl ich seine chromatischen Läufe in den Tod nicht ausstehen kann. Das ist keine Art, Musik zu machen, wenn man Taste für Taste über die Klaviatur rast und das dann Melodie nennt…"

Derzeit hatte er in Italien noch kein Glück. Dieselben Vorbehalte, die Rossini hat, veranlassen auch den Verleger Ricordi, Liszts Kompositionen bis auf zwei Stücke abzulehnen. „So etwas Schreckliches kann ich doch im Angesicht Rossinis … in Italien nicht verkaufen!"

Weiter führte die Reise nach Venedig. Liszt schien plötzlich bewußt zu werden, daß er inzwischen ein bürgerliches Familienleben führte, und wurde so gereizt, daß Marie sich fragte, „ob ich unpäßlich war oder er, obwohl ja ich gerade das Kind geboren hatte und nicht der große Held".

So schien es wieder einmal höchste Zeit für einen Ausflug des Künstlers aus der familiären „Volière". Zu Hilfe kam der Zufall in Gestalt einer – Naturkatastrophe: Die Donau war über die Ufer getreten und hatte Pest in unvorstellbarem Maße überschwemmt. Es gab Hunderte Todesopfer und Tausende

Obdachlose. In Venedig gründeten Liszt und der Dichter Sándor Petöfi ein Hilfskomitee, das Wohltätigkeitskonzerte und -bälle veranstaltete. Da sah der zweifache Vater seine doppelte Chance: einer bedrückend gewordenen häuslichen Situation zu entfliehen und sich als fertiger Virtuose an den Stätten seiner Kindheit vorzustellen. Rechtzeitig erinnerte er sich seiner (vermeintlichen) Abstammung und ließ in der Presse die vollmundige Proklamation erscheinen: „Auch ich gehöre dieser alten kraftvollen Rasse an, auch ich bin ein Sohn dieser urwüchsigen, ungebändigten Nation, welche sicher noch für bessere Tage bestimmt ist." Er mag hierbei an Chopin und dessen Sympathiekundgebungen für die polnische Opposition gedacht haben. Marie gegenüber aber spricht er aufrichtiger von einem „dummen Nationalgefühl, das Sie kennen".

Er will zugunsten der Katastrophenopfer Wohltätigkeitskonzerte geben. Ort der Handlung: das gesellschaftlich auf- und anregende Wien, Ausgangspunkt seiner Europa-Karriere. Marie vertraut er seine eitle Disposition an: „Wie wäre es, wenn ich unerwartet auf Wien herabfiele? Die Wirkung wäre wunderbar, die ganze Stadt würde das kleine Wunder hören wollen, das man als Kind gesehen hat. Die Wiener sind Enthusiasten und Verschwender. Ich könnte eine Riesensumme verdienen ... Die Reise würde acht Tage beanspruchen, mehr nicht."

Die Tatsache, daß er von den beträchtlichen Einnahmen seinen Teil einbehielt, ist durchaus verständlich. Jeder andere hätte das zumindest in Spesenhöhe getan. Aber Liszt hat wohl selbst die Legende befördert, er habe den Opfern alles Geld übereignet. Dazu paßt sein öffentlicher Brief nach Paris:

> O mein wildes, fernes Heimatland! Meine weite, große Familie! Der Schrei deines Schmerzes hat mich zu dir zurückgerufen und, im Innersten von ihm getroffen, senke ich beschämt das Haupt, daß ich dich so lange habe vergessen können.

In Wien, wo er sich 15 Jahre lang nicht mehr hatte hören und sehen lassen, war es der Kaiser persönlich, der für seine weitere Karriere in der Donaumonarchie sorgte. Ferdinand bedauerte, einst das Wunderkind ziehen gelassen zu haben. „Jetzt wollen wir wenigstens in Ruhe das Genie anhören, das aus dem einstigen Prachtbuben erwachsen ist."

Welche Bedeutung Liszt selbst diesen Konzerten beimaß, zeigt die Notiz in dem schon mehrfach zitierten Abriß seines „geringfügigen Lebenswandels“: „Vorübergehend in Genf und Italien, vor meinem Wiederauftreten in Wien, dessen Erfolg mich zur virtuosen Laufbahn bestimmte.“

Eine Liebe stirbt

Aus einer Woche wurde ein Monat. Und das in einer Beziehung, die bereits spürbar bröckelte. Marie beschwor Liszt zurückzukommen, sie sei ernstlich erkrankt. Der hielt das für einen Vorwand, ihn zu erpressen, und berichtete stolz von seinen tumultartigen Erfolgen.

> Lautes Zujubeln. Fünfzehn bis achtzehn Hervorrufe... Allgemeines Entzücken... Alle Welt will mich sehen und haben... Hier ist ein Toben, ein Wüten, von dem Du Dir keine Vorstellung machen kannst... Ich mache sehr glänzende Geschäfte. Ich rechne damit, mindestens zehntausend Zwanziger mitzubringen – nach Abzug aller Unkosten. Ohne jede Übertreibung, niemals hat seit Paganini irgend jemand einen derartigen Eindruck gemacht... Ganz Wien ist über mich in Aufruhr. Das beste an der Sache ist, daß bereits zehntausend Franken bei Haslinger für mich liegen... Haben Sie mein Bild bekommen? Es ist in einer riesigen Menge von Exemplaren verkauft worden.

Daß es hier der Gräfin d'Agoult zu bunt wurde, die dieses Mannes wegen Familie, Heim und Gesellschaft aufgegeben hatte, wird begreiflich. An dieser Stelle schleuderte sie ihm jenes giftige Attribut zu: „Don Juan parvenu.“ Für ihn war es offenbar schon vorbei mit der großen Leidenschaft. Das letzte, was Marie in Venedig ihrem Tagebuch anvertraute:

> Mein Herz und mein Gedächtnis sind ausgetrocknet..., ich habe keinen Willen zum Leben... Ich fühle mich als Hindernis in seinem Leben.

In Liszt kämpften offensichtlich Ehrgefühl, Zuneigung und Dankbarkeit gegen Eitelkeit und einen unbezähmbaren Freiheitsdrang. Im bereits zitierten Brief aus Wien heißt es weiter:

> Sie sagen sich wahrscheinlich dasselbe, was ich mir morgens und abends mit tiefer Bitterkeit sage: Eigennutz und Eitelkeit beherrschen in Wahrheit das ganze Leben eines Mannes. Für

> die Liebe ist kein Platz darin ... Und dennoch liebe ich Sie, liebe ich Sie mit aller Kraft. Ich gehöre Ihnen. Sie allein haben ein Anrecht auf mein ganzes Sein, denn Sie allein besitzen das Geheimnis meines Lebens ... Liebe Geliebte, ich leide, aber für Sie, Ihretwegen. Ich werde Ihnen morgen wieder schreiben. Leben Sie wohl.

Er beließ es beim Schreiben und kam erst nach vier Wochen zurück.

Unter ähnlichen Spannungen brachte Marie ein drittes Kind zur Welt, Liszts einzigen Sohn Daniel. Er wird noch früher sterben als Blandine.

Die Gefühle des Vaters waren gemischt. Immer enger sah er die Glieder seiner Kette werden. Wie sollte er dieser Beziehung noch entrinnen? Hier mußte sich seine innere Zwiespältigkeit zerstörerisch auf den Partner auswirken. Denn einer Rolle war er nicht gewachsen, die er sicherlich mit gutem Vorsatz übernommen hatte: der des Familienvaters. Wie alles, das an die saubere, klare, karge, gutbürgerliche Welt seiner Kindheit erinnerte, irritierte ihn dieser normale Auf- und Ausbau einer Partnerschaft, machte ihm angst und schien ihn in seiner egozentrischen Selbstverwirklichung zu behindern. Dabei hatte er in Marie den flexibelsten Partner, den er sich wünschen konnte. Im Juni 1838 zerreißt sie den dünnen Schleier des „als ob“, sie erträgt seine Bedenkenlosigkeit in puncto Treue nicht länger:

> Jetzt dauert es schon fünf Jahre, und vielleicht ist das genug. Lassen Sie mich meiner Wege gehen. Wenn Sie mich rufen, werde ich zurückkommen. Ich selbst würde niemanden mehr lieben können, aber warum sollte ich Sie einer Liebe berauben, die eine neue Lebensquelle für Sie sein könnte ... Man darf nichts aufhalten, was eine vollkommenere Entwicklung unserer Fähigkeiten herbeiführt ... Ich habe eine tiefe Achtung vor Ihrer Freiheit.

Manchmal gewinnt man den Eindruck, daß Liszt vom Format dieser Frau überfordert wurde. Es ist einfach unvorstellbar, daß derselbe stolze Mann sich später unter das Regime einer minder souveränen, im Vergleich zu Marie eher durchschnittlichen Frau wie der Fürstin Sayn-Wittgenstein begeben sollte – als „sclavissimo“

Oben: Cosima, Blandine und Daniel Liszt, die Kinder der Gräfin d'Agoult und Liszts
Rechts: Gräfin Marie Catherine d'Agoult

oder „Faulpelz" (seine Art, die ellenlangen Briefe an sie zu unterzeichnen). Liszt machte keinen sauberen Schnitt, ebensowenig die Gräfin. Man blieb in Verbindung, schon der Kinder wegen. Seine „Unterhaltspflichten" erfüllte er großzügig und selbstverständlich. Man hatte seine Affären und unterrichtete sich gegenseitig davon, denn es gab – laut Liszt – nur noch geschwisterliche Zuneigung zwischen ihnen. Auch Marie hatte ihre Liebhaber, etwa den englischen Diplomaten Sir Henry Bulwer, den sie jedoch sofort wegzuschicken bereit war, wenn …

1840 beging die Gräfin die Unbesonnenheit, Liszt nach England zu begleiten. Eine Kette von Verstimmungen war die Folge. Es ging eben nicht mehr. Aus Gewohnheit, Anhänglichkeit und der Kinder wegen verbrachte man noch drei Sommer gemeinsam auf der Rheininsel Nonnenwerth bei Rolandseck. So war der Loslösungsprozeß vor allem bei Marie begleitet von regelmäßigen Wiederbegegnungen. Man kann dieses eigentlich unkluge Aufreißen frischer Wunden von ihrer Seite nur als wiederholten Versuch ansehen, Liszt zurückzugewinnen. Die Gräfin trifft den Kern, wenn sie die Ursache für das Scheitern der Beziehung in seinem Unvermögen sieht, Kritik anzunehmen. Und kritisch war sie ihm gegenüber immer gewesen; sie wußte zuviel von seinen Schwächen. Das machte sie ihm zu schwierig; kurzzeitige Affären waren um vieles einfacher. Bei Komplikationen ging der Sieggewohnte zur nächsten Episode über.

Der eigentliche Bruch, wo Sympathie in Abneigung umschlug, begann mit dem Erscheinen von Maries Schlüsselroman, mit dem sie sich gewissermaßen freigeschrieben hatte. Liszt ging großzügig über diese Indiskretion hinweg. Dennoch kann man „Nélida" nicht unberücksichtigt lassen. Der Liszt gegenüber sehr skeptische Biograph Ernest Newman (einsamer Rufer inmitten der Legendenhüter) sieht in Maries Roman das Ergebnis „ihres wachsenden Ressentiments, Jahr für Jahr ihren Namen mit dem eines notorisch erotischen Plebejers in der Öffentlichkeit verbunden zu sehen". Das ist hart, trifft aber teilweise zu. Freilich arbeitet Marie d'Agoult, hier als Daniel Stern, mit Schwarzweißtechnik. Sie ist die makellose Heldin; der Maler Guermann Régnier, unschwer als ihr einstiger Geliebter zu erkennen, wird wenig schmeichelhaft gezeichnet. So verschweigt sie ihre Versuche, den Partner festzuhalten. Aber eines wird deutlich: Niemand sonst hat Liszt so gut gekannt. Möglicherweise nicht einmal er selbst.

Nach der Trennung schreibt sie an ihn, der sie freigegeben hat:

> Sie haben nicht geruht, bis Sie nicht aus meinem Herzen die Begriffe von Pflicht und Liebe herausgerissen haben, die mir notwendig waren und die für mich ein Ideal bedeuteten.

Er selbst sieht rückschauend die Beziehung nicht mehr als Liebe an:

> Es war eine große, zeitweilig unersättliche Leidenschaft, die mich zu ihr hinzog, ein Drang, der zur bleibenden Neigung in vielen Jahren wurde... Ich stand im Dienste dieser Leidenschaft und bin durch sie gereift und gewachsen.

Doch man wahrt das Gesicht, Liszt braucht Marie als geistige Partnerin und Adressatin seiner selbstgefälligen Berichterstattung, zumindest, bis er eine andere stabile Beziehung eingeht. Das ändert sich erst, und zwar schlagartig, mit der Neuauflage von „Nélida". Liszt hatte gehofft, Marie würde sich der Geschmacklosigkeit im nachhinein bewußt werden, zumal er sich seine Enttäuschung nicht hatte anmerken lassen. Um so mehr muß ihn das Neuerscheinen des Romans verletzen.

Den Höhepunkt der Entfremdung verursachte dann die Fürstin Caroline. Unter ihrem Einfluß kam es zu peinlichen Entgleisungen: Beim Tod Maries 1876 schrieb er nicht etwa an die Tochter, die sie ihm geboren hatte, sondern an die Fürstin, einstmals seine neue Lebensgefährtin, und der Nachruf auf Marie (seine wohl einzige große Liebe) bestand in der Feststellung, sie habe eine „Leidenschaft für das Falsche" gehabt.

Der weitere Lebensweg der Gräfin bestätigt die Vermutung, daß Liszt das Format dieser Frau nicht verkraften konnte. Zwar scheint sie mehr als er unter dem Verlust der Beziehung gelitten zu haben, aber auch sie fing sich wieder und begann ihre Karriere als Schriftstellerin. Ihr Grabmal weist keine Erinnerung an den Mann ihres Lebens auf.

Während Franz und Marie mehr oder weniger unbeschädigt aus der Affäre hervorgegangen waren, kann man das von ihren Kindern nicht sagen. Marie, als Mutter offenbar völlig ungeeignet, überließ sie – wie einst die Kinder des Grafen d'Agoult – ihrem Erzeuger, der übergab sie seiner alten Mutter. Denn inzwischen hatte sich Liszt wieder liiert. Der schwebende Status seiner Weimarer „wilden Ehe" mit der Fürstin wird die beiden wohl daran gehindert haben, die Kinder zu sich zu nehmen. Nach dem Tod von Liszts Mutter übernahm die Fürstin die „Regie"; sie veranlaßte, daß die beiden Töchter nach Berlin kamen, zu Frau von Bülow, Mutter seines Meisterschülers, den Cosima dort kennenlernen und 1857 heiraten wird.

Die drei Kinder aus der gescheiterten Beziehung, in die neue Bindung des Vaters nicht einbezogen, sondern hin- und hergeschoben, haben den Preis zu zahlen. Nur die zweitgeborene Cosima wird die seelische Robustheit ihres Vaters erben und auf verhängnisvolle Weise zuletzt gegen ihn selbst richten. Die beiden anderen sterben vorzeitig. Daniel an der Schwindsucht und Blandine an den Folgen ihrer ersten Entbindung. Beide haben nicht annähernd über die innere Standfestigkeit ihrer Eltern verfügt, und das liegt wohl auch an dem Mangel an familiärer Geborgenheit und Stabilität im Kindes- und Jugendalter.

Unter diesem Aspekt gewinnt das einsame Ende des alten Liszt, dessen einziges überlebendes Kind ihn dann allein sterben läßt, eine fatale Logik des Ausgleichs...

KONZERTREISEN – „SAUS UND BRAUS"

Liszt war 28 Jahre alt. Er hatte genug von Familie, von einer Liebe, die ihn in Anspruch und seine Zeit, seine Kraft in Beschlag nahm. Er wollte eigentlich schon jetzt am liebsten intensiv, wesentlich werden, in die Tiefe und nicht länger an der

Oberfläche arbeiten, als „Possenreißer und Salon-Amuseur", wie er sich ausdrückt. Aber das geht noch nicht. Dazu ist Geld nötig, denn er hat für vier Menschen zu sorgen – für seine Mutter und seine drei Kinder, die diese in Paris aufzieht. Und für ihn, Franz Liszt, liegt das Geld auf dem Konzertpodium. Also von neuem in die Galeere der Tourneen – halb angewidert, halb gierig auf den automatisch einsetzenden Soforterfolg.

Unter dem Aspekt dieser fast masochistischen Zurschaustellung erscheinen die folgenden Jahre atemberaubender Konzertreisen wie ein Taumel, wie ein Sturm vor der Ruhe, die dann in Weimar folgen und die großen sinfonischen Partituren ermöglichen wird.

Den zweiten Akt seines „geringfügigen Lebenswandels" läßt Liszt mit seinem Wiener Triumph von 1838 beginnen und faßt ihn kurz zusammen als „Concert Reisen: Paris, London, Berlin, Petersburg etc. Fantasien, Transcriptionen, Saus und Braus." Immerhin, die Reihenfolge beruhigt. Zuerst wird gearbeitet für das Heute, also für Geld und Ruhm; dann wird gearbeitet für die Ewigkeit, also komponiert; und schließlich – aber das sollte man nie vergessen – wird gelebt, und zwar aus dem vollen. Bei den Strapazen, die sich aus dieser dreifachen Belastung neben all den Ortsveränderungen unter damaligen Umständen ergeben, ist nichts mehr vom schwächlichen Knaben zu spüren…

Die Atmosphäre um den reisenden Starvirtuosen schildert ein damals noch unvoreingenommener Augenzeuge – Robert Schumann, in vielem das Gegenteil von Liszt. Als dieser 1840 in Leipzig auftritt, berichtet der völlig benommene Robert seiner Clara: „In den ganzen vorigen Tagen gab es nichts als Diners und Soupers, Musik und Champagner, Grafen und schöne Frauen, kurz, er hat unser ganzes Leben umgestürzt."

Orchester zu zwei Händen – das singende Instrument

Nicht nur erstaunliche Virtuosität war Voraussetzung für Liszts Siegeszug durch die europäischen Konzertsäle – von London bis zum Goldenen Horn, von Petersburg bis Gibraltar. Es bedurfte auch eines originellen Repertoirs, das ihn von den anderen Pianisten seiner Zeit abhob. Die Erfolge seiner Reisejahre beruhen hauptsächlich auf dem vielfältigen, schillernden Komplex seiner Bearbeitungen, Transkriptionen, Paraphrasen und Fantasien über bekannte Melodien, meist aus Opern, zunehmend auch auf Kunstlieder (besonders Schubert) oder nach berühmten Orchesterwerken.

Stets waren diese Nachschöpfungen wahre Kunstwerke der Klaviertechnik; schon das unterschied sie von dem Heer fader Modeartikel, die gefällig dahinplätscherten, denn Paraphrasen über populäre Melodien schrieb damals jeder etablierte Pianist. Bartók erklärt Liszts Überlegenheit aus dem Umstand, daß er „alles, was er berührte, ob es ein ungarisches Kunst- oder Volkslied, eine italienische Arie oder sonst etwas war, so ... mit seiner Individualität erfüllte, daß es wie etwas ihm Eigenes wurde. Was er aus diesen fremden Elementen schuf, wurde unverwechselbar Lisztsche Musik. Noch wichtiger ist indessen, ... daß er mit diesen fremden Elementen ... zahlreiche mischte, die wirklich aus ihm selber stammten."

Es geht also nicht um Geschmacks- oder Stildiskussionen. Das sind zeitabhängige Größen. Sondern um den hohen Eigenanteil des Komponisten Liszt an seinen verschiedenartigen Bearbeitungen von fremden Werken oder Melodien.

Die großangelegten kann man am ehesten als eigenartige und eigenständige „Reflexionen" bezeichnen, die von der Vorlage nur angeregt wurden. Höhepunkte sind hier die Werke über Bach, Bellini, Meyerbeer, Rossini, Verdi und Wagner. Daneben gibt es natürlich auch mehr oder minder konfektionierte, nach einer bewährten Formel abgefaßte Transkriptionen (Umschreibungen: von Orchester oder/und Gesang auf Klavier). Hierher gehören vor allem seine Liedbearbeitungen, speziell die nach Schubert (ohne Liszt wäre der niemals so bekannt geworden) und die nach eigenen Vokalschöpfungen, wie etwa die bekannten drei „Liebesträume" oder die „Petrarca-Sonette".

Eine dritte Gruppe sind Übertragungen sinfonischer Partituren auf die (äußersten) Möglichkeiten des Klaviers, eine Art Klavierauszüge auf höchstem Niveau und unter konzertantem Aspekt. Hier hatte das Erlebnis von Berlioz' „Fantastischer Sinfonie" den Anstoß gegeben. Den Höhepunkt dieser Gruppe bezeichnen die Klavierfassungen sämtlicher Beethoven-Sinfonien, von denen

Liszt mit berechtigtem Stolz selbst sagt: „Die bisher gebräuchlichen Arrangements sind dann unmöglich gemacht; man möchte sie viel lieber Dérangements nennen.“

Am Anfang dieses umfangreichen Werkekomplexes stand ein „Konzertstück über Mendelssohns ‚Lieder ohne Worte‘“ (1834), als erste Schubert-Transkription entstand „La rose“ (Heidenröslein) 1835; 1836 bereits folgten große Opernfantasien über Meyerbeers „Hugenotten“, „Die Puritaner“ von Bellini sowie Klavierübertragungen nach Berlioz. Aus den weiteren Beiträgen sind besonders zu erwähnen Schuberts „Schwanengesang“ und „Winterreise“ 1839, Opernfantasien auf „Norma“, „Don Giovanni“ und „Robert der Teufel“, Übertragungen Bachscher Orgelfugen 1842 bis 1850, Schuberts „Müllerlieder“ 1846, Schuberts „Wandererfantasie“ sowie – für zwei Klaviere – Beethovens „Neunte Sinfonie“ 1851 (zu zwei Händen 1864).

Zumal die großen Opernfantasien sind eine bewundernswürdige Mischung aus musikalischer Dramaturgie, faszinierender Virtuosität und kurzweiliger Bilderfolge. Die Wirkung auf die Zeitgenossen umschreibt der russische Komponist Alexander Serow:

> Die Hauptpersonen und -situationen aller dieser Musikdramen gingen an uns wie lebendig vorüber, wobei auch die Brillanz ... des Spiels, ... die „Pyrotechnik“ der Kunst des Virtuosen nicht vergessen war, sondern im Gegenteil die verblüffendsten, blendendsten Ausmaße annahm, um in dem Feuerwerk der Triller, filigranartigen Verzierungen, Kaskaden, blitzeschleudernden Oktavenleitern unerwartet aufs neue die Themen aufsteigen zu lassen, wie auftauchend aus diesem Tonschwall, sich umarmend und in immer neuen wunderlichen Arabesken miteinander verflochten.

„Doch unversehrt blieb Ritter Franz“ – der Ehrensäbel

Den Auftakt zu Liszts neuem Lebensabschnitt gaben sechs Wiener Konzerte. Die Saison 1839/40 sah ihn ferner in Preßburg (Bratislava), Pest, Raab (Györ), Ödenburg (Sopron), Prag, Dresden, Leipzig, Metz, Paris und London.

Aus der Fülle dieser und der nun folgenden Tourneen und Gastspiele gewinnen die in Ungarn, Deutschland und Rußland besondere Bedeutung. Bisheriger Höhepunkt der Karriere, sogar die Wiener Triumphe noch übertreffend, wurde sein Konzert am 4. Januar 1840 in Pest, wo er in ungarischem Kostüm erschien. Zwölf Pagen führten ihn zur Bühne, angeblich konnte er dreißig Minuten wegen ununterbrochener Ovationen nicht zu spielen beginnen. Viermal verlangte man von ihm den „Rákóczi-Marsch", dann überreichten ihm ungarische Magnaten das magyarische Adelssymbol, den Ehrensäbel. Die Grußadresse verlas Graf Festetics. Dessen Frau schildert die Faszination, die von Liszt damals schon ausgegangen sein muß: „Eine so schöne, edle, kühne und schlanke Gestalt war uns noch nie vor Augen gekommen. Welch ein Gesicht von herrlichster Rasse. Das leuchtende Auge, der lächelnde Mund, diese breiten Schultern und der superbe Anzug, der einem Apoll nicht besser gestanden hätte... Alles war außer sich. Hier war ein König zu Gast gekommen, der alle Welt mit seinem Strahlenschein blendete." Später wird man den Virtuosen in Budapest als Heiland feiern.

Beim Festbankett, dessen Teilnehmer er stolz auflistete – sieben Fürsten, zwei Prinzen, acht Grafen und sechzehn Barone –, wurde beschlossen, eine Liszt-Büste anfertigen zu lassen. Eine spontane Sammlung erbrachte mehrere tausend Gulden! Am Rande sei erwähnt: Den goldenen Flügel hatte ein Mitglied der ehrwürdigen Mäzenatendynastie, ein Fürst Esterházy, gestiftet.

An Marie schreibt der Gefeierte in einer unnachahmlichen Mischung aus Patriotismus, Hingabe und Eitelkeit: „Bei meinem Eintritt fing das ganze Publikum an zu klatschen und Eljen! Eljen!* zu rufen. Ich habe auf Königsart dreimal gegrüßt, nicht mehr und nicht weniger..." Dann schildert er die Überreichung des Ehrensäbels und schließt: „Ich halte mit ernster und fester Stimme die Rede", natürlich auf französisch.

Liszt erfüllte die Regieanweisungen für seine Ungarn-Rolle geradezu vorbildlich. Ihm wurde klar, was die Leute von ihm erwarteten. Ans Ende seiner Programme setzte er generell ein ungarisches Lied, in wenigen Konzerten fehlte der „Rákóczi-Marsch". Doch nie ließ er sich für chauvinistische Ziele einspannen. Ebenso wie er europäischer Kosmopolit ist, will er sich als Ungar nicht gegen Nachbarvölker oder Minderheiten benutzen lassen.

---

* Ungarisch: Vivat!

Hierin ist er direkt naiv, und diese Naivität wird ihn später die Sympathien der radikalen Ungarn kosten. Seine Konzerte zeigen das schon 1839 deutlich. In Hermannstadt (Sibiu) spielte er einmal statt des „Erlkönigs“ den „Rákóczi-Marsch“ als Zugabe und wurde dafür ausgepfiffen, denn die „Sachsen“ Siebenbürgens waren stolz darauf, keine Ungarn zu sein. Die Ungarn wiederum verstimmte seine unbedenkliche Haltung, wenn er ungarische und rumänische Volksweisen in ein Werk gleichzeitig einarbeitete; und was ihm manche Magyaren nie verzeihen werden, ist die Tatsache, daß er auch die Zigeuner als Menschen und ihre Musik als vollwertige Stimme im Konzert der europäischen Völker ansah.

Am meisten, mehr noch als der Säbel, schmeichelte Liszt, daß man ihn adeln wollte und einen Adelsstammbaum fingierte. Ganz freimütig meldete er Marie: „Wahrscheinlich werde ich in einem Monat vom ungarischen Reichstag geadelt werden. Da es eine nationale Angelegenheit ist, die ich weder gesucht noch erbeten, noch auf irgendeine Weise begehrt habe, gestehe ich, daß ich mich darüber freuen werde.“ Naiv war zu glauben, Marie werde ihm abnehmen, daß er den Adel nicht begehrt habe. Nur allzu bereitwillig glaubte er seiner konstruierten Abstammung von dem alten Geschlecht der Thurzó und konnte nun mit Genugtuung der adlig Geborenen melden: „Sie hatten also mehr recht, als wir dachten, als Sie mir scherzend sagten, daß ich unbedingt aus einem sehr guten Hause kommen müsse.“ Das allerdings dürfte die Gräfin ironisch gemeint haben.

Doch muß der Gerechtigkeit halber gesagt werden, daß Liszt später das Adels- und Ritterpatent auf seinen Onkel, den Juristen und hohen österreichischen Staatsbeamten Dr. Eduard Liszt, übertragen ließ. Der konnte damit offenbar mehr anfangen.

Sein kindlicher Stolz über den Ehrensäbel war ein gefundenes Fressen für alle Gegner und Spötter. Als die ungarische Revolution 1848 blutig niedergeschlagen wurde, nahm Heinrich Heine Bezug auf Liszts Fähigkeit, es mit keiner Seite zu verderben, und reimte anzüglich:

> Auch Liszt taucht wieder auf, der Franz.
> Er lebt, er liegt nicht blutgerötet
> Auf einem Schlachtfeld Ungarlands;
> Kein Russe, kein Kroat hat ihn getötet.

Es fiel der Freiheit letzte Schanz',
Und Ungarn blutet sich zu Tode –
Doch unversehrt blieb Ritter Franz,
Sein Säbel auch – er liegt in der Kommode.

Es lebt der Franz, und wird als Greis
Vom Ungarnkriege Wunderdinge
Erzählen in der Enkel Kreis –
„So lag ich und so führt' ich meine Klinge!"

Es ist tatsächlich etwas fatal: Lord Byron war in stürmischem Freiheitstaumel nach Griechenland gegangen und ist für die Idee der Freiheit gestorben. Er war Engländer. Liszt fühlt und bezeichnet sich als Ungar und verläßt nicht den Salon.

Andererseits machte es der echte Halbpole Chopin nicht anders, und Wagner auf den Barrikaden war eher profilsüchtig denn echt revolutionär.

Quer durch Europa – Netz über 50 000 Kilometer

In der Mitte des 19. Jahrhunderts internationaler Star zu sein war etwas beschwerlicher als im Jet-Zeitalter. Wenn man nur die Tourneen jener Jahre in „Saus und Braus", also 1839 bis 1848, nach Strecken addiert, kommt allein per Luftlinie die exorbitante Summe von rund 42 000 Kilometern zusammen – der Erdumfang.

Doch nicht einmal der Flugverkehr verläuft nur in Geraden. Bei heutigen Straßenverhältnissen (Autobahnen, Fernverkehrsstraßen) beträgt der „Zuschlag" auf die Luftlinie mindestens 25%. Da man zu Liszts Zeiten noch um „Lehmanns und Schulzes Feld" herumfahren mußte, kann man getrost auf 30% aufrunden. Damit erhöht sich die Gesamtstrecke seiner „Saus-und-Braus"-Tourneen auf über 50 000 Kilometer. Legt man diese eineinviertel Erdumrundung auf die einzelnen Jahre um, so entfallen auf jedes 5000 Kilometer.

Ein Eisenbahnnetz existierte damals im Grunde genommen noch nicht; es gab nur wenige, miteinander nicht verbundene Linien. Außerdem war die Bahn für Liszts Zwecke kaum geeignet, denn er mußte stets eine Menge Gepäck mitführen. Seit der Schlesientournee benutzte er übrigens auch eine Art Wohnmobil, eine Salonkutsche, in der er bei Bedarf arbeiten und schlafen konnte.

Strecken besagen an sich noch nichts, wenn man nicht auch die Zeitebene berücksichtigt. Um 1840 gab es zwei Hauptverkehrsmittel, die „Diligence" als „Personenzug der Landstraße" – mit fünf Tonnen Gewicht und einer Kapazität von 18 Personen mit Gepäck; schneller als dieses plumpe Gefährt war die Postkutsche, sozusagen der D-Zug – sie war leichter, wurde von fünf Pferden gezogen und erreichte eine Reisegeschwindigkeit von 15 km/h. Gestehen wir Liszt aufgrund seiner besseren Gegebenheiten 20 km/h zu – so brauchte er immerhin noch fünf Stunden, um 100 km zurückzulegen. Bei 1000 km waren es schon 50, bei 5000 km entsprechend 250 Stunden Reisezeit – das sind 10 Tage und Nächte bei (natürlich rein fiktiver) Dauerfahrt. Liszt hatte in jenen zehn Jahren schließlich noch anderes zu tun, als Entfernungen zu bewältigen; er konzertierte, führte ein intensives gesellschaftliches Leben, anfangs sogar noch ein Familienleben (in den Sommermonaten), später ein durchaus bewegtes Privatleben, und gelegentlich hat er noch dirigiert und komponiert. Kurz: Bei einem täglichen Mittel von acht Stunden Fahrtzeit brauchte er 30 Tage, um die jährlichen Kilometer zurückzulegen, also einen von zwölf Monaten.

Später hat Liszt mindestens noch einmal die „Erde umrundet": Die Kantenlängen seines „Triangels" Rom–Weimar–Budapest, mit dem er seine letzten fünfzehn Lebensjahre jeweils dritteln wird, messen 1300 + 850 + 1250 km. Allein durch diese obligatorischen Reisen kamen jährlich wenigstens 3400 km zusammen; das ergibt über fünfzehn Jahre wiederum über fünfzigtausend (dabei haben wir noch keinerlei sonstige Privat- oder Künstlerfahrt berücksichtigt). Ab 1871 stand Liszt allerdings schon ein gut ausgebautes Bahnnetz zur Verfügung.

Leipzig – Erstmals in Weimar

Nach seinen Siegen an der Donau – in Wien und in Pest – wirkte Leipzig auf Liszt wie eine kalte Dusche. Dem Publikum dieser konservativen Hochburg war sein Spiel zu affektiert, wohl auch sein Auftreten. Schumann faßt seine gemischten Gefühle – und wohl nicht nur seine – zusammen:

> Und wie er doch außerordentlich spielt und kühn und toll und wieder zart und duftig, das habe ich nun alles gehört... Aber Clärchen, diese Welt ist meine nicht mehr, ich meine seine. Die Kunst, wie Du sie übst, wie ich auch oft am Klavier beim Komponieren, diese schöne Gemütlichkeit geb ich doch nicht hin für all seine Pracht – und auch etwas Flitterwesen ist dabei, zu viel! Liszt kam nämlich sehr aristokratisch verwöhnt hier an und klagte immer über die fehlenden Toiletten und Gräfinnen und Prinzessinnen, daß es mich verdroß und ich ihm sagte, wir hätten hier auch unsere Aristokratie.

Dennoch konnte sich Liszt damals noch auf das persönliche Wohlwollen Schumanns verlassen, den er „einen der Stillen im Lande“ nannte. Der junge Professor an Mendelssohns Konservatorium hatte ihm viel zu verdanken, speziell, daß sein originelles Klavierwerk „Carnaval“ schon bald „zu den besonderen Stücken aller Pianisten in der Welt zählt... Ich werde es Ihnen bis in die Ewigkeit nachrühmen.“ Aber der Empfang im Gewandhaus enttäuschte den Gast: „Wo Eisigkeit und Gefühlskälte herrschen, ist nicht mein Platz.“ Sogar Mendelssohn, der Gewandhauskapellmeister, war böse auf sein Publikum und veranstaltete tags darauf ein Treffen unter Musikern, wo er mit Liszt und dem Dirigenten Ferdinand Hiller Bachs Tripelkonzert auf drei Flügeln spielte. „Da war der Bann gebrochen, und meine Leipziger Musiker sahen ein, wen sie in der Person Liszts vor sich hatten. Sie dankten ihm..., und ich habe greise Männer gesehen, die ihm die Hand küßten...“, erinnert sich Mendelssohn.

Die bald folgende Reise nach England war ein organisatorischer Fehlschlag. Der Agent hatte offenbar ungenügend geworben. Liszt zahlte ihn sogar noch aus – obwohl der Besuch außerhalb Londons alles andere als zufriedenstellend ausgefallen war –, weil er seinen Vertrag lösen wollte. Jedoch versäumte er nicht, die Presse davon in Kenntnis zu setzen. Die junge Queen Victoria fand ihn und seine Handlungsweise fabelhaft, verlieh ihm einen Orden und den Beinamen „Franz der Großmütige“ – Liszt hatte wenigstens seine Reklame! Auch meldete die englische Königin das Ereignis an ihre Verwandten am Hof zu Weimar. (Sie war mit einem Herzog von Sachsen-Coburg-Gotha verheiratet.)

Damit bahnt sich ein neuer Lebensabschnitt des Künstlers an. Liszt besucht Weimar noch Ende 1841. Er befreundet sich mit

Großherzog Karl Friedrich und seiner Gattin Maria Pawlowna, Schwester des regierenden Zaren Nikolaus I. und Mutter der späteren deutschen Kaiserin Augusta. Von jetzt an wird er fast alljährlich auch Weimar aufsuchen, und von November 1842 an ist er hier Hofkapellmeister „in außerordentlichen Diensten" (klangvolle Umschreibung für: ohne Gehalt).

Triumph an der Spree – Sankt Petersburg

Berlin, wo er am 27. Dezember 1841 sein erstes Konzert gibt, erlebt einen Liszt-Taumel, wie ihn vordem nur Wien gekannt hat. Man konnte Handschuhe mit seinem Bildnis, Liszt-Bonbons und Liszt-Tabakdosen kaufen. In zwei Monaten gibt er 21 Konzerte, die privaten Galas nicht mitgezählt, zehn allein in der Singakademie. Varnhagen von Ense als gewissenhafter Chronist notiert:

> Liszt macht fortwährend das Entzücken der Stadt, er verherrlicht diesen Winter hier und ist dessen schönster Glanz. Seine Uneigennützigkeit, seine heitere Bildung, sein wohlwollendes, anmutiges Wesen erwerben ihm Beifall in nicht geringerem Maße als seine alles besiegende Meisterschaft.

In der preußischen Hauptstadt diniert Liszt bei der Fürstin Galitzin; Felix von Lichnowsky hat ihn eingeführt. Mit einem Schlage ist er mitten in der russischen Hocharistokratie gelandet: Der Fürst ist Generalgouverneur von Moskau. Die Galitzin, deren schwärmerische Anträge der Virtuose nicht ausschlägt, läßt ihre Verbindungen spielen und arrangiert mehrere Konzerte in Rußland.

Natürlich hat Liszt an der Spree nicht nur eine Affäre. Wegen einer Dame hätte es fast ein Duell gegeben, als ihr Verlobter hinter den Tatbestand kam. Lichnowsky, des Künstlers eleganter Freizeitpartner, konnte das Schlimmste verhüten. Es handelte sich um die Schauspielerin Charlotte von Hagn, die Liszt in Begleitung seines Freundes zusammen mit ihrer Schwester Auguste bei einem Maskenball kennen- und schätzengelernt hatte. Charlotte kam als Königin Luise, Liszt als Pascha in den Farben Türkis, Gold, Blau und Grau, mit Turban und allen Orden, die er mittlerweile zusammengetragen hatte.

Er spürte wohl, daß er sich an jenem Abend mehr hätte um Frau von Arnim kümmern sollen, die einen recht säuerlichen Bericht über diese Veranstaltung hinterließ, und folgte darum ihrer Einladung nach Wiepersdorf. Als sich Liszt ins Gästebuch eintrug, unter dem Preußenkönig, hätte sie es lieber gesehen, wenn er sich über der Majestät eingeschrieben hätte – „wie es ihm gebührt".

Bei Hofe wurde Liszt durch Maria Pawlowna, die Weimarer Großherzogin, eingeführt. Sie machte dem Gast ein wertvolles Geschenk: das Autograph eines Flötenkonzerts von Friedrich dem Großen. Die Einnahmen seiner Berliner Konzerte führte Liszt größtenteils wohltätigen Zwecken zu: der Fertigstellung des Kölner Doms, der Versorgung armer Kinder, zum Besten der studentischen Jugend. Da der Platz in der Singakademie nicht ausreichte, mußte man schon bald die Konzerte ins Opernhaus verlegen. Zu den ständigen Gästen gehörten Friedrich Wilhelm IV. und seine Familie; der König verlieh Liszt „in Anerkennung seiner Verdienste um das Musikleben in Preußen" den „Pour le mérite" – dazu hatte er eigens eine Friedensklasse (des ursprünglich militärischen Ordens) für Künstler und Gelehrte geschaffen.

Triumphal gestaltet sich die Abreise Richtung Rußland. Wieder nennt man ihn in einem Atemzug mit dem Monarchen (und das in Preußen!). Varnhagen von Ense schreibt:

> Ein Wagen, mit sechs Schimmeln bespannt, rollte vor das Hotel; Liszt wurde unter dem Zujauchzen der Menge fast die Treppe hinabgetragen und in den Wagen gehoben, wo er zwischen den Senioren der Universität seinen Platz hatte. Dreißig vierspännige Wagen mit Studierenden, eine Anzahl Reiter im akademischen Festornat gaben ihm das Geleit. Zahllose andere Wagen hatten sich angeschlossen; zu vielen Tausenden umwogte die Menge die Abfahrenden … Nicht nur die Straßen und Plätze, sondern auch die Fenster aller Häuser waren dicht mit Zuschauern und Zuschauerinnen erfüllt.

Unterwegs nach Petersburg, in Königsberg, ernennt man ihn zum Ehrendoktor der Musik an der philosophischen Fakultät der ehrwürdigen Universität, wo Immanuel Kant gelehrt hatte. Sein Durchbruch im Osten datiert vom 20. April 1842 (nach dem damals in Rußland gültigen Julianischen Kalender: 8. April). Da feiert ihn die Creme der kaiserlich-russischen Hauptstadt im Saal der Adelsversammlung. Dreitausend Hörer, unter ihnen die Komponisten Michail Glinka und Alexander Serow. In Serows Begleitung befand sich der Kritikerfreund und sozusagen Pressesprecher der „Russischen Fünf“ (Mussorgski, Borodin, Rimski-Korsakow, Balakirew und Cui) – Wladimir Stassow.

Er hatte Liszt, dieses „maßlos eitle Wundertier“, anfangs nicht leiden können, wandelte sich aber im Lauf des Abends vom Saulus zum Paulus. Hier seine farbige Schilderung:

> Am meisten staunten die Russen über seine gewaltige Haarmähne, die bis zu den Schultern herabreichte. In Rußland pflegten nur Priester so lange Haare zu tragen… Liszt war sehr mager und gebückt, und obwohl ich viel von seinem berühmten Florentiner Profil gelesen hatte…, konnte ich sein Gesicht nicht schön finden. Auch seine Sucht, sich mit Orden zu behängen, mißfiel mir, und später war ich auch ein wenig enttäuscht über sein affektiertes Benehmen… Liszt bestieg das Podium, zog seine rehledernen Handschuhe aus und warf sie achtlos zu Boden. Nachdem er für den donnernden, in Rußland in solcher Stärke noch nie erklungenen Applaus gedankt hatte, setzte er sich ans Klavier. Es herrschte eine Stille, als wäre der ganze Saal zu Stein geworden. Ohne irgendein Vorspiel begann Liszt mit den ersten Takten der Ouvertüre zu „Wilhelm Tell“. Neugierde, Zweifel, Kritik… alles war bei der wundervollen Verzauberung durch sein Spiel vergessen…

Den Russen hatte Liszt regelrecht den Kopf verdreht. Glinka, der sonst kein Schwärmer war, tat ein seltsames Gelübde: jeden Morgen für Liszt zu beten, was er angeblich auch durchgehalten hat, mit Ausnahme seiner Hochzeitsnacht.

Für die Presse war er ein Exot. So erfuhr man aus den Gazetten, daß Liszt so viele Krawatten besitze, wie das Jahr Tage habe. Sein Haar erregte nicht nur Verwunderung, sondern auch Mißfallen, sogar höchstes. Nikolaus I. mokierte sich über die Künstlermähne und schloß aus ihr auf unzuverlässige Gesinnung. Als Liszt davon erfuhr, revanchierte er sich auf seine Weise. Beim Konzert unterhielt sich der Zar ungeniert mit seinen Begleitern. Liszt hörte abrupt zu spielen auf. Als der Monarch unwillig fragte, was es gebe, erhielt er vor vollem Saal die ironische Antwort: „Wenn Nikolaus spricht, muß auch die Musik schweigen!“ Der Herrscher aller Reußen hat es ihm dann aber wieder heimgezahlt: Er und sein Sohn und Nachfolger Alexander II. sorgten dafür, daß sich die Scheidung der Fürstin Caroline jahrelang hinzog und damit die ersehnte Eheschließung mit Liszt letztlich hinfällig wurde.

Trotz dieser Kontroverse auf höchster Ebene, die sofort die Runde machte und Liszt in vielen Augen sympathisch erscheinen ließ, ging er aus Petersburg um eine Ehrung reicher: Die 1802 gegründete Philharmonische Gesellschaft ernannte ihn zum Ehrenmitglied.

Das Jahr 1845 führt den Virtuosen nach Spanien, Frankreich und in die Schweiz. In Basel lernt er Joachim Raff kennen, seinen späteren Weimarer Gehilfen. In Bonn erwartet ihn das Beethovenfest, es folgen Brühl, Koblenz und Köln, wo er plötzlich erkrankt. Nach kurzer Erholung in Baden-Baden geht es über Freiburg erneut nach Frankreich.

Lola in Bonn – Der Ungarnmessias

In Bonn sollte ein Beethovendenkmal errichtet werden, aber es fehlte an den nötigen Mitteln. Liszt erfuhr davon und erklärte sich sofort bereit, das Geld durch Konzerte aufzutreiben. Da tatsächlich ein großer Anteil von ihm kam, übertrug man ihm dann auch die Leitung der Festlichkeiten anläßlich der Enthüllung und beauftragte ihn, zu diesem Anlaß eine Kantate zu komponieren und ein Konzert zu dirigieren. Doch sein Engagement fand nicht nur Zustimmung. In Schumanns *Neuer Zeitschrift für Musik* erschien ein gehässiger Essay, in dem es hieß: „Warum muß eine solche erhabene Weihestätte durch den kreischenden Unflat neutönerischer Musik verunglimpft werden?“

Für diese Gegenströmung wird es mehrere Gründe gegeben haben. Manche Zeit- und vor allem Zunftgenossen konnten nicht verwinden, daß ausgerechnet dieser schillernde Starvirtuose das Beethovendenkmal maßgeblich finanziert hatte, zudem wird man gerade in Deutschland seine theatralisch-egozentrische Art nicht immer gemocht haben. Und schließlich hat man ihm wohl eine seiner kitschigsten Affären verübelt, die sich ausgerechnet zu diesem Zeitpunkt in Beethovens Geburtsstadt abspielte: die mit Lola Montez.

Was die Anzahl ihrer Abenteuer und die Leidenschaftlichkeit

ihrer Neigung betraf, konnte es die umworbene Tänzerin durchaus mit dem Künstler aufnehmen. Drei Jahre später bringt sie einen Thron zum Wanken – denselben, an den sich Wagner klammern wird, um seine Bayreuth-Pläne zu finanzieren, mit Liszts Tochter Cosima an seiner Seite.

Man kannte sich seit 1843; jetzt war Lola dem Virtuosen alles andere als unauffällig nachgereist. Schon ging das – von ihr vorsorglich ausgestreute – Gerücht um, Liszt werde sie im nächsten Sommer ehelichen. Die auch damals schon skandallüsterne Boulevardpresse wurde wach. Unmittelbar vor der Denkmalsenthüllung fragte man Liszt, ob man nicht für die Montez eine Tanzbühne hätte errichten sollen. Als der Festdirigent daraufhin dem Bankett demonstrativ fernblieb, drängte ihn Lichnowsky, der kompromittierenden Tänzerin den Laufpaß zu geben, bevor es zum Eklat käme. Liszt weiß sich vor der in Rage geratenen Lola nicht anders zu retten, als sie (wieviel davon stimmt, weiß man heute nicht mehr) ins Hotelzimmer einzusperren, dem Portier die Schlüssel zu übergeben, für eventuelle Sachschäden einen Betrag zu hinterlassen (die Montez war für ihr Temperament berühmt) und den Mann eindringlich zu ermahnen, die wilde Schöne nicht eher herauszulassen, als bis er zwölf Stunden Vorsprung habe…

1846 standen Frankreich, Frankfurt, Weimar, Wien, Olmütz, Siebenbürgen, Rumänien und Rußland (Ukraine) auf dem Programm.

In Ungarn hatte sich seit seinem letzten Besuch einiges verändert. Die Amtssprache war jetzt Ungarisch, über die Donau wurde zwischen Buda und Pest die erste ständige Brücke gebaut – die Kettenbrücke. Der Politiker Lajos Kossuth hatte das *Pester Journal* gegründet. Vom allgemeinen nationalen Aufschwung profitierte auch der große Sohn der Nation, Franz Liszt. Ein Gedicht ging als Flugblatt von Hand zu Hand:

> Erbarmt hat Gott sich endlich unserer Erde,
> Die sich im Streben, daß sie glücklich werde,
> Auf falschem Pfad in Wirrsal sich verstrickt.
>
> Doch Gottes Gnade hat Dich uns geschickt,
> Auf daß Dein Spiel, gewaltger Sohn der Töne,
> Die Welt mit ihrem Schöpfer neu versöhne.

Eine neue Sprosse in der Karriereleiter – die Krone, sozusagen die Himmelskrone. Liszt als Messias, als Welterlöser – der Rentmeistersohn aus Raiding auf der Höhe seiner Ungarn-Rolle.

Freilich spielte er nicht nur göttlich Klavier, sondern lieferte auch königliche Beiträge zu wohltätigen Zwecken, etwa zugunsten der Gründung eines Konservatoriums, dessen Leitung man ihm später antragen wird...

Abschied von der Bühne

Nichts verschleißt rascher als der Erfolg. Und besonders der auf dem Konzertpodium. So überrascht nicht, daß Liszt schon nach sieben Jahren Virtuosenleben 1845 aus dem Tretrad der Tourneen ausbrechen will. Sicher war es zum guten Teil Müdigkeit und Überdruß, was ihn zu dieser Entscheidung trieb: „Was ist das doch für eine widerliche Notwendigkeit in dem Virtuosenberufe – dieses unausgesetzte Wiederkäuen derselben Sachen!“ Aber die wahren Gründe für den konsequenten Verzicht auf die Bühne – mit 36 Jahren! – liegen tiefer. Eduard Hanslick gegenüber, dem Musikreferenten mehrerer Zeitungen, erklärte sich Liszt knapp und aufschlußreich: „Zum Virtuosentum gehört Jugend!“ Er wußte wie keiner um die Mechanismen des „Showbiz“, wie man heute sagen würde. War er doch weitgehend auf dem Gebiet des damaligen Entertainments tätig. Zur Show gehören Glamour, Jugend und Schönheit. Er hatte diesen – zugegebenermaßen trivialen – Forderungen genügt, so sehr, daß neben ihm alle noch so verdienten Pianisten verblassen mußten, eben weil sie nicht rundherum showgerecht waren. Dieser Glücksfall hatte ihm in Verbindung mit einer außergewöhnlichen Musikalität und Sensibilität einen grandiosen Senkrechtstart ermöglicht. Er hatte nicht aus Trotz, wie Beethoven, oder aus Wehmut, wie Chopin, oder aus dem Lebensgefühl des Ancien régime, wie Thalberg, gespielt, sondern aus diesem neuen, durchaus sinnlich durchpulsten, von männlich-erotischer Ausstrahlung geprägten Virtuosentum heraus. Aber nun schwand der Bonus der unverbrauchten Jugend. Liszt, der stets das Höchste anstrebte, verzichtete, bevor man es ihm vielleicht gar noch nahelegen könnte.

Ein weiterer wichtiger Grund für diesen Schritt lag in seinen Ambitionen als Komponist: Er war mehr als nur reproduzierender Künstler, sein Kopf war ausgefüllt mit ungeschriebenen musikalischen Einfällen, und er wollte endlich mit einem Orchester arbeiten und mit dessen verschiedenen Klangfarben experimentieren. Die Möglichkeiten des Klaviers hatte er wie sonst keiner bis ins letzte erkundet.

Auf der Suche nach einem festen Wohnsitz wendet er sich seiner geistigen Heimat Frankreich zu und hält um die Hand der Gräfin Cessiat an, der Nichte seines verehrten Philosophenfreundes Lamartine. An ihrer Seite sich ruhig niederlassen und dann schreiben, schreiben... Aber sie kann ihren alten Oheim nicht allein lassen und schlägt den Antrag aus.

Nun denkt er an Weimar, spricht von dieser Stadt als von seinem „Nordstern", hier hat er verständige, kunstsinnige Menschen gefunden, noch vermeint er den Atem der großen Dichter zu spüren. Hier will er Wurzeln schlagen. Gegen Ende seiner Virtuosenzeit schreibt er an den Weimarer Großherzog:

> Mit 35 Jahren kommt für mich der Moment, den Puppenzustand meines Virtuosentums zu zerbrechen und meinen Gedanken freien Lauf zu lassen, natürlich mit dem Vorsatz, weniger herumzuflattern... Als weitaus wichtigstes Ziel gilt es mir jetzt, meinem Schaffen das Theater zu erobern, so wie ich es während der letzten sechs Jahre meiner Persönlichkeit als Künstler erobert habe. Ich hoffe, daß das nächste Jahr nicht vorübergehen soll, ohne daß ich zu einem entscheidenden Ergebnis in dieser neuen Laufbahn gekommen sein werde.

Liszt hatte also vor, sich nach dem Konzertpodium nicht nur das Orchester, sondern auch die Opernbühne zu erobern, und das weniger als Dirigent, sondern als Komponist. Doch das Auftauchen Wagners hat ihn dann vor diesem Versuch und einem möglichen Fiasko bewahrt, denn neben Wagner konnte man in Deutschland nicht ernsthaft Opern schreiben wollen, zumindest nicht in der verwandten Klangsprache, die Liszt führte.

Weiter heißt es in dem Brief an den Großherzog, der einer Art Absichtserklärung gleichkommt, recht beziehungsvoll:

> Anderenteils bin ich augenblicklich durch meine beständigen Geldnöte so sehr beengt und auf das bestimmteste entschlossen, nie einen Pfennig Schulden zu machen.

Liszt braucht Geld. Das wird wichtig für seine Entscheidung, mit wem er seine nächste Lebensperiode teilen wird. Er steht sprungbereit und hält Ausschau. Alles ist vorbereitet. Die Wende erwartet ihn in Rußland.

Natürlich in Gestalt einer Frau. Nach Rußland kam er durch eine Frau – aus Rußland führt er eine heim. Wobei man später nicht mehr genau wird sagen können, wer hier wen „geführt“ hat.

Auftritt der Fürstin

Im Februar 1847 hatte er in Kiew zu spielen. Im Publikum saß eine kleine Frau, schwarzhaarig, mit auffallend lebhaften Augen und heftigen Bewegungen. Sie war aus Woronince gekommen, ihrem Landgut mit beachtlichem Areal; sie besaß noch weitere große Ländereien mit insgesamt 30 000 Seelen, wie man damals in Rußland beschönigend für Leibeigene sagte. Es war eine Fürstin – Caroline Sayn-Wittgenstein, die von ihrem Mann getrennt lebte. Bekannt wurde sie mit Liszt, als sie für sein Wohltätigkeitskonzert eine stattliche Summe gespendet hatte und er sich bei ihr bedankte. Sie empfanden sofort eine tiefe Neigung zueinander. Das ist erstaunlich, denn die Fürstin entsprach überhaupt nicht dem Typ Frau, dessen sich Liszt in der Vergangenheit angenommen hatte. Vielleicht spielte auch schon im ersten Moment unbewußt die Tatsache eine Rolle, daß diese Frau sehr reich war.

Nachdem sich die beiden kennengelernt und füreinander erklärt hatten, schrieb Liszt an seine Mutter:

> Die Lösung meiner Lebensfrage naht... Das Jahr 1847 bringt mir Glück... es ist nicht unmöglich, daß ich schließlich ein sehr gutes Geschäft mache...

Wer war diese Frau? Cosima fand sie äußerlich „fast befremdend“, dafür aber von starker Ausstrahlung. „Die Stirn zeugt von einer hohen Intelligenz, die Augen haben eine schmerzliche Glut. Der zusammengepreßte weite Mund spricht von der gewaltigsten Energie. Man ist versucht, bei diesem Antlitz an eine weissagende Sibylle zu denken ...“ Das Sibyllinische meinte auch Liszt, wenn er von den „Greifenaugen“ der Fürstin sprach, und in Rom hieß sie später, als sie schon recht eigen wirkte, die „Sibylle von der Via Babuino".

Sie hatte eine sonderbare Biographie. Ihre Eltern – ein polnischer Großgrundbesitzer und seine mondäne, lebenslustige Frau – hatten sich schon früh getrennt; die Tochter wuchs bei ihrem Vater auf, der sich seine Einsamkeit lesend und Zigarren rauchend vertrieb, später über Jahre hinweg mit Caroline gemeinsam. Erzogen wurde sie von einer französischen Gouvernante, die Sommer verbrachte sie mit ihrer Mutter auf Reisen durch Europa, wo sie in ersten Kreisen verkehrte. Schon die 16jährige hatte so handfest mit dem Hausarzt geflirtet, daß er nach Sibirien „versetzt" wurde. Ein Jahr darauf heiratete sie auf Vaters Wunsch den Rittmeister Fürst Sayn-Wittgenstein, der sich bester Beziehungen zum Zarenhof erfreute und als recht leichtfertig galt. Er war durch die Hausarztaffäre auf die „polnische Lerche" aufmerksam geworden. Als Morgengabe brachte er drei Güter mit in die Ehe, darunter Woronince, wo Liszt die Fürstin später aufsuchen wird. Das Hochzeitsgeschenk des Zaren war eine Prunkkutsche.

Nach der Geburt des ersten Kindes, Prinzessin Marie, kamen die Gatten, die in keiner Weise harmonierten, überein, getrennt zu leben. Einer Scheidung wollte der Fürst aufgrund seiner aufwendigen Lebensführung allerdings nicht zustimmen.

Zu Carolines Wesenszügen gehörten eine tiefe Religiosität und feste moralische Grundsätze im Alltag, die Liszt immer wieder zu schaffen machen werden. Sie war katholisch und hatte einen Hang zum Schwärmerischen, der sie wiederum mit Liszt verband. Wenn sie ihm nach Weimar folgen würde, dann in der absoluten Gewißheit, daß ihre Ehe trotz des Widerstandes des Fürsten geschieden und die Verbindung mit dem Komponisten legalisiert werden konnte. Ein Leben wie zwischen Liszt und der Gräfin d'Agoult wäre ihr nicht in den Sinn gekommen.

Der Plan war logisch und gut vorbereitet. Liszt hatte ohnehin Weimar im Auge; dort regierte ein ihm befreundeter Großherzog, und dessen Gemahlin war die Schwester des russischen Zaren. Daraus versprach man sich eine glatte Scheidung der Fürstin von ihrem Mann. Der wird sich sträuben, weil er das Vermögen nicht verlieren will, zumal Caroline durch den Tod des Vaters eine enorme Erbschaft gemacht hatte.

So blieb vorerst nur die Flucht, die sich sogar dramatisch gestaltete, denn wegen der drohenden Revolutionsgefahr ließ Nikolaus I. die westlichen Grenzen schließen. Unter dem Vorwand, eine Kur in Karlsbad anzutreten, gelang der Fürstin mit ihrer Tochter die Ausreise nach Schloß Krzyzanowitz, einem Besitz von Freund Lichnowsky. Dort traf sie mit Liszt zusammen. Unter Carolines disziplinierendem Einfluß begann er schon hier, einige seiner neuartigen sinfonischen Dichtungen zu instrumentieren.

Der Aufenthalt brach jäh ab, als die Nachricht von der Ermordung des Hausherrn kam. Felix Lichnowsky, Abgeordneter im (permanent tagenden) Frankfurter Parlament, war randalierenden Studenten zum Opfer gefallen. Auf der Fahrt nach Weimar besuchte man noch Liszts Kindheitsstätten Raiding und Eisenstadt und natürlich auch Wien. Den letzten Teil der Reise legte man getrennt zurück, Liszt war eher am Ziel. Schon die jetzt hin und her jagenden Briefe trugen den Stempel jenes Schwulstes, der die Beziehung insgesamt überwuchern wird. Er an sie: „Blümelein auf der Aue meiner Sehnsüchte", sie an ihn: „Bahnbrecher meines Lebens". Dieser Stil wird vorhalten bis zu Liszts Tod.

Wie stolz war er, seiner einstigen Geliebten, Gräfin Marie, melden zu können, daß eine Fürstin seinetwegen Land und Vermögen aufs Spiel gesetzt hatte! Die Antwort war vielsagend und schonungslos:

> Um so besser. Diese Frau d'un grand caractère, wie Sie sagen, wird sicherlich nicht gewillt sein, Ihr Leben zu teilen. Sie wird keine von Ihren Mätressen sein wollen; und da Sie im Laufe der letzten vier Jahre* zum Punkte der Übersättigung und des tödlichen Ekels vor den Freuden ohne Liebe haben gelangen müssen, so müssen Sie mit Freuden den Faden ergreifen, der Ihnen angeboten wird, damit Sie aus dem Labyrinth herauskommen.

Das schien Liszt selbst auch gespürt zu haben: daß er nach den lockeren, nur auf Tageserfolg gerichteten Jahren nicht mehr genügend Selbstdisziplin besaß, um kontinuierlich zu arbeiten und Bleibendes zu schaffen. Er mußte sein Leben ändern und brauchte dazu einen Partner. Mit der Fürstin konnte er alles

---

* in denen er nicht an ihrer Seite war

gewinnen: geordnetes Hauswesen, gesteigertes Ansehen, finanzielle Sicherheit und einen fabelhaften Aufseher.

Nicht mehr die große Leidenschaft war gefragt, sondern der geregelte und ganz und gar auf seine Arbeit zugeschnittene Alltag.

„SAMMLUNG UND ARBEIT IN WEIMAR" – ALS KOSMOPOLIT AN DER ILM

„Das große Dorf"

Was kürzlich noch Wallfahrtsort zu den Fürsten des deutschen Geistes gewesen war, nannte der Liszt-Schüler Cornelius jetzt „das große Dorf". Sechzehn Jahre nach Goethes Tod war Weimar zurückgefallen in die Mittelmäßigkeit. Ein bezeichnendes Licht auf die Weimarer Verhältnisse wirft die Tatsache, daß von 1843 bis 1859 nicht mehr und nicht weniger als drei neue Häuser gebaut worden waren.

Der Romantiker Liszt erlag einem idealistischen Wunschtraum. Er, der an die Tradition der Dichterkönige anknüpfen und Weimar wieder zu einem Zentrum der Künste, natürlich unter Vorrang der Musik, machen wollte, fand statt bildungs- und erlebnishungriger Zeitgenossen verschlafene Kleinstädter vor, statt eines begeisterungsfähigen Publikums hämische Beckmesser, die ihm und der Fürstin auf die Finger sahen und manchmal sogar pochten.

Das regierende Haus war freilich kunstsinnig, aber auch genauso arm wie zu Goethes Zeiten. Der regierende Großherzog Karl Friedrich war der Sohn von Goethes Freund; für seine Hochzeit mit der Zarenschwester Maria Pawlowna (einer Enkelin Katharinas der Großen) hatte Schiller noch seine „Huldigung der Künste" verfaßt. Jetzt aber wurden nicht mehr Fragen des Geistes und der Weltgeschichte erörtert, sondern die Sitzordnung im Theater – rechts der Hof, links das Bürgertum. Ein Wechsel von rechts nach links kam einer biographischen Tragödie gleich – so widerfahren einer Hofdame, die den nichtadligen Museumsdirektor geheiratet hatte. Die Großherzogin konnte nicht fassen, wie man diesen gesellschaftlichen Abstieg verkraften könne (es handelte sich übrigens um die Mutter der Adelheid von Schorn, der späteren Freundin Carolines von Sayn-Wittgenstein und „Aufsichtsbehörde“ des alten Liszt).

Maria Pawlowna wurde Liszts stärkste Verbündete. Einmal, was sein Wirken bei Hofe betraf. Hier begegneten sich die Wünsche des Herrscherpaares und der beiden Neuangekommenen. Die Fürstin tat alles, damit Liszt endlich Bleibendes schaffen konnte (und – zur Seßhaftigkeit gezwungen – auch unter ihrer Kontrolle blieb), der Großherzog wollte dem verblichenen Glanz seiner Residenz aufhelfen, und seine Gemahlin hatte direkt ehrgeizige Pläne mit Weimar. Sie wünschte sich ein neues Theatergebäude und hatte sogar einen Dresdener Architekten mit den Plänen beauftragt – heimlich und erfolglos, denn der Hof hatte kein Geld.

Sie fuhr gleich am ersten Tag mit Liszt durch die Stadt und zeigte sich bestens informiert über die Männer, die Weimar berühmt gemacht hatten. „Sie war von der Idee besessen, es den erlauchten Vorfahren ihres Gatten gleichzutun und Weimar wieder zum künstlerischen Mittelpunkt der deutschen Lande zu machen. Sie ... versprach mir den Himmel auf Erden.“

Viel konnte man ihm nicht bieten, zumindest finanziell. Er war noch immer offiziell unbezahlter Kapellmeister, denn die Stelle des ordentlichen Hofkapellmeisters war durch den (untätigen) Franzosen Chélard blockiert. Liszts „Gehalt“ – er nannte es Zigarrengeld – kam aus der Privatschatulle der Großherzogin. Wichtiger freilich war ihre Unterstützung bei der Realisierung seiner ungewöhnlichen Vorhaben. Wagners Musik wäre ohne Maria Pawlownas Einsatz nicht zum Klingen gebracht worden. Und sie half Liszt und der Fürstin, indem sie ihre Verbindung so lange wie möglich tolerierte. Glaubte man doch fest an eine baldige Scheidung und eine Trauung noch 1850. Diese Rückendeckung, erstaunlich für das spießbürgerliche Residenzstädtchen, fiel erst weg, als sich die Scheidung in die Länge zog und der Zar zu verstehen gab, daß er dieses Ärgernis aus der Welt geschafft wünsche. Vorläufig aber wurden Liszt und die Fürstin noch gemeinsam bei Hofe empfangen.

Wenn er Weimar zu einem „Olymp der neuen Zeit“ machen wollte, so mußte er an die Klassiker anknüpfen. Tatsächlich beruft sich Liszt jetzt auf den Klassiker der Sinfonik, auf Beethoven, und beschäftigt sich intensiv mit Goethe. Er hält die Stadt aufgrund ihrer Geistesgeschichte für besonders geeignet als

„neutrales und fruchtbares Gebiet…, auf welchem deutsche Kunst wachsen und groß werden könnte“. Es ist dies eines der wenigen Zeugnisse, wo Liszt von deutscher Kunst spricht – aber es handelt sich nicht um ein Bekenntnis, sondern um ein Programm, und zwar ein sehr vages. Seine bleibenden Beiträge zu einem deutschen Kulturzentrum Weimar sind ein erstaunlicher Konzert- und Opernspielplan (allerdings auch mit internationalem Repertoire) und seine kompositorische Neuentwicklung, die sinfonischen Dichtungen – eine Kombination aus deutscher Klassik und französischer Romantik. Doch das eigentlich Deutsche an seinem Weimarer Wirken ist das Werk Wagners, das er hier der Öffentlichkeit vorstellen wird.

Sein Amt als Hofkapellmeister tritt er mit Beethovens „Fünfter Sinfonie“ an. Beethovens Büste stand schon auf dem Flügel, als er im Pariser Salon improvisierte, zu seinen Füßen hingegossen damals noch die Gräfin Marie. Joseph Danhauser, der dieses Bild gemalt hat, schenkt ihm jetzt Beethovens Totenmaske, die er einst selbst abgenommen hatte. Liszt wirkt mit bei den Feierlichkeiten zu Goethes 100. Geburtstag 1849, bei gleichem Anlaß für Schiller zehn Jahre später und bei der Enthüllung des Denkmals, das Ernst Rietschel von den Dichterfürsten angefertigt hat und das 1857 seinen Platz vor dem Hoftheater fand. Für die 100-Jahr-Feier Goethes schreibt er die sinfonische Dichtung „Tasso“, und bei der Denkmalsenthüllung erklingt 1857 erstmals seine „Faust-Sinfonie“. Später wird er eine Goethe-Stiftung planen, die aber an der Indifferenz der Weimarer Bürgerschaft scheitern muß.

Alles in allem: Liszt kam mit demselben Schwung nach Weimar und arbeitete hier mit demselben Elan, wie er sich einst Paris und die großen Städte erobert hatte. Als Künstler „avec enthousiasme et allure“ aber kam er bei den biederen Weimarern weder dirigierend noch komponierend, noch als Privatmann an, er schien ihnen eher suspekt – ein Exot.

Klein, aber schlecht – das Hoforchester

Als Kapellmeister hatte Liszt zur Verfügung: 35 Mann Orchester und einen Chor von 23 Sängern, im Laufe seiner Dienstzeit konnte er dem „Rechnungshof“ noch je vier weitere Stellen abringen. Das Ballett bestand aus sieben Personen! Dabei blieb es. Mit einem so kümmerlichen Ensemble hat er ein beachtenswertes Repertoire aufgebaut: von 1848 bis 1858 dirigierte Liszt 43 Opern, darunter feste Repertoirestücke wie Beethovens „Fidelio“, Mozarts „Don Giovanni“ und „Die Zauberflöte“. Von Nicolai „Die lustigen Weiber“, von Rossini „Wilhelm Tell“, „Orpheus und Eurydike“ von Gluck, Webers „Euryanthe“, einiges von Verdi sowie fast alles von Meyerbeer. Musikhistorisch bedeutsamer waren die Uraufführungen oder deutschen Erstaufführungen neuer sinfonischer Bühnenwerke: Schumann mit „Manfred“, „Das Paradies und die Peri“ sowie der Oper „Genoveva“; ferner Berlioz mit „Benvenuto Cellini“, „Romeo und Julia“ und der „Harold-Sinfonie“; und nicht zuletzt Wagner, von dem er „Tannhäuser“ und „Der fliegende Holländer“ nachspielen und „Lohengrin“ sogar als Uraufführung herausbringen wird.

Mit seinem Hang zur Großzügigkeit will er nicht allein dem Musiktheater neuen Glanz verleihen, sondern auch dem Schauspiel wieder zu Ruhm verhelfen. Ein Zeitgenosse charakterisierte die damalige Situation: „Wie Franz Liszt die einzige europäische Zelebrität ist, welche Weimar jetzt besitzt, so ist auch die von ihm geleitete Oper der Hauptschmuck gegenwärtiger Weimarischer Kunsttätigkeit, während das redende Schauspiel durch nichts mehr an seine einstige Größe erinnert.“ Nun sorgt Liszt dafür, daß der begabte Dingelstedt als Direktor berufen wird. Leider dankt der es ihm nicht, sondern versucht dann sogar, sein Ressort auf Kosten der Musikpflege zu stärken. Ein Umstand, der Liszts Weimar-Aufenthalt langfristig belasten wird.

Liszt beschränkt sich nicht auf den normalen Vorstellungsbetrieb, sondern organisiert noch Festwochen (etwa aus Wagners Opern) oder Festkonzerte mit ganzen Zyklen (Berlioz’ sinfonische Werke). Doch was man auswärts mit Bewunderung zur Kenntnis nimmt, erntet daheim wenig Anerkennung. Mitunter hat er auch keine glückliche Hand. So will er dem Königsberger Komponisten Eduard Sobolewski aus offensichtlicher Sympathie zu Künstlern aus dem Osten einen Gefallen tun und bringt zwei schwache Opern von ihm heraus, die sich denn auch als Mißgriff erweisen. Der Großherzog möchte dann schon lieber Flotow hören; Dingelstedt, der Schauspieldirektor, würde sogar einen Feuerschlucker vorziehen.

Liszt verteidigt daraufhin seine Repertoirepolitik: „Wenn das Neue nicht irgendwo und irgendwie ausprobiert würde, wo haben wir dann die Chance, es kennenzulernen? Man wird sich in der Musikgeschichte noch oftmals irren. Aber das ist nicht schlimm und wird niemandem angelastet. Schlimm ist nur, wenn man jede Bestrebung unterläßt, das Zeitgenössische aufzuführen. Musik, die geschaffen wird, ist nicht dazu da, daß man sie in Archiven vergräbt! Sie muß diskutiert werden, was gut oder schlecht, ewig oder vertan ist…" Ein immer wieder aktueller Standpunkt!

Sein „Gehalt" aus der Privathand der Großherzogin war schlicht: als Dirigent erhielt er jährlich 1000 Taler, hinzu kamen 300 Taler für interne Dienste (Konzerte, Musizieren und Unterricht für die herzogliche Familie). Das Geld hat Liszt keineswegs in Weimar gehalten. Es war die Möglichkeit, langfristig mit einem Orchester zu arbeiten und, ausgehend von diesen Erfahrungen, seine Kompositionen in die vielfältigen Klangfarben dieses neuen „Instruments" zu kleiden… Außerdem mußte er sich überhaupt erst einmal den Umgang mit einem Orchester bis hin zur simplen Dirigiertechnik erarbeiten. Die Bühne kannte er ja bislang fast ausschließlich als Klaviersolist.

In dieser Hinsicht unterschied er sich von Wagner, der als Kapellmeister angefangen hatte und nur leidlich Klavier spielen konnte: Der dachte und entwarf gleich orchestral. Bei Liszt ist es umgekehrt. Auch wenn er sich jetzt allmählich die Instrumentationstechnik aneignen wird, bleibt er im Innersten doch – Tastenkomponist, denkt und entwirft er „mit den Fingern".

Der Dirigent Liszt wurde damals unterschiedlich beurteilt. Seine Art, ein Orchester zu führen, war für viele so ungewohnt, daß ein Rezensent allen Ernstes erklärte, er sei „kein Konzertdirigent". In seiner Schrift „Über das Dirigieren" bezeichnet Liszt es als Aufgabe eines Kapellmeisters, „sich augenscheinlich überflüssig zu machen – und mit seiner Funktion möglichst zu verschwinden. Wir sind Steuermänner und keine Ruderknechte." Und im Vorwort zu seinen sinfonischen Dichtungen beschreibt er die alte, hergebrachte Art des Dirigierens als das „mechanische, taktmäßige, zerschnittene Auf- und Abspielen" und sagt ihm den Kampf an. „Sachgemäß" ist seiner Ansicht nach nur der „periodische Vortrag, mit dem Hervortreten des besonderen Akzents und der Abrundung der melodischen und rhythmischen Nuancierung". Der Dirigent Liszt organisiert nicht, er interpretiert. Und da es immer wieder Stimmen gibt, die bemängeln, er würde nicht gleichmäßig den Takt schlagen, verteidigt er sich gegenüber dem Großherzog:

> Wer mir wohl will, muß sich an den Geist, nicht an den Buchstaben meiner Fähigkeit halten. Was tut's, ob ich den Taktstock bei einer Vorstellung führe, wenn ich ihr nur Leben eingehaucht habe, und das hängt nicht von der Bewegung meines Armes ab, sondern von der Tätigkeit meines Geistes.

„Faulpelz" und „Meisterwerk Gottes" – Eine seltsame Beziehung

Wie gesagt, Caroline war sehr reich. Liszt gibt an – und dem entspräche seine Meldung an Marie, die den Entschluß der Fürstin zu einer heroischen Tat macht –, sie hätte anfangs auf allen Besitz verzichten, alles zurücklassen wollen, nur um ihm folgen zu können. Liszt war aber weniger gerührt als erschrocken bei dem Gedanken, daß man ihm nun eine mittellose Frau mit einer elfjährigen Tochter und höchsten Ansprüchen bedingungslos anvertrauen würde. Doch dann stellte sich heraus, daß sie zwei Millionen Rubel hatte flüssigmachen können. Das würde bei vernünftiger Haushaltung bis ans Lebensende reichen. Und vernünftig war sie, Caroline von Sayn-Wittgenstein.

Wichtiger noch als das Vermögen der Fürstin war allerdings ihre disziplinierende Wirkung auf Liszt. Sie erwies sich als pedantisch, detailbesessen und als unbestechliches Kontrollorgan. Sie war der Meinung (und lag nicht falsch damit), daß man Liszt nicht allein lassen dürfe, weil er dann nicht mehr arbeiten würde. Das bedeutete zwar einerseits die quälende Daueranwesenheit ein und derselben weiblichen Person (für Liszt früher unvorstellbar!), auf der anderen Seite aber war es die Vorbedingung für seine enorme Produktivität. Auch die Neigung zwischen den Partnern hatte in Carolines Lebensmodell ihren festen Platz. 1849 schrieb sie dem „Grossisten" in Herzenssachen:

> Liebe ist kein Ding, das zur Alltäglichkeit werden darf. Man muß die Liebe, wie sie einem dauernd begegnet, zu etwas Rarem hinaufadeln. Dann bleibt sie einem in ihrer Sonderbarkeit erhalten... Leidenschaft mag sie zerstören. Man hält sie aufrecht, indem man sich bemüht, das Leben gerecht und überschaubar einzuteilen ... in Arbeit und Vergnügen.

Caroline war ihm auch eine geistreiche Partnerin, konnte haus- und „hof"halten und Gesellschaften geben, wo sie Liszt alle Ehre machte. Sie bewunderte ihn grenzenlos und stellte ihn sogar weit über Wagner, was wiederum ihren rein subjektiven Musikverstand andeutet. Das ersetzte ihm die Beifallsstürme der Konzertsäle. Sie hatte einen Hang zur Mystik – bei ihr konnte er nach Herzenslust schwärmen und büßen; sie war willensstark und solid – sein Leben wurde endlich normalisiert, normal freilich bis zur Spießigkeit. Sie war „hochwohlgeboren", er fühlte sich aufgewertet.

Aber: sie war verkrampft, und ihre angelesene Bildung mußte sie anbringen, wo immer sie konnte. Sie hatte einen verhängnisvollen Hang zur Schwülstigkeit, womit sie die Theatralik ihres Lebensgefährten noch steigerte – die sinfonischen Dichtungen der Weimarer Jahre leiden stellenweise an Übertreibung, seine von ihr redigierten Schriften sind mitunter kaum lesbar.

Caroline wollte es partout der Gräfin d'Agoult gleichtun, ohne deren literarisches Talent zu besitzen. Wer nicht weiß, daß die späteren Aufsätze von ihr stammen, wird an Liszt zweifeln und verzweifeln. Doch der war daran gewöhnt, daß seine Gedanken von einer liebenden Frau ausformuliert und zu Papier gebracht wurden; freilich muß man sich manchmal wundern, daß er solchem Wirrwarr die Zustimmung zur Veröffentlichung gab. Unübertroffen sind in dieser Hinsicht bestimmte Passagen aus der auch inhaltlich problematischen Schrift „Die Zigeuner und ihre Musik in Ungarn". Das folgende Elaborat ist *ein* Satz und wäre geeignet, Liszts Buch wegzulegen. Da man kaum aus dem Zitat schlau werden wird: Es geht um Analogien zwischen Zigeunermusik und dekorativen Verzierungen in der bildenden Kunst.

> Hier wie dort genügt ein ganz kleiner Raum, um eine Menge von Linien zu entwickeln, die einander kreuzen, einander unterbrechen, verwirren und entwirren, einander suchen und finden, einander stoßen, treiben und sich umklammern, ein-

> ander folgen, drängen, berühren, zerstören unter reich nuancierten Klangfarben, die manchmal gepaart und weich sich steigernd, manchmal fremd und feindlich und dann wieder mit einer Art Gleichheit über ein ganzes Thema sich verbreiten, wie die auf einem Blumenbeet glänzenden Tropfen eines reinen Taues, dessen Saphir- und Topas-, Rubin- und Smaragd-, Sardonyx- und Chalzedon-, Amethyst- und Chrysolith-, Aquamarin- und Nephelin-, Hyazinth-, Granat-, Chrysopras- und Jaspis-, dessen blaue und schwarze, grüne und gelbe Diamantfärbungen nicht verlöschen, wenn die Sonne neugierig ihren Kopf über den Horizont erhebt und jeder Strahl ihrer Scheibe, man möchte sagen, jedes Haar des göttlichen Gelockes des Phöbus – des Gottes des Tages – sich in jeder dieser durchsichtig, rosig beleuchteten, aber milchweißen Perlen widerspiegelt.

Und in diesem Stil zwölf Jahre! Liszt hatte sich eine stoische Ruhe auferlegt.

Als Caroline Liszts Buch „Fr. Chopin“ für die zweite Auflage überarbeitete (was ihr ein besonderes Bedürfnis gewesen sein mag, da die erste noch von Marie d’Agoult stammte), wurde der Umfang um die Hälfte größer, Liszts eigener Text über die Musik des Freundes aber einschneidend gekürzt.

Wenn man Liszt vorwerfen kann, er habe Gräfinnen und allerlei adlige Damen gesammelt wie andere Schmetterlinge oder japanische Holzschnitte, so muß man der Fürstin eine regelrechte „Professorensucht“ bescheinigen (wie sich Wagner ausdrückte, der sie schon bald nicht ausstehen konnte). Sie sammelte Berühmtheiten, „Köpfe“, und machte es nicht unter einem Akademiker. Das galt in Weimar, das galt auf Reisen. „Die Fürstin hat mit allen gelehrten Notabeln Zürichs Freundschaft geschlossen, schreibt lange Briefe an sie und schenkt ihnen ungeheure Gipsmedaillen Liszts… Ich bin allein dunkel vor ihren Augen geblieben und habe weder Brief noch Medaillon, worüber ich mich nicht zu fassen weiß!“ klagte Gottfried Keller.

Auch war sie hektisch. Aber Liszt war Betrieb ja gewöhnt. Andere nicht, Bülow bekam immer Kopfschmerzen, wenn sie sprach. Wagner meinte: „Nur gehört Liszts unvergleichliches Temperament dazu, diese Lebhaftigkeit auszuhalten, mir armem Teufel ging’s oft übel dabei – ich kann diese ewige Aufgeregtheit nicht aushalten.“ Man gewinnt den Eindruck, als hätte Caroline ihr bisheriges Leben unter Verschluß gelebt und dürfe nun für den Rest ihrer Jahre den aufgestauten Dampf ablassen.

Der Gedankengang, Liszt brauche liebevolle Aufsicht, brachte sie so weit, daß sie ihn nicht einmal beim Beten allein ließ, wo er doch gar nicht produktiv sein mußte. Er war später gezwungen, direkt zu fliehen – noch drastischer als seinerzeit bei der weit großzügigeren Marie.

Sie selbst spürte nicht, daß sie Liszt auf die Nerven ging. Noch 1882 schreibt sie:

> So habe ich für ihn zwölf Jahre lang gesorgt, immer mit meiner Arbeit in demselben Zimmer, sonst hätte er nie komponiert... Genie hat ihm nicht gefehlt – aber Sitzfleisch (unschönes Wort, aber große Tugend) – und Fleiß, Arbeitsausdauer. Wenn niemand ihm dabei hilft, so kann er nicht – und wenn er fühlt, daß er nicht kann – so greift er zu aufregenden Mitteln... Man muß bei ihm mit einer Arbeit sitzen, solang man will, daß er selbst arbeitet...

So gut, wie das gemeint war, und so nützlich, wie es gewesen sein mag – es blieb Gängelei, der sich Liszt schon fast masochistisch unterwarf. Er schien seine Abhängigkeit von Caroline zu bejahen oder sie zumindest in Kauf zu nehmen: So hatte er seine Bequemlichkeit und die Hände frei für die aufreibenden, vielfältigen Weimarer Aktivitäten. Man darf behaupten, daß „Liszt an der Ilm" damals kaum vorstellbar wäre, wenigstens nicht über ein Jahrzehnt, ohne diese Partnerschaft.

Die kurzen Ausgänge, die sie Liszt zugestand, wurden durch jenen langschweifigen Briefwechsel ausgefüllt, der an Geschraubtheit nichts zu wünschen übrigließ. Der größte Virtuose seiner Zeit: „Sie fragen mich in Ihrem heutigen Brief: ‚Was ist Ihr erster Gedanke beim Aufwachen, die erste Sorge Ihres Tages?' Ach! Hören Sie es nicht, fühlen Sie es nicht, sind Sie dessen nicht sicher? Sie und wieder Sie und ohne Ende Sie! Zu Ihnen spreche ich, um Sie weine ich – und ich preise Sie, segne Sie, bete Sie an und liebe Sie!" Die Fürstin ihrerseits gibt die stilistische Ebene vor, auf der korrespondiert wird: „Ich liege zu Deinen kleinen, geliebten Füßen, ich küsse sie, ich wälze mich unter Deinen Sohlen und lege sie auf meinen Nacken – mit meinen Haaren fege ich den Weg, den Du zu gehen hast, und lege mich in Deine Fußstapfen." Nun, es gibt der Bilder viele. Doch wer glaubt, die Fürstin umschreibe ihr Gefühl, wird erschauern bei ihrer Versicherung: „Du weißt, all dies ist keine orientalische Hyperbel... Du weißt, daß ich Dich anbete... O liebstes Meisterwerk Gottes, wie ich Dich anbete, und wie sollte ich nicht den lieben Gott anbeten, der Dich erschaffen hat, so schön, so vollkommen, so gemacht, um verehrt und geliebt zu werden, bis zum Tode und bis zum Wahnsinn."

Das „Meisterwerk Gottes" wiederum weiß, mit wem er es zu tun hat. „Wozu haben Sie die Menschheit nötig, verbunden, wie Sie es sind, mit den mysteriösen Wundern der Schöpfung? Gott liebt und hegt Sie wie einen seiner Lieblingsengel, und ich lege mich zu Ihren Füßen, um ihn besser anbeten und ihm besser dienen zu können. Gib, daß die Gnade des Himmels mich Ihrer weniger unwürdig macht..."

Das möge genügen.

Einen schweren Vorwurf kann man der Fürstin nicht ersparen. Sie tat, was sie konnte, um Liszts Kinder ihrer leiblichen Mutter zu entfremden, sie verlangte, daß sie nur zu ihr, der Fürstin, „Mutter" sagten, sie zwang ihnen ihre eigene Gouvernante aus Rußland auf und ließ sie Kleider nach ihrem verschrobenen Geschmack tragen.

Unter anderem sorgte die Fürstin dafür, daß Liszt seine Kinder erst nach acht Jahren wiedersah – im Sommer 1853. Blandine, die Älteste, war inzwischen eine junge Dame geworden.

Wenn die Kinder an Liszt schrieben, gingen ihre Briefe erst durch die Zensur der Gouvernante; gelang es ihnen doch einmal, eine Nachricht direkt zu schicken, so ging sie durch die Hände der Fürstin... Später wird Caroline beide Töchter nicht in Paris, sondern in Berlin erziehen lassen; Daniel studierte – obwohl lungenkrank – in Wien Jura. Manche Forscher geben die Schuld an seinem tragischen Ende – er starb 1859 in Berlin an Schwindsucht – der Fürstin. Als verständige Frau hätte sie verhindern müssen, daß Daniel in seinem Zustand in dem unwirtlichen Wien studierte.

Nicht nur den Kindern entfremdete die wahrscheinlich unentwegt Eifersüchtige den Geliebten, sondern auch seinem einzigen gleichwertigen Freund – Richard Wagner.

Beobachter der Szene nannten Liszt ohnehin den „Seeleneigenen" der Fürstin, auf ihre 30 000 Seelen in Rußland anspielend.

Die Residenz auf der Altenburg

Nachdem Liszt offiziell der Bühne entsagt hatte, gab es in Weimar nur noch eine Möglichkeit, ihn spielen zu hören: in seinem Heim, das er gemeinsam mit der Fürstin (die es finanzierte) bewohnte. Das heißt, ihren gemeinsamen Haushalt war man in der Weimarer Gesellschaft allenfalls stillschweigend zu tolerieren bereit, gab aber seiner Mißbilligung unverhohlen Ausdruck, indem man an Liszt gerichtete Post nach wie vor nur in dem Hotel abgab, wo er zuerst abgestiegen war…

Die Altenburg ist eine stattliche Villa im viktorianischen Stil auf einer Anhöhe an der Ausfahrt Richtung Leipzig; sie steht heute noch. Und wäre Cosima als Verfügungsberechtigte über die sterbliche Hülle ihres Vaters nicht so eigensinnig gewesen und hätte sie nicht verlangt, daß er in der Weimarer Fürstengruft beigesetzt werde, wäre heute auf dem Gelände der Altenburg ein Liszt-Mausoleum zu besichtigen, das der Großherzog zu Ehren seines bedeutendsten Kapellmeisters errichten wollte.

Die Fürstin und ihre Tochter, Prinzessin Marie, hatten vier Wohn- und mehrere Schlafzimmer, Liszt bewohnte einen Seitenflügel. Zwei Bilder hingen in seinem Arbeitszimmer: Dürers „Melancholia“ und ein Stich, der den heiligen Franziskus von Paula darstellte, auf den Wogen schreitend. Auf dieses Motiv seines Namenspatrons wird Liszt eine „Legende“ für Klavier schreiben. Am Schlafzimmer überraschte die spartanische Einfachheit: keine Blumen, ein Betpult und ein ungarischer Altar.

Zwei Stockwerke enthielten je ein großes Musikzimmer mit einer Vielzahl von Instrumenten, darunter Beethovens Flügel (Marke Broadwood) und ein auf Liszts Wunsch gebauter überlanger Flügel – genauer eine Kombination aus Klavier und Orgel –, mit dem er jedes Blasinstrument des Orchesters imitieren konnte – beim Instrumentieren außerordentlich hilfreich. Dieses Monstrum füllte ein Zimmer. Außerdem gab es zwei weitere (normale) Flügel, ineinandergeschoben wie bei Konzerten für zwei Klaviere üblich; und als musikhistorische Rarität ein Spinett, das einst Mozart gehört hatte.

Ansonsten war die Einrichtung geprägt vom Geschmack der

Fürstin, und der war eine Mischung aus Orient und Atelier. Getrieben von ihrer grenzenlosen Bewunderung für den Geliebten und Virtuosen, hatte sie eine Art Liszt-Museum eingerichtet. Der Rest: eine Unzahl Statuen, Nippes, Portieren, sogar eine Pfeifensammlung.

Des Interieurs wegen kam wohl kein Gast auf die Altenburg. Wohl auch kaum wegen der Fürstin, die laut und geistreich, vor allem aber unablässig zu reden schien. Aber sie war nun einmal der Eintrittspreis für Liszt.

Es war ein ewiges Kommen und Gehen; Liszt sicher nicht unangenehm, denn so hatte er jetzt die Welt in seinen eigenen, feudal geführten Wänden. Für Caroline nach den öden Jahren auf dem russischen Land direkt ein Jungbrunnen. Hoffmann von Fallersleben, ein häufiger Gast auf der Altenburg, muß sie gemocht haben.

> Sie waltete wahrhaft fürstlich durch ihre Gastfreundschaft und die Art und Weise, wie sie ihre Gäste empfing und zu beehren verstand. Sie war geistreich, vielseitig gebildet, belesen, eine Kunstkennerin, hatte in vielen Dingen ein richtiges Urteil, war immer bereit, jedes edle Streben zu fördern, erwies sich gegen andere freundlich, teilnehmend, unterstützte Arme und Kranke und wußte diejenigen, die sie ehrte und liebte, bei allen Gelegenheiten auszuzeichnen.

Ihre karitative Ader war nicht zu leugnen, und schließlich hat sie Liszt gegenüber nur selten (und auch nur verhüllt) die Tatsache erwähnt, daß sie beide durchweg von ihrem, der Fürstin, Geld lebten. Seine Einkünfte hätten nicht im entferntesten für die aufwendige „Hofhaltung" auf der Altenburg ausgereicht.

Hans von Bülow steht der Gastgeberin etwas skeptischer gegenüber als Fallersleben:

> Während sie stundenlang spricht, gönnt sie ihrem Interlokuteur kaum eine halbe Minute zu einer Replik ... Mit einer bewundernswürdigen Schärfe führte sie die Unterhaltung, indem sie die schwersten Pflanzerzigarren dabei rauchte und einen fürchterlichen Qualm verursachte ... der ganze Makrokosmos und Mikrokosmos wurde durchgesprochen, und die Fürstin war wieder Glanzpunkt aller Gespräche ... Ich fühlte den ganzen Abend heftiges Kopfweh, so hatte mich das Reden der Fürstin angegriffen.

Caroline ließ sich eigens aus Woronince Tabakblätter kommen, die sie selbst verarbeitete, und hatte Liszt das Zigarrenrauchen angewöhnt. Im übrigen konnten nun beide ihren theatralischen Hang ausleben, selbst in ihrer Garderobe. Mitunter gefiel es der Fürstin, Liszt russisch zu kleiden – entweder in sibirischen Zobel zu hüllen (winters war es jämmerlich kalt, weil sich die Altenburg nur schlecht heizen ließ) oder in das Sackhemd des russischen Bauern, den Kasack. Fallersleben kam aus dem Staunen nicht heraus:

> Sie wandelt am Morgen daher wie eine Fee aus Tausendundeiner Nacht: Seide und nochmals Seide in lichterhellen Farben, dazu das dunkelgetönte Haar, das sie offen trägt. Nicht dazu passen will mir die morgendliche Zigarre, die ihr aus dem Mundwinkel hängt. Sie trägt goldene Schuhe und Röcke, in denen an die dreißig bis vierzig Meter Stoff verwertet worden ist. Liszt begnügt sich auch für gewöhnlich nicht mit Barchent oder Leinen. Auch ihm frommet Sammet und Seide. Beides steht ihm besonders gut, in Schwärze und gediegenem Lila. Letzteres gibt ihm oftmals eine priesterliche Aura. Dazu trägt er sehr, sehr große Ringe. Streckt er seine Hand zum Gruße aus, hebt er die beringten Finger wie ein Kardinal..., und man muß die Steine und die Finger unwillkürlich küssen...

Gäste und Schüler – ein offenes Haus

Nicht nur Liszts Spiel im privaten Kreise, sondern noch mehr seine interessante Repertoiregestaltung bei Hofe zog viele namhafte Künstler nach Weimar. Die Altenburg sah in ihren Mauern nicht nur Robert Schumann (zur Aufführung seiner „Manfred-Ouvertüre“) und Richard Wagner, sondern auch den jungen Brahms – er blieb sogar ganze drei Wochen. Allerdings hinterließ er nicht nur positive Eindrücke; besonders die Fürstin klagte über seine schlechten Manieren. Ein Schüler berichtet, daß der (damals noch bartlose) Gast aus Hamburg eingeschlafen sei, während ihm Liszt seine „h-Moll-Sonate“ vorgespielt habe, woraufhin der empört den Raum verlassen haben soll. Ganz abwegig klingt das nicht, denn hierzu passen Liszts Äußerungen über den ungehobelten Besucher. Und daß er den Jüngeren dann herzlich verabschiedet und mit einem silbernen Zigarettenetui beschenkt hat, ist zumindest kein Gegenbeweis. Liszt hat sich noch nach ganz anderen Kränkungen souverän verhalten.

Die Hauptzahl der Gäste waren Schüler. Die Zeitungen brachten bald schon Karikaturen: der Angler mit einem Schwarm Fische an der Rute, Liszt als Bienenkönigin mit einem Gefolge aus Drohnen... Bereits damals setzte sich sein Schülerkreis international zusammen – Ungarn, Italiener, Franzosen, Engländer, Schweden, Kroaten, Österreicher und Amerikaner. Wenn man von Liszt als einer europäischen Integrationsfigur des 19. Jahrhunderts spricht, so ist dieser bunt gemischte Jüngerkreis im Dienste der Musik jedenfalls ein wichtiger Baustein für eine grenzenüberspannende, gesamteuropäische Kulturauffassung.

Doch da die Pädagogik erst in Liszts letzter Lebensperiode in den Vordergrund treten wird, soll auch erst dort über seinen Unterricht gesprochen werden. Hier nur die Namen der bedeutendsten Schüler dieser ersten Weimarer Zeit:

Hans von Bülow, der nachmalige Schwiegersohn Liszts und Ehemann von Cosima, Joachim Raff, der ihm beim Instrumentieren half, Joseph Joachim, den er als Konzertmeister nach Weimar holte, der ihm später aber untreu werden und zu den Brahmsianern überlaufen wird, Peter Cornelius, sein Sekretär und ein fähiger Komponist, Dionys Pruckner, Karl Tausig, Karl Klindworth (der später in Berlin eine eigene Klavierschule gründet) und Agnes Street, von der noch die Rede sein wird.

Das war die Auslese. Das Heer der Schülerinnen und Schüler war wenig begabt – es war damals ja so einfach, sich bei Liszt zum Unterricht zu melden –, die Stunden kosteten nichts, und nein zu sagen war eine Tugend, die er kaum beherrschte.

Über dieses musikalische Fußvolk beklagte er sich gegenüber der Fürstin, als er wieder einmal kurze Zeit aushäusig gewesen war:

> Die meiste Zeit bin ich gezwungen, ihnen Glieder zu erfinden, die sie nicht haben... Das ist mir ein wahrer Kummer, der noch unendlich dadurch verstärkt wird, daß ich jeden Tag fühle, wieviel mir selbst fehlt – und die Schwierigkeiten erkenne, eine Form für die Ebbe und Flut der Gefühle, Gedanken, Gebete, Klagen und höchsten Hoffnungen zu finden, die mich einigermaßen befriedigt.

Oben links: Der junge Brahms war 1853 Gast auf der Altenburg.
Oben rechts: Liszts Schülerin und Freundin Agnes Street
Rechts: Carolyne Fürstin Sayn-Wittgenstein und Tochter Marie

Peter Cornelius wird nach der ersten Weimarer Zeit keine Rolle mehr für Liszt spielen. Deshalb hier eine kurze Würdigung. Cornelius wollte nicht nur Pianist, sondern auch Komponist werden, wobei ihm Liszt unschätzbare Hilfe leisten konnte. Aus Dank versah er bei ihm Sekretärsdienste, die allerdings weit über die Aufgaben eines Sekretärs hinausgingen: Er schrieb für ihn Liedtexte, später sogar ein Opernlibretto, übersetzte seine literarischen Arbeiten ins Deutsche und führte Tagebuch aus der Sicht eines abwägenden Betrachters. Als seine Oper „Der Barbier von Bagdad" von den Weimarern ausgezischt wurde, nahm das der empörte Liszt zum Anlaß, seine Kündigung einzureichen.

1853 stieß Agnes Street zum Weimarer Schülerkreis. Sie war mit zwei kleinen Kindern an die Ilm gekommen, studierte bei Liszt zwei Jahre und ging dann als Mitarbeiterin ihres Vaters, der für politische Zeitungen schrieb und – als Vertreter eines extremen Konservatismus – in der Diplomatie tätig war, nach Brüssel. Diese wohl intelligenteste und attraktivste Schülerin, die er je hatte, inspirierte ihn zu einer Korrespondenz, die sich über drei Jahrzehnte hinzog und von ihr nach seinem Tod als „Briefe Liszts an eine Freundin“ (damals noch ohne Preisgabe ihrer Identität) herausgegeben wurde. In diesen Briefen lernt man den eigentlichen Menschen kennen; der von der Fürstin erwartete Schwulst fehlt, und er läßt in sich hineinblicken. So stammen wichtige Selbsteinschätzungen seiner Weimarer Zeit aus diesem Briefwechsel.

> Wenn ich, als ich mich hier 1848 niederließ, mich mehr an die Musik der Vergangenheit gehalten hätte ..., wenn ich den Vorurteilen gehuldigt hätte, nichts wäre leichter für mich gewesen angesichts meiner früheren Verbindungen mit den „Großen“ dieser Kreise ... Die gleichen Zeitungen, die über mich herfallen, hätten mich in den Himmel gehoben, ohne daß es mich viel Mühe gekostet hätte ... Aber das konnte meine Aufgabe, mein Schicksal nicht sein: Meine Überzeugungen waren zu aufrichtig, mein Glaube an die Gegenwart und Zukunft der Kunst zu sicher und glühend ...

Nach Mitteilung des ungarischen Forschers Émile Haraszit (seit 1940 in Paris) war die reizvolle Dame aber auch Agentin des österreichischen Sicherheitschefs Alexander von Bach, was sich mit der ultrarechten Position ihres Vaters (der von Pensionen reaktionärer Politiker wie Metternich lebte) gut vertragen würde. Es ist durchaus denkbar, daß eine zwischen den Fronten irrlichternde und selbst Menschenkennern oft rätselhafte Gestalt wie Liszt gelegentlich „observiert“ wurde.

Die interessanteste Künstlerpersönlichkeit des damaligen Kreises um den Meister war Hans von Bülow, den Wagner nach Weimar empfohlen hatte. In der Tat besaß Bülow alle Voraussetzungen für eine große Karriere: Er war blendender Virtuose, energischer und engagierter Dirigent, er war Weltmann und kam aus interessantem Hause (sein Vater, der Schriftsteller Eduard von Bülow, hatte die Weber-Biographie „Der arme Mann im Tockenburg“ und den „Simplicissimus“ von Grimmelshausen herausgegeben). Nach führenden Positionen im Münchener und hannoverschen Musikleben wird man ihn in Meiningen finden, wo er als Hofkapellmeister das „Aristokratischste ... der instrumentalen

Musik in Europa" (Liszt) zustande bringt und einen erstklassigen Klangkörper entwickelt, den später Richard Strauss und Max Reger leiten werden. Zuletzt wirkt Bülow – inzwischen wieder verheiratet – gleichzeitig in Hamburg und Berlin (Dirigent der Philharmonischen Konzerte).

Ende 1884 schrieb Liszt an Daniela von Bülow über ihren Vater:

> Seine Natur ist ausgesprochen heroisch und deshalb konsequenterweise manchmal zum Äußersten getrieben. In seiner langjährigen fruchtbaren Tätigkeit hat er sich niemals selbst gesucht. Egoismus ist ihm nicht bekannt, wohl aber sind es Opfer...

Liszt begriff 1851 sofort, wen ihm Wagner da geschickt hatte, und stellte Bülows „genialische Begabung" fest. Schon bald kann er ihn als seinen einzigen legitimen Nachfolger in der Musikwelt bezeichnen.

Durch seine Vermittlung wird Bülow Professor am gerade gegründeten Sternschen Konservatorium zu Berlin. In der preußischen Hauptstadt führte seine Mutter ein großes Haus. Man lernte sich kennen – Frau von Bülow und die Fürstin Caroline. Als sich die Frage nach der weiteren Erziehung von Liszts Töchtern stellte, kam die Fürstin auf die Idee, sie Bülows Mutter anzuvertrauen. Sie sollte die Kinder aus der Pariser Atmosphäre lösen, und die Gastmutter tat alles, um ihnen deutsche Kultur und Bildung zu vermitteln. Allerdings gab es Reibereien. In einem Klagebrief der Gastmutter heißt es direkt, Cosima habe den „Hang zur Tyrannis". Liszt schrieb ein Machtwort, doch die Vermittlung „vor Ort" übernahm der Sohn des Hauses, sein Schüler Hans von Bülow. Dabei müssen sich die jungen Leute nähergekommen sein; ohnehin war er der Klavierlehrer der beiden Liszt-Töchter, die er „Engel" nannte.

War es Cosima offensichtlich darum zu tun, bald der Gängelei durch wechselnde Ersatzmütter zu entrinnen und an der Seite eines rückhaltlos geliebten Mannes ein bewegtes, erfülltes Leben zu führen, sah sie sich doch bald enttäuscht von dem zwar formvollendeten, ritterlichen, aber auch hypochondrischen Bülow, den sie als „königliche Mimose" bezeichnet. Ein vollkommener Gegensatz zu dem eher plebejischen, geradezu unanständig egozentrischen Wagner, den sie dann 1863 kennenlernen wird.

Der „Musiktheatrarch" des Jahrhunderts – Richard Wagner

Im Jahr 1841 hatte Liszt in Paris Konzerte zugunsten des Beethovendenkmals gegeben. Wagner, damals noch mittellos in der französischen Metropole, berichtete an die *Dresdener Abendzeitung:*

> Liszt und Berlioz sind Brüder und Freunde, beide kennen und ehren Beethoven, beide stärken ihre Kräfte aus dem Wunderbrunnen seines Reichtums, und beide wissen, daß sie nichts Besseres tun konnten, als für Beethovens Denkmal ein Konzert zu geben. Doch ist einiger Unterschied unter ihnen zu machen, vor allem der, daß Liszt Geld gewinnt, ohne Kosten zu haben, während Berlioz Kosten hat und nicht gewinnt...

Es war die erste Begegnung zwischen Liszt und seinem künftigen Schwiegersohn gewesen; Wagner blieb sie in nachhaltiger Erinnerung, für den „Virtuosen assoluto" war sie weniger von Bedeutung. Man mußte ihn erst auf den kleinwüchsigen Mann aufmerksam machen, den Alfred de Musset gar für einen Kroaten hielt!

Wagner hatte zwei Partituren mitgebracht, „Rienzi" und den „Fliegenden Holländer", und war sichtlich enttäuscht, daß Liszt nicht sofort hineinschaute. Darum wohl der Seitenhieb auf dessen Finanztüchtigkeit.

Später begegnete man sich in Dresden wieder, wo Wagner inzwischen Hofkapellmeister geworden war (diesen Posten hatte einst Carl Maria von Weber innegehabt), und Liszt erkannte bald das Genie des um zwei Jahre Jüngeren. Von jetzt an bis zu seinem Tod wird er ein vorbehaltloser Förderer des Wagnerschen Werkes bleiben. Agnes Street gegenüber formuliert er:

> Wagner hatte so kühne Neuerungen eingeführt und so wunderbare Meisterwerke geschaffen, und so mußte meine größte Sorge sein, ihm auf deutschem Boden eine Pflanzstätte zu schaffen.

Und 1850 heißt es in einem Brief an Wagner:

> Alles, was mir zu tun möglich sein wird, sei es im Interesse Deines Rufes und Deines Ruhmes, sei es im Interesse Deiner Person, ich werde es bei keiner Gelegenheit zu tun versäumen, Du kannst dessen vollkommen sicher sein.

Und er hatte Gelegenheit dazu. Zwar konnte er nicht auf das Angebot des „Pumpgenies" – so nannte Thomas Mann Wagner – eingehen, der ihm für 5000 Taler die Verlagsrechte an den beiden Opern überlassen wollte – weil er, wie immer, Geld brauchte. Mit Geld konnte Liszt wirklich nicht helfen, auch wenn Wagner immer wieder darauf zurückkam, etwa in einem weinseligen Brief von 1858, wo er seine eigene Musik fast wie ein Straßenhändler anpreist:

> Mein Franz, wenn Du den zweiten Akt von Tristan sehen wirst, so wirst du zugeben, daß ich viel Geld brauche. Ich bin ein großer Verschwender, aber wahrlich, es kommt etwas dabei heraus. – Das weißt Du. Aber denk nur daran ... ich brauche von der Welt Geld: sonst habe ich alles.

Liszt gab ihm mehr – 1849 die Weimarer Aufführung des „Tannhäuser". Wagner begriff, auch ohne Tantiemen, die Tragweite dieser Tat für seine Karriere.

> Kein Theater der Welt hat es noch zu unternehmen für gut befunden, meine seit vier Jahren erschienene Oper ... zur Aufführung zu bringen ... Ihnen galt es nicht bloß, die Oper aufzuführen, sondern sie verstanden und mit Beifall aufgenommen zu wissen. Dazu hieß es, mit Leib und Seele sich aufopfern.

Es war keine einfache Situation: In Europa waren die 48er Revolutionen ausgebrochen, das Königreich Sachsen kam mit seinem Aufstand ein rundes Jahr zu spät, und Wagner war hineinverwickelt. Den Anlaß zum Maiaufstand 1849 gab das Verbot einer Demonstration für eine neue Verfassung. Da sich der größte Teil des Heeres in Schleswig-Holstein befand (wo die Sachsen mit den Bayern zusammen die Düppeler Schanzen erstürmt hatten), betrug die Stärke der Regierungstruppen nur knapp 2000 Mann. Der König mit Familie und Ministern floh auf die Festung Königstein. Eine provisorische Regierung wurde gebildet, aber zunehmend von internationalen Terroristen und Anarchisten mit Bakunin (Wagners Freund) an der Spitze unterwandert, so daß sich die Bürgerwehr allmählich von ihr lossagte. Drei Tage lang verteidigten die Aufständischen, unter ihnen flugblattverteilend der Kgl. Hofkapellmeister Wagner, die Barrikaden. Zuletzt versuchten sie noch das alte Opernhaus und das Schloß in Brand zu stecken. Die Opfer hielten sich in Grenzen – zumindest für eine Revolution: 178 Aufständische, 31 Soldaten. Wagner konnte fliehen und wurde seitdem steckbrieflich gesucht.

Auf der Flucht wandte er sich an Liszt in Weimar. Eine Anekdote versichert, daß ihn der Freund sogar mit einer Maskerade vor dem Zugriff der Verfolger bewahrt habe: während Wagner in Liszts Kleidung die Altenburg, wo man ihn aufgenommen hatte, verließ, habe jener in Wagners Pelerine, das Gesicht verdeckt, die Kutsche bestiegen, um sich dann außerhalb der Stadt stellen zu lassen und die Geheimpolizei in Verwirrung zu stürzen. Auf jeden Fall haben ihn Liszt und die Fürstin bei sich versteckt und ihm mit falschen Papieren außer Landes geholfen. Mit Empfehlungsschreiben aus seiner Hand besuchte Wagner dann auch Paris; an Berlioz schrieb Liszt:

> Wagner ist ein Mann von bewundernswürdigem Genie, ja ein so schädelspaltendes Genie, wie es für dieses Land paßt, eine neue und glänzende Erscheinung in der Kunst.

Dieser Mann war ein Paradebeispiel für grenzenlosen Egoismus. Er lieh von Freunden Geld und wußte, daß er es nicht zurückzahlen würde. Später nahm er sich die Frau, die er zu verdienen glaubte – er nahm sie einem Freund weg. Und seiner bedingungslos ergebenen ersten Gattin, der Schauspielerin Minna Planer, erklärte er noch 1862 glatt heraus: „Die Zeit wird kommen, wo man beim Überblick eines Lebens wie des meinigen mit später Scham eingestehen wird, wie gedankenlos man mich fortgesetzt der Unruhe, der Unsicherheit preisgibt und welch ein Wunder es ist, daß ich unter solchen Umständen solche Werke … geschaffen habe."

Angesichts von Wagners produktiver Egozentrik stellt sich die Frage, ob nicht auch Liszt zu ganz anderen Werken schon damals fähig gewesen wäre, hätte er sich und seine Energie mehr auf eigene Vorhaben konzentriert. „Dieser wunderbare Mensch kann nichts tun und treiben, ohne aus innerer Fülle sich selbst von sich zu geben …, alles drängt in ihm zur absoluten, reinen Produktion hin, und doch ist er immer noch nicht darangegangen, seine Willenskraft zur Produktion eines großen Werkes zusammenzufassen. Ist er bei seiner vollendeten Individualität zu wenig Egoist?" Diese klarsichtigen Worte stammen von Wagner selbst.

Mehr Mühe als „Tannhäuser" machte unter den Weimarer Bedingungen Wagners dritte romantische Oper „Lohengrin", die Liszt zur Verblüffung der Musikwelt 1850 zur Uraufführung brachte (man erinnere sich der Stärke von Chor und Orchester!). Gegenüber der Großherzogin bekannte der Kapellmeister: „Es ist ein entscheidender Augenblick in meinem Leben und in der Kunst überhaupt. Wir stehen an der Schwelle zu einer neuen Ära in der Musik. Von dieser Musik wird die Zukunft erfüllt sein. Dieser ‚Lohengrin' ... ist der Komet, der auf der neuen Bahn voranziehen wird..."

Als Wagner von Liszt das Datum der Premiere erfuhr, nannte er ihn „Mein Heiland" und suchte erneut um 5000 Gulden nach. Liszt wies ihn auf die Verdienste der Großherzogin hin und regte an, daß sich Wagner bei ihr zumindest schriftlich bedanke. Aber das war des „Musiktheatrarchen" (Friedell) Stärke nicht...

Mit „Lohengrin" machte Liszt aber auch auf sich und auf Weimar als ein Zentrum zeitgenössischer Musikpflege aufmerksam. Später ließ er dann noch den „Fliegenden Holländer" folgen.

Es war nur natürlich, daß sich bei ihm allmählich eine recht konkrete Zielvorstellung ergab, die auch von Wagner genährt oder gar souffliert wurde. So hatte dieser kurz nach seinem geheimen Weimarer Aufenthalt geschrieben:

> Ich weiß, daß meine letzten Erlebnisse mich in eine Bahn gerückt haben, auf der ich das Wichtigste ... zustande bringen muß, was meiner Natur zu produzieren gestattet ist... Meine tiefsinnige Freundschaft zu Liszt läßt mich die Kräfte außer mir finden, diese Aufgabe zu lösen; es soll unser gemeinschaftliches Werk sein!

Und genau das schwebte Liszt vor: Goethe und Schiller, Wagner und er. Was ihm selbst versagt blieb, besaß jener in überquellender Fülle – Begabung fürs Musiktheater. Und unter diesem Aspekt ermunterte er den Künstlerfreund sofort, als er dessen Textentwurf für den „Ring des Nibelungen" gelesen hatte. Als andere Wagner noch als größenwahnsinnig abtaten, schrieb Liszt:

> Die Aufgabe, das Nibelungenepos zu einer dramatischen Trilogie zu formen und zu komponieren, ist Deiner würdig, und ich hege nicht den mindesten Zweifel über das monumentale Gelingen Deines Werkes!

Er schmiedete sogleich konkrete Pläne. Seinen Dienstherrn, seit 1853 ist es Großherzog Karl Alexander, versuchte er, beim Geltungsbedürfnis zu packen:

> Sofern es möglich ist, erscheint es mir nicht nur zweckmäßig, sondern notwendig und sogar unerläßlich, daß die Erstaufführung von Wagners „Nibelungen" in Weimar stattfinde... Besondere Maßnahmen müßten getroffen werden – zum Beispiel die Errichtung eines besonderen Theaters und das Engagement von Künstlern, die den Intentionen Wagners genau entsprechen...

Also Bayreuth in Weimar! Eine kulturgeschichtliche Logik hätte es gehabt: Nach der ersten Weimarer Klassik mit dem Dichterpaar nun die zweite mit dem Freundespaar Wagner und Liszt im Dienste des Gesamtkunstwerks und der Neuen Musik.

Aber erstens hätten dazu die finanziellen Möglichkeiten Weimars nie ausgereicht, und zweitens war der jetzige Großherzog nicht Ludwig II. von Bayern und an Wagners Musik kaum interessiert.

In Zürich kam es 1856 zu einer denkwürdigen musikalischen Begegnung: Anläßlich von Liszts 45. Geburtstag wurde der erste Akt der „Walküre" in kleinem Rahmen aufgeführt – Wagner sang den Siegmund, Liszt begleitete aus der Partitur. Anschließend schrie Wagner enthusiasmiert: „Seid umschlungen, Millionen", und alles fiel sich in die Arme.

Als wenig später in St. Gallen unter Liszts Leitung neben Beethovens „Dritter Sinfonie" auch seine eigenen sinfonischen Dichtungen „Les Préludes" und „Orpheus" erklangen, reagierte der sonst sehr zurückhaltende Wagner endlich auch einmal auf das kompositorische Schaffen des Freundes. „Liszts Orpheus ... ist eine der schönsten, vollendetsten, ja unvergleichlichsten Tondichtungen." Das scheint ehrlich gemeint, denn der Brief ist an Otto Wesendonck gerichtet, Wagners Mäzen in Zürich (und Ehemann seiner dortigen Geliebten, der Dichterin und Adressatin der „Wesendonck-Lieder").

Wagner hatte ein feines Gehör, besonders für neue Töne.

Schon in der Weimarer Zeit mußte ihm an der Klangsprache des Freundes einiges rätselhaft dünken. Dieses Gefühl wird sich noch verstärken.

> Heute quält mich Eifersucht, Furcht vor dem mir Fremdartigen in Deiner besonderen Natur; da empfinde ich Angst, Sorge – ja Zweifel – und dann wieder lodert es wie ein Waldbrand in mir auf... Du bist ein wunderbarer Mensch, und wunderbar ist unsere Liebe! Ohne uns zu lieben, hätten wir uns nur furchtbar hassen können.

Einer Person wäre das inzwischen vielleicht ganz lieb gewesen. Die Fürstin schien entweder eifersüchtig zu werden, oder sie verabscheute einfach den leichtfertigen Wagner. Jedenfalls trug sie die Verantwortung für das Abkühlen der Beziehung von Weimar aus. Besonders stieß sie, die Großzügige, die ewige Bettelei dieses Mannes ab. Seine Briefe servierte sie Liszt mit Kondolenzschleifen.

Bei seinem damaligen Freund Hans von Bülow, seit zwei Jahren mit Cosima verheiratet, beklagte sich Wagner 1859:

> Ich quäle mich seit Wochen mit dem Vorhaben eines Briefes an ihn. Wohl könnte ich es mir leichter machen, denn nie erhalte ich eigentlich einen Brief von Liszt, sondern höchstens nur Antworten auf meine Briefe, und diese jedesmal gerade um ein- bis zweimal kürzer als meine Briefe. Es drängt ihn somit nichts zu mir... An wohltuende Pflege unserer Freundschaft wird nicht viel mehr zu denken sein. Er ist mir in der Vernachlässigung dieser Pflege augenfällig vorangegangen; ich kann jetzt nicht anders mehr als ihm folgen.

1861 kam der Briefwechsel völlig zum Erliegen. Drei Jahre später rief der 18jährige Ludwig II., gerade an die Regierung gekommen, Wagner nach München; der schmeichelte sich in die Gunst des königlichen Romantikers ein, der denn auch sogleich seine Schulden tilgte und ihm eine fürstliche Residenz zuwies. Das empfand Liszt als geschmacklos und inkonsequent: Wagner, der in Dresden auf den Barrikaden gestanden hatte! Caroline gegenüber ist die Rede von „Fürstenhörigkeit und allzu primitiver Devotheit". Aber: „Das Geschehene kann nichts zwischen uns ändern. Das große Glück, das ihm schließlich zuteil geworden ist, wird so weit als möglich die wenigen Härten seines Charakters mildern." Kurz gesagt: Wenn er genug Geld hat, was nun der Bayernkönig zu garantieren scheint, wird sich Wagner leisten können, moralisch und sozial zu leben.

Doch die eigentliche Prüfung der Freundschaft Liszt/Wagner steht noch bevor. Nachdem er in München Fuß gefaßt hatte, überredete Wagner Hans von Bülow, mit seiner Familie ebenfalls in die Isarmetropole zu ziehen. Zu seiner Ehrenrettung muß gesagt werden: Erstens verschaffte er Bülow die Stelle eines „Vorspielers des Königs", zweitens war Cosima in ihrer Ehe nicht glücklich. Liszt hatte jedenfalls kaum das Recht, sich zum Richter aufzuwerfen, wenn diese Verbindung nun zu Bruch ging. So kann man Wagner beipflichten, wenn er verständnislos auf seine Vorwürfe reagierte: der „über alle Maßen geliebte Freund und Meister" habe es seinerzeit mit der Gräfin d'Agoult doch nicht anders gemacht, und im Vergleich dazu sehe er sein Vorgehen direkt als „arglos" an.

Das Ganze ist keine angenehme Geschichte. 1863 hatten sich Wagner und Cosima ihre Liebe erklärt; sie war damals schon zweifache Mutter und ihr Ehemann der maßgebliche Wagner-Dirigent. Im selben Jahr, in dem Bülow in München „Tristan und Isolde" aus der Taufe hebt, wird die erste Tochter geboren: Isolde. Für Bülow, inzwischen Hofkapellmeister, wird die Situation allmählich untragbar, zumal Cosima eine zweite Tochter Wagners zur Welt bringt – Eva. Wie Isolde trägt auch dieses Kind noch Bülows Namen. Nun reicht es der Münchner Gesellschaft; man erwirkt, daß Ludwig II. seinen Schützling aus München weist, doch macht er ihm das (neuerliche) „Exil" in Tribschen am Vierwaldstätter See so komfortabel wie möglich. Dort besucht ihn Liszt, und man kommt überein, daß Cosimas Trennung von Bülow erst in den nächsten Theaterferien erfolgen soll, um das Aufsehen möglichst gering zu halten.

Doch kaum hat Bülow einen erneuten Freundschaftsdienst an Wagner verrichtet und dessen „Mcistersinger" uraufgeführt, verläßt Cosima entgegen der Abmachung sein Haus und nimmt ihre Kinder mit zu Wagner, auch die beiden Töchter Bülows. Es ist ein Skandal ohnegleichen. Liszt bekennt sich zu Bülow und zur Legitimität seiner Ehe, verscherzt sich damit aber die Sympathie seiner Tochter, die für sich die gleiche Freiheit des Gefühls beansprucht wie einst ihre Mutter, die aus Liebe zu Franz Liszt ihren Mann verließ. Als nun noch ein Sohn geboren wird – beziehungsvoll Siegfried genannt (Wagner arbeitet gerade am „Ring“) –, muß Bülow notgedrungen die Scheidung einreichen. Cosima und Richard heiraten noch im Sommer 1870 in Luzern – am Geburtstag ihres hochherzigen Gönners Ludwig II. Liszt bleibt der Zeremonie fern und korrespondiert jahrelang nicht mit den beiden, geschweige denn, daß er sie besucht hätte.

Vielleicht wäre er – aus eigener Erfahrung – toleranter gewesen, hätte sich nicht die Fürstin zum Moralapostel aufgeschwungen. Die Situation war scheinheilig, absurd und heroisch zugleich: Die Fürstin in wilder Ehe, Liszt selbst mit unehelichen Kindern aus einer gesprengten Beziehung, Wagner mit seinem robusten Egoismus und Bülow, der – obgleich empfindlich getroffen – dennoch aus künstlerischer Überzeugung Wagners Werke in alle Welt trug. Einheit von Tragischem und Groteskem ...

Daß sich die beiden später doch wieder versöhnt haben, ist einmal der Musik des „Glorreichen“ zu danken, die Liszt ebenso betörte wie den eigentlichen Geschädigten, Hans von Bülow, zum andern Wagners Person, der den Freund 1872 zur Grundsteinlegung nach Bayreuth einlud. Liszt hatte sich indirekt auch darauf vorbereitet, denn inzwischen war er frei von der Fürstin und Herr seiner Entschlüsse und Werturteile.

Als Komponisten haben beide voneinander profitiert und das selbst auch konkret erläutert. Wagner äußerte Bülow gegenüber, daß er seit seiner „Bekanntschaft mit Liszts Kompositionen ein ganz anderer Kerl als Harmoniker“ geworden sei, und beschwerte sich im selben Zusammenhang, daß jemand „dieses Geheimnis“ bei einer Besprechung des „Tristan“-Vorspiels vor aller Welt ausgeplaudert habe. Und Liszt schrieb an den Freund: „Wie Virgil den Dante, hast Du mich durch die geheimnisvollen Regionen der lebensgetränkten Tonwelten geleitet.“

Dem Grunderlebnis Wagner verdankte er aber auch, daß er in Weimar einer Fehlentwicklung entgangen war, die ihn nur Zeit und Kraft gekostet hätte. Gerade in seiner Funktion als Hofkapellmeister erwartete man von ihm selbst Beiträge für die Opernbühne. Ihm schwebte schon ein farbenkräftiger Stoff vor, „Sardanapal“ nach Byron, ein Sujet von höchstem Schauwert. Hier bremste erst einmal die Fürstin, die ihm einen so gewagten Stoff glatt untersagte. Aber auch und vor allem die Arbeit mit Wagners Partituren brachte ihn dazu, von eigenen Opernplänen abzulassen. „Als ich Muße zu einem Werke hatte, waren ‚Die Meistersinger‘ und vor allem sein ‚Tristan‘ über die Bühnen gegangen. Da wußte ich, daß es den Opernkomponisten Liszt nicht mehr zu geben brauchte.“

Es war ein großer und weiser Entschluß gewesen, rechtzeitig (ja sogar vorzeitig) vom Konzertpodium abzutreten. Nicht minder weise war es, auf ein aussichtsloses Unternehmen von vornherein zu verzichten, auch wenn Eitelkeit und schmeichelhafte Angebote es nahelegten.

Poesie total – die sinfonischen Dichtungen

Geprägt von der französischen Romantik mit ihrer Tendenz zu Theatralik und Verschmelzung der Künste, wollte Liszt mit seinen neuartigen „sinfonischen Dichtungen“ – auf andere Weise als Wagner, aber doch verwandt – Gesamtkunstwerke schaffen, die eine literarische oder optische Vorlage mit Klangmalerei und musikalischer Dramaturgie verbanden. Dabei ging er von zwei Vorbildern aus: von der Sechsten Sinfonie Beethovens, der „Pastorale“ („Mehr Ausdruck der Empfindung als Malerei“, vermerkt deren Komponist zu seiner Partitur), und von der „Fantastischen Sinfonie“ seines Freundes Berlioz. Die sämtlich einsätzigen Werke der Weimarer Zeit sind außerordentlich originelle, packende Musik, leiden aber stellenweise unter bombastischen Steigerungen und einer gewissen Weitschweifigkeit. Wagner spricht direkt von der „hohen Überheblichkeit des Franzosen“, sogar Berlioz, der doch seine eigenen Ambitionen hätte wiedererkennen müssen, fand nur die Instrumentation bedeutend, die aber weitgehend von fremder Hand stammte.

Liszt aber vertraute seinem „Rezept“ – und sprach geradezu von „sinfonischem Sendungsbewußtsein“. Berlioz beschwor er: „Wir haben der Musik ein Neuland abgerungen, das ohne uns niemals betreten worden wäre. Wir sind vom Schicksal dazu ausersehen, Wegbereiter zu sein.“ Wenn man die spätere Musikgeschichte auf sinfonische Dichtungen im weitesten Sinne untersucht (also auch Orchesterouvertüren, -fantasien und Poeme), wird deutlich, wie fruchtbar Liszts Vorbild gewirkt hat. Von den vielen Komponisten, die diese neue Form begeistert aufgriffen, seien hier nur genannt Tschaikowski (der stellenweise direkt wie Liszt klingt – mit „Romeo und Julia“, „Francesca da Rimini“), Bedřich Smetana („Mein Vaterland“ mit der „Moldau“), Richard Strauss (unter anderem „Till Eulenspiegel“, „Don Juan“, „Tod und Verklärung“), Alexander Skrjabin (diverse „Poeme“, auch für Klavier, für Orchester das „Poem der Ekstase“ und „Prometheus“), aber auch Sergej Rachmaninow („Die Toteninsel“) und sogar noch Igor Strawinsky („Feuervogel“). Besonders angeregt fühlten sich die „Russischen Fünf“ – etwa Modest Mussorgski mit „Bilder einer Ausstellung“, Alexander Borodin mit „Steppenskizze aus Mittelasien“ und Nikolai Rimski-Korsakow mit „Scheherazade“.

Entstehung und Anlaß zur Komposition war bei den einzelnen Werken ganz unterschiedlich. Als Ouvertüren zu Schauspielen dienten „Tasso“ und „Hamlet“; für Glucks Oper entstand als Vorspiel „Orpheus“, mit „Les Préludes“ und „Prometheus“ wollte Liszt eigene Chorwerke einleiten. Die übrigen der zwölf Weimarer sinfonischen Dichtungen entstanden ohne nachfolgendes Bezugswerk, quasi als selbständige Orchesterouvertüren (wie man sie von Schumann über Wagner bis Tschaikowski und Rachmaninow kennt). „Festklänge“ komponierte Liszt für seine geplante Hochzeit mit der Fürstin; aus ihrer polnischen Abstammung lassen sich die Polonaisenanklänge erklären. „Hungaria“ gilt dem ungarischen Befreiungskampf 1848, mit „Mazeppa“ hat Liszt eine gleichnamige Klavieretüde für Orchester (nach einem Gedicht von Victor Hugo) bearbeitet, und der Trauermarsch „Héroïde funèbre“ geht auf den einzigen beendeten Satz der „Revolutionssinfonie“ von 1830 zurück.

Von Werken der Schwesterkünste inspiriert wurden „Was man auf dem Berge hört“ (kurz „Bergsinfonie“) nach einem Gedicht von Hugo, „Die Ideale“ nach Schillers gleichnamiger Dichtung, „Die Hunnenschlacht“ nach dem riesigen Historiengemälde von Wilhelm von Kaulbach, das der Komponist 1855 im Neuen Museum zu Berlin gesehen hatte. Der dreisätzige „Nachzögling“, die 13. sinfonische Dichtung „Von der Wiege bis zum Grabe“, entstand nach einer Zeichnung des ungarischen Grafen Zicky.

Was ihn zu seiner neuen Form bewog, erläuterte Liszt in zwei ausführlichen Abhandlungen (beide 1855), in denen er seine geistigen Vorläufer würdigt: Berlioz und seine „Harold-Sinfonie" und Robert Schumann (der in einer Nervenheilanstalt bei Bonn seinem Ende entgegendämmerte). Als Hauptmotiv für ihre programmatischen Orchesterwerke, an denen er sich orientiert hatte, und als Legitimation für seine eigenen Beiträge nennt er den Fortschritt der Kunst, der vom Fortschritt der menschlichen Gesellschaft nicht zu trennen ist.

Also gibt es für seine sinfonischen Dichtungen gewöhnlich keine detaillierten Programme oder Handlungsabläufe. Bei „Orpheus" etwa ging es ihm einzig um die „leitende Idee", wie er im Vorwort der Partitur erläutert.

> Heute wie ehemals und immer ist es Orpheus, ist es die Kunst, die ihre melodischen Wogen, ihre gewaltigen Akkorde wie ein mildes, unwiderstehliches Licht über die widerstrebenden Elemente ergießt, die sich in der Seele jedes Menschen und im Innersten jeder Gesellschaft in blutigem Kampfe befehden...

Sinfonische Dichtung, sinfonische Poesie, die totale Poesie des Lebens in sinfonischem Gewande...

Eine einzige sinfonische Dichtung ist neben Liszts „Liebestraum" berühmt geworden, genauer gesagt – unrühmlich berühmt: „Les Préludes". Aber das kann man Liszt ebensowenig zum Vorwurf machen wie etwa Wagner, daß Hitler einer seiner größten Bewunderer war. Den Titel fand Liszt über die Lektüre der „Méditations poétiques" seines Freundes Lamartine. Im Vorwort schrieb der Dichter, das Leben sei nichts anderes als eine Folge von Präludien zum Tod. „Les Préludes" wurde seiner energisch-zündenden Fanfarenmotive wegen von den Agitatoren des Nationalsozialismus als Vorspann für die berüchtigten Sondermeldungen von den Fronten des Zweiten Weltkrieges benutzt.

Auch die beiden Programmsinfonien, die sich noch deutlicher an Berlioz' Vorbild anschließen, sind eher sinfonische Dichtungen zu nennen – in mehreren Sätzen. Die „Faust-Sinfonie" zeichnet aber keine Handlung nach, sondern setzt menschliche Charaktere musikalisch um. In diesem Fall die drei Hauptpersonen der Tragödie. Der erste Satz gilt Faust selbst. Vier Themen sollen ihn skizzieren: der Grübler, der Willensmensch, der Liebende und der Tatmensch. Das Besondere an beiden Sinfonien ist, daß einzelne Themen sämtliche Sätze durchziehen – wie bei Berlioz jene „idée fixe“, der musikalische Code für seine Geliebte. Aufschlußreich Liszts Kommentar zu der faustischen Mixtur aus einander ausschließenden Eigenschaften: „Sie können es bei Goethe lesen. Es ist jene Harmonie, die auch ich in jenem großen Organismus Natur sehe, in dem eine schöne Harmonie aus Macht und Schranken, Willkür und Gesetz, Freiheit und Maß, beweglicher Ordnung, Vorzug und Mangel herrscht.“

Also ein Bekenntniswerk: Liszt beschreibt sich selbst und seine Weltsicht, die sich hier klar als dialektisch erweist.

Der zweite Satz, „Gretchen“, ist eigentlich nur eine Ergänzung zu Faustens ohnehin weichem, weiblichem Liebesthema; Gretchens Leitmelodie, der Viola (einem schon von Berlioz bevorzugten Instrument) übertragen, erwächst gleichsam aus diesem Thema. Am interessantesten neben dem (der gesamten Sinfonie als Exposition dienenden) ersten Satz ist der dritte, „Mephisto“. Sein Wesen besteht darin, daß er kein eigenes Thema hat, sondern lediglich die Themen seiner Opfer deformiert. Gegenüber der Reinheit und Schlichtheit Gretchens ist er machtlos. Das letzte Wort, das sich jubelnd über der Aussage „Alles Vergängliche ist nur ein Gleichnis“ erhebt, gilt dem „Ewig-Weiblichen“. Wir sind hier sehr dicht am Kern der „Formel“ Liszt. Die „Faust-Sinfonie“ ist das Hauptwerk der Weimarer Zeit und wohl das überragende Orchesterwerk des Komponisten. Brahms freilich meint sarkastisch, es sei, als hätte man „Goethes Opus mit einem Nudelholz jahrelang plattgewalzt“. Doch selbst Wagner spricht von einer Goethe kongenialen Schöpfung, und der gefürchtete Brahms-Parteigänger Hanslick stellt sie der anderen Programmsinfonie der Weimarer Zeit lobend gegenüber und nennt sie „ausdrucksvoller und inhaltsschwerer“.

Dafür fällt dann sein Urteil über die „Dante-Sinfonie“ vernichtend aus: „... sodomitisches Spektakel“. Mit ihren zwei Sätzen ist diese Partitur eigentlich ein Fragment. Liszt beabsichtigt, noch ein „Paradies“ anzufügen, es blieb aber bei den Skizzen; dafür empfahl er später sein „Magnificat“ als weihevollen Schluß. Was schon gelegentlich seine sinfonischen Dichtungen belastet hatte (das Übermaß greller Effekte, geschwätzig wirkende Wiederholungen), brachte die beiden fertiggestellten Sätze zu Fall. Das „Inferno“ potenziert alle Schrecken der Hölle. Das zarte Liebesthema Paolo-Francesca (von Tschaikowski 1876 als selbständige Orchesterfantasie gestaltet) wird von den düsteren Farben völlig absorbiert. Die genialen Details und Episoden der äußerst kunstvollen Partitur – packende Orchesterfarben, plastische Klangbilder – überlagern sich geradezu.

Der zweite Satz, „Purgatorio" (Fegefeuer), leidet besonders an der erwähnten Weitschweifigkeit, die meist aus Liszts Vorliebe resultiert, einen musikalischen Gedanken endlos zu wiederholen und dabei nur den harmonischen Hintergrund zu verändern, also etwa halbtonweise aufwärts zu sequenzieren wie eine sich allmählich in die Höhe schraubende Spirale. Das wirkt ein-, zweimal originell, ja spannend, dann aber beginnt der Hörer ebenso zu leiden, als würde ihm in einer Komödie immer wieder ein und dieselbe Pointe vorgesetzt. Berlioz gab dem Komponisten den Rat: „Raffen und streichen Sie, dann wird der Geist dichter und die Sache verständlicher!"

Zigeunermusik – Ungarische Rhapsodien

Man weiß heute, daß Liszts populärste Klavierwerke (neben den „Liebesträumen") entgegen ihrer Bezeichnung keine authentische ungarische Volksmusik verarbeiteten, sondern auf Melodiengut von Zigeunerkapellen und ungarischen Amateuren zurückgingen, das im damaligen Österreich-Ungarn im Schwange war. Erst Béla Bartók hat dann die originale Musik der ungarischen Bauern bekannt gemacht. So wird verständlich, daß die Fachwelt den von Liszt verwendeten Melodien skeptisch gegenüberstand. Aber was tut's? Das Resultat ist zündend und ein Paradebeispiel für unverfälschte Virtuosität, „geistfeurige Essenz", wie Liszt einst das urwüchsige Spiel des Geigers Biháry erlebte. Wie er als Komponist ungarisch mit zigeunerisch vermengte, so sah er sich selbst nicht nur als Magyaren, sondern auch als Zigeuner im Geist. Zigeuner als Synonym für Freiheit – ob als Mensch, als Mann oder als Musiker. Merkmal der Zigeunermusik ist ihre improvisatorische Komponente. Und für leidenschaftliche Improvisation wählt Liszt den Begriff Rhapsodie, den er wörtlich als „phantastisch episches Element" definiert. Rhapsodisch in diesem Sinne war auch sein Leben und Schaffen.

Insgesamt gibt es neunzehn dieser Werke, davon sind die ersten fünfzehn bis 1853 entstanden, die restlichen vier folgten erst in den 80er Jahren. Eigene Namen erhielten Nr. 5: „Héroïde-élégiaque"; Nr. 9: „Pester Karneval" und Nr. 15: der überaus populäre „Rákóczi-Marsch". Liszts „Ungarische Rhapsodien" setzen das Zigeunerrepertoire mit seinem „bewunderungswürdigen und magischen Kaleidoskop" aller Gefühlszustände ins Pianistische um: „Trauer, Kummer, Leiden, Gemütstiefe, Erhabenheit, trotziger Stolz, Anmut, Verträumtheit, ernsthafte Wichtigkeit, Verspieltheit, Melancholie, Überdruß – all das zieht hier vorüber." Dieser rasche Umschlag der Stimmungen und ihre Vielfalt auf engstem Raum machten die „Ungarischen Rhapsodien" so faszinierend. Hier entgeht Liszt ebenso wie bei seiner „h-Moll-Sonate" der Gefahr unnötiger Wiederholungen, er ist präzise und knapp – kannte er doch die dramaturgischen Möglichkeiten, die Effekte seines Instrumentes, des Klaviers, während er sich am Orchester noch selbst zu berauschen schien.

Liszt war einer der emsigsten Umarbeiter seiner eigenen Werke und fast immer unzufrieden mit sich selbst. Nur ein Fünftel seines riesigen Klavierschaffens ist in einer einzigen Version überliefert, alle anderen Stücke liegen in mehreren Fassungen vor, die sich manchmal über Jahrzehnte erstreckten. Auch die Rhapsodien haben mehrere Umarbeitungen erfahren. Zu ihrer endgültigen Form schreibt Liszt in seinem Buch „Die Zigeuner und ihre Musik in Ungarn", er habe die bisherigen

> ... Fragmente ... revidiert, umgeschmolzen und mit anderen in der Absicht verbunden, das Wesentliche derselben zu einem Körper zusammenzufassen, der so gekittet ein Werk darböte, das ungefähr mit dem korrespondiert, was, wie wir uns erlaubt haben zu glauben, als ein Zigeunerepos zu betrachten ist... Wir hatten versucht, dieser Sammlung die Festigkeit zu geben, die bei Kunstwerken unerläßlich ist..., ohne darum auch nur das Geringste von dem diese Musik belebenden wilden Hauch einzubüßen.

Abgesehen von der windungsreichen Diktion dieses Zitats, die sich aus der redigierenden Hand der Fürstin erklären läßt, vermittelt es doch eine wichtige Vorstellung von Liszts Auffassung des Komponierens auch in des lateinischen Wortes ursprünglicher Bedeutung „componere" – zusammenstellen, zusammensetzen. So spricht er offen von „Kitten", „Umschmelzen" und „Verbinden": in den Augen der Puristen aller Zeiten eine bedenkliche, ja verwerfliche Praxis, in den Augen eines blut- und glutvollen Künstlers des 19. Jahrhunderts eine gleichberechtigte Spielart des musikalischen Schaffens.

Komponistenwerkstatt – Experimente

Ein total neuartiges Werk ist Liszts einzige Klaviersonate. Hier hatte er sich zu wirklicher Konzentration gezwungen. Alfred Brendel, berufener Liszt-Interpret, nennt sie die „wichtigste, originellste, gewaltigste und intelligenteste Sonatenkomposition nach Beethoven und Schubert", eine „Fusion von Überlegung und Weißglut..." Diese Fusion gelang Liszt „zudem am scheinbar Unmöglichen – an einer Sonate von halbstündiger Dauer in einem einzigen Satz". Für die Zeitgenossen eine doppelte Provokation: Nicht nur, daß sich der Komponist auf einen Satz beschränkt, er operiert auch noch mit nur einem thematischen Kerngedanken, den er auf bestechende Weise vielfältig und kontrastreich abwandelt – bis zur Gegensätzlichkeit. „Das Formloseste, das es je gegeben hat", heißt es in Wien. „Die musikalische Böswilligkeit", liest man in Leipzig. Hanslick holt weit aus, stellt das Opus Chopins Sonate in derselben Tonart gegenüber, schwärmt für deren „Melodienseligkeit" und zieht das niederschmetternde Fazit: „Die ‚h-Moll-Sonate' ist eine Genialitätsdampfmühle, die fast immer leer geht – ein fast unausführbares musikalisches Unwesen. Nie habe ich ein raffinierteres, frecheres Aneinanderfügen der disparatesten Elemente erlebt, ein so wüstes Toben, einen so blutigen Kampf gegen alles, was musikalisch ist."

Dieses Zetern erklärt sich aus dem dumpfen Ahnen, daß Liszt hier schon Musik einer späteren Epoche schreibt. Das weiß er selbst ganz genau, das gibt ihm Sicherheit und macht ihn unbeirrt:

> Ich kann mit wenigen Bausteinen ein musikalisches Gebäude errichten... Andere benötigen dazu das tausendfache Material. Ich sage, daß es in Zukunft weniger Baustoffe geben wird und daß man ein guter Meister sein muß, um damit zurechtzukommen. Nicht in der Verschwendung liegt das

> Wesentliche, sondern in der Einschränkung auf das Wesentlichste. Eine Idee muß vorhanden sein, nicht eine Ballung von Pseudo-Ideen…

Liszt hat seinen Goethe hier verstanden: Was bei der „Faust-Sinfonie“ die dialektische Einheit der Gegensätze im Menschen war („Harmonie“!), ist hier die Beschränkung, in der sich der Meister zeigt. Und schließlich: Seine Auffassung vom musikalischen Thema geht weit über das hinaus, was man als Melodie oder Leitmotiv zu bezeichnen gewohnt ist. Es wird zum mehr oder weniger abstrakten Baustein, eher im Sinne der Bachschen Kontrapunktik – oder im Sinne der Reihentechnik des 20. Jahrhunderts. Gerade hier wird offenkundig, daß Liszt an Neuartigkeit den kühnen Schöpfer des Gesamtkunstwerkes, Wagner, hinter sich läßt.

Die Uraufführung der Sonate verdient Erwähnung: Hans von Bülow spielte sie 1857 in Berlin auf dem ersten Flügel der bald schon weltberühmten Klavierbaufirma Bechstein!

In Weimar entstanden auch die beiden Klavierkonzerte Es- und A-Dur, die sich Liszt sozusagen auf den Leib schrieb. Er war natürlich auch der Solist bei ihrer Uraufführung – das in Es-Dur erklang erstmals 1855 unter der Leitung von Hector Berlioz, der damals zur 2. Berlioz-Woche nach Weimar gekommen war. Das zweite folgte zwei Jahre später.

Beide Konzerte gehören zu den zeitbeständigen Werken ihres Schöpfers. Nr. 1 kommt gebieterisch daher, mit ausladender Geste, und wird in einem großen Bogen gespielt. Seine vier Abschnitte erinnern noch an die traditionellen Sätze. Wegen eines sonst kaum anzutreffenden Schlaginstruments, das Liszt der Klangfarbe halber hier einsetzt, sprachen Spötter bald schon vom „Triangelkonzert“. Das A-Dur-Konzert ist schon eine echte einsätzige Komposition, wie die Sonate, und arbeitet wie diese mit der Technik der Monothematik. Zuerst schmeichelt sich ein harmonisch exquisiter Kerngedanke dem Hörer geradezu ein, zuletzt sorgt er – zum Triumphmarsch gewandelt – für den pompösen Abschluß.

Neben der musikalischen Form und der thematischen Arbeit ist es in Liszts Komponistenwerkstatt die Harmonik, die der Zeit auffällig vorauseilt. Was Beethoven begann und Chopin auf delikate Weise weiterführte, die Auflösung der traditionellen Dur-Moll-Harmonik, bringt Liszt auf eine neue Stufe.

„Ebenso anmaßend wie bizarr" – Ablehnung durch die Fachwelt

Er überforderte die meisten Zeitgenossen. Nicht nur im Inland, auch außerhalb der deutschen Grenzen begehrte man gegen den Rebellen und Neutöner auf. Ein Pariser Kritiker spricht von „Improvisationen ohne Ordnung und ohne Ideen; ebenso anmaßend wie bizarr"; in London ist Liszt nur eine „ordinäre Person mit gesträubten Haaren – ein Snob aus dem Irrenhaus. Er schreibt die häßlichste aller existierenden Musik". Ebenfalls in London vergleicht man seine „Faust-Sinfonie" mit einer „Reihe von brutalen und spasmodischen Effekten", in New York kam es dem Rezensenten vor, „als ob man eine Symphonie von Beethoven rückwärts gespielt hätte", und aus Boston kam die Schmähung: „Liszts Orchestermusik ist eine Beleidigung der Kunst. Sie ist musikalische Hurerei."

Als „Les Préludes" erstmals in Berlin aufgeführt wurden, zischte das Publikum. Der Dirigent Hans von Bülow geriet in Rage und hielt eine kurze Ansprache, in der er jedem freistellte, den Saal zu verlassen. Und Berlin war eine europäische Kulturmetropole.

Doch enttäuschender als diese Äußerungen fremder Kritiker waren die Reaktionen von Fachleuten aus dem eigenen Land und gar Lager. Denn Liszt galt, zumal in seiner Weimarer Zeit, trotz seiner Ungarnpose als Vertreter der deutschen Musikkultur, und zwar speziell als führender Vertreter der neudeutschen Musik.

Da waren es gerade die sinfonischen Dichtungen, die bei den Kollegen Widerstand, ja Haß auslösten. Ferdinand Hiller, Pianist und Dirigent in Köln, findet in ihnen „bloße Willkür für künstlerische Freiheit, Phantasterei für Phantasie, sonderbare Mißklänge für Neuheit und Originalität und unbedeutende Phrasen für Gedanken ausgegeben".

Besonders schmerzen mußte es Liszt, wenn Musiker, denen er selbst großzügig geholfen hatte, sich gegen ihn wandten, weil sie seiner unüblichen Ästhetik nicht folgen konnten. Das galt vor allem für Robert Schumann und Joseph Joachim.

Das häßliche Wort von der „Weimarer Pest", gemünzt auf

Liszts sinfonische Dichtungen, stammt aus Schumanns *Neuer Zeitschrift für Musik*. Darüber hinaus verbreitete der von Liszt nachhaltig Geförderte die Version, der Virtuose sei vom Podium abgetreten, weil er sich von Rubinstein und Clara Wieck ausgestochen sehe. Und als sich der Angegriffene von dieser Unterstellung nicht beirren ließ und weiterhin Schumanns Werke in Weimar aufführte, behauptete jener, Liszt befürchte nur, „von mir schlecht kritisiert zu werden, geht es um die bewußten ‚sinfonischen Dichtungen', die mir so schwer im Magen liegen".

Liszt hatte Joseph Joachim 1850 als Konzertmeister nach Weimar geholt. Doch als drei Jahre später der junge Brahms auf der Altenburg zu Gast weilte, bekam die Freundschaft einen Riß. Liszt fand die Musik des Norddeutschen „viel zu spröde, zu unsinnlich", Joachim protestierte und nannte Liszts Urteil über Brahms nicht nur falsch, sondern von „Vorurteilen belastet". Hinzu kam ein unglücklicher Zufall. Liszt hatte als Konzertmeister an den hannoverschen Hof nicht Joachim, sondern den Königsberger Sobolewski (den Komponisten jener zwei verunglückten Opern) empfohlen. Das gab wohl den Ausschlag. Jedenfalls schrieb der einstige Freund 1857 an Liszt:

> Ich bin Deiner Musik gänzlich unzugänglich, sie widerspricht allem, was mein Fassungsvermögen aus dem Geist unserer Großen seit früher Jugend als Nahrung sog... Ich kann Euch kein Helfer sein und darf Dir gegenüber nicht länger den Anschein haben, die Sache, die Du mit Deinen Schülern vertrittst, sei die meine.

Drei Jahre darauf wurde die Kontroverse öffentlich. Längst hatten sich zwei Parteien gebildet, eine um den (persönlich fast unschuldigen) konservativen Brahms, eine um die „Neudeutschen" Liszt und Wagner, zu denen stilistisch noch Bruckner und – später – Hugo Wolf gehörten. Ihr Sprachrohr war kurioserweise die von Schumann gegründete *Neue Zeitschrift für Musik*, inzwischen geleitet von dem Liszt-Verehrer Franz Brendel. Der hatte 1859 eine Schrift „Franz Liszt als Sinfoniker" veröffentlicht. Dadurch provoziert, erschien im Jahr darauf in der Berliner Zeitschrift *Echo* eine Stellungnahme der „Brahmspartei" mit einer gehässigen Adresse an Liszt, unterzeichnet unter anderen von Joachim und Brahms:

Die Unterzeichneten haben längst mit Bedauern das Treiben einer gewissen Partei verfolgt, deren Organ die Brendelsche Zeitschrift für Musik ist. Die genannte Zeitschrift verbreitet fortwährend die Meinung, es stimmten im Grunde die ernster strebenden Musiker mit der von ihr vertretenen Richtung überein, erkennten in den Kompositionen der Führer eben dieser Richtung* Werke von künstlerischem Wert, und es wäre überhaupt ... der Streit für und wider die sogenannte Zukunftsmusik ... zugunsten derselben ausgefochten. – Gegen eine solche Entstellung der Tatsachen zu protestieren, halten die Unterzeichneten für ihre Pflicht und erklären ..., daß sie die Grundsätze, welche die Brendelsche Zeitung ausspricht, nicht anerkennen und daß sie die Produkte der Führer und Schüler der sogenannten „Neudeutschen Schule", welche teils jene Grundsätze praktisch zur Anwendung bringen und teils zur Aufstellung immer neuer, unerhörter Theorien zwingen, als dem innersten Wesen der Musik zuwider, nur beklagen und verdammen können.

Bürger und Hof lassen Liszt im Stich

Die Feindseligkeiten aus Kollegenkreisen waren nicht die einzigen Wermutstropfen im Weimarer Jahrzehnt. Auf Dauer wollte sich auch die Bürgerschaft der thüringischen Residenz nicht mit dem Phänomen, oder besser: Fremdkörper Liszt abfinden. In erster Linie störte die Leute sein kosmopolitischer Grundzug. Er sprach meist französisch, kam aus Ungarn, hatte eine exotische Geliebte und um sich einen ganzen Schwarm unkonventioneller Gestalten aus aller Herren Länder.

Goethes Freitagsgesellschaften, einst geistiger Treffpunkt, tagten jetzt mittwochs und waren kaum mehr als eine Skatrunde der Honoratioren. Liszt sprach verächtlich von der „Clique". Freilich wußten die duckmäuserischen Residenzler, daß sie an Liszt selbst nicht herankamen, allzusehr stand dieser weltberühmte Mann noch in der Gunst des Hofes. Aber an der Fürstin konnte man sich schadlos halten, vor allem, als sich herausgestellt hatte, daß die beiden auf der Altenburg durch die Verzögerung der Scheidungsangelegenheiten zur wilden Ehe

* Liszt und Wagner

verurteilt waren. Durch die Haltung des Zaren entfiel auch die gesellschaftliche Rückendeckung durch Maria Pawlowna. Jetzt wurde Caroline auf offener Straße verspottet und in Gesellschaft geschnitten. Bei Hofe durfte sie nicht mehr erscheinen, Liszt aber wurde mit Ehrerbietung überhäuft – ein unerträglicher Spannungszustand. In seinem Abschiedsbrief an den Großherzog findet sich daher auch folgende Passage:

> Es handelt sich hier darum, mich um jeden Preis an einer Heirat zu hindern, zu der ich durch meine Geburt nicht bestimmt bin, aber die ich zu verdienen glaube, wie ich ohne falsche Bescheidenheit sage.

Ob Liszt Caroline damals noch geliebt hat, ist fraglich. Der Brief stammt von 1860, da war sie bereits in Rom und hatte ihn allein zurückgelassen, mitten in einer tiefen Krise, im Begriff, sich und sein Leben neu zu ordnen. Was er dann auch tat – allerdings ohne die Fürstin.

Aber auch von Liszts künstlerischem Anspruch fühlten sich die Weimarer provoziert. Zwei Jahrzehnte nach Goethes Tod war das durchschnittliche Publikum gewohnt, sich im Theater an solchen Machwerken zu delektieren wie einem „Gastspiel des berühmten Zwerges Admiral Tom Pouce"; es gab freilich für Anspruchsvollere auch Esoterisches wie eine „Große Vorstellung in der geheimen ägyptischen Zauberei" oder reine Ausstattungsrevuen – „Ägyptischer Zauberpalast mit dreihundert silbernen und goldenen Apparaten". Dagegen halte man Liszts Repertoire!

Und dann hatte er Pläne, die sogar über seinen eigentlichen Aufgabenbereich hinausgingen.

1850 legte er dem Großherzog eine detaillierte Studie „Zur Goethe Stiftung" vor. Alljährlich sollten in Weimar eine Art Olympische Spiele der Künste stattfinden, bei denen sich die einzelnen Kunstgattungen abwechseln würden. Natürlich scheiterte dieses Vorhaben am halbleeren Staatssäckel, aber auch an der Trägheit der Bürger. Schon nach 14 Monaten war der grandiose Plan im Sande verlaufen. Liszt hielt sich nicht mehr zurück: „Faule Bande", „Galgenstricke", „Kulturbanausen".

Die Konfliktsituation spitzte sich zu, als die Weimarer 1858 die Uraufführung der Oper „Der Barbier von Bagdad" seines Schülers Cornelius zu Fall brachten. Der Kapellmeister fühlte sich so gekränkt, daß er sein Amt zur Verfügung stellte. Der Großherzog beschwor ihn, diesen Schritt rückgängig zu machen. Liszts ausführliche, herzlich gehaltene Antwort ist aufschlußreich für seine Sicht der Weimarer Jahre. Zuerst verweist er auf die Nachteile, die ein nur konventioneller Spielplan und eine Repertoirepolitik des geringsten Widerstandes für Publikum und Kapellmeister bedeuten. Dann bittet er den Großherzog um Vertrauen:

> Sind Eure ... Hoheit mir zugetan? Wahrscheinlich, weil Sie mir einen geistigen Wert zuerkennen. Jeder Mensch von geistigem Wert kann nur seine eigenen Ideen haben. Wenn man seine Vorzüge nutzbar machen will, so kann man das nur, indem man ihn nach seinen Ideen handeln läßt.

Und er schlägt sogar einen Kompromiß vor, der ihn noch in Weimar halten würde:

> Wenn Sie mir wohlwollen..., gewähren Sie mir dann mit einem Titel und Rang bei Hofe die Möglichkeit, auf Theater und Musik in Ihrer Stadt Einfluß auszuüben...

Doch er ahnt, daß er verloren hat:

> Statt mich hier zu halten auf die einzige Art, auf die ich hier bleiben kann, wird man Sie überreden, daß Sie nicht gut zu mir sein können.

Liszt sollte recht behalten. Nicht, daß ihm der Großherzog sein Wohlwollen entzogen hätte, aber er konnte sich nicht durchsetzen. Und außerdem war er froh, das peinliche Thema der wilden Ehe seines Kapellmeisters, das ihm schon am Zarenhofe zu schaden begann, endlich los zu sein.

Ablösung von Weimar – Eine Beziehung versickert

Fünf Jahre hatte die Fürstin versucht, ihre Scheidung beim Vatikan durchzusetzen. Jetzt, im Mai 1860, fuhr sie nach Rom. Liszt befand sich in keiner guten Situation. Daniel, sein vielversprechender Sohn, war im Dezember des Vorjahres gestorben, Cosima war schwer erkrankt. Er selbst ohne Betätigungsfeld – er hatte ja gekündigt – und als Komponist mehr und mehr angefeindet. In depressiver Verfassung setzt Liszt sein Testament auf. Er fühlt sich wie im luftleeren Raum.

Zwölf Jahre lang hat ihn die Fürstin nicht nur gegängelt, sondern auch rundum betreut, jetzt ist er plötzlich allein auf sich gestellt. Er greift zum Kognak, sucht wieder die Frauen. Und hält Ausschau nach neuen Anregungen. Siebzehn Monate dauert die Trennung, und er hat sie selbst ausgedehnt. Er sucht neuen Halt, weil er ahnt, daß das bisherige Leben nicht das künftige sein kann. Peter Cornelius, kaum ein Verehrer Carolines, kommentiert:

> Mit der Fürstin gibt er seinen Lebensnerv auf. Sie war an allem Guten schuld, was er leistete. Wenn es ihm nicht gelingen konnte, in einer solchen Verbindung sein sittliches Wesen dauernd und fest zu veredeln, so wird ihm die Kraft zum Besten fehlen, und er wird zugrunde gehen.

Das klingt bedenklich, und es ist bedenklich. Liszts Gefühle gegenüber der Fürstin sind gemischt. Seinen letzten Gang durch die Räume der Altenburg vor seiner Abreise schildert er so:

> Als ich morgens durch die Zimmer schritt, konnte ich meine Tränen nicht zurückhalten. Aber nach einer letzten Rast an Ihrem Betpult – wo Sie immer mit mir niederknieten, bevor ich auf eine Reise ging – hatte ich doch ein Gefühl der Befreiung, das mich wieder stärkte. Seit Ihrer Abreise hat mir dieses Haus meist den Eindruck eines Sarkophages gemacht. Indem ich mich von ihm entferne, glaube ich mich Ihnen zu nähern, und ich atme wieder.

Zwei Gründe waren es gewesen, die Caroline allein nach Rom reisen ließen. Aus Rußland war „grünes Licht" gekommen, daß die abschließende Entscheidung nun beim Vatikan lag. Zum anderen hatte sich in ihrer Beziehung zu Liszt in der letzten Zeit einiges geändert. Einigen Schülerinnen gegenüber war er wieder offenherziger geworden. Hier griff die Fürstin, wie sie ihrer Tochter anvertraute, zu einer überraschenden Methode. „Um Liszt herum muß alles tot sein, damit er begreift, was ich ihm bin!"

Dieses doppelte Druckmittel – seine desolate familiäre Situation und ihre Abwesenheit – funktionierte durchaus.

Aber Liszt erinnert sich seiner alten Leidenschaft, des Reisens, und er erinnert sich „seiner" Stadt – Paris. Für die Fahrt nach Rom nimmt er sich ungewöhnlich viel Zeit – zwei Monate. Zuerst besucht er drei Hoheiten – seinen früheren Dienstherrn Karl

Alexander in Schloß Wilhelmstal, den Großherzog von Gotha in Reinhardsbrunn, den Fürsten von Hohenzollern-Hechingen in Löwenberg – und schließlich die kranke Cosima in Berlin. Dann geht es nach Paris. Hier erwartet ihn eine äußerst schmeichelhafte Ehrung: Napoleon III. dekoriert ihn mit dem Orden der Ehrenlegion, und zwar für seine Kompositionen. Endlich einmal wird nicht der Virtuose gewürdigt! Man reicht ihn herum, unter anderem ist er Gast bei den Rothschilds, er trifft sich mit Marie d'Agoult. Wie in alten Tagen... Blandine, inzwischen verheiratet mit Émile Ollivier, einem ehrgeizigen Juristen und Politiker mit Aufstiegschancen, zeigt ihm ihren Besitz in St-Tropez. Liszt sieht Gounod, Baudelaire, Meyerbeer und den kranken Berlioz, für den er sich bei Hofe einsetzen soll. Und er ist wieder einmal mit Wagner zusammen, der ironisch berichtet: „Liszt, der bereits ... in seine alte Strömung geraten war, fand, durch sein gutes Herz geleitet, auch die Zeit, sich einmal bei mir zum ‚Beefsteak' einzuladen."

Beim Kaiser der Franzosen war er nicht nur offizieller Gast. Mit der schönen Eugénie, Napoleons Gemahlin, spielt er vierhändig seine „Liebesträume". Das schmeichelhafte Angebot einer Position bei Hofe (hier, anders als in Weimar, mit angemessenem Gehalt) schlägt er aus, es drängt ihn nach Rom – wieder unter die führende Hand der Fürstin?

Doch vorerst geht es noch einmal nach Weimar, wo er den Transport der Möbel und Instrumente überwacht und sein Testament holt, in dem es auch heißt:

> Alles, was ich in den letzten 12 Jahren getan und gedacht habe, verdanke ich ihr, von der ich so glühend wünsche, sie bei dem teuren Namen meiner Gattin nennen zu dürfen...

Man will ihm glauben, daß es ihn nach ihrer Nähe verlangt, zumal nachdem er wieder einmal frische Luft geschnappt hat. Die Trauung soll an seinem 50. Geburtstag stattfinden, am 22. Oktober 1861. Feudal soll es zugehen: 3000 Kerzen, Brautkleid mit 1000 Diamanten, 800 Rubinen, Gewicht des Diadems 2 Pfund, 12 Pagen für die Schleppe. Liszt will ungarisch erscheinen, natürlich mit dem Ehrensäbel, die Zeremonie wird Gustav von Hohenlohe vornehmen, in dessen Familie jüngst Prinzessin Marie eingeheiratet hat. 120 Gäste werden zum Galadiner erwartet, das Menü soll 16 Gänge umfassen.

Was stand in der Ästhetik der französischen Romantiker an erster Stelle? Grelle Kontraste, harte Schnitte.

Am Vorabend der Trauung trifft eine Nachricht vom Heiligen Stuhl ein: Die Zeremonie müsse auf unbestimmte Zeit verschoben werden, man verlange erneut die Vorlage der Prozeßakten.

Prinzessin Marie über die Verfassung ihrer Mutter:

> Dieses Begehren in allerletzter Stunde ... erscheint nun auch ihr als der entscheidende Schicksalsschlag – sogar ihr Mut ist endgültig gebrochen. Die Akten werden von ihr verweigert – und sie verzichtet.

Sicher ist die Entmutigung nach so langem Bemühen ein wichtiges Motiv. Als aber wenig später Fürst Wittgenstein stirbt und sie frei ist, spricht keiner mehr von Trauung. Den Mann, den sie damals in Weimar zurückgelassen hatte, gab es nicht mehr. Ihre Weimarer Freundin Adelheid von Schorn erinnert sich:

> Liszt war in der Zeit, in der er von ihr getrennt war, gleichgültiger geworden, der Gedanke der rechtmäßigen Verbindung mit ihr war keine Notwendigkeit mehr. Das merkte sie ihm an, als er ... in Rom ankam; und bestätigt hat er es indirekt selbst, indem er nie wieder danach fragte, ob die Trauung zu ermöglichen sei oder nicht. Natürlich war er jeden Tag bereit, mit ihr vor den Altar zu treten, aber ihre weibliche Feinfühligkeit erkannte, daß es bei ihm nur noch eine Pflichterfüllung war. So hat auch sie nicht mehr davon gesprochen – sie hat das Ziel ihres Lebens zum Opfer gebracht.

Erst viel später, 1872, sagt sie es Liszt ins Gesicht, wie sehr er sie damals enttäuscht hat:

> Die Vorsehung hat es nicht gewollt. Widrige Leidenschaften sind so mächtig gewesen, daß sie die festesten Entschlüsse vereiteln konnten... Es galt also, etwas Besseres zu suchen, und dieses Bessere, glaube ich, hat die Vorsehung Sie in der Kunst finden lassen, die nun die Nachfolgerin von dem wurde, was nicht zu verwirklichen war. Und nun will ich alle irdischen Betrachtungsweisen verlassen – Sie würden dafür in zweifacher Weise unempfindlich sein. Sie können nämlich nicht abwarten, und Sie verachten alles, was nicht sofort eintritt! Daß es damals mißglückt ist, war – abstrakt gesprochen – gut, denn – konkret gesprochen: Der Augenblick, an dem es Ihnen Freude gemacht hätte, war vorbei.

In diesem leicht verbitterten, aber auch schon abgeklärten Resümee liegt viel Wahres. Seine „widrigen Leidenschaften" haben nun ein zweites Mal eine dauerhafte Bindung zerstört, und er hat „Besseres" gesucht als diese Bindung und Caroline letztlich gegen die Kunst, die Muse als seine dritte, ihm eigentlich bestimmte Gefährtin, eingetauscht. Und er war tatsächlich außerstande zu warten, war sofortige Triebbefriedigung und Erfüllung seiner Wünsche gewohnt. Und „unempfindlich" konnte er sein wie jeder Egozentriker.

Zeitgeist im Wandel

Während Liszt in Weimar sozusagen in Klausur arbeitete, hatten sich im Zeitgeist neuerliche Veränderungen vollzogen. Und da die neuen Strömungen von Paris ausgingen, muß man einen Blick auf die veränderte Kunstszene Frankreichs werfen. Zumal Rom, in das sich Liszt jetzt zurückziehen wird, politisch und kulturell eng mit Frankreich verbunden war.

Die Kunst „erholte" sich wieder von den pathetischen Anstrengungen der Generation von Hugo, Delacroix und Berlioz. Die nachfolgende Generation verzichtete auf kämpferisches Engagement, die 48er Revolutionen waren verpufft. Nicht mehr das Drama ist bestimmende literarische Form, sondern Roman und Lyrik. Neue Namen tauchen auf: Charles Baudelaire, Gustave Flaubert und Émile Zola. Victor Hugo lebt noch, aber eher als Relikt einer anderen Zeit. Seine Rolle als Wortführer des neuen Stils übernimmt Zola. Seine Parole für die Kunst heißt: „La nature vue à travers un tempérament" – Natur, gesehen durch das Prisma eines Temperaments.

Liszt wird in Rom zu einer Art frühimpressionistischem Stil gelangen: Die „Wasserspiele" und die „Zypressen der Villa d'Este" sind erstaunlich neuartige Stücke. In Frankreich malen Camille Corot, Jean-François Millet, Gustave Courbet und Edouard Manet. Man arbeitet im Freien. Manet als Frühimpressionist bereitet den Boden für Claude Monets Lichtstudien an der Kathedrale von Rouen. Die Pariser Weltausstellung von 1867 macht die Franzosen dann erstmals mit der japanischen Malerei vertraut – eine Revolution, ausgelöst durch das „weiße Papier", den freien

Raum. Ins Musikalische übertragen, heißt das: die Kunst des Weglassens, die Bedeutung der Pause, der Verzicht auf Effekte, die Sparsamkeit der Mittel, die die Wirkung steigert. Solche Eigenschaften sind der bisherigen Klangsprache des Komponisten fremd; für Liszts Spätstil werden sie entscheidend.

In der Literatur gibt es Analogien zur impressionistischen Sehweise: Flaubert ist ihr frühester und wichtigster Vertreter. Ausgehend von einem sanften, lauschenden Psychologismus („L'éducation sentimentale") wuchs seine Leidenschaft für die minutiöse „exactitude" der Lebensbeobachtung. Er war wie ein Insektenjäger mit der Botanisiertrommel hinter den „petits faits significatifs" – den kleinen bezeichnenden Tatsachen – her. Dazu kam ein extrem genauer Umgang mit der Sprache, Flaubert ging die „impeccabilité", die Makellosigkeit des Ausdrucks, über alles. Das führte zu einer sehr zögernden Produktivität und einer fast nervenden Selbstbeobachtung.

Diese Feinschmeckerhaltung, ihrem Tenor nach lyrisch, setzt eine gewisse Abgeklärtheit voraus – dem bisherigen Liszt-Schaffen direkt entgegengesetzt, das grell und dramatisch wirkt. Aber sein Spätwerk zeigt ihn anders, geprägt von einer „santa indifferenza", einer heiligen Gleichgültigkeit. Die Wurzeln hierfür bilden sich in Rom.

NEUN JAHRE ROM – MEDITATION AM TIBER

Vor 1870 war die Ewige Stadt eine der reaktionärsten Metropolen Europas. „Die Finsterlinge, die Knechte der Despotie scheinen hierher wie Eulen aus allen Ruinen der Welt zusammengeflogen zu sein", heißt es bei dem Kulturhistoriker Ferdinand Gregorovius. Vertriebene Monarchen, die Witwe des hingerichteten Kaisers von Mexiko und Gestrige aller Schattierungen suchten Zuflucht in dem weihrauchgeschwängerten Rom.

Der Kirchenstaat selbst war nur noch ein Restbestand; seine Provinzen waren längst abgefallen an das machtvolle Risorgimento* unter Garibaldi. Rom hielt sich nur noch mit Hilfe französischer Truppen. „Fast jeder Tag bringt von draußen neue

* Bezeichnung für die italienischen Einigungsbestrebungen seit Beginn des 19. Jahrhunderts

Trauerkunde für den Vatikan… Ein unbeschreiblich interessanter Moment", so skizziert der preußische Gesandte Kurd von Schloezer, ein Verehrer Liszts, genüßlich die komplizierte Lage.

Der Papst widersetzte sich offiziell jeder Verhandlung mit den national-italienischen Truppen und schleuderte ihnen immer nur sein „non possumus – Wir können nicht" (im Pluralis majestatis, der dem Thron Petri zukommt) entgegen.

Die Niederlage Frankreichs im Deutsch-Französischen Krieg 1870 löste das Problem, Rom wurde endlich säkularisiert und zur Hauptstadt eines geeinten Italien erhoben.

Liszt betrafen diese Ereignisse nur mittelbar. Aber zwei Berührungspunkte hatte er doch mit dem Hochklerus: seine nun in reichem Maße entstehenden Kompositionen für die Kirche und seine „Verwandtschaft" mit einem hohen Vatikanbeamten, dem Großalmosenier* Gustav von Hohenlohe (der bald Kardinal werden sollte), dessen Bruder Konstantin, Oberhofmarschall in Wien, die Tochter der Fürstin, Prinzessin Marie, geheiratet hatte.

Nach Rom gekommen war er überhaupt nur durch den Wunsch Carolines, die in der Ewigen Stadt heiraten wollte. Aber durch diese seltsame Wendung des „Schicksals" steht Liszt noch ein weiterer neuartiger Lebensabschnitt bevor.

Die große Intrige – „Mephisto in der Soutane"

Der Familienclan der Hohenlohe war natürlich bestrebt, mit allen Mitteln eine Ehe zwischen der Fürstin und dem nicht nur skandalumwitterten, sondern auch als Freigeist verdächtigen Künstler zu verhindern. Trug nicht auch ein 1835 erschienenes (von Marie d'Agoult formuliertes) Pamphlet über Kirchenmusik seine Unterschrift?

Also schrieb Hohenlohe, Resident der malerischen Villa d'Este in Tivoli bei Rom, schon 1859 an Liszt:

> Der Herr hat Sie berufen, um Seinen Namen in der geistlichen Musik zu verherrlichen; es ist die Rolle der Engel, die mit ihrem Hosiannah Gott preisen… Ihre Inspiration, die Gott

* Verwalter der Almosen am päpstlichen Hof

Ihnen eingegeben hat, wird die Seele und das Entzücken der Gläubigen sein und eine mächtige Waffe, die verlorenen Kinder Unserer Heiligen Mutter Kirche zuzuführen.

Die Fürstin, ohnehin jeder Schmeichelei zugänglich, war erst recht empfänglich für einen missionarischen Auftrag von höchster klerikaler Ebene. Adelheid von Schorn erzählt, daß sie sich begeistert bereit erklärt habe, Liszt an seine neue Aufgabe heranzuführen: die Erneuerung der katholischen Kirchenmusik. Damit war der Wirrkopf und Freidenker Liszt beschäftigt (und Caroline als „Kirchenmutter“ endgültig von der Hoffnung auf diese kompromittierende Verbindung geheilt); aber im Vatikan dachte niemand ernsthaft daran, seine neuartigen, viel zu weltlichen Klänge in die kirchliche Praxis zu übernehmen. Ebensowenig wie Weimar etwas mit seinen großangelegten sinfonischen Dichtungen anfangen konnte, brauchte die Ewige Stadt seine noch üppigeren Oratorien... Aber das konnte er nicht ahnen.

Das Scheitern der Eheschließung blieb nicht der einzige Schlag. Blandine starb ein knappes Jahr darauf an den Folgen ihrer ersten Entbindung. Und wieder ein dreiviertel Jahr später ging Liszt – noch als Laie – ins Kloster. Vorerst ließ er sich, dankbar für Ruhe und Abgeschiedenheit, im Kloster „Madonna del Rosario“ der Oratorianer auf dem Monte Mario nieder. Der „Römer“ Liszt lebte in einer Art geräumiger Zelle, hatte ein Klavier, bei dem eine Taste im Baßregister nicht anschlug und das auch noch verstimmt gewesen sein soll, und schrieb seine großen kirchenmusikalischen Partituren. Von hier aus hatte er einen herrlichen Blick auf das Panorama der Tiberstadt. Hier besuchte ihn auch der damalige Papst Pius IX.

„Pio Nono“ war ihm persönlich wohlgesinnt. Das schmeichelte Liszt. Im Jahr darauf spielte er vor dem Papst in Castel Gandolfo und besuchte erstmals Hohenlohe, jetzt Kardinal, in der Villa d'Este. Von Schloezer beobachtet:

Ich habe Liszt kennengelernt: auffallend dämonische Erscheinung; groß, hager, lange graue Haare... Diese Lebensweise ist vorläufig wohl nur eine seiner Bizarrerien – für die Welt –, damit sie sich mit ihm beschäftigt.

Und zum verstimmten Klavier:

> Auf einem solchen Instrument arbeitete jetzt derselbe Franz Liszt, vor dem einst die massivsten Flügel Europas zitterten und der ein halbes Menschenalter hindurch wie ein donnernder Jupiter die ganze Künstlerwelt beherrscht hat... Mich amüsiert es immer sehr, ihn wiederzusehen... Alles, was er sagt, trägt den Stempel der Originalität und großer Genialität an sich, und man merkt ihm stets an, daß er einstmals eine kolossale Stellung in der Welt einnahm. Die früheren historischen langen Haare trägt er noch..., und wenn er am Klavier sitzt, so unterläßt er es nicht, während seines Spiels wenigstens einmal ganz plötzlich den Zuhörer scharf und durchdringend anzusehen, um zu wissen, ob er auch gehörig aufmerksam ist.

Am 25. April 1865 empfing Liszt in der Privatkapelle des Kardinals Hohenlohe im Vatikan die Tonsur und die niederen Weihen (für seinen nichtpriesterlichen Rang war die Tonsur nur münzengroß).

Warum, so fragt man sich heute, mußte dieser Schritt sein? Hatte Liszt mit seinem Eremitendasein nicht, was er brauchte?

Es gibt eine Reihe von Erklärungen, und sie werden wohl alle ein wenig zutreffen. Das gilt auch für die Argumente des Komponisten selbst: „Mein Gewand ist ein Zeichen der Entsagung, nicht der Begehrlichkeit oder irgendwelcher Berechnung."

Berechnungen aber können gleichwohl im Spiel gewesen sein; manche vermuten, Liszt habe es auf einen hohen Posten im katholischen Kirchenmusikbetrieb abgesehen. Zu seiner egozentrischen Naivität hätte diese Erwartung gepaßt, denn nie wäre ihm in den Sinn gekommen, daß seine Musik alles andere war als das, was sich die geistlichen Herren erhofften.

Was die Vermutung betrifft, er wolle sich vor den Nachstellungen der heiratswilligen bis -wütigen Fürstin ein für allemal sichern, so widerlegt dies die Betroffene selbst gegenüber von Schloezer: „Er hat es weder getan, um einer Heirat zu entwischen, noch, um den Kardinalshut zu ergattern."

Doch es ist kein Zufall, daß die folgenden Daten so knapp beieinanderliegen. Die Fürstin reist im Mai 1861 nach Rom, um ihre Scheidung mit ganzer Energie zu betreiben. Liszt läßt sich auffällig viel Zeit und trifft erst im Oktober des nächsten Jahres in Rom ein. Inzwischen konnte die Gegenpartei erfolgreich intervenieren. Die Heirat platzt. Beide sind vorerst resigniert. Caroline wird

<u>Oben:</u> Das Kloster Santa Maria del Rosario in Rom. Hier quartierte sich Liszt in einer Zelle ein. <u>Links:</u> Franz Liszt als Abbé (um 1870)

beauftragt, Liszt für die Kirchenmusik zu gewinnen, und wohl zugleich darauf vorbereitet, auf eine Verbindung mit ihm zu verzichten.

Liszt wollte – wenn man dieser Version folgt – sichergehen; er kannte die Frauen und speziell Caroline besser als ein päpstlicher Großalmosenier. Als Fürst Wittgenstein in Rußland gestorben war, hatte Liszt längst das Gerücht von seiner bevorstehenden Weihe zum Abbé verbreitet, und spätestens im April 1865 ist er dann in Sicherheit. Denn eines weiß er genau: Wenn er den Rest von Zuneigung (vielleicht auch noch Liebe) zwischen ihnen erhalten will, dann nur noch auf Distanz. Eine Ehefrau, die ihn auf Schritt und Tritt begleiten würde, wäre ihm ein Alptraum gewesen. In der Kutte fühlte er sich sicher.

Es ist ein allgemeines Mißverständnis, daß ein Abbé das Keuschheitsgelübde zu leisten hatte. Der sogenannte „Weltgeistliche" hat weder die Rechte noch die Pflichten eines Priesters, also auch keine Pflicht zum Zölibat. So sind seine Beziehungen zu Frauen von 1865 an nach wie vor Privatangelegenheiten.

Aber ganz sicher trifft auch ein weiterer, schöpferischer Aspekt zu. Liszt will sich einen neuen Inspirationsquell, die Meditation und die Reduzierung der Lebensumstände, zuführen. Und die nun entstehenden Werke geben ihm darin weitgehend recht.

Die Reaktionen auf Liszts Schritt waren vorwiegend skeptisch bis negativ. Seine Mutter brach bei der Nachricht „in Tränen aus“ und war „wirklich nicht gefaßt auf solche Nachricht von Dir. Nach Überlegung... ergab ich mich in Deinen, als auch den Willen Gottes.“ Sie wird gewußt haben, warum zuerst ihr Mann und dann sie selbst den Sohn wiederholt von der geistlichen Laufbahn abgehalten hatten. Der Hang zur Grübelei und Absonderung, der schon bei dem Knaben beunruhigend war, könnte so noch gesteigert werden. Außerdem hatte schon Adam Liszt vor den Frauen gewarnt und in ihnen – sehr zutreffend – eine Gefahr für sein Kind gesehen. In welche Konflikte würde der Sohn im Lauf der Zeit geraten, wenn er etwa noch Priester werden wollte!

Selbst der Papst blieb skeptisch:

> Es ist fraglich, ob wir seine Seele an den Leib unserer Kirche festschmieden konnten. Liszt mag uns in manchem helfen und zuletzt auch wohl förderlich sein. Ob er sich mit seinem Schritt, gänzlich zu uns zu stoßen, selbst geholfen hat, wird sich zeigen... und sei es bei seinem Ende.

Diese Skepsis war angebracht. Liszt war ein Mensch, der seine Sinnlichkeit vollauf bejahte und Gott noch dafür danken konnte. Kaum geeignet für den kirchlichen Dienst, am wenigsten für den Vatikan oder gar als Leiter der Sixtinischen Kapelle.

Dankbar wird ihm die Presse gewesen sein. Von jetzt an reißen die Karikaturen nicht mehr ab. Man sieht ihn janusköpfig, als Pilger und Mephisto, als Jungfrau Maria mit Wagner als Christuskind, als Schlange am Busen des Papstes. Die *Vossische Zeitung* spricht aus, was viele denken mochten:

> Nachdem Herr Liszt der bedeutendste Virtuose der Zeit war und sich als Dirigent und Komponist einen Namen gemacht hat, gilt ihm als nächsthöheres Ziel das katholische Priestertum. Wer weiß, was er noch alles anstrebt, ist ihm doch zuzutrauen, daß er noch Diplomat ... wird. Es erscheint uns so, als trüge er das Büßergewand wie ein Roué, der sich zum römischen Karneval eingefunden...

Dieses Zitat läßt noch ein weiteres Motiv vermuten: Liszt ist als Virtuose abgetreten, ein „Comeback“ wäre gegen seine eigenen Maximen; als Komponist ist er umstritten. Der Rückhalt einer übernationalen Macht, wie sie die katholische Kirche auch noch im 19. Jahrhundert darstellte, könnte ihm ungemein nützen.

Drei Tage bevor er die Tonsur empfing, hatte er sein letztes Konzert als Laie gegeben, dabei spielte er seine „Erlkönig-Transkription“ und Webers „Aufforderung zum Tanz“.

Schon kurz danach berichtet Schloezer von einem Besuch bei dem „neuen“ Liszt:

> Die Verkürzung seines welthistorischen Haares stand ihm sehr gut. Er trug die lange schwarze Soutane, Schuhe und Strümpfe. Der schwarze dreieckige Hut lag auf dem Tisch… Dabei beabsichtigte er keineswegs … der Musik zu entsagen: „Ich werde ihnen schon zeigen, was Musik in der Kutte heißt!“

Bald schon gab er in seiner neuen Gewandung Konzerte, allerdings nur noch in Gesellschaften. „Wie ein Mephisto saß er am Flügel und schleuderte triumphierend rechts und links seine Blicke.“

Der Kritiker Stassow, der Liszt seit Petersburg verehrte, sieht ihn wieder und ist frappiert, wie wenig er sich im Wesen verändert hat:

> Nur ein wenig in das Gespräch vertieft, ließ er sofort von den Abbé-Manieren ab, seine Bewegungen verloren die fromme und klosterhafte Demut, sein gebücktes Haupt erhob sich wieder, er schüttelte die Mönchsdekoration von sich, wurde wieder stark und mächtig, und Sie hatten wieder den alten, genialen Liszt vor sich, den Adler.

Und was die Damenwelt anbelangt, ohne die Liszt auch im Alter nicht ausgekommen wäre, so faßt Gregorovius zusammen:

> Er erntete noch als Abbé einen Nachsommer der Huldigung. Die Damen … überschütteten ihn mit Blumen von oben herab, Frau L. hätte ihn mit einem großen Lorbeerkranz fast erschlagen.

Noch über die römische Zeit hinaus wird er seine imposante Ausstrahlung behalten.

Wenn die folgende Beschreibung durch seine Schülerin Amy Fay nicht das Wörtchen „grau“ enthielte, käme man wohl kaum auf die Vermutung, daß sie einem Siebzigjährigen gilt:

> Liszt ist der denkbar interessanteste ... Mann, groß und schlank, mit tiefliegenden Augen, buschigen Augenbrauen und langem grauem Haar. Sein Mund geht in den Winkeln etwas in die Höhe, was ihm, sobald er lacht, einen feinen mephistophelischen Ausdruck gibt. Die Eleganz seiner Manieren ist unvergleichlich. Wenn er in der Loge des Theaters aufstand, legte er, nachdem er sich von den Damen verabschiedet, die Hand auf sein Herz und machte eine leichte Verbeugung – nicht mit Affektation oder aus bloßer Galanterie, nein mit jener ruhigen Höflichkeit, die einem das Bewußtsein gab, daß keine andere Form, sich vor einer Dame zu verbeugen, recht und geeignet wäre.

Er genoß seine Rolle: endlich mal wieder eine, die stimmte und die er beherrschte. Er genoß, daß man ihm zum Zeichen der Ehrfurcht die Hand küßte... Und Gesellschaft brauchte er ebenso wie Frauen, obgleich „diese Art von Erholung mir eher angenehm als nützlich ist".

In letzter Zeit hatte er jedoch wieder manch bitteres Erlebnis verarbeiten müssen. 1866 starb seine Mutter, die letzte Verbindung zur Heimat. Und Marie d'Agoult ließ überraschend ihren Schlüsselroman „Nélida" zum zweitenmal erscheinen. Das bedeutete den endgültigen Bruch; damit zerriß das letzte Band zu seinem ersten Leben.

Und aus München kam die fatale Nachricht, daß sich Cosima nicht an die Vereinbarung gehalten und Bülows Haus noch während der Theatersaison verlassen hatte, um zu Wagner zu gehen. Liszt muß zu Bülow halten und isoliert sich selbst von seinem einzigen noch lebenden Kind und seinem einzigen Freund...

Der „geknebelte Cäsar" – Politische Standorte

Die Tatsache, daß Liszts Lieblingstochter Blandine Émile Ollivier heiratete, nachmals (allerdings erst nach ihrem Tod) Premierminister des Franzosenkaisers, könnte vermuten lassen, die auffällige Sympathie, die Liszt für Napoleon III. hegte, sei auf den Schwiegersohn zurückzuführen. Das kann gar nicht sein, denn er hatte den abenteuerlichen Neffen des Korsen schon 1840 in London kennengelernt, als sich der nach seinem ersten, verfehlten Staatsstreich im Exil auf den nächsten vorbereitete. Ollivier war anfangs Republikaner; möglicherweise wird er erst durch Liszt dahingehend beeinflußt worden sein, daß er sich dem kaiserlichen Kabinett zur Verfügung stellte.

Selbst als Witwer behielt er Liszts Mutter im Haus, bis sie 1866 starb. Das rechnete ihm der Komponist hoch an.

Liszts Wertschätzung für den Abenteurer auf dem französischen Thron zeigt seinen rein persönlichen, durch Sympathie oder Antipathie geprägten und fast nie von objektiven Gegebenheiten bestimmten Standpunkt zu Politikern. Für ihn entscheidet die Ausstrahlung. Und da er selbst eine widersprüchliche, schillernde Persönlichkeit ist, wirkt das auf ihn bei anderen eher anziehend als abstoßend.

Seine Verehrung für Napoleon III. erstreckt sich auch auf dessen Verbündete, so den Papst mit seinem auf französische Regimenter gestützten Kirchenstaat und auf den von Napoleon protegierten Mexiko-Kaiser Maximilian (Bruder des Habsburgers). Auf dessen Erschießung 1867 durch Aufständische komponierte der fassungslose Liszt einen „Trauermarsch". Und das Ende des dritten Napoleon 1873 auf englischem Boden beklagte er in ehrlicher Erschütterung:

> Napoleon ist tot! Eine große Seele, eine alles umfassende Intelligenz, gewährte Lebensweisheit, ein sanfter und edler Charakter – und eine unselige Bestimmung! Er ist ein gebundener und geknebelter Cäsar… In der Tat glaubte ich und glaube auch noch, daß die Regierung Napoleons die den Bedürfnissen und Fortschritten unserer Zeit entsprechendste gewesen ist. Er hat hohe Beispiele gegeben und große Taten vollführt … Und einst, am Tage der Gerechtigkeit, wird Frankreich den Sarg Napoleons III. abholen und ruhmvoll neben jenen Napoleons I. stellen.

Liszt bewegte sich auf höchstem Parkett wie ein professioneller Diplomat. Als ihm der französische Kaiser 1861 in einer Anwandlung von Ermattung gestand, er fühle sich mitunter so alt wie hundert Jahre, antwortete ihm der Abbé: „Sie sind eben das Jahrhundert, Sire!"

Doch sitzt er nicht nur zwischen, sondern auch auf zwei Stühlen, er kann das. 1871 heißt es in einem Brief aus Rom zu den politischen Parteibildungen:

> Meine hiesigen Befreundeten, von beiden Seiten, erweisen sich freundlichst gegen mich. – Anbei ein paar Zeilen des gelesensten offiziösen Blatts *La Libertà* als Beleg meiner harmlosen Stellung.

Mit Sicherheit völlig unbesorgt hatte er 1861 ein keineswegs harmloses Zitat Garibaldis in sein Tagebuch eingetragen, das gegen den Papst zielte, dessen ewiges „non possumus" das letzte Hemmnis für die Einigung Italiens darstellte:

> Der Tag ist nicht mehr fern, an dem der Komplice der Tyrannen, der Priester von Rom, gezwungen sein wird, eine Zuflucht zu suchen weit weg von dem Ort, den er so viele Jahre hindurch mißbraucht hatte...

Eine russische Memoirenschreiberin versichert sogar, sie hätte Liszt in der Soutane gesehen, wie er eine flammende Rede an die Garibaldisten hielt! Und das war dann kein Opportunismus, sondern die gute alte französische Sozialromantik von der Versöhnung der Klassen durch Priester und Künstler...

Unabhängig von politischen Zusammenhängen gilt Liszts Sympathie den Unterlegenen: den Lyoner Webern, den erschossenen ungarischen Freischärlern, aber auch Maximilian von Mexiko. Und er kann sogar rebellisch werden, wenn es um die Würde des Künstlers geht.

Musik aus der Stille

Daß sich Liszt die Kirchenmusik erwählt hat, liegt nur teilweise an den Empfehlungen der Fürstin und des Klerus. Seinen Hang zu religiöser Versenkung wird er jetzt ausleben, und ähnlich wie bei seiner Weimarer Entscheidung, sinfonische Dichtungen statt Opern zu schreiben, dürfte auch jetzt die Überlegung mitspielen, daß ihm da der Gigant Wagner nicht im Wege stehen würde.

Zuvor heißt es in einem Brief:

> Ich bin fest entschlossen, längere Zeit hier ungestört, unaufhaltsam und konsequent fortzuarbeiten. Nachdem ich die mir gestellte sinfonische Aufgabe in Deutschland, so gut ich es vermochte, zum größten Teil gelöst habe, will ich nunmehr die oratorische ... erfüllen...

Mit der „Legende von der heiligen Elisabeth“ kommt er im Sujet seinem Freund am nächsten (vgl. dessen „Tannhäuser“). Angeregt wurde Liszt zu dem voluminösen, klangprächtigen Werk durch die Fresken, mit denen Moritz von Schwind die Wartburg ausgestattet hatte (wo auch der „Tannhäuser“ spielt). Und natürlich war ein weiteres Argument für den Stoff, daß Landgraf Ludwig von Thüringen eine ungarische Prinzessin geheiratet hatte – noch heute liegt ihre sterbliche Hülle in der Matthiaskirche auf der Budapester Fischerbastei, ihr Herz wird in Marburg, wo sie starb, aufbewahrt.

Die Partitur setzt sich aus ausgesprochen unterschiedlichen Elementen zusammen: hier ungarische Volkslieder, da gregorianischer Choral, dort Parfüm des Salons… Stilbrüche, die für den Kosmopoliten Liszt durchaus typisch waren.

Bei der Arbeit hatte er zwar Mendelssohns „Paulus“ im Auge, aber er hielt sich eher an Meyerbeer. Und wie der stets auf einen effektvollen Marsch Wert legte, so suchte auch Liszt nach einer Möglichkeit, ein paar schmissige Takte einzufügen, und kam auf die Idee eines Kreuzrittermarsches, den er dann auch für Klavier bearbeitete.

Wenn die Kirche nichts mit dem Werk anzufangen wußte, so war sich der Komponist wenigstens des Beifalls seiner Magyaren sicher.

Die Uraufführung im August 1865 in Pest leitete er selbst mit größtem Erfolg – Ungarn enttäuschte ihn nicht. Aber auch München (unter Bülow) wurde ein Erfolg, in Prag brachte Smetana das Oratorium ebenfalls unter großer Zustimmung heraus. Zur 800-Jahr-Feier der Wartburg konnte Liszt das Werk an historischer Stelle selbst dirigieren. Die „Legende von der heiligen Elisabeth“ blieb sein einziges Oratorium, das sich durchsetzen konnte.

Im selben Jahr, da er die „Legende“ abschloß, setzte er zu einem weiteren Oratorium an; die Texte hatte er selbst aus der Bibel und der katholischen Liturgie zusammengestellt. Ursprünglich war an eine Vorlage von Friedrich Rückert gedacht, doch Kardinal Hohenlohe hielt nichts von dem protestantischen Dichter. So kam ein etwas monotones Nebeneinander von Gebeten heraus, Dauer vier Stunden, von Liszt aber äußerst abwechslungsreich ausgefüllt. Die Buntscheckigkeit machte das „Christus-Oratorium“ nicht nur den kirchenmusikalischen Instanzen verdächtig. Liszt waren, wie Wagner fand, einfach die Kompositionsmittel durchgegangen „wie dem Fuhrmann ein wildes Gespann“.

Das dritte oratorische Werk, die „Ungarische Krönungsmesse“ von 1867, verzichtet dann bewußt auf Pracht und Buntheit, will kurz und prägnant sein. Als stilistisches Kuriosum sei ein Offertorium (Gesang während der Opferung von Hostie und Kelch) erwähnt, dem Liszt ein Violinsolo nach Zigeunerweisen mit dem zackigen Rhythmus des Hackenzusammenschlagens einarbeitet, wie man es aus der ungarischen Werbetanzmusik kannte.

Wie zu erwarten, wirken die Klavierkompositionen jener Zeit ausgewogener. Besonders gehaltvoll sind die beiden „Legenden“ jeweils auf einen heiligen Franziskus – die in E-Dur auf den Franz von Paula, Liszts Namenspatron, der auf den Wogen schreitet, die andere in A-Dur auf den bekannteren Franz von Assisi, der den Vögeln predigt. Die meisterhaften Stücke nehmen schon den virtuos-impressionistischen Satz eines Ravel voraus.

Zum Wertvollsten der Rom-Zeit gehören dann die „Variationen über ‚Weinen, Klagen‘“, ein chromatisches Thema aus der Bach-Kantate gleichen Namens. Liszts primäre Erfindungskraft nimmt ab. Er muß das gespürt haben. Als er nach einem Privatkonzert, wo man ihn wieder einmal begeistert gefeiert hatte, mit Schloezer nach Hause ging, „blieb er, noch erregt von den vorangegangenen Beifallsstürmen, stehen, legte mir die Hände auf die Schultern und sagte mit Tränen in den Augen: ‚Mein Freund, glauben Sie mir, allen Jubel, alle Begeisterung würde ich hingeben, wenn ich nur einmal ein wirklich schöpferisches Werk hervorbringen könnte.‘“

Die Aufführungsgeschichte der letzten großen Werke war nicht frei von bitterem Beigeschmack. Die Reaktion auf die „Legende von der heiligen Elisabeth“ fiel bereits zwiespältig aus. Inzwischen war Liszts Buch „Die Zigeuner und ihre Musik in Ungarn“ herausgekommen und hatte heftige Kontroversen ausgelöst. Besonders kränkend waren die Begleitumstände der Aufführung der „Krönungsmesse“.

Anlaß war die Wiederherstellung einer ungarischen Verfassung und die Erhebung Ungarns zu einem autonomen Königreich innerhalb der Doppelmonarchie. Liszt schwamm auf den Wogen des Patriotismus. Daß er den Auftrag zur Komposition der „Krönungsmesse“ erhielt, verdankte er dem Einfluß der ihm befreundeten Magnaten. Doch die Wiener Musiker dachten nicht daran, den Komponisten einzuladen. So kam es, daß Liszt sein eigenes Werk als normaler Konzertbesucher hören mußte. Als er dann allein aus der Matthiaskirche trat, wo die ungarische Bevölkerung den Krönungszug erwartete,

> ... brach ein elementares Eljen-Rufen die ganze Linie entlang aus. Alles glaubte, der Festzug käme – nein, es war nur inmitten der frei gelassenen Feststraße die dahinschreitende Gestalt des Meisters im feierlichen schwarzen Abbétalar zu sehen. Schritt für Schritt sich dankbar tief verneigend, nahm er die unerwartete spontane Huldigung bewegt entgegen.

„Tot genug bin ich noch nicht“ – Römische Resignation

Der ständige Wechsel zwischen Salon und Zelle, äußerlich wie innerlich, regt Liszt zwar an, zehrt aber auch an seiner Kondition. Die deutsche Presse schreibt sogar von einer „physisch gebrochenen, verwitterten Ruine“.

Liszt altert rasch. Adelheid von Schorn:

> Er konnte nicht mehr genug essen, sein Magen war durch den Cognac und die starken Virginiazigarren verdorben. Je schwächer er sich fühlte, je mehr trank er Rotwein und Cognac. Das war un cercle vicieux...

Hinzu kamen die Anforderungen durch das weibliche Geschlecht. Dieselbe Berichterstatterin stellt „mit Grausen“ fest, daß sich noch immer

> ... solche fanden, die den ruhebedürftigen Greis als begehrenswerte Beute betrachteten... Liszt gab sich jedem weiblichen Wesen gegenüber, wie es von ihm verlangte. Daß so viele Frauen Liebe von ihm haben wollten, ihm leidenschaftlich entgegenkamen, gereicht unserem Geschlecht nicht zur Ehre... Liszt ... hat mir einmal ... in einer sehr ernsten Stunde gesagt: „Ich habe nie ein junges Mädchen verführt.“ ... Leider

> habe ich nur zu oft gesehen, wie sich ihm die Weiber aufdrängten, daß man hätte denken sollen, die Rollen wären vertauscht.

Es ist kein Wunder, daß unter diesen Umständen seine Vitalität rasch abnahm und damit auch sein Selbstbewußtsein. Das wiederum zog den Verfall seiner künstlerischen Kreativität nach sich, die erst später wieder eine letzte ungeahnte Blüte erreichen sollte.

Allmählich wird Liszt klar, daß er mit seinen Kompositionen die Zeitgenossen nicht mehr erreichen wird. So trägt er resigniert das Goethe-Wort in sein Tagebuch ein: „Meine Sachen können nicht populär werden, wer daran denkt und dafür strebt, ist im Irrtum. Sie sind nicht für die Masse geschrieben." Diese Notiz stammt von 1861! Wie hätte es ihn gefreut, den Erfolggewöhnten, Erfolgverwöhnten, ebenso für Zehntausende zu komponieren, wie er für sie gespielt hatte! Aber er weiß, daß „Mr. Litz" (er spielt auf seine Wunderkindauftritte in Paris an) „fast überall willkommen ist, zeigt er sich am Klavier, aber daß man ihm nicht verzeiht, wenn er so denkt und schreibt, wie es ihm beliebt". Doch kommt es ihm nicht in den Sinn, geschmackliche Zugeständnisse zu machen. Unablässig arbeitet er weiter, komponiert und schreibt unbeirrt, wozu es ihn drängt.

Man spricht heute viel über Liszts Spätstil. Der aber wird schon über Jahrzehnte vorbereitet durch Werke, die wie Trittsteine in einem Bachbett liegen und hinüber zum anderen Ufer führen.

Da gab es etwa die „Harmonies" nach Lamartine. Jetzt, in der römischen Periode, sind es unter anderem drei Trauerоden. Die erste, „Les morts", geht auf Lamennais zurück, die zweite, „La notte", ist eine Orchesterversion von „Il penseroso" (Der Sinnende) auf die Statue des Michelangelo (sie hat auffälligerweise ungarische Wendungen!), und die dritte ist ein Epilog zur sinfonischen Dichtung „Tasso" aus der Weimarer Zeit.

„Sollte bei meiner Beisetzung Musik gemacht werden, würde ich es schätzen, wenn man dafür die zweite dieser Traueroden wählen wollte, wegen des Motivs mit magyarischer Kadenz..."

Sein Wunsch, so bescheiden er sich ausnimmt, wird ihm nicht erfüllt. An seinem Grab erklingt weder jene Trauerode noch überhaupt Musik von Franz Liszt. Dafür sorgt Cosima Wagner.

DAS „VIEL ZU BESCHWERLICHE TRIANGEL" – ROM–WEIMAR–PEST

Durch Ortsveränderung kommt Liszt wieder aus seinem römischen Tief heraus. Es bahnt sich seine letzte große Lebensperiode an, die des international gefragten Klavierpädagogen. Eine Zeit, die er selbst als „viel zu beschwerliche Triangel" bezeichnet, da er seine Jahre jetzt in Trimester teilen wird: Pendelnd zwischen seiner einstigen Wirkungsstätte Weimar, der ältesten Metropole Europas – Rom, und der jüngsten – Budapest. Die meisten und besten Schüler hat er in Weimar, unter ihnen auch enge Freunde und Freundinnen. Die kleinste „Klasse" ist die in Rom. Hier wohnt er meistens in Tivoli, in der prächtigen Villa d'Este des Kardinals Hohenlohe. Die Parkansichten der Villa sind aus seinem Spätwerk, jener mitunter rätselhaften, in sich abgeschlossenen Klangwelt, nicht mehr wegzudenken.

Während man 1869 noch dreieinhalb Stunden mit der Kutsche von Rom nach Tivoli brauchte, gab es 1880 schon die Straßenbahn. Mit der Elektrischen – die Haltestelle befand sich fast am Parkeingang – sparte Liszt zwei Stunden.

Ab 1880 mietete er sich dann auch gern in einem Hotel nahe der Fürstin ein, wo die meisten seiner römischen Schüler wohnten. Hierhin schickte ihm Caroline das Mittagessen, und nachdem er mit seinen Schülern die obligate Partie Whist gespielt hatte, begab er sich von hier aus regelmäßig um acht Uhr zum Souper zur Fürstin. Aber das war wohl kein ungetrübtes Vergnügen mehr, denn Caroline wurde immer seltsamer. Die „Sibylle der Via Babuino" lebte und arbeitete nur noch in abgedunkelten, von der Außenluft hermetisch abgeriegelten Räumen. Wer zu ihr wollte, mußte erst „in Quarantäne" – in einem Vorzimmer einige Minuten warten, damit sich jede Spur der Außenluft an seiner Kleidung verlöre. Ein Besucher: „Sie saß im Zentrum eines großen Salons wie die Spinne in ihrem Netz." Sie schrieb seit Jahren an ihrem Lebenswerk, einer 24bändigen Geschichte der Kirche und ihrer Irrtümer.

Liszts römische Abgeschiedenheit der Jahre zuvor war ohnehin nur eine halbe Sache gewesen. Da waren Reisen zu Uraufführungen seiner Werke in Ungarn, aus privatem Anlaß nach Paris, zu Wagner an den Starnberger See, zu dem Maler Kaulbach nach München, nach Karlsruhe zur Tonkünstlerversammlung des *Allgemeinen Deutschen Musikvereins*. Doch regelmäßig kehrte er nach Rom zurück. Das ändert sich erst, als er 1869 auf Bitten des Großherzogs wieder nach Weimar kommt und das Angebot annimmt, sich in der ehemaligen Hofgärtnerei des Schloßparks einzuquartieren, wo zuvor der Maler Preller sein Domizil gehabt hatte. Allerdings – und das war Bedingung – ohne die Fürstin. Im Jahr darauf kann er die Beethoven-Feier in Weimar leiten, läßt er sich in München von Lenbach malen, bleibt demonstrativ der Hochzeit seiner Tochter mit Wagner fern und verbringt fast ein Vierteljahr in Ungarn. Damit ist seine letzte Lebensperiode, das Dreieck Rom–Weimar–Budapest, eröffnet.

In Europas jüngster Metropole – Budapest

Das Ungarn um 1870 war nicht mehr das, in dessen Fluren Adam Liszt die Schäfer beaufsichtigt hatte. Durch den Sieg Preußens über Österreich 1866 hatten die Magyaren beträchtliche Vorteile erlangt. Immerhin mußte der Kaiser aus Wien nach Buda kommen, um sich dort 1867 vom ungarischen Fürstprimas zum „Apostolischen König von Ungarn" krönen zu lassen; das Land hatte ein eigenes Parlament und eigene Ministerien. Das Selbstbewußtsein stieg. Die Ungarn wurden im Umgang mit den eigenen Minderheiten (Rumänen, Deutschen) das, was die Österreicher früher für sie selbst gewesen waren – erste Kategorie. Nach der Vereinigung von Pest und Buda 1872 und dem Bau weiterer Brücken über die Donau blühte Budapest mit einem Male wie von einem Zauberstab berührt auf – zu einer mondänen Weltstadt.

Der alte Liszt hatte als Präsident der neugegründeten Musikakademie für ein Jahresgehalt von 4000 Gulden die besten Studenten zu unterrichten. Doch, so seine Biographin Clara Hamburger, waren seine dortigen Schüler die schlechtesten – man stand ja erst am Anfang einer systematischen Musikausbildung.

Hatte die Fürstin in Weimar eine Kundschafterin in Person der Adelheid von Schorn stationiert – sie wohnte der Hofgärtnerei gegenüber und konnte den Publikumsverkehr um Liszt genau kontrollieren – und stand er darüber hinaus noch jahrelang unter der direkten „Aufsicht“ der Baronin Meyendorff, so hatte er in Budapest Ruhe vor beiden Sibyllen.

Der skeptisch gewordenen Fürstin gegenüber verteidigte er sich: „Sie werden verstehen, daß es für mich nicht schicklich wäre, jetzt ein Land zu verlassen, in welchem man mir eine zu schätzende Sympathie bezeigt und welches das meinige ist.“ Nach wie vor sei es sein alter Wunsch, „in Zurückgezogenheit zu arbeiten und zu leben, ohne Verbindung mit der Welt“, aber er müsse auch dem „Strom des ungarischen Wohlwollens nachkommen und bezeigen, was ich wert bin“.

Sein 50jähriges Künstlerjubiläum wurde glanzvoll begangen – als ein nationaler Akt. Man stelle sich vor: Der ungarische Justizminister, ein Liszt-Verehrer, deklamierte auswendig eine Ode, die der maßgebliche Dichter des Landes, Mihály Vörösmarty, auf den Maestro verfaßt hatte. Man erwartete offensichtlich, daß sich Liszt ganz in Ungarn niederließe. Aber er fürchtete zu Recht, allzusehr in den Musikbetrieb eingespannt zu werden (der ohnehin erst einmal aufgebaut werden mußte).

> Seit Jahren trachte ich bloß nach der Absonderung von der Welt – mit ein wenig Arbeit und auch etwas träumerischer Faulenzerei, manchmal. Siehe da, nun werde ich mitten in eine äußerliche Aktivität gejagt, und meine Freunde laden mir die schwere Bürde auf, für das Gedeihen und den Ruhm der gesamten kirchlichen und weltlichen Musik in Ungarn zu sorgen. Wie soll ich das bloß anfangen? Apollo selber käme in Verlegenheit, es mir beizubringen.

Er hatte in Ungarn manche treue Freunde, unter ihnen Anton Baron Augusz. Auf dessen Landsitz verbrachte er gute Stunden mit dem Geiger Reményj, mit seiner besten Schülerin Sophie Menter und den Komponisten Mihalovich und Mosonyi. Echte Freunde waren auch der Graf Albert Apponyi und der einarmige Pianist Graf Zichy. Doch konnte Liszt nur bei den wenigsten auf objektive Wertschätzung seines Schaffens rechnen, man verstand nichts davon. In einem Lande, wo es noch nicht einmal eine professionelle Musikkritik gab, verwundert es nicht, wenn

18. März 1872: ***Franz Liszt konzertiert im Redoutensaal in Budapest.*** **Gemälde von Franz Schams**

ein Ministerpräsident, Graf Andrássy, eingesteht: „Ich verstehe nichts von Musik, aber ich verstehe Liszt."

Und es stimmt nachdenklich, wenn Clara Hamburger anmerkt, daß ausgerechnet in Ungarn Liszts Werke immer seltener gespielt wurden. Neben den schon erläuterten Vorbehalten mag auch der Umstand eine Rolle gespielt haben, daß Liszt die Magyaren mit seiner Musik überfordert hat. Denn nicht einmal in seinem eigenen Institut, wo er doch selbst unterrichtete, vermochte man ein Konzert aus seinen Kompositionen zusammenzustellen, da die Schüler während seiner Abwesenheit nicht vorbereitet werden konnten – denn die Lehrer hatten „von den großen Werken des Meisters gar keine Ahnung".

Um so mehr freute er sich, wenn Besuch aus Weimar kam und er seinen ungarischen Schülern zeigen konnte, wie weit man dort sei. Er ließ es sich dann nicht nehmen, die Gäste am Bahnhof selbst abzuholen, und begrüßte sie „wie vor langer Zeit Verlorene. Er besaß soviel Überschwang und Herzlichkeit, daß man darunter bisweilen zu ersticken drohte. Er scheute sich nicht, seine Soutane zu raffen und uns bereits auf dem Bahnhof herumzuschwenken", erinnert sich eine Schülerin.

Die Ungarn konnten mit ihm zufrieden sein, er versuchte sogar, Vorträge in der Landessprache zu halten, die allerdings vorwiegend aus französischen Passagen und Fremdwörtern bestanden. Man reichte ihn in der Gesellschaft herum. Wie hoch Liszt zumindest 1856 im Kurs stand, gibt der Toast zu erkennen, den Graf Andrássy auf den Komponisten ausbrachte:

> Man ärgert sich ..., daß dieser neuerstandene Mozart nicht den Österreichern gehört. Gott sei Dank, es ist nicht so. Die hohen Herrschaften würden dieses Genie wie den Wolfgang verludern lassen ... Wir sind für Liszt, und wir werden alles tun, ihn für uns und mit uns wirken zu lassen, zum Ruhme Ungarns und der ganzen Welt.

Doch dieses fabelhafte Verhältnis zwischen ihm und seiner selbsterwählten Heimat Ungarn wurde in den letzten Lebensjahren getrübt. Erstens durch die Anfeindungen seitens der Ultranationalen, die ihm seinen souveränen Umgang mit Zigeunermusik und ungarischer Volksmusik verübelten, zweitens durch die peinlichen Vorgänge um das „Ungarische Königslied“.

Als Österreich 1711 einen ungarischen Aufstand niedergeschlagen hatte, hatten die Rebellen auch eine Melodie gesungen, die so beliebt wurde, daß man schon bald den aus ihr hervorgegangenen „Rákóczi-Marsch“ als die heimliche Nationalhymne der Ungarn ansehen konnte. Als man Liszt den Ehrensäbel überreichte, mußte er diesen Marsch viermal spielen, den er dann seinen „Ungarischen Rhapsodien“ als Nr. 15 einfügen wird.

Seit jenem Aufstand waren über anderthalb Jahrhunderte vergangen, und die Melodie war im Grunde genommen politisch schon neutralisiert. Doch der Wiener Zentralregierung blieb der zündende Marsch trotzdem noch immer unheimlich – die Erinnerungen an die 48er Revolution waren noch zu frisch –, und schon mehrmals hatte man seine Aufführung verboten. Liszt hat entweder überhaupt nicht bedacht, daß diese Melodie zur hochoffiziellen Einweihung des Budapester Opernhauses 1884 für ein kaiserlich-königliches Auftragswerk ungeeignet sein könnte, oder er wollte – unverbesserlicher Sozialromantiker, der er war – wieder einmal als Künstler zwischen den Fronten vermitteln. Er hatte einen neuen, loyalen Text unterlegt und war empört, als ihm der Intendant, ein ungarischer Baron, folgendes schrieb:

> Zu unserem Bedauern steht dem Vortrage des „Königsliedes" ein unüberwindliches Hindernis im Wege, da dessen Melodiemotive einem allgemein bekannten und gegen das allerhöchste Herrscherhaus gerichteten revolutionären Liede entnommen sind.

Das war objektiv einleuchtend. Noch einleuchtender war allerdings Liszts Erwiderung:

> Umwandlungen sind sowohl in der Kunst wie im Leben nichts Seltenes. Aus zahllosen heidnischen Tempeln wurden katholische Kirchen… Die Musik bleibt immerdar Musik, ohne überflüssige und schädliche Deutungen.

Jedenfalls fand die Einweihung des Opernhauses ohne Liszts „Königslied" statt. Im Budapester Feuilleton hieß es daraufhin, Liszts Statue vor dem eröffneten Gebäude „denkt darüber nach, ob sie nicht die Partitur in ihrem Schoße zuklappen und vom Sockel steigen soll, da ihr der Eintritt in das Haus verweigert wird".

Zu viel Gewicht darf man diesem Gang der Dinge allerdings nicht beimessen. Liszt war nach wie vor in Ungarn hoch geehrt.

„Der alte Feuerkopf" – Liszts späte Aura

Trotz der Betriebsamkeit dieser letzten Periode, die sich zwischen drei Kunstmetropolen abspielt, wirkt sie doch in gewissem Maße statisch. Eher läuft Liszts Leben von selbst ab, als daß er es bewußt gestaltet.

Äußerlich hielt er sich noch sehr gut, zumindest in den 70er Jahren. Alexander Borodin, einer der „Russischen Fünf", der ihn 1877 in Weimar besuchte, erlebte ihn faszinierend:

> Er sprach sehr schön, frei, schnell, hinreißend und viel, wie nur die Franzosen reden können… Er saß keine Minute lang still auf einem Fleck, ging auf und ab, gestikulierte und machte am allerwenigsten den Eindruck eines Geistlichen…

Das änderte sich gegen Lebensende. 1883 war seine hohe Gestalt eingesunken; wie die Bilder – nun auch Fotografien – zeigen, waren die Zähne ausgefallen.

Die auch aus der Ferne noch eine gewisse Kontrolle ausübende Fürstin beklagt den Verfall seiner Garderobe, er sehe aus wie ein armer alter Organist, und in seinen Schuhen könne man eine Bootsfahrt veranstalten.

Carl Lachmund, 1882–84 Schüler bei Liszt, beschreibt die Ausstrahlung des Meisters:

> ...gekrönt von seinen siebzig Jahren, sanft gebeugt und in einer heiligen Ruhe, die durch keinerlei Hochmut getrübt war. Er trug einen schwarzen Samtrock und Hausschuhe von feinstem Leder, aber an den Fersen niedrig geschnitten, so wie Schlafzimmer-Pantoffeln, die jedes Gefühl von Gezwungenheit verscheuchten, ohne aber dem Mann auch nur im mindesten das Würdevolle zu nehmen.

Hanslick beschreibt als objektiver Beobachter die Wirkung, die der Abbé als Dirigent ausstrahlte. Unter seiner Leitung erlebte er eine Aufführung der „Graner Festmesse“, wo ihm sogar Unterdirigenten zur Verfügung standen.

> Die Aufführung ... bot einen merkwürdigen Anblick – das Sehen war ja dem Publikum in erster Linie wichtig. Auf einer erhöhten Dirigententribüne steht Liszt, in langem schwarzen Abbékleid, aus dessen oberen Knopflöchern ein langes schweres Büschel von Miniaturorden herabhängt, eine wahre Malaga-Traube von Ordenskreuzchen. Zahlreiche um das Pult gehängte und gelegte Blumen-Girlanden und Lorbeerkränze bilden eine Art kleinere Bouquets, von deren dunklem Grün sich das imposante weiße Haupt Liszts effektvoll abhebt... Wenn er manchmal die Hand weit ausstreckte über Sänger und Musiker, da sah es mehr wie ein Segnen aus als wie ein Dirigieren. Alles aber, er mag tun was immer, kleidet ihn vornehm und bedeutsam und übt den bekannten, halbhundertjährigen Zauber auf jung und alt... Dirigiert er selbst eine seiner Kompositionen, so schweigen nicht bloß die bekannten Mißlaute der Opposition..., nein, das Opponieren selbst, das innere Widerstreben so mancher Zuhörer gegen Liszts Schöpfungen schweigt besänftigt, wenn das von Geist und Wohlwollen leuchtende Antlitz des alten Feuerkopfes sie anblickt, Liszts Musik gleichsam durch seinen Mund spricht.

Drei Frauen um den Abbé: schwarze Katze, Kosakenblut, Gretchen

Ebensowenig, wie der gütige Liszt oder der „Jupiter tonans" der ganze Liszt war, darf man glauben, was er 1876 der Fürstin versicherte: „Das Ewig-Weibliche zieht mich nicht mehr hinan." Von wegen. Nach wie vor sonnte er sich in der erotisch knisternden Umgebung des schönen Geschlechts. Ein ungarischer Geiger beobachtete den 71jährigen nach einem Konzert in Belgien:

> Die Damen drängten sich an ihn und bedeckten sein Gesicht, seine Hände, ja seine Soutane mit Küssen... Liszt fühlte sich unaussprechlich wohl ... und setzte sich zum Dank abermals ans Klavier...

Aus der Fülle der Affären um den Abbé heben sich drei heraus, teils, weil die Bewerberinnen besonders hartnäckig waren, teils, weil sie wirkliche Weggefährten für den alternden, einsamen Mann darstellten. Es ist sogar – bei ihm die große Ausnahme – eine Bürgerliche dabei, die nichts anderes zu bieten hat als aufopfernde Liebe.

Die „schwarze Katze", geborene Prinzessin Olga Gortschakowa und mit dem russischen Baron Meyendorff verheiratet, hatte Liszt noch in seiner römischen Periode kennengelernt. Sie begleitete ihn dann nach Weimar und führte dort bald ein der Fürstin vergleichbares Regime ein, das Liszt offenbar wohl- und not tat. Die Abende hatte er fortan bei ihr zu verbringen; wer ihn noch spielen hören wollte, mußte den Weg über die Baronin nehmen. Borodin hat das dann auch so gemacht. „‚Wenn Sie Liszt hören wollen', sagte sie, ‚kommen Sie am besten zu mir. Er hat manchmal Launen; dann können Sie ihn nicht dazu bewegen, daß er spielt; aber ich bringe es immer fertig.'"

Von noch ganz anderem Schrot und Korn als die siegreiche Russin war die Gräfin Olga Janina, nach Lola Montez die dramatischste Erscheinung in seiner Damengalerie. Für die Meyendorff hatte diese übrigens (in Anspielung auf die Fürstin in Rom) nur die knappe Bezeichnung „Sibylle Nr. 2" parat. Die ungemein temperamentvolle und scharfzüngige Italo-Russin Janina war 1869

<u>Oben:</u> Gran mit seiner Kathedrale, zu deren Einweihung im Sommer 1856 die *Graner Festmesse* erklang
<u>Rechts:</u> *Die Zypressen der Villa d'Este.* Titelblatt des 1883 erschienenen Klavierstücks

ebenfalls noch in Rom als Schülerin zu Liszt gekommen. Sie muß ihm regelrecht verfallen gewesen sein und folgte ihm zwei Jahre lang überallhin. Dabei hatte sie den Stolz der Kosaken, deren Blut in ihren Adern floß. Als für Liszt die Affäre beendet war, bedrohte sie ihn mit dem Revolver, nahm dann Gift und erst auf sein Flehen hin ein Gegengift, um dann auf Nimmerwiedersehen zu verschwinden. Sie verarbeitete ihre dramatischen Erlebnisse literarisch. Dank ihrer Abstammung hatte die Janina nicht die scheinheilige Etikette des Salons nötig, wie sie Marie d'Agoult in „Nélida" beachten mußte. Ihre Memoiren sind die Tagebücher einer tödlich verletzten Frau, die kein Blatt vor den Mund nimmt: „Souvenirs d'une Cosaque", „Les Amours d'une Cosaque", „Mémoires d'un Pianiste" und „Le Roman du Pianiste et de la Cosaque". Die Hauptpersonen heißen sehr durchsichtig François und Nélida.

Was die Janina schreibt, ist zwar von Bosheit getränkt, bestätigt aber das Bild von einem bis zur Paradoxie zwiespältigen Menschen und Künstler. Hier ihr Bericht von einem Karfreitag. Liszt war zur Kirche gegangen, danach kam er zu Olga.

> Seine Augen waren feurig, leidenschaftlich. Er umarmte mich: Nie hat ein Christ die Auferstehung seines Heilandes besser zelebriert. „Siehst du", sagte er, „nichts tut so gut, als wenn man sein Gewissen in Ordnung bringt." Ich verstand dann, daß er an ein periodisch wiederkehrendes Büßen gewöhnt war. In der Tat widmete er alle sechs Monate eine Woche der Rettung seiner Seele. Ohne Zweifel glaubte dieser Mann an die Wirksamkeit, in den Augen des Himmels, seiner erbärmlichen Heucheleien.

Wie keine andere drang Olga Janina in die Klüfte seines Denkens und Fühlens ein, und Liszt scheint ihr auch alles anvertraut zu haben. Denn als die Kosakengräfin im Schlüsselroman „Sylvia Zorelli" intime Details über seine Beziehung zu Marie d'Agoult ausplauderte, mußte Marie öffentlich protestieren. Was zur Folge hatte, daß die Zeitschrift *L'Ambassadeur* anmerkte, Madame Stern alias d'Agoult gestehe durch ihre Empörung ein, daß der betreffende Roman auf Tatsachen beruhe. Die Fürstin in Rom war so entsetzt, daß sie Liszt zu einer Wallfahrt nach Syrakus schicken wollte! Liszt zog Paris vor, und zwar die Gesellschaft der Exkaiserin Eugénie.

In der Liszt-Literatur wird die Janina meist als Nymphomanin bezeichnet und ihr Bericht als Verleumdung abgetan. Aber in vielen Punkten erweist sie sich als real und modern denkende Frau. Ihrer schonungslosen Ehrlichkeit war Liszt auf Dauer nicht gewachsen.

Was sie von seiner Einstellung gegenüber Rang und Besitz überliefert, paßt zu dem, was man vom Beginn seiner Beziehung zur Fürstin weiß. „Als ich ihm von meiner hohen Geburt und meinem Vermögen erzählte, schwoll er vor Stolz und Behagen förmlich an..." Um ihn zu testen, fragte sie einmal, was geschehen würde, wenn sie ihr Vermögen verlöre: „‚Dann würdest du bald die Luft deines Heimatlandes einatmen...' Er ist durch Eitelkeit verfault. Er hat mich nur deswegen geliebt, weil ich reich war."

Lina Schmalhausen war gewissermaßen Bestandteil des kostbaren Inventars, das ihm 1881 anläßlich seines 70. Geburtstages mitsamt einer komfortablen Wohnung in der ungarischen Landesmusikakademie übereignet wurde. Von seinen Räumen aus hatte er direkten Zugang zum Musiksaal; die Möbel waren ein

Geschenk der ungarischen Adelsdamen, der Flügel eine Stiftung des Wiener Fabrikanten Bösendorfer. Und als Haushälterin und jugendliche Liebhaberin erwartete ihn Lina – als „Stiftung“ der weitsichtigen Kaiserin Augusta. Lina sollte gerade in diesem Jahr noch zusätzliche Bedeutung für Liszt gewinnen, denn in seiner Weimarer Wohnung stürzte er schwer und wurde zeitweilig zu einem Pflegefall. Es gibt ein rührendes Foto, wo man den Greis mit seiner Mähne dem Mädchen mit dem wachen, dienstfertigen Blick gegenübersitzen sieht. Sie kochte für ihn die Magendiät, die er brauchte, kümmerte sich um seine Garderobe und las ihm vor, was er mit seinen zunehmend schlechter werdenden Augen nicht mehr entziffern konnte. Ausgerechnet über sie rümpfte man die Nase, Bülow fand das Verhältnis skandalös, und als Liszt in Bayreuth starb, wurde Lina nicht vorgelassen.

Stall oder Hofstaat – Europa in Weimar

Eigentlich konnten alle Beteiligten zufrieden sein. Liszt und dem Großherzog, der endlich begriff, wen er einst hatte ziehen lassen, war das Kunststück gelungen, die Fürstin aus dem neuen Alltag in der Hofgärtnerei auszuschließen. Sie kam diesem Bemühen sogar selbst entgegen, weil sie lieber in der Ewigen Stadt bleiben wollte, um dort an ihrem nicht enden wollenden Traktat weiterzuschreiben. Liszt wußte, wie er sie in guter Stimmung halten konnte: indem er ihre Lieblingszigarren besorgte, die in Westfalen für sie in einer Länge von 30 cm gefertigt wurden.

Wenn man Wagners herrschaftliche Residenzen – zuletzt den Palazzo Vendramin in Venedig oder auch „nur“ Villa Wahnfried in Bayreuth – zum Vergleich heranzieht, dann wirkt Liszts zweite Behausung an der Ilm mehr als schlicht. Er bewohnte in der ehemaligen Hofgärtnerei eine geräumige Oberetage in reizvoller Parklandschaft; unten lebten die Angestellten. Doch die Einrichtung war durchaus komfortabel.

Damit hatte es seine besondere Bewandtnis. Freund Wagner war zu Besuch gewesen, hatte von rosa Seidentapeten, goldlila Brokat und besonderen schweren Gardinen geschwärmt und dann von seiner Wiener Dekorationsfirma die Sachen liefern lassen, zur freudigen Überraschung des Hausherrn. Was hinterher kam, konnte der nicht ahnen. Oder: als langjähriger Freund Wagners hätte er es eigentlich wissen müssen. Nach Monaten kamen nämlich die Rechnungen, ausgestellt auf Liszts Namen.

Die Zahl der Schüler, die Liszt in Weimar (wie immer kostenlos) unterrichtete, schwankte zwischen 25 und 40. Die Talentierten unter ihnen werden später wieder selbst Schüler haben und ihnen das Beste, was sie von Liszt mitbekommen haben, weitergeben. Von der alten Hofgärtnerei des Großherzogtums geht die Tradition einer bestimmten ganzheitlichen „Pianistik" aus. Die berühmtesten Schüler – Künstler, die ihrem Lehrmeister Ehre gemacht haben – heißen Eugen d'Albert, selbst bekannter Komponist („Tiefland"), Alexander Siloti (Lehrer von Rachmaninow), Emil Sauer, Karl Tausig, Karl Klindworth, Sophie Menter, István Thomán (Bartóks Lehrer), Xaver Scharwenka (der in Berlin und New York eigene Klavierschulen eröffnen wird) und Moritz Rosenthal. Aber auch spätere Komponisten von Rang besuchten ihn und nahmen gelegentlich Unterricht oder wohnten ihm bei – neben Borodin sind es César Franck, Camille Saint-Saëns, Bedřich Smetana, Mac Dowell und Edvard Grieg.

Das Völkergemisch in den Räumen der Hofgärtnerei muß für damalige Begriffe unfaßbar gewesen sein. Lachmund zählte zwölf Nationen: Deutschland, Holland, England, Norwegen, Schweden, Polen, Bulgarien, Portugal, Türkei, Schweiz, Amerika und Rußland. Um sich die Sache zu vereinfachen und Farbe in den Unterricht zu bringen, redete Liszt die Schüler oft mit Ländernamen an. „Nun, was hat Holland heute mitgebracht?" oder: „Das müssen Holland und Amerika für uns spielen!"

Das Begrüßungszeremoniell reichte vom Hofknicks einer Novizin über die linkische Verbeugung eines jungen Mannes bis zum Handkuß; vertrauteren Schülerinnen strich er über die Wange, küßte sie wohl auch auf die Stirn und gestattete ihnen, ihn selbst auf die Wange zu küssen. „Er liebte seine Schüler, das war ganz offenbar. Und da er kein Familienleben führte, waren sie ‚seine Kinder', seine Familie", schreibt Lachmund.

Von diesen jungen Leuten selbst erfuhr der russische Gast Borodin, daß Liszt

> nur ungern neue Schüler annimmt und daß es nicht leicht ist, zu ihm zu kommen; soll das geschehen, so muß entweder er selbst sich für die betreffende Persönlichkeit interessieren,

> oder es müssen sich Leute für dieselbe einsetzen, die Liszt besonders schätzt. Hat er aber jemand einmal zugelassen, dann bleibt es diesem gegenüber selten bei dem kühlen Verhältnis des Lehrers zum Schüler, sondern bald nimmt Liszt auch an dem Privatleben seiner Schüler warmen Anteil; manchmal ist er in ihre intimsten, materiellen und seelischen Interessen und Bedürfnisse eingeweiht...

Ein Schüler hatte sich seine Kritik so sehr zu Herzen genommen, daß er zu trinken begann; ihn suchte der Meister persönlich auf und half ihm wieder aus dem moralischen Tief. Als Edvard Grieg bei einer freundschaftlichen Balgerei mit Raff die Hose platzte, hat sie der Lehrer höchstpersönlich geflickt! Der Norweger hütete dieses Beinkleid noch jahrzehntelang als Reliquie.

Am Ende des Unterrichts – so Borodin –, wenn die Schüler aufbrachen,

> leitete Liszt sie in das Vorzimmer; einigen half er in die Mäntel, viele Schülerinnen küßten ihm beim Abschied die Hand, und er küßte sie auf die Stirn. Als alle gegangen waren, sah er ihnen lange nach; dann wandte er sich zu mir und sagte: „Ach, wenn Sie wüßten, was das alles für prächtige Leute sind...! Und wieviel Leben steckt in ihnen..." – „Ja, und doch steckt dieses Leben in dir, du lieber Mensch!" hätte ich zu ihm sagen mögen...

Oft verbrachte er mit seinen „Kindern" auch die Freizeit; gern spielte er mit ihnen Whist – eine seiner unschuldigen Leidenschaften. Nur verlieren konnte er nicht. Und die Schüler taten ihr möglichstes, damit er seinen Spaß hatte, und ließen ihn gewinnen.

Höhepunkte der Gemeinsamkeit waren auswärtige Exkursionen. Borodin erlebte die Ankunft der Schülerschar bei einer Stellprobe zu einem Kirchenkonzert in Jena.

> Gegen 12 Uhr geriet alles in Aufregung... Die Türen wurden aufgerissen, und herein trat die charakteristische schwarze Gestalt Liszts mit einer Dame am Arm, der Baronin Meyendorff... Ihnen folgte die ganze Phalanx der Lisztschen Schüler und Schülerinnen, richtiger der Schülerinnen, denn es war nur ein einziger Schüler dabei, Zarembski, ein Pole... Diese ganze Gesellschaft drängte sich sehr ungezwungen und formlos in die Kirche und verteilte sich, in allen möglichen Sprachen plappernd, in den Bänken..."

Nach dem Konzert gab es im Haus eines vermögenden Freundes Thüringer Bratwürstchen. Die Rückfahrt nach Weimar, schon mit der Eisenbahn, bereitete Probleme. Liszt, der schläfrig war und wieder unter seiner Gastritis litt, hatte man in einem Wagen erster Klasse „langgelegt", doch fehlte es an Platz für die ganze Gesellschaft. Es wurde ein Waggon angehängt für Liszts Hofstaat.

Für diesen hatte Hans von Bülow eine andere Bezeichnung: „Stall", denn die Schülerschar war durchaus ungleichwertig. Bülow behauptete sogar, so schlecht wie sommers in Weimar werde in der ganzen Welt sonst nicht gespielt.

Die Kosakengräfin Janina schreibt gar von einem Schwarm „pensionierter Mätressen", die den Meister wie Fliegen umgaben. Für eine besonders unfähige Schöne hatte Bülow den Kommentar: „Der Meister mag sie vielleicht geküßt haben, aber die Muse nicht!"

Einmal traf Hans von Bülow den Hausherrn krank an, und um zu verhindern, daß er trotzdem unterrichtete, übernahm er die Stunde. Diese Gelegenheit, den Augiasstall auszumisten, wollte er sich nicht entgehen lassen. Lina Schmalhausen, die weniger des Klavierspiels wegen bei Liszt war, stahl sich zur Tür. „Nein, nein, gerade Sie wünsche ich zuerst zu hören!" Als das zitternde Mädchen danebengriff: „Ich habe gehört, daß es Leute gibt, die nicht bis drei zählen können. Sie aber können offenbar nicht einmal bis zwei zählen!" Die Berichterstatterin Emma Grosskurth, selbst keine der ersten oder zweiten Garnitur, beschreibt das Chaos:

> Nun, ich sage euch, es war, als ob ein Habicht in einen Hühnerhof herabgestoßen wäre. Einige von uns versuchten, sich zitternd irgendwo zu verstecken... Aber Hans von Bülow holte sich noch mehrere weitere Opfer, bis endlich diese Schreckenslektion ihr Ende hatte.

Ein unkonventioneller Klavierpädagoge

Wöchentlich unterrichtete Liszt dreimal von vier bis sechs; zu den Schülern kamen oft noch besorgte Mütter, Freunde mit Anwesenheitsprivileg – unter anderen der Großherzog – und von

Liszt selbst Eingeladene, mitunter waren es 35 und mehr Personen.

Seine Methode war ein Muster der Spontaneität. Wer nichts konnte, konnte auch nichts lernen. Wer nicht selbst arbeitete, dem vermochte er auch nichts zu vermitteln. Er gab prinzipiell Gruppenunterricht, die Gruppen bestanden aus zirka zehn Schülern. Nur zweien war es gelungen, Liszt zu Einzelstunden zu bewegen: Bülow und Tausig.

Die Schüler legten ihre Noten auf einen besonderen Tisch, wo sich Liszt dann heraussuchte, was er mit ihnen durchnehmen wollte. Erstaunlicherweise ließ er Stücke der „Brahmsianer" spielen, kaum aber seine eigenen Kompositionen. Da konnte er sogar ungnädig werden. Als eine Schülerin seine „Wasserspiele der Villa d'Este" mittelmäßig vortrug, bekam sie zu hören: „Meine Gnädige, das sind nicht die Wasserspiele im Park der Villa d'Este gewesen, das war die Wasserspülung im kleinsten Lokale der Villa d'Este..." Generell akzeptierte er die Eigenarten seiner Schüler. Borodin beobachtet:

> Seinen eigenen Vortragsstil zwingt er keinem Schüler auf, äußert keine besonderen ins einzelne gehenden Wünsche, was die Haltung, den Fingersatz, den Anschlag betrifft, weil er zu gut weiß, daß dabei das Individuum eine zu große Rolle spielt. Doch verschließt er sich nie davor, seine eigenen Griffe zu erklären, wenn er sieht, daß der Schüler irgendwelche Schwierigkeiten hat.

Und d'Albert geht noch weiter:

> Was kümmert ihn die Genauigkeit des Vortrags, wenn nur Leben darin steckt, weg mit der pedantischen Schulmeisterei!

So hat Liszt den Schlachtruf Victor Hugos „Nieder mit dem Alexandriner!" von Paris nach Weimar getragen, und von dort wird er in alle Welt gehen. Und wie einst, so galt auch hier das Charakteristische als der höchste Trumpf. „Je dämonischer gespielt wurde, um so zufriedener war er", erinnerte sich der Schüler und Sekretär Stradal. Was Liszt nicht vertragen konnte, war, wenn jemand unvorbereitet zum Unterricht kam. Dann sagte er wohl, man solle seine Schmutzwäsche zu Hause reinigen. „Starke Techniker, die daneben musikalisch unbedeutend sind, werden von ihm geradezu malträtiert und auf ein Konservatorium ... verwiesen", versicherte Stavenhagen. Überhaupt war für ihn ein Konservatorium so etwas wie eine Besserungsanstalt für Unfähige, speziell „drohte" er gern mit dem Leipziger...

Aber ohne Technik lief auch bei Liszt nichts, und er konnte zuweilen streng sein. Amy Fay, die als eine seiner Lieblingsschülerinnen zu glauben schien, sich Freiheiten herausnehmen zu dürfen, wollte keine Terzenläufe üben. Liszt soll sie vier Tage lang bei Brei und Milch in ein Übungszimmer eingesperrt haben. Als danach die Doppelläufe nur so perlten, erhielt Amy von seiner Hand das folgende Diplom:

> Fräulein Fay hat durch die Kraft des Hirsebreis und durch die Stärkung gewöhnlicher Kuhmilch eine außergewöhnliche Meisterschaft im Klavierspiel erreicht. Sie ist in der Lage, Terzen...gänge in hervorragender Weise auszuführen. Dies bescheinigt Franz Liszt zu Weimar.

Sein Unterricht hatte Wärme und Esprit. Seine russische Meisterschülerin Vera Timanowa hatte sehr kleine Hände und arbeitete deshalb mit bestimmten Tricks. Wenn Liszt merkte, daß andere ähnliche Schwierigkeiten hatten, sagte er bisweilen: „Versuchen Sie einmal, es à la Vera zu spielen!" Und wenn jemand meinte, er könne dies oder das nicht spielen, nötigte ihn Liszt dennoch an den Flügel und bat: „Nun zeigen Sie uns, wie Sie das nicht können."

Nach diesen Mitteilungen über den Klavierpädagogen Liszt, die wir Alexander Borodin verdanken, sind die Erinnerungen Carl Lachmunds besonders informativ.

Erstaunlicherweise war der pathetischste aller Virtuosen empfindlich gegenüber jeder Form von Übertreibung. „Albertus magnus", wie er d'Albert wegen seiner großen Begabung nannte, spielte ihm manchmal zu heftig. Ihm riet er, in einen Mäßigkeitsverein einzutreten. Als eine Schülerin ein Chopin-Nocturne zu sentimental spielte, setzte er sich selbst an das Instrument und ahmte sie nach, nahm eine Miene „unsäglicher Traurigkeit" an und wiegte seinen Kopf „rührselig hin und her ..., als schwände sein Herz dahin in übergroßem Liebesschmerz. Wir lachten Tränen, und auch die junge ... Dame ... stimmte in das Lachen mit ein. Wir alle aber hatten daraus wieder etwas gelernt."

Kritische Bemerkungen verband er gewöhnlich mit freundlichem Humor. Eine Schülerin vergewisserte sich bei Sprüngen immer erst, ob sie richtig treffe – „als ob Sie erst nach der richtigen Hausnummer ausschauen wollten“, tadelte Liszt. Wenn Läufe und Arpeggien nicht exakt waren: „Spielen Sie das zu Hause, dort wird es für Ihre Tanten und Cousinen genügen.“ Und wenn es zu arg war: „Das riecht zu sehr nach Unschuld. Aber diese Unschuld grenzt schon beinahe an Dummheit.“ Nur selten geriet er außer sich: „Wegen dieses Fehlers verdienten Sie Prügel!“

Da er keine systematische Ausbildung betrieb, wiegen seine wenigen konkreten Empfehlungen doppelt. „Wenn Bässe in regelmäßigen Abständen absteigen, müssen Sie sie beim Hinabgehen ein wenig verstärken.“ Bei Aufwärtsläufen sah er darauf, daß die letzten Noten ein Crescendo erhielten, damit sie deutlich blieben. „Es darf nicht so klingen wie das Vorspiel eines Klavierstimmers.“ Um Synkopen hervorzuheben, „erweitere ich den Wert der synkopierten Note ein wenig und verkürze die darauffolgende Note ganz leicht“.

Und der erfahrene Konzertpianist gab Ratschläge fürs Podium. „Man darf nicht nur für die Leute in der ersten Sitzreihe spielen, denn sie sind meist Inhaber von Freibillets – spielen Sie lieber für die oben in der Galerie, die 10 Pfennige für ihren Platz zahlen. Diese sollten nicht nur etwas Schönes hören, sondern auch sehen!“ Dabei hob er die Hand etwa 30 Zentimeter hoch, bevor er sie zu wichtigen Kantilenen senkte. Wenn einer danebengriff: „Macht nichts, macht gar nichts – Rubinstein selbst wendet nie etwas gegen ein paar ‚ungeladene Gäste‘ ein!“ Und wie schon bei der Auffassung der Synkopen und seinem Eintreten für ausdrucksvolles, nie automatenhaftes Spiel hier ein ganz entscheidender Grundsatz, den er einer Schülerin einschärfte, die ständig den Takt mit dem Kopf nickte: „Um Gottes willen – nur nicht metronomisieren!“

Was man jedem Tänzer und Schauspieler sagt, das empfahl Liszt auch seinen Schülern. „Erblicke von dir ein Bild, wenn du spielst. Wenn du ‚Gretchen am Spinnrade‘ spielst, dann sei auch wirklich Gretchen und leide mit ihr, empfinde dich verlassen, liebend und gebrochenen Herzens!“

Als einen ganz besonderen Patron seiner Unterrichtsstunden

rief er häufig den „heiligen Bimbam“ an, was aus dem Munde eines Abbés sehr auflockernd wirken mußte.

Daß in der Hofgärtnerei manchmal auch Betroffenheit und Stille einkehren konnten, schildert Siloti. Ein Werk ließ Liszt nicht spielen – Beethovens sogenannte „Mondscheinsonate“. Eine junge Amerikanerin (Amy Fay?) wußte das nicht und legte die Noten auf den Tisch.

> Liszt sah das junge Mädchen an und sagte: „Liebes Kind, man darf mir dieses Stück nicht bringen; ich erlaube nicht, daß man es spielt, weil es in der Jugend mein Steckenpferd gewesen ist, aber da wir heute in guter Stimmung sind, so werde ich Ihnen die Sonate vorspielen.“ ... Liszt spielte im kleinen Zimmer mit Teppichen auf dem Fußboden, und in diesem kleinen Raum waren 35 bis 40 Menschen anwesend; der Flügel war abgespielt, ungleich und verstimmt. Als er kaum die Einleitungstriolen gespielt hatte, fühlte ich schon, daß ich in diesem Zimmer fast nicht mehr existierte; aber als nach 4 Takten das *gis* in der rechten Hand anfing, verstand ich nichts mehr. Dieses *gis* hob er nicht hervor, aber es war ein mir unbekannter Ton, welchen ich jetzt, nach 27 Jahren, noch deutlich höre. Er spielte den ganzen ersten Satz, dann den zweiten, den dritten fing er nur an und sagte, daß er zu alt sei und nicht genug physische Kraft habe... Ich habe diese Sonate nie öffentlich gespielt; noch mehr, ich habe sie nie mehr gehört; wenn ich im Konzert, wo sie gespielt werden sollte, anwesend war, verließ ich den Saal.

„Ex oriente lux“ – Smetana und Borodin

Es blieb nicht bei den „direkten“ Zöglingen. Zu ihnen kam noch eine nicht genau zu beziffernde Anzahl „indirekter“ Schüler, denen Liszt den Weg als Komponisten gewiesen oder geebnet hat.

Stellvertretend für die Flut ähnlicher Schreiben mit ähnlichen Anliegen soll ein Brief von Smetana stehen, der Liszts neue Form der sinfonischen Dichtung begeistert übernommen und vielfältig ausgearbeitet hatte. Im März 1880 schrieb Smetana aus Prag:

> Wenn ich Sie, verehrter Meister, mit der Zusendung des einen Teils meiner jetzigen Tätigkeit belästigte, so geschieht dies, weil Sie es sind, der mich von jeher mit wohlwollender Güte beurteilt und mich zur Tätigkeit geweckt hatte. Auch daß ich Sie bitte, meinen Werken durch Ihre mächtige Fürsprache, wenn Sie es dessen würdig finden, den Weg zu öffentlichen Aufführungen und Vorträgen zu bahnen, müssen Sie mir verzeihen, denn mein trauriges Los* nötigt mich, meine Werke öffentlich, soviel es geht, bekannt zu machen ... werde ich sie Ihnen zusenden mit der Bitte, auch fernerhin mir zu bleiben, was Sie waren, Lehrer und Meister, Gönner und – Freund!

Liszt nahm sein Engagement für alles Östliche sehr ernst, zumal er sich selbst für einen Osteuropäer hielt. Außerdem glaubte er und suchte diese These durch sein Wirken nach Kräften zu stützen, daß aus dem Osten das frische Blut komme, das Europa brauche. Speziell dachte er da an Rußland. „Der Meister behauptete, in Rußland habe man kaum noch das erste Wort gesagt von all dem, was das übrige Europa nahezu erschöpft hat. Dieses Riesenland habe noch mehr geistige Horizonte zu entdecken, als Strecken zu explorieren. Von dort würden uns alle möglichen Neuerungen kommen, auf dem Felde der Wissenschaft, Literatur und Kunst“, schreibt Janka Wohl 1887 in ihren „Erinnerungen einer Landsmännin“. Und er selbst ist nach der Beschäftigung mit den „Russischen Fünf“ überzeugt, daß „die von diesen gesäte Furche doch mehr Früchte bringt als die der verspäteten Nachahmer Mendelssohns und Schumanns“.

Begonnen hatte der konkrete Kontakt mit russischen Komponisten, als Borodin, Cui, Rimski-Korsakow (von der Gruppe der „Fünf“) und der Korsakow-Schüler Anatoli Ljadow dem Weimarer Meister ihre „Paraphrasen“ über ein sehr leichtes Thema übersandt hatten – eigentlich ein musikalischer Scherz, aber durchaus mit pädagogischem Nutzeffekt. Liszt war von dieser unkonventionellen Gruppenkomposition natürlich begeistert und würde „am liebsten ... den Professoren für Komposition in allen Konservatorien in Europa vorschlagen, Ihre Paraphrasen in ihrem Unterricht als praktischen Leitfaden zu verwenden“.

Borodin konnte ihn in Weimar besuchen, mit Cui und Korsakow wechselte er Briefe. Mussorgski wäre gern ebenfalls nach

* Smetana war seit 1874 völlig taub

Weimar gereist, aber er kam aus seinem Ministerium nicht frei. Als er hörte, wie angetan Liszt von seinem Liederzyklus „Kinderstube" war, schrieb er an Stassow: „Was wird Liszt erst sagen oder denken, bekommt er einmal ... meinen ‚Boris' zu sehen?" Borodin gegenüber klagte Liszt:

> Hier wird viel geschrieben ... aber, mein Gott, wie ist das alles flach! Nicht ein einziger neuer Gedanke! Aber bei Ihnen fließt ein lebendiger Strom; früher oder später ... wird er sich auch bei uns Bahn brechen.

VIA CRUCIS – BILANZ DER TRAUER

Als Ende 1882 in Olliviers zweiter Ehe ein Junge geboren wurde, gratulierte Liszt auf eine bedrückende Art:

> Das menschliche Dasein ist so voll von Gram und Enttäuschungen, daß ich mich nicht mehr recht über das Zurweltkommen eines kleinen Wesens freuen könnte, welches all unseren Unvollkommenheiten, unserem Unglück und Wahnsinn preisgegeben ist. Im Gegenteil, der Tod meiner Bekannten bekümmerte mich nicht übermäßig. Ich halte ihr Los vielmehr für beneidenswert, weil sie das harte Joch des Lebens und die damit unzertrennlich verbundene Verantwortung nicht mehr zu schleppen brauchen.

Den Tod hatte er in nächster Umgebung und in der Musikwelt mehrfach erleben müssen. 1868 starb Rossini, im Jahr darauf Berlioz, 1870 der ungarische Komponist Mosonyi, 1871 sein Schüler Karl Tausig, 1872 Liszts Jugendliebe Caroline, geb. Saint-Cricq, 1874 sein Freund und einstiger Sekretär Cornelius, 1876 – in einem Jahr – Marie d'Agoult und George Sand, 1878 war es der ungarische Freund Baron Augusz, 1882 Joachim Raff, sein ehemaliger Assistent in Weimar. Kein Wunder, daß jetzt auch seine Gedanken um das Ende kreisten, teils bitter, teils sehnsüchtig, teils ergeben.

Von einem Treppensturz in der Hofgärtnerei im Juli 1881, der vielleicht durch einen leichten Schlaganfall verursacht wurde, hat Liszt sich nie wieder ganz erholt; nicht nur sein Gang blieb beeinträchtigt, sondern er hatte zeitweilig sogar Sprachstörungen und Lähmungserscheinungen. Man machte sich Sorgen um ihn. Bülow schrieb:

> Seine Unbehilflichkeit und körperliche (wie leider auch geistige) Schwäche ist in so hohem Grade Tag für Tag zunehmend, daß ihm ein wirkliches Malheur zustoßen könnte, wenn er sich selbst überlassen bliebe.

Trotzdem reiste Liszt, von Bülows Tochter Daniela, seinem „Schutzengel", begleitet, nach Rom, um dort seinen 70. Geburtstag zu feiern. Er durfte zufrieden sein: Der deutsche Botschafter gab für ihn eine Matinee und überreichte ihm die Ernennungsurkunde zum Ehrenpräsidenten des Allgemeinen Deutschen Tonkünstlerverbandes. Der Verband selbst hatte eine Liszt-Medaille anfertigen lassen und an die Mitglieder versandt, aus Wien kam sehr positive Presse und aus Leipzig die Nachricht, daß der berühmte Riedelchor seinen „Christus" aufs Programm gesetzt habe. In Rom selbst erklang die „Dante-Sinfonie".

Aber aufheitern konnte das den 70jährigen nicht. Seine Tage mündeten in die rätselhafte, verhangene Atmosphäre der Via Babuino, wo ihn abends die alte Fürstin erwartete. Niemand hat das Gemisch aus Anhänglichkeit, Resignation, Entfremdung und Sehnsucht besser erfaßt als Carolines Tochter, die der Liszt-Biographin La Mara mitteilt:

> Von nun an entspinnt sich das qualvolle Martyrium dieser beiden Menschen, die einander alles gewesen und die jetzt wie Erblindete einander unaufhörlich suchen, ohne sich je zu finden. Es hindert sie so vieles im eigenen Innern, einander anzugehören, und trotzdem können sie nicht voneinander lassen! Dantes Phantasie, die das ganze Fegefeuer unerfüllten Sehnens heraufzubeschwören vermochte, hat keine schmerzvollere Sühne erfunden für den vielleicht frevelhaften Übermut, keine anderen Schranken als die selbstgezogenen im Leben anzuerkennen.

Bayreuth – Wagner stirbt

Die Fürstin war, spätestens seit der skandalösen Eheschließung zwischen Wagner und Cosima, erklärte Gegnerin Wagners. Als Liszt sich 1872 vornahm, zur Grundsteinlegung des

Festspielhauses nach Bayreuth zu reisen, schrieb sie ihm: „Das wäre, als wenn Sankt Peter sich zu Judas Ischariot begäbe."

„Sankt Franziskus" ließ sich aber nicht beirren und fuhr hin. In Bayreuth brauchte man Geld, viel Geld für das grandiose Unternehmen. Liszt war die geeignete Person, um Spender zu aktivieren. Er half natürlich („als Torhüter", wie er der Fürstin schrieb), sah er doch in Bayreuth eine „Aufgabe, die das Schicksal an mich stellt".

Cosima Wagner, Richard Wagner, Franz Liszt und Hans von Wolzogen in Haus Wahnfried. Gemälde von Wilhelm Beckmann, 1882

Leider gab es Streit in Villa Wahnfried, denn Wagners teutonische Einstellung und Liszts Kosmopolitentum prallten aufeinander, und Cosima tat das Ihre, den Streit zu schüren. Nicht nur einmal stand Liszt hungrig und wütend vom Tisch auf, um eine politische Diskussion abzubrechen.

Trotz allen Bemühens konnte das Festspielhaus nicht schon 1873 eröffnet werden. Doch am 13. August 1876 war es dann soweit.

Der Wagner-Tenor Albert Niemann sah Liszt kurz vorher beim Empfang: „Er war ein Fürst unter Fürsten." Cosima fürchtete, ihr Vater könne den Ruhm Richards verdunkeln, und gab ihm zu verstehen, er möge sich zurückhalten: „Den Clan der Fürsten laß für Richard! Bleibe bei denen, die für dich taugen!"

Liszt saß bereits in der Kutsche, als ihn diese Worte wie Peitschenhiebe trafen. Seine Schüler Stavenhagen (der es überliefert) und Ansorge saßen neben ihm und hörten den bitteren Kommentar: „Dieses Weib ist der Stachel zu meinem Ende!" Ausnahmsweise sah die Presse einmal klar, wie die Gewichte verteilt waren. In der *Vossischen Zeitung* hieß es:

> Über allem aber stand ein guter Geist, der in Person anwesend war: Franz Liszt. Wagner weiß, was er diesem Großartigen zu verdanken hat ... zumindest die Legitimierung seines wahnwitzigen Unternehmens ... Liszt war der eigentliche Held neben dem Komponisten.

So sind es zwei Frauen, die schließlich verhindert haben, daß sich die Beziehung Liszt/Wagner vertiefen konnte. Dennoch haben sich die Freunde über alle Meinungsverschiedenheiten hinweg immer wieder verständigt, und die Begegnungen mit Wagner gehören zu den positiven Erlebnissen von Liszts letzten Lebensjahren. Obgleich Egoist par excellence, hat Wagner doch nie vergessen, was er dem Älteren verdankte. Nach der Premiere des „Parsifal" 1882 hatte er geschrieben:

> Als ich, um auf deutsch zu reden, ein ganz aufgegebener Mußjöh war, da ist Liszt gekommen und hat von innen heraus ein tiefes Verständnis für mich und mein Schaffen gezeigt. Er hat dieses Schaffen gefördert, er hat mich gestützt, hat mich erhoben wie kein anderer. Er ist das Band gewesen zwischen der Welt, die in mir lebte, und jener Welt da draußen.

Cosima sah das später bewußt anders. Sie behauptet in ihrem beinahe würdelosen „Gedenkblatt von seiner Tochter", daß Liszt den künstlerischen Gehalt seiner letzten Jahre nur „seiner Teilnahme an dem Werke von Bayreuth" verdanke. Wie es wirklich damit aussah, können die Umstände um Wagners Tod belegen.

Von dem erschütternden Ereignis erfuhr Liszt nicht etwa durch seine Tochter, sondern durch die Presse. Er wollte es anfangs nicht glauben und telegraphierte nach Venedig. Erst da erhielt er das Telegramm, das Daniela im Auftrag ihrer Mutter aufgegeben hatte: „Mama bittet Sie, nicht nach hier zu kommen, sondern ruhig in Pest zu bleiben. Wir bringen die Leiche mit geringem Aufenthalt in München nach Bayreuth." Mit geringem Aufenthalt – tatsächlich hatte Cosima sogar eine Musikfeier in München abgesagt. Aber keineswegs mit geringem Aufwand. Es war einer der pompösesten Leichenzüge seit der Heimführung von Napoleons sterblicher Hülle. Bronzesarg, schwarz ausgeschlagener Wagen eines Sonderzugs mit Salonwagen für Familie, Freunde, Förderer und wichtigste Mitarbeiter des Wagnervereins. In Bozen, Innsbruck, Kufstein und München stumme Menschenmengen, die von Wagner Abschied nehmen wollten. In Bayreuth Totenfeier mit Delegationen aus dem ganzen Land, in Villa Wahnfried Empfang für 80 geladene Gäste. Noch kleiner war der Kreis, als der Sarg am Abend im Garten der Villa versenkt wurde. Liszt fehlte.

Der von der Beisetzung Ausgeladene ging nach Weimar und gab an Wagners Geburtstag ein Gedächtniskonzert. Neben Vorspiel und Karfreitagszauber aus „Parsifal“ dirigierte er seine eigene „Musik am Grabe R. Wagners“. Wie bescheiden sich Liszt dem Verstorbenen gegenüber verhielt, zeigt die Widmung dieses merkwürdigen Stücks für eine ungewöhnliche Besetzung (Harfe und Streichquartett):

> Richard Wagner erinnerte mich einst an die Ähnlichkeit seiner Parsifal-Motive mit meinem früher geschriebenen „Excelsior“. Möge die Erinnerung hiermit verbleiben. Er hat das Große und Hohe in der Kunst unserer Zeit vollbracht.

Als wollte ihn ein gütiges Geschick für die Kränkung durch Cosima entschädigen, erreicht ihn nun – formuliert von Richard Pohl, Sprecher der Bayreuther Wagnerfreunde – ein überaus ehrenvolles Angebot. Er soll die Leitung der Festspiele übernehmen. „Wir müssen ein Haupt haben, das über alles emporragt, einen Willen, der entscheidet, eine Autorität, der wir uns beugen, und das sind Sie allein. Alles, was Sie seit 33 Jahren begründet und gefestigt haben, könnte … in seiner praktischen Verwirklichung gefährdet sein, wenn Sie nicht an der Spitze bleiben, vor allem in Bayreuth… Es ist meine feste Überzeugung, daß es ohne Sie in inniger Verbindung mit Ihrer Tochter nicht vorwärts gehen kann.“

Es zeigt sich, daß Liszt seine Unstimmigkeiten mit Cosima diskret zu halten wußte. Aufschlußreich aber auch, daß man Liszt als das Haupt der neudeutschen Musikrichtung ganz natürlich auch als den berufenen Leiter der Festspiele sah.

Liszt lehnte ab, es mangele ihm an der Rednergabe, ihm fehle die spezifische Bühnenkenntnis und außerdem die Verbindung zum bayrischen Hof. In Wahrheit fühlte er sich schon zu hinfällig. So berief man ihn dann 1884 zum Präsidenten der Festspiele, eine rein protokollarische Funktion, die aber vorsah, daß Liszt sämtliche Vorstellungen besuchte. 1884 wohnte er wochenlang in einem Privathaushalt nahe der Villa Wahnfried, ohne daß ihn

Cosima besucht oder eingeladen hätte. Das letzte Mal hatte er sie einen Monat vor Wagners Tod in Venedig zu Gesicht bekommen. Wiedersehen wird er sie erst einige Wochen vor seinem eigenen Ende.

Das Jahr 1886

Triumphal, wie in alten Zeiten, war schon der Auftakt. Am Weihnachtstag 1885 spielte Liszt, zum letztenmal öffentlich, in Rom. Der Deutsche Künstlerverein hatte ein Konzert ausschließlich mit seinen Werken angesetzt, das einige Liszt-Schüler bestritten, unter ihnen Ansorge und Stavenhagen. Der Beifall war so stürmisch, daß sich der Komponist zuletzt noch selbst aufs Podium begab und seine „13. Rhapsodie" spielte.

Fast wäre er im Frühjahr 1886 wieder nach Rußland gereist. Sophie Menter, die Liszt als seine „legitime Klaviertochter" bezeichnete und die jetzt eine Professur am Petersburger Konservatorium bekleidete, hatte angeregt, den Meister zu einer Aufführung seiner „Heiligen Elisabeth" und zu einem Konzert in die russische Hauptstadt einzuladen. Liszts Antwort: Erstens sehe er sich gesundheitlich kaum in der Lage, zweitens dermaßen gemindert in seinem Leistungsvermögen als Pianist und Dirigent, daß er kein Honorar zu verlangen wage, und drittens sei er außerstande, die Reise zu bezahlen …

Ende Januar nahm er Abschied von Rom und der Fürstin. Stavenhagen begleitete ihn über Florenz nach Venedig. Dort erwartete ihn die Baronin Meyendorff. Dann folgte Budapest, wo die Landesmusikakademie jetzt endlich einmal ein Konzert mit Werken ihres Präsidenten veranstaltete, freilich noch immer nicht mit ungarischen Schülern. Der Terminplan sah nun Lüttich vor. Hier freute es den diesbezüglich oft enttäuschten Künstler besonders, daß man einmal weder den Pianisten noch den Dirigenten feiern wollte, sondern den Tonsetzer. Überhaupt gestaltete sich die anschließende Tournee über Paris, London, Antwerpen und wieder nach Paris zu einer späten Würdigung des Komponisten Liszt. Zwanzig Jahre nach ihrer ersten Pariser Aufführung erklang wiederum in St. Eustache die „Graner Festmesse" unter Edouard Colonne. Das umjubelte

Konzert – unter den Gästen der Staatspräsident und der Erzbischof – mußte wiederholt werden. Außerdem gab es drei Abende mit seinen sinfonischen Dichtungen und eine Klaviersoiree bei Érard, die der Meister zusammen mit Stavenhagen bestritt.

Liszt wurde mit Huldigungen überschüttet. Die Exkaiserin Eugénie empfing ihn und plauderte mit ihm über Offenbach. Liszt bedauerte, daß er ihn nicht kennengelernt habe. Überhaupt habe er versäumt, sich um die heitere Muse zu kümmern. Sollte er ihren Vertretern dereinst in der anderen Welt begegnen, „dann würde ich sagen: ‚Seid mir gegrüßt, meine Brüder, ihr habt euren Lohn wie die gestrengen Meister der Tonkunst. Eure Musik hat einen größeren Gewinn als die der ernsten. Sie hilft den Menschen.'"

Pauline Lucca, gefeierte Sopranistin, trug auf Bitten Eugénies ein Offenbach-Couplet vor. Liszt schenkte ihr zum Dank das Autograph eines kürzlich entstandenen Liedes. Die Lucca denkt zurück:

> Gebückt, fast blind kam er … zum Tee. Sein Priesterkleid war abgewetzt. Die Kaiserin mußte ihn führen. Sie hielt ihm die Tasse, die zu schwer für ihn geworden war, und steckte ihm die Kekse in den Mund… Sie hatte einen fast kindlichen Umgangston mit ihm…

Liszt ließ sich auf den Père Lachaise fahren und suchte die Gräber von Cherubini, Rossini und Chopin auf.

In Paris traf er auch den ungarischen Maler Munkácsy, der ein Porträt von ihm begann. Dessen charmante Frau wird ihn jetzt nach London begleiten und ihn dort betreuen, das Bild soll bei seiner Rückkehr beendet werden.

Das hatte selbst er noch nicht erlebt – diesen Starkult, der ihn im Vorfeld der Londoner Konzerte erwartete. Eine Reporterin des *Daily Telegraph* und der Bechstein-Vertreter für London kamen ihm nach Paris entgegen, der Dirigent Mackenzie und Liszts Gastgeber, der Musikverleger Littleton, holten ihn in Dover ab, wo ein Salonwagen für ihn bereitgestellt war.

Sein Londoner Erfolg stand ganz im Zeichen der „Legende von der heiligen Elisabeth", die vor der ausverkauften St. James Hall aufgeführt wurde und eine Woche später wiederholt werden mußte. Queen Victoria, die schon als junge Königin sein Spiel genossen hatte, empfing ihn auch jetzt. Für sie spielte er noch einmal.

In Antwerpen erwartete ihn eine Überraschung: Zwölf Pianisten führten Werke von ihm auf. Der erneute Paris-Aufenthalt brachte das wohl monumentalste Konzert seines Lebens – eine Aufführung der „Heiligen Elisabeth", wieder unter Colonne, im Trocaderosaal vor 7000 Hörern.

Ein Schwächeanfall des greisen Komponisten bewog die Munkácsys, ihn auf ihren Sommersitz nach Luxemburg einzuladen. Doch zuvor mußte er nach Weimar, Unterricht geben. Stradal schilderte, wie er Liszt wiedersah:

> Wir mußten ihn förmlich aus dem Coupé heben und zum Wagen tragen, so schwach war er geworden... Liszt war fast blind, ...die Füße und Beine waren ihm bis zu den Knien geschwollen.

In der Hofgärtnerei tauchte überraschender Besuch auf: Cosima, die seit Wagners Tod jedes Zusammentreffen mit ihrem Vater vermieden hatte, wollte diesmal ganz sichergehen, daß Liszt auch dieses Jahr nach Bayreuth kommen würde. Ihre Sorge war begründet, denn er hatte schon gegenüber der Fürstin verlauten lassen, er habe keine Lust, dort wieder „den Pudel" zu machen. Doch gerade nach seinen jüngsten internationalen Triumphen würde seine Anwesenheit besonderen Glanz für die Festspiele bedeuten, die ja jetzt unter Cosimas Leitung standen. Ihr zusätzliches Argument, daß Liszts Lieblingsenkelin Daniela im Juli in Bayreuth den Kunsthistoriker Thode heiraten werde, gab dann wohl den Ausschlag für seine Zusage. Befriedigt reiste Cosima zurück, offenbar ohne den zerrütteten Gesundheitszustand ihres Vaters bemerkt zu haben.

Das ihm abgerungene Versprechen war in mehrfacher Hinsicht verhängnisvoll. Erstens bedeutete es, daß er zweimal nach Bayreuth fahren mußte, denn zwischen Hochzeit und Festspielen lagen Wochen, die er dringend zur Erholung brauchte, und die würde er dort nicht finden. Zweitens stand er jetzt unter moralischem Druck; gerade weil sich Cosima zum erstenmal wieder nach jahrelanger Distanz an ihn gewandt hatte, wollte er ihr unter allen Umständen helfen. Das wird ihn, objektiv gesehen, das Leben kosten. Denn er muß über die Grenzen seines physischen Leistungsvermögens gehen. Er wird bewußt die Alarmsignale seines Körpers überhören, er wird sich buchstäblich opfern. Aus der Reue eines Vaters heraus, der über dem mitverschuldeten Gang der Ereignisse ratlos und trostlos geworden ist?

Erfreuliche Neuigkeiten kamen aus Leipzig. Hier hatte in letzter Zeit Siloti viel für die Verbreitung von Liszts Klaviermusik getan und sich das konservative Publikum erobert. Noch Mitte vergangenen Jahres begeisterten er und Arthur Friedheim die Messestädter mit einem Konzert, wo sie die beiden (oft geschmähten) Sinfonien ihres Lehrers, die „Faust-“ und die „Dante-Sinfonie“, in der Bearbeitung für zwei Klaviere darboten. Und zu seinem 74. Geburtstag hatte man an der Pleiße sogar einen Liszt-Verein unter dem Patronat des Weimarer Großherzogs gegründet, dessen Vorsitzender der Musikreferent des einflußreichen *Leipziger Tageblattes* war. Dieser Verein veranstaltete jetzt, im neuen Jahr, allein sechs Sinfoniekonzerte ausschließlich mit Liszt-Werken. Das letzte, im Mai, dirigierte ein junger hoffnungsvoller Kapellmeister, der auch aus Ungarn kam und Liszt schon in Weimar besucht hatte – Arthur Nikisch.

Ein weiterer Zyklus war für den Herbst geplant; da hätte Liszt vielleicht Zeit gefunden, nach Leipzig zu fahren. Aber den Herbst wird er nicht mehr erleben. Die Meyendorff brachte es fertig, den Widerstrebenden unter einem Vorwand (es ging um Schmerzen im Arm, die ihn beunruhigten) nach Halle zu einem Arzt zu locken, der eine alarmierende Diagnose stellte: Wassersucht und grauer Star. Man empfahl eine Badekur in Kissingen und später eine Augenoperation. Das dürfte Liszt kaum überrascht haben, denn in einem SOS-Brief an Lina Schmalhausen heißt es ganz sachlich:

> Meine Augenschwäche verschlimmert sich, ich kann jetzt nicht mehr lesen und schreibe nur mit Anstrengung selbst meine überflüssigen Noten, wovon ich doch eine ziemliche Anzahl von Seiten vor meinem Ableben fertigbringen möchte. – Schreiben Sie mit großen Lettern und mit roter Tinte. Wenn möglich, kommen Sie ein paar Wochen nach Bayreuth... Mehr als halb erblindet, schreibt Ihnen diese Zeilen F. L.

In Sondershausen wurde derweil das fällige Deutsche Tonkünstlerfest vorbereitet, das diesmal – ohne sein Zutun – unter anderem vier sinfonische Dichtungen zur Aufführung vorsah. Liszt, der nicht enttäuschen wollte, erschien schon zu den Hauptproben. Besonders rührte ihn, daß man in Vorwegnahme seines 75. Geburtstages im Dom das „Christus-Oratorium" aufführen will. Ausruhen konnte er sich anschließend etwas auf den Dornburger Schlössern bei Weimar, wohin ihn der Großherzog eingeladen hatte. Von dort ging es nach Bayreuth, zur Hochzeit seines „Schutzengels". Stavenhagen begleitete ihn dann nach Luxemburg auf das malerische Schloß Colpach zu den Munkácsys, wo es außerordentlich luxuriös zuging. Besonders freute Liszt, daß er hier, ebenfalls als Gast, einen alten ungarischen Bekannten vorfand, Kardinal Haynald.

Ein glanzloses Ende

Eine Erkältung, die er sich unterwegs zugezogen hatte, machte ihm zu schaffen und verhinderte auf Colpach eine wirkliche Erholung. Am 19. Juli ließ er sich dort ein allerletztes Mal auf dem Klavier hören, mit drei kurzen Stücken. Zwei Tage später traf er in Bayreuth ein, wo ihn Lina Schmalhausen und sein Schüler August Göllerich erwarteten. Wieder wohnte er nicht bei Cosima; sie ließ ihm das Essen aus ihrer Villa bringen, konnte sich aber sonst kaum um den Kranken kümmern.

Die erste „Parsifal"-Vorstellung überstand er mit knapper Not. Den folgenden Tag verbrachte er in seinem Quartier; weitere Schüler trafen ein, Sophie Menter und Alexander Siloti. Trotz seiner bedenklichen Verfassung zwang er sich, am abendlichen Empfang in der Villa Wahnfried teilzunehmen.

Es ist schier unbegreiflich, daß man den Zustand des alten Mannes nicht allgemein bemerkte. Albert Niemann, der Wagner-Sänger:

> Er griff dauernd in die Leere, als suche er einen Halt... Niemand gab ihm den. Statt dessen reichte man ihm ein Champagnerglas nach dem anderen; er leerte sie in einem Zuge und war zum Schluß in einem Zustand zwischen Leben und Sterben.

Am Sonntag, dem 25. Juli 1886, hütete Liszt das Bett und ließ sich aus Dantes „Göttlicher Komödie" und aus Literatur zu „Tristan" und „Parsifal" vorlesen. Doch nach dem Mittagsschlaf hielt es ihn nicht mehr. „Ich habe versprochen zu erscheinen und gehe" – zur „Tristan"-Aufführung. In seiner Loge muß er unsagbar gelitten haben, denn er hielt sich, sobald es dunkel war, tief im Hintergrund und preßte das Taschentuch vors Gesicht. Vor Beginn und nach jedem Akt aber trat er an die Brüstung und nahm die Ehrenbezeigungen des Publikums entgegen.

Endlich wurde ein Arzt gerufen, nicht von Cosima, sondern von Göllerich. Der konstatierte Lungenentzündung, verordnete Bettruhe und Alkoholverzicht, ohne zu ahnen, daß das bei Liszt Entzugserscheinungen auslösen mußte. Das Essen aus Villa Wahnfried war als Krankenkost denkbar ungeeignet, so daß er wenig zu sich nahm und rasch verfiel. Vom 26. Juli an stand Liszt nicht mehr auf. Lina stahl sich zu ihm hinein, aber als Cosima am nächsten Morgen den Zustand ihres Vaters sah, verbot sie jeden Besuch und ließ nur noch ihre Töchter zu ihm.

Der Sterbende, nicht mehr fähig, sich zu äußern, blieb einsam. Keiner war um ihn, mit dem er die letzten Jahre geteilt hatte. Das Delirium setzte mit dem 30. Juli ein, nur noch kurz soll Liszt in der Nacht zu Bewußtsein gelangt sein und „Luft!" geschrien haben. Nach anderer Überlieferung war sein letztes Wort „Tristan".

Den Champagner, den ihm Cosima versagt hatte, bekam er – als er schon nichts mehr davon merkte – vom Arzt eingeflößt. Aber seine Schüler durften nicht zu ihm. Sie mußten das weitere Geschehen im Garten abwarten. Oben, hinter verhängten Fenstern, starb ihr Lehrer, ihr Freund, ihr Vater, allein, ohne seine Schüler, die seine eigentlichen Kinder waren, ohne seine Lina. Liszt starb ohne eine liebende Hand, die sich ihm auf die heiße Stirn legte. Doch ihm streckte sich jetzt eine andere Hand entgegen, auf die er vertraute und die er ergreifen durfte.

Kurz vor Mitternacht des 31. Juli 1886 hatte Franz Liszt ausgelitten, ohne das Bewußtsein wiedererlangt zu haben. Am 22. Oktober desselben Jahres wäre er fünfundsiebzig geworden.

Das Sterbezimmer blieb gesperrt; erst am Nachmittag des 2. August durften seine wahren „Nächsten", seine Schüler, von ihm Abschied nehmen. Da lag er aufgebahrt in Villa Wahnfried, zu Häupten eine Wagnerbüste. Und so wurde er zum Fotografieren und zum Defilee freigegeben.

Das glanzlose Ende umschreibt die Fürstin, die Liszt nur um ein halbes Jahr überleben wird.

> Ich ließ mir die Bayreuther Zeitungen ... vom 28. Juli bis 10. August kommen. Denken Sie sich, daß darin nicht ein einziges Mal der Erkrankung Liszts Erwähnung getan ist: wie in einem Badeort, wo man Krankheit und Tod verheimlicht, um bei den Badegästen keine peinlichen Empfindungen wachzurufen. Ich schicke Ihnen die Zeitung vom 2. August, in der man dann ganz unvermittelt seinen Tod meldet... Aus der Nummer vom 11. August können Sie ersehen, daß die, welche drei Jahre lang ihren eigenen Vater nicht sehen wollte, zehn Tage später in der Kneipe „Zum Frohsinn" weilte! Die beiden letzten Abende war man im Theater, denn die Vorstellungen durften nicht unterbrochen werden, und Cosima spielte so sehr den Regisseur, daß sie Tag und Nacht im Theater blieb.

Es gab in der Tat einen aktuellen Grund, der es Cosima erschwerte, beidem gerecht zu werden – der Pietät und den Festspielen. Die Entscheidung, Liszt in aller Diskretion aufzubahren, bis ein geeigneter Zeitpunkt für die Beisetzung gekommen wäre, hatte man deshalb getroffen, weil sich für den 1. August höchster Besuch aus Berlin angesagt hatte: der deutsche Kronprinz und nachmalige 99-Tage-Kaiser Friedrich III. Die Stadt war beflaggt. Ein toter Liszt hätte nur Verwirrung gestiftet oder zumindest die Stimmung verdorben. Und bei der Galavorstellung am 1. August konnte Cosima ebensowenig fehlen wie in der besagten „Kneipe": Im Restaurant „Zum Frohsinn" fand das zeremonielle Schlußfest der Mitwirkenden an den Festspielen statt.

Man muß sich, bevor man ein allzu bitteres Urteil über diese Tochter fällt, daran erinnern, was Liszt ihr mitunter für ein Vater gewesen war. Als Marie d'Agoult gestorben war und Cosima für die Mutter einen Gedenkgottesdienst abhalten lassen wollte, empfahl er ihr, lieber einen Scheiterhaufen zu errichten und darauf alle ihre Erinnerungen an sie zu verbrennen. Jetzt kam der Bumerang zurück. Wie oft wird Cosima sich nach einem Vater gesehnt haben, dessen Nähe sie hätte spüren können und der seiner Familie zuliebe wenigstens hin und wieder auf „Saus und Braus“ und eine rücksichtslose Selbstverwirklichung verzichtet hätte… Nun ließ sie ihn einsam und in der Kälte sterben.

Auch objektiv waren die Festspiele eine so verantwortungsvolle Aufgabe, daß man Cosima einzelne Fehlentscheidungen, gar noch in Hektik getroffen, nicht anlasten sollte. Aber daß sie ihren Vater von seinen Schülern isoliert hat, bleibt ebenso unverzeihlich wie die Tatsache, daß sie alles unterdrückte, was an Franz Liszt als eine eigenständige Künstlerpersönlichkeit hätte erinnern können, und ihn als eine Art Wagner-Ableger hinzustellen versuchte. Das bleibt auch in den Augen der Nachwelt unentschuldbar. Der Biograph Kapp:

> Kein Ton Lisztscher Musik erklang während der ganzen Zeit in Bayreuth. Weihe- und würdelos war Liszts Sterben und Begräbnis in der Wagnerstadt, die doch zum Teil auch ihm ihr Werden verdankte.

Ein Gedächtniskonzert wäre das selbstverständlichste gewesen. Aber das wollte Cosima keinesfalls, denn das hätte den Glanz Wagners gemindert. Nicht einmal am Grabe erklang Lisztsche Musik, und bei der Trauerfeier am Tage nach dem Begräbnis improvisierte der Wagner-Bewunderer Anton Bruckner auf Cosimas Wunsch an der Orgel über das Glaubensthema aus „Parsifal“ – als hätte ihr Vater nicht allein 27 teils ausgedehnte Kompositionen für Orgel hinterlassen…

Cosima hatte verfügt, daß Liszt in Bayreuth beigesetzt werde. So wurde der Tote auch weiterhin für die Stadt, in der er zufällig gestorben war, vereinnahmt. Der Bürgermeister hielt die Trauerrede, in die er „Tristan“-Zitate flocht. Den Sarg trugen nicht etwa die Schüler Liszts, sondern Ehrenbürger Bayreuths.

Was nun folgte, war eine Tragigroteske. An Caroline hatte Liszt wenige Jahre vor seinem Tod geschrieben, er wolle dort begraben werden, wo er einst sterbe – still und schlicht. Daß das dann auch so geschah, lag nicht daran, daß Cosima diesen Wunsch gekannt hätte, sondern weil es so am besten in die Festspielplanung paßte.

Doch jetzt ging es um die endgültige Ruhestätte, denn es meldeten sich Anwärter auf Liszts sterbliche Hülle. Die „Herrin von Bayreuth“ hatte bewußt vermieden, ihren Vater dort beisetzen zu lassen, wo es alle Welt verstanden und wohl auch gebilligt hätte:

im Park der Villa Wahnfried, neben seinem einzig ebenbürtigen Freund Richard Wagner. So konnte der Weimarer Großherzog vorschlagen, ihm ein Mausoleum im Garten der Altenburg zu errichten. Auch die Ungarn kamen, unter ihnen Kardinal Haynald, und plädierten für eine Überführung nach Budapest. Beides scheiterte an Cosimas anmaßenden Forderungen. Von Weimar verlangte sie, Liszt in der Fürstengruft beizusetzen. Von Ungarn erwartete sie allen Ernstes einen Beschluß beider Kammern, betreffend die „feierliche Heimholung der Leiche von Staats wegen" von Bayreuth nach Budapest.

Auch von dritter Seite, von der katholischen Kirche, wurde Liszts Leichnam angefordert. Die Budapester Franziskaner, die ihn schon 1856 als Confrater aufgenommen hatten, wollten ihn in ihrem Gotteshaus bestatten und wurden hierin von Liszts Universalerbin, der Fürstin, voll unterstützt. Sie konnte sogar aus seinen Briefen stichhaltige Argumente beibringen, aber ihr Tod verhinderte, daß dieser Plan vielleicht doch realisiert worden wäre. Sie hatte übrigens gerade noch ihr Traktat über die Kirche beenden können, das – Ironie des Schicksals – prompt auf dem Index landete.

Die Musik Liszts, die ihm am eigenen Grabe versagt geblieben war, erklang bei ihrem Begräbnis auf dem deutschen Friedhof zu St. Peter – sein „Requiem".

„... in den unendlichen Raum der Zukunft" – das Spätwerk

Im Jahr 1874 hatte Franz Liszt folgende Zeilen an die Fürstin geschrieben:

> Glauben Sie mir, daß ich weder Orden, weder irgendwelchem Lob, weder Auszeichnungen oder Zeitungsartikeln nachjage... Meine einzige Ambition als Musiker war und wird es sein, meinen Speer in den unendlichen Raum der Zukunft zu schleudern...

Hier haben wir den ganzen Liszt – halb Dichtung, halb Wahrheit. Natürlich ist er Orden und Beifall nachgejagt. Aber ebenso wahr ist sein Bedürfnis, Bleibendes zu schaffen. Das offenbar nicht aus Eitelkeit (dann hätte er weiter Tagesproduktion gelie-

Lisztdenkmal in Budapest

fert oder zumindest marktgerecht geschrieben), sondern aus seinem romantisch-schwärmerischen Auftragsbewußtsein heraus. Er hat den Erfolg der Tagesproduktion voll ausgekostet und war relativ früh an die Grenze des Ekels vor dem Banalen gelangt. Deshalb spricht er in den Jahren der inneren Einkehr und äußeren Resignation eine bewußt andere Sprache. Das bedeutet gleichzeitig, daß sein Spätwerk kein krönender Abschluß des Bisherigen, eine Apotheose, sein kann, keine Bilanz. Es ist ein neuer, unerwarteter Ansatz, sein „Speer in den unendlichen Raum der Zukunft“, wie er es selbst visionär umschreibt. Darunter kann man sich wenig vorstellen, wenn man diese Musik nicht auch hört, die sogar ein Wagner teilweise für die Ausgeburt eines verkalkten Gehirns hielt. Doch es sei wenigstens versucht, mit einigen Sätzen eine Charakteristik zu geben.

Die späte Musik Liszts ist das blanke Gegenteil seiner bühnen- und beifallsbezogenen Klavierschöpfungen. Eher gibt es eine inhaltliche Verwandtschaft zu den packenden Partituren der Weimarer Zeit und den großen Oratorien. Die Klangsprache ist jetzt erschreckend ungefällig, dissonant, in harmonischer Hinsicht geradezu tollkühn.

Dabei waren seine letzten Werke nicht etwa für die Schublade geschrieben; er hätte sie schon noch „an den Mann“ gebracht, auch wenn er sich über ihren Erfolg keine Illusionen gemacht haben dürfte.

Der ungarische Liszt-Biograph Bence Szabolcsi beschreibt Liszts späte Musik als

> …dürr und knochig, rauh und herb, oft geradezu stechend – tiefgründiger und bedrückender, dämonischer und drohungsvoller als je eine Musik vorher … Er trennte oder entfernte sich zumindest von seinen alten illustrativen, pittoresken und

dekorativen Neigungen, von der ständigen und überlegenen Betonung der literarischen und künstlerischen Beziehungen, vom gesellschaftlichen Zauber, von der Schauspielerrolle, vom Kultus der wirksamen Erfolge, von der romantischen Rhetorik. Seine Farben wurden sparsam und düster.

Es gibt eine Reihe großer Komponisten, deren Alterswerk eine neue, ungeahnte Qualität aufweist und die Zeitgenossen entweder verschreckt oder überhaupt nicht erreicht hat: Bach mit der „Kunst der Fuge“ und dem „Musikalischen Opfer“, Beethoven mit seinen letzten Klaviersonaten und Streichquartetten, Strawinsky mit seiner späten Kirchenmusik. Liszt stößt mit seinem „Speer“ das Tor zum neuen Jahrhundert auf...

Hatte er in der ersten Schaffensperiode Weltschmerz und revolutionäres Pathos in Töne umgesetzt, waren es später große, konfliktbeladene, schicksalhafte Themen aus der Weltliteratur, die die Weimarer Werke inspirierten, so ist es jetzt das Nachsinnen über die Vergänglichkeit und den Tod. Wie später der alte Strawinsky, schreibt Liszt jetzt eine Art musikalische Todeslyrik. So enthält Band III der „Années de pèlerinage“ einen Trauermarsch für Maximilian von Mexiko sowie zwei „Threnodien“ (Klagelieder). Später folgen drei Totentänze in Csárdásform – „Csárdás“, „Csárdás macabre“ und „Csárdás obstiné“. Weiter Klavierminiaturen mit den symbolischen Überschriften „Schlaflos“, „Unstern“, „Trübe Wolken“, „Preludio funèbre“, „Zum Abschied“, zwei „Trauergondeln“ und zwei gramvolle Stücke um Wagners Tod. Und nicht zuletzt teils diabolische (die späten „Mephisto-Walzer“), teils philosophische Werke (sinfonische Dichtung „Von der Wiege bis zum Grabe“). Fast alle diese Werke weisen bestimmte ungarische Stilzüge auf; damit gehören auch noch die drei „Ungarischen Rhapsodien“ auf eigene Themen (nicht mehr auf Zigeunermotive) sowie die „Historischen ungarischen Bildnisse“ auf berühmte Magyaren und von 1885 ein Stück mit dem beziehungsreichen Titel „Puszta-Wehmut“ in diesen Umkreis. Eine Art vorimpressionistische Farben- und Lichtpoesie gewinnt in seinen Kompositionen an Bedeutung. In diesem Zusammenhang muß die Begeisterung des alten Liszt für den russischen Maler Wereschtschagin erwähnt werden. 1883 hatte er auf einer Budapester Ausstellung Werke dieses Meisters der Atmosphäre, der Licht- und Wassereffekte gesehen und der Fürstin sogleich

Reproduktionen geschickt. Es war seit den italienischen Erlebnissen mit Marie d'Agoult und Kaulbachs „Hunnenschlacht" das erste Mal, daß sich Liszt wieder intensiv mit bildender Kunst beschäftigte, hier offenbar im Hinblick auf das eigene weitere Schaffen. Denn in seinem Spätwerk finden sich ebenso kühne wie poetische Impressionen der Naturelemente – nicht mehr romantische Schilderungen oder Wiedergaben der durch bestimmte Anblicke ausgelösten Emotionen.

Das verblüffendste dieser späten Werke, die bereits die Klangsprache eines Debussy und eines Ravel vorwegnehmen, ist „Les jeux d'eaux à la Villa d'Este" noch von 1877. Die Fürstin war die erste, die diese „Wasserspiele" zu hören bekam.

> Nicht, daß mich diese Musik berührte wie sein „Liebestraum"... Aber sie berührte mich so, daß ich fassungslos wurde. Eine neue Welt tat sich mir auf, in welche bisher nur er Einblicke hatte. Es sind Klänge, die ich nicht erklären kann, und er sie wohl noch weniger. Und doch ist es seine Musik, vermischt mit Tönen, die ihm nur der Allerhöchste eingegeben haben kann.

Wagner merkte sofort, worum es hier ging.

> Ich gönne Dir ... diese Musik nicht. Sie ist uns so weit voraus, daß niemand in dieser Zeit sie begreifen wird. Aber ich habe sie begriffen. Ich sage Dir, daß sie alle Musik künftig grundlegend beeinflussen wird. Lege sie gut fort, die Noten, und unterstehe Dich, sie irgend jemand zu zeigen. Es könnte sein, daß man Dich verspottet.

Es war die Geburt des musikalischen Impressionismus.

In den großangelegten Werken arbeitet Liszt (wie schon in der Weimarer Zeit) mit den Formprinzipien der Monothematik unter der Variation („Von der Wiege bis zum Grabe") und wie schon in der römischen Periode mit dem Stilprinzip der bewußten Verschmelzung heterogener Ebenen (etwa Bach, Gregorianik und Spätromantik in „Via crucis"). Die Passionskantate „Via crucis" ist auch in anderer Hinsicht ein bekenntnishaftes Werk: Der Sozialromantiker und Kosmopolit wollte nicht nur die Klassen miteinander versöhnen und die Nationen einander annähern, sondern auch die Konfessionen. So findet sich neben dem katholischen „Stabat mater" der protestantische Choral „O Haupt voll Blut und Wunden".

Eine wichtige Kompositionstechnik der Spätwerke ist das Ostinato, das mehr oder weniger wörtliche Beibehalten kurzer Motive als Untergrund oder sogar anstelle einer Melodie. Die unerbittliche Wiederkehr eines Motivs oder auch nur eines Tones ist seit Beethoven Symbol für Verhängnis, Schicksal und Tod. Bei Liszt spielt auch der ostinate Rhythmus (ohne Beibehaltung einer melodischen Formel) eine wichtige Rolle; so wird etwa im $^6/_8$-Takt der „Trauergondeln" durch das starre Ostinato aus dem wiegenden Schaukeln ein grauenhaftes, bedrohliches Moment. Es gibt wohl keine Musik, die besser das mittelalterliche Bild des Totentanzes umsetzt.

Die Harmonik ist das Experimentierfeld des alten, grübelnden Komponisten. Es gab schon frühe Beispiele für Verwegenheit: den „Harmonies" fehlte jeder Hinweis auf eine Tonart, jetzt heißt eine „Bagatelle" direkt „sans tonalité" (ohne Tonart). Als Akkorde bevorzugt Liszt übermäßige Dreiklänge sowie (bis zu sechsfache) Terzen- und Quartschichtungen. Der Chorsatz „Ossa arida" auf einen Text des Propheten Hesekiel (es handelt sich um die Vision von der Auferstehung der Toten) erschreckt die Hörer durch einen ungeheuerlichen Klang: Liszt hat einfach alle Töne der Leiter als Terzen aufeinandergetürmt! Neue Tonleitern werden konstruiert und teilweise ohne Rücksicht auf die entstehenden Zusammenhänge eingesetzt. Es handelt sich stets um eigentümliche Kombinationen aus Dur/Moll, Kirchentonarten und Zigeunerskalen.

Nirgends wird deutlicher, wie weit Liszt mit diesen späten Werken seinen „Speer in den unendlichen Raum der Zukunft" geschleudert hat, als bei einem Vergleich mit Richard Strauss, der, ein halbes Jahrhundert nach ihm geboren, der maßgebliche Wagner-Nachfolger wurde und blieb. Das Spätwerk Strauss' ist das Gegenbeispiel zu dem Liszts. Es hat nicht mehr die Kraft, neu anzusetzen; Liszt, der anders als Wagner und Strauss relativ wenige Kompositionen von zeitlosem Bestand zu schaffen vermochte, hat neu angesetzt. Und wenn ihm dafür nicht frenetisch Beifall gezollt wurde und jetzt erst allmählich Gerechtigkeit widerfährt – seinen Beifall hat er für sein übriges, heute wiederum halbvergessenes Werk und mehr noch für seine fulminante Virtuosität schon zu Lebzeiten erhalten.

Aber der Erfolggewohnte durfte auch Ablehnung erfahren, leiden und einsam werden. Und damit zu Verdichtetem, Gültigem gelangen.

Auch dem Menschen Liszt hat das ausgleichende Schicksal schließlich vergönnt, unglücklich zu sein. Gewiß wird sein unleugbarer Glaube verhindert haben, daß aus Einsamkeit und Enttäuschung Verweigerung und Verbitterung wurden. Wenn zuletzt von Franz Liszt Imponiergehabe und Mittelpunktstreben abfallen, wird das Wesen seiner Persönlichkeit als Künstler und Mensch sichtbar: Hingabe aus einem übervollen Ich. „Si vis amari, ama – willst du geliebt sein, liebe!" heißt es bei Seneca. Liszt hat die Menschen geliebt, und von unverkrampften Herzen wurde diese Haltung gern erwidert – auch über künstlerische und geschmackliche Diskrepanzen hinweg. Mit seinem Spätwerk beschenkt er die Kommenden.

Zeittafel: Franz Liszt

1811	Franz Liszt wird in Raiding (Doborján) geboren.
1820	Erstes Konzert des jungen Liszt in Ödenburg (Sopron)
1821	Franz Liszt zieht mit seinen Eltern Anna († 1866) und Adam Liszt († 1826) nach Wien. Dort erhält er Unterricht von Czerny und Salieri.
1823–35	Liszt lebt in Paris.
1827	Englandtournee
1833/34	Liszt begegnet George Sand und Marie d'Agoult.
1835	Marie d'Agoult geht mit Liszt nach Genf. Dort wird ihre Tochter Blandine († 1862) geboren.
1837	Liszt und die Gräfin d'Agoult sind bei George Sand zu Gast. – Tochter Cosima († 1930) wird geboren.
1839–48	Konzertreisen
1839	Sohn Daniel († 1859) wird geboren.
1841	In Paris lernt Liszt Richard Wagner kennen.
1842	Liszt als Kapellmeister in außerordentlichen Diensten am Weimarer Hof
1844	Trennung von Marie
1845	In Bonn leitet Liszt die Feierlichkeiten zur Enthüllung des Beethovendenkmals.
1847	Liszt begegnet Caroline von Sayn-Wittgenstein.

1848–60	Weimar ist Lebensmittelpunkt Liszts. Wichtige Werke: „Dante-Sonate“, „Bergsinfonie“, „Les Préludes“, „Graner Festmesse“, „Klavierkonzert Es-Dur“, „Klavierkonzert A-Dur“, „Faust-Sinfonie“, „Sonate h-Moll“
1849	Caroline von Sayn-Wittgenstein trifft in Weimar ein.
1851	Hans von Bülow kommt nach Weimar.
1857	Cosima heiratet Hans von Bülow.
1861–70	Liszt in Rom. Wichtige Werke: „Der Tanz in der Dorfschenke“, „Die Legende von der heiligen Elisabeth“, „Variationen ‚Weinen, Klagen‘“, „Krönungsmesse“
1861	Die geplante Trauung mit Caroline scheitert.
1865	Liszt, der schon einige Zeit im Kloster lebt, wird zum Abbé geweiht.
1870	Cosima, die Bülow 1868 verlassen hatte, heiratet Wagner.
1871–86	Liszt lebt abwechselnd in Rom, Weimar und Pest. Wichtige Werke: „Les jeux d’eaux“, „Aux cyprès de la Villa d’Este“, „Via crucis“, „Ossa arida“, „Von der Wiege bis zum Grabe“, „Trauergondel“, „Trübe Wolken“
1882–85	Letzte Schaffensphase. Wichtige Werke: „Musik am Grabe Richard Wagners“, „Ungarisches Königslied“, „Ungarische historische Bildnisse“
1885	In Leipzig findet erstmals ein reines Liszt-Konzert statt.
1886	3. August: Liszt stirbt in Bayreuth.

Die ungekürzten Ausgaben von „Bismarck“, „Lise, Atomphysikerin – Die Lebensgeschichte der Lise Meitner“ und „Franz Liszt – Des Lebens Widerspruch“ sind im Buchhandel erhältlich.